Sinti und Roma in Europa

Res Publica
Öffentliches und internationales Recht

Herausgegeben von Udo Fink, Dieter Dörr und Rolf Schwartmann

Band 21

PETER LANG

Juliane Stephan

Sinti und Roma in Europa

Die Bedeutung des Minderheitenschutzes und der diesbezüglichen Rechtsprechung des Europäischen Gerichtshofs für Menschenrechte

PETER LANG

Bibliografische Information der Deutschen Nationalbibliothek
Die Deutsche Nationalbibliothek verzeichnet diese Publikation in der Deutschen Nationalbibliografie; detaillierte bibliografische Daten sind im Internet über http://dnb.d-nb.de abrufbar.

Zugl.: Mainz, Univ., Diss., 2019

D 77
ISSN 1614-838X
ISBN 978-3-631-79736-5 (Print)
E-ISBN 978-3-631-81023-1 (E-PDF)
E-ISBN 978-3-631-81024-8 (EPUB)
E-ISBN 978-3-631-81025-5 (MOBI)
DOI 10.3726/b16480

Peter Lang – Berlin · Bern · Bruxelles · New York · Oxford · Warszawa · Wien

Diese Publikation wurde begutachtet.

www.peterlang.com

In Gedenken an Luisa

Danksagung

Besonderer Dank gebührt meinem Doktorvater und Erstgutachter Prof. Dr. Dieter Dörr. Gemein ist uns die besondere Begeisterung für die Thematik der Arbeit, die uns zahlreiche fruchtbare Diskussionen beschert hat, für die ich sehr dankbar bin. Die Zeit als wissenschaftliche Mitarbeiterin an seinem Lehrstuhl an der Johannes Gutenberg-Universität Mainz ist mir in bester Erinnerung geblieben. Weiteren Dank möchte ich dem Zweitgutachter Prof. Dr. Udo Fink sowie dem Vorsitzenden meines Rigorosums Prof. Dr. Andreas Roth aussprechen. Auch den Mitarbeiterinnen des Dekanats des Fachbereichs 03 der Johannes Gutenberg-Universität Mainz sei herzlich gedankt für die organisatorische Unterstützung.

Dankbar bin ich auch all den Menschen, die sich immer wieder auf Diskussionen mit mir rund um das Thema der Arbeit eingelassen haben. Auch ihnen ist es zu verdanken, dass ich des Themas niemals überdrüssig geworden bin. Ganz besonders erwähnt sei hier mein Lebensgefährte David Waldecker, der meinen kritischen Blick auf die Thematik des Minderheitenschutzes immer wieder geschärft hat.

Inhaltsverzeichnis

Einleitung

Seit dem Jahr 2013 hält die Frankfurter Regionalpresse ein wiederkehrendes Thema in Atem: Osteuropäische Obdachlose, die in der Stadt illegale Siedlungen errichten. Die Rede ist stets vom „Roma-Slum", dem „Rumänen-Elendsquartier" oder dem „Bettlerlager".[1] Im Frühjahr 2016 bezogen beispielsweise 30 rumänische Staatsbürger[2] ein verlassenes Industriegelände im Frankfurter Gutleutviertel und lebten dort mehrere Monate ohne fließendes Wasser oder Anschluss an sonstige Infrastruktur. Zum Teil gingen die Bewohner einer festen Arbeit nach; sie konnten sich allerdings eine normale Wohnung in Frankfurt schlichtweg nicht leisten. Nach langer Diskussion wurde die Brache schließlich Anfang 2017 geräumt, weil Brandgefahr bestanden hatte und die hygienischen Zustände untragbar geworden waren.[3] Seit 2013 wiederholt sich dieses Szenario fast jährlich in Frankfurt in der einen oder anderen Form. In der Tat ist es so, dass es sich zumindest bei einigen der Bewohner der jeweiligen Siedlung nach eigenen Angaben um Roma gehandelt hat.

Die Situation der Sinti und Roma ist also in einer reichen Stadt wie Frankfurt am Main durchaus ein Thema. In fast allen europäischen Großstädten leben Sinti und Roma – oftmals unter ähnlich erschwerten Bedingungen. Es handelt sich um eine Problematik von mindestens europaweiter Dimension, die enorme gesellschaftliche Sprengkraft besitzt. Deshalb befassen sich auch internationale Organisationen seit vielen Jahren auf vielfältige Art und Weise mit den Sinti und Roma und dabei mit der Frage, wie eine nachhaltige Verbesserung ihrer Situation erreicht werden kann.

Ein gutes Beispiel für derartiges Engagement war die sogenannte Roma-Dekade. Im Februar 2005 unterzeichneten die Regierungen von Bulgarien, Kroatien, Mazedonien, Rumänien, Serbien, Slowakei, der Tschechischen Republik und Ungarn eine Erklärung, mit welcher die *Decade of Roma Inclusion, 2005 – 2015* ausgerufen wurde.[4] Später schlossen sich noch Albanien, Bosnien-Herzegowina,

---

1 *Voigts*, Ein Slum mitten in Frankfurt; *Palm*, Slum mit Skyline-Blick; *Ortmann, Schlagenhaufer, Pohl, Mancuso*, Bettler-Horrorlager an der Weißfrauenkirche.

2 Im Folgenden wird aus Gründen der besseren Lesbarkeit ausschließlich die männliche Form benutzt. Es können dabei aber sowohl männliche als auch weibliche Personen gemeint sein.

3 *Majic*, Baracken-Slum im Gutleutviertel wird geräumt.

4 Zur Dekade vgl. etwa: *Nenkova*, Jahrzehnt für die Integration der Roma.

Montenegro und Spanien der Initiative an. Die teilnehmenden Staaten verpflichteten sich, ihre Bemühungen zur Beseitigung der Diskriminierung der Roma zu verstärken, deren Integration zu fördern und dazu nationale *Decade Action Plans* auszuarbeiten. Als Tätigkeitsschwerpunkte wurden die Bereiche Bildung, Beschäftigung, Gesundheit und Wohnen ausgewählt. Unterstützt wurde die Roma-Dekade von der Europäischen Union und den Vereinten Nationen sowie auf privater Seite insbesondere von der Soros-Stiftung, die die Dekade auch initiiert hatte.[5]

Eine Möglichkeit, wie der Problematik auf juristischer Ebene begegnet werden kann, ist der völkerrechtliche Minderheitenschutz. Die Sinti und Roma werden gerne als Europas größte Minderheit bezeichnet. In vielen Staaten sind sie als nationale Minderheit offiziell anerkannt – auch in Deutschland. Damit geht einher, dass die Gewährleistungen des völkerrechtlichen Minderheitenschutzes, wie sie sich etwa aus dem Rahmenübereinkommen zum Schutz nationaler Minderheiten des Europarats ergeben, auch auf die Sinti und Roma Anwendung finden. In den meisten juristischen Arbeiten zu diesem Thema wird der Status der Sinti und Roma als völkerrechtliche Minderheit selbstverständlich angenommen und nicht weiter hinterfragt. Ziel dieser Arbeit soll es daher sein, bei kritischer Würdigung des Konzeptes des Minderheitenschutzes insgesamt, genauer zu beleuchten, inwiefern der Begriff der völkerrechtlichen Minderheit für die Sinti und Roma überhaupt passend ist und ob sie die Kriterien für die Einordnung als völkerrechtliche Minderheit erfüllen. Ein wichtiger Aspekt stellt dabei die Frage dar, ob die Gewährleistungen des völkerrechtlichen Minderheitenschutzes, wie sie etwa in dem eben benannten Rahmenübereinkommen zu finden sind, eine Verbesserung der Situation der Sinti und Roma bewirken können oder nicht vielmehr kontraproduktiv sind.

Neben dem Minderheitenschutz soll auch untersucht werden, inwiefern klassisch individualrechtliche Menschenrechtsgarantien, allen voran Diskriminierungsverbote, eine wichtige Rolle hierbei spielen können. Das zentrale Menschenrechtsschutzinstrument Europas, die Europäische Konvention zum Schutz der Menschenrechte und Grundfreiheiten (EMRK), findet in der Literatur nur

5 Zwar gelang es der Initiative, die Notwendigkeit der Integration der Sinti und Roma in den öffentlichen Fokus zu rücken. Eine flächendeckende Veränderung der Lebensrealität der Sinti und Roma konnte hierdurch allerdings nicht erreicht werden. Gründe für den geringen Erfolg der Dekade werden in den zu hoch gesteckten Zielen bei zu knapp bemessener Zeit gesehen, sowie in dem Unwillen der Regierungen, tatsächliche Veränderungen zu bewirken. Vgl. etwa das Fazit der Gesellschaft für bedrohte Völker: *Wolff*, „Erste Schritte und große Versprechen".

selten oder sehr stiefmütterlich Erwähnung, wenn es darum geht, das Bemühen internationaler Akteure in diesem Bereich zu skizzieren. Dies verwundert, da die in ihr verbrieften Rechte vor dem Europäischen Gerichtshof für Menschenrechte (EGMR) sogar justiziabel sind. Daher soll in dieser Arbeit auch der Nutzen der EMRK für die konkreten Belange der Sinti und Roma anhand einer eingehenden Betrachtung der Sinti- und Roma-Rechtsprechung des EGMR analysiert werden.

Methodisch wird zur Erreichung der angestrebten Ziele ein vierteiliger Aufbau gewählt. Notwendige Grundlage der Arbeit bildet die Erfassung der Situation der Sinti und Roma in Europa. Nach einer kurzen Erläuterung der für die Arbeit zentralen Begrifflichkeiten wird daher im ersten Teil ein historischer Überblick über die Geschichte der Sinti und Roma in Europa gegeben. Dabei wird – auch wegen der Bedeutung des nationalsozialistischen Völkermordes für die Sinti und Roma in ganz Europa – der Schwerpunkt auf Deutschland gelegt. Anschließend wird näher auf die gegenwärtige soziökonomische Lage der Sinti und Roma in Europa und die Verbreitung eines spezifisch auf sie bezogenen Rassismus eingegangen sowie auf das Verhältnis beider Aspekte. Der erste Teil schließt mit dem Versuch, die kulturelle Identität der Sinti und Roma zu skizzieren und gängige Vorstellungen davon auf ihren Realitätsbezug zu überprüfen.

Im zweiten Teil wird sodann das Konzept des völkerrechtlichen Minderheitenschutzes näher beleuchtet, da die Betonung des Minderheitenstatus der Sinti und Roma allgegenwärtig ist und diesem für die rechtliche Einordnung ihrer Situation offenbar eine besondere Bedeutung beigemessen wird. Dabei werden zunächst die historischen Grundlagen des Minderheitenschutzes erläutert, die bis in die Frühe Neuzeit zurückreichen. Bevor ein genauer Blick auf die bis heute umstrittene Definition der völkerrechtlichen, das heißt der ethnischen, religiösen, sprachlichen oder nationalen Minderheit geworfen wird, erfolgt eine Analyse der Zielsetzung und Grundkonzeption des Minderheitenschutzes. Verbunden wird dies mit einer Auseinandersetzung mit der kollektivschützenden Ausrichtung des Minderheitenschutzes. Den Abschluss des zweiten Teils bildet ein Überblick über die Instrumentarien des Minderheitenschutzes im Völker- und Europarecht.

Der dritte Teil stellt anschließend die Verbindung her zwischen der konkreten Situation der Sinti und Roma und den Zielsetzungen des Minderheitenschutzes. Zunächst wird beleuchtet, inwieweit die verschiedenen Systeme des völkerrechtlichen Minderheitenschutzes tatsächlich auf die Sinti und Roma Bezug nehmen und deren Organe die Sinti und Roma auch als Minderheit begreifen. Sodann wird geprüft – und dies bildet einen der Hauptteile der Arbeit –, ob sich die Sinti und Roma bei genauerer Betrachtung überhaupt und ohne weiteres von der gängigen Definition der völkerrechtlichen Minderheit erfassen lassen. In einem zweiten Schritt wird schließlich analysiert, ob der Minderheitenschutz zu einer Verbesserung der Lage der Sinti und Roma beitragen kann.

Nachdem die Wirkungskraft des Minderheitenschutzes in Bezug auf die Sinti und Roma im dritten Teil erläutert wurde, wird im vierten und letzten Teil schließlich der Fokus auf die Europäische Konvention der Menschenrechte und Grundfreiheiten gelegt. Ziel soll hierbei sein, die tatsächliche Bedeutung eines klassisch individualrechtlich ausgestalteten Menschenrechtsschutzinstruments wie der EMRK für die Belange der Sinti und Roma der entsprechenden Bedeutung des Minderheitenschutzes direkt gegenüber zu stellen. Dabei wird eine extensive Rechtsprechungsanalyse der EGMR-Urteile vorgenommen, die ihren Schwerpunkt im Diskriminierungsverbot des Art. 14 EMRK findet. In der Analyse werden ausschließlich Fälle aufgegriffen, in denen die Beschwerdeführer Sinti und Roma waren und die von der Kammer oder der Großen Kammer des EGMR entschieden wurden. Obwohl es eine ganze Fülle entsprechender Urteile gibt, findet dies in Facharbeiten zum Thema nur sehr selten Beachtung.

Diese Arbeit stellt den Versuch dar, eine Lücke zu schließen, indem sie das grundsätzliche Konzept des Minderheitenschutzes sowie dessen Bedeutung für die Sinti und Roma kritisch beleuchtet. Beides hat bisher in der deutschsprachigen juristischen Literatur nur unzureichend stattgefunden. Zudem möchte die Arbeit das Blickfeld auf die EMRK lenken, welcher bisher generell zu wenig Aufmerksamkeit zuteilwurde bei der Beurteilung der Relevanz völkerrechtlicher Schutzsysteme für die Sinti und Roma.

Teil 1 Sinti und Roma in Deutschland und Europa

Seit Jahrhunderten sind Sinti und Roma in Europa ansässig und fester Bestandteil europäischer Geschichte. In vielen Staaten, insbesondere in (Süd-)Osteuropa, stellen sie einen beachtlichen Anteil der Gesamtbevölkerung dar. Bezogen auf ganz Europa wird ihre Zahl heute auf 10 bis 12 Millionen geschätzt, wobei Sinti und Roma in fast allen europäischen Staaten zu finden sind.[6] In Deutschland leben heute groben Schätzungen zufolge circa 70.000 Sinti und Roma mit deutscher Staatsangehörigkeit.[7] 1995 wurden sie neben den Friesen, Dänen und Sorben von der Bundesrepublik offiziell als nationale Minderheit anerkannt.[8]

A. Begriffliche Grundlagen

Wenn es um das Thema Sinti und Roma geht, finden oftmals auch Begriffe wie „Zigeuner“ oder „Fahrendes Volk“ Verwendung. Da diese Begrifflichkeiten nicht unproblematisch sind, erscheint es notwendig, zunächst einmal den Hintergrund und die Bedeutung der verschiedenen Termini aufzuzeigen, bevor ein Blick auf die geschichtliche Entwicklung und die aktuelle Situation der Sinti und Roma geworfen wird.

---

6 Vgl. die Seite der Antidiskriminierungsstelle des Bundes: http://www.antidiskriminierungsstelle.de/DE/ThemenUndForschung/Ethnische_Herkunft/Themenjahr_2014/fragen_antworten_Sinti_Roma/faq_Sinti_und_Roma_node.html (zuletzt aufgerufen am 12.6.2018).

7 Bundesministerium des Innern, Bericht der Bundesrepublik Deutschland an die Europäische Kommission, EU-Rahmen für nationale Strategien zur Integration der Roma bis 2020, Integrierte Maßnahmenpakete zur Integration und Teilhabe der Sinti und Roma in Deutschland, 2011, S. 12, verfügbar unter: https://www.bmi.bund.de/SharedDocs/downloads/DE/veroeffentlichungen/themen/gesellschaft-integration/minderheiten/umsetzung-2011-strategie-integration-roma.pdf?__blob=publicationFile&v=3 (zuletzt aufgerufen am 12.6.2018). Diese Zahl findet sich außerdem auf der Homepage des Kultur- und Dokumentationszentrums Deutscher Sinti und Roma: http://www.sintiundroma.de/sinti-roma.html (zuletzt aufgerufen am 12.6.2018).

8 Erklärung der Bundesrepublik Deutschland bei der Zeichnung des Rahmenübereinkommens zum Schutz nationaler Minderheiten am 11.5.1995, in: BT-Drucks. 13/6912 v. 11.2.1997, S. 18. Sinti und Roma werden hier jedoch nicht ausdrücklich als nationale Minderheit, sondern als „traditionell in Deutschland heimische Volksgruppe“ bezeichnet. Zum Anerkennungsprozess in Deutschland siehe Teil 3, A.

I. Sinti und Roma

Im deutschen Sprachraum fungiert der Doppelbegriff Sinti und Roma als die am häufigsten verwendete Bezeichnung der gesamten Bevölkerungsgruppe.[9] Er wird von der Mehrheit der Betroffenen favorisiert und stellt somit eine Selbstbezeichnung dar.[10] Beide Begriffe entstammen dabei dem Romanes, der Sprache der Sinti und Roma. Mit Sinti sind dabei diejenigen unter ihnen gemeint, die seit Jahrhunderten in West- und Mitteleuropa beheimatet sind und meist die entsprechende Staatsangehörigkeit besitzen; als Roma werden dagegen diejenigen bezeichnet, die sich zunächst im (süd-)osteuropäischen Raum angesiedelt haben, heute noch dort leben oder seit Mitte des 19. Jahrhunderts nach West- beziehungsweise Mitteleuropa migriert sind.[11]

Anders als im deutschen Sprachraum wird im internationalen Kontext Roma als Überbegriff für alle Gruppen und Einzelpersonen verwendet, die sich der Minderheit im weitesten Sinne zugehörig fühlen.[12] Die Minderheit als ganze besteht aus zahlreichen Untergruppen, deren spezielle Eigenbezeichnungen in vielen Fällen an die ursprünglich ausgeübten Berufe angelehnt sind. So sind zum Beispiel die sogenannten *Lovara* (abgeleitet von *ló*, ungarisch für Pferd) eine Gruppe, die lange Zeit vom Pferdehandel lebte und in Ungarn beheimatet war. Die sogenannten *Kalderaš* (abgeleitet von *caldare*, rumänisch für Kübel/Eimer) stellten dagegen vorwiegend in Rumänien als Kesselflicker und -schmiede Kupferkessel her.[13]

---

9 Singular, männlich: *Sinto/Rom*; Singular, weiblich: *Sintezza/Romni.*

10 Vgl. *Rose*, Roma and Sinti – Human Rights for Europe's largest minority, S. 1; *Leidgeb/Horn*, Opre Roma!, S. 15. Bei einer Umfrage zur Bildungssituation der deutschen Sinti und Roma aus dem Jahr 2011 gaben 94,64 % der befragten Sinti und Roma an, sich auch als solche zu bezeichnen: *Strauß*, Studie zur aktuellen Bildungssituation deutscher Sinti und Roma, S. 48. Für genauere Informationen zu der Studie siehe Fn. 175.

11 Vgl. *Rose*, Bürgerrechte für Sinti und Roma, S. 10; *Solms*, Schützt uns vor „Zigeuner"-Bildern!, S. 17. Für die in Frankreich lebenden Sinti ist darüber hinaus die Bezeichnung *manouches* gebräuchlich.

12 1978 legte sich auch der Zweite Roma-Weltkongress in Genf auf diese Bezeichnung fest. Die dazugehörige Presseerklärung von *Dr. Jan Cibula*, damaliger Präsident der sog. *International Romani Union* (IRU) ist verfügbar unter: http://ling.kfunigraz.ac.at/~rombase/cd/data/hist/current/data/self-inter-it-02.de.pdf (zuletzt aufgerufen am 12.6.2018). Siehe zur Rolle der IRU: Teil 1, C. IV. sowie Teil 3, C. I. 5.

13 Eine umfassende Übersicht über die verschiedenen Gruppen findet sich unter: http://romani.uni-graz.at/rombase/index.html (zuletzt aufgerufen am 12.6.2018). Eine Übersicht über die heute in Deutschland und Österreich lebenden einzelnen Gruppen bietet: *Mayerhofer*, Roma in Mittel- und Osteuropa, S. 9 ff.

Auch die Sinti stellen eine der zahlreichen Untergruppen dar. Da sie die Gruppe sind, die am längsten in Mittel- und Westeuropa ansässig ist, hat sich im deutschen Sprachgebrauch der oben bezeichnete Doppelbegriff durchgesetzt trotz der begrifflichen Inkonsistenz (Kombination der Bezeichnung einer Teilgruppe mit der Bezeichnung für die Gesamtgruppe). Besonderen Wert hierauf legen insbesondere Vertretungsorgane wie der Zentralrat Deutscher Sinti und Roma, in welchen mehrheitlich Sinti-Repräsentanten organisiert sind. Da es ihnen ein Bedürfnis ist, dass ihre distinkte Sinti-Identität anerkannt wird, liegt es in ihrem Interesse, dass sich dies auch begrifflich niederschlägt.

Da es sich bei dieser Dissertation um eine deutschsprachige Arbeit handelt, soll hier überwiegend der Doppelbegriff entsprechend seiner Bedeutung im deutschen Sprachraum verwendet werden. Wird allerdings ausschließlich auf die Situation in (Süd-)Osteuropa Bezug genommen, wird der einfache Begriff Roma herangezogen.

II. „Zigeuner“

Neben den eben erläuterten Begrifflichkeiten ist auch die Bezeichnung „Zigeuner“ im deutschen Sprachgebrauch existent.[14] „Zigeuner“ stellt aber nicht, wie lange vermutet wurde, eine Verschmelzung von „ziehender Gauner“ dar, sondern leitet sich wohl von dem griechischen Wort *Athinganoi* ab, was so viel bedeutet wie „Unberührbare“. Als *Athinganoi* wurden im Mittelalter die Mitglieder einer gnostischen Sekte bezeichnet, die vor allem im westlichen Anatolien verbreitet war und im Verdacht stand, Zauberei und Wahrsagerei zu betreiben. Eventuell hatten die Sinti und Roma mit ihnen Kontakt; warum genau die Sinti und Roma mit Ihnen begrifflich in Verbindung gebracht wurden ist allerdings nicht geklärt.[15]

Von den meisten Sinti und Roma und ihren Interessenvertretungen wird die Bezeichnung „Zigeuner“ als diskriminierend empfunden und daher abgelehnt.[16]

---

14 Der Begriff existiert in abgewandelter Form in einer Vielzahl von Sprachen, z. B. *tsigane* (französisch), *atsinganos* (griechisch), *cygan* (polnisch). In Westeuropa verwendete Begriffe wie *gypsy* (englisch) oder *gitano* (spanisch) gehen darauf zurück, dass lange angenommen wurde, dass die Sinti und Roma aus Ägypten stammen. Vgl. dazu: *Leidgeb/Horn*, Opre Roma!, S. 12 f.; *Liégeois*, Roma, Sinti, Fahrende, S. 28, 49 f.; sehr ausführlich: *Vossen*, Zigeuner, S. 20 ff.

15 Vgl. *ebd.*, S. 20; *Wippermann*, „Wie die Zigeuner“, S. 51.

16 So etwa vom Zentralrat Deutscher Sinti und Roma, vgl. hierzu die Homepage des an den Zentralrat angegliederten Dokumentations- und Kulturzentrums: http://www.sintiundroma.de/sinti-roma.html (zuletzt aufgerufen am 12.6.2018). Anders allerdings die Sinti Allianz Deutschland, welche sich als Interessenvertretung deutscher Sinti

Anders als beim Begriffspaar Sinti und Roma, welches eine Selbstbezeichnung darstellt, handelt es sich bei „Zigeuner“ um eine Fremdbezeichnung, die der Minderheit von der Mehrheitsgesellschaft auferlegt wurde und eben nicht dem Romanes selbst entsprungen ist.[17]

Der Begriff „Zigeuner“ ist mit einer Geschichte der Verfolgung und Stigmatisierung verbunden und mit einer Reihe negativer Vorurteile behaftet, die seit der Ankunft der Sinti und Roma in Europa im 13./14. Jahrhundert bestehen.[18] Die Mehrheitsgesellschaft assoziiert mit ihm bestimmte Eigenschaften und konstruiert so ein stereotypes „Zigeunerbild“. Mit der Bezeichnung geht die automatische und pauschale Zuordnung zu einer sozialen Randgruppe einher, die als umherziehend, verarmt, delinquent und arbeitsscheu angesehen wird und somit das Gegenbild zum rechtschaffenden Bürger darstellt. Neben diesen negativen Merkmalen werden mit dem „Zigeunerbegriff“ auch romantische und mystische Vorstellungen verknüpft. So existiert das Bild vom exotischen, naturverbundenen und lustigen „Zigeunerleben“, welches vermehrt in Kunst und Literatur aufgegriffen wurde und wird. Hierdurch wird eine romantisierende Sehnsucht der Mehrheitsbevölkerung bedient.[19] Die genannten Attribute sind mittlerweile untrennbar mit dem „Zigeunerbegriff“ verbunden:

> Die antiziganistischen Stereotype, etwa „Nomadentum“, „Betteln“ oder „Diebstahl“, die über die Jahrhunderte herangezogen wurden, um Verfolgung und Diskriminierung zu legitimieren, treten nicht wie zufällige Ergänzungen oder beliebig austauschbare Adjektive zur hier thematisierten Bezeichnung hinzu. Vielmehr sind sie im Laufe der Zeit so

---

versteht. Sie bezeichnete sich lange Zeit als „Zusammenschluss deutscher Zigeuner“, vgl. dazu die alte Homepage des Vereins: http://deutschezigeuner.blogspot.de/ (zuletzt aufgerufen am 12.6.2018). Mittlerweile wird der Begriff „Zigeuner“ von der Sinti Allianz zwar nicht mehr aktiv verwendet, eine „wertneutrale“ Benutzung des Begriffs wird aber nicht beanstandet. Dagegen wird die Doppelbezeichnung Sinti und Roma entschieden abgelehnt, da sie die nötige Differenzierung zwischen den Untergruppen nicht gewährleiste, vgl. hierzu die aktuelle Homepage der Sinti-Allianz: http://sintiallianzdeutschland.de/geschichte-der-sinti/ (zuletzt aufgerufen am 12.6.2018).

17 Vgl. *End*, Bilder und Sinnstruktur des Antiziganismus, S. 16; *Bartels*, Antiziganismus benennen, S. 23; *Solms*, „Kulturloses Volk“, S. 15.

18 Einen historischen Überblick über die verschiedenen Merkmale, die dem Begriff über die Jahrhunderte zugeschrieben wurden, bieten: *Solms*, Schützt uns vor „Zigeuner“-Bildern!; *Wippermann*, Antiziganismus.

19 Einen ausführlichen Überblick mit zahlreichen Beispielen aus Musik, Kunst und Literatur verschaffen: *Solms*, Zigeunerbilder; *Krausnick*, Das Bild der Sinti und Roma in der deutschsprachigen Kinder- und Jugendliteratur; *Krausnick*, Die Zigeuner sind da, S. 93 ff.

sehr mit dieser verschmolzen, dass die Bezeichnung diese Bilder notwendig beinhaltet und nicht losgelöst von ihnen gebraucht werden kann.[20]

Durch die Verwendung des „Zigeunerbegriffs" für Sinti und Roma werden die stereotypen Bilder, die mit ihm verknüpft sind, automatisch auf diese übertragen. So werden die Sinti und Roma zur Projektionsfläche antiziganistischer Klischees. Die Wahrnehmung der Sinti und Roma durch die Mehrheitsgesellschaft bewegt sich dementsprechend zwischen zwei ambivalenten Stereotypen, nämlich dem der Ablehnung und Ausgrenzung einerseits und der Romantisierung andererseits.

Nicht nur Sinti und Roma werden mit dem Stigma „Zigeuner" belegt. Auch andere Gruppen, wie die vorwiegend in Irland und Großbritannien verbreiteten *Irish Travellers* oder die in der Schweiz und Süddeutschland lebenden Jenischen sind hiervon betroffen. Ihnen allen gemein ist, dass sie von der Mehrheitsgesellschaft als unangepasst und nicht rechtsschaffend und daher als „Zigeuner" oder „fahrendes Volk" wahrgenommen werden.[21]

Aus den eben genannten Gründen wird der Begriff „Zigeuner" in der Wissenschaft kaum mehr als neutrale Bezeichnung für die Sinti und Roma verwendet.[22] Auch von der Autorin wird der Begriff „Zigeuner" auf Grund seines diskriminierenden Charakters und aus Respekt vor dem Wunsch der Mehrheit der Sinti und Roma, nicht als „Zigeuner" bezeichnet zu werden, abgelehnt. Da auf ihn

20 *Bartels*, Antiziganismus benennen, S. 24.

21 Vgl. *Solms*, „Kulturloses Volk", S. 9; *End*, Antiziganismus, S. 47.

22 Anders dagegen die Anhänger der deutschen Tsiganologie (sog. „Zigeunerkunde"), die sich auf wissenschaftlicher Ebene mit der Geschichte, Kultur und Herkunft der Sinti und Roma befassen. Sie halten weiter am Begriff „Zigeuner" fest, begründen dies mit seiner Allgemeinverständlichkeit und argumentieren damit, dass nur durch die Verwendung des Begriffs an die Geschichte der Verfolgung und Diskriminierung erinnert werden könne, vgl. *Gronemeyer/Rakelmann*, Zigeuner, S. 11. Die unkritische Verwendung des Begriffs zeigt sich auch in den Werken anderer Vertreter der Tsiganologie wie etwa *Joachim S. Hohmann* oder *Bernhard Streck*. Sowohl von Seiten der Sinti und Roma als auch seitens anderer Wissenschaftler werden die Positionen der Tsiganologen stark kritisiert. Ihnen wird insbesondere vorgeworfen, dass sie den bestehenden rassistischen Ressentiments weiteren Nährboden bieten und somit auch das Verhältnis zwischen den Sinti und Roma und der Wissenschaft nachhaltig beschädigen, vgl. dazu: *Reemtsma*, Exotismus und Homogenisierung, S. 66 f.; *Rose*, Die neue Generation und die alte Ideologie; *Severin*, „Zwischen ihnen und uns steht eine kaum zu überwindende Fremdheit."; *Borcke*, Feldforschung. Gleichzeitig ist aber anzumerken, dass die tsiganologische Forschungstätigkeit an deutschen Hochschulen in den letzten Jahren deutlich abgenommen hat.

im Rahmen der Erläuterung des historischen und gesellschaftlichen Kontextes nicht verzichtet werden kann, wird er als Zeichen der Distanzierung in Anführungszeichen gesetzt. Es sei jedoch angemerkt, dass ein bloßer Verzicht auf die Fremdbezeichnung und die Verwendung der Selbstbezeichnung das Problem eines antiziganistischen Sprachgebrauchs nur zum Teil löst. Antiziganistische Vorurteile und Stereotype lassen sich nämlich auch auf die Doppelbezeichnung Sinti und Roma übertragen. Auch diese Begriffe werden häufig in ebenso ressentimenthafter Weise gebraucht und dienen so als Träger des oben benannten rassistischen Konstrukts. Dies spricht nicht gegen eine Verwendung der Eigenbezeichnung, soll aber verdeutlichen das eine Verwendung derselbigen nicht automatisch vor antiziganistischen Inhalten schützt.[23]

III. Antiziganismus

Antiziganismus bezeichnet die Feindseligkeit gegenüber Sinti und Roma, umfasst dabei (historisch gewachsene) Vorurteile und Stereotype und reicht von Reserviertheit und Ablehnung bis zur physischen Verfolgung.[24] *Valeriu Nicolae*, der aktuelle *Special Representative of the Secretary General for Roma Issues* des Europarates, schlägt folgende Definition von Antiziganismus (im Englischen: *Anti-Gypsyism*) vor: *"Anti-Gypsyism is a specific form of racism, an ideology of racial superiority, a form of dehumanisation and of institutional racism [...] fuelled by historical discrimination"*.[25] Der deutsche Antiziganismusforscher *Markus End* stellt auf eine „dreiteilige abstrakte" Definition ab:

> Antiziganismus bezeichnet ein historisch gewachsenes und sich selbst stabilisierendes soziales Phänomen, das eine homogenisierende und essentialisierende Wahrnehmung und Darstellung bestimmter sozialer Gruppen und Individuen unter dem Stigma „Zigeuner" oder anderer verwandter Bezeichnungen, eine damit verbundene Zuschreibung spezifischer devianter Eigenschaften an die so Stigmatisierten sowie vor diesem Hintergrund entstehende diskriminierende soziale Strukturen und gewaltförmige Praxen umfasst.[26]

---

23 Hierzu auch: *End*, Antiziganismus, S. 47; *Bartels*, Antiziganismus benennen, S. 33 ff.

24 Zu Bedeutung und Hintergrund des Begriffs Antiziganismus: *Wippermann*, „Wie die Zigeuner", S. 10 ff.; *ders.*, Antiziganismus, S. 37; *Solms*, „Kulturloses Volk", S. 9 f.

25 Zitiert in: Europarat, Descriptive Glossary of terms relating to Roma issues, 2012, S. 12, verfügbar unter: http://a.cs.coe.int/team20/cahrom/documents/Glossary%20Roma%20EN%20version%2018%20May%202012.pdf (zuletzt aufgerufen am 12.6.2018).

26 *End*, Antiziganismus, S. 47.

Wie sich aus *Ends* Definition ergibt, sind auch andere Gruppen als die Sinti und Roma Adressaten von Antiziganismus. Dies betrifft etwa die *Irish Travellers*, die Jenischen oder andere angeblich „unangepasst" Lebende, die mit dem Stigma „Zigeuner" belegt werden.[27]

Der Begriff des Antiziganismus ist verhältnismäßig jung und tauchte im Englischen als *Anti-Gypsyism* erstmals 2005 in einer Entschließung des Europäischen Parlaments auf.[28] Mittlerweile ist er ein fester Begriff auf der Agenda internationaler Organisationen wie der Organisation für Sicherheit und Zusammenarbeit in Europa (OSZE) oder des Europarats. Obwohl der Begriff des Antiziganismus in der Wissenschaft nach wie vor umstritten ist, erfährt er immer weitere Verbreitung und Akzeptanz.[29]

B. Historischer Überblick

Die Sinti und Roma verbindet mit Europa eine jahrhundertelange, facettenreiche Geschichte. Die Erforschung dieser Geschichte gestaltet sich jedoch seit jeher schwierig, da das Romanes ursprünglich keine Schriftsprache war und somit keinerlei historische Selbstzeugnisse der Sinti und Roma existieren. Nichtsdestotrotz soll im Folgenden ein kurzer Überblick über die Historie der Sinti und Roma in Europa verschafft werden. Eine umfassende und vollständige Darstellung unter Berücksichtigung aller historischen Entwicklungen in sämtlichen

27 Siehe dazu bereits: Teil 1, A. II.

28 Europäisches Parlament, Resolution on the situation of the Roma in the European Union v. 28.4.2005, verfügbar unter: http://www.europarl.europa.eu/sides/getDoc.do?pubRef=-//EP//TEXT+TA+P6-TA-2005-0151+0+DOC+XML+V0//EN (zuletzt aufgerufen am 12.6.2018). In der deutschen Version wurde der Begriff Romafeindlichkeit benutzt.

29 Kritisiert wird am Begriff des Antiziganismus oftmals, dass er die Existenz eines „Ziganismus" impliziere, den es nicht gebe. Dieser Einwand verkennt jedoch, dass Antiziganismus nicht als Gegenstück zu „Ziganismus" zu verstehen ist. Ähnlich wie Antiamerikanismus bezeichnet er „kulturalistische und rassistische Voruteilskomplexe, mit anderen Worten, Vorurteile, die sich gegen eine (angenommene) spezifische Ausprägung der Merkmalskategorien ›Rasse‹, ›Religion‹ oder ›Kultur‹ richten.", *End*, Antiziganismus, S. 51. Erst der Begriff des Antiziganismus ermöglicht es, „Zigeuner" als ein „soziales Konstrukt der Mehrheitsgesellschaft zu analysieren", *ebd.* S. 52. Auf die Kritik, dass der Terminus Antiziganismus den Begriff „Zigeuner" selbst beinhalte, ihn folglich reproduziere und womöglich zu neuer Legitimität verhelfe, kontert *End*, dass daher ein ständiger Verweis auf den Konstruktionscharakter der Bezeichnung „Zigeuner" vonnöten sei, *ebd.*, S. 68 ff.

europäischen Staaten würde den Rahmen dieser Arbeit sprengen.[30] So beziehen sich die folgenden Ausführungen schwerpunktmäßig auf Deutschland.

I. Ursprüngliche Herkunft und Wanderbewegung nach Europa

Lange Zeit existierten in Europa wilde und teils skurrile Spekulationen über die ursprüngliche Herkunft der Sinti und Roma.[31] Verbreitet war etwa die Theorie, dass sie eigentlich deutsche Juden seien, die sich im 14. Jahrhundert zum Schutz vor Verfolgung über 50 Jahre lang im Wald und in Höhlen versteckt gehalten hätten und sich anschließend als Sinti und Roma ausgegeben hätten, um ihre eigentliche Herkunft zu verschleiern.[32]

Erst 1782 gelang es dem Sprachwissenschaftler *Johann Christian Christoph Rüdiger*, den Nachweis über die Verwandtschaft des Romanes mit dem alt-indischen Sanskrit zu erbringen.[33] Auf Grund dieses Sprachvergleichs gilt die Herkunft der Sinti und Roma aus dem nordwestlichen Indien heute als erwiesen. Zwischen dem 5. und dem 13. Jahrhundert, wie in der Wissenschaft angenommen wird, verließen die Vorfahren der Sinti und Roma in mehreren Intervallen und einzelnen Gruppen Indien in Richtung Europa. Auf Grund der Sprachfärbung der einzelnen Romanes-Dialekte kann davon ausgegangen werden, dass sich die Wanderbewegung über Persien, Armenien, Griechenland und die südslawische Region erstreckte.[34] Zudem existieren verschiedene byzantinische und europäische Quellen, die auf die Anwesenheit von Sinti und Roma in diesen

---

30 Umfassende Darstellungen der Geschichte der Sinti und Roma von ihrer Zeit in Indien bis heute finden sich bei: *Fraser*, The Gypsies; *Vossen*, Zigeuner; *Reemtsma*, Sinti und Roma.

31 In einer historischen Abhandlung zeigte der Kulturhistoriker *Heinrich Moritz Gottlieb Grellmann* 1783 die zahlreichen, damals existierenden Ansätze zur Herkunft der Sinti und Roma auf: *ders.*, Zigeuner, S. 176 ff.

32 *Grellmann* bezeichnet diese Theorie sogar als „scheinbarer", d.h. plausibler, *ebd.*, S. 182 ff. Urheber dieser Theorie war jedoch der Polyhistoriker *Johann Christoph Wagenseil*, vgl. *ders.*, Buch von der Meister-Singer Holdseligen Kunst, S. 438 ff.

33 *Rüdiger*, Von der Sprache und Herkunft der Zigeuner aus Indien. Ein Jahr später (1783) erschien auch die eben bezeichnete Abhandlung *Grellmanns*, in der dieser nach Entkräftung aller anderer Ansätze und nach einem ausführlichen Sprachvergleich ebenfalls zum Ergebnis kam, dass die Sinti und Roma aus dem sog. Hindustan, also aus dem heutigen Indien stammen, vgl. *ders.*, Zigeuner, S. 216 ff.

34 Vgl. *Fraser*, The Gypsies, S. 33 ff.; *Vossen*, Zigeuner, S. 18 f.; *Krausnick*, Die Zigeuner sind da, S. 14 f. Ebenfalls darauf hinweisend, dass die verschiedenen Mundarten auf die Migrationswege Hinweis geben: *Matras*, Sprache der Roma, S. 251.

Gebieten schließen lassen.[35] Heute geht die Wissenschaft mehrheitlich davon aus, dass äußere Faktoren wie Verfolgung, Vertreibung und wirtschaftliche Zwänge Anlass für die stetige Migration waren und nicht – wie lange angenommen wurde – ein natürlich veranlagter Wandertrieb der Sinti und Roma.[36]

Die erstmalige Ausbreitung der Sinti und Roma nach Mittel- und Westeuropa im 14. und 15. Jahrhundert hing mit den Eroberungen des osmanischen Reiches in Kleinasien und Südosteuropa zusammen. Viele flüchteten vor den nahenden Osmanen und den drohenden Bürgerkriegen. Ein großer Teil der Sinti und Roma blieb jedoch in den osmanisch besetzten Gebieten, konvertierte zum Teil zum Islam und war in das osmanische Heer eingegliedert.[37] In den rumänischen Fürstentümern Walachei und Moldau fielen die Sinti und Roma als sogenannte „Zigeunersklaven" der Schuldknechtschaft und Leibeigenschaft durch Kirche oder Großgrundbesitzer zum Opfer. Als Sklaven lebten viele Sinti und Roma als Handwerker und Händler vom Reisegewerbe und mussten ihrem Herrn einen Jahreszins zahlen.[38] Erst Mitte des 19. Jahrhunderts wurde die Leibeigenschaft in den altrumänischen Fürstentümern abgeschafft.

II. Ankunft im deutschen Sprachraum

Mitte des 15. Jahrhunderts waren die Sinti und Roma bereits in fast alle europäischen Länder vorgedrungen. Erstmals urkundlich erwähnt auf deutschem

35 Bekannt sind etwa die Aufzeichnungen des Franziskanermönchs *Symon Simeonis* aus dem Jahre 1322. Er berichtet von umherziehenden Personen (möglicherweise Sinti und Roma), die sich in Zelten und Höhlen auf Kreta aufhielten. Diese und viele weitere Quellen werden ausführlich aufgeführt in: *Gilsenbach*, Weltchronik der Zigeuner I, S. 15 ff.; *Reemtsma*, Sinti und Roma, S. 18 ff.; *Liégeois*, Roma, Sinti, Fahrende, S. 27 ff.

36 So nimmt die Wissenschaft überwiegend an, dass die Abwanderung der Sinti und Roma aus Persien mit der islamischen Eroberung durch die Araber im 7. Jahrhundert und die Abwanderung aus Kleinasien mit dem dortigen Eintreffen der turkmenischen Seldschuken (Türken) im 11. Jahrhundert zusammenhing, vgl. *Vossen*, Zigeuner, S. 18 f., 24; *Fraser*, The Gypsies, S. 45; *Leidgeb/Horn*, Opre Roma!, S. 17. Insgesamt zu den Gründen für die Migrationsbewegungen: *Liégeois*, Roma, Sinti, Fahrende, S. 37. *Fraser* weist zudem darauf hin, dass die Sinti und Roma, die als freie Handwerker arbeiteten, dazu gezwungen waren, ihre Berufe auf mobilem Wege auszuüben, um den Markt nicht zu überfluten und sich einen gewissen Kundenstamm zu halten: *ders.*, The Gypsies, S. 43.

37 Vgl. *Reemtsma*, Sinti und Roma, S. 25.

38 Andere Sinti und Roma lebten als Feld- oder Haussklaven. Ausführlich zu den verschiedenen Gruppen der „Zigeunersklaven": *Vossen*, Zigeuner, S. 55 ff.; *Reemtsma*, Sinti und Roma, S. 22 f., *Puxon*, Zur Geschichte der Zigeuner, S. 14 f.

Gebiet wurden die Sinti 1407 in den „Kämmereirechnungen" der Stadt Hildesheim, in denen die Bewirtung von sogenannten „Tataren" vermerkt ist.[39] Der Begriff „Tataren" wurde lange Zeit vor allem in Norddeutschland als Synonym für „Zigeuner" gebraucht.[40]

Zunächst genossen die Sinti im deutschen Sprachraum weitgehende Gastfreundschaft und wurden von der ansässigen Bevölkerung zwar misstrauisch jedoch mehr oder minder offen empfangen. Mit sogenannten Schutz- oder Geleitbriefen, die ihnen etwa von *Sigismund*, dem König des Heiligen Römischen Reiches Deutscher Nation (1410–1437) und späteren deutsch-römischen Kaiser (1433–1437), ausgestellt wurden, war es ihnen möglich, meist unbehelligt durch die Gebiete des Reiches zu ziehen.[41] Doch neben Interesse und Akzeptanz, die den Sinti in der Anfangszeit entgegengebracht wurden, traten schnell erste Anzeichen von Ablehnung und Verfolgung. Aus den Jahren 1448 bis 1497 existieren beispielsweise mehrere Aufzeichnungen in den Büchern der Stadt Frankfurt am Main, die die Vertreibung von Sinti-Gruppen aus der Stadt dokumentieren.[42] Schließlich wurden in vielen Territorien des Reiches Gesetze und Edikte durch die Obrigkeiten erlassen, die den Aufenthalt von „Zigeunern" in ihrem Gebiet untersagten, wie etwa 1472 durch *Friedrich I.*, Kurfürst der Pfalz, oder 1482 durch Kurfürst *Albrecht Achilles von Brandenburg*.[43] Auf den Reichstagen von Lindau und Freiburg von 1496/97 und 1498 wurde der Schutzbrief *Sigismunds* von den dort versammelten weltlichen und geistlichen Machthabern des Reiches (sogenannte Reichsstände) aufgehoben. Im Reichsabschied von Freiburg, welcher die Beschlüsse des Reichstags zusammenfasste, wurde den Sinti der Aufenthalt im gesamten Reich untersagt und sie wurden für vogelfrei erklärt. Von da an befanden sie sich somit in einem Zustand völliger Rechtlosigkeit; sie waren zur Verfolgung, Folterung und Tötung freigegeben.[44]

---

39 Vgl. *Gilsenbach*, Weltchronik der Zigeuner I, S. 45; *Reemtsma*, Sinti und Roma, S. 27; *Fraser*, The Gypsies, S. 62; *Krausnick*, Die Zigeuner sind da, S. 15 f.

40 Der Begriff deutet auf die Angst der ansässigen Bevölkerung vor den fremden Neuankömmlingen hin, die zunächst mit den gefürchteten mongolischen oder tartarischen Steppenreitern verwechselt wurden, vgl. *Vossen*, Zigeuner, S. 24.

41 Vgl. *Rose*, Bürgerrechte für Sinti und Roma, S. 11; *Reemtsma*, Sinti und Roma, S. 34; *Gilsenbach*, Weltchronik der Zigeuner I, S. 48 f.; *Liégeois*, Roma, Sinti, Fahrende, S. 30. Abgedruckt findet sich der Geleitbrief von Kaiser *Sigismund* aus dem Jahr 1423 bei: *Krausnick*, Die Zigeuner sind da, S. 16; *Vossen*, Zigeuner, S. 29.

42 Vgl. *Gilsenbach*, Weltchronik der Zigeuner I, S. 84.

43 Vgl. *Härter*, Kriminalisierung, Verfolgung und Überlebenspraxis der „Zigeuner", S. 44; *Vossen*, Zigeuner, S. 44.

44 Vgl. *Gilsenbach*, Weltchronik der Zigeuner I, S. 112, 115 f.; *Vossen*, Zigeuner, S. 44 f.

III. Frühneuzeitliche Verfolgung

Die Bestimmungen in den Reichsabschieden von Lindau und Freiburg lösten eine Welle von „Zigeuneredikten" in den einzelnen Fürstentümern und Herrschaftsgebieten des Reiches aus, mit denen ein Aufenthalt der Sinti und Roma im jeweiligen Territorium verhindert werden sollte. Vor allem nach Ende des Dreißigjährigen Krieges 1648 stieg die Zahl der sie betreffenden Polizeiordnungen und Einzelgesetze stark an, was wohl vor allem an der Zersplitterung des Reichs in zahlreiche Kleinstaaten als Folge des Westfälischen Friedens lag, aber auch daran, dass der Krieg die Zahl der umherziehenden Personen stark hatte steigen lassen.[45] Da sie als umherziehendes Volk (wobei hier anzumerken ist, dass ihnen ein dauerhaftes Niederlassen auf Grund der ständigen Vertreibung verwehrt wurde) das Gegenstück zum Leitbild eines sesshaften und geschlossenen Gemeinwesens bildeten, wurden die Sinti, sowie andere mobile Gruppen dauerhaft kriminalisiert und reglementiert. Angedroht wurde ihnen Militär- und Galeerendienst, Landesverweisung meist in Kombination mit Prügelstrafen und Brandmarkung, Zuchthaus- und sogar die Todesstrafe.[46] Fokussiert wurde durch die Obrigkeiten auch die Zerstörung des Familienverbandes – so wurden zahlreichen Eltern die Kinder entrissen und zwangsweise in christlichen Erziehungsanstalten untergebracht.[47] Hier zeigten sich erste Formen von Zwangsassimilation.

Im Zusammenhang mit der frühneuzeitlichen Gesetzgebung wird nochmals deutlich, dass der Begriff „Zigeuner" nicht nur die ethnische Gruppe der Sinti und Roma bezeichnete, sondern vielmehr ein Synonym für umherziehende und (im Sinne der Obrigkeiten) „kriminelle Vaganten" war, was die negative Konnotation des Begriffs weiter verdeutlicht.[48] Trotz der Verfolgung konnten die Sinti in manchen Territorien von handwerklichen Tätigkeiten, Handel oder künstlerischen Darbietungen leben und wurden trotz Ablehnung geduldet.

---

45 Vgl. *Härter*, Zigeuner, Sp. 1700 f.; *ders.*, Kriminalisierung, Verfolgung und Überlebenspraxis der „Zigeuner", S. 47 f.; *Reemtsma*, Sinti und Roma, S. 39 f.; *Rose*, Bürgerrechte für Sinti und Roma, S. 11 f. Einen ausführlichen Überblick über die verschiedenen Edikte bietet: *Vossen*, Zigeuner, S. 45 ff.

46 Vgl. *Härter*, Kriminalisierung, Verfolgung und Überlebenspraxis der „Zigeuner", S. 54; *ders.*, Zigeuner, Sp. 1702.

47 Vgl. *ders.*, Kriminalisierung, Verfolgung und Überlebenspraxis der „Zigeuner", S. 54 f.

48 Vgl. *ebd.*, S. 58.

IV. Hintergründe der frühneuzeitlichen Verfolgung

Hier drängt sich unweigerlich die Frage auf, warum den Sinti und Roma derartige Ablehnung entgegenschlug. Die deutsche Ethnologin *Katrin Reemtsma* begründete dies abschließend damit, dass die Sinti und Roma als zugereiste Fremde zur „Projektionsfläche für spätmittelalterliche Ängste und Mißstände“ wurden.[49] In einer Zeit der politischen und wirtschaftlichen Unsicherheit dienten sie, aber auch andere stigmatisierte Gruppen wie Bettler oder Juden, der Bevölkerung als willkommene Sündenböcke. Vor allem der haltlose Verdacht, die Sinti und Roma seien als osmanische Spione tätig, diente als Katalysator für die zunehmende Verfolgung in einer Gesellschaft, in der die Angst vor den herannahenden Türken groß war.[50] Auf Grund ihrer als fremdartig und exotisch empfundenen Erscheinung wurden sie schnell für die Pest und andere Katastrophen verantwortlich gemacht. Die Initiatoren dieser negativen Zuschreibungen verfolgten oft einem Selbstzweck. Die sich in einer Krise befindliche katholische Kirche etwa, der die Wahrsagerei der Sinti und Roma ein Dorn im Auge war, erhoffte sich durch Zauberei- und Hexereivorwürfe, das Vertrauen der Bevölkerung in die Kirche zu stärken. Auch die Handwerkszünfte und Handelsgilden hatten Interesse daran, wirtschaftliche Konkurrenz, wie die als Handwerker und Händler umherziehenden Sinti und Roma, auszuschalten.[51]

Die Stigmatisierung und Verfolgung der Sinti und Roma in Europa ist folglich ein Phänomen, welches seine Anfänge schon in der Frühen Neuzeit, kurz nach ihrer Ankunft auf europäischem Territorium, findet. Den Höhepunkt dieser Verfolgungsgeschichte stellte die systematische Vernichtung der Sinti und Roma während des deutschen Nationalsozialismus dar, für die die frühneuzeitliche „Zigeunerpolitik“ die ersten Weichen legte.

V. Zwangsassimilation im Zeitalter der Aufklärung

Im Zeitalter der Aufklärung wandelte sich die bisherige Vertreibungs- und Verfolgungspolitik zu einer Politik der Zwangsassimilation. Besonders hervorzuheben

49 *Reemtsma*, Sinti und Roma, S. 31.

50 Vgl. *Solms*, Zigeunerbilder, S. 25 f.; *Vossen*, Zigeuner, 44 f.; *Reemtsma*, Sinti und Roma, S. 30. In den Reichsabschieden von Lindau und Freiburg wurde die angeordnete Vogelfreiheit explizit mit der angeblichen „Kundschaftertätigkeit“ für die Türken begründet; mit Originalauszügen: *ebd.*, S. 36.

51 Vgl. *ebd.*, S. 30 f., 37; *Puxon*, Zur Geschichte der Zigeuner, S. 16. Einen ausführlichen Überblick über die verschiedenen Vorwürfe und Zuschreibungen bietet: *Vossen*, Zigeuner, S. 36 ff.

sind die Assimilierungsversuche durch *Maria Theresia von Österreich* und ihrem Sohn *Joseph II.* In der zweiten Hälfte des 18. Jahrhunderts erließen sie mehrere Vorschriften, die darauf abzielten, den Sinti und Roma die kulturelle Identität zu rauben und sie zu „zivilisieren".[52] Dies beinhaltete unter anderem die Zwangssesshaftmachung, ein Verbot des Romanes, reiner Sinti- und Roma-Ehen sowie klassischer Sinti- und Roma-Berufe sowie die erzwungene Unterbringung von Kindern in christlichen Einrichtungen oder Pflegefamilien.[53] Ähnliche Initiativen wurden auch in anderen Herrschaftsgebieten ergriffen, wie etwa durch *Friedrich II. von Preußen*, der die Gründung von sogenannten „Zigeunerkolonien" anordnete, um umherziehende Sinti und Roma fest anzusiedeln.[54] Die meisten dieser Vorhaben waren jedoch wenig erfolgreich, da ihnen seitens der Betroffenen massiver Widerstand entgegengebracht wurde.[55]

VI. Vorarbeit zum Genozid

Nach der Reichsgründung 1871 setzte sich die restriktive „Zigeunerpolitik" der vergangenen Epochen weiter fort und ging einher mit dem Aufbau eines straffen Verwaltungsapparates nach preußischem Vorbild. Infolge der Abschaffung der Leibeigenschaft in der Moldau und der Walachei migrierten viele Roma auf der Suche nach erträglicheren Lebensbedingungen auch nach Deutschland.[56] Die Antwort des deutschen Reiches war jedoch in vielen Fällen die Verweigerung der Einreise beziehungsweise die Abschiebung der ausländischen Roma. Die Sinti und Roma, die sich im Reich aufhielten, wurden strengen Kontrollen und Reglementierungen unterworfen, zum Beispiel durch die Einführung von Wandergewerbescheinen, Meldepflichten und Gruppenreiseverboten.[57] Im Jahre 1906 erging schließlich in Preußen die „Anweisung zur Bekämpfung des Zigeunerunwesens", die die diversen administrativen Regelungen zu bündeln versuchte.

---

52 Vgl. *Krausnick*, Die Zigeuner sind da, S. 19 f.; *Liégeois*, Roma, Sinti, Fahrende, S. 174 f.

53 Vgl. *Fraser*, The Gypsies, S. 157 ff.; *Puxon*, Zur Geschichte der Zigeuner, S. 18; *Reemtsma*, Sinti und Roma, S. 44; *Liégeois*, Roma, Sinti, Fahrende, S. 175.

54 Vgl. *Tebbutt*, Das Puzzle zusammensetzen, S. 20; *Vossen*, Zigeuner S. 55; beide mit weiteren Beispielen.

55 Als eines der wenigen Beispiele eines „geglückten" Assimilationsversuchs kann das heutige Burgenland in Österreich angeführt werden, in dem heute noch die Ansiedlung von Roma-Familien auf Maßnahmen Maria-Theresias zurückgeführt werden kann, vgl. *Mayerhofer*, Dorfzigeuner, S. 23 ff.

56 Zur sog. „zweiten großen Wanderbewegung der Roma" ausführlich: *Vossen*, Zigeuner, S. 58 ff.

57 Vgl. *ebd.*, S. 65 ff; *Härter*, Zigeuner, Sp. 1704 f.

Sie sah neben präventiven Maßnahmen wie die äußerste Zurückhaltung bei der Ausstellung von Ausweispapieren oder Wandergewerbescheinen auch repressive Maßnahmen wie die Beobachtung und Auflösung „umherziehender Zigeunerbanden“ vor.[58] Die zahlreichen neuen Regelungen machten den Sinti und Roma das Ausüben eines legalen Gewerbes nahezu unmöglich, sodass die Kriminalität für viele Familien die einzige Möglichkeit zur Existenzsicherung war.

Zudem wurde eine neue Form der Überwachung eingeführt. 1899 war in Bayern der „Nachrichtendienst für die Sicherheitspolizei in Bezug auf Zigeuner“ mit Sitz in München eingerichtet worden, der zu einer zentralen Registrierungsstelle für Sinti und Roma wurde.[59] Unter anderem entstand aus der Arbeit der sogenannten „Zigeunerzentrale“ das von Kriminalrat *Alfred Dillmann* erstellte „Zigeunerbuch“, welches über 3000 als „Zigeuner“ bezeichnete Personen mit persönlichen Daten und Fotos erfasste.[60] Später wurde zusätzlich die Erfassung mittels Fingerabdruckverfahren eingeführt.[61] 1926 verabschiedete der bayerische Landtag das „Gesetz zur Bekämpfung von Zigeunern, Landfahrern und Arbeitsscheuen“, welches die rechtliche Diskriminierung der Sinti und Roma weiter manifestierte. Es sah unter anderem die Internierung in einem Arbeitslager vor, wenn der Nachweis einer geregelten Arbeit nicht erbracht werden konnte.[62] Das Gesetz hatte kriminalpräventiven Charakter und knüpfte die Maßnahmen nicht mehr an eine bestimmt Straftat, sondern vielmehr an das „Zigeunersein“ als solches. Welche Personen als „Zigeuner“ einzustufen waren, wurde schließlich der „Rassenkunde“ aufgetragen.[63]

---

58 Zur Anweisung insgesamt: *Hehemann*, „Bekämpfung des Zigeunerunwesens“, S. 261 ff.; *Reemtsma*, Sinti und Roma, S. 88 f.; *Fraser*, The Gypsies, S. 251.

59 Vgl. *Leidgeb/Horn*, Opre Roma!, S. 30, *Bastian*, Sinti und Roma im Dritten Reich, S. 21 f.; *Hehemann*, „Bekämpfung des Zigeunerunwesens“, S. 285 ff. Zunächst beschränkte sich die Arbeit der „Zigeunerzentrale“ auf Bayern, bald aber orientierte man sich auch über die Landesgrenzen hinweg und es fand eine Vernetzung mit den Polizeidirektionen der anderen Länder statt, vgl. *Bastian*, Sinti und Roma im Dritten Reich, S. 25.

60 Vgl. *Tebbutt*, Das Puzzle zusammensetzen, S. 20; *Reemtsma*, Sinti und Roma, S. 89; *Fraser*, The Gypsies, S. 252 f.; *Panayi*, Ethnic Minorities in Nineteenth and Twentieth Century Germany, S. 97.

61 Vgl. *Härter*, Zigeuner, Sp. 1705; *Leidgeb/Horn*, Opre Roma!, S. 30.

62 Vgl. *Hehemann*, „Bekämpfung des Zigeunerunwesens“, S. 294 ff.; *Fraser*, The Gypsies, S. 253; *Panayi*, Ethnic Minorities in Nineteenth and Twentieth Century Germany, S. 144.

63 Gesetz zur Bekämpfung von Zigeunern, Landfahrern und Arbeitsscheuen v. 22.7.1926, in: Gesetz- und Verordnungsblatt für den Freistaat Bayern 17 (1926), S. 359.

Hervorzuheben ist insbesondere die Ambivalenz der deutschen „Zigeunerpolitik" zur damaligen Zeit. Zum einen versagte man den Betroffenen die Ausstellung von Gewerbescheinen, zum anderen warf man ihnen vor, dass sie keiner Arbeit nachgingen. Während die obersten Behörden auf eine Sesshaftmachung der reisenden Sinti und Roma abzielten, lehnten die kommunalen Behörden solche Maßnahmen ab, da eine dauerhafte Niederlassung der Sinti und Roma auf dem Gemeindegebiet unerwünscht war. Die Folge war ihre weitere Vertreibung.[64] Durch das enge Netz präventiver und repressiver Maßnahmen war schon zu Zeiten des deutschen Kaiserreichs und der Weimarer Republik eine flächendeckende Erfassung und Verfolgung der Sinti und Roma bittere Realität, auf der die nationalsozialistische Vernichtungsmaschinerie nahtlos aufbauen konnte.

VII. Der Völkermord an den Sinti und Roma

Porajmos bezeichnet auf Romanes den Völkermord an den Sinti und Roma während des Nationalsozialismus, der wohl den Höhepunkt ihrer jahrhundertelangen Verfolgung darstellte. Für die Nationalsozialisten war es ein Leichtes, eine antiziganistische Vertreibungs- und Vernichtungspolitik in Gang zu setzen, da sich vor allem durch Bestimmungen aus dem Kaiserreich und der Weimarer Zeit, die gegen Sinti und Roma erlassen worden waren, bereits ein Klima der Verfolgung etabliert hatte.

1. Verschärfung der „Zigeunerpolitik": Zwangssterilisationen, Nürnberger Rassegesetze und „Zigeunerlager"

Nach der Machtübernahme 1933 wurde die staatliche „Zigeunerpolitik" schnell im Rahmen der nationalsozialistischen Rasseideologie ausgestaltet.[65] Neben den Juden galten auch die Sinti und Roma als „außereuropäische Fremdrasse artfremden Blutes". „Artfremde" Völker wie die Sinti und Roma galten ab jetzt als Gefahr für die „deutsche Rasse".[66] Schon zu Beginn des Nationalsozialismus kam es zu verschiedenen Maßnahmen, die an diese neue „Rassekategorie" anknüpften und die bisherige staatliche Diskriminierung deutlich verschärften.

64 Vgl. *Leidgeb/Horn*, Opre Roma!, S. 26, 28; *Reemtsma*, Sinti und Roma, S. 98.

65 Vgl. *Sparing*, NS-Verfolgung von „Zigeunern", S. 9.

66 Siehe dazu etwa in den Erläuterungen des Kommentars zu den Nürnberger Rassegesetzen: *Stuckart/Globke*, Kommentare zur deutschen Rassengesetzgebung I, S. 55. Auch im „Erlass zur Bekämpfung der Zigeunerplage" des Reichs- und Preussischen Ministers des Inneren v. 6.6.1936 war bereits von „dem deutschen Volkstum fremden Zigeunervolk" gesprochen worden.

Als Beispiel hervorzuheben ist etwa das 1934 in Kraft getretene Gesetz zur Verhütung erbkranken Nachwuchses, welches die Zwangssterilisation von Personen vorsah, die an einer Erbkrankheit litten.[67] Nachdem infolge der Machtergreifung die Forderung nach der Unfruchtbarmachung von Sinti und Roma immer wieder laut wurde, diente hauptsächlich dieses Gesetz als zweifelhafte Grundlage für zahlreiche Zwangssterilisationen.[68] Um dieses Vorgehen zu legitimieren, wurde den Sinti und Roma unterstellt, dass sie als „Asoziale" auf Grund ihrer erblichen Anlagen dazu gezwungen seien, gemeinschaftsschädlich zu handeln, was einer Erbkrankheit im Sinne des Gesetzes gleichkäme.[69] Gerade die Zwangssterilisationen waren nicht mehr nur Sinnbild einer systematischen staatlichen Verfolgung, sondern standen ganz im Lichte der nationalsozialistischen Genozidpolitik, da sie darauf abzielten „dem weiteren Einsickern von Zigeunerblut in den deutschen Volkskörper ein Ende zu bereiten" und somit die Sinti und Roma als Gruppe auszulöschen.[70]

Mit den Nürnberger Rassegesetzen von 1935 stellten die Nationalsozialisten ihre rassistische Ideologie auf ein gesetzliches Fundament. Zwar bezogen sich die Regelungen ausdrücklich nur auf Juden. Reichsinnenminister *Frick* verfügte aber in einem Runderlass vom 26. November 1935, dass die Gesetze auch auf Sinti und Roma anzuwenden seien.[71] Besonders einschneidend unter den Nürnberger Rassegesetzen war das Gesetz zum Schutze des deutschen Blutes und der

---

67 Gesetz zur Verhütung erbkranken Nachwuchses v. 14.7.1933, in: Reichsgesetzblatt I v. 25.07.1933, Nr. 86, S. 529. Gem. § 1 des Gesetzes konnte eine Zwangssterilisation z. B. bei angeborenem Schwachsinn, erblicher Blind- und Taubheit oder bei Alkoholismus vollzogen werden. Vgl. dazu auch: *Gilsenbach*, Weltchronik der Zigeuner IV, S. 28.

68 So forderte das Berliner „Rasse- und Siedlungsamt" der SS bereits 1933 die Unfruchtbarmachung von Sinti und Roma, vgl. *Rose*, Bürgerrechte für Sinti und Roma, S. 13. Mit Beispielen aus der nordrhein-westfälischen Stadt Berleburg: *Zimmermann*, Verfolgt, vertrieben, vernichtet, S. 19 f. Trotz Sterilisationsstopp per Verordnung des Reichsinnenministeriums v. 1.9.1939 wurden im ganzen Reich bis Kriegsende weitere Sterilisationen durchgeführt, vgl. hierzu: *Klee*, „Euthanasie" im Dritten Reich, S. 85 f. Allgemein zur NS-Zwangssterilisation von Sinti und Roma: *Bock*, Zwangssterilisation im Nationalsozialismus, S. 360 ff., 452 ff., *Riechert*, Im Schatten von Ausschwitz, S. 23 ff.

69 Vgl. *Vossen*, Zigeuner, S. 76.

70 *Ritter*, Die Zigeunerfrage und das Zigeunerbastardproblem, S. 19.

71 In den Kommentaren zu den Nürnberger Rassegesetzen wurde ausdrücklich aufgeführt, dass Juden und „Zigeuner" „artfremden Blutes" und somit weder „deutschen Blutes" noch mit diesem „artverwandt" seien: *Stuckart/Globke*, Kommentare zur Deutschen Rassengesetzgebung I, S. 55; *Lösener/Knost*, Die Nürnberger Gesetze, S. 42. Hierzu: *Wippermann*, „Auserwählte Opfer?", S. 26

deutschen Ehre, welches Eheschließungen zwischen Juden und folglich auch Sinti und Roma und „Staatsangehörigen deutschen oder artverwandten Blutes“ verbot.[72] Hervorzuheben ist zudem das Reichsbürgergesetz, welches Juden sowie Sinti und Roma zu Staatsangehörigen zweiter Klasse machte, indem es ihnen den Status als Reichsbürger und damit verbundene wichtige Bürgerrechte aberkannte.[73]

Auf kommunaler Ebene errichteten viele deutsche Städte schon kurz nach der Machtübernahme umzäunte und bewachte Lager am Stadtrand, in die die Sinti und Roma zwangsweise verbracht wurden, wie etwa in Berlin-Marzahn oder im Ravensburger Ummenwinkel.[74] Die Lager dienten der Trennung der Sinti und Roma von der übrigen Bevölkerung und verdeutlichten die nationalsozialistische Einteilung der Gesellschaft nach rasseideologischen Gesichtspunkten. Von den Lagern wurden später viele Sinti und Roma direkt nach Auschwitz deportiert.[75]

2. *Die polizeiliche „Zigeunerbekämpfung“ im Nationalsozialismus*

Schon in der Weimarer Republik hatte es verschiedene Tendenzen zu einer Zentralisierung der polizeilichen „Zigeunerbekämpfung“ im Speziellen und der polizeilichen Tätigkeit insgesamt gegeben.[76] Auch im Nationalsozialismus wurden schnell Stimmen laut, die eine reichseinheitliche Koordinierung der Erfassung, Identifizierung und Registrierung der Sinti und Roma verlangten. Spätestens mit der Ernennung des Reichsführers der SS, *Heinrich Himmler*, zum Chef der deutschen Polizei im Reichsministerium des Innern am 17. Juni 1936 wurde diesen Forderungen nachgegeben und so das Ende der eigentlichen Polizeihoheit der Länder eingeleitet.[77] Bereits im Frühjahr 1937 übertrug *Himmler* „die Bekämpfung des nomadischen Zigeunertums“ im gesamten Reich dem Preußischen Landeskriminalamt in Berlin, dem späteren Reichskriminalpolizeiamt.[78] Schließlich

---

72 Gesetz zum Schutze des deutschen Blutes und der deutschen Ehre v. 15.9.1935, in: Reichsgesetzblatt I v. 16.9.1935, Nr. 100, S. 1146.

73 Reichsbürgergesetz v. 15.9.1935, in: Reichsgesetzblatt I v. 16.9.1935, Nr. 100, S. 1146.

74 Vgl. *Reemtsma*, Sinti und Roma. S. 99 f.; *Sparing*, NS-Verfolgung von „Zigeunern“, S. 9; *Spitta*, Entschädigung für Zigeuner?, S. 388 f.; *Kenrick/Puxon*, Gypsies under the Swastika, S. 20 f. Zur Geschichte des Lagers im Ravensburger Ummenwinkel: *Lindemann*, Die Sinti aus dem Ummenwinkel.

75 Am Beispiel des „Zigeunerlagers“ Berlin-Marzahn: *Reemtsma*, Sinti und Roma, S. 100.

76 Siehe dazu: Teil 1, B. VI., insbes. Fn. 59.

77 Vgl. *Zimmermann*, Verfolgt, vertrieben, vernichtet, S. 23 f.

78 Das preußische Landeskriminalamt wurde am 16.7.1937 endgültig in das Reichskriminalpolizeiamt umgewandelt. Dieses wiederum bildete ab September 1939 das Amt

wurde mit einem Sonderlass vom 16. Mai 1938 die bisher in München verortete „Zigeunerzentrale“ offiziell als „Reichszentrale zur Bekämpfung des Zigeunerunwesens“ als Unterabteilung in das Reichskriminalpolizeiamt eingegliedert.[79] Mit der eben beschriebenen Zentralisierung ging der Aufbau einer straffen, alle Ebenen umfassenden, polizeilichen Infrastruktur einher, die ausschließlich der „Zigeunerbekämpfung“ diente und von der Kontrolle und Überwachung von „Zigeunern und nach Zigeunerart herumziehenden Personen“ auf Gemeindeebene bis zur Sammlung der gesammelten Daten und Koordination der Vollzugsmaßnahmen durch die Reichszentrale reichte.[80] Mit dem „Runderlass zur Bekämpfung der Zigeunerplage“ vom 8. Dezember 1938 wurde schließlich die flächendeckende Erfassung der Sinti und Roma beim Reichskriminalpolizeiamt ausdrücklich angeordnet.[81]

3. *Die „Zigeunerforschung“ in der Wissenschaft*

Für die Kriminalpolizei gestaltete sich jedoch die Erfassung der Sinti und Roma deshalb schwierig, da sie mit der Einordnung als „reinrassige Zigeuner“, „Zigeunermischlinge“ oder „nach Zigeunerart umherziehende Personen“ – so die vorgeschlagene Klassifizierung – überfordert waren. Dies rief die Wissenschaft auf den Plan, die sich bereits seit einigen Jahren ebenfalls mit den „Zigeunern“ unter „rassischen“ Gesichtspunkten befasste.[82] In diesem Bereich tat sich besonders die Rassehygienische Forschungsstelle unter der Leitung des ehemaligen Tübinger Nervenarztes *Dr. Dr. Robert Ritter* hervor.[83] Ziel der Forschungsstelle war es zunächst, die „Zigeuner“ im Deutschen Reich flächendeckend zu erfassen und eine „rassebiologische“ Untersuchung vorzunehmen.[84] Mit einem umfassenden

---

V des neu geschaffenen Reichssicherheitshauptamtes, vgl. hierzu: *Linck*, Der Ordnung verpflichtet, S. 29.

79 Zum Erlass: *Gilsenbach*, Weltchronik der Zigeuner IV, S. 59 f.

80 Vgl. *Fings*, „Rasse: Zigeuner“, S. 277; *Zimmermann*, Verfolgt, vertrieben, vernichtet, S. 24.

81 Runderlass des Reichsführers SS und Chefs der Deutschen Polizei im Reichsministerium des Innern, Heinrich Himmler, v. 8.12.1938 über die Bekämpfung der Zigeunerplage, in: Ministerialblatt des Reichs- und Preußischen Ministers des Innern, Jg. 99, Nr. 51, 14.12.1938, S. 2105.

82 Vgl. *Sparing*, NS-Verfolgung von „Zigeunern“, S. 11; *Döring*, Die Zigeuner im NS-Staat, S. 67 ff.

83 Zur Person *Robert Ritters*: *Schmidt-Degenhard*, Vermessen und vernichten; *Kenrick/Puxon*, Gypsies under the Swastika, S. 15 ff.

84 Vgl. *Müller-Hill*, Tödliche Wissenschaft, S. 60; *Kenrick/Puxon*, Gypsies under the Swastika, S. 15.

Stamm an Mitarbeiterinnen und Mitarbeitern – darunter Ritters engste Vertraute *Eva Justin*[85] bereiste *Ritter* ab 1937 das gesamte Reich in sogenannten fliegenden Arbeitsgruppen, um die Familien- und Sippenstrukturen der in Deutschland lebenden Sinti und Roma zu erforschen. Dabei bediente man sich der damals gängigen Methoden der „Rassenhygiene“, das heißt dem Nehmen von Handabdrücken, der Entnahme von Blutproben und der Erfassung sämtlicher Körpermaße.[86] Im März 1944 waren im sogenannten Altreich bereits um die 24.000 Sinti und Roma von *Ritter* und seinen Mitarbeitern erfasst worden.[87] Die Ergebnisse der Untersuchungen wurden sämtlichen Polizeidienststellen und anderen Behörden zur Verfügung gestellt. Gleichzeitig komplettierte die Forschungsstelle ihre eigenen Unterlagen mit deren Materialien, sodass komplette Stammbäume angelegt werden konnten. Die „rassebiologische“ Erfassung diente schließlich dazu, eine genaue Definition zu ermitteln, wer als „Zigeuner“ einzustufen war. Die von *Ritter* entwickelte Einteilung in „Zigeuner“, „Zigeunermischlinge“ und „Nichtzigeuner“ wurde schnell zur Grundlage der nationalsozialistischen „Zigeunerpolitik“. Schließlich wurden 1939 sogenannte „Zigeunerausweise“ eingeführt, die den Ausweisinhaber in eine der drei „Rassekategorien“ einordnete.[88] Der Fokus von *Ritters* Forschung richtete sich interessanterweise nicht auf die von ihm als „Vollzigeuner“ deklarierten Personen, sondern vielmehr auf die sogenannten „Zigeunermischlinge“, die seiner Meinung nach besonders kriminell waren und „nichtsnutziges, asoziales Gesindel“ beziehungsweise „form- und charakterloses Lumpenproletariat“ darstellten.[89] Die Gutachten von *Ritter* und seinen Mitarbeitern waren nichts anderes als mittelbare Todesurteile für die Betroffenen, da sie die „wissenschaftliche“ Grundlage für die Vernichtung der Sinti und Roma lieferten.

85 Zur Person *Eva Justins*: *ebd.*, Gypsies under the Swastika, S. 18 f.

86 Vgl. *Fings*, „Rasse: Zigeuner“, S. 280; *Zimmermann*, Verfolgt, vertrieben, vernichtet, S. 33 f.

87 Vgl. *Reemtsma*, Sinti und Roma, S. 105. Ausführlich zur Einordnung: *Döring*, Die Zigeuner im NS-Staat, S. 120 ff.

88 Ausführlich zu den „Zigeunerausweisen“: *Fings*, „Rasse: Zigeuner“, S. 301.

89 *Ritter*, Zur Frage der Rassenbiologie und Rassenpsychologie der Zigeuner, S. 425; *ders.*, Die Zigeunerfrage und das Zigeunerbastardproblem, S. 10, 15.

4. *Der Einfluss der nationalsozialistischen „Rasselehre" auf die „Zigeunerpolitik"*

Zwar konnten die Nationalsozialisten problemlos an das antiziganistische Klima der Weimarer Republik anknüpfen, jedoch erfuhr die „Zigeunerpolitik" unter den Nationalsozialisten einen klaren ideologischen Wandel. So war der Begriff „Zigeuner" in Weimar und auch schon in der Kaiserzeit soziokulturell geprägt gewesen und hatte weniger an die „Rasse" als an das Ausüben eines Wandergewerbes angeknüpft. Folglich waren nicht nur Sinti und Roma als „Zigeuner" stigmatisiert worden, sondern auch sogenannte „Landfahrer", das heißt umherziehende Personen, die nicht der ethnischen Gruppe der Sinti und Roma angehörten. Dies ist auch damit zu begründen, dass erst die nationalsozialistischen Wissenschaftler – allen voran *Robert Ritter* – „rassebiologische" Abgrenzungskriterien entwickelten. Zuvor war die Lebensweise stets als ausschlaggebendes Kriterium herangezogen worden, da eine klare Unterscheidung nach ethnischen Maßstäben schlichtweg nicht möglich war.[90]

In der Zeit des Nationalsozialismus kam es schnell zum Bruch mit der soziokulturellen Auslegung des Begriffs. Jetzt machte man den Begriff ausschließlich an „rassischen" Kriterien fest – ganz im Sinne der nationalsozialistischen „Rassetheorie". Der Begriff wurde ab jetzt ausschließlich ethnisch gefasst.[91] So stellte der „Runderlass zur Bekämpfung der Zigeunerplage" vom 8. Dezember 1938 ausdrücklich fest, dass „die Regelung der Zigeunerfrage aus dem Wesen der Rasse heraus in Angriff zu nehmen" sei.[92] Die Sinti und Roma wurden so zum Opfer einer doppelten Stigmatisierung: Es existierte zum einen aus „rassenanthropologischer" Sicht die Vorstellung einer „minderwertigen Fremdrasse" und zum anderen die „rassehygienische" Einordnung der „Zigeuner" als „erbliche Gemeinschaftsschädlinge" („Asoziale"). Nachdem bisher die staatliche „Zigeunerpolitik" vor allem auf die Sesshaftmachung der umherziehenden Sinti und Roma abgestellt hatte[93], ging es nun vor allem darum, die „Zigeuner" aus dem

---

90 Vgl. *Sparing*, NS-Verfolgung von „Zigeunern", S. 9.

91 Vgl. *Fings*, „Rasse: Zigeuner", S. 278; *Zimmermann*, Verfolgt, vertrieben, vernichtet, S. 31.

92 § 1 Abs. 1 „Runderlass des Reichsführers SS und Chefs der Deutschen Polizei im Reichsministerium des Innern, Heinrich Himmler, v. 8.12.1938 über die Bekämpfung der Zigeunerplage", in: Ministerialblatt des Reichs- und Preußischen Ministers des Innern, Jg. 99, Nr. 51, 14.12.1938, S. 2105.

93 Vgl. den zwei Jahre zuvor ergangenen „Erlass zur Bekämpfung der Zigeunerplage" v. 6.6.1936, in welchem etwa noch die Sesshaftmachung der inländischen „Zigeuner" angeordnet worden war, vgl. hierzu: *Gilsenbach*, Weltchronik der Zigeuner IV, S. 44 f.

gesellschaftlichen Leben hinauszudrängen, was im Endeffekt nichts anderes bedeutete, als die Sinti und Roma dauerhaft aus dem „deutschen Volkskörper" zu entfernen sie also zu vernichten.

5. *Deportation und Vernichtung*

Nachdem das eben beschriebene Ziel, die Sinti und Roma aus dem gesellschaftlichen Leben hinauszudrängen, durch verschiedene Erlasse weiter forciert worden war[94], wurden sie durch die Einlieferungen in Konzentrationslager vollständig entrechtet. Erste Deportationen hatten bereits 1938 im Rahmen der Aktion Arbeitsscheu Reich stattgefunden, nachdem der sogenannte „Asozialenerlass"[95] von 1937 die Polizei ausdrücklich zur Einweisung von „Zigeunern" in Konzentrationslager ermächtigt hatte. Dort waren sie als Zwangsarbeiter für SS-Unternehmen oder deutsche Rüstungsbetriebe tätig.[96] Auf einer Konferenz des Reichssicherheitshauptamtes im September 1939 wurde schließlich neben der „systematischen Ausschickung" der Juden auch die Deportation der „restlichen 30.000 Zigeuner" aus dem Reich nach Polen beschlossen.[97] Im Frühling 1940 wurden dann von sogenannten Sammellagern aus (zum Beispiel der Messehalle Köln, das Zuchthaus Hohenasperg bei Stuttgart und der Hamburger

94 Vgl. beispielsweise den sog. Festsetzungserlass des Reichssicherheitshauptamtes v. 17.10.1939, der den Sinti und Roma verbot, ihren Wohnsitz zu verlassen, vgl. dazu: *Döring*, Die Zigeuner im NS-Staat, S. 86 ff.; *Gilsenbach*, Weltchronik der Zigeuner IV, S. 77 f.; den Erlass des Reichssicherheitshauptamtes v. 20.11.1939, der die polizeiliche Vorbeugehaft von „Zigeunerinnen" anordnete, die im begründeten Verdacht des Wahrsagens standen, vgl. dazu: *Gilsenbach*, Weltchronik der Zigeuner IV, S. 79; den Erlass des Reichsministers für Wissenschaft, Erziehung und Volksbildung v. 22.3.1941, der einen Ausschluss v. Schulunterricht für Sinti- und Roma-Kinder ohne deutsche Staatsangehörigkeit anordnete, vgl. dazu: *Gilsenbach*, Weltchronik der Zigeuner IV, S. 96; die Verfügung des Oberkommandos der Wehrmacht v. 10.7.1942, die das Verbot der Einstellung von „Zigeunern und Zigeunermischlingen" in den aktiven Wehrdienst vorschrieb, vgl. dazu: *Gilsenbach*, Weltchronik der Zigeuner IV, S. 137.

95 Grundlegender Erlass über die vorbeugende Verbrechensbekämpfung durch die Polizei v. 14.12.1937, vgl. dazu *Gilsenbach*, Weltchronik der Zigeuner IV, S. 56. Der Erlass sah die Möglichkeit einer polizeilichen Vorbeugehaft bei asozialem, gemeinschaftsschädlichem Verhalten vor. Ausführlich zum sog. „Asozialenerlass" und zur Aktion „Arbeitsscheu Reich": *Döring*, Die Zigeuner im NS-Staat, S. 50 ff., 54 ff.

96 Zur Zwangsarbeit von Sinti und Roma: *Rose/Weiss*, Sinti und Roma im „Dritten Reich".

97 Vgl. *Zimmermann*, Verfolgt, vertrieben, vernichtet, S. 43; *Kenrick/Puxon*, Gypsies under the Swastika, S. 26.

Hafen) 2800 Sinti und Roma in Konzentrationslager und Ghettos im polnischen Generalgouvernement „evakuiert", was viele der Betroffenen nicht überlebten.[98]

Nach dem Überfall auf Polen und die Sowjetunion kam es in fast allen besetzten Ostgebieten zu Massenerschießungen der dort ansässigen Sinti und Roma durch SS und Wehrmacht.[99] Im Rahmen der Diskussion um die „Endlösung der Judenfrage" ordnete *Himmler* im sogenannten Ausschwitz-Erlass vom 16. Dezember 1942 die Deportation aller sich noch im Reichsgebiet befindlichen „Zigeuner" ins Vernichtungslager Auschwitz an.[100] Ab Februar 1943 wurden circa 23.000 Sinti und Roma aus dem Deutschen Reich und den besetzten Gebieten nach Ausschwitz-Birkenau in das sogenannte „Zigeunerlager" verschleppt. Die Tatsache, dass die Sinti und Roma zum Teil in ihren Familienverbänden im Lager untergebracht wurden, zog den Neid anderer Häftlinge, die von ihren Familien getrennt worden waren, auf sie. Dies war Teil der SS-Strategie und führte vor allem zu einer Entsolidarisierung unter den verschiedenen inhaftierten Gruppen und zu einer Isolation der Sinti und Roma, die deshalb besonders von Mangelernährung und schlechten hygienischen Zuständen betroffen waren.[101] Viele Sinti und Roma fielen in Ausschwitz aber auch in anderen Konzentrationslagern wie Ravensbrück, Dachau oder Natzweiler den medizinischen Versuchen der SS-Ärzte zum Opfer.[102]

Im Frühling 1943 kam es schließlich zu den ersten Massenvergasungen der inhaftierten Sinti und Roma. Nachdem die noch Arbeitsfähigen unter ihnen im Sommer 1944 ausgesondert und in andere Konzentrationslager verlegt worden waren, wurden die verbliebenen Insassen des „Zigeunerlagers" Ausschwitz-Birkenau in der Nacht vom 2. auf den 3. August 1944 in den Gaskammern ermordet. Kurz vor der Befreiung durch die Alliierten kamen noch zahlreiche

---

98 Vgl. *Rose*, Bürgerrechte für Sinti und Roma, S. 20; *Zimmermann*, Verfolgt, vertrieben, vernichtet, S. 45; *Kenrick/Puxon*, Gypsies under the Swastika, S. 27.

99 Dazu ausführlich: *Zimmermann*, Verfolgt, vertrieben, vernichtet, S. 55 f.; *Müller-Hill*, Tödliche Wissenschaft, S. 49, 61; *Kenrick/Puxon*, Gypsies under the Swastika, S. 71.

100 Der Erlass selbst ist nicht erhalten. Der abgedruckte Wortlaut findet sich in: *Krausnick*, Die Zigeuner sind da, S. 142. Zum Erlass außerdem: *Sparing*, NS-Verfolgung von „Zigeunern", S. 13; *Rose*, Bürgerrechte für Sinti und Roma, S. 20 ff.; *Bastian*, Sinti und Roma im Dritten Reich, S. 47; *Zimmermann*, Verfolgt, vertrieben, vernichtet, S. 61; *Müller-Hill*, Tödliche Wissenschaft, S. 62; *Kenrick/Puxon*, Gypsies under the Swastika, S. 36 ff.

101 Vgl. *Reemtsma*, Sinti und Roma, S. 113.

102 Vgl. *Kenrick*, Das Schicksal der Zigeuner im NS-Staat, S. 71 f.; *Zimmermann*, Verfolgt, vertrieben, vernichtet, S. 78.

Häftlinge, darunter auch Sinti und Roma, bei der überstürzten Räumung der Konzentrationslager durch die Nationalsozialisten und den anschließenden Todesmärschen ums Leben. Die nationalsozialistischen Gräueltaten erstreckten sich nicht nur auf Auschwitz oder das deutsche Staatsgebiet bis 1938 (sogenanntes Altreich). In allen besetzten Gebieten wurden Sinti und Roma durch Zwangsarbeit, Vergasung, Erschießung, medizinische Versuche oder andere Formen der Vernichtung ermordet.[103]

Genaue Schätzungen über die Zahl der Sinti und Roma, die neben den anderen verfolgten Gruppen dem nationalsozialistischen Faschismus zum Opfer fielen, existieren nicht. Groben Schätzungen zufolge beträgt die Zahl der Sinti und Roma, die während des Nationalsozialismus ihr Leben ließen, zwischen 220.000 und 500.000 Personen.[104]

VIII. Antiziganismus in der Bundesrepublik

Die bedingungslose Kapitulation Deutschlands vom 8. Mai 1945 änderte nicht viel am weit verbreiteten Antiziganismus in der deutschen Gesellschaft. Zwar fand keine Verfolgung auf Basis einer systematischen Vernichtungspolitik mehr statt, die Diskriminierung von Sinti und Roma war aber nach wie vor Realität, vor allem im Rahmen einer schikanierenden Behördenpraxis. Dies führte dazu, dass es den Sinti und Roma nahezu unmöglich gemacht wurde, wirtschaftlich und gesellschaftlich wieder auf die Beine zu kommen.

1. Die bayerische „Landfahrerzentrale" und „Landfahrerordnung"

Wie schon 1899[105] übernahm hier Bayern wieder eine Vorreiterrolle und gründete 1950 ganz nach Vorbild der ursprünglichen Münchener „Zigeunerzentrale" die sogenannte „Landfahrerzentrale" beim bayerischen Landeskriminalamt. Die „Landfahrerzentrale", der die alten nationalsozialistischen Akten zur Verfügung standen, kam vor allem die Aufgabe zu, die alten Aktenbestände durch die Erfassung neu eingewanderter Roma aus Osteuropa zu ergänzen.[106] Einher mit der

---

103 Über die Vernichtung der Roma in Südosteuropa: *Reemtsma*, Sinti und Roma, S. 115 ff. Einen umfassenden Überblick bieten: *Kenrick/Puxon*, Gypsies under the Swastika, S. 69 ff.

104 *Kenrick* geht von 220.000 Opfern aus, schließt allerdings eine höhere Anzahl nicht aus, vgl. *ders.*, Das Schicksal der Zigeuner im NS-Staat, S. 73. *Rose* spricht dagegen von einer halben Million Toter, vgl. *ders.*, Bürgerrechte für Sinti und Roma, S. 30.

105 Siehe dazu: Teil 1, B. VI.

106 Vgl. dazu: *Zülch*, Nach 1945, S. 80 f.; *Vossen*, Zigeuner, S. 90.

Gründung der „Landfahrerzentrale“ ging der Erlass der bayerischen „Landfahrerordnung“, die inhaltlich nicht weit entfernt war vom bayerischen „Gesetz zur Bekämpfung von Zigeunern, Landfahrern und Arbeitsscheuen“ von 1926 und starke Reglementierungsmechanismen beinhaltete wie etwa regelmäßige Meldepflichten bei Behörden.[107] Im Landtag einstimmig von allen Parteien angenommen, legte sie so kurz nach Ende des Krieges die Weiche für eine erneute rechtliche Diskriminierung. Die Konsequenz der „Landfahrerordnung“ und der Arbeit der „Landfahrerzentrale“ war eine pauschale Kriminalisierung aller Sinti und Roma.[108] In der Einführung zu einer Vorschriftensammlung zur Landfahrerordnung für den praktischen Verwaltungsdienst hieß es:

> Indessen wird man nicht unberücksichtigt lassen können, daß auch heute noch die überwiegende Mehrzahl aller Landfahrer Zigeuner sind und daß schon verhältnismäßig bald nach dem ersten, für das 14. Jahrhundert geschichtlich bezeugten Auftreten dieses Volkes in Europa durch sein die öffentliche Sicherheit und Ordnung gefährdendes Verhalten mehr oder weniger heftige Reaktionen der öffentlichen Gewalt ausgelöst wurden [...]. Diese Überlegungen führen zu dem Schluß, daß es sehr wahrscheinlich nicht nur die schwierigen Lebensverhältnisse der Landfahrer und die Besonderheiten ihrer Lebensweise, sondern wohl ebensosehr die asozialen Eigenschaften des Zigeunervolkes sind, die dem Landfahrertum in seiner Gesamtheit sein kriminologisch ausgesprochen negatives Gepräge geben. Bei allen Maßnahmen der öffentlichen Gewalt, die das Ziel verfolgen, das Landfahrertum zu beseitigen oder doch wenigstens zu ordnen und zu überwachen, wird man daher nie an einer entsprechenden Würdigung des Zigeunerproblems vorbeigehen können.[109]

Ein Unterschied zur Sprechweise der Nationalsozialisten ist hier kaum erkennbar. Die bayerische „Landfahrerordnung“ diente auch als Vorlage für andere Bundesländer und wurde erst 1970 wegen Grundgesetzwidrigkeit aufgehoben.[110]

---

107 „Landfahrerordnung“ v. 22.12.1953, in: Bayerisches Gesetz- und Verordnungsblatt Nr. 27 (1953), S. 197. Auszugsweise abgedruckt in: *Krausnick*, Die Zigeuner sind da, S. 161 f.

108 So wurde etwa in den zur „Landfahrerordnung“ zugehörigen Ausführungvorschriften vorgeschrieben, dass automatisch die zuständige Polizeidienststelle zu verständigen sei, wenn sich „Landfahrer“ zum Übernachten in einer Gemeinde anmeldeten, vgl. dazu beispielsweise die „Bekanntmachung zur Ausführung der Landfahrerordnung“ v. 22.12.1953, in: Bayerisches Gesetz-Verordnungsblatt Nr. 27 (1953), S. 201. Vgl. dazu die Forderungen aus dem Jahr 1951 des bayerischen Kriminalsekretärs *Rudolf Uschold*: *ders.*, Das Zigeunerproblem.

109 *Mayer/Emmering*, Landfahrerordnung, S. 9.

110 Die „Landfahrerordnung“ war etwa Vorbild für die saarländische „Polizeiverordnung zur Bekämpfung der Zigeunerplage“ (1948) und den Entwurf einer hessischen „Landfahrerordnung“ (1956, abgelehnt im Landtag durch die Stimmen der SPD).

2. *Wiedergutmachung*

Dass die Diskriminierung der Sinti und Roma nach Ende des Zweiten Weltkriegs kein Ende nahm, zeigt vor allem die Wiedergutmachungspraxis der Bundesrepublik ganz deutlich.[111] Die Entschädigung der Verfolgten des Nationalsozialismus richtete sich nach dem Bundesentschädigungsgesetz (BEG).[112] Gemäß § 1 Abs. 1 BEG ist Verfolgter und damit Inhaber eines Anspruches auf Entschädigung, wer

> aus Gründen politischer Gegnerschaft gegen den Nationalsozialismus oder aus Gründen der Rasse, des Glaubens oder der Weltanschauung durch nationalsozialistische Gewaltmaßnahmen verfolgt worden ist und hierdurch Schaden an Leben, Körper, Gesundheit, Freiheit, Eigentum, Vermögen, in seinem beruflichen oder in seinem wirtschaftlichen Fortkommen erlitten hat.

Im Falle von Anträgen auf Wiedergutmachung von Sinti und Roma wandten sich die zuständigen Behörden und Gerichte oftmals an die Münchener „Landfahrerzentrale" oder andere Kriminalpolizeistellen, in denen noch immer viele der alten Täter beschäftigt waren. Die herangezogenen Gutachter verneinten in der Mehrheit der Fälle, dass eine Verfolgung aus „rassischen" Gründen stattgefunden hatte und gaben das angeblich kriminelle und „asoziale" Verhalten der Sinti und Roma als Grund für die nationalsozialistische Verfolgung an, sodass eine Entschädigungszahlung nach dem BEG nicht in Frage kam.[113] Dabei wäre eine Entschädigung nicht nur eine moralische Anerkennung, sondern gerade eine notwendige Grundlage für den Aufbau einer neuen finanziellen Existenz für viele Sinti und Roma gewesen.

Der Bundesgerichtshof (BGH) bestätigte am 7. Januar 1956 in zwei heute schwer erträglichen Grundsatzurteilen zunächst diese Praxis.[114] Die Verfahren

---

Zur polizeilichen Überwachung und Erfassung in der BRD allgemein: *Strauß*, Zur Nachkriegsgeschichte der Sinti und Roma in Deutschland, S. 28 f.

111 Vgl. zur Thematik: *Spitta*, Entschädigung für Zigeuner?, S. 385 ff.

112 Bundesgesetz zur Entschädigung für Opfer der nationalsozialistischen Verfolgung v. 18.9.1953, in: BGBl. I 1953, S. 1387, Neubekanntmachung am 29.6.1956, in: BGBl. I 1956, S 559.

113 Vgl. dazu etwa schon: *O.V.*, „Bei Hitler waren wir wenigstens Deutsche", S. 103 ff. Außerdem: *Sparing*, NS-Verfolgung von „Zigeunern", S. 14; *Vossen*, Zigeuner, S. 92 f.; *Reemtsma*, Sinti und Roma, S. 133 ff.; *Zülch*, Nach 1945, S. 81 ff.; *Strauß*, Zur Nachkriegsgeschichte der Sinti und Roma in Deutschland, S. 29 f.; *Krausnick*, Die Zigeuner sind da, S. 163 ff.; *Spitta*, Entschädigung für Zigeuner?, S. 386, 392 f., 398 f.

114 BGH, Urteile v. 7.1.1956 – IV ZR 211/55 und IV ZR 273/55 = BeckRS 2015, S. 19226. Über die diesbezügliche Rechtsprechungspraxis des BGH: *Spitta*, Entschädigung für Zigeuner?, S. 393, 399 f.; *Mosbacher*, „Wie primitive Urmenschen", S. 30 ff.

betrafen zwei im Mai 1940 deportierte Sinti aus Rheinland-Pfalz, die in erster Linie wegen einer zwangsweisen Umsiedlung in polnisches Lager Ansprüche wegen „rassebedingter" Verfolgung gemäß § 1 Abs. 1 BEG geltend machten. Nach damaligem Verständnis lag eine „rassische" Verfolgung dann vor, „wenn schon die Tatsache, dass jemand einer bestimmten Rasse zugerechnet wurde, genügte, ihn unabhängig von charakterlichen Eigenschaften, Stellung und Vorleben nachteiligen Maßnahmen auszusetzen, denen andere nicht unterworfen waren."[115] Obwohl dies offensichtlich auf die Kläger zutraf, da ihre Zwangsumsiedlung mit der Zugehörigkeit zur „Rasse der Zigeuner" begründet worden war, kam der BGH zu einer gegenteiligen Auffassung. Der BGH stellte fest, dass erst mit der Durchführung von *Himmlers* Auschwitz-Erlass im Jahr 1943 eine solche „rassebedingte" Verfolgung der Sinti und Roma stattgefunden habe und wies die Klagen ab. Bei zuvor erfolgten Deportationen wie im Fall der Kläger sei der sicherheitspolizeiliche Aspekt ausschlaggebend gewesen. Mithin sei „trotz des Hervortretens rassenideologischer Gesichtspunkte nicht die Rasse als solche der Grund" für die frühen Deportationen gewesen, sondern die „asozialen Eigenschaften der Zigeuner, die auch schon früher Anlass gegeben hatten, die Angehörigen dieses Volkes besonderen Beschränkungen zu unterwerfen."[116] Zur weiteren Untermauerung seiner Entscheidung führte der BGH aus:

> Da die Zigeuner sich in weitem Maße der Sesshaftmachung und damit der Anpassung an die sesshafte Bevölkerung widersetzt haben, gelten sie als asozial. Sie neigen, wie die Erfahrung zeigt, zur Kriminalität, besonders zu Diebstählen und Betrügereien, es fehlen ihnen vielfach die sittlichen Antriebe der Achtung vor fremdem Eigentum, weil ihnen wie primitiven Urmenschen ein ungehemmter Okkupationstrieb eigen ist.[117]

Durch dieses Urteil verkannte der BGH nicht nur das Gewicht der rassistischen Motivation des Nationalsozialisten, sondern machte sich gleichzeitig in beschämender Weise dessen antiziganistische „Rasseideologie" zu Eigen. Erst 1963 gab der BGH diese Rechtsprechungslinie auf. Kläger war auch hier ein Sinto, der 1940 deportiert worden war. Der Gerichtshof räumte nun ein, dass bereits seit dem „Runderlass zur Bekämpfung der Zigeunerplage" von 1938 „rassenpolitische Beweggründe mit ursächlich" für die Verfolgung von Sinti und Roma gewesen seien und die Deportationen im Jahr 1940 somit von einer entsprechenden Motivation getragen waren.[118]

---

115 BGH, Urteile v. 7.1.1956 – IV ZR 211/55 und – IV ZR 273/55 = BeckRS 2015, S. 19226.

116 *Ebd.*

117 *Ebd.*

118 BGH, Urteil v. 18.12.1963 – IV ZR 108/63 = MDR 1963, S. 491.

Der Gesetzgeber nahm die Korrektur der Rechtsprechung schließlich zum Anlass, mit dem Entschädigungs-Schlussgesetz vom 14. September 1965 für Betroffene, denen auf Grund der Rechtsprechung des BGH eine Entschädigung für die Zeit bis zum 1. März 1943 durch Behörden oder Gerichte versagt worden war, die Möglichkeit zu schaffen, einen erneuten Antrag auf Entschädigung zu stellen.[119] Anzumerken ist allerdings, dass trotz des zweiten BGH-Urteils von 1963 die zahlreichen Verbrechen an den Sinti und Roma, die vor 1938 begangen worden waren, wie etwa die vielen Zwangssterilisationen, nach wie vor nicht als „rassebedingt" eingestuft wurden.

Erst im Jahr 2016 hat sich der BGH mit der betreffenden Rechtsprechung im Rahmen eines gemeinsamen Symposiums mit dem Zentralrat Deutscher Sinti und Roma auseinandergesetzt und entschuldigte sich für das „Fehlurteil" vom 7. Januar 1956.[120]

Dass die Anerkennung des rassistisch motivierten Völkermords an den Sinti und Roma in der Bundesrepublik ein jahrzehntelanger Prozess war, zeigt sich nicht nur an der eben skizzierten Entschädigungspraxis, sondern auch an dem Umstand, dass erst rund 70 Jahre nach Ende des Zweiten Weltkriegs in Berlin eine zentrale Gedenkstätte für die von den Nationalsozialisten ermordeten Sinti und Roma entstanden ist.[121]

3. *Bürgerrechtsbewegung der deutschen Sinti und Roma*

In vielen deutschen Städten waren in der Nachkriegszeit als Konsequenz einer kommunalen Ausgrenzungspolitik separate Sinti- und Roma-Siedlungen entstanden, in denen zum Teil unerträgliche Zustände herrschten.[122] Auch die versagten Wiedergutmachungen führten dazu, dass viele Familien unter höchst prekären Umständen leben mussten. Gaststätten-, Diskothek- und Campingplatzverbote, Einschüchterung durch die Polizei und anderer Behörden gehörten

---

119 Weites Gesetz zur Änderung des Bundesentschädigungsgesetzes (BEG-Schlussgesetz), in: BGBl. I 1965, S. 1315. Kritisch dazu: *Sparing*, NS-Verfolgung von „Zigeunern", S. 15.

120 Vgl. *Bundesgerichtshof/Zentralrat Deutscher Sinti und Roma*, Doppeltes Unrecht – eine späte Entschuldigung. Zum Entschuldigungsprozess auch: *Mosbacher*, „Wie primitive Urmenschen".

121 Vgl. die Berichte über die Einweihung der Gedenkstätte: *O. V.*, Denkmal für Sinti und Roma; *Kuhla*, Keine Opfer zweiter Klasse.

122 Vgl. dazu etwa *O. V.*, „Bei Hitler waren wir wenigstens Deutsche"; *Zülch*, Nach 1945, S. 90 f.

zum Alltag der Sinti und Roma; die gesellschaftliche Ablehnung war allgegenwärtig.

Die fortgesetzte Diskriminierung war für viele Sinti und Roma nicht mehr hinnehmbar. In der Adenauer-Ära hatte vor allem noch die Krankheit oder die Resignation der Überlebenden ein größeres Aufbegehren verhindert.[123] Die nach 1945 geborene Generation der Sinti und Roma war dann aber gewillt, sich für ihre Bürgerrechte mit viel Engagement einzusetzen. Ab 1979 gelang es dem zuvor gegründeten Verband der Sinti Deutschlands in enger Zusammenarbeit mit der Nichtregierungsorganisation Gesellschaft für bedrohte Völker und der Internationalen Romani Union[124], durch eine Reihe von Aktionen und Publikationen eine intensive Öffentlichkeitsarbeit zu betreiben und so ein beachtliches Medienecho zu erzielen.[125] Ihr Hauptanliegen war es zunächst, auf den „vergessenen Holocaust" und die nach wie vor bestehende Diskriminierung der Sinti und Roma aufmerksam zu machen.[126] Einen besonderen Stellenwert erlangte dabei die Gedenkkundgebung von Sinti und Roma am 27. Oktober 1979 im ehemaligen Konzentrationslager Bergen-Belsen unter der Teilnahme *Willy Brandts* und der damaligen Vorsitzenden des Europaparlaments *Simone Veil* sowie der Hungerstreik von 12 Sinti-Bürgerrechtlern an Ostern 1980 im ehemaligen Konzentrationslager Dachau.[127]

Mit der Gründung mehrerer unabhängiger Orts- und Landesverbände gelang es dem Verband trotz Widerstand von mehreren Seiten zur selbstbestimmten, politischen Interessenvertretung der Sinti und Roma zu werden.[128] 1982 schloss sich der Verband deutscher Sinti mit anderen örtlichen und überörtlichen Sinti und Roma-Vereinen zum Zentralrat Deutscher Sinti und Roma

---

123 Vgl. *ebd.*, S. 91 f.

124 Zur Arbeit der IRU siehe Teil 1, C. IV. sowie Teil 3, C. I. 5.

125 Zur Bürgerrechtsbewegung der Sinti und Roma: *Rose*, Bürgerrechte für Sinti und Roma, insbes. S. 88 ff.; *Krausnick*, Der Kampf der Sinti und Roma um Bürgerrechte; *Matras*, Die Entstehungsgeschichte der Bürgerrechtsbewegung; *Reemtsma*, Sinti und Roma, S. 136 ff.; *Vossen*, Zigeuner, S. 97 ff.; *Zülch*, Nach 1945, S. 92 ff.

126 Vgl. *Rose*, Bürgerrechte für Sinti und Roma, S. 92 f.

127 Vgl. *ebd.*, S. 93 f.; *Krausnick*, Der Kampf der Sinti und Roma um Bürgerrechte, S. 149 ff.; *Vossen*, Zigeuner, S. 104.

128 Vor allem die katholische Kirche, die eine eigene „Zigeuner- und Nomadenseelsorge" unterhielt, und die sog. „Tsiganologen" (siehe dazu: Fn. 22) standen der Bürgerrechtsbewegung äußerst kritisch gegenüber und versuchten vielmehr, die Bestrebungen nach Emanzipation und Selbstbestimmung zu unterdrücken, vgl. dazu: *Krausnick*, Der Kampf der Sinti und Roma um Bürgerrechte, S. 149; *Reemtsma*, Sinti und Roma, S. 138 f.

zusammen, der bis heute als zentrales Sprachrohr in Deutschland fungiert.[129] Die intensive Lobbyarbeit führte schließlich dazu, dass der damalige Bundeskanzler *Helmut Schmidt* 1982 als erster deutscher Regierungschef die Verfolgung der Sinti und Roma durch die Nationalsozialisten als „rassisch" bedingte Verfolgung anerkannte und den Völkermord als solchen bezeichnete.[130] Auch die offizielle Anerkennung der deutschen Sinti und Roma als nationale Minderheit in Deutschland im Jahr 1995 ist ein Resultat der erfolgreichen Bürgerrechtsarbeit.

IX. Sinti und Roma im Sozialismus

Die Zahl der in der DDR lebenden Sinti und Roma war gering. Auch ihnen wurden allerdings im Zuge des Wiedergutmachungsprozesses viele Steine in den Weg gelegt.[131] So verlief die Anerkennung als „Opfer des Faschismus" auch in der DDR auf Grund einer automatischen Einordnung als „Asoziale" eher schleppend. Nur denjenigen, die den Nachweis erbringen konnten, dass ihre Verfolgung aus Gründen der Abstammung oder auf Grund einer antifaschistischen Tätigkeit stattgefunden hatte, wurde der Status als „Opfer des Faschismus" zugesprochen.[132] Erst ab Mitte der 1960er Jahre änderte sich die Situation und Sinti und Roma wurden pauschal als Verfolgte anerkannt mit der Möglichkeit, eine Verfolgtenrente zu beziehen.[133]

Die kommunistischen Regime (Süd-)Osteuropas verfolgten eine andere Herangehensweise in Bezug auf die Roma als ihre westeuropäischen Nachbarn. Die kommunistische Ideologie der (süd-)osteuropäischen Staaten ließ die Existenz ethnischer Differenzen nicht zu. Statt sie durch Gesetze und exekutives Handeln zu reglementieren und somit zu kriminalisieren, war die Intention der

129 Vgl. *Rose*, Bürgerrechte für Sinti und Roma, S. 95, 99.

130 Vgl. *Krausnick*, Der Kampf der Sinti und Roma um Bürgerrechte, S. 151; *Vossen*, Zigeuner, S. 106; *Rose*, Vorurteile und Stereotype, S. 18. Vgl. dazu auch die Antwort der Bundesregierung unter Kanzler Helmut Kohl am 20.12.1982 auf eine großen Anfrage der SPD- und FDP-Fraktionen zu Lage und Forderungen der Sinti, Roma und verwandter Gruppen, in der die Bundesregierung klar zum Ausdruck bringt, dass die Verfolgung aus „rassischen Gründen" erfolgt war und es sich um einen Völkermord gehandelt hatte, in: BT-Drucks. 9/2360 v. 21.12.1982, S. 3.

131 Zum Verlauf der Widergutmachung in der DDR insgesamt: *Hölscher*, NS-Verfolgte im „antifaschistischen Staat".

132 Vgl. *Zimmermann*, Zigeunerpolitik im Stalinismus, im „realen Sozialismus" und unter dem Nationalsozialismus, S. 14; *Hölscher*, NS-Verfolgte im „antifaschistischen Staat", S. 78 ff.

133 Vgl. *Reemtsma*, Sinti und Roma, S. 136.

kommunistischen Machthaber, die Roma in die sozialistische Planwirtschaft zu integrieren.[134] Roma sollten Teil des werktätigen Volkes werden und ein geregeltes Arbeitsleben führen. Wo die kommunistische Assimilationspolitik nicht die gewünschten Erfolge erzielte, wurde durch Zwangsumsiedlungen und die damit einhergehende Zerschlagung ganzer Roma-Communities nachgeholfen.[135]

In den verschiedenen sozialistischen Regimen ließen sich allerdings auch weitreichende Unterschiede im Umgang mit Sinti und Roma ausmachen. Während in der Tschechoslowakei die Assimiliationspolitik besonders vehement verfolgt wurde, kam es in Jugoslawien unter *Tito* sogar zu einer Anerkennung der Sinti und Roma als ethnische Minderheit.[136] Die sozialistische Politik der Assimilation war allerdings insoweit erfolgreich, als im Jahr 1980 beispielsweise 85 Prozent der ungarischen Roma einen permanenten Arbeitsplatz hatten und die restlichen 15 Prozent zumindest einen Gelegenheitsjob besaßen.[137] In anderen sozialistischen Staaten war dies ähnlich. Auch wenn sich die Lebensverhältnisse von Minderheit und Mehrheit einander annäherten, standen die Sinti und Roma auch in den sozialistischen Regimen trotz aller Assimilationsversuche ganz unten auf der sozialen und wirtschaftlichen Leiter. Die seit Jahrhunderten existierenden Vorurteile und Ressentiments gegenüber den Sinti und Roma vermochte auch die staatliche Zwangsassimilation nicht zu beseitigen. Nach dem Zusammenbruch der sozialistischen Regime waren die Sinti und Roma die ersten, die aus ihren Arbeitsverhältnissen entlassen wurden, wodurch sich ihre soziale Situation wieder verschlechterte.[138] Nichtsdestotrotz denken heute viele Sinti und Roma positiv an die damaligen Zeiten zurück, da sie zumindest einen festen Arbeitsplatz besaßen.

---

134 Vgl. *Liégeois*, Roma, Sinti, Fahrende, S. 185 ff.; *Pogány*, Minority Rights and the Roma, S. 13.

135 Vgl. *Mappes-Niediek*, Arme Roma, böse Zigeuner, S. 19. Ausführlich zur "Zigeunerpolitik" der sozialistischen Staaten: *Zimmermann*, Zigeunerpolitik im Stalinismus, im „realen Sozialismus" und unter dem Nationalsozialismus, , S. 14 ff.

136 Vgl. *Schär*, „Nicht mehr Zigeuner, sondern Roma", S. 210 f.; *Puxon*, Zur Geschichte der Zigeuner, S. 24 f. Letzterer bietet insgesamt eine anschauliche Übersicht über den Umgang mit Sinti und Roma in den einzelnen sozialistischen Ländern.

137 Vgl. *Mappes-Niediek*, Arme Roma, böse Zigeuner, S. 20. Über die besonders gute Integration der kosovarischen Roma in den Arbeitsmarkt in den 1980er Jahren: *Auer*, Zwischen den Fronten, S. 253.

138 Vgl. *Cooper*, "We have no Martin Luther King", S. 71.

X. Ergebnis

Wie der vorangegangene Überblick gezeigt hat, sind Sinti und Roma seit Jahrhunderten ein fester Bestandteil der europäischen Bevölkerungen. Auch in Deutschland leben sie über 600 Jahren. Ausgrenzung und Diskriminierung haben die Sinti und Roma seit ihrer Ankunft in Europa erfahren. In der Frühen Neuzeit wurden sie für vogelfrei erklärt, im Zeitalter der Aufklärung sollten sie zwangsassimiliert werden und während des Kaiserreichs und der Weimarer Republik wurden sie flächendeckend und systematisch in kriminalpräventiver Weise registriert. Dies verdeutlicht die Facettenreichheit ihrer Verfolgung. Da sich in Europa über eine so lange Zeit ein antiziganistisches Klima etablieren konnte, war es historisch gesehen konsequent, dass die Sinti und Roma zu Opfern der nationalsozialistischen Vernichtungspolitik wurden. Die Ermordung von circa einer halben Million Sinti und Roma durch die Nationalsozialisten war der beschämende Höhepunkt einer jahrhundertelangen historischen Entwicklung. Auch nach 1945 schlug sich der nach wie vor bestehende Antiziganismus im politischen Handeln nieder, was sich in der Bundesrepublik etwa durch die starken Reglementierungen auf Grundlage der sogenannten „Landfahrerordnungen" oder der zunächst ablehnenden Entschädigungspraxis zeigte. Dass Deutschland es versäumt hat, das historische Unrecht rechtzeitig aufzuarbeiten, erscheint offensichtlich.

C. Zur aktuellen Situation der Sinti und Roma

Im Folgenden soll ein Blick auf die aktuelle Situation der Sinti und Roma in Europa geworfen werden. Dabei soll insbesondere den Fragen nachgegangen werden, inwieweit Sinti und Roma auch heute noch Diskriminierung erfahren und wie sich ihre aktuellen Lebenswirklichkeiten gestalten.

I. Zwischen Romantisierung und Diskriminierung – Ausprägungen von Antiziganismus in der Gegenwart

Nach wie vor sind antiziganistische Einstellungen in der Gesellschaft weit verbreitet. Wie weit die Ablehnung von Sinti und Roma etwa in Deutschland aktuell reicht, zeigt eine Umfrage aus dem Jahr 2011 zum Thema gruppenbezogene Menschenfeindlichkeit, die auch mehrere Fragen zur Einstellung gegenüber Sinti und Roma beinhaltete. Im Rahmen der repräsentativen Umfrage stimmten ganze 40,1 Prozent der Befragten der Aussage „Ich hätte Probleme damit, wenn sich Sinti und Roma in meiner Gegend aufhalten" zu.[139] Ähnlich beunruhigende

139 Siehe hierfür *Heitmeyer*, Gruppenbezogene Menschenfeindlichkeit, S. 39.

Ergebnisse lieferte ein Bericht der Europäischen Grundrechteagentur (FRA) und des UN-Entwicklungsprogramms (UNDP) aus dem Jahr 2013, der sich mit der Situation von Sinti und Roma in elf EU-Mitgliedstaaten befasste. Im Rahmen der dem Bericht zu Grunde liegenden Umfragen gaben zwischen über 25 Prozent und über 60 Prozent der befragten Sinti und Roma an, in den letzten zwölf Monaten diskriminierende Behandlung auf Grund ihres ethnischen Hintergrundes erfahren zu haben.[140]

Die Mehrheitsbevölkerung hat noch immer ein klares „Zigeunerbild" im Kopf, welches auf Sinti und Roma projiziert wird. Sinti und Roma, die diesem Bild nicht entsprechen, werden auch nicht als solche wahrgenommen.[141] Weniger geprägt von eigenen Erfahrungen, speist sich das Bild von Sinti und Roma meist aus kollektiven Überlieferungen und Vorstellungen, die durch Musik, Literatur, Presse, Rundfunk und Social Media vermittelt werden. Die vorgestellten sozialen Eigenschaften, die den Sinti und Roma so zugeschrieben werden, zeichnen sich dadurch aus, dass sie von den Eigenschaften der Mehrheitsbevölkerung abweichen und als „vormodern" oder „archaisch" eingestuft werden.[142] Das „Zigeunerische" steht Bürgerlichkeit und Zivilisation entgegen.

140 *Agentur der Europäischen Union für Grundrechte/Entwicklungsprogramm der Vereinten Nationen,* Die Situation der Roma in elf EU-Mitgliedstaaten, S. 27. Der Bericht bezieht sich auf Ergebnisse mehrerer Umfragen der Europäischen Grundrechteagentur, des UN-Ernährungsprogramms, der Weltbank und der EU-Kommission. Von den Umfragen erfasst wurden Bulgarien, Frankreich, Griechenland, Italien, Polen, Portugal, Rumänien, Slowakei, Spanien, Tschechien und Ungarn. Befragt wurden insgesamt 22.203 Sinti und Roma sowie Nicht-Sinti und -Roma. Der Begriff Nicht-Sinti und -Roma bezog sich auf jenen Teil der Allgemeinbevölkerung, der in unmittelbarer Nähe der befragten Sinti und Roma lebte. Für die Gebiete, in denen die Bevölkerungsdichte der Sinti und Roma höher war als im nationalen Durchschnitt, ist die Studie repräsentativ. Die Ergebnisse für die Gruppe der Nicht-Sinti und -Roma sind nicht repräsentativ für die Mehrheitsbevölkerung, dienen jedoch als Bezugswert für die Sinti und Roma, da sich die befragten Nicht-Sinti und -Roma in derselben Umgebung, auf demselben Arbeitsmarkt und in derselben sozialen Infrastruktur bewegten, *ebd.*, S. 10 f. Etwas weniger gravierend, aber trotzdem besorgniserregend erscheint die Lage in Deutschland. Bei einer Umfrage zur Bildungssituation deutscher Sinti und Roma aus dem Jahr 2011 gaben 25,3 % der Befragten an, sich regelmäßig bis sehr häufig diskriminiert zu fühlen, vgl. *Strauß*, Studie zur aktuellen Bildungssituation deutscher Sinti und Roma, S. 45. Für genauere Informationen zur Studie siehe unten: Fn. 175.

141 Vgl. *Mappes-Niediek*, Arme Roma, böse Zigeuner, S. 98.

142 Vgl. *End*, Antiziganismus, S. 47 f.

Die weite Verbreitung antiziganistischer Stereotype ist insbesondere der Tatsache geschuldet, dass diese nach wie vor in Literatur, Medien und öffentlichen Diskursen Niederschlag finden. Dass Antiziganismus insbesondere in der medialen Öffentlichkeit stark präsent ist, soll folgendes Beispiel zeigen: Das Titelcover des populären Schweizer Magazins Die Weltwoche vom April 2012, zierte das Bild eines Roma-Jungen, der mit einer (Spielzeug-)Pistole auf die Kamera zielte. Die Bildunterschrift lautete: „Die Roma kommen: Raubzüge in die Schweiz. Familienbetriebe des Verbrechens“.[143] Die mit dem Cover und dem dazugehörigen Artikel einhergehende pauschale Kriminalisierung, stellte Sinti und Roma unter Generalverdacht und weckte den Eindruck einer abstammungsbedingten Kriminalität der Sinti und Roma. So heißt es in dem Artikel etwa: „Blitzkriegern aus dem Ausland gleich, fallen sie für ihre Raub- und Beutezüge über die Schweiz her, um so schnell wie möglich wieder zu verschwinden.“[144] Der Zentralrat Deutscher Sinti und Roma stellte letztlich Strafanzeige wegen Volksverhetzung.[145]

Wie im historischen Überblick bereits veranschaulicht wurde, existieren antiziganistische Vorurteile in Europa seit Jahrhunderten. Dementsprechend sind sie in den europäischen Gesellschaften fest verankert. Sätze wie „Hol die Wäsche rein, die Zigeuner kommen!“ oder die Behauptung, dass Sinti und Roma kleine Kinder stehlen, sind nicht nur Kulturhistorikern wohl bekannt. Dass letzteres Ressentiment nach wie vor tief in der Gesellschaft verankert ist, zeigte 2013 ein Fall in Griechenland, der weltweit für Schlagzeilen sorgte. Bei einem Einsatz in einer Roma-Siedlung fiel der griechischen Polizei ein Kind auf, das im Gegensatz zu den anderen Bewohnern der Siedlung hellblondes Haar trug. Da die Polizisten davon ausgingen, dass das Mädchen auf Grund seines Aussehens nicht das Kind der angeblichen Eltern sein konnte, wurde es in staatliche Obhut genommen. Die Meldung, dass der „blonde Engel“ womöglich von dem Roma-Ehepaar im Säuglingsalter entführt worden sei, wurde von zahlreichen Medien aufgegriffen. Die Rede war plötzlich von organisierter Kriminalität, Organ- und Menschenhandel. In Folge der medialen Präsenz des Falles kam es sogar zu vereinzelten Übergriffen von osteuropäischen Neonazis auf Roma-Familien mit blonden Kindern.[146] In den Medien wurde wild über weitere vermeintlich

---

143 *Gut/Kälin*, Die Roma kommen.

144 *Ebd.*, S. 25.

145 Vgl. hierzu die Pressemitteilung des Zentralrats v. 10.4.2012, verfügbar unter: http://zentralrat.sintiundroma.de/zentralrat-erstattet-strafanzeige-gegen-schweizerische-weltwoche-2/ (zuletzt aufgerufen am 12.6.2018).

146 Ein solcher Fall ereignete sich etwa in Serbien, vgl. *Pfaff*, Wenn Vorurteile neu erblühen.

von Roma entführte Kinder spekuliert.[147] Letztlich stellte sich heraus, dass das Kind Tochter einer bulgarischen Romni war. Diese hatte das Mädchen dem griechischen Paar freiwillig überlassen, da sie sich wirtschaftlich nicht in der Lage gesehen hatte, das Kind zu ernähren. Das griechische Paar gab zwar das Kind bei den Behörden als das eigene aus und bezog dadurch mehr Kindergeld als ihm zustand, eine Kindesentführung lag aber nicht vor. Sowohl im Vorgehen der griechischen Polizei, als auch in der medialen Berichterstattung spiegelten sich deutlich die in Europa tief verwurzelten „rassistischen Grundmuster" gegenüber Sinti und Roma wider.[148]

Das „Zigeunerbild" der Mehrheitsbevölkerung besteht aus mehreren Attributen, die den Sinti und Roma zugeschrieben werden.[149] Dass mit dem Begriffspaar Sinti und Roma automatisch Kriminalität, Betrügereien und Bettlertum assoziiert werden, zeigte besonders die Diskussion über die Zuwanderung von Osteuropäern, die in Folge der EU-Beitritte von Rumänien und Bulgarien im Jahr 2007 geführt wurde. Die sogenannte „Zuwanderungsdebatte" wurde stark von einem unübersehbaren Antiziganismus geprägt. Obwohl unter den Migranten auch Mehrheitsrumänen und -bulgaren waren, wurde „Roma" unabhängig vom tatsächlichen ethnischen Hintergrund der Migranten zum Synonym des Begriffs der sogenannten „Armutszuwanderer".[150] Hiermit verbunden war automatisch der Vorwurf des Missbrauchs des deutschen Sozialsystems sowie der fehlenden Gesetzestreue und somit das Absprechen der Legitimität der Zuwanderung.

Völlig selbstverständlich hält sich etwa auch das Klischee vom Nomadenleben der Sinti und Roma. Damit einher geht die Unterstellung einer gewissen Primitivität, der fehlenden Anpassungsfähigkeit und Integrierbarkeit. Weil sie scheinbar abhängige Arbeit und Sesshaftigkeit verweigern, gelten sie als „politisch

---

147 Vgl. etwa: *O.V.*, Wurde Maddie von Roma entführt?

148 So auch *Romani Rose* in seinem Statement zur Pressekonferenz des Zentralrats Deutscher Sinti und Roma am 5.11.2013 anlässlich der Medienberichterstattung zum Fall Maria: „Gestohlene Kinder? Roma in Europa am Pranger – die Verantwortung der Medien", verfügbar unter: http://zentralrat.sintiundroma.de/wp-content/uploads/presse/294.pdf (zuletzt aufgerufen am 12.6.2018). Vgl dazu auch: *Pfaff*, Wenn Vorurteile neu erblühen; sowie *Amnesty International*, "We ask for justice", S. 21.

149 Zu diesen verschiedenen Attributen mit zahlreichen Beispielen aus den Medien: *Winckel*, Antiziganismus, S. 148 ff.

150 Vgl. dazu: „Antiziganismus prägt Zuwanderungsdebatte", Interview der Deutschen Welle mit *Markus End* v. 11.1.2014, verfügbar unter: http://www.dw.de/antiziganismus-pr%C3%A4gt-zuwanderungsdebatte/a-17354910 (zuletzt aufgerufen am 12.6.2018).

unkontrollierbar und ökonomisch unproduktiv".[151] Zwar reisten viele, aber lang nicht alle Sinti und Roma als Handwerker oder Gewerbetriebende umher, ihre Mobilität war aber nicht unbedingt Ausdruck eines „natürlichen Wandertriebes", sondern oftmals Folge der sie treffenden Verfolgung und Vertreibung.[152] Weitgehend unbekannt ist zum Beispiel, dass die Mehrheit der Roma in Rumänien bis Mitte des 19. Jahrhunderts Leibeigene waren. Darunter zogen die meisten als Händler oder Handwerker umher, um das ihrem Herrn zustehende Kopfgeld bezahlen zu können. Auf Grund ihres Sklavendaseins konnten sie kein Land erwerben und sich somit nirgends ansiedeln.[153] Mithin stellte die Mobilität eine wirtschaftliche Notwendigkeit dar. Heute jedenfalls ist die Mehrheit der Sinti und Roma sowohl in West-, als auch in (Süd-)Osteuropa sesshaft und eben kein „heimatloses Nomadenvolk".[154]

Neben negativen Attributen und Vorurteilen, die eine Art „Zigeuner"-Feindbild kreieren, ist der „Zigeuner" auch Projektionsfigur eines positiv besetzten Exotismus. Naturverbundenheit, Freiheit, Magie, Musik, Abenteuer und verführerische Zigeunerinnen sind Ausprägungen einer romantisierten Vorstellung und mehr die Reproduktion unterdrückter Sehnsüchte der Mehrheitsgesellschaft

---

151 *Hund*, Romantischer Rassismus, S. 20.

152 Konkrete Beispiele liefern: *Vossen*, Zigeuner, S. 18 f., 24; *Fraser*, The Gypsies, S. 45; *Leidgeb/Horn*, Opre Roma!, S. 17. Undifferenziert dagegen *Marten-Gotthold*, die davon spricht, dass die selbständige Händlertätigkeit (im Reisegewerbe) den Bedürfnissen der Sinti und Roma am ehesten entspreche, vgl. *dies.*, Der Schutz der Sinti und Roma in der BRD, S. 38 f.

153 Vgl. *Mappes-Niediek*, Arme Roma, böse Zigeuner, S. 122 f.

154 Vgl. *Mihok/Widmann*, Sinti und Roma als Feindbilder; *Tebbutt*, Sinti und Roma, S. 1, 3. Vgl. außerdem: *Entwicklungsprogramm der Vereinten Nationen*, The Roma in Central and Eastern Europe, S. 13. Für weitere Informationen zu dem Bericht des UN-Entwicklungsprogramms siehe: Fn. 182. Eine Umfrage in Deutschland zur Bildungssituation der deutschen Sinti und Roma aus dem Jahr 2011 ergab, dass das Reisen in den jüngeren Generationen während der Schulzeit im Vergleich zu früher deutlich zurückgegangen ist. Zudem verfolgen die Sinti und Roma mit dem Reisen heute einen ganz anderen Zweck als früher. Während es früher vorwiegend dem Handeltreiben und Geschäftemachen diente, sind der Anlass für die heute meist kürzeren Reisen überwiegend Treffen der Familie oder Religionsgemeinschaften, vgl. *Strauß*, Studie zur aktuellen Bildungssituation deutscher Sinti und Roma, S. 40 f. Für genauere Informationen zur Studie siehe unten: Fn. 175. *Mappes-Niediek* spricht von drei bis fünf Prozent der Sinti und Roma, die noch dauerhaft reisen, vgl. *ders.*, Arme Roma, böse Zigeuner, S. 57.

als tatsächliche Wiederspiegelung der Lebensrealität der Sinti und Roma.[155] Insbesondere in Literatur, Kunst und Musik wurden und werden solche Bilder mit Vorliebe geschaffen.[156] Solche Bilder sind Produkte der eigenen Phantasie, die trotz fehlendem Realitätsbezug ein stereotypes und homogenes Bild der Sinti und Roma in den Augen der Mehrheitsbevölkerung konstruieren. Trotz aller stiller Bewunderung und vermeintlich positiver Konnotation geht damit wiederum ein Bild der Unangepasstheit und Unzivilisiertheit einher und ein Gefühl der Bedrohung sozialer Normen der Mehrheitsgesellschaft: „Die Sehnsucht nach Freiheit verschmilzt mit der Empörung über jene, die sie sich angeblich herausnehmen."[157]

II. Antiziganistisch motivierte Gewalt

Sinti und Roma werden allerdings nicht nur Opfer oben beschriebener „Verbalattacken", auch tätliche Übergriffe sind in vielen europäischen Staaten keine Seltenheit. Vor allem mit dem Aufkommen nationalistischer Bewegungen und einer damit verbundenen Rückbesinnung auf ein ethnisches Verständnis von Nation kam es in den letzten Jahren insbesondere in (süd-)osteuropäischen Ländern teilweise zu pogromartigen Übergriffen und regelrechten Hetzjagden auf Angehörige der Sinti und Roma.[158] Mediale Aufmerksamkeit erfuhr etwa das ungarische Dorf Gyöngyöspata im Frühjahr 2011, in dem selbsternannte

---

155 Vgl. *Mihok/Widmann*, Sinti und Roma als Feindbilder; *Krausnick*, Die Zigeuner sind da, S. 93.

156 Eine Auflistung der Werke, die solche Bilder projizieren würde den Rahmen dieser Arbeit sprengen. Beispiele in Literatur, Musik und Kunst finden sich bei: *Busch*, Das Spektakel vom „Zigeuner", S. 158 ff.; *Solms*, Schützt uns vor „Zigeuner"-Bildern, S. 18; *Solms*, „Kulturloses Volk?", S. 70 ff.; *Krausnick*, Das Bild der Sinti und Roma in der deutschsprachigen Kinder- und Jugendliteratur; *Krausnick*, Die Zigeuner sind da, S. 93 ff.; mit neueren Beispielen: *End*, Gutachten Antiziganismus, S. 19 ff.

157 *Hund*, Romantischer Rassismus, S. 20.

158 Zahlreiche konkrete Beispiele zu den Zuständen in Tschechien und Griechenland finden sich in: *Amnesty International*, "We ask for justice". Berichterstattungen zu antiziganistischen Ausschreitungen vor allem in Ungarn und Tschechien finden sich bei: *Verserck*, Osteuropas vergessener Bürgerkrieg; *Schmidt*, „Tschechien den Tschechen"; *Odehnal*, Ungarns Roma flüchten vor der rechtsextremen Gewalt; *Hengst*, „Kommt raus, Zigeuner, heute werdet ihr sterben!"; *Jakob*, Der Hass auf die Roma; *Gergely*, Roma in ungarischem Dorf regelrecht hingerichtet.

bewaffnete Bürgerwehren und paramilitärische Gruppen wochenlang aufmarschierten und die dortige Roma-Bevölkerung schikanierten.[159]

Nach Erhebungen der Europäischen Grundrechteagentur aus dem Jahr 2009 war rund ein Viertel der befragten Roma in Bulgarien, Griechenland, Polen, Rumänien, der Slowakei, Tschechien und Ungarn in den 12 Monaten zuvor mindestens einmal Opfer einer personenbezogenen Straftat (Angriffe, Bedrohungen oder schwere Belästigungen). Davon waren 81 Prozent der Befragten überzeugt, dass die sie betreffende(n) Straftaten auch rassistisch motiviert gewesen waren.[160] Antiziganismus und Gewalt sind allerdings kein osteuropäisches Spezifikum; auch in Italien, Frankreich und Deutschland sind Sinti und Roma immer wieder rassistisch motivierten Gewalttaten ausgesetzt.[161] In Italien beispielsweise entlud sich der Hass gegen Sinti und Roma in den Jahren 2007 und 2008 in mehreren Wellen brutaler Gewalt. Angestachelt durch politische Stimmungsmache rechter Parteien und mediale Hetze kam es zu mehreren Brandanschlägen und bewaffneten Überfällen auf Roma-Camps. Die Reaktion des damaligen italienischen Innenministers war, die in Italien lebenden Roma mittels eines digitalen Fingerabdrucks zu erfassen.[162] Wie die Vorfälle in Italien und Ungarn exemplarisch

---

159 Vgl. dazu: *Koob*, Antiziganistisches Terrain; *Mappes-Niediek*, Arme Roma, böse Zigeuner, S. 104 ff.

160 Vgl. *Agentur der Europäischen Union für Grundrechte*, „Daten kurz gefasst“: Die Roma, S. 8 ff. Der Bericht entstand auf Grundlage der Erhebung der EU zu Minderheiten und Diskriminierung (EU-MIDIS). Im Rahmen dieser Erhebung wurden in den damals 27 Mitgliedstaaten 23.500 Einwanderer und Mitglieder ethnischer Minderheiten anhand von Fragebögen persönlich befragt. In zehn Mitgliedstaaten wurden 5000 Menschen aus der Mehrheitsbevölkerung befragt, die in derselben Gegend wie die Minderheiten lebten. Für den Bericht zu Roma wurden in sieben Mitgliedstaaten (Bulgarien, Griechenland, Polen, Rumänien, Slowakei, Tschechien, Ungarn) jeweils 500 Roma befragt.

161 Zu den Zuständen in Frankreich: *Amnesty International*, "We ask for justice", S. 15 ff. In Deutschland wurde etwa 2009 im sächsischen Klingenhain das Haus einer Sinti-Familie niedergebrannt, vgl. *Trappe*, Die Flammen von Klingenhain, S. 8. 2011 kam es in Leverkusen zu einem Brandanschlag auf ein Haus, das von mehreren Roma-Familien bewohnt wurde, vgl. *Zitzen*, Brandanschlag auf Roma-Haus. Auch der Pogrom von Rostock-Lichtenhagen 1992 hatte eine antiziganistische Dimension, vgl. *Geelhaar/Marz/Prenzel*,„...und du wirst sehen, die Leute, die hier wohnen, werden aus den Fenstern schauen und Beifall klatschen.“. Zu direkter Gewalt gegen Sinti und Roma in Deutschland: *End*, Gutachten Antiziganismus, S. 24 ff.

162 Zu den italienischen Ausschreitungen insgesamt: *Lange*, Die Stille durchbrechen. Das Europäische Parlament verurteilte die Vorgehensweise der italienischen Regierung scharf: Entschließung des Europäischen Parlaments v. 10.7.2008 zur Zählung der

zeigen, werden solche offenen Feindseligkeiten zwar meist von neonazistischen Gruppen initiiert, sie finden aber oftmals Zuspruch und Unterstützung in der Mehrheitsbevölkerung: „Das Scharnier zwischen rechtsmilitanten Akteuren und der Mehrheitsbevölkerung bildet vor allem der Begriff der ‚Zigeunerkriminalität' ".[163] Die konkrete Kriminalisierung der lokalen Sinti und Roma dient der Legitimierung antiziganistischer Gewalttaten und führt zur Akzeptanz solcher Taten innerhalb der Mehrheitsbevölkerung.

Amnesty International prangerte in einem Bericht über antiziganistische Gewalt aus dem Jahr 2014 an, dass die Gewalt gegen Sinti und Roma oft auch von Polizeibeamten verübt werde[164] und sogenannte *hate crimes*, die gegen Sinti und Roma gerichtet sind, von den Ermittlungsbehörden nicht richtig aufgeklärt werden oder der rassistische Hintergrund verschleiert werde.[165] Die schlechten Erfahrungen mit den Verfolgungsbehörden dürften wohl einer der Gründe sein, warum eine exorbitante Anzahl von Sinti und Roma entsprechende Vorfälle nicht der Polizei meldet.[166]

Zwar kann sich der Völkermord der Nationalsozialisten auch im Fall der Sinti und Roma auf Einmaligkeit berufen, mit der Befreiung der Konzentrationslager ging allerdings nicht das Ende antiziganistischer Gewalt einher, wie die vorangegangenen Ausführungen zeigen. Die Gewaltbereitschaft drückt sich aber nicht nur in einzelnen, zum Teil gebündelten Angriffen aus. Eine weitaus systematischere Form nahm antiziganistisch motivierte Gewalt im Kosovo 1999 und den darauffolgenden Jahren an, als in Folge des Kosovo-Krieges ganze Roma-Siedlungen dem Erdboden gleich gemacht wurden. Zwei Drittel der kosovarischen Roma wurden dabei auf brutale Weise von albanischen Extremisten vertrieben,

---

Roma in Italien auf der Grundlage ihrer ethnischen Zugehörigkeit, ABl. C 294 E v. 3.12.2009, S. 54.

163 *Koob*, Antiziganistisches Terrain, S. 199.

164 Vgl. *Amnesty International*, "We ask for justice", S. 5, 15 ff. (Frankreich), 21 (Griechenland).

165 Vgl. *ebd.*, S. 10 (Tschechien), 17 ff. (Frankreich), 21 ff. (Griechenland).

166 In einer Erhebung der Europäischen Grundrechteagentur aus dem Jahr 2009 gaben im Durchschnitt 79 % der befragten Roma an, Angriffe, Bedrohungen und schwere Belästigungen, die sie in den vergangenen 12 Monaten erlebt hatten, nicht der Polizei gemeldet zu haben. Spitzenreiter waren Bulgarien mit 88 % und Griechenland mit 89 %, vgl. *Agentur der Europäischen Union für Grundrechte*, „Daten kurz gefasst": Die Roma, S. 8 f. Für genauere Informationen zum Bericht der Europäischen Grundrechteagentur siehe: Fn. 160.

da man sie auf der Seite der Serben wähnte.[167] Das *European Roma Rights Center* beschrieb die Vertreibungen von Roma im Kosovo als die größte Katastrophe, die die europäische Sinti- und Roma-Community nach dem 2. Weltkrieg ereilt hat.[168]

III. Die gesellschaftliche, soziale und wirtschaftliche Situation von Sinti und Roma im heutigen Europa

Die genaue Größe der Sinti und Roma-Bevölkerung in Europa ist unklar. Ausgegangen wird meist von einer Zahl zwischen 10 und 12 Millionen in ganz Europa.[169] Genauere Zahlen sind nicht bekannt. Auf Grund der traumatisierenden Erfahrung der jahrhundertelangen Verfolgung und Vernichtung durch die Nationalsozialisten sowie der fortdauernden Diskriminierung und Ausgrenzung wollen sich viele Sinti und Roma nicht als solche zu erkennen geben. Auf Grund dessen sind die tatsächlichen Sinti und Roma-Bevölkerungen meist größer als die offiziellen Zahlen angeben.[170] Die größte Anzahl von Roma lebt wohl in Rumänien (zwischen 1,2 und 2,5 Millionen, das heißt nach dem Mittelwert circa 8,63 Prozent der Gesamtbevölkerung), wobei Bulgarien mit zwischen 700.000 und 800.000 Roma prozentual zur Gesamtbevölkerung

---

167 Dazu: *Auer*, Zwischen den Fronten; *End*, Gutachten Antiziganismus, S. 38 f.; *Mappes-Niediek*, Arme Roma, böse Zigeuner, S. 66 f.; *Thelen*, Der lange Weg zur politischen Partizipation, S. 18 f.

168 *“The massive wave of anti-Romani violence in Kosovo in 1999 was the single biggest catastrophe to befall the Romani community since the Romani holocaust in World War II”*, *Perić*, Kosovo Roma today.

169 Vgl. die Seite der Antidiskriminierungsstelle des Bundes: http://www.antidiskriminierungsstelle.de/DE/ThemenUndForschung/Ethnische_Herkunft/Themenjahr_2014/fragen_antworten_Sinti_Roma/faq_Sinti_und_Roma_node.html (zuletzt aufgerufen am 12.6.2018). Der Europarat spricht sogar von sechs bis 16 Millionen. Die Zahlen beziehen sich auf das gesamte europäische Gebiet, d.h. alle Europarats-Mitgliedstaaten. Die genaue Übersicht über die Verteilung der Sinti und Roma in Europa in den einzelnen Staaten (Stand: 2012) findet sich auf der Seite des Europarats unter: http://www.coe.int/t/dg3/romatravellers/default_en.asp (zuletzt aufgerufen am 12.6.2018). *Amnesty International* spricht von 10–12 Millionen Roma in Europa: *Amnesty International*, “We ask for justice”, S. 5.

170 Vgl. *Entwicklungsprogramm der Vereinten Nationen*, The Roma in Central and Eastern Europe, S. 23. Für weitere Informationen zum Bericht des UN-Entwicklungsprogramms siehe: Fn. 182. So auch: *Reemtsma*, Sinti und Roma, S. 57.

die größte Roma-Bevölkerung vorzuweisen hat (nach dem Mittelwert circa 9,94 Prozent).[171] In Deutschland leben circa 70.000 Sinti und Roma mit deutschem Pass.[172] Zudem ist seit 1990 eine Vielzahl von Roma nach Deutschland gekommen. Viele kamen zwischen 1991–1993 als Bürgerkriegsflüchtlinge aus dem ehemaligen Jugoslawien, andere im Zuge des Kosovokonflikts 1999. Heute erhoffen sich viele bulgarische und rumänische Roma nach der EU-Osterweiterung, dem Elend in ihren Heimatländern entfliehen zu können. Die Motive der Roma-Migranten sind also vielfältig.

Der von der Europäischen Grundrechteagentur (FRA) und dem UN-Entwicklungsprogramm (UNDP) im Jahr 2013 veröffentlichte Bericht über die Situation der Sinti und Roma in elf EU-Mitgliedstaaten zeigt deutlich, dass die sozioökonomische Lage vieler Roma in Europa geradezu desaströs ist.[173] Bildung stellt einen entscheidenden Schlüsselfaktor für die Chancen auf dem Arbeitsmarkt und für die Verringerung des Armutsrisikos dar. Laut dem Bericht bestehen große Diskrepanzen bezüglich des Schulbesuchs von Sinti- und Roma-Kindern und Nicht-Sinti- und Roma-Kindern. In Griechenland besuchten zum Zeitpunkt der Umfrage etwa 35 Prozent der schulpflichtigen Roma-Kinder keine Schule, was nur bei unter 5 Prozent der befragten Nicht-Roma-Kinder der Fall war.[174] Auch in Deutschland herrscht eine erhöhte Bildungsarmut unter Sinti und Roma. Bei einer Umfrage zur Bildungssituation deutscher Sinti und Roma aus dem Jahr 2011 gaben 13 Prozent der Befragten an, keine Schule zu besuchen

---

171 Vgl. zu den Zahlen ebenfalls die Seite des Europarats: http://www.coe.int/t/dg3/romatravellers/default_en.asp (zuletzt aufgerufen am 12.6.2018).

172 Bundesministerium des Innern, Bericht der Bundesrepublik Deutschland an die Europäische Kommission, EU-Rahmen für nationale Strategien zur Integration der Roma bis 2020, Integrierte Maßnahmenpakete zur Integration und Teilhabe der Sinti und Roma in Deutschland, 2011, S. 12, verfügbar unter: https://www.bmi.bund.de/SharedDocs/downloads/DE/veroeffentlichungen/themen/gesellschaft-integration/minderheiten/umsetzung-2011-strategie-integration-roma.pdf?__blob=publicationFile&v=3 (zuletzt aufgerufen am 12.6.2018). Diese Zahl findet sich außerdem auf der Homepage des Kultur- und Dokumentationszentrums Deutscher Sinti und Roma: http://www.sintiundroma.de/sinti-roma.html (zuletzt aufgerufen am 12.6.2018).

173 *Agentur der Europäischen Union für Grundrechte/Entwicklungsprogramm der Vereinten Nationen,* Die Situation der Roma in elf EU-Mitgliedstaaten. Für genauere Informationen zum Bericht der Europäischen Grundrechteagentur und dem UN-Entwicklungsprogramm siehe: Fn. 140.

174 *Ebd.*, S. 14. Die Umfrage unterschied allerdings nicht nach Art der Schule, die besucht wurde, d.h. es wurde etwa nicht berücksichtigt, inwieweit überdurchschnittlich viele Sinti und Roma-Kinder in Förderschulen untergebracht waren.

oder besucht zu haben. Dies trifft vermutlich nur auf weniger als ein Prozent der deutschen Mehrheitsbevölkerung zu.[175]

Im Bereich der weiterführenden Bildung sind die Unterschiede zwischen Sinti und Roma und Nicht-Sinti und -Roma besonders signifikant, wie der Bericht der FRA und des UNDP zeigt. In Frankreich, Rumänien, Griechenland, Portugal und Spanien hat laut der zu Grunde liegenden Umfragen nicht einmal jeder zehnte Angehörige der Sinti und Roma die Sekundarstufe II abgeschlossen, während dies in Spanien bei über 30 Prozent, in Portugal bei über 40 Prozent, in Rumänien bei über 60 Prozent und in Frankreich und Griechenland sogar bei über 80 Prozent der befragten Nicht-Sinti und -Roma der Fall war.[176] In vielen europäischen Staaten, insbesondere in Osteuropa, existieren im Übrigen separate Roma-Klassen in Schulen beziehungsweise sogar komplette Roma-Schulen. Auch wenn dies zum Teil durch demographische Verteilung bedingt sein mag und nicht ausschließlich Ausdruck absichtlicher ethnischer Segregation ist, ist der Bildungsstandard in diesen Schulen relativ niedrig.[177] Darüber hinaus lässt

175 *Strauß*, Studie zur aktuellen Bildungssituation deutscher Sinti und Roma, S. 101. Für die Studie wurden 275 Interviews in 35 Städten/Orten geführt. Die Interviewer waren selbst Sinti und Roma.

176 *Agentur der Europäischen Union für Grundrechte/Entwicklungsprogramm der Vereinten Nationen,* Die Situation der Roma in elf EU-Mitgliedstaaten, S. 15. Der erstaunlich niedrige Anteil der befragten Nicht-Sinti und -Roma in Portugal und Spanien mit Abschluss in der Sekundarstufe II ist möglicherweise auf lokale oder regionale strukturelle Benachteiligungen zurückzuführen, die sich auf beide in enger Nachbarschaft lebenden Gruppen auswirken. Für genauere Informationen zum Bericht der Europäischen Grundrechteagentur und dem UN-Entwicklungsprogramm siehe: Fn. 140. Zu ähnlichen bzw. noch dramatischeren Ergebnissen für Bulgarien, Rumänien, Slowakei, Tschechien und Ungarn kam auch das Entwicklungsprogramm der Vereinten Nationen im Rahmen eines Berichts im Jahr 2003, vgl. *Entwicklungsprogramm der Vereinten Nationen*, The Roma in Central and Eastern Europe, S. 53 f. Für genauere Informationen zum Bericht des UN-Entwicklungsprogramms siehe: Fn. 182. Laut der bereits erwähnten Studie zur Bildungssituation deutscher Sinti und Roma, besuchten nur 11,5 % der befragten Sinti und Roma eine Realschule (innerhalb der Mehrheitsbevölkerung sind es ca. 30 % mit mittlerem Bildungsabschluss bei den 14–25-jährigen) und nur 2,3 % der befragten Sinti und Roma besuchten ein Gymnasium (innerhalb der Mehrheitsbevölkerung verfügen ca. 24,4, % über eine Hochschulreife), vgl. *Strauß*, Studie zur aktuellen Bildungssituation deutscher Sinti und Roma, S. 102. Für genauere Informationen zu der Studie siehe: Fn. 175.

177 Vgl. *Entwicklungsprogramm der Vereinten Nationen*, The Roma in Central and Eastern Europe, S. 55. Für genauere Informationen zum Bericht des UN-Entwicklungsprogramms siehe: Fn. 182.

sich in vielen europäischen Staaten ein weiteres Phänomen beobachten: Roma-Kinder sind oftmals in Sonderschulen überrepräsentiert, was nicht etwa daran liegt, dass tatsächlich ein gesundheitlicher Grund vorläge, sondern dass sie auf Grund ihrer ethnischen Zugehörigkeit automatisch in Förderschulen eingeschult werden.[178]

Was bei der Bewertung der ökonomischen Lage der Sinti und Roma nicht übersehen werden darf, ist, dass in vielen europäischen Staaten insgesamt hohe Arbeitslosenzahlen herrschen und auch viele Angehörige der Mehrheitsbevölkerung in prekären Verhältnissen leben. Die Sinti und Roma sind aber von diesen Missständen in besonderem Maße betroffen. Was die Arbeitsmarktsituation angeht, ging in den meisten der elf Mitgliedstaaten, welche in dem Bericht der FRA und des UNDP untersucht worden waren, weniger als ein Drittel der befragten Sinti und Roma zwischen 20 und 64 Jahren einer abhängigen Beschäftigung nach.[179] In den meisten Mitgliedstaaten gaben mindestens doppelt so viele Sinti und Roma wie Nicht-Sinti und -Roma an, arbeitslos zu sein. In Italien, der Slowakei und in Tschechien äußerten dies sogar vier- bis fünfmal soviele Sinti und Roma.[180] Die Sinti und Roma sind im Schnitt weitaus öfters von Arbeitslosigkeit betroffen als der nationale Durchschnitt.

Wie stark Diskriminierung und die ökonomische Situation verzahnt sind, zeigt sich etwa dadurch, dass zwischen knapp 30 und über 60 Prozent der

---

178 Vgl. *Entwicklungsprogramm der Vereinten Nationen*, The Roma in Central and Eastern Europe, S. 55. Speziell zur Situation in Tschechien: *Amnesty International*, Injustice Renamend. Auch in Deutschland lässt sich diese Praxis beobachten. Laut der Umfrage zur Bildungssituation deutscher Sinti und Roma aus dem Jahr 2011 besuchen 10,7 % der befragten Sinti und Roma eine Förderschule, während dies bei der Mehrheitsbevölkerung nur auf 4,7 % der Schüler zutrifft, vgl. *Strauß*, Studie zur aktuellen Bildungssituation deutscher Sinti und Roma, S. 101. Für genauere Informationen zu der Studie siehe: Fn. 175. Vgl. dazu auch: *Mappes-Niediek*, Arme Roma, böse Zigeuner, S. 36 f.

179 *Agentur der Europäischen Union für Grundrechte/Entwicklungsprogramm der Vereinten Nationen*, Die Situation der Roma in elf EU-Mitgliedstaaten, S. 16. Dies betraf Frankreich, Griechenland, Italien, Polen, Portugal, Slowakei und Spanien. Dies bedeutete allerdings nicht zwangsläufig, dass über zwei Drittel arbeitslos waren, da der Term „abhängige Beschäftigung" nicht die Selbstständigkeit miteinschließt. Für genauere Informationen zum Bericht der Europäischen Grundrechteagentur und dem UN-Entwicklungsprogramm siehe: Fn. 140.

180 *Ebd.*, S. 17. In dem Bericht wird allerdings darauf hingewiesen, dass sich die Messung von Arbeitslosigkeit als komplex erweist, da die individuelle Einschätzung von Arbeitslosigkeit variieren kann.

befragten Sinti und Roma angaben, mindestens einmal Diskriminierungserfahrungen während der Arbeitssuche gemacht zu haben. Spitzenreiter waren dabei Italien, Polen und Tschechien.[181] Auch eine Studie des UNDP aus dem Jahr 2003, die sich mit der sozioökonomischen Situation von Roma in Bulgarien, Rumänien, der Slowakei, Tschechien und Ungarn befasste, zeigte deutlich, dass nicht nur fehlende Bildung oder die allgemeine schlechte wirtschaftliche Lage in diesen Ländern Gründe für die hohe Erwerbslosenrate unter Roma sind, sondern auch die ethnische Zugehörigkeit und die damit verbundene Diskriminierung eine große Rolle spielen.[182]

Auch die Gesundheitsversorgung war Gegenstand der dem Bericht der FRA und dem UNDP aus dem Jahr 2013 zu Grunde liegenden Umfragen. In Italien, Polen und Tschechien gaben mehr als doppelt so viele Sinti und Roma wie Nicht-Sinti und -Roma an, im Alltag durch gesundheitliche Probleme eingeschränkt zu sein. Während in einer Vielzahl der untersuchten Länder auch Sinti und Roma flächendeckend krankenversichert waren, ist dies nicht in allen EU-Mitgliedstaaten der Fall, wie etwa in Bulgarien, wo nur 45 Prozent der Roma angaben, krankenversichert zu sein.[183] Die in vielen Fällen fehlende Infrastruktur ist ein zentraler Faktor für die mangelhafte Gesundheitssituation vieler Sinti und Roma.

Für die Bewertung der sozioökonomischen Situation ist auch die Wohnqualität ein wichtiger Indikator. Weite Teile der befragten Sinti und Roma in den untersuchten Mitgliedstaaten gaben etwa an, in einem Haushalt zu leben, in

181 *Agentur der Europäischen Union für Grundrechte/Entwicklungsprogramm der Vereinten Nationen,* Die Situation der Roma in elf EU-Mitgliedstaaten, S. 19. Für genauere Informationen zum Bericht der Europäischen Grundrechteagentur und dem UN-Entwicklungsprogramm siehe: Fn. 140. Über die auch in Deutschland existierende Diskriminierung auf dem Arbeitsmarkt vgl. etwa den Artikel auf der Homepage der Schwäbischen Zeitung über die Diskriminierung von Ravensburger Sinti: *Adler*, Sinti klagen über wachsende Diskriminierung.

182 *Entwicklungsprogramm der Vereinten Nationen*, The Roma in Central and Eastern Europe, S. 33 f. Der Bericht basiert auf quantitative Umfragen mit über 5.000 Umfragebögen in den fünf benannten Ländern. Für die befragten Länder ist die Umfrage repräsentativ.

183 *Agentur der Europäischen Union für Grundrechte/Entwicklungsprogramm der Vereinten Nationen,* Die Situation der Roma in elf EU-Mitgliedstaaten, S. 20 f. Die Umfrage stellte lediglich auf das Wissen ab, ob ein Krankenversicherungsschutz besteht, nicht welche genaue Versorgung davon erfasst ist. Für genauere Informationen zum Bericht der Europäischen Grundrechteagentur und dem UN-Entwicklungsprogramm siehe: Fn. 140.

dem im Innenbereich der Wohnung mindestens Toilette, Dusche/Bad, Küche oder Stromversorgung nicht vorhanden war. Die höchsten Zahlen lieferten hier Rumänien und Bulgarien, wo dies auf um die 80 Prozent der Befragten zutraf.[184] Erschreckend ist außerdem, dass in allen untersuchten Mitgliedstaaten mindestens 8 von 10 der befragten Sinti und Roma in Haushalten lebten, deren Äquivalenzeinkommen unterhalb der Armutsgrenze des jeweiligen Landes lag.[185] Mit zunehmender Armut geht auch eine sogenannte Ghettoisierung einher, die das Entwicklungsprogramm der Vereinten Nationen bereits 2003 beklagte.[186] Vor allem in den neuen EU-Mitgliedstaaten leben viele Roma in separaten, zum Teil slumartigen Siedlungen – oft unter katastrophalen Zuständen und abgeschnitten von jeglicher Infrastruktur. Ein rein südosteuropäisches Phänomen sind solche „Roma-Ghettos" allerdings nicht, auch in Italien und Frankreich leben viele Roma in Camps am Rande großer Städte, die oftmals von staatlicher Seite als Mittel einer gezielten Ausgrenzungspolitik geschaffen oder zumindest geduldet werden.[187] Auch in Deutschland existieren noch in mehreren Städten reine Sinti-Siedlungen, wie etwa der Ravensburger Ummenwinkel oder auf dem Mainzer Hartenberg.[188]

---

184 *Agentur der Europäischen Union für Grundrechte/Entwicklungsprogramm der Vereinten Nationen,* Die Situation der Roma in elf EU-Mitgliedstaaten, S. 23. Zu berücksichtigen ist bei den Zahlen allerdings, dass gerade in Rumänien und Bulgarien auch viele Nicht-Roma von einem solchen Mangel an Grundausstattung betroffen sind. In allen Staaten wiesen die Zahlen zwischen Sinti und Roma und der Mehrheitsbevölkerung aber hohe Diskrepanzen auf. Für genauere Informationen zum Bericht der Europäischen Grundrechteagentur und dem UN-Entwicklungsprogramm siehe: Fn. 140.

185 *Agentur der Europäischen Union für Grundrechte/Entwicklungsprogramm der Vereinten Nationen,* Die Situation der Roma in elf EU-Mitgliedstaaten, S. 24 f. Das Äquivalenzeinkommen ist ein Maß für Haushaltseinkommen, das Unterschiede in Bezug auf die Größe und die Zusammensetzung der Haushalte berücksichtigt. Für genauere Informationen zum Bericht der Europäischen Grundrechteagentur und dem UN-Entwicklungsprogramm siehe: Fn. 140.

186 *Entwicklungsprogramm der Vereinten Nationen*, The Roma in Central and Eastern Europe, S. 43. Für weitere Informationen zum Bericht des UN-Entwicklungsprogramms siehe: Fn. 182.

187 Dazu vgl. *Mappes-Niediek*, Arme Roma, böse Zigeuner, S. 56 f.; *Lange*, Die Stille durchbrechen, S. 243 ff. Über ein jüngstes Beispiel in Deutschland: *Voigts*, Elendsviertel mitten in Frankfurt.

188 Die Sinti-Siedlung Ummenwinkel ist auf demselben Areal gebaut, auf dem zu Zeiten des Nationalsozialismus das Ravensburger „Zigeunerlager" stand. Zu den „Zigeunerlagern" siehe: Teil 1, B. VII. 1. Zur Geschichte des Ravensburger Ummenwinkel: *Lindemann*, Die Sinti aus dem Ummenwinkel. Zu den Sinti-Siedlungen in Deutschland und

Die eben skizzierten Umfrageergebnisse zeichnen ein relativ düsteres Bild der Lage der europäischen Sinti und Roma – ein Bild, das nicht nur von Diskriminierung, sondern auch von Armut und Bildungsferne geprägt ist. So notwendig es auch ist, auf diese weitgehend prekäre Lage aufmerksam zu machen, darf dabei nicht vergessen werden, auf die Heterogenität der Sinti und Roma zu verweisen. Lang nicht alle Sinti und Roma leben in bitterer Armut und sind isoliert von der Mehrheitsgesellschaft. Viele sind erfolgreich in Beruf und Ausbildung und passen eben nicht in das Bild des armen, bildungsfernen Roms, welches mittlerweile automatisch auf die Sinti und Roma als weiteres gängiges Stereotyp projiziert wird. Hierauf verweist auch *Romani Rose*, der Vorsitzende des Zentralrats Deutscher Sinti und Roma, der davor warnt, „die partielle Marginalisierung der Roma-Bevölkerung in einigen Mitgliedstaaten als charakteristisches Merkmal für die gesamte Minderheit festzuschreiben" und die Sinti und Roma pauschal als „europäische soziale Randgruppe" darzustellen.[189]

Die aufgeführten Zahlen zeigen allerdings unmissverständlich auf, dass einer großen Zahl von Sinti und Roma in Europa soziale Chancen vorenthalten werden und sie so an den äußersten Rand der Gesellschaft gedrängt werden. Diskriminierung, Stigmatisierung, Marginalisierung und Armut bedingen sich gegenseitig. Die schlechte soziale und wirtschaftliche Situation, in der viele Sinti und Roma in Europa leben, sind das Ergebnis jahrhundertelanger Diskriminierung und Ausgrenzung, die sie seit jeher erfahren.[190] Gleichzeitig bieten prekäre Verhältnisse weiteren Nährboden für Ausgrenzung und Diskriminierung. Für Sinti und Roma scheint es besonders schwierig zu sein, diesen Teufelskreis selbstständig zu durchbrechen.

Die Publizistin *Roswitha Scholz* spricht im Falle der Sinti und Roma von einem sogenannten „Hybriditäts-Tabu". Anders als bei sonstigen Migranten und Angehörigen ethnischer Minderheiten, bei denen seit den 1990er Jahren im sozialwissenschaftlichen Diskurs von hybriden Identitäten, das heißt von „Dazwischen-Identitäten" gesprochen wird, ist ein Sinto oder Rom, der sich als solcher zu erkennen gibt, in erster Linie auch ein solcher. Eine multiple Identität wird ihm von der Mehrheitsbevölkerung nicht zugestanden; vielmehr wird er zur Projektionsfläche sämtlicher antiziganistischer Stereotype, von denen eine

auch speziell zum Ravensburger Ummenwinkel: *Open Society Institute*, Monitoring des Minderheitenschutzes in der EU, S. 115 ff.

189 *Rose*, Gleichberechtigte Teilhabe für Sinti und Roma, S. 8.

190 Vgl. *End*, Gutachten Antiziganismus, S. 65 f.; *Rose*, Gleichberechtigte Teilhabe für Sinti und Roma, S. 8.

Loslösung nur schwer möglich ist.[191] Dies hat notwendigerweise zur Folge, dass eine gleichberechtigte gesellschaftliche Teilhabe deutlich erschwert wird.

IV. Interessenvertretungen

Mittlerweile existieren auf nationaler wie auf internationaler Ebene einige Interessenvertretungen von Sinti und Roma.[192] Die wohl wichtigste Interessenvertretung in Deutschland stellt der 1982 gegründete Zentralrat Deutscher Sinti und Roma mit Sitz in Heidelberg dar.[193] Dem Zentralrat als politischer Dachverband gehören als Mitglieder mehrere Landesverbände und regionale Organisationen und Vereine an.[194] Der Zentralrat sieht sich in erster Linie als Vertreter der deutschen Sinti und Roma – was die gezielte Namensgebung bereits verrät.[195] Mittlerweile setzt sich der Zentralrat aber auch für die Rechte der nicht-deutschen Roma ein, die über die letzten Jahrzehnte nach Deutschland eingewandert sind oder in (Süd-)Osteuropa leben.[196] Angegliedert an den Zentralrat ist das Dokumentations- und Kulturzentrum Deutscher Sinti und Roma, welches unter anderem die 600-jährige Geschichte der Sinti und Roma in Deutschland dokumentiert und Bildungs- und Kulturarbeit leistet. Neben dem Zentralrat und seinen Mitgliedsorganisationen existieren noch mehrere kleinere unabhängige

---

191 *Scholz*, Antiziganismus und Ausnahmezustand, S. 36 f. Ähnliche Schlussfolgerungen finden sich in: *Entwicklungsprogramm der Vereinten Nationen*, The Roma in Central and Eastern Europe, S. 24. Für genauere Informationen zum Bericht des UN-Entwicklungsprogramms siehe: Fn. 182.

192 Für einen ausführlichen historischen Überblick vgl.: *Liégeois*, Roma, Sinti, Fahrende, S. 312 ff.

193 Die Homepage des Zentralrats findet sich unter: http://zentralrat.sintiundroma.de/ (zuletzt aufgerufen am 12.6.2018).

194 Mitglieder sind etwa Landesverbände aus Baden-Württemberg, Bayern, Berlin-Brandenburg, Bremen, Hamburg, Hessen, Nordrhein-Westfalen, Rheinland-Pfalz, Saarland und Schleswig-Holstein. Aufgelistet mit Kontaktadressen sind alle Mitgliedsverbände und -organisationen auf der Homepage des Zentralrats: http://zentralrat.sintiundroma.de/zentralrat/mitgliedsverbaende/ (zuletzt aufgerufen am 12.6.2018).

195 Dazu, insbesondere zur anfänglichen gezielten Weigerung des Zentralrats zur Unterstützung von Roma-Flüchtlingen: *Matras*, Die Entstehungsgeschichte der Bürgerrechtbewegung der Roma, S. 73, 75.

196 Vgl. etwa den Beitrag des Zentralratsvorsitzenden *Romani Rose* zur Abschiebung von 10.000 Roma in den Kosovo: *Rose*, Zur Lage im Kosovo. Ebenso: *ders.*, Vorurteile und Stereotype, S. 19; *Krausnick*, Der Kampf der Sinti und Roma um Bürgerrechte, S. 152 f.

Zusammenschlüsse, wie etwa die Hamburger Rom und Cinti Union oder die Sinti-Allianz Deutschland.[197]

Auf europäischer Ebene ist insbesondere das *European Roma Rights Center* (ERRC) mit Sitz in Budapest zu nennen, das sich zum Ziel gesetzt hat, Rassismus und Menschenrechtsverletzungen gegen Sinti und Roma unter anderem auf rechtlichem Wege durch Musterprozesse zu bekämpfen.[198] Daneben existieren zahlreiche weitere Organisationen und Institutionen, die sich mit der Verbesserung der Lage der Sinti und Roma befassen. Zu nennen ist beispielsweise das *European Roma Information Office* (ERIO) in Brüssel, welches sich als Beratungsorganisation versteht, die ihren Fokus auf den Bereich der Antidiskriminierungsstrategien legt.[199] Auf Empfehlung einer eigens eingesetzten Expertengruppe des Europarats wurde im Jahr 2003 das *European Roma and Travellers Forum* (ERTF) mit Sitz in Straßburg als Roma-Vertretungsorganisation auf europäischer Ebene gegründet, welches durch ein Partnerschaftsabkommen eng mit dem Europarat verbunden ist und von diesem auch finanziell gefördert wird.[200] Das ERTF ist ein von Regierungen und internationalen Organisationen unabhängiges Organ, das bei roma-spezifischen Fragen gegenüber dem Europarat konsultativ tätig wird.

Auf internationalem Terrain bewegt sich als Dachverband mehrerer nationaler und internationaler Interessenvertretungen die *International Romani Union* (IRU).[201] Die IRU wurde auf dem zweiten *World Romani Congress* 1978 in Genf gegründet. Der *World Romani Congress* war 1971 als internationales

---

197 Vgl. die Webpräsenzen der beiden exemplarisch aufgezählten Vereine: https://www.rcu-info.de/index.html und http://sintiallianzdeutschland.de/ (beide zuletzt aufgerufen am 12.6.18). Insbesondere zum Verhältnis der Rom und Cinti Union zum Zentralrat: *Matras*, Die Entstehungsgeschichte der Bürgerrechtsbewegung der Roma, S. 75 f.

198 Das *ERRC* beschreibt seine Tätigkeitsbereiche selber folgendermaßen: "*The European Roma Rights Centre (ERRC) is a Roma-led international public interest law organisation working to combat anti-Roman racism and human rights abuse of Roma through strategic litigation, research and policy development, advocacy and human rights education*", vgl. die *Homepage* des ERRC: http://www.errc.org/about-us-overview (zuletzt aufgerufen am 12.6.18). Zur *strategic litigation* des ERRC siehe: Teil 4, A. III. 2.

199 Vgl. die Homepage des ERIO: http://www.erionet.eu/home.htm (zuletzt aufgerufen am 12.6.18).

200 Vgl. die Homepage des ERTF: http://www.ertf.org/ (zuletzt aufgerufen am 19.11.2017). Zum ERTF auch: *Pečínka*, Emanzipation oder Folklore?, S. 80 f.; *Thelen*, Der lange Weg zur politischen Emanzipation, S. 68 ff.

201 Ausführlich zur IRU: *Pečínka*, Emanzipation oder Folklore?, S. 74 ff.; *Liégeois*, Roma, Sinti, Fahrende, S. 323 ff.; *Djurić/Becken/Bengsch*, Ohne Heim – Ohne Grab, S. 25 ff.

Delegiertentreffen ins Leben gerufen worden und fand seither in regelmäßigen Abständen statt.[202] Als weitere international agierende Roma-Organisation fungiert der *Roma National Congress* (RNC), der sich als außerparlamentarische Bürgerrechtsbewegung versteht.[203] Sowohl um die IRU als auch um den RNC ist es aber in den letzten Jahren ruhig geworden.

V. Ergebnis

Überall in Europa stoßen Sinti und Roma nach wie vor auf weit verbreitete Ablehnung in der Mehrheitsbevölkerung. Sie dienen automatisch als Projektionsfläche antiziganistischer Stereotype, die zum Teil über Jahrhunderte gewachsen sind. Dieser in Europa fest verankerte Antiziganismus schlägt regelmäßig auch in offene Gewalt und tätliche Angriffe auf Sinti und Roma um. Die sozioökonomische Lage der Mehrheit der europäischen Sinti und Roma ist alarmierend. Überdurchschnittlich viele sind von einer schlechten Bildungssituation, Arbeitslosigkeit, prekären Wohnverhältnissen und einer unzureichenden Gesundheitsversorgung betroffen. Die schlechte soziale und wirtschaftliche Situation ist auch Ergebnis einer jahrhundertelangen Diskriminierung. Armut und Ausgrenzung bedingen sich gegenseitig. Wichtig ist jedoch, dass man die Sinti und Roma nicht pauschal als soziale Randgruppe betrachtet. Viele Angehörige der Sinti und Roma leben nicht an der Armutsgrenze. Ihre Lebensrealität unterscheidet sich nicht von der Lebensrealität der Mehrheitsbevölkerung. Nichtsdestotrotz gehören viele Sinti und Roma zu den ärmsten Bevölkerungsschichten in Europa. Entscheidend ist jedoch, dies nicht nur als soziales Problem anzuerkennen, sondern auch als Ausfluss von Antiziganismus und Diskriminierung zu begreifen.

D. Kulturelle Identität

Die Bezugnahme auf die europäischen Sinti und Roma als Europas größte Minderheit suggeriert, dass auch eine gemeinsame kulturelle Identität beziehungsweise gewisse gemeinsame kulturelle Merkmale bestehen. Inwieweit hier tatsächlich von Gemeinsamkeiten gesprochen werden kann, soll nun im Folgenden untersucht werden.

---

202 In folgenden Städten fanden die Kongresse statt: Orpington bei London (1971), Genf (1978), Göttingen (1981), Serock, Polen (1990), Prag (2000), Lanciano, Italien (2004), Zagreb (2008), Sibiu (2013). Zu den ersten Kongressen: *Liégeois*, Roma, Sinti, Fahrende, S. 322 ff.; *Djurić/Becken/Bengsch*, Ohne Heim – Ohne Grab, S. 25 ff.

203 Vgl. *Pečínka*, Emanzipation oder Folklore?, S. 78 ff.

I. Herkunft und Sprache

Allen Sinti und Roma gemein ist ihre ursprüngliche Herkunft aus Indien, die heutzutage nahezu unbestritten ist. Darüber hinaus verbindet weite Teile der Sinti und Roma die gemeinsame Sprache, das sogenannte Romanes (auch Romani), welches Ähnlichkeiten mit dem altindischen Sanskrit aufweist, wodurch die indische Herkunft nachgewiesen werden konnte.[204] Ursprünglich war das Romanes eine rein mündlich überlieferte Sprache. Seit Mitte des 20. Jahrhunderts findet allerdings ein Verschriftlichungs- und Standardisierungsprozess statt, welcher federführend von der *International Romani Union* angestoßen wurde.[205] Da die Sinti und Roma aber seit Jahrhunderten über ganz Europa verstreut leben, war und ist das Romanes seit jeher vielen unterschiedlichen regionalen Einflüssen ausgesetzt. Dadurch haben sich viele verschiedene Dialekte entwickelt, die insgesamt stark variieren, sodass sich die Sprecher der verschiedenen Dialekte teilweise nur schwer miteinander verständigen können.[206] Viele Sinti und Roma sprechen mittlerweile auch die Sprache der Mehrheitsbevölkerung und bedienen sich gar nicht mehr des Romanes.[207] Folglich dient das Romanes nur bedingt als linguistische Bande, die die Sinti und Roma vereint.

---

204 Vgl. *Reemtsma*, Sinti und Roma, S. 70; *Fraser*, The Gypsies, S. 14 ff. Eine Übersicht zu wichtigen Begriffen auf Romanes bietet: *Hancock*, A Glossary of Romani Terms.

205 Vgl. *Reemtsma*, Sinti und Roma, S. 73 ff. Viele Sinti und Roma lehnen den Verschriftlichungsprozess allerdings mit Verweis auf die „Rasseforscher“ des Dritten Reichs ab, dazu: *ebd.*, S. 74. Kritisch wegen der starken Unterschiede der einzelnen Romanes-Dialekte: *Warasin*, Sterbendes Kulturerbe. Starker Befürworter eines Standardisierungsprozesses ist dagegen *Rajko Djurić*, vgl. *ders.*, Die Standardsprache der Rroma; ebenso: *Liégeois*, Roma, Sinti, Fahrende, S. 73 f.

206 Vgl. *Reemtsma*, Sinti und Roma, S. 75; *Mappes-Niediek*, Arme Roma, böse Zigeuner, S. 157 f.; *Warasin*, Sterbendes Kulturerbe. Zu den einzelnen Sprachzweigen: *Reemtsma*, Sinti und Roma, S. 73. *Liégeois* weist zusätzlich darauf hin, dass das Romanes gleichermaßen die anderen europäischen Sprachen beeinflusst hat: *ders.*, Roma, Sinti, Fahrende, S. 59.

207 Vgl. dazu die Umfrage der Europäischen Grundrechteagentur aus dem Jahr 2009, in der nur 47 % der befragten Sinti und Roma angaben, eine andere Muttersprache zu sprechen als die offizielle Landessprache des Staates, in dem sie lebten: *Agentur der Europäischen Union für Grundrechte*, „Daten kurz gefasst“: Die Roma, S. 14. Für genauere Informationen zum Bericht der Europäischen Grundrechteagentur siehe: Fn. 160. Zu ähnlichen Ergebnissen kam ein Bericht des Entwicklungsprogramms der Vereinten Nationen im Jahr 2003: *Entwicklungsprogramm der Vereinten Nationen*, The Roma in Central and Eastern Europe, S. 58. Für genauere Informationen zum Bericht des UN-Entwicklungsprogramms siehe: Fn. 182. Vgl. außerdem: *Mappes-Niediek*, Arme Roma, böse Zigeuner, S. 157; *Reemtsma*, Sinti und Roma, S. 68.

II. Religion und Beruf

Eine einheitliche Religion können die Sinti und Roma nicht aufweisen. Zwar spielt Religion tatsächlich für viele Sinti und Roma eine große Rolle, allerdings korrespondiert ihr Glaube in den meisten Fällen mit dem der Mehrheitsbevölkerung.[208] So sind etwa in Deutschland die Sinti und Roma mehrheitlich katholisch, die *Kalderaš* in Rumänien überwiegend orthodoxen Glaubens und die *Xoaraxane* aus dem ehemaligen Jugoslawien und Bulgarien meist Muslime.[209]

Früher übten viele Sinti und Roma gewisse Handwerksberufe aus oder betrieben Gewerbe. Darauf lassen zum Teil die heute noch existenten Bezeichnungen vieler Sinti- und Roma-Gruppen schließen, wie die der bereits eingangs erwähnten *Lovara* (abgeleitet von *ló*, ungarisch für Pferd), die vom Pferdehandel lebten, und *Kalderaš* (abgeleitet von *caldare*, rumänisch für Kübel/Eimer), die als Kesselschmiede arbeiteten. Neben noch vielen weiteren Gruppen gibt es etwa noch die *Ursari* (abgeleitet von *urs*, rumänisch für Bär), die als Bärenführer sogenannte Tanzbären trainierten oder die *Aurari* (von rumänisch *aur*, das Gold), welche als Goldschmiede oder Goldwäscher arbeiteten. Mancherorts hatten Sinti und Roma eine regelrechte Monopolstellung in gewissen Bereichen inne – ganze Branchen waren in ihrer Hand.[210] Heute üben nur noch wenige Sinti und Roma die ursprünglichen Berufe aus. Dies hat zum einen damit zu tun, dass die Berufe auf Grund von wirtschaftlicher und gesellschaftlicher Modernisierung mit der Zeit überflüssig wurden und die Nachfrage sank. Zum anderen waren viele Sinti und Roma durch Verfolgung und Zwangsassimilation gezwungen, ihre Berufe aufzugeben, sodass die entsprechenden Kenntnisse nicht überliefert wurden.[211]

III. „Zigeuner"-Stereotype als vermeintlich kulturelle Eigenarten

In vielen Abhandlungen über die kulturelle Identität der Sinti und Roma finden sich zahlreiche Beispiele, die ein relativ archaisches Bild einer vermeintlichen

---

208 Vgl. *Agentur der Europäischen Union für Grundrechte*, „Daten kurz gefasst": Die Roma, S. 14. Für genauere Informationen zum Bericht der Euroäischen Grundrechteagentur siehe: Fn. 160.

209 Vgl. zu den konkret genannten Gruppen: *Reemtsma*, Sinti und Roma, S. 63, 65, 67. Allgemein zur Religion der Sinti und Roma: *Liégeois*, Roma, Sinti, Fahrende, S. 114 ff.

210 *Mappes-Niediek* begründet diese Monopolstellungen insbesondere damit, dass es in manchen ländlichen Gegenden Osteuropas meist üblich war, dass alle Söhne die Landwirtschaft der Eltern weiterführten und so für das Handwerk der Sinti und Roma regelrechte Marktlücken bestanden, *ders.*, Arme Roma, böse Zigeuner, S. 124.

211 Vgl. *Zülch*, Nach 1945, S. 77.

Roma-Kultur vermitteln – so etwa, dass sie eine strenge hierarchische Sozialorganisation unterhalten, in der verschiedene verwandtschaftliche Ebenen mit verschiedenen Verhaltensregeln und einer internen rechtlichen und politischen Selbstverwaltung verknüpft sind.[212] Oftmals wird auch von einem Konzept der rituellen Reinheit gesprochen mit der Folge, dass bestimmte (unreine) Berufe, wie etwa Arbeiten im Krankenhaus oder bei der Müllabfuhr, angeblich nicht ausgeübt werden dürfen.[213] Möglicherweise finden sich derartige kulturelle Konzepte heute noch bei vereinzelten Roma-Gruppen; sie sind aber mitnichten allen Sinti und Roma gemein.[214] Viele der vermeintlichen „typischen kulturellen Eigenschaften" von Sinti und Roma sind eher Zuschreibungen als Abbildung der Realität und greifen die bekannten „Zigeuner"-Stereotype auf, die die Vorstellung der Mehrheitsbevölkerung dominieren. Auf das, was als Sinti- und Roma-Kultur verkauft wird, lohnt sich also oft ein genauerer Blick. Auf die nomadische Lebensweise, die den Sinti und Roma nach wie vor pauschal unterstellt wird[215], und auf die Tatsache, dass diese oftmals Resultat von Vertreibung und ökonomischem Zwang war, wurde in dieser Arbeit bereits eingegangen.[216] Auch der hohe

---

212 Vgl. *Weyrauch*, Das Recht der Roma und Sinti; *Acton/Caffrey/Mundy*, Theorizing Gypsy Law; *Liégeois*, Roma, Sinti, Fahrende, S. 77 ff., 93 ff. Vgl. außerdem: *Marten-Gotthold*, Der Schutz der Sinti und Roma in der BRD, S. 42 ff.; *Panayi*, Ethnic Minorities in Nineteenth and Twentieth Century Germany, S. 233. Ein „schwer ausrottbares Vorurteil" nennt *Mappes-Niediek* etwa die Vorstellung, dass es in jeder Sinti- und Roma-Gemeinschaft einen sog. *Bulibascha*, d.h. einen Roma-König, gebe. *Mappes-Niediek* zeigt auf, dass die Figur des sog. *Bulibaschas* weniger Ausdruck eines internen Strukturverständnisses der Sinti und Roma selbst ist, sondern vielmehr Ausdruck des Verlangens von außen nach einem Ansprechpartner innerhalb der Sinti- und Roma-Gemeinschaften ist, vgl. *ders.*, Arme Roma, böse Zigeuner, S. 181 ff.

213 Derart pauschal etwa: *Zülch*, Nach 1945, S. 77; *Marten-Gotthold*, Der Schutz der Sinti und Roma in der BRD, S. 38, 41; *Liégeois*, Roma, Sinti, Fahrende, S. 93 ff.

214 Vgl. *Reemtsma*, Sinti und Roma, S. 60 f. Konkret zu den genannten kulturellen Merkmalen bei drei konkreten Untergruppen, vgl. *ebd.*, S. 62 ff. Einen Versuch der Differenzierung bzgl. der eben genannten kulturellen Merkmale nach verschiedenen Untergruppen unternimmt ebenso: *Vossen*, Zigeuner, S. 112, 204 ff., 243 ff., 256 ff.

215 So etwa *Liégeois*, Roma, Sinti, Fahrende, S. 98 ff.; *Barth*, Minority Rights, Multiculturalism and the Roma of Europe, S. 392. Auch *Andreas von Arnauld* schreibt in seinem aktuellen Völkerrechtslehrbuch von den Roma pauschal als „einer nomadisch in Wohnwagen lebenden Ethnie", vgl. *ders.*, Völkerrecht, Rn. 777.

216 Siehe dazu: Teil 1, C. I.

Stellenwert der Familie, der immer wieder als roma-spezifisch dargestellt wird,[217] muss in einem erweiterten Kontext gesehen werden. Gerade die starke Fixierung auf die Familie lässt sich nicht nur als originär kulturelle Besonderheit, sondern auch als Reaktion auf den nationalsozialistischen Völkermord und den nach wie vor verbreiteten Antiziganismus verstehen, auf Grund dessen Vertrauen in die Mehrheitsbevölkerung und staatliche Institutionen kaum vorhanden ist.[218]

Bei dem Versuch die kulturellen Eigenarten der Sinti und Roma zu beschreiben, ist also Vorsicht geboten. Hierbei werden immer wieder Aspekte aufgegriffen, die weniger die Lebensrealität der Sinti und Roma widerspiegeln, sondern vielmehr Klischees bedienen. Die Mehrheitsgesellschaft tendiert dazu, ein relativ homogenes Bild der europäischen Sinti und Roma zu zeichnen. Tatsächlich setzen sich die Sinti und Roma aber aus zahlreichen Subgruppen zusammen, die sich in sprachlichen und kulturellen Aspekten stark voneinander unterscheiden.[219] Was die Sinti und Roma verbindet, ist die ursprüngliche und lang zurückliegende Herkunft aus Indien und letztlich ihre gemeinsame Sprache, das Romanes, wobei sich auch hier große Unterschiede und sprachliche Differenzen herausgebildet haben. Eine Faustformel, was typisch für Sinti und Roma ist, gibt es also nicht.

IV. Kultur der Armut und Bildungsferne?

Schließlich soll an dieser Stelle noch auf einen weiteren Aspekt eingegangen werden: Mit den Begriffen Sinti und Roma ist mittlerweile unweigerlich die Vorstellung von Elendssiedlungen in (Süd-)Osteuropa, Armutszuwanderung, großen Kinderscharen, fehlender Bildung und völliger Mittellosigkeit verbunden. Roma wird immer mehr zum Synonym für Armut und sozial desolate Zustände, wobei

217 Vgl. etwa *Gronemeyer/Rakelmann*, Zigeuner, S. 79; *Solms*, „Kulturloses Volk?", S. 129, *Liégeois*, Roma, Sinti, Fahrende, S. 106 ff.; *Heun*, Minderheitenschutz der Roma in der EU, S. 34; *Marten-Gotthold*, Der Schutz der Sinti und Roma in der BRD, S. 39 ff.

218 Vgl. *Panayi*, Ethnic Minorities in Nineteenth and Twentieth Century Germany, S. 233.

219 Mit einem Appell daran, dass der kulturellen Vielfalt der Sinti und Roma Rechnung getragen werden müsse: *Agentur der Europäischen Union für Grundrechte*, „Daten kurz gefasst": Die Roma, S. 14. Für genauere Informationen zum Bericht der Europäischen Grundrechteagentur siehe: Fn. 160. Ebenso: *Entwicklungsprogramm der Vereinten Nationen*, The Roma in Central and Eastern Europe, S. 24. Für weitere Informationen zum Bericht des UN-Entwicklungsprogramms siehe Fn. 182. Auf die Heterogenität weisen außerdem deutlich hin: *Reemtsma*, Sinti und Roma, S. 60; *Pogány*, Minority Rights and the Roma, S. 16 ff.

die Ursachen gerne in ihrer Kultur gesucht werden.[220] Unterstellt wird ihnen etwa eine kulturell bedingte Bildungsverweigerung. So schrieb die „Tsiganologin“ *Georgia A. Rakelmann* über die hohe Analphabetenrate unter Sinti und Roma: „Man kann sagen, daß der bewußte Verzicht auf das Schriftliche ein Teil der positiven ethnischen Identität für viele Zigeuner ist.“[221] *Rakelmann* stellte so einen Zusammenhang zwischen der tatsächlich existenten hohen Analphabetenrate der Sinti und Roma und ihrer kulturellen Identität her. Dieses Beispiel zeigt, wie soziale Aspekte kulturalisiert und somit als ethnische Eigenheit der Sinti und Roma begriffen werden. Beispielhaft kann hier außerdem auf den Ethnologen *Rainer Jaroschek* verwiesen werden, der beim Aufeinandertreffen zwischen dem europäischen öffentlichen Schulsystem und der Lebenswelt der Sinti und Roma einen „Kulturkonflikt“ heraufbeschwor.[222] Dies suggeriert, dass den Sinti und Roma eine Kultur der Armut und Bildungsferne geradezu inhärent ist. Letztlich werden sie so selbst verantwortlich gemacht für ihre oft schlechten Lebensumstände. Durch eine solche Betrachtung wird auch das Moment der Diskriminierung vollends außer Acht gelassen. Die Korrelation von Antiziganismus und der alarmierenden sozio-ökonomischen Situation vieler Sinti und Roma wird so gänzlich negiert.[223]

V. Ergebnis

Die kulturellen Eigenarten der Sinti und Roma zu beschreiben ist schwierig, da sie keine homogene Gruppe mit einheitlichen Traditionen und Bräuchen sind. Vielmehr stellen sie ein Geflecht zahlreicher Untergruppen dar, die jeweils über distinkte kulturelle Identitäten verfügen. Sie alle verbindet nicht einmal eine einheitliche Religion. Gemein ist ihnen zumindest die ursprüngliche Herkunft aus Indien, welche allerdings Jahrhunderte zurückliegt. Zum Teil verbindet sie

220 Vgl. *Mappes-Niediek*, Arme Roma, böse Zigeuner, S. 13. Diese Entwicklung wird auch in dem Bericht des UN-Entwicklungsprogramms über die Situation der Roma in Mittel und Osteuropa aufgezeigt: *Entwicklungsprogramm der Vereinten Nationen*, The Roma in Central and Eastern Europe, S. 24. Für genauere Informationen zum Bericht des UN-Entwicklungsprogramms siehe: Fn. 182. Vor einer solchen Kulturalisierung warnen auch: *Horváth*, Gadjo Nation, Roma Nation, S. 55; *Pogány*, Minority Rights and the Roma, S. 9.

221 *Rakelmann*, Zigeuner in der Schule, S. 173.

222 *Jaroschek*, „Wer viel weiß, leidet viel“.

223 Vgl. *Rose*, Gleichberechtigte Teilhabe für Sinti und Roma, S. 8. Auch *End* prangert dies in seinem Gutachten zu Antiziganismus ausdrücklich an, *ders.*, Gutachten Antiziganismus, S. 84.

außerdem eine einheitliche Sprache, das Romanes, welches nach wie vor von vielen, aber nicht allen Sinti und Roma in regional sehr stark differierenden Dialekten gesprochen wird, sodass zum Teil eine Verständigung gar nicht möglich ist.

Bei der Beschreibung der Sinti- und Roma-Kultur ist allerdings Vorsicht geboten. Da stereotype „Zigeuner"-Klischees in der Gesellschaft weit verbreitet sind, ist die Gefahr groß, sich ihrer zu bedienen, wenn es darum geht, die Kultur der Sinti und Roma zu skizzieren. Pauschale Zuschreibungen wie etwa das Nomadentum haben wenig mit der Lebensrealität der meisten Sinti und Roma gemein und verkürzen die Historie in unangemessener Weise. Aber nur durch entsprechende Stereotype lässt sich überhaupt ein einheitliches Bild zeichnen. Die eine Sinti- und Roma-Kultur gibt es auf Grund der erwähnten Heterogenität nicht. Es erscheint daher notwendig, einen sehr differenzierten Blick auf die verschiedenen Untergruppen zu werfen, um einen realistischen Eindruck der kulturellen Identitäten der Sinti und Roma zu erhalten.

Teil 2 Das Konzept des modernen Minderheitenschutzes

Der Minderheitenschutz ist heute als fester Bestandteil des Völkerrechts in verschiedenen Instrumenten auf universeller und europäischer Ebene verankert. Um Missverständnisse zu vermeiden, sei an dieser Stelle erwähnt, dass sich der Minderheitenschutz ausschließlich auf völkerrechtliche Minderheiten bezieht. Es geht also weder um die politische Minderheit im Sinne einer (Abstimmungs-)minderheit in parlamentarischen Regierungssystemen, die zwar im Staatsrecht, aber nicht im Völkerrecht eine Rolle spielt[224], noch bezieht sich der Minderheitenschutz auf soziale beziehungsweise gesellschaftliche Minderheiten, welche sich durch bestimmte Merkmale von der Mehrheitsgesellschaft abgrenzen. Vom Begriff der gesellschaftlichen Minderheit werden ganz verschiedene Gruppen erfasst, wie zum Beispiel Homosexuelle, behinderte Menschen, Wohnungslose oder Strafgefangene.[225] Die völkerrechtlichen Minderheiten, auf die sich der hier skizzierte Minderheitenschutz bezieht, umfassen dagegen ethnische, sprachliche und religiöse Minderheiten.

A. Die historischen Grundlagen des modernen Minderheitenschutzes

Der Minderheitenschutz ist kein rein modernes Phänomen der Nachkriegszeit oder des 20. Jahrhunderts. Schon in der Frühen Neuzeit gab es erste Vorstöße – zunächst im Bereich der religiösen Schutzrechte. Erst später entwickelte sich daraus der Minderheitenschutz in Bezug auf ethnische Merkmale. Im Folgenden soll diese historische Entwicklung kurz skizziert werden.

I. Ursprünge in religiösen Schutzrechten

Maßnahmen, die zumindest im Ansatz an den modernen Minderheitenschutz erinnern, finden sich bereits in der Frühen Neuzeit – in Gestalt religiöser Schutzrechte. Durch die Reformation war die religiöse Einheit des Reiches zerbrochen. Zur Lösung der hierdurch entstandenen religiösen Konflikte war es üblich, in

224 Vgl. *Krugmann*, Das Recht der Minderheiten, S. 43 f.

225 *Krugmann* fasst diese Minderheitenform mit dem Begriff der gesellschaftlichen Randgruppen zusammen, vgl. *ders.*, Das Recht der Minderheiten, S. 54 ff.

Friedensverträgen sogenannte Toleranzbestimmungen zu verankern. Als wohl frühestes Beispiel im Heiligen Römischen Reich Deutscher Nation lässt sich der Nürnberger Religionsfrieden von 1532 anführen, welcher den protestantischen Reichsständen, nicht aber den Untertanen, eine freie Religionsausübung gewährte. Im Gegenzug hatten sich diese bereit erklärt, den Kaiser im Kampf gegen die Türken zu unterstützen.[226]

Vereinzelt setzte sich diese religiöse Toleranz auch im Verhältnis Landesherr – Untertanen durch, indem mancherorts der bisher geltende Grundsatz der obrigkeitlichen Bestimmung der Religion durchbrochen und den Unteranten eine gewisse religiöse Freiheit gewährt wurde.[227] Bis dahin folgte nämlich aus der Maxime *cuius regio, eius religio*, dass sich die Konfession der Bewohner eines Territoriums nach der Konfession des Fürsten richtete. Den Untertanen, die sich geweigert hatten, die Konfession des Landesherrn anzunehmen, blieb nur die Abwanderung in ein anderes Territorium offen, um einem erzwungenen Konfessionswechsel oder Verfolgung zu entgehen.[228]

Der Westfälische Friede, welcher mit den Friedensverträgen von Münster und Osnabrück das Ende des Dreißigjährigen Krieg besiegelte, griff 1648 diese Entwicklungen zum Teil auf. Art. V des Osnabrücker Vertrages enthielt ausschließlich Bestimmungen zur Glaubensfrage und damit den Versuch der Herstellung eines Gleichgewichts zwischen den Konfessionen. Dieser Ansatz wirkte sich auch auf die Glaubensfreiheit des Einzelnen aus. Der Grundsatz *cuius regio, eius religio* wurde zwar nicht ganz abgeschafft, aber erheblich gelockert. Von nun an war es Andersgläubigen etwa erlaubt, ihre Religion im privaten Bereich auszuüben. Zudem genossen sie eine neue Rechtsgleichheit in zahlreichen Bereichen,

---

226 Vgl. *Kimminich*, Deutsche Verfassungsgeschichte, S. 176, 209; *Kimminich*, Regelungen der Minderheiten- und Volksgruppenprobleme, S. 38; *Pritchard*, Der völkerrechtliche Minderheitenschutz, S. 51 f. Ähnliche Toleranzbestimmungen zur Konfession der Reichsstände finden sich etwa auch im Vertrag von Passau (1552) und im Augsburger Religionsfrieden (1555).

227 Als wichtigstes Beispiel ist das Edikt von Nantes (1598) zu nennen, welches den Hugenotten eine freie Religionsausübung gewährte. Weitere Verträge entsprechender Art waren der Vertrag von Wien (1606), das Toleranzedikt des Brandenburgischen Kurfürsten *Johann Sigismund* anlässlich des Erwerbs des Herzogtums Kleve (1609), der Majestätsbrief des *Rudolf von Böhmen* (1609) und der Friede von Linz (1645). Vgl. dazu: *Flachbarth*, System des internationalen Minderheitenrechtes, S. 4 f.; *Pritchard*, Der völkerrechtliche Minderheitenschutz, S. 52; *Kimminich*, Rechtsprobleme der polyethnischen Staatsorganisation, S. 53.

228 Vgl. *Héraud*, Minoritäten und ethnische Gruppen in der europäischen Geschichte bis 1939, S. 17 f.

wie etwa im Erbrecht oder im Zunftwesen.[229] Andersgläubige erhielten neuerdings ein erweitertes Optionsrecht, das heißt sie konnten auswandern und dabei ihre Besitztümer mitnehmen oder diese vor Ort verwalten lassen.[230] Eine weitere wichtige Errungenschaft des Westfälischen Friedens war die Ausdehnung der rechtlichen Gleichstellung der Konfessionen auf den Calvinismus, welche bereits im Augsburger Religionsfrieden von 1555 für Katholizismus und Luthertum ausgesprochen worden war.[231] Dies führte etwa auch zu einer konfessionell ausgeglichenen Neubesetzung des Reichskammergerichts, welches als oberstes Gericht des Heiligen Römischen Reiches Deutscher Nation insbesondere Verstöße gegen den Landfrieden ahndete.[232] Dies erinnert bereits an die Berücksichtigung von Minderheiten bei der Besetzung bestimmter Gremien als zeitgenössisches Instrument des Minderheitenschutzes – zum Beispiel im Rahmen der Zusammensetzung der Gremien der Rundfunkanstalten.[233]

Die Folge des Westfälischen Friedens war die Aufnahme von religiösen Schutzbestimmungen in eine Vielzahl von Friedensverträgen und somit auch die schrittweise Anerkennung eines unveräußerlichen Rechts des Einzelnen auf Religionsfreiheit.[234] Der Westfälische Frieden läutete somit nicht nur die Ära des

---

229 Art. V § 35 Vertrag von Osnabrück. Vgl. dazu auch: *Kimminich*, Deutsche Verfassungsgeschichte, S. 215; *Pritchard*, Der völkerrechtliche Minderheitenschutz, S. 53; *Flachbarth*, System des internationalen Minderheitenrechtes, S. 5 ff.

230 Art. V § 36 Vertrag von Osnabrück. Vgl dazu auch: *Pallek*, Der Minderheitenschutz im deutschen Verfassungsrecht, S. 113. Ausführlich zum Instrument des Optionsrechts: *Turegg*, Minderheitenrecht, S. 102 ff. Entgegen dem Trend der Mehrheit der Autoren, die die Regelungen des Osnabrücker Friedensvertrags als wichtigen Schritt für den Schutz von Minderheiten deuten, weist *Riedel* zurecht darauf hin, dass man eine Politik, die Menschen auf Grund ihres Glaubens zur Auswanderung zwingt, aus heutiger Sicht wohl eher als ethnische Vertreibung werten würde, vgl. *dies.*, Instrumentarien des Minderheitenschutzes in Europa, S. 242.

231 Art. V § 1 Vertrag von Osnabrück. Vgl. dazu auch: *Kimminich*, Deutsche Verfassungsgeschichte, S. 215.

232 Vgl. *Flachbarth*, System des internationalen Minderheitenrechtes, S. 6; *Pallek*, Der Minderheitenschutz im deutschen Verfassungsrecht, S. 113; *Kimminich*, Deutsche Verfassungsgeschichte, S. 215.

233 Im ZDF-Fernsehrat sitzt gem. § 21 Abs. 1 lit. f) ZDF-Staatsvertrag v. 31.8.1991 etwa ein Vertreter des Zentralrats der Juden in Deutschland.

234 Zahlreiche Beispiele solcher Verträge mit entsprechenden Schutzbestimmungen finden sich bei: *Héraud*, Minoritäten und ethnische Gruppen in der europäischen Geschichte bis 1939, S. 18 f.; *Pritchard*, Der völkerrechtliche Minderheitenschutz, S. 53 f.; *Kimminich*, Rechtsprobleme der polyethnischen Staatsorganisation, S. 53 f. Nicht nur im Zuge der Reformation sondern auch auf Grund der Ausdehnung des

klassischen Völkerrechts ein, sondern ebnete auch den Weg für den modernen Minderheitenschutz.

II. Anfänge des Schutzes ethnischer und nationaler Minderheiten

Es waren schließlich die Ideen der amerikanischen Unabhängigkeitserklärung (1776) und insbesondere der französischen Revolution (1779), die dem Schutz ethnischer und nationaler Minderheiten zur Entstehung verhalfen.[235] Von besonderer Relevanz waren dabei der aufkommende Grundsatz der Volkssouveränität sowie die Idee von der Freiheit und Gleichheit der Bürger als Legitimation staatlicher Macht. Aufbauend auf den bereits existierenden Schutzmechanismen zu Gunsten religiöser Minderheiten[236], entwickelte sich so der Gedanke, ethnischen Minderheiten, die nicht der Mehrheitsbevölkerung im ethnischen Sinne angehörten, einen gewissen Schutz zu gewährleisten.

1. Der Nationalismus des 19. Jahrhunderts als Katalysator

Wie bereits eingangs erwähnt, hing die Entwicklung des Minderheitenschutzes eng mit dem Gedanken der Volkssouveränität und der Selbstbestimmung zusammen. Die Idee der Volkssouveränität, die sich im 18. Jahrhundert

---

osmanischen Reichs kam es zu religiösen Konflikten in Europa. Und so finden sich religiöse Schutzbestimmungen auch zu Gunsten christlicher Minderheiten in verschiedenen Verträgen mit nichtchristlichen Mächten, vgl. *Pritchard*, Der völkerrechtliche Minderheitenschutz, S. 54; *Kimminich*, Regelungen der Minderheiten- und Volksgruppenprobleme, S. 38 f.; *Oxenknecht*, Der Schutz ethnischer, religiöser und sprachlicher Minderheiten, S. 11 ff. Eine genaue Auflistung findet sich bei: *Flachbarth*, System des internationalen Minderheitenrechtes, S. 10 ff.; *Pircher*, Der vertragliche Schutz ethnischer, sprachlicher und religiöser Minderheiten, S. 55; *Erler*, Das Recht der nationalen Minderheiten, S. 77 ff.

235 Vgl. *Héraud*, Minoritäten und ethnische Gruppen in der europäischen Geschichte bis 1939, S. 19 f.; *Pritchard*, Der völkerrechtliche Minderheitenschutz, S. 58; Bezogen auf das Selbstbestimmungsrecht der Völker: *Thürer*, Das Selbstbestimmungsrecht der Völker, S. 15 ff.

236 Vor allem das bereits erwähnte Optionsrecht wird in der Literatur als Brücke zum ethnischen und nationalen Minderheitenschutz angesehen, vgl. *Héraud*, Minoritäten und ethnische Gruppen in der europäischen Geschichte bis 1939, S. 20; *Oxenknecht*, Der Schutz ethnischer, religiöser und sprachlicher Minderheiten, S. 17; *Kimminich*, Regelungen der Minderheiten- und Volksgruppenprobleme, S. 40; *Kimminich*, Rechtsprobleme der polyethnischen Staatsorganisation, S. 54; *Turegg*, Minderheitenrecht, S. 129.

entwickelt hatte, war zunächst nur relevant für die Ausgestaltung der Verfassungsordnungen innerhalb feststehender Grenzen und bezog sich auf den rein innerstaatlichen Bereich der Legitimierung staatlicher Macht. Nach und nach spielte die Idee der Volkssouveränität aber auch eine Rolle bei der Frage nach der räumlichen Geltung der Verfassung.[237] So erlangte das Prinzip der Volkssouveränität plötzlich auch Bedeutung für zwischenstaatliche Beziehungen.

Mit dieser Verschiebung ging auch eine Änderung des Volksbegriffs einher. Bisher war der Volksbegriff, etwa durch *Rousseau*, rational und rein staatlich geprägt gewesen, das heißt im Sinne eines Staatsvolks, also einer Gesamtheit von Menschen unter einer Staatsgewalt – ungeachtet der sprachlichen, ethnischen und kulturellen Zugehörigkeit des einzelnen.[238] Anfang des 19. Jahrhunderts wurde im Zuge der französischen Vorherrschaft über weite Teile des europäischen Kontinents und der sich anschließenden Befreiungskriege vermehrt das Nationalbewusstsein in den von *Napoleon* besetzten Gebieten geweckt. Insbesondere unter dem Einfluss der Philosophen *Johann Gottfried Herder* und *Johann Gottlieb Fichte* bekam der Volksbegriff im deutschen Sprachgebrauch nach und nach einen kulturellen und ethnischen Gehalt.[239] Auch in Osteuropa entstanden zeitlich parallel auf Selbstbestimmung gerichtete, nationalistische Bestrebungen, die gegen die bestehende Ordnung der Vielvölkerstaaten Österreich-Ungarn und des Osmanischen Reiches aufbegehrten.

Mit der Idee eines ethnisch definierten Volkes und einer Nation entstand so automatisch der Begriff einer ethnischen beziehungsweise nationalen Minderheit.[240] Dabei stellte sich plötzlich die Frage, wie mit den Staatsbürgern umgegangen wird, die nicht Teil der ethnisch verstandenen Nation sind. Viele Bevölkerungsgruppen, die eben nicht der ethnischen Mehrheit angehörten, wurden sich allmählich ihrer besonderen sprachlichen, ethnischen oder kulturellen Identität bewusst und forderten Selbstbestimmung und

---

237 Vgl. *Thürer*, Das Selbstbestimmungsrecht der Völker, S. 19.

238 Vgl. *Héraud*, Minoritäten und ethnische Gruppen in der europäischen Geschichte bis 1939, S. 21; *Pritchard*, Der völkerrechtliche Minderheitenschutz, S. 58 f. Zum Begriff des Staatsvolkes, vgl. *Zippelius*, Allgemeine Staatslehre, S. 68.

239 Beachtenswert sind hierbei insbesondere *Fichtes* Reden an die deutsche Nation, die 1808 nach der napoleonischen Besetzung entstanden sind, abgedruckt in: *ders.*, Fichtes Reden an die deutsche Nation. Vgl. *Héraud*, Minoritäten und ethnische Gruppen in der europäischen Geschichte bis 1939, S. 22 f.; *Pritchard*, Der völkerrechtliche Minderheitenschutz, S. 58 f. Über den Volksbegriff im soziologischen Sinne, etwa im Sinne einer Abstammungsgemeinschaft, vgl. *Zippelius*, Allgemeine Staatslehre, S. 68 ff.

240 Vgl. *Riedel*, Instrumentarien des Minderheitenschutzes in Europa, S. 245.

Autonomierechte – teilweise sogar die völlige Unabhängigkeit. So entwickelte sich in ganz Europa im Laufe des 19. Jahrhunderts eine Praxis der Plebiszite der Selbstbestimmung.[241] Die extremste Ausformung nationalistischen Denkens stellte das sogenannte Nationalitätenprinzip dar, welches im Kern forderte, dass jeder (ethnischen) Nation ein eigener Staat gewährt werden müsse, und somit auf eine ethnische Homogenität der Staaten abzielte.[242]

> Zunächst freilich ist die Nation nur Kultur- und nicht Staatsgemeinschaft. Aber wenn sie sich ihrer Geistesgemeinschaft recht lebendig bewusst wird, dann liegt der Gedanke und das Verlangen nahe, dass sie diese Gemeinschaft auch zu voller Persönlichkeit ausbilde, dass sie auch einen gemeinsamen Willen hervorbringe und ihren Willen machtvoll bethätige, d.h. dass sie den Staat bestimme oder zum Staate werde. […] „Jede Nation ist berufen und berechtigt, einen Staat zu bilden. Wie die Menschheit in eine Anzahl von Nationen geteilt ist, so soll die Welt in ebensoviele Staaten zerlegt werden. Jede Nation Ein Staat. Jeder Staat Ein nationales Wesen."[243]

Zwar wurde eine europäische Staatenordnung nach Vorbild des Nationalitätenprinzips nicht erreicht. Am Zerfall des Osmanischen Reiches und Österreich-Ungarns zeigt sich jedoch, dass es den nationalistischen Bewegungen durchaus gelang, die Stabilität polyethnischer Staaten zu erschüttern.

2. *Die Wiener Kongressakte von 1815*

Als erste tatsächliche Klausel zum Schutz ethnischer Minderheiten wird heute Art. 1 der Wiener Kongressakte vom 9. Juni 1815 angesehen.[244] In der Wiener

---

241 Mit zahlreichen Beispielen: *Héraud*, Minoritäten und ethnische Gruppen in der europäischen Geschichte bis 1939, S. 23.

242 Vgl. dazu die Gedanken von *Johann Gottfried Herder*: *ders.*, Ideen zur Philosophie der Geschichte der Menschheit, S. 220: „Die Natur erzieht Familien; der natürlichste Staat ist also auch ein Volk, mit einem Nationalcharakter. […] Nichts scheint also dem Zweck der Regierungen so offenbar entgegen als die unnatürliche Vergrößerung der Staaten, die wilde Vermischung von Menschengattungen und Nationen unter einem Zepter." Vgl. auch: *Héraud*, Minoritäten und ethnische Gruppen in der europäischen Geschichte bis 1939, S. 23; *Thürer*, Das Selbstbestimmungsrecht der Völker, S. 20 f.

243 *Bluntschli*, Lehre vom modernen Staat I, S. 107.

244 Vgl. *Oxenknecht*, Der Schutz ethnischer, religiöser und sprachlicher Minderheiten, S. 18; *Turegg*, Minderheitenrecht, S. 129; *Zippelius*, Allgemeine Staatslehre, S. 74; *Kimminich*, Regelung der Minderheiten- und Volksgruppenprobleme, S. 40; *Kimminich*, Rechtsprobleme der polyethnischen Staatsorganisation, S. 54; *Erler*, Das Recht der nationalen Minderheiten, S. 88 ff. Kritisch zu dieser Annahme: *Riedel*, Instrumentarien des Minderheitenschutzes in Europa, S. 244.

Kongressakte waren alle auf dem Wiener Kongress zuvor gefällten Beschlüsse aufgeführt. In Folge der Niederlage *Napoleons* wurde die politische Landkarte des Kontinents auf dem Wiener Kongress neu geordnet. Unter anderem hatten sich die beteiligten Mächte auch auf eine Teilung Polens geeinigt. Die einzelnen Teile Polens wurden Russland, Österreich und Preußen zugesprochen. Zum Schutz der so entstehenden polnischen Minderheiten erhielten diese nationale Repräsentationen und Institutionen nach Maßgabe der Gesetze der jeweiligen Inhaber der Gebietshoheit. In Art. 1 Abs. 2 der Wiener Schlussakte im französischen Originaltext hieß es dahingehend: « *Les Polonais, sujets respectifs de la Russie, de l'Autriche et de la Prusse, obtiendront une représentation et des institutions nationales, réglées d'après le mode d'existence politique, que chacun des gouvernements auxquels ils appartiennent jugera utile et convenable de leur accorder.* »[245]

In der Wissenschaft wird die eben zitierte Passage aus der Wiener Kongressakte überwiegend als zentraler Übergang vom religiösen zum ethnischen Minderheitenschutz verstanden Sie gilt als erste wahre nationale Minderheitenschutzbestimmung, die die Zielsetzung hatte, die kulturelle, politische und religiöse Eigenständigkeit der betreffenden Völker, die in den Staaten, in denen sie lebten, nicht zum staatstragenden Volk gehörten, zu wahren, ihnen eigene nationale Rechte zu gewähren und eine eigene nationale Existenz anzuerkennen.[246]

In der Zeit nach dem Wiener Kongress wurden in zahlreichen weiteren völkerrechtlichen Verträgen und nationalen Verfassungen vergleichbare Minderheitenschutzbestimmungen verankert. Diese waren oft verknüpft mit den bereits oben erwähnten Plebisziten und schlugen sich in Autonomie- oder Abzugsrechten nieder.[247] Auch in der Frankfurter Nationalversammlung wurde lange über Minderheitenschutz debattiert mit dem Ergebnis, dass am 31. Mai 1848 die

245 Der französische Text der Wiener Kongressakte findet sich unter: http://mjp.univ-perp.fr/traites/1815vienne.htm (zuletzt aufgerufen am 12.6.2018). Die deutsche Übersetzung der Passage findet sich bei: *Erler*, Recht der nationalen Minderheiten, S. 90 f.

246 Vgl. *Kimminich*, Rechtsprobleme der polyethnischen Staatsorganisation, S. 54 f. Mit Verweis auf die religiöse und sprachliche Heterogenität des damaligen polnischen Volkes wird diese Ansicht allerdings zum Teil auch in Zweifel gezogen. Mangels einer genauen Definition der Bezeichnung «*les Polonais*» wird zum Teil vermutet, dass hier ausschließlich auf die Zugehörigkeit zum polnischen Staat ungeachtet der ethnischen Identität Bezug genommen wurde, so etwa *Riedel*, Instrumentarien des Minderheitenschutzes, S. 244.

247 Eine Auflistung findet sich bei: *Pernthaler*, Die Entstehung des Menschenrechts- und Minderheitenschutzes, S. 24 f.; *Turegg*, Minderheitenrecht, S. 130; *Pritchard*, Der völkerrechtliche Minderheitenschutz, S. 59 f.; *Kimminich*, Regelungen der Minderheiten- und Volksgruppenprobleme, S. 41 f.

sogenannte Nationalitätenschutzerklärung zugunsten „nichtdeutscher Volksstämme“ abgegeben wurde, die schließlich auch ihren Einzug in die Paulskirchenverfassung fand.[248]

III. Entwicklung eines internationalen Minderheitenrechts in der Völkerbund-Ära

Auch wenn es bereits zuvor erste Bestrebungen im Bereich des Minderheitenschutzes gegeben hatte, bildete sich diesbezüglich erst nach Ende des Ersten Weltkrieges ein umfassendes System von Schutzmechanismen heraus. Mit den diversen Grenzverschiebungen und der Gründung neuer Staaten ging nach Kriegsende automatisch die Entstehung neuer Minderheitensituationen auf dem europäischen Staatentableau einher. Da die Ideologie des Nationalismus Mitauslöser des Ersten Weltkrieges gewesen war und Lösungen für die bestehenden nationalen Konflikte gefunden werden mussten, rückte auch die Frage des Minderheitenschutzes und des Selbstbestimmungsrechts in den Fokus der Bemühungen um eine Nachkriegsordnung.[249] Die Siegermächte befassten sich auf der Pariser Friedenskonferenz 1919 ausführlich mit der Minderheitenproblematik, um damit verbundenen, drohenden Friedensgefährdungen und Auseinandersetzungen Einhalt zu gebieten. Im Zentrum der Diskussion stand deutlich die Pazifizierungsfunktion des Minderheitenschutzes. Für die Staaten, in denen Minderheiten infolge der Neugliederung Europas existierten, einigte man sich schließlich auf die Einführung eines Minderheitenschutzsystems.[250]

---

248 Art. XIII, § 188 Verfassung des Deutschen Reiches v. 28.3.1949 (Paulskirchenverfassung): „Den nicht deutsch redenden Volksstämmen Deutschlands ist ihre volksthümliche Entwickelung gewährleistet, namentlich die Gleichberechtigung ihrer Sprachen, soweit deren Gebiete reichen, in dem Kirchenwesen, dem Unterrichte, der inneren Verwaltung und der Rechtspflege.“ Auch abgedruckt in: *Zippelius*, Allgemeine Staatslehre, S. 74. Genauer mit der Minderheitenschutzdebatte der Frankfurter Nationalversammlung befassen sich: *Pallek*, Der Minderheitenschutz im deutschen Verfassungsrecht, S. 119 ff.; *Kimminich*, Rechtsprobleme der polyethnischen Staatsorganisation, S. 55 f.

249 Vgl. zum Minderheitenschutz in der Völkerbund-Ära: *Hilpold*, Minderheitenschutz im Völkerbundsystem.

250 Vgl. *ebd.*, S. 157; *Pritchard*, Der völkerrechtliche Minderheitenschutz, S. 71.

1. Die Minderheitenschutzverpflichtungen

Als Verfechter eines internationalen Minderheitenschutzes wird in der Literatur regelmäßig der US-amerikanische Präsident *Woodrow Wilson* angeführt, der mehrere Vorschläge für eine Minderheitenschutzbestimmung in der Völkerbundsatzung machte.[251] Letztendlich war die Bereitschaft der beteiligten Staaten, eine solche bindende Minderheitenschutzbestimmung in ein multilaterales Abkommen aufzunehmen, nicht ausreichend.[252] Stattdessen wurden die neu entstandenen Staaten im Rahmen einzelner Verträge oder Bestimmungen dazu verpflichtet, den auf ihrem Staatsgebiet ansässigen Minderheiten Schutz zu gewähren:[253]

- Minderheitenschutzverträge der alliierten und assoziierten Mächte mit Polen[254], dem serbisch-kroatisch-slowenischen Staat[255], der Tschechoslowakei[256], Rumänien[257] und Griechenland[258],

251 Teilweise abgedruckt bei: *Kraus*, Das Recht der Minderheiten, S. 40 f. Ausführlich zu den Vorschlägen *Wilsons*: *Flachbarth*, System des internationalen Minderheitenrechtes, S. 34 ff.; *Pritchard*, Der völkerrechtliche Minderheitenschutz, S. 72 f.

252 Vgl. *Kimminich*, Regelungen der Minderheiten- und Volksgruppenprobleme, S. 45.; *Héraud*, Minoritäten und ethnische Gruppen in der europäischen Geschichte bis 1939, S. 29; *Pritchard*, Der völkerrechtliche Minderheitenschutz, S. 73; *Hilpold*, Minderheitenschutz im Völkerbundsystem, S. 160.

253 Ausführlich behandelt werden die verschiedenen Minderheitenschutzverpflichtungen der Völkerbund-Ära bei: *Flachbarth*, System des internationalen Minderheitenrechtes; *Erler*, Recht der nationalen Minderheiten, S. 129 ff.; *Pircher*, Der vertragliche Schutz ethnischer, sprachlicher und religiöser Minderheiten im Völkerrecht, S. 65 ff.

254 Vertrag von Versailles mit Polen v. 28.6.1919. Abgedruckt bei: *Kraus*, Recht der Minderheiten, S. 50 ff.

255 Vertrag von Saint-Germain-en-Laye mit dem Serbisch-Koratisch-Slowenischen Staat v. 10.9.1919. Abgedruckt bei: *Kraus*, Das Recht der Minderheiten, S. 78 ff.

256 Vertrag von Saint-Germain-en-Laye mit der Tschechoslovakei v. 10.9.1919. Abgedruckt bei: *Kraus*, Das Recht der Minderheiten, S. 82 ff.

257 Vertrag von Paris mit Rumänien v. 9.12.1919. Abgedruckt bei: *Kraus*, Das Recht der Minderheiten, S. 95 ff.

258 Vertrag von Sèvres mit Griechenland v. 10.8.1920, abgeändert durch das Protokoll von Lausanne v. 24.7.23. Abgedruckt bei: *Kraus*, Das Recht der Minderheiten, S. 101 ff.

- Minderheitenschutzverpflichtungen in Friedensverträgen der alliierten und assoziierten Mächte mit Österreich[259], Bulgarien[260], Ungarn[261] und der Türkei[262],
- Minderheitenschutzerklärungen von Albanien[263], Litauen[264], Lettland[265], Estland[266], Irak[267] zwecks Beitritt zum Völkerbund[268],
- sonstige zwischenstaatliche beziehungsweise bilaterale Minderheitenschutzerklärungen zwischen den Heimat- und Schutzstaaten, wie etwa das Åland-Abkommen zwischen Finnland und Schweden vom 27. Juni 1921, in welchem der finnischen Inselgruppe eine weitgehende autonome Selbstverwaltung und der dortigen schwedischsprachigen Bevölkerung Garantien zum Schutz ihrer Sprache und kulturellen Identität zugestanden wurden,[269] oder das deutsch-polnische Oberschlesienabkommen vom 15. Mai 1922, welches die Stellung der deutschen Minderheit in Polen regelte[270].

Zwar stellten die verschiedenen Abkommen und Erklärungen ein umfangreiches Netz an Minderheitenschutzregelungen dar. Auf Grund der zahlreichen Einzelregelungen existierte trotzdem kein einheitlicher Standard. Fast allen dieser Regelungen, insbesondere den Minderheitenschutzverträgen war jedoch

---

259 Vertrag von Saint-Germain-en-Laye mit Österreich v. 10.9.1919. Abgedruckt bei: *Kraus*, Das Recht der Minderheiten, S. 73 ff.

260 Vertrag von Neuilly-sur-Seine mit Bulgarien v. 27.11.1919. Abgedruckt bei: *Kraus*, Das Recht der Minderheiten, S. 88 ff.

261 Vertrag von Trianon mit Ungarn v. 4.6.1920. Abgedruckt bei: *Kraus*, Das Recht der Minderheiten, S. 99 ff.

262 Vertrag von Lausanne mit der Türkei v. 24.7.1923. Abgedruckt bei: *Kraus*, Das Recht der Minderheiten, S. 177 ff.

263 Minderheitenschutzerklärung Albaniens v. 2.10.1921. Abgedruckt bei: *Kraus*, Das Recht der Minderheiten, S. 119 ff.

264 Minderheitenschutzerklärung Litauens v. 12.5.1922. Abgedruckt bei: *Kraus*, Das Recht der Minderheiten, S. 121 ff.

265 Minderheitenschutzerklärung Lettlands v. 7.7.1923. Abgedruckt bei: *Kraus*, Das Recht der Minderheiten, S. 174 ff.

266 Minderheitenschutzerklärung Estlands v. 17.9.1923. Abgedruckt bei: *Kraus*, Das Recht der Minderheiten, S. 188 ff.

267 Minderheitenschutzerklärung des Irak v. 30.5.1932.

268 Die Erklärungen stellten Vorbedingungen für die Aufnahme in den Völkerbund dar. Dies erinnert stark an die heutigen Beitrittsvoraussetzungen der EU, die ebenfalls einen adäquaten Minderheitenschutz vorsehen.

269 Abgedruckt bei: *Kraus*, Das Recht der Minderheiten, S. 116 ff.

270 Abgedruckt bei: *Ebd.*, S. 126 ff.

gemein, dass sie Diskriminierungsverbote beinhalteten, welche sich auf das Prinzip der Gleichheit der Staatsbürger ungeachtet der ethnischen Nationalität stützten.[271] Wichtiger Bestandteil war im Übrigen das so genannte Optionsrecht, welches Angehörigen nationaler Minderheiten die Möglichkeit gab, sich für die eine oder andere Staatsangehörigkeit zu entscheiden und in den Staat ihrer ethnischen Nationalität umzusiedeln.[272] Zum Teil wurden auch Verpflichtungen der Staaten zum Schutz der Minderheitenidentität normiert, wie etwa die Pflicht, Schulunterricht in der Minderheitensprache zu ermöglichen.[273] Autonomierechte wurden allerdings nur vereinzelt eingeräumt.[274]

2. *Die verfahrensrechtliche Seite des Minderheitenschutzes*

Gesichert wurde die Durchführung der Minderheitenschutzbestimmungen durch eine Garantie des Völkerbundes, wie sie etwa in Art. 12 des Minderheitenschutzvertrages mit Polen, der den bedeutendsten Vertrag darstellte, verankert war. Die sogenannte Durchführungsgarantie sollte sicherstellen, dass der Minderheitenschutz in materieller und formeller Hinsicht gewährleistet wurde.[275] Konkret beinhaltete diese Garantie, dass bestimmte Regelungen der Minderheitenschutzverträge nur mit der Zustimmung der Mehrheit der Mitglieder des Völkerbundrates abgeändert werden konnten:

> Polen ist damit einverstanden, dass insoweit die Bestimmungen der vorstehenden Artikel Personen einer völkischen, religiösen oder sprachlichen Minderheit betreffen, diese Bestimmungen Verpflichtungen von internationalem Interesse begründen und unter der Garantie des Völkerbundes gestellt werden. Sie können nur mit Zustimmung der Mehrheit des Völkerbundes geändert werden.[276]

---

271 Vgl. *Kimminich*, Regelungen der Minderheiten- und Volksgruppenprobleme, S. 49; *Héraud*, Minoritäten und ethnische Gruppen in der europäischen Geschichte bis 1939, S. 34.

272 Vgl. etwa Art. 3 des Vertrags von Versailles mit Polen v. 28.6.1919.

273 Vgl. etwa Art. 9 Abs. 1 des Vertrags von Versailles mit Polen v. 28.6.1919.

274 Dies war etwa der Fall bei den Schweden der Åland-Inseln, den Ukrainern (Ruthenen) in der Tschechoslowakei, den Galiziern sowie der Stadt Klaipeda (Memel), die Litauen angeschlossen wurde. Vgl. dazu: *Héraud*, Minoritäten und ethnische Gruppen in der europäischen Geschichte bis 1939, S. 34; *Pritchard*, Der völkerrechtliche Minderheitenschutz, S. 83 f.

275 Ausführlich zur sog. Völkerbundgarantie: *Hilpold*, Minderheitenschutz im Völkerbundsystem, S. 169. Vgl. zudem: *Pritchard*, Der völkerrechtliche Minderheitenschutz, S. 85; *Kimminich*, Regelungen der Minderheiten- und Volksgruppenprobleme, S. 49; *Junghann*, Das Minderheitenschutzverfahren vor dem Völkerbund, S. 1 ff.; *Pircher*, Der vertragliche Schutz ethnischer, sprachlicher und religiöser Minderheiten, S. 78 f.

276 Art. 12 Abs. 1 des Vertrags von Versailles mit Polen v. 28.6.1919.

Zudem wurde ein so genanntes Petitions- beziehungsweise Beschwerdeverfahren eingerichtet, das den Mitgliedern des Völkerbundrates – nicht den Minderheiten selbst – die Befugnis zuteil werden ließ, dem Völkerbund Missachtungen des Minderheitenschutzes anzuzeigen.[277] Auch der Ständige Internationale Gerichtshof (StIGH) musste sich zur damaligen Zeit mehrfach mit der Anwendung der Minderheitenschutzverträge befassen, wenn es unter den betreffenden Staaten zu Meinungsverschiedenheiten gekommen war.[278]

3. *Bewertung des Minderheitenschutzsystems des Völkerbundes*

Zwar beinhaltete das Minderheitenschutzsystem des Völkerbundes eine Vielzahl von Abkommen und Erklärungen der Mitglieder. Auf Grund der Masse an einzelnen Instrumenten gab es jedoch keinen einheitlichen Schutzstandard. Da die Minderheitenschutzbestimmungen der Völkerbundära jedoch maßgeblich vom Gedanken des Diskriminierungsschutzes und dem Prinzip der Gleichheit der Staatsbürger geprägt waren und weniger von einem „identitätsstiftenden Charakter der Anerkennung ethnischer Gruppen als Kollektive“, wird das Minderheitenschutzsystem des Völkerbundes heutzutage zum Teil positiv bewertet.[279]

---

277 Vgl. auch hier etwa Art. 12 des Vertrags von Versailles mit Polen v. 28.6.1919, , welcher in Abs. 2 vorsah: „Polen ist damit einverstanden, dass jedes Mitglied des Völkerbundrates befugt ist, die Aufmerksamkeit des Rates auf jede Verletzung oder jede Gefahr einer Verletzung irgendeiner dieser Verpflichtungen zu lenken, und dass der Rat befugt ist, alle Maßnahmen zu treffen und alle Weisungen zu geben, die nach Lage des Falles zweckmäßig und wirksam erscheinen.“ Ausführlich dazu und insbesondere zu den Mängeln des Verfahrenssystems: *Hilpold*, Minderheitenschutz im Völkerbundsystem, S. 171 ff.; *Pritchard*, Der völkerrechtliche Minderheitenschutz, S. 85 ff.; *Junghann*, Das Minderheitenschutzverfahren vor dem Völkerbund, S. 7 ff., 17 ff.; *Kimminich*, Rechtsprobleme der polyethnischen Staatsorganisation, S. 61.

278 Vgl. die Urteile des Ständigen Internationalen Gerichtshofs zum Minderheitenschutz: StIGH, *German Settlers in Poland*, Advisory Opinion v. 10.9.1923, Series B 06; *Acquistion of Polish Nationality*, Advisory Opinion v. 15.9.1923, Series B 07; *Certain German Interests in Polish Upper Silesia*, Advisory Opinion v. 25.8.1925 u. 25.5.1926, Series A 06 u. 07; *Rights of minorities in Upper Silesia*, Advisory Opinion v. 26.4.1928, Series A 15; *Access to German Minority Schools in Upper Silesia*, Advisory Opinion v. 15.5.1931, Series A/B 40; *Treatment of Polish Nationals and Other Persons of Polish Origin or Speech in the Danzig Territory*, Advisory Opinion v. 4.2.1932, Series A/B 44; *Minority Schools in Albania*, Advisory Opinion v. 6.4.1935, Series A/B 64. Zum Minderheitenschutz vor dem StIGH: *Silagi*, Der Minderheitenschutz vor dem StIGH, S. 101 ff.

279 *Salzborn*, Minderheitenkonflikte in Europa, S. 10. Vgl. auch *Riedel*, Instrumentarien des Minderheitenschutzes, S. 246 f.

Zudem orientierte sich das Minderheitenschutzsystem des Völkerbundes weniger an der Idee ethnisch homogener Staaten im Sinne des Nationalitätenprinzips, sondern legte der neuen Staatenordnung mehrheitlich das Modell eines kulturellen Pluralismus zu Grunde. Gerade dies missfiel aber den Verfechtern eines weitreichenden Minderheitenschutzes; sie vermissten mindestens eine klare kollektivrechtliche Ausprägung und großzügige Autonomie- und Selbstverwaltungszugeständnisse.[280] Von Seiten der durch die Minderheitenschutzregelungen betroffenen Staaten wurde den Alliierten jedoch vorgeworfen, vor allem den kleineren und mittleren Staaten Mittel- und Osteuropas schwere Minderheitenschutzverpflichtungen auferlegt und somit ein höchst selektives Minderheitenschutzsystem geschaffen zu haben.[281] Hinzu kam die Enttäuschung der Minderheiten, denen kein eigener Staat zugebilligt wurde.

Es mangelte dem System des Völkerbundes an einem gefestigten institutionellen Rahmen, auf den sich der Minderheitenschutz in einheitlicher Form hätte stützen können. Zudem wird zum Teil moniert, dass der Hauptzweck des damaligen Minderheitenschutzes eher die Sicherung des Friedens als der tatsächliche Schutz der Minderheitenidentität gewesen sei. So scheiterte das Minderheitenschutzsystem als Teil des kollektiven Sicherheitssystems des Völkerbundes parallel mit dessen Friedensordnung mit Ausbruch des Zweiten Weltkriegs.[282]

IV. Ergebnis

Die ersten Vorläufer des heutigen Minderheitenschutzes waren religiöse Schutzrechte, die in Folge der Reformation eingeführt wurden. Parallel mit den aufkommenden nationalistischen Bestrebungen im Europa des 19. Jahrhunderts entwickelte sich auch die Idee des Schutzes ethnischer und nationaler Minderheiten, welche schließlich ihre erste Verankerung in der Wiener Kongressakte im Jahr 1815 fand. Infolge des Endes des Ersten Weltkriegs und den damit einhergehenden territorialen Veränderungen wurde der Ruf nach einem internationalen Minderheitenschutzsystem zur Friedenssicherung immer lauter. Zwar

---

280 Vgl. *Veiter*, Nationalitätenkonflikt und Volksgruppenrecht, S. 23 f.; *Blumenwitz*, Minderheiten- und Volksgruppenrecht, S. 37 f.

281 Diesbezügliche Kritik findet sich besonders bei: *Erler*, Das Recht der nationalen Minderheiten, S. 113. Vgl. außerdem *Kimminich*, Regelungen der Minderheiten- und Volksgruppenprobleme, S. 46; *ders.*, Die innerstaatliche Organisation eines völkerrechtlich gebotenen Schutzes ethnischer Gruppen, S. 421 f.; *Pritchard*, Der völkerrechtliche Minderheitenschutz, S. 89; *Hilpold*, Minderheitenschutz im Völkerbundsystem, S. 160, 164 f.; *Klein*, Minderheitenschutz im Völkerrecht, S. 130.

282 Vgl. *ebd.*

fand der Minderheitenschutz auf Grund der fehlenden Bereitschaft der Staaten nicht in Gestalt einer allgemeinen Klausel in der Satzung des Völkerbundes Niederschlag. Dafür entstand ein breites Geflecht einzelner Minderheitenschutzverträge und -bestimmungen.

Letztendlich konnte sich das Minderheitenschutzsystem des Völkerbundes nicht durchsetzen. Dabei muss allerdings auf die äußerst schwierigen weltpolitischen Umstände zu dieser Zeit hingewiesen werden. Zugutegehalten werden muss dem Minderheitenschutzsystem des Völkerbundes schließlich, dass viele der eingeführten Schutzmechanismen auch nach dem Zweiten Weltkrieg mit zeitlicher Verzögerung wieder aufgegriffen und weiterentwickelt wurden. Viele der damals gewonnenen Erkenntnisse sind nützlich für den Minderheitenschutz heute.[283]

B. Dimension des modernen Minderheitenschutzes

Dass die Idee des Minderheitenschutzes kein Phänomen modernen Ursprungs ist, sondern Wurzeln bis in die Frühe Neuzeit hat, wurde im vorangegangenen Abschnitt aufgezeigt. Nun interessiert, was den Minderheitenschutz heute auszeichnet und wie er sich in das Gefüge des modernen Völkerrechts einbetten lässt. Die Faktoren, die die Bevölkerungsstrukturen des heutigen Europas in besonderem Maße geprägt haben, sind zum einen Flucht und Vertreibung während und nach Beendigung des Zweiten Weltkriegs, moderne Migrationsbewegungen als Produkt der neugewonnenen Freizügigkeit im Rahmen der Europäischen Integration und schließlich die zahlreichen Fluchtbewegungen seit den 1990er Jahren in Folge von Kriegen und Nöten. Die europäischen Staaten zeichnen sich heute durch ihre kulturelle, sprachliche und religiöse Vielfalt aus. Das nationalstaatliche Leitbild des 19. Jahrhunderts – also der Gedanke „Eine Nation = Ein Staat“ – konnte sich offensichtlich nicht durchsetzen.

Eng verknüpft mit der Frage nach der heutigen Existenzberechtigung und der Konzeption des Minderheitenschutzes sind politische Fragen nach dem Idealbild moderner Gesellschaften. Dies führt dazu, dass das Thema Minderheitenschutz enorme Sprengkraft mit sich bringt und nach wie vor Garant für kontroverse Diskussionen ist. Als die größten Skeptiker im Bereich des Minderheitenschutzes haben sich die Staaten selbst erwiesen. Sie treten meist sehr zurückhaltend auf und tun sich bei der Gewährung von weitreichenden Minderheitenrechten

283 So in der abschließenden Bewertung: *Hilpold*, Minderheitenschutz im Völkerbundsystem, S. 186.

verhältnismäßig schwer. Je nachdem, wie man den Minderheitenschutz ausgestaltet, kann er eine konzeptionelle Nähe zum Selbstbestimmungsrecht der Völker aufweisen.[284] Dies wäre etwa der Fall, wenn man verstärkt Autonomierechte in den Minderheitenschutz einbezieht. Die Zurückhaltung der Staaten gründet darauf, dass solche „Sonderbehandlungen" einzelner Bevölkerungsgruppen den gesellschaftlichen Frieden und das Zusammengehörigkeitsgefühl innerhalb der Bevölkerung stören können.[285] Außerdem fürchten die Staaten, dass die Gewährung weitgehender Minderheitenrechte separatistische Strömungen begünstigt oder im schlimmsten Fall sogar die Forderung nach Sezession laut werden lässt, wie es etwa in Katalonien der Fall ist. An Zweck, Zielsetzung und Rechtsträgerkreis des modernen Minderheitenschutzes existieren viele unterschiedliche Erwartungen. Dementsprechend variieren auch die verschiedenen Vorstellungen über seine genaue Ausgestaltung.

I. Menschenrechte und Minderheitenschutz

Nach Ende des Zweiten Weltkriegs, dem Scheitern des Völkerbundes und somit auch seines mit dem Zweck der Friedenssicherung installierten Minderheitenschutzsystems, verschob sich der Fokus der Staatengemeinschaft. Das kaum zu fassende Ausmaß der Menschenrechtsverletzungen durch die Nationalsozialisten hatte bereits während des Krieges zu einem Umdenken der Alliierten geführt. Schon 1942 erkannten 26 Staaten der Anti-Hitler Koalition während der Arcadia-Konferenz in Washington in der *Declaration by United Nations*, welche der Bekräftigung der Atlantik Charta diente und Grundlage für die spätere Gründung der Vereinten Nationen war, die Verteidigung der Menschenrechte als Kriegsziel an.[286]

Bei der Gründung der Vereinten Nationen wurden Fragen des Minderheitenschutzes nicht weiter aufgegriffen. In den Augen der Siegermächte hatte das Minderheitenschutzsystem als Instrument der Friedenssicherung klar versagt. Ein Hauptaugenmerk wurde nun auf den allgemeinen Schutz der Menschenrechte

284 Zum Selbstbestimmungsrecht: *Dörr*, Die indigenen Völker Nordamerikas und das Selbstbestimmungsrecht; *Cole*, Das Selbstbestimmungsrecht indigener Völker.

285 Vgl. *Heintze*, Rechtliche oder politische Absicherung von Minderheitenrechten?, S. 15; *Klein*, Minderheitenschutz im Völkerrecht, S. 128.

286 Declaration of United Nations v. 1.1.1942. Vgl. *Pritchard*, Der völkerrechtliche Minderheitenschutz, S. 111 f.; *Pircher*, Der vertragliche Schutz ethnischer, sprachlicher und religiöser Minderheiten, S. 164.

gelegt.[287] Diese Verschiebung spiegelt sich auch in der UN-Charta wieder: Während der Minderheitenschutz darin keinerlei Erwähnung findet, wird auf die Menschenrechte an mehreren Stellen hingewiesen.[288] Ihr Schutz stellt eines der Hauptziele der Vereinten Nationen dar.[289]

Betrachtet man die heutigen internationalen Minderheitenschutzregelungen, wird schnell deutlich, dass auch sie mittlerweile als Teil des Menschenrechtsschutzes begriffen werden.[290] Indem etwa der Internationale Pakt für bürgerliche und politische Rechte (Zivilpakt) der Vereinten Nationen mit Art. 27 eine Norm beinhaltet, die sich speziell mit dem Minderheitenschutz befasst, hat derselbige Aufnahme in ein zentrales Instrument des universellen Menschenrechtsschutzes gefunden. Besonders deutliche Worte haben die KSZE-Mitgliedstaaten im Jahr 1990 im Kopenhagener Abschlussdokument gefunden, wo sie ausdrücklich bekräftigten, dass die Achtung der Rechte von Angehörigen nationaler Minderheiten als Teil der international anerkannten Menschenrechte ein wesentlicher Faktor für Friede, Gerechtigkeit, Stabilität und Demokratie in den Teilnehmerstaaten seien.[291] Auch Art. 1 des Rahmenübereinkommens zum Schutz nationaler Minderheiten des Europarats weist eindeutig auf die Verbindung zwischen Menschenrechten und Minderheitenrechten hin: „Der Schutz nationaler Minderheiten und der Rechte und Freiheiten von Angehörigen dieser Minderheiten ist Bestandteil des internationalen Schutzes der Menschenrechte und stellt als solcher einen Bereich internationaler Zusammenarbeit dar."[292]

---

287 Vgl. *Pritchard*, Der völkerrechtliche Minderheitenschutz, S. 118 ff. Einen kurzen Überblick über die Entwicklung von Menschenrechts- und Minderheitenschutz nach Ende des Zweiten Weltkriegs bietet: *Riedel*, Gruppenrechte und kollektive Aspekte individueller Menschenrechte, S. 53 ff.

288 Vgl. Art. 1 Ziff. 3 sowie Art. 55 lit. c UN-Charta, sowie die Präambel derselbigen.

289 So ausdrücklich die Präambel, sowie Art. 1 Ziff. 3 der UN-Charta.

290 Hierzu *Rudolf*, Über Minderheitenschutz, S. 188; *Haedrich*, Integration durch völkerrechtlichen Minderheitenschutz, S. 225; *Scheinin*, How to Resolve Conflicts between Individual and Collective Rights?, S. 222; *Klein*, Minderheitenschutz im Völkerrecht, S. 134; *Hofmann*, Menschenrechte und der Schutz nationaler Minderheiten, S. 587; *Arnauld*, Völkerrecht, Rn. 772; *Scherer-Leydecker*, Minderheiten und sonstige ethnische Gruppen, S. 227 f.

291 KSZE, Dokument des Kopenhagener Treffens der Konferenz über die Menschliche Dimension der KSZE, Abschnitt IV, Rn. 30, auf Deutsch verfügbar unter: https://www.osce.org/de/odihr/elections/14304?download=true (zuletzt aufgerufen am 12.6.2018). = HRLJ 1–2 (1990), S. 232, 242 (englischer Originaltext) = EuGRZ 9–10 (1990), S. 239, 245 (deutsche Übersetzung).

292 Europarat, Rahmenübereinkommen zum Schutz nationaler Minderheiten v. 1.2.1995, in: BGBl. II 1997, S. 1408.

Das Verständnis, dass der Minderheitenschutz Teil des Menschenrechtsschutzes ist, basiert auf der Annahme, dass auch dem Minderheitenschutz das Gebot der Menschenwürde als Prinzip zu Grunde liegt.[293] Die Wahrung der persönlichen Identität, also die Möglichkeit des Einzelnen sich selbst darzustellen und zu entfalten, stellt einen wichtigen Bestandteil der Menschenwürdegarantie dar.[294] Im Hinblick auf die Sozialität des Menschen erfasst die Menschenwürde zudem nicht nur den Menschen als souveränes Individuum, sondern diesen auch in seiner Beziehung zu einer Gemeinschaft. Dem liegt die Annahme zugrunde, dass der Mensch in der Regel die Eingliederung in eine Gemeinschaft sucht und sich mit Mitmenschen identifiziert.[295] Die Zugehörigkeit zu einer Gruppe und somit auch zu einer ethnischen, sprachlichen oder religiösen Minderheit spielt im Rahmen der Entwicklung der eigenen Persönlichkeit und der Entfaltung als individuelles Wesen eine gewichtige Rolle.[296] Der Minderheitenschutz knüpft an diese Komponente der Menschenwürde an.

Dieser Ansatz verleiht dem Minderheitenschutz notwendigerweise eine individualrechtliche Prägung.[297] Da sich die benannte Komponente der Menschenwürde aber gerade an der Gruppenzugehörigkeit festmachen lässt, kommt der Minderheitenschutz nicht gänzlich ohne Beachtung des Kollektivs aus. Die Minderheitenrechte dienen automatisch und zumindest mittelbar dem Schutz der Minderheit als solcher.[298] Nach heute weit verbreiteter Ansicht werden Minderheiten aber nicht um ihrer kollektiven Identität willen geschützt, sondern um der Individuen willen, die der Minderheit angehören. Primär geht es letztlich um die Gruppenzugehörigkeit des Einzelnen als wesentlicher Bestandteil der

293 Vgl. *Klein*, Konzeption und Durchsetzung des Minderheitenschutzes, S. 51; *Hilpold*, Minderheiten im Unionsrecht, S. 457; *Pircher*, Der vertragliche Schutz ethnischer, sprachlicher und religiöser Minderheiten, S. 43; *Kimminich*, Rechtsprobleme der polyethnischen Staatsorganisation, S. 189; *Niewerth*, Der kollektive und der positive Schutz von Minderheiten, S. 109 f.; *Scherer-Leydecker*, Minderheiten und sonstige ethnische Gruppen, S. 227 ff.

294 Insbesondere gilt dies auch für das Menschenwürdeverständnis im deutschen Verfassungsrecht, vgl. *Höfling*, in: *Sachs*, GG Kommentar, Art. 1, Rn. 37.

295 Vgl. *ebd.*, Rn. 38.

296 Vgl. *Klein*, Konzeption und Durchsetzung des Minderheitenschutzes, S. 51; *ders.*, Minderheitenschutz im Völkerrecht, S. 135; *Scherer-Leydecker*, Minderheiten und sonstige ethnische Gruppen, S. 228, 231.

297 Vgl. *Klein*, Konzeption und Durchsetzung des Minderheitenschutzes, S. 52.

298 Vgl. *Langenfeld*, Minderheitenschutz, Rn. 34.

individuellen Persönlichkeit.[299] Nicht die Bewahrung von Kulturen als Kollektive steht demnach im Fokus, sondern die Menschenwürde des Einzelnen. Dies macht die Verankerung in individualrechtlich ausgestalteten Menschenrechtsabkommen wie dem UN-Zivilpakt deutlich.

Gleichzeitig ist dieser Aspekt aber nach wie vor Gegenstand von Kontroversen. Es gibt durchaus Stimmen, die den Hauptzweck des Minderheitenschutzes im Bestand des Kollektivs und der Bewahrung der Gruppenidentität sehen; sie fordern die primäre Gewährung von Kollektivrechten und erachten einen Minderheitenschutz auf individualrechtlicher Basis nicht für ausreichend.[300] Auch dieser Ansatz hat sich bereits in völkerrechtlichen Instrumenten niedergeschlagen. Exemplarisch sei dabei auf die Europäische Charta der Regional- oder Minderheitensprachen von 1992 verwiesen, welche die Bewahrung der entsprechenden Sprachen zum Hauptziel hat.[301]

II. Minderheitenschutz zur Friedenssicherung

Die Notwendigkeit des Minderheitenschutzes wird gerne damit begründet, dass er ein probates Mittel zur Friedenssicherung sei.[302] Gerade zu Zeiten des Völkerbundes war es die angebliche Befriedungsfunktion von Minderheitenrechten, die dem damaligen Minderheitenschutzsystem als Idee zugrunde lag.[303] Grundsätzlich ist der Gedanke nicht verkehrt. Benachteiligung, eine tatsächliche

---

299 Vgl. *Scherer-Leydecker*, Minderheiten und sonstige ethnische Gruppen, S 231 f.; *Gerdes*, Minderheitenschutz, S. 129 f.; *Hilpold*, Minderheiten im Unionsrecht, S. 457. Kritisch hierzu: *Heintze*, Selbstbestimmungsrechte und Minderheitenrechte im Völkerrecht, S. 142.

300 So wohl: *ders.*, Rechtliche oder politische Absicherung von Minderheitenrechten?, S. 19; *Veiter*, Innerstaatlicher Schutz von Volksgruppen und Sprachminderheiten, S. 97; *Pan*, Minderheitenschutz in Europa, S. 20; *Murswiek*, Schutz der Minderheiten in Deutschland, Rn. 9. Eine Frage, die sich hieran anschließt ist etwa, ob es ein Recht der Minderheit auf Bestandsschutz gibt. Ein solches Recht bejahend: *Veiter*, Nationalitätenkonflikt und Volksgruppenrecht, S. 201 ff.; *Klein*, Minderheitenschutz im Völkerrecht. Kritisch zu der Idee des Bestandsschutzes zeigt sich *Rodley*: "*International law does not seek to stop the clock*", *ders.*, Conceptual Problems in the Protection of Minorities, S. 59.

301 Dazu: *Salzborn*, Minderheitenkonflikte in Europa, S. 17. Zur Sprachencharta siehe: Teil 2, D. IV. 4.

302 Vgl. beispielsweise: *Hofmann*, Menschenrechte und der Schutz nationaler Minderheiten, S. 588. Über die entsprechende Wirkung des Selbstbestimmungsrechts der Völker vgl.: *Fink*, Der friedliche Wandel als Auftrag und Verpflichtung, insb. S. 13 ff.

303 Siehe dazu: Teil 2, B. III.

oder empfundene Verweigerung von (kulturellen) Entfaltungschancen und das Gefühl, nicht vollwertiger Teil der Gesellschaft zu sein, können zu Widerstandsbestrebungen bei Angehörigen der betroffenen Gruppen führen. Eine starke Orientierung des Einzelnen an der eigenen Gruppe wird so gefördert.[304] Ungelöste Spannungen zwischen Mehrheits- und Minderheitsbevölkerung können nicht nur die Stabilität eines Staates gefährden, sondern auch zu einer ernsthaften Bedrohung für den Frieden in einer ganzen Region werden. Europa war und ist regelmäßig Schauplatz solcher ethnischer Konflikte.[305] Dabei ist es keine Seltenheit, dass sich solche Auseinandersetzungen, die sich zunächst auf innerstaatliches Gebiet erstrecken, ausweiten und ganze Regionen erschüttern.[306] Um die Welt gingen etwa die Bilder des Balkankonflikts in den 1990er Jahren, der mitunter durch interne Spannungen zwischen den verschiedenen Bevölkerungsgruppen ausgelöst wurde und letztendlich in einem NATO-Einsatz gipfelte. Ein adäquater Schutz von Angehörigen nationaler Minderheiten kann daher dem gesellschaftlichen Frieden durchaus zuträglich sein und ethnisch aufgeladene Konflikte verhindern.

Andererseits kann ein zu akzentuierter Minderheitenschutz auch ein auf die Ethnie oder die kulturelle Identität eines Kollektivs gerichtetes Denken befeuern und eine gesellschaftliche Spaltung fördern. Dies ist vor allem dann der Fall, wenn ein Minderheitenschutzmodell verfolgt wird, in dem der Fokus auf dem Erhalt des Kollektivs und der Minderheitenkultur liegt und dem ein auf Homogenität angelegtes Konzept der Ethnizität zu Grunde liegt. Betont wird dabei die Differenz der verschiedenen Bevölkerungsgruppen nach ethnischen, sprachlichen, religiösen und kulturellen Kriterien und somit die Andersartigkeit der Minderheit in Abgrenzung zur Mehrheit.[307] Produziert wird dabei neben dem Bild der Wir-Gruppe auch ein Bild der Anderen, die zur potentiellen Bedrohung für die eigene Kollektividentität werden. Damit einher geht die Exklusion aller derer, die nicht der eigenen Gruppe entsprechend ethnisch definiert werden

---

304 Vgl. *Hansen*, Ethnie, Ethnozentrismus, Ethnizität, S. 153; *Heckmann*, Ethnische Minderheiten, Volk und Nation S. 32 f.; *Schoder*, Vom Minderheitenschutz zum Schutz verwundbarer Gruppen, S. 8.

305 Beispiele bei: *Jäggi*, Nationalismus und ethnische Minderheiten, S. 9 ff., 107 ff.

306 Vgl. *Pallek*, Der Minderheitenschutz im deutschen Verfassungsrecht, S. 106; *Wittmann*, Die politische Bedeutung eines international gesicherten Minderheiten- und Volksgruppenrechts, S. 159; *Hofmann*, Menschenrechte und der Schutz nationaler Minderheiten, S. 588; *Schneider*, Assimilation und Integration, S. 13; *Krugmann*, Das Recht der Minderheiten, S. 23, 152 ff.

307 Vgl. *Salzborn*, Sonderrechte für Deutsche?.

können.[308] Im Sinne eines solchen Minderheitenrechts bedarf es der Anerkennung, Sicherung und Förderung der Ethnizität der Minderheit als Gruppe, was in vielen Fällen zu einer Verstetigung der kollektiven Minderheitenidentität führt. Dies wiederum befördert weniger eine gesellschaftliche Integration, sondern vielmehr eine Segregation nach ethnischen, religiösen, sprachlichen oder kulturellen Kriterien. Die durch einen derartigen Minderheitenschutz gestärkte Gruppenidentität „birgt ein kulturelles und/oder territoriales Autonomisierungspotential".[309] Als Beispiel kann hier etwa Südtirol herangezogen werden. Obwohl Südtirol unmittelbar nach dem Zweiten Weltkrieg Autonomierechte zugesprochen wurden, verübte eine Gruppe Separatisten in den 1950er und 1960er Jahren verschiedene (Bomben-)attentate, um die Loslösung Südtirols von Italien zu erzwingen. Selbiges gilt für Katalonien, in dem trotz seines bestehenden Autonomiestatus ein durchgeführtes Referendum zur Abspaltung im Jahr 2017 ganz Spanien erschütterte.

Dies alles zeigt, dass sowohl die Benachteiligung von Minderheiten, wie auch ein übersteigerter Minderheitenschutz eine Bedrohung für den inneren Frieden darstellen können. Mit beiden Szenarien ist eine extreme Identifizierung mit der ethnischen oder kulturellen Identität und deren Überbewertung verbunden (sogenannter Ethnozentrismus), was eine unwahrscheinliche Mobilisierungswirkung entfalten kann. Um solche Szenarien zu verhindern, bedarf es eines Klimas der Toleranz und einer Gesellschaft, in der sich der einzelne ungeachtet seiner religiösen, kulturellen und sprachlichen Identität frei entfalten kann. Ziel muss sein, auch die Mitglieder von Minderheiten in die Gesellschaft zu integrieren – ohne ihnen durch Assimilation die Identität der Mehrheitsbevölkerung aufzuzwingen.

III. Die Elemente des Minderheitenschutzes

Nach weit verbreiteter Auffassung muss ein erfolgreicher Minderheitenschutz zwei Hauptkomponenten aufweisen: Diskriminierungsschutz einerseits und spezielle Minderheitenrechte andererseits.[310] Nur ein derartiges System

---

308 Vgl. *Hansen*, Ethnie, Ethnozentrismus, Ethnizität, S. 154

309 *Salzborn*, Sonderrechte für Deutsche?.

310 Entwickelt haben sich auch die Begriffe Minderheitenschutz *sensu lato*, der sowohl das Diskriminierungsverbot als auch die spezifischen Minderheitenrechte umfasst (d.h. beide Säulen), und Minderheitenschutz *sensu stricto*, der ausschließlich spezifische Minderheitenrechte meint (d.h. nur die zweite Säule), vgl. *Henrard*, Devising an Adequate System of Minority Protection, S. 8 f.; *Bogaert*, State Duty Towards Minorities, S. 44.

ermögliche eine effektive Integration der Angehörigen nationaler Minderheiten in die Gesellschaft bei gleichzeitiger Bewahrung ihrer kulturellen Minderheitenidentität. Entwickelt wurde dieses zweisäulige Modell ursprünglich vom Ständigen Internationalen Gerichtshof in seiner Entscheidung über Minderheitenschulen in Albanien aus dem Jahr 1935 – also noch zu Zeiten des Völkerbundes. Hierin nennt der Gerichtshof zwei Ebenen, die für einen funktionierenden Minderheitenschutz notwendig seien:

> *The first is to ensure that nationals belonging to racial, religious or linguistic minorities shall be placed in every respect on a footing of perfect equality with the other nationals of the State. The second is to ensure for the minority elements suitable means for the preservation of their racial peculiarities, their traditions and their national characteristics.*[311]

1. *Diskriminierungsverbot und Gleichheitsgrundsatz*

Gleichheitsgarantie und Diskriminierungsverbote garantieren formale Gleichheit. Dazu gehören die Gleichheit vor dem Gesetz und die Gleichheit durch das Gesetz.[312] Auch Angehörige nationaler Minderheiten haben einen Anspruch auf formale Gleichbehandlung. Individuelle Menschenrechte stehen jedem zu – unabhängig von der ethnischen, kulturellen oder religiösen Zugehörigkeit. Häufig knüpfen Diskriminierungsverbote, wie etwa Art. 14 der Europäischen Menschrenchrechtskonvention (EMRK), sogar ausdrücklich an die Zugehörigkeit zu einer nationalen Minderheit an.

Primär hat der Gleichbehandlungsgrundsatz negatorischen Charakter, da er zuvörderst darauf abzielt, Ungleichbehandlung und Diskriminierung von staatlichen Stellen zu unterbinden. Zur Gewährung eines effektiven Menschenrechtsschutzes bedarf es allerdings auch eines gewissen positiven Gehalts des Gleichheitsgrundsatzes beziehungsweise des Gebots der Nichtdiskriminierung.

---

311 Vgl. StIGH, *Minority Schools in Albania*, Advisory Opinion v. 6.4.1935, Series A/B 64, S. 17. Auch die UN-Unterkommission für die Verhinderung von Diskriminierung und den Schutz von Minderheiten hat sich 1947 für eine solche Zweiteilung ausgesprochen, vgl. UN Wirtschafts- und Sozialrat, Unterkommission für die Verhinderung von Diskriminierung und den Schutz von Minderheiten, 6.12.1947, UN-Doc. E/CN.4/52 (1947), Section V. Zur Arbeit der Unterkommission siehe: Teil 2, D. I. und insbes. Fn. 395. Von einem solchen zweisäuligen Modell sprechen etwa auch: *Capotorti*, Are minorities entitled to collective international rights?, S. 508; *Henrard*, Devising an Adequate System of Minority Protection, S. 8 ff.; *Wenzel*, Das Spannungsverhältnis zwischen Gruppenschutz und Individualschutz, S. 17 ff.

312 Erläuternd: *Niewerth*, Der kollektive und der positive Schutz von Minderheiten, S. 118 f.

Unter Entfaltung einer Horizontalwirkung kommt dem Staat auch eine Schutzpflicht zu, das heißt er muss Maßnahmen ergreifen gegen Diskriminierungen von privater Seite.[313]

Gleichheitsgrundsatz und Diskriminierungsverbote sind wichtige Bestandteile des Minderheitenschutzes. Gleichwohl sind sie kein Spezifikum desselbigen, sondern vielmehr ein allgemeines Prinzip des Menschenrechtsschutzes.[314] Jeder kann sich auf sie berufen, unabhängig davon, ob er Angehöriger einer Minderheit ist. Allerdings lässt sich ein funktionierender Minderheitenschutz wohl nicht ohne ein klares Bekenntnis zum Diskriminierungsverbot realisieren. Das Verbot der Diskriminierung wegen der Zugehörigkeit zu einer ethnischen Minderheit ist als Grundstein und somit Teil des Minderheitenschutzes zu begreifen. Dies spiegelt sich auch in allen großen Regelwerken zum Minderheitenschutz wider, die zwar schwerpunktmäßig spezielle Minderheitenrechte vorsehen, aber als Ausgangspunkt allesamt ein Diskriminierungsverbot statuieren.[315]

2. Spezielle Minderheitenrechte oder Minderheitenschutz im engeren Sinne

Zwar ist anerkannt, dass auch die allgemeinen Menschenrechte einen Beitrag für den Minderheitenschutz leisten, da sie in der Regel innerstaatlich besser

---

313 Art. 6 Abs. 2 des Rahmenübereinkommens zum Schutz nationaler Minderheiten sieht ausdrücklich eine derartige Schutzpflichtvor: „Die Vertragsparteien verpflichten sich, geeignete Maßnahmen zu treffen, um Menschen zu schützen, die wegen ihrer ethnischen, kulturellen, sprachlichen oder religiösen Identität diskriminierenden, feindseligen oder gewalttätigen Handlungen oder der Androhung solcher Handlungen ausgesetzt sein können.“ Zum Rahmenübereinkommen siehe: Teil 2, D. IV. 3. Zur Schutzpflicht (exemplarisch an Art. 26 des UN-Zivilpaktes): *Bogaert*, State Duty Towards Minorities, S. 42; *Niewerth*, Der kollektive und der positive Schutz von Minderheiten, S. 118 ff.

314 Sowohl im universellen Völkerrecht (vgl. z.B. Art. 1 Abs. 3 UN-Charta, Art. 26 UN-Zivilpakt oder die Bestimmungen des Internationalen Übereinkommens zur Beseitigung jeder Form von rassistischer Diskriminierung) als auch im Europarecht (z.B. Art. 14 EMRK oder Art. 18 AEUV) sind der Gleichbehandlungsgrundsatz und Diskriminierungsverbote omnipräsent. Einen Überblick über den Gleichheitssatz in den Menschenrechtsinstrumenten bietet: *Hartwig*, Der Gleichheitssatz und die Universalisierung der Menschenrechte, S. 279 f.

315 Vgl. etwa Art. 4 Abs. 1 des Rahmenübereinkommens zum Schutz nationaler Minderheiten, Art. 7 Abs. 2 der Europäischen Charta der Regional- oder Minderheitensprachen, Art. 2 Abs. 5 der UN-Erklärung über die Rechte von Personen, die nationalen oder ethnischen, religiösen und sprachlichen Minderheiten angehören.

garantiert und durchsetzbar sind. Nach weit verbreiteter Ansicht werden insbesondere Diskriminierungsverbote und allgemeine Menschenrechte allein der speziellen Situation (der Angehörigen) völkerrechtlicher Minderheiten jedoch nicht gerecht und bieten kein ausreichendes Schutzniveau.[316] Deshalb sollen spezielle Minderheitenrechte gewährleistet werden, die den eigentlichen Kernbereich des Minderheitenschutzes bilden. Dies baut auf der Idee auf, dass die kulturellen Charakteristika, die die (Angehörigen einer) Minderheit von der Mehrheit unterscheiden und durch die Dominanz der Mehrheitsgesellschaft bedroht sind, geschützt werden sollen und daher Gegenstand besonderer Schutzmechanismen sein müssen.[317] „Die erschwerten Existenzbedingungen von Minderheiten machen […] rechtliche Sonderregelungen notwendig", schreibt etwa der Völkerrechtler *Eckhart Klein*.[318] Zum Teil wird sogar von einer „existentiellen Situation" nationaler Minderheiten gesprochen.[319] Als Gegenleistung für einen speziellen Schutz wird zum Teil von der Minderheit eine besondere Loyalitätpflicht dem Staat gegenüber verlangt.[320]

a. Inhalt spezieller Minderheitenrechte

Spezielle Minderheitenrechte sollen darauf abzielen, als kompensatorische Maßnahmen dem Assimilationsdruck entgegenzuwirken. Dem einzelnen

---

316 Vgl. etwa: *Henrard*, Devising an Adequate System of Minority Protection, S. 8 ff.; *Bogaert*, State Duty Towards Minorities, S. 50 f.; *Wenzel*, Das Spannungsverhältnis zwischen Gruppenschutz und Individualschutz, S. 19 ff.; *Makkonen*, Is Multiculturalism bad for the fight against dicrimination?, S. 168; *Klein*, Minderheitenschutz im Völkerrecht, S. 140; *Klein*, Konzeption und Durchsetzung des Minderheitenschutzes, S. 53; *Kimminich*, Rechtsprobleme der polyethnischen Staatsorganisation, S. 88; *Kugelmann*, Minderheitenschutz, S. 260; *Murswiek*, Schutz der Minderheiten in Deutschland, Rn. 10; *Veiter*, Nationalitätenkonflikt und Volksgruppenrecht, S. 139.

317 Vgl. *Wenzel*, Spannungsverhältnis zwischen Gruppenschutz und Individualschutz, S. 19; *Pallek*, Der Minderheitenschutz im deutschen Verfassungsrecht, S. 105 f.; *Capotorti*, Are minorities entitled to collective international rights?, S. 508; *ders.*, Die Rechte der Angehörigen von Minderheiten, S. 115; *Henrard*, Devising an Adequate System of Minority Protection, S. 8 ff.

318 *Klein*, Konzeption und Durchsetzung des Minderheitenschutzes, S. 53.

319 *Murswiek*, Schutz der Minderheiten in Deutschland, Rn. 38. Auch *Kimminich* spricht von *„Existenzfragen"*, die betroffen sind, vgl. *ders.*, Die innerstaatliche Organisation eines völkerrechtlich gebotenen Schutzes ethnischer Gruppen, S. 430.

320 Eine Loyalitätspflicht der Minderheit gegenüber dem Staat wurde ursprünglich dem hier bereits erwähnten StIGH-Urteil zu den Minderheitenschulen in Albanien entnommen, in welchem der StIGH feststellte, dass es beim Minderheitenschutz auf ein friedliches Zusammenleben und eine freundschaftliche Zusammenarbeit ankomme,

Minderheitenangehörigen soll es möglich sein, in einer von der Mehrheit dominierten Gesellschaft, die kulturellen Aspekte seiner Minderheitenkultur auszuleben. Mindestens mittelbar bezweckt der Minderheitenschutz damit auch den Schutz der ethnischen, sprachlichen oder religiösen Identität der Minderheit als Ganzes.

Welche Rechte der Minderheitenschutz im engeren Sinne letztlich beinhalten soll, ist umstritten. Allgemein anerkannt ist, dass den (Angehörigen von) Minderheiten im negatorischen Sinne das Recht zukommen muss, ihre eigene Kultur zu pflegen, ihre eigene Religion auszuleben sowie ihre eigene Sprache zu sprechen. Die Staaten dürfen ihnen diese Rechte nicht vorenthalten. Ein solches Abwehrrecht gewährleistet eine Art kulturellen Freiraum als Schutz vor Assimilation.[321] Neben dem unbestrittenen Abwehrcharakter der Minderheitenrechte soll dem Staat auch eine Schutzpflicht zur Abwehr von Beeinträchtigungen durch Private zukommen, sodass die Gewährleistungen des Minderheitenschutzes auch Wirkung im horizontalen Verhältnis entfalten. Eine solche Schutzpflicht ist beispielsweise bei Art. 27 des UN-Zivilpaktes mehrheitlich anerkannt.[322]

---

vgl. StIGH, *Minority Schools in Albania*, Advisory Opinion v. 6.4.1935, Series A/B 64, S. 17. Nach Ansicht derer, die eine solche Loyalitätspflicht befürworten, kann es Staaten nicht zugemutet werden, illoyale Gruppen zu schützen: vgl. *Kimminich*, Rechtsprobleme der polyethnischen Staatsorganisation, S. 100; *Luchterhandt*, Loyalitätskonflikte bei nationalen/ethnischen Minderheiten, S. 121 ff. Mit guten Argumenten ablehnend: *Klein*, Minderheitenschutz im Völkerrecht, S. 144. Diskutiert wird außerdem, ob die Loyalität dagegen ein konstitutives Merkmal des Minderheitenbegriffs darstellt. Die UN-Unterkommission für die Verhinderung von Diskriminierung und den Schutz von Minderheiten hatte in den 1950er Jahren noch eine Definition des Minderheitenbegriffs verabschiedet, die die Loyalität zu einem solchen konstitutiven Merkmal machte. Mehrheitlich wird dieser Ansatz heute allerdings abgelehnt, vgl. *Ermacora*, Nationalitätenkonflikt und Volksgruppenrecht, S. 100; *Kimminich*, Rechtsprobleme der polyethnischen Staatsorganisation, S. 100; *Pritchard*, Der völkerrechtliche Minderheitenschutz, S. 191; *Luchterhandt*, Loyalitätskonflikte bei nationalen/ethnischen Minderheiten, S. 125 ff.; *Krugmann*, Das Recht der Minderheiten, S. 81.

321 Vgl. *Wolfrum*, Kulturelle Rechte und Minderheitenschutz, Rn. 2. Ein solcher Gehalt von Art. 27 Zivilpakt, der bedeutendsten universellen Minderheitenschutznorm, ist unbestritten, vgl. *Scherer-Leydecker*, Minderheiten und sonstige ethnische Gruppen, S. 250 ff.; *Langenfeld*, Minderheitenschutz, Rn. 36.

322 Vgl. *Langenfeld*, Minderheitenschutz, Rn. 42; *Scherer-Leydecker*, Minderheiten und sonstige ethnische Gruppen, S. 252 ff. Der UN-Menschenrechtsausschuss hat in seinem *General Comment* zu Art. 27 Zivilpakt ausdrücklich festgestellt, dass die Staaten auch Maßnahmen gegen Eingriffe durch Private treffen müssen: "Consequently, a State party is under an obligation to ensure that the existence and the exercise of this

aa. Positive Rechte als Teil des Minderheitenschutzes im engeren Sinne

Bereits die Auferlegung von Schutzpflichten verleiht dem Minderheitenrecht eine positive Komponente, da der Staat hier aktiv werden muss, um Maßnahmen gegen Eingriffe Dritter zu ergreifen. Im Fokus der Debatte um die Tragweite von Minderheitenrechten steht allerdings die Frage, ob diese auch ein Recht auf gezielte permanente staatliche Fördermaßnahmen beinhalten müssen. Nur ein solches positiv-leistungsrechtliches Verständnis der Minderheitenschutznormen ermögliche einen effektiven Minderheitenschutz und könne die Minderheiten in die Lage versetzen, ihre spezifische Identität trotz des Assimilationsdrucks zu bewahren. Ein rein negatorischer Schutz sei nicht ausreichend; vielmehr seien die Minderheiten auf die aktive (auch finanzielle) Unterstützung des Staates angewiesen.[323] Vertreter eines solch umfassenden Schutzkonzeptes führen außerdem an, dass der Minderheitenschutz sich nicht von den gewöhnlichen Menschenrechten unterscheiden würde, wenn er keine positiven Förderpflichten beinhalten würde.[324]

Die Staaten sind bei der Gewährung von originären Leistungsrechten tendenziell zurückhaltend. Insbesondere in Staaten wie Frankreich, wo man von einer strengen formalen Gleichheit aller Bürger ausgeht, werden solche positiven Verpflichtungen als Widerspruch zur herrschenden Doktrin vom *citoyen* angesehen. Diese lasse keinen Raum für rechtliche Besonderheiten zugunsten ethnisch differenter Gruppen.[325] Unabhängig von der französischen Situation

---

right are protected against their denial or violation. Positive measures of protection are, therefore, required not only against the acts of the State party itself, whether through its legislative, judicial or administrative authorities, but also against the acts of other persons within the State party", UN-Menschenrechtsausschuss, CCPR General Comment No. 23 v. 8.4.1994: Art. 27, UN-Doc. CCPR/C/21/Rev.1/Add.5.

323 Vgl. beispielsweise: *Capotorti*, Study on the Rights of Persons belonging to Ethnic, Religious and Linguistic Minorities, Rn. 213; *Murswiek*, Schutz der Minderheiten in Deutschland, Rn. 38; *Niewerth*, Der kollektive und der positive Schutz von Minderheiten, S. 112 f.; *Oxenknecht*, Der Schutz ethnischer, religiöser und sprachlicher Minderheiten, S. 138 f.; *Thornberry*, International Law and the Rights of Minorities, S. 181; *Henrard*, Devising an Adequate System of Minority Protection, S. 151; *Bogaert*, State Duty Towards Minorities, S. 50 f. Die Notwendigkeit aktiver Fördermaßnahmen im Bereich der Sprache aufzeigend: *Oeter*, Der Schutz nationaler Minderheiten im Völkerrecht, S. 203.

324 Vgl. etwa: *Schoder*, Vom Minderheitenschutz zum Schutz verwundbarer Gruppen, S. 167.

325 Vgl. dazu etwa die Entscheidung des französischen *Cour Constitutionnel* v. 15.6.1999 bzgl. der Verfassungsmäßigkeit der Europäischen Charta der Regional- und Minderheitensprachen, décision no. 99–412 DC, verfügbar unter: http://

erscheint es doch fraglich, ob derartige Leistungsrechte in der Praxis umsetzbar sind. Gerade Staaten, in denen viele Minderheiten existieren, dürften kaum in der Lage sein, derartige Verpflichtungen flächendeckend wahrzunehmen.[326] *Hillgruber* und *Jestaedt* befürchten zudem, dass derartige Sonderrechte zu regelrechten Verteilungskämpfen führen und somit kontraproduktiv für den Schutz von Minderheiten sein könnten.[327] Zu Recht wird außerdem darauf hingewiesen, dass sich im Zusammenhang mit dem Diskriminierungsverbot derivative Leistungsrechte für Angehörige von Minderheiten ergeben können, wenn der Staat andere Minderheiten gezielt fördert.[328]

bb. *Affirmative action*

Klar unterschieden werden muss von solch gezielten permanenten Fördermaßnahmen zum Schutz der kulturellen Minderheitenidentität die sogenannte *affirmative action*. Es existieren zahlreiche Definitionsansätze und Ideen einer rechtsdogmatischen Verortung, sodass es äußerst schwierig ist, das Wesen von *affirmative action* genau zu erfassen. Grundsätzlich lässt sich festhalten, dass *affirmative action* meist temporäre, positive Maßnahmen meint, die eine besondere Behandlung der Minderheit im Vergleich zur Mehrheit gewähren und dabei das

www.conseil-constitutionnel.fr/conseil-constitutionnel/francais/les-decisions/acces-par-date/decisions-depuis-1959/1999/99-412-dc/decision-n-99-412-dc-du-15-juin-1999.11825.html (zuletzt aufgerufen am 12.6.2018); die dazugehörige Pressemitteilung findet sich unter: http://www.conseil-constitutionnel.fr/conseil-constitutionnel/francais/les-decisions/acces-par-date/decisions-depuis-1959/1999/99-412-dc/communique-de-presse.93321.html (zuletzt aufgerufen am 12.6.2018). Auch zu Art. 27 Zivilpakt hat Frankreich aus diesen Gründen einen Vorbehalt erklärt, abgedruckt in: *Nowak*, CCPR Commentary, Appendix, S. 942 f. Ausführlich zum Vorbehalt Frankreichs, vgl. *ebd.*, Art. 27, Rn. 10. Allerdings wird in Frankreich schon allein die Anerkennung von Minderheiten als nicht mit dem grundlegenden Verfassungsprinzip der Unteilbarkeit der französischen Republik (Art. 1) vereinbar angesehen. Kritisch zum französischen Ansatz: *Murswiek*, Schutz der Minderheiten in Deutschland, Rn. 39.

326 Vgl. *Langenfeld*, Minderheitenschutz, Rn. 37; *Tomuschat*, Protection of Minorities under Art. 27 ICCPR, S. 969; *Kugelmann*, Minderheitenschutz als Menschenrechtsschutz, S. 242; *Hillgruber/Jestaedt*, Die EMRK und der Schutz nationaler Minderheiten, S. 102.

327 *Ebd.*, S. 102.

328 Vgl. *Tomuschat*, Protection of Minorities under Art. 27 ICCPR, S. 970; *Langenfeld*, Minderheitenschutz, Rn. 37; *Kugelmann*, Minderheitenschutz als Menschenrechtsschutz, S. 242.

Ziel verfolgen, Diskriminierung und Benachteiligungen in bestimmten gesellschaftlichen Sphären zu überwinden und Chancengleichheit herzustellen.[329] Sie verfolgen daher eine andere Zweckrichtung als oben genannte Fördermaßnahmen. Maßnahmen im Sinne von *affirmative action* sind kein exklusives Instrument des Schutzes völkerrechtlicher (das heißt sprachlicher, ethnischer oder religiöser) Minderheiten, sondern werden oftmals zu Gunsten von sozialen Minderheiten, wie etwa Frauen oder Migranten (sogenannte *vulnerable groups*), implementiert. *Affirmative action* ist für völkerrechtliche Minderheiten aber dann interessant, wenn sie von Diskriminierung und gesellschaftlicher Benachteiligung betroffen sind, was bei den Sinti und Roma meist der Fall ist.

Anders als Diskriminierungsverbote, die konkrete Benachteiligungen im Einzelfall verhindern sollen, bezweckt *affirmative action* ein aktives Umgestalten der Verhältnisse, damit Individuen aus benachteiligten Gruppen in Zukunft durch gleiche Entfaltungs- und Mitwirkungschancen an der Gesellschaft teilhaben können. Durch bloße Nichtdiskriminierung und formelle Gleichbehandlung lässt sich dieses Ziel nicht erreichen.[330] Da *affirmative action* darauf gerichtet ist, tatsächliche Ungleichheiten zu beseitigen, ist sie temporärer Natur und dann obsolet, wenn der Zustand der Benachteiligung überwunden ist.[331] Anstelle von *affirmative action* tauchen regelmäßig die Begriffe positive Diskriminierung oder *reverse discrimination* auf.[332] Angesichts der Tatsache, dass derartige Maßnahmen letztlich auf das Erreichen einer Gleichbehandlung und nicht auf eine dauerhafte Übervorteilung der Minderheit abzielen, erscheinen diese Begrifflichkeiten allerdings nicht als angemessen.[333]

Die Einführung von Quotenregelungen stellt eine typische Maßnahme von *affirmative action* dar. *Affirmative action* ist besonders interessant, wenn es darum geht, den Anteil von Minderheitenangehörigen in bestimmten Berufsfeldern zu erhöhen, in denen diese bisher völlig unterrepräsentiert sind. Der Verband Europäischer Roma-Polizeibeamter hat es sich etwa zur Aufgabe gemacht,

---

329 Vgl. *Henrard*, Devising an Adequate System of Minority Protection, S. 147 f.; *Makkonen*, Is Multiculturalism Bad for the Fight against Discrimination?, S. 159.

330 Vgl. *Raasch*, Positive Maßnahmen, S. 13.

331 Vgl. *Bogaert*, State Duty Towards Minorities, S. 47 f.; *Henrard*, Devising an Adequate System of Minority Protection, S. 148.

332 So z.B.: *Niewerth*, Der kollektive und der positive Schutz von Minderheiten, S. 118; *Wenzel*, Das Spannungsverhältnis zwischen Gruppenschutz und Individualschutz, S. 22; *Hillgruber/Jestaedt*, Die EMRK und der Schutz nationaler Minderheiten, S. 99 ff.

333 Ebenso kritisch bzgl des Begriffs der „positiven Diskriminierung zeigt sich: *Krugmann*, Das Recht der Minderheiten, S. 216 f.

die Anzahl von Beamten mit Roma-Herkunft in den Strafverfolgungsbehörden mehrerer EU-Mitgliedstaaten zu steigern, um so Chancengleichheit zu fördern und Vorurteile abzubauen.[334] In den USA hat *affirmative action* bereits eine längere Tradition und fand ihren Ursprung in der Bürgerrechtsbewegung des 20. Jahrhunderts.[335] Auch in Europa und besonders auf EU-Ebene erfreut sich *affirmative action* steigender Beliebtheit.[336] Hier wurden derartige Maßnahmen zunächst im Bereich der Frauenförderung ergriffen. Ihr potentieller Nutzen wird auch im Bereich des Schutzes benachteiligter ethnischer Minderheiten immer mehr erkannt.[337]

Mit den zuvor beschriebenen permanenten Fördermaßnahmen hat *affirmative action* gemein, dass es in beiden Bereichen zu einer differenzierenden Behandlung der Mitglieder der Minderheit kommt. Es sei jedoch nochmals betont, dass *affirmative action* einen anderen Zweck verfolgt als permanente positive Fördermaßnahmen zu Gunsten völkerrechtlicher Minderheiten. Letztere zielen auf die Bewahrung und den Schutz der minderheitlichen Identität ab. *Affirmative action* ist dagegen temporärer Natur und bezweckt in erster Linie die Beseitigung von Benachteiligungen der Angehörigen von Minderheiten in bestimmten gesellschaftlichen Bereichen.[338] Deshalb lässt sich *affirmative action*

---

334 Vgl. *Makula*, Positive Maßnahmen zur Integration von Roma in die Polizeibehörden.

335 Vgl. *Raasch*, Positive Maßnahmen, S. 12.

336 2008 ließ die Agentur der Europäischen Union für Grundrechte ein Diskussionspapier über den Nutzen positiver Maßnahmen erstellen: The Benifits of Positive Action: Thematic Discussion Paper, Wien 2008, verfügbar unter: http://fra.europa.eu/sites/default/files/fra_uploads/220-FRA_thematicpaper_positiveaction_ICMPD_en.pdf (zuletzt aufgerufen am 12.6.2018). 2009 gab die Europäische Kommission eine umfangreiche Studie in Auftrag, die der EU den Nutzen positiver Maßnahmen näher bringen sollte: *dies.*, International Perspectives on Positive Action Measures. *Affirmative action* zur Förderung ethnischer Minderheiten ausdrücklich befürwortend: *Nii Addy*, Recommendations for Anti-Discrimination Policies, S. 37.

337 Einen Überblick über die positiven Maßnahmen der EU zur Chancengleichheit von Frauen bieten: *Klose/Merx*, Positive Maßnahmen zur Verhinderung oder zum Ausgleich bestehender Nachteile i.S.d. Art. 5 AGG, S. 13 ff. Ausführlich zu positiven Maßnahmen im Bereich des Minderheitenschutzes von Roma auf EU-Ebene siehe: *Heun*, Minderheitenschutz der Roma in der EU. Einen generellen Überblick zum Verhältnis der EU zu positiven Maßnahmen liefert: *Raasch*, Positive Maßnahmen, S. 17 ff.

338 Zur Unterscheidung von speziellen Minderheitenrechten und *affirmative action*: vgl. *Eide*, Group Accomodation, S. 116 f.; *Wenzel*, Das Spannungsverhältnis zwischen Gruppenschutz und Individualschutz, S. 22 f.; *Pentassuglia*, Minority Issues as a Challenge in the ECHR, S. 435 f.

nicht exklusiv in den Bereich des völkerrechtlichen Minderheitenschutzes einordnen.

cc. Beispiele spezieller Minderheitenrechte

Die Bandbreite möglicher spezieller Minderheitenrechte ist groß. Auf Grund der unterschiedlichen Lebensumstände der zahlreichen europäischen Minderheiten existiert kein einheitliches Schutzkonzept. Vielmehr bemisst sich die Frage nach den angemessenen Rechten nach den spezifischen Bedürfnissen der jeweiligen Minderheit und ihrer Angehörigen. Der Minderheitenschutz im engeren Sinne kann etwa die Gewährung spezieller Sprachenrechte umfassen. Da Minderheitensprachen in einer Gesellschaft, in der das Bildungswesen, die Medien und der Sprachgebrauch im öffentlichen Leben von der Mehrheitssprache beherrscht werden, nur schwer bestehen können, fordern Minderheitenvertreter gezielte Sprachenpolitik und aktive Maßnahmen zur Förderung der Minderheitensprache, um diese vor der Bedeutungslosigkeit zu retten. Bei Minderheiten, die ein angestammtes Siedlungsgebiet besitzen, kann ein sprachbezogener Minderheitenschutz etwa das Aufstellen zweisprachiger Orts- und Straßenschilder umfassen, wie es etwa im österreichischen Kärnten der Fall ist, wo Ortstafeln eine deutsche und eine slowenische Aufschrift tragen. Zur speziellen Sprachenförderung gehört auch das Recht der Minderheitenangehörigen, sich im privaten wie im öffentlichen Bereich der Minderheitensprache zu bedienen und gegebenenfalls sogar die Möglichkeit, die Minderheitensprache im Umgang mit Behörden und Gerichten zu verwenden.[339]

Auch bei der Ausgestaltung des Erziehungswesens können die Belange von Minderheiten berücksichtigt werden.[340] Beispielhaft kann hier Schleswig-Holstein herangezogen werden. Zum Schutze der dort ansässigen dänischen Minderheit wurde sogar ein selbstverwaltetes Minderheitenschulwesen eingerichtet, in dem die Unterrichtssprache Dänisch ist.[341] Gerade das Erlernen der Minderheitensprache durch künftige Generationen soll so das Überleben der Minderheit sichern. Auch medienbezogene Rechte spielen im Bereich des

---

339 Vgl. *Hofmann*, Menschenrechte und der Schutz nationaler Minderheiten, S. 607; *Klein*, Minderheitenschutz im Völkerrecht, S. 141.

340 Vgl. *Blumenwitz*, Minderheiten- und Volksgruppenrecht, S. 69 f.; *Hofmann*, Menschenrechte und der Schutz nationaler Minderheiten, S. 608 ff. Vgl. auch *Oeter*, der sich dezidiert dafür ausspricht, dass Minderheitenschulen im selben Maße vom Staat finanziell gefördert werden wie staatliche Schulen: *ders.*, Der Schutz nationaler Minderheiten, S. 205.

341 Vgl. dazu: *Bundesministerium des Innern*, Nationale Minderheiten, S. 17 f.

Minderheitenschutzes eine wichtige Rolle.[342] Sie umfassen etwa das Recht, eigene Print- oder audiovisuelle Medien zu gründen und zu unterhalten sowie gegebenenfalls auch die gezielte finanzielle Förderung solcher Medien durch den Staat. Kombiniert mit dem Ziel einer stärkeren Einbindung von Minderheitenangehörigen in öffentliche Angelegenheiten, kann eine minderheitenfreundliche Medienpolitik auch die Einbindung von Minderheitenvertretern in die Aufsichtsgremien der öffentlich-rechtlichen Rundfunkanstalten bedeuten. So entsendet der Verband Deutscher Sinti und Roma – Landesverband Rheinland-Pfalz einen Vertreter in den Rundfunkrat des SWR.[343]

Einen besonders weitgehenden Minderheitenschutz gewähren solche Rechte, die der betreffenden Minderheit einen Autonomiestatus beziehungsweise gewisse Selbstverwaltungsrechte einräumen. Die weitreichendste Form ist die Gewährung eines Sonderstatus mit politischen Selbstverwaltungsrechten, so wie es etwa in Südtirol der Fall ist, das seit 1972 als autonome Provinz in Italien weitgehende politische Unabhängigkeit von Italien genießt. Möglich sind aber auch partielle Selbstverwaltungsrechte, zum Beispiel im kulturellen Bereich.[344] Selbstverwaltungsrechte werden in manchen Ländern auch Sinti und Roma zugesprochen. In Ungarn etwa haben die Roma, nachdem sie 1993 neben 12 weiteren autochthonen Gruppen als nationale Minderheit anerkannt wurden, die Möglichkeit, auf lokaler Ebene Selbstverwaltungen zu gründen, wovon sie auch Gebrauch machen.[345] Die lokalen Minderheiten-Selbstverwaltungen können eigene Institutionen im Bildungsbereich oder zur Traditionspflege gründen.[346]

Ohne den Anspruch auf eine erschöpfende Auflistung aller speziellen Minderheitenschutzmaßnahmen zu erheben, zeigt das Vorangegangene, dass die Bandbreite möglicher Schutz- und Fördermechanismen groß ist. Sie reicht von

---

342 Vgl. dazu: *Langenfeld*, Minderheitenschutz, Rn. 41; *Hofmann*, Menschenrechte und der Schutz nationaler Minderheiten, S. 605 f.

343 Vgl. § 14 Abs. 3 S. 1 Nr. 13 Staatsvertrags über den Südwestrundfunk v. 3.7.13.

344 Vgl. *Klein*, Minderheitenschutz im Völkerrecht, S. 142 f.; *Blumenwitz*, Minderheiten- und Volksgruppenrecht, S. 72 f.

345 Vgl. Art. 5 Abs. 1 des LXXVII Act of 1993 on the Rights of National and Ethnic Minorities: "*In the Republic of Hungary minorities have a constitutional right to establish local and national self-governments.*" Dazu auch: *O'Nions*, Minority Rights Protection in International Law, S. 250 f.

346 Vgl. Art. 27 Abs. 3 des LXXVII Act of 1993 on the Rights of National and Ethnic Minorities: "*The local minority self-government may establish and run an institution within its authority – within the limits of the resources at their disposal –, especially in the fields of a) local basic education; b) local printed and electronic media; c) promotion of traditions; d) adult education and socio-cultural animation.*"

der staatlichen Förderung von Kulturvereinen bis hin zur Gewährung von Autonomierechten.

b. Verhältnis von Diskriminierungsverboten und Minderheitenrechten

Nach überwiegender Ansicht verlangt ein effektiver Minderheitenschutz eine Kombination aus Diskriminierungsschutz und speziellen Minderheitenrechten. Dem liegt die Auffassung zu Grunde, dass ein reines Abstellen auf formale Gleichbehandlung, den kulturellen Eigenarten und der besonderen Situation völkerrechtlicher Minderheiten zu wenig Raum lasse und somit dem Assimilationsdruck auf die Minderheit nicht genug entgegensetze. Diesem Ziel würde sogar nur ein solcher Minderheitenschutz gerecht, der den Erlass permanenter positiver Maßnahmen vorsieht, die gezielt zur Förderung und Bewahrung der kulturellen, sprachlichen und religiösen Identität von Minderheiten(-angehörigen) beitragen, so eine noch weitergehende Ansicht.[347]

Auch spezielle Minderheitenrechte würden isoliert betrachtet, das heißt ohne die Basis eines Diskriminierungsschutzes, dem Zweck des Minderheitenschutzes nicht entsprechen können. Je stärker die Diskriminierung einer Minderheit in einem Staat ist, desto höher ist der Assimilationsdruck und desto schwieriger wird es für die (Angehörigen der) Minderheit, ihre kulturellen Eigenarten zu wahren. Für einen effektiven Minderheitenschutz stellt das Diskriminierungsverbot also das notwendige Grundfundament dar, auf das spezielle Minderheitenrechte, sofern man sie fordert, aufbauen müssen.[348] Beide Ebenen bilden demnach gemeinsam und nur im Zusammenspiel miteinander die Grundlage für ein Minderheitenschutzsystem, welches sowohl gesellschaftlicher Ausgrenzung als auch dem Assimilationsdruck effektiv entgegentritt.

Es stellt sich allerdings die Frage, wie diese beiden Ebenen harmonieren. Die Folge spezieller Minderheitenrechte, die ja die Unterschiede zwischen Minderheit und Mehrheit hervorheben, ist eine differenzierende Behandlung beider Parteien beziehungsweise sogar eine die Minderheit bevorzugende Behandlung im Falle positiver Fördermaßnahmen oder *affirmative action*. Auf den ersten Blick steht ein solcher Ansatz, der ja das „Anderssein" der Minderheit unterstreicht, im deutlichen Widerspruch zum Ziel der Diskriminierungsverbote, die

---

347 Siehe dazu: Teil 2, B. III. 2. a. aa.

348 Vgl. *Bogaert*, State Duty Towards Minorities, S. 45; *Henrard*, Devising an Adequate System of Minority Protection, S. 9; *Niewerth*, Der kollektive und der positive Schutz von Minderheiten, S. 117; *Heun*, Minderheitenschutz der Roma in der EU, S. 245; *Kimminich*, Rechtsprobleme der polyethnischen Staatsorganisation, S. 87.

eine Ungleichbehandlung auf Grund der ethnischen Zugehörigkeit ja gerade verbieten. Es scheint daher so, als stellten gesonderte Minderheitenrechte eine gleichheitswidrige Privilegierung der (Mitglieder der) Minderheit dar, die unvereinbar mit dem Gleichheitsgrundsatz ist. Es stellt sich also die Frage, inwiefern Diskriminierungsverbote und spezielle Minderheitenrechte nebeneinander bestehen können. Auf philosophischer Ebene wurde über diese Frage mit vor allem im angelsächsischen Raum im Rahmen der so genannten Kommunitarismusdebatte über Jahre hinweg debattiert.[349]

In der Tat ist es so, dass spezielle Minderheitenrechte, insbesondere in Gestalt positiver Leistungsrechte, mit einem rein formalen und strikt-egalitären Verständnis des Gleichheitssatzes nur schwer vereinbar sind.[350] „Strike Gleichbehandlung entzieht dem Minderheitenschutz die Grundlage", schreibt auch der Völkerrechtler *Eckart Klein*.[351] Verwiesen wird von Verfechtern spezieller Minderheitenrechte schließlich darauf, dass der Gleichheitsgrundsatz nicht nur die Gleichbehandlung von Gleichem verlange, sondern auch, dass Ungleiches nicht gleich behandelt werde. Da sich die Minderheiten in kulturellen, sprachlichen oder religiösen Aspekten von der Mehrheit unterscheiden und dabei unter „erschwerten Existenzbedingungen" leben, sei eine Andersbehandlung im Sinne einer Privilegierung durch besondere Minderheitenrechte mithin sogar geboten.[352]

---

349 Vgl. zur sog. Kommunitarismusdebatte beispielsweise: *Taylor*, Die Politik der Anerkennung; *Kymlicka*, Multicultural Citizenship; *Bielefeldt*, Rechte kultureller Minderheiten.

350 Vgl. *Oeter*, Der Schutz nationaler Minderheiten, S. 201.

351 *Klein*, Konzeption und Durchsetzung des Minderheitenschutzes, S. 53.

352 Vgl. dazu etwa *Kimminich*, Die innerstaatliche Organisation eines völkerrechtlich gebotenen Schutzes ethnischer Gruppen, S. 430; *Blumenwitz*, Volksgruppen und Minderheiten, S. 83 f.; *Klein*, Konzeption und Durchsetzung des Minderheitenschutzes, S. 53. Schon der Ständige Internationale Gerichtshof stellte in seiner Leitentscheidung zu den Minderheitenschulen in Albanien fest: *"Equality in fact may involve the necessity of different treatment in order to attain a result which establishes an equilibrium between different situations"*, StIGH, *Minority Schools in Albania*, Advisory Opinion v. 6.4.1935, Series A/B 64, S. 19. 30 Jahre später stellte Richter *Tanaka* im Südwestafrika-Fall in seiner *dissenting opinion* zum Gleichheitsgrundsatz ausdrücklich fest: *"The idea of equality [...] does not exclude the different treatment of persons from the consideration of the differences of factual circumstances such as sex, age, language, religion, economic condition, education, etc. To treat different matters equally in a mechanical way would be as unjust as to treat equal matters differently"*, vgl. IGH, *South West Africa [Ethiopia vs. South Africa]*, Urteil v. 18.6.1966, Dissenting Opinion Judge Tanaka, ICJ Reports 1966, S. 305.

Eine Schlüsselfunktion in der Debatte um die Vereinbarkeit des Minderheitenschutzes mit dem Gleichheitsgrundsatz kommt dabei dem Begriff der *equality in fact* zu. Es wird angeführt, dass es beim Minderheitenschutz nicht um eine haltlose Privilegierung der Minderheit gehe, sondern um das Bemühen um materielle/materiale oder faktische Gleichheit.[353] Dem liegt der Gedanke zu Grunde, dass Angehörige von Minderheiten trotz formaler Gleichstellung auf Grund des Assimilationsdrucks schwerer daran tun, ihre kulturelle, religiöse oder sprachliche Identität aufrecht zu erhalten und ihre diesbezüglichen Gepflogenheiten auszuleben als Angehörige der Mehrheitsbevölkerung. Spezielle Minderheitenrechte seien daher als Maßnahmen zu verstehen, die im Wege einer kompensatorischen Besserstellung Möglichkeiten der Wahrung und Entfaltung der kulturellen Identität aufzeigen und damit der Herstellung faktischer Gleichheit dienen.[354] Der Staatsrechtslehrer *Stefan Oeter* formuliert dazu folgendermaßen: „Recht verstandene Gleichheit verlangt nach Einheit in der Vielfalt, nicht nach radikaler Gleichmacherei im Sinne einer Herstellung absoluter Einheitlichkeit.“[355]

Auch Maßnahmen im Bereich der *affirmative action*[356] werden mit dem Bestehen faktischer Ungleichheiten begründet. Auch dem liegt die Erkenntnis zugrunde, dass die real existierenden Ausgangsbedingungen für Minderheit und Mehrheit unterschiedlich sind und daher gewisse Maßnahmen erforderlich sind, um einen Zustand tatsächlicher Gleichheit im Sinne einer Gleichstellung beziehungsweise Chancengleichheit herzustellen. Der UN-Menschenrechtsausschuss betonte in seinem *General Comment No. 18* ausdrücklich die Vereinbarkeit von *affirmative action* mit dem Gleichheitsgrundsatz:

> *The Committee also wishes to point out that the principle of equality sometimes requires States parties to take affirmative action in order to diminish or eliminate conditions which cause or help to perpetuate discrimination prohibited by the Covenant. For example, in a*

353 Vgl. *Capotorti*, Study on the Rights of Persons belonging to Ethnic, Religious and Linguistic Minorities, Rn. 241; *Oeter*, Der Schutz nationaler Minderheiten, S. 203; *Blumenwitz*, Volksgruppen und Minderheiten, S. 83 f.; *Arnauld*, Minderheitenschutz im Recht der EU, S. 119. Im Englischen wird meist der Begriff der *substantive equality* verwendet, vgl. *Henrard*, Devising an Adequate System of Minority Protection, S. 150 f; *Bogaert*, State Duty Towards Minorities, S. 49 f.

354 Vgl. *Oeter*, Der Schutz nationaler Minderheiten, S. 203; *Scherer-Leydecker*, Minderheiten und sonstige ethnische Gruppen, S. 239 f.; *Alfredsson/de Zayas*, Minority Rights, S. 2

355 *Oeter*, Schutz nationaler Minderheiten, S. 214.

356 Zu *affirmative action* siehe: Teil 2, B. III. 2. a. aa.

State where the general conditions of a certain part of the population prevent or impair their enjoyment of human rights, the State should take specific action to correct those conditions. Such action may involve granting for a time to the part of the population concerned certain preferential treatment in specific matters as compared with the rest of the population. However, as long as such action is needed to correct discrimination in fact, it is a case of legitimate differentiation under the Covenant.[357]

Diskriminierungsschutz und spezielle Minderheitenrechte lassen sich dementsprechend nur vereinbaren, wenn man kein streng egalitäres Verständnis von Gleichheit gelten lässt. Dieses Grundcredo liegt den verschiedenen völkerrechtlichen Minderheitenschutzinstrumenten zugrunde. In Art. 4 des Rahmenübereinkommens zum Schutz nationaler Minderheiten kommt dies besonders deutlich zum Ausdruck:

(1) Die Vertragsparteien verpflichten sich, jeder Person, die einer nationalen Minderheit angehört, das Recht auf Gleichheit vor dem Gesetz und auf gleichen Schutz durch das Gesetz zu gewährleisten. In dieser Hinsicht ist jede Diskriminierung aus Gründen der Zugehörigkeit zu einer nationalen Minderheit verboten.
(2) Die Vertragsparteien verpflichten sich, erforderlichenfalls angemessene Maßnahmen zu ergreifen, um in allen Bereichen des wirtschaftlichen, sozialen, politischen und kulturellen Lebens die vollständige und tatsächliche Gleichheit zwischen den Angehörigen einer nationalen Minderheit und den Angehörigen der Mehrheit zu fördern. In dieser Hinsicht berücksichtigen sie in gebührender Weise die besonderen Bedingungen der Angehörigen nationaler Minderheiten.
(3) Die in Übereinstimmung mit Absatz 2 ergriffenen Maßnahmen werden nicht als Diskriminierung angesehen.[358]

Während in Absatz 1 ein ausdrückliches Diskriminierungsverbot aufgestellt wird, werden die Mitgliedstaaten in Absatz 2 zugleich verpflichtet, besondere Maßnahmen zugunsten der Angehörigen von Minderheiten zu erlassen, um einen Zustand der faktischen Gleichheit zu erreichen. Schließlich wird in Absatz 3 ausdrücklich festgestellt, dass Maßnahmen nach Absatz 2 nicht als Diskriminierung zu qualifizieren sind. Abgerundet wird die Normenfolge mit Art. 5 Abs. 1, der die Staaten dann zusätzlich zum Ergreifen positiver Maßnahmen

---

357 UN Menschenrechtsausschuss, CCPR General Comment No. 18 v. 10.11.1989: Nondiscrimination, Rn. 10.

358 Erläuternd dazu: *Oeter*, Der Schutz nationaler Minderheiten, S. 198; *Thornberry/Estébanez*, Minority Rights in Europe, S. 101 f.

verpflichtet, welche auf den Schutz und Förderung der Minderheitenidentität gerichtet sind:

> Die Vertragsparteien verpflichten sich, die Bedingungen zu fördern, die es Angehörigen nationaler Minderheiten ermöglichen, ihre Kultur zu pflegen und weiterzuentwickeln und die wesentlichen Bestandteile ihrer Identität, nämlich ihre Religion, ihre Sprache, ihre Traditionen und ihr kulturelles Erbe, zu bewahren

Dieses Beispiel macht deutlich, wie der moderne Minderheitenschutz Diskriminierungsschutz und spezielle Minderheitenrechte, welche auf die Herstellung faktischer Gleichheit abzielen, unter einem Dach vereint.

IV. Individual- oder Kollektivrechte im Minderheitenschutz

Es ist die Angst vor der existentiellen Bedrohung alteingesessener Minderheiten, die viele Verfechter weitreichender Minderheitenrechte umtreibt. Sie befürchten, dass der Minderheit in einer von der Mehrheit dominierten Gesellschaft nicht genug Raum bleibt, ihre Sprache und Kultur zu bewahren mit der Folge, dass die kulturelle Identität der Minderheit und damit die Minderheit als ganze in ihrem Fortbestand bedroht ist.[359] Dementsprechend wird der Minderheitenschutz in seiner primären Funktion teilweise als eine Art Bestandsschutz existentiell bedrohter Minderheiten verstanden. Für viele Befürworter von Minderheitenrechten ist der Hauptzweck des Minderheitenschutzes, die Existenz und die Identität der Gruppe zu sichern.[360] Teleologisch wird so ein direkter Bezug zum Kollektiv hergestellt.

Verbreiteter ist heutzutage allerdings die Auffassung, dass der Minderheitenschutz zunächst auf das Individuum bezogen ist und diesem die Möglichkeit

---

359 Verwiesen sei hier beispielhaft auf *Oeter*, der einen solchen Prozess sehr plakativ beschreibt: *ders.*, Der Schutz nationaler Minderheiten, S. 202 ff. Außerdem vgl.: *Kimminich*, Rechtsprobleme der polyethnischen Staatsorganisation, S. 88; *Murswiek*, Schutz der Minderheiten in Deutschland, Rn. 38. Wenn hier aber Begriffe wie „Ethnozid“ oder „kultureller Genozid“ verwendet werden und somit die Verdrängung von Minderheitenkulturen mit Völkermord in Verbindung gebracht wird, wirkt dies äußerst befremdlich. So etwa bei: *Veiter*, Nationalitätenkonflikt und Volksgruppenrecht, S. 201 ff. Die Begrifflichkeiten ebenfalls aufgreifend: *Pallek*, Der Minderheitenschutz im deutschen Verfassungsrecht, S. 105 f.

360 Dies vertritt etwa: *Kugelmann*, Minderheitenschutz als Menschenrechtsschutz, S. 260; so wohl auch: *Murswiek*, Schutz der Minderheiten in Deutschland, Rn. 9; *Heintze*, Rechtliche und politische Absicherung von Minderheitenrechten?, S. 19. *Veiter* sieht einen solchen Bestandsschutz als wesentlichen Teil eines sog. „Volksgruppenrechts“: *Veiter*, Nationalitätenkonflikt und Volksgruppenrecht, S. 200 ff.

einräumen soll, seine kulturelle Identität als Angehöriger einer Minderheit als Ausdruck der Entfaltung seiner Persönlichkeit trotz Anpassungsdruck von außen auszuleben und zu bewahren. Das Grundcredo lautet dabei: „Minderheitenschutz ist kein museales Instrument zur Bewahrung von Kulturen im ethnologischen oder kulturhistorischen Interesse, sondern ein menschenrechtliches Instrument zur Befriedigung bestimmter Grundbedürfnisse der betroffenen Menschen."[361] Zweifellos hat auch ein solcher Ansatz einen kollektiven Bezug, da aus ihm letztlich ein mittelbarer Schutz der Gruppe resultiert.[362] Eine gängige Ansicht, wie etwa *Niewerth* sie vertritt, begreift die Zielvorstellung des Minderheitenschutzes darin, die Menschenwürde des einzelnen Minderheitenangehörigen zu sichern, billigt der Existenz der Gruppe als solcher aber ebenso einen Wert zu.[363]

Die Frage, ob der Minderheitenschutz primär auf das Individuum oder das Kollektiv zugeschnitten ist, ist einer der Hauptstreitpunkte in der Debatte um Minderheitenrechte. Damit einher geht schließlich die Frage, ob die Minderheit als solche, das heißt das Kollektiv, Träger von Minderheitenrechten sein kann und somit auch zu deren Geltendmachung berechtigt ist.[364] Diejenigen, die im

---

361 *Scherer-Leydecker*, Minderheiten und sonstige ethnische Gruppen, S. 231 f. Ebenso kritisch zu der Idee des Bestandsschutzes ist *Rodley*: "*International law does not seek to stop the clock*", *ders.*, Conceptual Problems in the Protection of Minorities, S. 59.

362 Diese Funktion gesteht selbst *Blumenwitz* individuellen Minderheitenrechten zu: *ders.*, Volksgruppen und Minderheiten, S. 42. Ebenso: *Murswiek*, Schutz der Minderheiten in Deutschland, Rn. 10; *Pircher*, Der vertraglicher Schutz ethnischer, sprachlicher und religiöser Minderheiten, S. 40. Auch *Pernthalter* sieht die Gemeinschaft als solche zwar nicht als Subjekt der individualrechtlichen Minderheitenschutzbestimmungen, begreift sie aber als „Begünstigte" dieser Rechte: *Pernthaler*, Der Schutz der ethnischen Gemeinschaften, S. 41.

363 *Niewerth*, Der kollektive und der positive Schutz von Minderheiten, S. 22.

364 Die Diskussion um eine individual- oder kollektivrechtliche Ausgestaltung des Minderheitenschutzes reflektirert die Debatte um die verschiedenen Dimensionen der Menschenrechte. Zur ersten Dimension der Menschenrechte werden die Freiheits- und Gleichheitsrechte gezählt, die der einzelne als klassische Abwehrrechte gegenüber dem Staat geltend machen kann. Die zweite Dimension umfasst dagegen wirtschaftliche, soziale und kulturelle Rechte. Sie geben dem einzelnen einen Anspruch gegen den Staat auf Gewährung von Leistung oder Teilhabe. Die dritte Dimension der Menschenrechte beinhaltet schließlich Kollektivrechte, d.h. Rechte, die der Gruppe und nicht deren einzelnen Mitgliedern zugeordnet sind. Zu den drei Dimensionen: *Arnauld*, Völkerrecht, Rn. 610 ff.; *Riedel*, Menschenrechte der dritten Dimension, S. 11 ff. Dem individualrechtlich ausgeprägten europäischen Rechtsdenken sind Gruppenrechte eher fremd. Ihre Anerkennung wird vor allem von den

Bestandsschutz das oberste Ziel des Minderheitenschutzes sehen, bejahen in der Regel auch die Rechtsträgerschaft der Minderheit und verstehen einen idealen Minderheitenschutz in besonderem Maße auch als System von Kollektiv- oder Gruppenrechten.[365] Ihrer Ansicht nach können individualrechtliche Minderheitenschutzbestimmungen zwar einen mittelbaren gemeinschaftsschützenden und gemeinschaftsbildenden Charakter haben, aber keine Bestandgarantie gewährleisten.[366] Sie entgegnen Vertretern eines individualrechtlichen Ansatzes, dass diese verkennen würden, dass die Entscheidung des Einzelnen über seine Gruppenzugehörigkeit die Existenz der Gruppe selbst voraussetze.[367] *Blumenwitz* führt an, dass der Mensch neben der staatlichen Garantie von individuellen Rechten der existenziellen, politischen, ökonomischen und sozialen Absicherung durch die Gruppe bedürfe, zu der er sich bekennt. Denn erst in und durch die Gruppe gelange der Mensch zur vollen Entfaltung seiner Persönlichkeit, weshalb auch die Minderheit beziehungsweise die „Volksgruppe“ als solche Träger der aus dem Minderheitenschutz fließenden Rechte sein müsse.[368]

Auf das Argument, dass Kollektivrechte dem Menschenrechtsschutz per se fremd sind, weisen Befürworter von Kollektivrechten darauf hin, dass auch viele Individualrechte, insbesondere sogenannten Kommunikationsrechte wie die Versammlungsfreiheit, nicht nur rein individuumsbezogen seien, sondern auch

---

Staaten vorangetrieben, die noch immer unter den Folgen des Kolonialismus leiden. Die Afrikanische Charta der Menschenrechte, die sog. Banjul-Charta, statuiert etwa Rechte für Völker, beispielsweise eine Recht auf Entwicklung. Wen der in der Charta verwendete Terminus *peoples* umfasst, ist nach wie vor noch nicht endgültig geklärt, vgl. *Wenzel*, Das Spannungsverhältnis zwischen Gruppenschutz und Individualschutz, S. 44 ff.

365 So etwa: *Blumenwitz*, Volksgruppen und Minderheiten, S. 43; *Oxenknecht*, Der Schutz ethnischer, religiöser und sprachlicher Minderheiten, S. 134 f.; *Heintze*, Selbstbestimmungsrecht und Minderheitenrechte im Völkerrecht, S. 142 ff.

366 So etwa: *Kimminich*, Rechtsprobleme der polyethnischen Staatsorganisation, S. 87; *Heintze*, Selbstbestimmungsrecht und Minderheitenrechte im Völkerrecht, S. 143; *Veiter*, Nationalitätenkonflikt und Volksgruppenrecht, S. 139. Anderer Ansicht ist *Kugelmann*, der Gruppenrechte nicht für zwingend erforderlich hält, weil er die Funktion des Bestandsschutzes durch die kollektive Ausübung individueller Minderheitenrechte hinreichend erfüllt sieht: *ders.*, Minderheitenschutz als Menschenrechtsschutz, S. 263 f.

367 Vgl. *Klein*, Minderheitenschutz im Völkerrecht, S. 137. Auch *Niewerth* folgert, dass ein kollektives Recht auf Bestandsschutz die Grundlage allen Minderheitenschutzes sei: *ders.*, Der kollektive und der positive Schutz von Minderheiten, S. 172.

368 *Blumenwitz*, Volksgruppen und Minderheiten, S. 42 f.

eine kollektive Komponente haben und darauf angelegt seien, dass sie gemeinsam mit anderen ausgeübt werden.[369] Dem muss allerdings entgegengehalten werden, dass auch solche Rechte nicht die Gruppe zur Rechtsträgerin machen, sondern allein dem Individuum zustehen.[370]

Die zentrale Schwierigkeit bei Gruppenrechten insgesamt liegt im Rahmen der Durchsetzbarkeit und Justiziabilität. Die Frage, wer im Einzelfall als Repräsentant der Minderheit deren Rechte geltend machen kann, kann tatsächliche Probleme aufwerfen.[371] Nicht alle Minderheiten verfügen über eine einheitliche interne Organisationsstruktur. Dies zeigt sich etwa schon im Falle der deutschen Sinti und Roma, die lange nicht alle den Zentralrat als ihr offizielles Vertretungsorgan anerkennen.[372] Oftmals kritisiert an kollektiven Rechten (zum Beispiel bei einem Recht auf kulturelle Identität oder Entwicklung) wird ihr mitunter konturenloser Charakter und die damit verbundene drohende Abwertung der Menschenrechte insgesamt, wenn sie Seite an Seite mit Individualrechten stehen.[373] Gerade auf Grund der praktischen Schwierigkeiten in der Durchsetzbarkeit werden Gruppenrechte zum Teil eher als politische Programmsätze und weniger als justiziable Rechtsgarantien angesehen.[374] Ob dies einem effektiven Minderheitenschutz zuträglich ist, dürfte fraglich sein.

---

369 Vgl. etwa: *Niewerth*, Der kollektive und der positive Schutz von Minderheiten, S. 55; *Schoder*, Vom Minderheitenschutz zum Schutz verwundbarer Gruppen, S. 51 f.

370 Vgl. *Hofmann*, Minority Rights, S. 359.

371 Vgl. dazu: *Hillgruber/Jestaedt*, Die EMRK und der Schutz nationaler Minderheiten, S. 93 f.; *Donnelly*, Third Generation Rights, S. 122; *Niewerth*, Der kollektive und der positive Schutz von Minderheiten, S. 57; *Tomuschat*, Human Rights, S. 58 f.; *Rodley*, Conceptual Problems in the Protection of Minorities, S. 64.

372 Die Sinti-Allianz Deutschland spricht sich offen gegen ein Alleinvertretungsrecht des Zentralrats Deutscher Sinti und Roma aus. Zu den verschiedenen Interessenvertretungen in Deutschland siehe: Teil 1, C. IV. Wie ernst die Unstimmigkeiten sind, macht folgender Artikel deutlich: *Vernier*, Duell auf dem Damenklo.

373 Vgl. *Benedek*, Durchsetzung von Rechten des Menschen und der Völker, S. 172; *Hillgruber/Jestaedt,* Die EMRK und der Schutz nationaler Minderheiten, S. 92; *Partsch*, Menschenrechte und „Rechte der Völker", S. 159; *Tomuschat*, Human Rights, S. 58. *Donnelly* spricht hier sogar von einer *"ruinous inflation"* der Bedeutung der Menschenrechte: *ders.*, Third Generation Rights, S. 122 f. Zum speziellen Fall des Rechts auf Entwicklung: *Arnauld*, Völkerrecht, Rn. 910; *Tomuschat*, Das Recht auf Entwicklung.

374 Vgl. *Benedek*, Durchsetzung von Rechten des Menschen und der Völker, S. 172; *Tomuschat*, Human Rights, S. 59; *Schoder*, Vom Minderheitenschutz zum Schutz verwundbarer Gruppen, S. 52 f.

Die Staaten sind bei der Gewährung kollektiver Rechte besonders zurückhaltend. Sie befürchten, dass durch das Einräumen von Gruppenrechten, die unweigerlich auf die Stärkung einer Gruppenidentität gerichtet sind, separatistische Tendenzen gefördert würden und die Minderheiten Sezessionsabsichten entwickeln könnten. Dies ist insoweit nachvollziehbar, als dass zu den klassischen Kollektivrechten auch Rechte über den politischen Status von Minderheiten, das heißt unter Umständen auch Autonomiezugeständnisse, zählen.[375]

Die skeptische Haltung gegenüber Kollektivrechten spiegelt sich auch in den völkerrechtlichen Minderheitenschutzinstrumenten wider. Mehrheitlich sind die Regelungen im Rahmen des Minderheitenschutzes als Individualrechte und nicht als kollektive Rechte ausgestaltet.[376] Das universelle Völkerrecht und konkret die beiden UN-Menschenrechtspakte kennen letztlich nur ein kollektives Recht – das Selbstbestimmungsrecht der Völker.[377]

V. Eigene Bewertung

Der Schutz von völkerrechtlichen Minderheiten in einer von der Mehrheit dominierten Gesellschaft erscheint auf den ersten Blick als erstrebenswertes Ziel und als unbedingte Notwendigkeit unter menschenrechtlichen Gesichtspunkten. Ein genauerer Blick auf den völkerrechtlichen Minderheitenschutz macht jedoch recht schnell deutlich, dass zum Teil auch problematische Ideen hinter diesem Konzept stecken.

---

375 Vgl. *Murswiek*, Schutz der Minderheiten in Deutschland, Rn. 11.

376 So auch zusammenfassend: *Hofmann*, Minority Rights, S. 378 ff. Den *Status quo* bedauernd: *Heintze*, Selbstbestimmungsrecht und Minderheitenrechte im Völkerrecht, S. 142 ff.

377 Das Selbstbestimmungsrecht der Völker ist wortgleich in Art. 1 Abs. 1 des Internationalen Paktes über bürgerliche und politische Rechte (Zivilpakt) sowie in Art. 1 Abs. 1 des Internationalen Paktes über wirtschaftliche, soziale und kulturelle Rechte (Sozialpakt) verankert: *„Alle Völker haben das Recht auf Selbstbestimmung. Kraft dieses Rechts entscheiden sie frei über ihren politischen Status und gestalten in Freiheit ihre wirtschaftliche, soziale und kulturelle Entwicklung."* *Capotorti* merkt daher an, dass ein kollektivrechtlicher Minderheitenschutz dem Ausnahmecharakter des Selbstbestimmungsrechtes widersprechen würde und die ohnehin schwierige Abgrenzung zwischen Selbstbestimmungsrecht und Minderheitenschutz noch erschwert würde: *ders.*, Die Rechte der Angehörigen von Minderheiten, S. 114. Zum Selbstbestimmungsrecht: *Dörr*, Die indigenen Völker Nordamerikas und das Selbstbestimmungsrecht; *Cole*, Das Selbstbestimmungsrecht indigener Völker.

1. Ausdruck verschiedener Gesellschaftsmodelle

Dies trifft vor allem auf Minderheitenschutzkonzepte zu, die primär auf das Kollektiv fixiert sind und sich im Sinne eines Bestandsschutzes ganz dem Erhalt der kollektiven Identität verschrieben haben. Indem primär darauf abgezielt wird, den Bestand und die Identität der Minderheit als Ganzes zu wahren, wird das Bild einer kulturell oder ethnisch homogenen Gruppe konstruiert, deren Andersartigkeit betont wird. Man geht dabei von einer grundsätzlichen Differenz zwischen Mehrheit und Minderheit aus und einer klaren Abgrenzbarkeit beider Lager voneinander. Dies begünstigt letztlich den Gedanken einer gesellschaftlichen Segregation nach kulturellen oder ethnischen Maßstäben.[378]

In der deutschsprachigen Rechtswissenschaft wurde lange Zeit ein äußerst weitreichender kollektivschützender und kollektivrechtlicher Ansatz proklamiert – vorwiegend von Vertretern eines sogenannten Volksgruppenrechts. Hieran lassen sich die problematischen Aspekte eines stark auf das Kollektiv bezogenen Minderheitenschutzes besonders deutlich machen. Die Vertreter eines Volksgruppenrechts sprechen statt von ethnischen Minderheiten von sogenannten Volksgruppen[379], die als eine „ethnische Schicksalsgruppe" verstanden werden, die sich „zur Selbstbehauptung gegenüber einer zahlenmäßigen oder wirkungsmächtigen andersethnischen Mehrheit gezwungen sieht, wenn sie nicht eingeengt werden oder untergehen will."[380] Folglich bedürfe es im Sinne eines Volksgruppenrechts der besonderen Sicherung und Förderung

378 Zum Vorangegangenen: *Salzborn*, Minderheitenkonflikte in Europa, S. 13; *ders.*, Zwischen Homogenitätsdruck, (Selbst-)Ethnisierung und Segregation, S. 127 f.; *ders.*, Minderheitenpolitik, S. 138 f. So auch: *Rittstieg*, Minderheitenrechte oder Menschenrechte?, S. 1004.

379 Vor allem in der deutschsprachigen Rechtswissenschaft taucht vermehrt der Begriff der Volksgruppe auf und zwar insbesondere dann, wenn es um die Rechte deutscher Minderheiten (oder eben Volksgruppen) im Ausland geht. Meist wird der Begriff der Volksgruppe synonym zum Begriff der Minderheit gebraucht, vgl. etwa: *Blumenwitz*, Minderheiten- und Volksgruppenrecht, S. 31. Oftmals wird jedoch betont, dass die Volksgruppe im Gegensatz zur Minderheit einen besonders engen geistigen Zusammenhalt hat, vgl. *Veiter*, Nationalitätenkonflikte und Volksgruppenrecht, S. 162 f. Ein ähnlicher Ansatz zeigt sich bei *Pernthaler*, der den Begriff der Volksgruppe mit einer „Vorstellung einer selbstständigen politischen Existenz" verbunden sieht und ihn bewusst in die Nähe des Selbstbestimmungsrechts der Völker rückt: *ders.*, Volksgruppe und Minderheiten als Rechtsbegriffe, S. 9 f. Von Vertretern eines Volksgruppenrechts wird der Begriff Minderheit zum Teil als herabwürdigend empfunden, vgl. *Blumenwitz*, Minderheiten- und Volksgruppenrecht, S. 31.

380 *Veiter*, Nationalitätenkonflikt und Volksgruppenrecht, S. 165.

der ethnischen Identität der Gruppe als solcher. Die Volksgruppen werden als „Wesensgemeinschaften" charakterisiert, innerhalb derer es – anders als bei Interaktionen mit der Mehrheitsbevölkerung – zu keinen sozialen Interessenswidersprüchen komme.[381] Für die Vertreter des Volksgruppenrechts gelten nur autochthone, also alteingesessene Minderheiten als Volksgruppen, deren Mitglieder auch die Staatsangehörigkeit des Staates besitzen, in dem sie Minderheit sind. Mit Verweis auf die unterschiedlichen existentiellen Situationen von autochthonen und sogenannten neuen Minderheiten, wie etwa Einwanderergruppen, werden letztere dagegen nicht als Volksgruppen begriffen.[382]

Problematisch an einem solchen Ansatz ist, dass durch eine gezielte Förderung einer Kollektividentität dem Bild vom kollektiven „Selbst" das „Andere" gegenübergesetzt wird und so automatisch eine Differenz zwischen Minderheit und Mehrheit produziert wird. Die Förderung ethnisch-kollektiver Separatidentitäten zementiert im Endeffekt gesellschaftliche Gegensätze statt diese zu überwinden. Dem Volksgruppenrecht, mit dem eine schleichende ethnische Ausdifferenzierung der Gesellschaft einhergeht, wohnt somit strukturell eine „Tendenz zur Desintegration" inne, wie *Salzborn* anführt.[383] Dies meint keinesfalls, dass Vertreter solcher Volksgruppenrechte automatisch Sezessionsgedanken hegen. Schon die Forderung nach Kulturautonomie kann letztlich zu einer auf Ethnizität basierenden Spaltung der Gesellschaft führen.[384]

Oftmals war die Forderung nach einem Volksgruppenrecht, das heißt nach einem strikt auf das Kollektiv bezogenen Minderheitenschutz, durchaus verknüpft mit der Forderung nach einer Neuordnung Europas nach ethnischen Maßstäben. So muss nach Ansicht des Volksgruppenrechtlers *Theodor Veiter* dem bestehenden Europa „das ethnische Europa gegenüber gestellt und zur Seite

381 Vgl. *Pan*, Grundelemente zur Theorie der Ethno-Soziologie, S. 288.

382 Vgl. *Murswiek*, Schutz der Minderheiten in Deutschland, Rn. 46 ff. Zu den sog. „neuen Minderheiten" als mögliche Träger von Minderheitenrechten siehe Teil 2, C. II. 1. c. und d. Primär im Fokus der Vertreter des Volksgruppenrechts stehen die Rechte deutscher Minderheiten. So war und ist auch der Bund der Vertriebenen (BdV) intensiv in die Forschung im Bereich des Volksgruppenrechts involviert. 1965 wurde von dem Rechtswissenschaftler *Theodor Veiter*, einem der führenden Vertreter des Volksgruppenrechts, eine Arbeitsgruppe „Volksgruppenrecht" beim BdV gegründet. Auch in den letzten Jahren wurden mehrere Werke zum Minderheiten- bzw. Volksgruppenschutz vom BdV publiziert.

383 *Salzborn*, Zwischen Homogenitätsdruck, (Selbst-)Ethnisierung und Segregation, S. 130.

384 Kulturautonomie fordert etwa: *Blumenwitz*, Volksgruppen und Minderheiten, S. 149 ff.

gestellt" werden, da ansonsten dem Recht auf ein Leben in der angestammten Heimat nicht ausreichend Rechnung getragen werden könne und Volksgruppen nicht die ihnen zustehenden Entfaltungsmöglichkeiten hätten.[385]

Einem solchen gruppenbezogenen Ansatz steht ein stärker am Individuum ausgerichteter Ansatz gegenüber, bei dem der Schutz der Kollektividentität in den Hintergrund tritt. Hier stehen der Schutz des einzelnen vor Diskriminierung und Benachteiligung auf Grund der (vermeintlichen) Zugehörigkeit zu einer Minderheit, die Freiheit des einzelnen, seine Kultur zu pflegen, sich zu seiner Religion zu bekennen und sich seiner Sprache zu bedienen sowie die Möglichkeit einer gleichberechtigten gesellschaftlichen Teilhabe im Mittelpunkt.

Die beiden aufgezeigten gegenläufigen Ansätze sind Ausdruck zweier grundverschiedener Gesellschaftsmodelle. Und so muss man sich beim Minderheitenschutz fragen, welches gesellschaftspolitische Ziel am Ende stehen soll. Eine Gesellschaft, in der Minderheiten weitgehende Autonomierechte zugestanden werden und diese als abgeschlossene Gemeinschaften einem Staat im Staat gleichkommen, lässt sich zweifellos mit einem ausgeprägten Gruppenschutz am besten realisieren. Will man aber eine lebendige und pluralistische Gesellschaft, in der Vielfalt herrscht und der einzelne ungeachtet seines ethnischen, religiösen und sprachlichen Hintergrunds, seine kulturelle Identität ausleben kann, ist ein solcher Ansatz ungeeignet. In diesem Fall muss man es mit *Habermas* halten, der für einen Minderheitenschutz plädiert, der der Anerkennung der Minderheitenangehörigen und nicht der Minderheit als solcher dient: „Er [Anmerkung: der Minderheitenschutz] hat keineswegs den Sinn eines administrativen Artenschutzes. Der ökologische Gesichtspunkt der Konservierung von Arten lässt sich nicht auf Kulturen übertragen."[386]

2. *Ein kollektiver Ansatz als Gefahr für das Individuum*

Die Annahme von Vertretern eines primär auf das Kollektiv bezogenen Minderheitenschutzes, dass es innerhalb von völkerrechtlichen Minderheiten auf Grund ihres Daseins als Wesensgemeinschaft zu keinen nennenswerten Konflikten kommen kann, lässt erahnen wie blind ein solcher Ansatz gegenüber den Interessen des Individuums ist. Die rechtliche Bezugnahme auf die Gruppe

---

385 *Theodor Veiter* bedauerte ausdrücklich, dass die europäischen Staatsgrenzen nicht der völkischen Realität entsprechen und plädierte für eine „völkische Neuordnung Europas", zitiert in: *Salzborn*, Politischer Katholizismus, Volksgruppenrecht und die Neuordnung Europas, S. 76 ff.

386 *Habermas*, Anerkennungskämpfe im demokratischen Rechtsstaat, S. 144.

kann einen kollektiven Identitätszwang produzieren, der dem einzelnen nicht die Freiheit lässt, sich von der Gruppe abzugrenzen beziehungsweise seine Mitgliedschaft selbst zu definieren.[387] Eine Bestandsgarantie und ein unbedingtes Recht des Kollektivs aufs Überleben raubt dem Einzelnen genau diese Freiheit.[388] Das Individuum in der Gruppe zu ignorieren widerspricht letztlich dem Grundverständnis der Menschenrechte.[389] Um einem solchen Identitätszwang entgegenzutreten, muss bei der Frage der Zugehörigkeit des einzelnen zu einer Minderheit das persönliche Selbstverständnis ausschlaggebend sein. Ganz im Sinne einer individuellen Selbstverortung muss es letztlich im Ermessen des Einzelnen liegen, ob er Angehöriger der Minderheit ist oder nicht.[390] Eine

387 Vgl. *Baer*, Chancen und Risiken Positiver Maßnahmen, S. 26; *Salzborn*, Minderheitenkonflikte in Europa, S. 18. Ebenfalls vor einem Identitätszwang warnend: *Capotorti*, Study on the Rights of Persons belonging to Ethnic, Religious and Linguistic Minorities, Rn. 209, 250; *ders.*, Are minorities entitled to collective international rights?, S. 508 f.; *Donnelly*, Third Generation Rights, Fn. 51. Trotz der Befürwortung kultureller Gruppenrechte erkennen die Problematik: *Kymlicka*, Multikulturalismus und Demokratie, S. 71 ff.; *Bielefeldt*, Rechte kultureller Minderheiten, S. 45 f.

388 Vgl. *Habermas*, Anerkennungskämpfe im demokratischen Rechtsstaat, S. 144; *Merle*, Kulturelle Minderheitenreche im liberalen Staat, S. 179.

389 Vgl. *Baer*, Chancen und Risiken Positiver Maßnahmen, S. 27.

390 Dies wurde vom Menschenrechtsausschuss im Jahre 1981 in seiner Entscheidung zum Fall *Lovelace./.Kanada* so bestätigt. In dem Fall ging es um eine gebürtige Angehörige des Maliseet-Volkes, welcher nach ihrer Hochzeit mit einem Nicht-Maliseet auf Grundlage des kanadischen *Indian Act* der rechtliche Status als Maliseet-Mitglied aberkannt worden war. Mit der Aberkennung des Status war auch die Aberkennung des Wohnrechts im Maliseet-Reservat verbunden. Der Menschenrechtsausschuss beschloss einstimmig, dass die Beschwerdeführerin als geborene Maliseet, die noch eine enge Bindung zu ihrem Volk unterhielt und ihr dies auch wichtig war, als Mitglied einer Minderheit im Sinne von Art. 27 Zivilpakt angesehen werden müsse. *"Persons who are born and brought up on a reserve who have kept ties with their community and wish to maintain these ties must normally be considered as belonging to that minority within the meaning of the Covenant. Since Sandra Lovelace is ethnically a Maliseet Indian and has only been absent from her home reserve for a few years during the existence of her marriage, she is, in the opinion of the Committee, entitled to be regarded as "belonging" to this minority and to claim the benefits of article 27 of the Covenant."*, UN-Menschenrechtsausschuss, *Sandra Lovelace./.Kanada*, Nr. 24/1977, Entscheidung v. 30.7.1981, UN Doc. CCPR/C/13/D/24/1977, Rn. 14 = HRLJ 1–2 (1981), S. 158, 165 f. = EuGRZ 17 (1981), S. 522, 523 (deutsche Übersetzung, auszugsweise). Anders dagegen im Fall *Kitok./.Schweden*, siehe dazu: Teil 2, D. I. 1. d. Die OSZE bestätigte 1990, dass die Zugehörigkeit zu einer nationalen Minderheit Entscheidung des einzelnen sei: KSZE, Dokument des Kopenhagener Treffens der

individuumsbezogene Ausgestaltung des Minderheitenschutzes sichert anders als ein kollektiver Ansatz, dass die Zugehörigkeit zu einer Gruppe auf Selbstidentifikation und nicht auf Fremdbestimmung basiert.

Noch problematischer wird es etwa bei einem Minderheitenschutz, der weitgehende Autonomierechte gewährt, da sich dann die Frage stellt, inwieweit die internen Verhältnisse der Minderheit ausreichend transparent bleiben. Dabei steht die Frage im Mittelpunkt, ob es staatliche Institutionen tolerieren müssen, wenn es innerhalb der internen Strukturen der Minderheit auf Grund ihrer kulturellen Praktiken und Normen zu Konflikten mit den individuellen Rechten der Mitglieder kommt.[391] Mit einem liberalen Gesellschaftsmodell scheint es nur schwer vereinbar, wenn Minderheiten in der Ausgestaltung ihrer internen Verhältnisse die Gebote der Freiheit und Gleichberechtigung nicht beachten und die staatlichen Autoritäten womöglich auf Grund einer weitreichenden Autonomie

Konferenz über die Menschliche Dimension der KSZE, Abschnitt IV, Rn. 32, auf Deutsch verfügbar unter: https://www.osce.org/de/odihr/elections/14304?download=true (zuletzt aufgerufen am 12.6.2018) = HRLJ 1–2 (1990), S. 232, 242 (englischer Originaltext) = EuGRZ 9–10 (1990), S. 239, 245 (deutsche Übersetzung). Auch in Art. 3 Abs. 1 des Rahmenübereinkommens zum Schutz nationaler Minderheiten ist das Recht des einzelnen auf Selbstidentifikation verankert. Für den Vorrang des personellen Selbstverständnisses einstehend: *Bielefeldt*, Rechte kultureller Minderheiten, S. 51 f. *Krugmann* ist der Meinung, dass durch reinen Willensentschluss nicht die Zugehörigkeit zu einer ethnischen Minderheit aufgegeben werden könne, sondern nur auf die Rechte, die dem Einzelnen als Minderheitenangehörigen zustehen, verzichten werden könne: *ders.*, Das Recht der Minderheiten, S. 80 f. *Tomuschat* weist für den Fall einer gewünschten Zugehörigkeit zur Minderheit darauf hin, dass auch objektive Kriterien eine Rolle spielen müssen und niemand etwa nur durch Sympathiebekundung Mitglied einer ethnischen Minderheit wird: *ders.*, Protection of Minorities under Article 27 ICCPR, S. 964.

391 Im Rahmen des sog. Kommunitarismusstreits, siehe Fn. 349, wurde auch diese Debatte in der Philosophie intensiv geführt. Vor allem *Will Kymlicka* hat sich mehrfach zu der Problematik geäußert. Er ist der Ansicht, dass kollektive Rechte und die spezielle Förderung von Minderheiten in liberalen Gesellschaften notwendig seien. Allerdings gesteht er den speziellen Schutz nur solchen Minderheiten zu, die in ihren internen Strukturen selbst liberal sind: *ders.*, Multicultural Citizenship, S. 34–44, 152–172. Anders dagegen *Chandran Kukathas*, der zwar dem einzelnen Mitglied ein Ausstiegsrecht aus der Gruppe zugesteht, allerdings der Ansicht ist, dass multikulturelle Gesellschaften auch unliberale Kulturen tolerieren müssen: *ders.*, "Are there any cultural Rights?", S. 238 f. Beide Auffassung kritisierend: *Scheinin*, How to resolve conflicts between individual and collective rights?, S. 220 ff.

nur beschränkte Handhabe besitzen.[392] *Heiner Bielefeldt* ist insoweit zuzustimmen, wenn er schreibt: „Kulturelle Minderheitenrechte sind als Menschenrechte nur dann möglich, wenn auch die Minderheiten selbst den Anspruch von Freiheit und Gleichberechtigung aufgreifen und in der Gestaltung ihrer internen Verhältnisse beachten."[393]

3. Plädoyer für einen starken Individualbezug

Es zeigt sich also, dass der Minderheitenschutz zahlreiche Probleme mit sich bringen kann, je nachdem wie er konkret ausgestaltet ist. Bei einem primär auf das Kollektiv bezogenen Modell werden durch eine Überbetonung der Ethnie und der vermeintlich kollektiven Kultur ethno-nationalistische Denkansätze transportiert. Verfolgt wird damit ein Modell ethnisch definierter oder sogar ethnisch homogener Gesellschaften. Der oben dargestellte Ansatz eines Volksgruppenrechts wird und wurde in Deutschland überwiegend in rechtskonservativen Kreisen und im Umfeld des Bundes der Vertriebenen vertreten, die sich zuvörderst um das Wohl deutscher Minderheiten im Ausland sorgen. Zwar sind die Hochzeiten derjenigen vorbei, die einen solchen Minderheitenschutz befürworten und ein Blick in die aktuellen völkerrechtlichen Regelwerke zum Minderheitenschutz zeigt auch, dass überwiegend ein Individualbezug verfolgt wird. Der momentane Trend in Europa zur Rückbesinnung auf ein ethnisches Verständnis von Nation und der Umstand, dass völkische Bewegungen regen Zulauf haben, machen aber deutlich, dass die Debatte um die genaue Ausgestaltung des Minderheitenschutzes nach wie vor Aktualität besitzt.

Dass der Minderheitenschutz bei entsprechender Ausrichtung eine desintegrative Wirkung auf die Gesellschaft haben kann, wird auch in der neueren Literatur erkannt. So schreibt *Thürer* im Handkommentar zum Rahmenübereinkommen zum Schutz nationaler Minderheiten des Europarats über die weitere konzeptionelle Entwicklung des Minderheitenschutzes:

> Vorsicht ist geboten im Umgang Worten [sic!] wie „Nation" (in einem mythischen Sinn), „Ethnos" etc. Begriffe wie „Föderalismus, „Konstitutionalismus" und „Pluralismus", die grundlegende Werte und Methoden der Güter- und Interessenabwägung in sich schließen, scheinen ganz allgemein eher geeignet zu sein, Minderheitenfragen sachgerecht zu erfassen. [...] Die Begriffe des Bürgers und der bürgerlichen Tugend sind ins Zentrum zu rücken, dem Bürgerrecht gehört der Primat gegenüber der Ethnizität.

392 Vgl. *O'Brien*, What Rights should Minorities have?, S. 18 f., 21; *Scheinin*, How to resolve conflicts between Individual and Collective Rights?, S. 222 f.

393 *Bielefeldt*, Rechte kultureller Minderheiten, S. 46.

Der Staat sollte, unabhängig von kulturellen, sprachlichen oder religiösen Eigenheiten seiner Bevölkerung vor allem als eine politische Gemeinschaft konstituiert werden. Politische Freiheit und kollektive Verantwortung des aktiven Bürgers („*citoyen actif*" im Sinne der Französischen Revolution) sind Wesenselemente für den Aufbau und das gute Funktionieren eines pluralistischen, liberalen und demokratischen Staates.[394]

C. Der Minderheitenbegriff

Eine zentrale Debatte rund um den Minderheitenschutz betrifft den Begriff der Minderheit selbst und die Frage, welche Merkmale konstitutiven Charakter haben.

I. Fehlen einer einheitlichen Definition

Trotz vieler Bemühungen – vor allem auf der Ebene der Vereinten Nationen[395] – konnte sich bis heute keine allgemein anerkannte Definition für den Begriff der

---

394 *Thürer*, in: Hofmann u.a., RÜ Handkommentar, Nationale Minderheiten und das Völkerrecht, Rn. 15.

395 Schon ab ihrer ersten *Session* im Jahre 1947 bemühte sich die UN-Unterkommission für die Verhütung von Diskriminierung und den Schutz von Minderheiten (*Sub-Commission on the Prevention of Discrimination and Protection of Minorities*) um eine Definition und unterbreitete mehrfach entsprechende Vorschläge. Die Unterkommission wurde 1947 von der UN-Menschenrechtskommission geschaffen und mit der Aufgabe betraut, durch die Vorbereitung von Studien und Empfehlungen die politische Arbeit der Menschenrechtskommission zu unterstützen.1999 wurde sie in Unterkommission zur Förderung und dem Schutz von Menschenrechten umbenannt. 2006 trat die Unterkommission das letzte Mal zusammen. Mehrfach setzte sie Sonderberichterstatter ein, die unter anderem mit der Ausarbeitung konkreter Definitionen beauftragt wurden. Allen voran *Francesco Capotorti*, dessen Vorschlag aus dem Jahr 1977 in dieser Arbeit besondere Beachtung geschenkt wird: *ders.*, Study on the Rights of Persons belonging to Ethnic, Religious and Linguistic Minorities, Rn. 96. Im Jahre 1985 erfolgte ein weiterer Vorschlag durch den Berichterstatter *Jules Deschênes*, der sehr dem Vorschlag *Capotortis* ähnelte: *ders.*, Proposal concerning a definition of the term "minority" v. 14.5.1985, UN-Doc. E/CN.4/Sub.2/1985/31, Rn. 30. Als Dritter lieferte schließlich Sonderberichterstatter *Asbjørn Eide* 1993 eine weitere Definition: ders., Possible ways and means of facilitating the peaceful and constructive solution of problems involving minorities v. 11.8.1993, UN-Doc. E/CN.4/Sub.2/1993/34, Rn. 29. Einen Überblick über die frühe Arbeit der Unterkommission an einer Begriffsdefinition gibt: *Ermacora*, Der Minderheitenschutz in der Arbeit der Vereinten Nationen, §§ 21–23. Zur Menschenrechtskommission und deren Unterkommission: *ebd.*, §§ 2–3; *Pircher*, Der vertragliche Schutz ethnischer, sprachlicher und religiöser Minderheiten, S. 175 ff. Auch im Rahmen des Europarates scheiterte die Entwicklung einer einheitlichen Begriffsdefinition, vgl. *Klebes*, Rechtsschutz von

völkerrechtlichen Minderheit durchsetzen. So wurden zwar zahlreiche minderheitenschutzrechtliche Regelungen über die Jahre kodifiziert, eine Legaldefinition des Minderheitenbegriffs findet sich aber in keinem dieser Instrumentarien. Es mangelt dem Minderheitenschutzsystem also an einer einheitlichen Begriffsumschreibung, die präzise festlegt, welches die konstitutiven Merkmale einer Minderheit im völkerrechtlichen Sinne sind. Dies hat zum einen damit zu tun, dass die Staaten bei der Frage der Anerkennung eines verbindlichen Minderheitenbegriffs zurückhaltend sind, weil sie die daraus resultierenden Verpflichtungen fürchten.[396] Darüber hinaus ist das bisherige Scheitern einer Einigung über eine einheitliche Definition auch der Tatsache geschuldet, dass es nicht die eine Minderheitensituation schlechthin gibt, sondern eine Vielzahl von Minderheiten auf der Welt existiert, die jeweils mit völlig verschiedenen Rahmenbedingungen konfrontiert sind. Auch dies erschwert die Ausarbeitung einer allgemeingültigen Definition.

Trotz fehlender Definition hat sich über die Jahre ein umfangreiches Netz an Minderheitenschutzgewährleistungen entwickelt. Es liegt auf der Hand, dass dieses System noch effizienter funktionieren würde, wenn eine einheitliche, verbindliche Definition existierte.[397] So erscheint es doch grotesk, dass mit Art. 27 UN-Zivilpakt oder dem Europäischen Rahmenübereinkommen zum Schutz nationaler Minderheiten zwar verbindliche Regelungen zum Minderheitenschutz existieren, der völkerrechtliche Begriff der Minderheit selbst aber keine einheitliche terminologische Bestimmung erfährt.

Minderheiten, S. 58. Weder das Rahmenübereinkommen zum Schutz nationaler Minderheiten noch die Europäische Charta der Regional- und Minderheitensprachen enthalten heute eine Legaldefinition.

396 Vgl. dazu: *Blumenwitz*, Minderheiten- und Volksgruppenrecht, S. 28; *Kimminich*, Rechtsprobleme der polyethnischen Staatsorganisation, S. 108; *Benoît-Rohmer*, The minority question in Europe, S. 12; *Heintze*, Selbstbestimmungsrecht und Minderheitenrechte, S. 125.

397 Sonderberichterstatter *Capotorti* stellte in seiner Studie fest, dass eine verbindliche Definition großen Wert hätte, aber auch keine Voraussetzung für die Anwendung des Art. 27 Zivilpakt sei, vgl. *ders.*, Study on the Rights of Persons belonging to Ethnic, Religious and Linguistic Minorities, Rn. 561. Ebenso verweisend auf Notwendigkeit einer einheitlichen Definition zum Zwecke der Rechtssicherheit: *Blumenwitz*, Minderheiten- und Volksgruppenrecht, S. 28; *Kugelmann*, Das Recht der Minderheiten, S. 61. Letzterer betont aber, dass auch ohne Definition der Schutz von Minderheiten möglich sei, was der faktisch vorhandene Minderheitenschutz ja zeige. Gleichzeitig sieht er ohne Definition aber auch die Gefahr, dass sich die Staaten ihrer Verpflichtungen entziehen.

Die Existenz einer ethnischen, religiösen oder sprachlichen Minderheit hänge grundsätzlich nicht vom staatlichen Willen, sondern von verschiedenen Voraussetzungen ab, so der Menschenrechtsausschuss der Vereinten Nationen.[398] Eine Gruppe wird demnach also zur Minderheit und ihre Angehörigen somit zu Trägern von Minderheitenrechten, weil sie die notwendigen Kriterien erfüllt und nicht, weil der Staat sie als Minderheit anerkennt. Gerade weil eine allgemein verbindliche Definition aber fehlt und keine internationale Einigkeit besteht, wer Minderheit im völkerrechtlichen Sinne ist, sieht die Realität anders aus. So bestimmen die Staaten letztlich doch selbst, wer auf ihrem Territorium in den Genuss von Minderheitenrechten kommt.[399] Der Europarat gesteht seinen Mitgliedern bei der Bestimmung, welche Bevölkerungsgruppen eine nationale Minderheit im Sinne des Rahmenüberreinkommens zum Schutz nationaler Minderheiten darstellen, sogar ganz ausdrücklich einen Beurteilungsspielraum (*margin of appreciation*) zu. Er fordert sie lediglich auf, dabei den Grundsatz von Treu und Glauben und sonstige grundsätzliche Prinzipien des Völkerrechts zu beachten.[400]

Ob diese Handhabe glücklich gewählt ist, lassen folgende Beispiele in Frage stellen: Der Beratende Ausschuss, der im Anwendungsbereich des Rahmenübereinkommens als Expertengremium mit der Prüfung der einzelnen Staatenberichte im Rahmen des *Monitoring*-Verfahrens betraut ist[401], prangerte etwa im

---

398 Der Menschenrechtsausschuss lehnt auch ausdrücklich ein System der staatlichen Anerkennung von Minderheiten ab: *"The existence of an ethnic, religious or linguistic minority in a given State party does not depend upon a decision by that State party but requires to be established by objective criteria"*, UN-Menschenrechtsausschuss, CCPR General Comment No. 23 v. 8.4.1994: Article 27 (Rights of Minorities), UN Doc. CCPR/C/21/Rev.1/Add, Rn. 5.2. Zustimmend: *Schoder*, Vom Minderheitenschutz zum Schutz verwundbarer Gruppen, S. 45.

399 Kritisch dazu: *Krugmann*, Das Recht der Minderheiten, S. 61; *Gilbert*, The Council of Europe and Minority Rights, S. 177; *Nowak*, CCPR Commentary, Art. 27, Rn. 13.

400 Vgl. Factsheet des Europarats zum Thema "Protection of Minorities" (Stand Oktober 2016): *"Each party of the Framework Convention is therefore left with a margin of appreciation to assess which groups are to be covered by the Convention within their territory. This decision must be made in good faith and in accordance with general principles of international law, including the principle of free self-identification, set out in Article 3 of the Framework Convention"*, verfügbar unter: http://www.coe.int/en/web/minorities/fcnm-factsheet (zuletzt aufgerufen am 12.6.2018).

401 Siehe zum *Monitoring*-Verfahren im Bereich des Rahmenübereinkommens: Teil 2., D. IV. 3. c.

Falle von Albanien mehrfach an, dass die Gruppe der *Egyptians*[402], die seit langer Zeit in Albanien verwurzelt ist und bereits mehrfach ihren Wunsch geäußert hat, als Minderheit im Sinne des Rahmenübereinkommens anerkannt zu werden, *a priori* vom Schutz des Rahmenübereinkommens ausgeschlossen wurde.[403] Die gleiche Situation betraf zunächst auch die Roma in Dänemark, die ebenfalls vom Schutzbereich des Rahmenübereinkommens trotz ihrer jahrhundertelangen Anwesenheit in Dänemark ausgeschlossen worden waren. Auch hier fand der Beratende Ausschuss in seiner ersten Stellungnahme deutliche Worte.[404] Letztlich beeinträchtigt das Fehlen einer konsensfähigen Definition auch die Rechtssicherheit der Betroffenen.[405]

II. Die einzelnen Elemente des Minderheitenbegriffs

Zwar fehlt eine allgemeingültige Definition des Minderheitenbegriffs, es existiert jedoch ein Definitionsvorschlag, der große internationale Beachtung gefunden hat und regelmäßig zitiert wird[406], wenn es darum geht, die einzelnen Merkmale des Begriffs zu erläutern. Die besagte Definition stammt von UN-Sonderberichterstatter *Francesco Capotorti*, der von der UN-Unterkommission zur Verhinderung von Diskriminierung und zum Schutz von Minderheiten (*Sub-Commission on the Prevention of Discrimination and Protection of Minorities*) im Jahr 1971 mit der Durchführung einer Studie über die Rechte von Personen,

402 Die *Egyptians* (im Deutschen: Balkan-Ägypter) stellen eine Minderheit in Albanien, im Kosovo und anderen Balkanstaaten dar. Die Herkunft der Balkan-Ägypter ist umstritten; einem Mythos zu Folge sind sie Nachfahren von Ägyptern. Meist werden sie als Untergruppe der Sinti und Roma beschrieben.

403 Vgl. Europarat, Advisory Committee on the FCNM, Opinion on Albania v. 12.9.2002, Rn. 22; Second Opinion on Albania v. 9.5.2008, Rn. 41 ff.; Third Opinion on Albania v. 23.11.2011, Rn. 32.

404 Vgl. Europarat, Advisory Committee on the FCNM, Opinion on Denmark v. 22.9.2000, Rn. 22.

405 Vgl. *Oxenknecht*, Der Schutz ethnischer, religiöser und sprachlicher Minderheiten, S. 96; *Krugmann*, Das Recht der Minderheiten, S. 62.

406 Vgl. z.B.: *Langenfeld*, Minderheitenschutz, Rn. 16 ff.; *Pritchard*, Der völkerrechtliche Minderheitenschutz, S. 180 ff.; *Blumenwitz*, Minderheiten- und Volksgruppenrecht, S. 27; *Murswiek*, Schutz der Minderheiten in Deutschland, Rn. 7; *Klein*, Minderheitenschutz im Völkerrecht, S. 138 ff.; *Bogaert*, State Duty Towards Minorities, S. 39; *Krugmann*, Das Recht der Minderheiten, S. 58 f.; *Niewerth*, Der kollektive und der positive Schutz von Minderheiten, S. 30 ff.; *Hofmann*, Menschenrechte und der Schutz nationaler Minderheiten, S. 599; *Heintze*, Selbstbestimmungsrecht, S. 125.

die ethnischen, religiösen oder sprachlichen Minderheiten angehören[407], beauftragt worden war. Im Rahmen dieser Studie arbeitete *Capotorti* auch eine entsprechende Definition des Minderheitenbegriffs heraus. Diese ist zwar primär auf Minderheiten im Sinne des Art. 27 UN-Zivilpakt gemünzt, sie wird heute aber generell als Orientierungshilfe herangezogen wird, wenn es darum geht, den Begriff der Minderheit zu bestimmen. Auch hier sollen die Gedanken *Capotortis* als Grundlage dienen, die einzelnen Voraussetzungen näher zu beleuchten.

Folgende Definition lässt sich *Capotortis* Studie entnehmen:

> *A group numerically inferior to the rest of the population of a State, in a non-dominant position, whose members – being nationals of the State – possess ethnic, religious or linguistic characteristics differing from those of the rest of the population and show, if only implicitly, a sense of solidarity, directed towards preserving their culture, traditions, religion or language.*[408]

Ganz grundsätzlich lässt sich der Minderheitenbegriff demnach grob in objektive und subjektive Elemente einteilen.

1. *Objektive Elemente*

a. *Zahlenmäßige Unterlegenheit*

Zunächst einmal muss die Gruppe, um Minderheit im völkerrechtlichen Sinne zu sein, zahlenmäßig schwächer aufgestellt sein, als der Rest der Bevölkerung.[409]

---

407 *Capotorti*, Study on the Rights of Persons belonging to Ethnic, Religious and Linguistic Minorities.

408 *Ebd.*, Rn. 568.

409 Vgl. die Definition *Capotortis*: *"A group numerically inferior to the rest of the population […]"*, *ders.*, Study on the Rights of Persons belonging to Ethnic, Religious and Linguistic Minorities, Rn. 568. Allerdings kann es zu Konstellationen im Staat kommen, in denen die Beantwortung der Frage nach der zahlenmäßigen Über-/Unterlegenheit nicht einfach gelingt. Dies betrifft zum einen etwa die Situation, in denen mehrere Gruppen gleicher Größe in einem Staat koexistieren, wie es etwa in Belgien oder der Schweiz der Fall ist. In einem solchen Fall wird davon ausgegangen, dass alle Gruppen Minderheiten im völkerrechtlichen Sinne darstellen. *Capotorti* bejaht hier die Anwendbarkeit des Art. 27 Zivilpakt auf alle Gruppen, vgl. *ebd.*, Rn. 566. Zustimmend: *Niewerth*, Der kollektive und der positive Schutz von Minderheiten, S. 34; *Thornberry*, International Law and the Rights of Minorities, S. 169. Ein weiteres Problemfeld betrifft die Frage nach einer Mindestgröße von Minderheiten und die Frage, ob man es Staaten auch zumuten kann, zahlenmäßig besonders kleinen Minderheiten spezielle Minderheitenrechte gewähren zu müssen. Hierauf kann laut *Capotorti* keine pauschale Antwort gegeben werden. Vielmehr müsse im Einzelfall geprüft werden, ob die Gewährung spezieller Rechte verhältnismäßig erscheint, vgl. *ders.*, Study on the

Parameter dafür, ob die Minderheit numerisch unterlegen ist, muss prinzipiell das gesamtstaatliche Gebiet und nicht nur eine bestimmte Region sein. Ansonsten könnten Gruppen, die gesamtstaatlich zahlenmäßig dominieren, aber in bestimmten Regionen in der Minderzahl sind, vom Minderheitenschutz profitieren, was in den meisten Konstellationen verfehlt erschiene.[410] So sind sie in der Regel wohl weniger schutzbedürftig als gesamtstaatliche Minderheiten.[411]

Rights of Persons belonging to Ethnic, Religious and Linguistic Minorities, Rn. 566. Dazu auch: *Kimminich*, Rechtsprobleme der polyethnischen Staatsorganisation, S. 107; *Bogaert*, State Duty Towards Minorities, S. 40; *Niewerth*, Der kollektive und der positive Schutz von Minderheiten, S. 34; *Benoît-Rohmer*, The minority question in Europe, S. 14. Kritisch zur Einzelfallprüfung mit dem Hinweis, dass sich die Staaten dann besonders leicht aus der Verantwortung stehlen können: *Shaw*, The Definition of Minorities in International Law, S. 25. Zu Bewertungsschwierigkeiten kann es auch kommen, wenn die zahlenmäßige Mehrheit der Bevölkerung von der zahlenmäßigen Minderheit dominiert wird, wie es beispielsweise in Südafrika während der Apartheid der Fall war. Hier tut sich die Frage auf, ob die zahlenmäßige Mehrheit als Minderheit behandelt werden kann. *Capotorti* verneint dies sehr deutlich und verbucht es als Problem des Selbstbestimmungsrechts der Völker, vgl. *ders.*, Study on the Rights of Persons belonging to Ethnic, Religious and Linguistic Minorities, Rn. 566. Ebenso ablehnend mit Verweis auf eine fehlende Schutzbedürftigkeit: *Tomuschat*, Protection of Minorities under Article 27 ICCPR, S. 957; *Thornberry*, International Law and the Rights of Minorities, S. 169; *Pircher*, Der vertragliche Schutz ethnischer, sprachlicher und religiöser Minderheiten, S. 27; *Heintze*, Selbstbestimmungsrecht und Minderheitenrechte im Völkerrecht, S. 126.

410 Auf die gesamtstaatliche Situation abstellend: *Ermacora*, Nationalitätenkonflikt und Volksgruppenrecht, S. 102; *Nowak*, CCPR Commentary, Art. 27, Rn. 16; *Langenfeld*, Minderheitenschutz, Rn. 24 f.; *Klein*, Minderheitenschutz im Völkerrecht, S. 138; *Krugmann*, Das Recht der Minderheiten, S. 63. Eine Anwendbarkeit von Art. 27 UN-Zivilpakt auf rein regionale Minderheiten ablehnend: *Tomuschat*, Protection of Minorities unser Art. 27 CCPR, S. 957 f. Bestätigt wurde diese Ansicht auch vom UN-Menschenrechtsausschuss, der entschied, dass der englisch-sprechende Teil der Bevölkerung im mehrheitlich frankophonen Quebec keine Minderheit sei, da er in Kanada insgesamt die Mehrheit darstelle, vgl. UN-Menschenrechtsausschuss, *Ballantyne, Davidson and McIntyre./.Kanada*, Nr. 359/1989 and 385/1989, Entscheidungen v. 5.5.1993, Rn. 11.2.

411 *Pritchard* befürwortet im Falle rein regionaler Minderheiten dann die Gewährung von Minderheitenrechten, wenn die Gruppe in der Region, in der sie in der Minderzahl ist, tatsächlich bedroht ist: vgl. *dies.*, Völkerrechtliche Minderheitenschutz, S. 188. *Scherer-Leydecker* weist zudem auf die Sondersituation in Autonomiegebieten hin sowie darauf, dass eine minderheitenschutzrechtliche Absicherung von regionalen Minderheiten, die einer gesamtstaatlichen Mehrheit angehören, in Gebieten mit gewissem Autonomiestatus durchaus geboten ist, da eine Einflussnahme des Gesamtstaats auf

b. *Keine beherrschende Stellung*

Darüber hinaus darf die Minderheit im Staat keine beherrschende Stellung innehaben.[412] Es geht also nicht nur darum, dass die Gruppe zahlenmäßig, sondern auch hinsichtlich ihrer Machtposition im Staat unterlegen ist. Dies meint nichts anderes als dass die Minderheit nicht in einer politisch, wirtschaftlich oder sozial dominierenden Stellung sein darf.[413] Begründet wird dies mit der fehlenden Schutzbedürftigkeit von Gruppen, die zwar zahlenmäßig in der Minderheit sind, aber innerhalb des Staates eine herrschende Stellung innehaben.[414] Wie bereits bei der Frage der numerischen Unterlegenheit gilt auch hier prinzipiell das gesamtstaatliche Gebiet als Maßstab.

c. *Staatsangehörigkeit*

Das wohl umstrittenste Merkmal stellt die Erforderlichkeit der Staatsangehörigkeit dar.[415] Demnach müssen die Mitglieder der Minderheit die

---

die Autonomiegebiete zumindest eingeschränkt ist: *ders.*, Minderheiten und sonstige ethnische Gruppen, S. 289 ff.

412 Vgl. die Definition *Capotortis*: *"A group […] in a non-dominant position […]"*, *ders.*, Study on the Rights of Persons belonging to Ethnic, Religious and Linguistic Minorities, Rn. 568.

413 Vgl. *Scherer-Leydecker*, Minderheiten und sonstige ethnische Gruppen, S. 286; *Niewerth,* Der kollektive und der positive Schutz von Minderheiten, S. 34. UN-Sonderberichterstatter *Eide* weist in seinem Report for the Sub-Commission on the Prevention of Discrimination and Protection of Minorities zurecht darauf hin, dass es sich bei einer Gruppe mit dominierender Stellung, die aber numerisch in der Unterzahl ist, rein begrifflich natürlich immer noch um eine Minderheit handelt, aber eben um keine, die Adressatin des Minderheitenschutzes ist. Deshalb spricht *Eide* von sog. Minderheitensituationen: *ders.*, Possible ways and means of facilitating the peaceful and constructive solution of problems involving minorities v. 11.8.1993, UN Doc. E/CN.4/Sub.2/1993/34, Rn. 31.

414 Vgl. *Capotorti*, Study on the Rights of Persons belonging to Ethnic, Religious and Linguistic Minorities, Rn. 55, 566.

415 Vgl. die Definition *Capotortis*: *"A group […], whose members – being nationals of the State – […]"*, *ebd.*, Rn. 568. Sonderberichterstatter *Deschênes* hielt bei seinem Definitionsentwurf ebenfalls an dem Kriterium der Staatsangehörigkeit fest: *ders.*, Proposal concerning a definition of the term "minority" v. 14.5.1985, UN-Doc. E/CN.4/Sub.2/1985/31, Rn. 181. Anders dagegen Sonderberichterstatter *Eide*, der ausdrücklich auf das Erfordernis der Staatsangehörigkeit verzichtete: *ders.*, Possible ways and means of facilitating the peaceful and constructive solution of problems involving minorities v. 11.8.1993, UN-Doc. E/CN.4/Sub.2/1993/34, Rn. 42.

Staatsangehörigkeit des Staates besitzen, in dem sie leben, mit der Folge, dass sich ausländische Staatsbürger nicht auf Minderheitenrechte berufen können. In der Konsequenz bezieht sich der Minderheitenschutz dieser Ansicht nach nur auf autochthone Minderheiten, also solche, die als „alteingesessen“ gelten und ein angestammtes Siedlungsgebiet besitzen.[416] Bevölkerungsgruppen, deren Angehörige in jüngerer Zeit als Immigranten in einen Staat eingewandert sind und üblicherweise nicht die Staatsangehörigkeit besitzen, werden demnach nicht vom Minderheitenschutz erfasst. In der Literatur werden diese Gruppen meist als neue Minderheiten bezeichnet. Die Frage, auf wen sich dieser Begriff genau bezieht, wurde bisher noch nicht abschließend geklärt.[417] Hier soll der Begriff für all die Gruppen stehen, die keine autochthonen Minderheiten sind, weil ihre Angehörigen seit vergleichsweise kurzer Zeit in den betreffenden Gebieten leben und nicht die Staatsbürgerschaft besitzen. Jedoch ist an dieser Stelle zwingend auf die Heterogenität der Gruppen, die die sogenannten neuen Minderheiten ausmachen, hinzuweisen. Wirklich vergleichen lassen sich die Situationen von EU-Ausländern, Drittstaatenangehörigen, Arbeitsmigranten, Flüchtlingen, Asylbewerbern, Menschen ohne Papiere, Staatenlosen nämlich nicht – deshalb ist eine Pauschalisierung durch den Begriff der neuen Minderheiten auch stets mit Vorsicht zu genießen. Hier soll er jedoch der Einfachheit halber verwendet werden.

Sicherlich stellt die Staatsangehörigkeit als leicht nachweisbares Merkmal einen einfach zu handhabenden Faktor dar. Eine Orientierung am Erfordernis der Staatsangehörigkeit führt aber auch dazu, dass der Staat durch gezieltes Vorenthalten der Staatsangehörigkeit oder gar durch deren Entziehung den Minderheitenschutz auf dem eigenen Territorium steuern und bestimmte Gruppen hiervon ausnehmen kann. Das Mittel der Staatsangehörigkeit kann durch die Staaten missbraucht werden, um sich bestimmten Verpflichtungen im Rahmen

416 Vgl. zum Begriff der autochthonen Minderheit: *Arnauld*, Minderheitenschutz im Recht der EU, S. 113 f.

417 So finden sich in der Literatur viele unterschiedliche Ansätze. Laut *Arnauld* sind neue Minderheiten Teil der allochthonen Minderheiten und umfassen solche Menschen, die „als Wanderarbeiter oder als Flüchtlinge in ein Land gekommen sind, in dem sie nun dauerhaft leben“: *ebd.*, S. 114. *Murswiek* definiert neue Minderheiten schlichtweg als Minderheiten, „die sich durch Einwanderung bilden“: *ders.*, Schutz der Minderheiten in Deutschland, Rn. 7. Ähnlich *Langenfeld*, die schlichtweg neue Minderheiten mit Immigranten gleichsetzt: *dies.*, Minderheitenschutz, Rn. 21.

des Minderheitenschutzes zu entziehen.[418] Eine Aushöhlung des Minderheitenschutzes wäre die Folge.

Untermauert wird das Erfordernis der Staatsangehörigkeit – welches seit jeher starke Unterstützung erfährt[419] – mit der dem Völkerrecht durchaus bekannten Unterscheidung zwischen sogenannten Fremden und Staatsangehörigen. Verwiesen wird darauf, dass für ausländische Staatsbürger nicht das Minderheitenrecht, sondern das völkerrechtliche Fremdenrecht gelte.[420] Durch das Fremdenrecht ist der Aufenthaltsstaat konkret verpflichtet, Ausländern gegenüber einen menschenrechtlichen Mindeststandard zu gewähren, den der Heimatstaat im Wege des diplomatischen Schutzes durchsetzen kann.[421] Obwohl diese Differenzierung ein seit langem im Völkerrecht verankertes Prinzip ist, muss an dieser Stelle auch darauf verwiesen werden, dass sich im modernen Menschenrechtsschutzsystem eine Entwicklung dahingehend abzeichnet, dass Menschenrechte, zu denen wohlgemerkt auch der Minderheitenschutz gehört, nicht mehr danach unterscheiden, ob jemand die Staatsbürgerschaft besitzt oder nicht.[422]

418 Hiervor warnen auch: *Arnauld*, Minderheitenschutz im Recht der EU, S. 113; *Niewerth*, Der kollektive und der positive Schutz von Minderheiten, S. 45; *Tomuschat*, Protection of Minorities under Article 27 ICCPR, S. 961; *Scherer-Leydecker*, Minderheiten und sonstige ethnische Gruppen, S. 277; *Langenfeld*, Minderheitenschutz, Rn. 19; *Henrard*, Devising an Adequate System of Minority Protection, S. 40. Obwohl er generell das Erfordernis der Staatsangehörigkeit bejaht, sieht *Klein* die Gefahr des Missbrauchs: *ders.*, Status des deutschen Volkszugehörigen, Rn. 43.

419 Vgl. unter anderem: *Blumenwitz*, Minderheiten- und Volksgruppenrecht, S. 27; *Heintze*, Selbstbestimmungsrecht und Minderheitenrechte im Völkerrecht, S. 126; *Thornberry*, International Law and the Rights of Minorities, S. 171; *Pircher*, Der vertragliche Schutz ethnischer, sprachlicher und religiöser Minderheiten, S. 25; *Matscher*, Minderheitenschutz, S. 41 f.; *Klein*, Der Status des deutschen Volkszugehörigen, Rn. 43; *Murswiek*, Schutz der Minderheiten in Deutschland, Rn. 45.

420 Vgl. *Capotorti*, Study on the Rights of Persons belonging to Ethnic, Religious and Linguistic Minorities, Rn. 57; *Blumenwitz*, Minderheiten- und Volksgruppenrecht, S. 27; *Heintze*, Selbstbestimmungsrecht und Minderheitenrechte im Völkerrecht, S. 126; *Pircher*, Der vertragliche Schutz ethnischer, sprachlicher und religiöser Minderheiten, S. 25.

421 Zum völkerrechtlichen Fremdenrecht: *Arnauld*, Völkerrecht, Rn. 590 ff.

422 An dieser Stelle sei etwa auf die UN-Menschenrechtspakte verwiesen, die in ihren Präambeln deutlich machen, dass sich die in ihnen enthaltenen „Rechte aus der dem Menschen innewohnenden Würde herleiten" und speziell auf den UN-Zivilpakt, der die einzelnen Vertragsstaaten verpflichtet, diese Rechte „allen in seinem Gebiet befindlichen und seiner Herrschaftsgewalt unterstehenden Personen" (Art. 2

Da das völkerrechtliche Fremdenrecht hinsichtlich seiner Schutzintensität nicht ansatzweise mit der Reichweite der Minderheitenrechte vergleichbar ist, kann der Hinweis darauf, dass sich Nichtstaatsangehörige auf das Fremdenrecht berufen können, im Übrigen argumentativ nicht ausreichen, um sie vom Schutzbereich der Minderheitenrechte auszuschließen.[423]

Die Verfechter des Kriteriums der Staatsangehörigkeit argumentieren weiter, dass Staatsangehörige in der Regel die engere Bindung zum Staat haben als Einwohner mit ausländischem Pass. Dieser pauschalen Wertung muss entgegen gehalten werden, dass Angehörige neuer Minderheiten in vielen Fällen seit geraumer Zeit und vielen Generationen in einem Staat leben, indem sie fest verwurzelt und zum Teil sogar geboren sind, auch wenn sie dessen Staatsangehörigkeit nicht besitzen.[424] Moderne Migrationsbewegungen und eine gesteigerte Mobilität von Wirtschaftsteilnehmern sind zeitgenössische Phänomene, vor denen sich auch der Minderheitenschutz nicht verschließen darf. Es lässt sich daher kaum rechtfertigen, dass Angehörige von Gruppen, die bis auf die Staatsangehörigkeit alle sonstigen Voraussetzungen erfüllen, um eine Minderheit darzustellen, generell keinen Minderheitenschutz in Anspruch nehmen können.[425]

Gegen eine Ausweitung des Minderheitenschutzes auf neue Minderheiten wird oft argumentiert, dass sich die Zielsetzung des Schutzes autochthoner

---

I UN-Zivilpakt) zuzugestehen. Vgl. zudem: *Scherer-Leydecker*, Minderheiten und sonstige ethnische Gruppen, S. 271 f.; *Tomuschat*, Protection of Minorities under Art. 27 ICCPR, S. 960.

423 Auch *Murswiek*, der selbst das Kriterium der Staatsangehörigkeit für erforderlich hält, ist der Meinung, dass ein Verweis auf das Fremdenrecht nicht ausreiche, um eine „'Bevorzugung' der autochthonen gegenüber ausländischen oder neuen Minderheiten" zu rechtfertigen, da der völkerrechtliche Minderheitenschutz weit über den Mindeststandard des Schutzes hinausgehe, den das völkerrechtliche Fremdenrecht bietet: *ders.*, Schutz der Minderheiten in Deutschland, Rn. 37.

424 Sonderberichterstatter *Eide* weist genau auf derartige Aspekte hin, unter anderem darauf, dass viele Angehörige sog. neuer Minderheiten langjährige Beziehungen zu ihrem Aufenthaltsstaat haben und dort etwa arbeiten und wie Staatsangehörige Steuern zahlen: *ders.*, Possible ways and means of facilitating the peaceful and constructive solution of problems involving minorities v. 11.8.1993, UN Doc. E/CN.4/Sub.2/1993/34, Rn. 42.

425 So auch *Arnauld*, Minderheitenschutz im Recht der EU, S. 112 f.; *Hilpold*, Neue Minderheiten. Speziell zu Art. 27 UN-Zivilpakt: *Nowak*, CPPR Commentary, Art. 27, Rn. 17 f.; *Pritchard*, Der völkerrechtliche Minderheitenschutz, S. 191; *Wolfrum*, The Emergence of "New Minorities", S. 162; *Niewerth*, Der kollektive und der positive Schutz von Minderheiten, S. 45; *Tomuschat*, Protection of Minorities under Article 27 ICCPR, S. 961; *Henrard*, Devising an Adequate System of Minority Protection, S. 37 ff.

Gruppen nicht auf die Situation von neuen Minderheiten übertragen lasse. Wer in einen fremden Staat einwandere, der könne nicht verlangen, dass er seine eigene Kultur weiterhin wahren und pflegen könne; vielmehr werde von ihm erwartet, dass er sich an die Gepflogenheiten des Gastlandes anpasse. Anders als bei autochthonen Minderheiten, sei der Aufenthaltsstaat bei neuen Minderheiten nicht deren Heimat.[426] Dass staatliche Ausländerpolitik nur funktionieren kann, wenn sie auf strikte Assimilation ausgerichtet ist und Migranten bereit sind, sich gänzlich von ihrer eigenen Kultur und Identität zu verabschieden, darf aber wohl bezweifelt werden.[427]

Interessant an der eben aufgeführten Begründung ist allerdings, dass sich dabei eine deutliche Nähe des Kriteriums der Staatsangehörigkeit zu einem auf das Kollektiv fokussierten Minderheitenschutz zeigt. Es sind insbesondere Vertreter eines solchen Ansatzes, die vehement für eine Begrenzung des Minderheitenschutzes auf Staatsangehörige eintreten. Sie befürchten, dass ein erweiterter Minderheitenschutz den besonderen Bedürfnissen autochthoner Minderheiten nicht mehr gerecht werden kann. Eine Öffnung des Minderheitenschutzes auch auf neue Minderheiten hätte wohl in der Tat eine gewisse Verschiebung des Minderheitenschutzes zu Gunsten von Aspekten gesellschaftlicher Teilhabe zur Folge.[428] Dies liegt daran, dass Angehörige neuer Minderheiten verstärkt mit Diskriminierung und der dadurch erschwerten Integration in die Gesellschaft zu kämpfen haben.[429] Dagegen machen Angehörige autochthoner Minderheiten

---

426 Vgl. *Murswiek*, Schutz der Minderheiten in Deutschland, Rn. 43; *Langenfeld*, Minderheitenschutz, Rn. 21.

427 Vgl. dazu *Wolfrum*, The Emergence of "New Minorities", S. 163. *Tomuschat* wirft den Gedanken auf, dass es insbesondere in multi-ethnischen Gesellschaften möglich sei, dass Einwanderer ihre kulturelle Identität über Generationen hinweg bewahren: *Tomuschat*, Protection of Minorities under Article 27 ICCPR, S. 961. Auf dem Gedanken aufbauend, dass Einwanderer ihre Kultur bewahren möchten, argumentiert *Gärtner* sogar, dass neue Minderheiten in besonderem Maße Minderheitenrechte brauchen, da sie – anders als autochthone Minderheiten – kulturell, sprachlich und religiös gerade nicht gleichberechtigt sind: *ders.*, Ethnos oder Demos?, S. 26 ff. Assimilation kann nach wie vor aber eine individuelle Option sein, d.h. es muss jedem frei stehen, sich gänzlich der Mehrheitsgesellschaft anzupassen, vgl. *ebd.*, S. 28.

428 So etwa: *Salzborn*, Minderheitenpolitik in Europa, S. 137.

429 Hierauf ebenfalls verweisend: *Tomuschat*, Protection of Minorities under Article 27 ICCPR, S. 961. Nicht zu unterschätzen ist aber auch für neue Minderheiten die Relevanz der Frage, inwieweit sie ihre kulturelle Identität bewahren können und inwieweit der Balanceakt zwischen Integration und dem Behalten kultureller Eigenarten gelingen kann.

als gleichberechtige Staatsbürger im Durchschnitt wohl seltener direkte Diskriminierungserfahrungen; für sie stellt die Bedrohung ihrer minderheitlichen Identität durch den mehrheitsgesellschaftlichen Assimilationsdruck oftmals das Hauptproblem dar.[430] Eine Öffnung des Minderheitenschutzes auf neue Minderheiten steht in Folge dessen nicht im Interesse von Vertretern eines kollektiven Schutzes, da es ihnen primär um die gruppenbezogene Bestands- und Identitätsschutzfunktion des Minderheitenrechts geht.

Zur Lösung des Dilemmas wird oftmals darauf verwiesen, dass dem Minderheitenschutz auf Grund der zahlreichen unterschiedlichen Minderheitensituationen per se keine pauschalen Lösungsansätze zuträglich seien, sondern dass es auf den Einzelfall ankomme, welche Maßnahmen realisierbar sind und sinnvoll erscheinen. Es wird betont, dass gerade wegen der Relevanz des Einzelfalls ein pauschales Anknüpfen an die Staatsbürgerschaft keinen Sinn mache. Der Beratende Ausschuss des Europarats hat beispielsweise mehrfach auf die Möglichkeit einer flexiblen artikelweisen Anwendung des Europäischen Rahmenübereinkommens zum Schutz nationaler Minderheiten verwiesen.[431] Im Sinne eines *inclusive approach*, würde dies bedeuten, dass man nur diejenigen Gewährleistungen des Übereinkommens, bei denen es sinnvoll erscheint, an das Kriterium der Staatsangehörigkeit knüpft (*article-by-article basis*). Dies hätte zur Folge, dass Angehörige von Minderheiten, die keine Staatsbürgerschaft besitzen, zumindest zum Teil Minderheitenrechte geltend machen könnten.[432]

---

430 Hierauf abstellend und eine Öffnung des Minderheitenschutzes für neue Minderheiten ablehenend: *Pallek*, Der Minderheitenschutz im deutschen Verfassungsrecht, S. 70 ff. Es gibt natürlich auch autochthone Minderheiten, deren Angehörige von Diskriminierung betroffen sind. Die Sorben werden in Deutschland beispielsweise immer wieder Opfer von Anfeindungen, vgl. *Locke*, Alter Hass in neuen Kleidern.

431 Diesen Vorschlag machte der Beratende Ausschuss etwa in seiner ersten Stellungnahme zu Deutschland: "*The Advisory Committee finds that it would be possible to consider the inclusion of persons belonging to other groups in the scope of the Framework Convention on an article-by-article basis […]*", Europarat, Advisory Committee on the FCNM, Opinion on Germany v. 1.3.2002, ACFC/INF/OPI(2002)008, Rn. 73. In der zweiten Stellungnahme zu Deutschland bezog sich der Beratende Ausschuss sogar direkt auf Einwanderer: "*The Advisory Committee stands by the view expressed during its first monitoring cycle, that the authorities could consider the possibility of including other groups, that do not meet the criteria of citizenship and traditional residence, in the scope of the Framework Convention, on an article-by-article basis*", Second Opinion on Germany v. 1.3.2006, ACFC/OP/II(2006)001, Rn. 10.

432 Dies schlug bereits Sonderberichterstatter *Eide* in seinem Bericht vor: *ders.*, Possible ways and means of facilitating the peaceful and constructive solution of problems involving minorities v. 11.8.1993, UN Doc. E/CN.4/Sub.2/1993/34, Rn. 42.

d. Stabilität

Als Ergänzung zum Merkmal der Staatsangehörigkeit beziehungsweise als Alternativkorrektiv wird das Kriterium der Stabilität herangezogen. Demnach muss zumindest eine zeitlich gewachsene Bindung zum Staat vorliegen, um in den Genuss von Minderheitenrechten zu kommen.[433] Wann eine solche zeitlich gewachsene Bindung erreicht ist wird unterschiedlich bewertet; so existieren zahlreiche unterschiedliche Definitionsansätze des Zeitkriteriums.[434] Hierin liegt eine Schwäche des Stabilitätserfordernisses.

Das Vorliegen eines zusammenhängenden und einheitlichen Siedlungsgebiets im Staat wird mehrheitlich nicht als erforderlich für das Stabilitätskriterium erachtet – meist mit Verweis auf religiöse Minderheiten, die üblicherweise zerstreut im jeweiligen Staat leben.[435] In jüngerer Zeit lässt sich auf Grund der sich eröffnenden Missbrauchsmöglichkeiten eine verstärkte Tendenz dahingehend beobachten, auf das Merkmal der Staatsangehörigkeit zu verzichten und stattdessen eine langandauernde Ansässigkeit der Minderheit auf dem Staatsgebiet zu fordern.[436] Neuere Ansätze lassen oftmals ein noch weiteres Verständnis

---

Zustimmend: *Hilpold*, Neue Minderheiten, S. 98; *Hofmann*, Menschenrechte und der Schutz nationaler Minderheiten, S. 602.

433 In *Capotortis* Definition ist dieses Merkmal nicht wortwörtlich verankert. In der englischen Version des Art. 27 UN-Zivilpakt verortet man es allerdings in der Formulierung *"States in which ethnic, religious or linguistic minorities exist [...]"*.

434 Zum Teil wird hier auf die sog. Drei-Generationen-Theorie abgestellt, wonach Gruppen erst nach drei Generationen einen Minderheitenstatus erhalten sollen, da dann zu vermuten sei, dass sie den Aufenthaltsstaat als ihr „angestammtes Gebiet" auserkoren haben, vgl. *Krugmann*, Das Recht der Minderheiten, S. 78. Zur Drei-Generationen-Theorie in Österreich: *Hilpold*, Neue Minderheiten, S. 104 f. Eine Übersicht der verschiedenen Ansätze findet sich in: *Europarat*, The Framework Convention, Thematic Commentary No. 4, Rn. 31.

435 Das Kriterium zusammenhängender Siedlungsgebiete ablehnend: *Tomuschat*, Protection of Minorities under Article 27 ICCPR, S. 956; *Pritchard*, Der Völkerrechtliche Minderheitenschutz, S. 182; *Langenfeld*, Minderheitenschutz, Rn. 23. *Oxenknecht* ist der Meinung, dass das Siedeln auf einem zusammenhängenden Gebiet zwar Indiz für eine gewisse Stabilität sein könne, dagegen aber keine notwendige Voraussetzung dafür darstelle: *dies.*, Der Schutz ethnischer, religiöser und sprachlicher Minderheiten, S. 99.

436 Vgl. etwa im konkreten Bezug auf Art. 27 UN-Zivilpakt: *Tomuschat*, Protection of Minorities under Article 27 ICCPR, S. 960 f.; *Nowak*, CCPR Commentary, Art. 27, Rn. 21. Zustimmend: *Langenfeld*, Minderheitenschutz, Rn. 19; *Niewerth*, Der kollektive und der positive Schutz von Minderheiten, S. 45 f.

des Minderheitenbegriffs beobachten und plädieren für eine Ausweitung des Minderheitenschutzes auch auf kürzlich eingewanderte Gruppen.[437] Kompensiert werden soll der weite persönliche Schutzbereich dann durch den oben genannten *article-by-article* Ansatz.

Für Irritationen sorgte der UN-Menschenrechtsausschuss in seinem *General Comment No.* 23, in welchem er bei der positiven Umschreibung des persönlichen Schutzbereichs des Art. 27 Zivilpakt den Begriff *visitors* verwendete.[438] Von vielen Seiten wurde daraufhin moniert, dass es den Minderheitenbegriff völlig überfrachten würde, wenn man entsprechend der Aussage des Menschenrechtsausschusses sogar Besuchergruppen in den Genuss des Minderheitenschutzes kommen ließe.[439] Personen, die sich nur kurzzeitig im Staat aufhielten, seien gerade nicht von einem durch die Mehrheitsgesellschaft ausgeübten Assimilationszwang betroffen und daher nicht die geeigneten Träger von Minderheitenrechten.[440] Bei genauerer Betrachtung erscheint es jedoch ausgeschlossen, dass der Menschenrechtsausschuss Besuchergruppen als solchen den Status einer Minderheit zugestehen wollte. Vielmehr wollte er zum Ausdruck bringen, dass ein Staat selbst einem kürzlich Zugewanderten während seines Aufenthalts die Zugehörigkeit zu einer im Staat bereits existierenden Minderheit nicht absprechen kann.[441]

---

437 So verlangte bereits UN-Sonderberichterstatter *Eide* in seinem Bericht für die UN-Unterkommission für die Verhütung von Diskriminierung und den Schutz von Minderheiten die Einbeziehung von Ausländern und Immigranten in den Minderheitenschutz selbst bei relativ kurzer Aufenthaltsdauer im Staat: *"It includes not only settled groups but also recent immigrants, although those who have arrived after the independence of the State may have somewhat lesser rights than those who were already settled there before the State emerged or re-emerged as an independent State"*, *ders.*, Possible ways and means of facilitating the peaceful and constructive solution of problems involving minorities v. 11.8.1993, UN Doc. E/CN.4/Sub.2/1993/34, Rn. 41.

438 *"Just as they need not be nationals or citizens, they need not be permanent residents. Thus, migrant workers or even visitors in a State party constituting such minorities are entitled not to be denied the exercise of those rights"*, UN-Menschenrechtsausschuss, CCPR General Comment No. 23 v. 8.4.1994: Article 27 (Rights of Minorities), UN-Doc. CCPR/C/21/Rev.1/Add.5, Rn. 5.2.

439 Vgl. *Langenfeld*, Minderheitenschutz, Rn. 18. Generelle Kritik an einem weiten persönlichen Schutzbereich üben: *Niewerth*, Der kollektive und der positive Schutz von Minderheiten, S. 42; *Krugmann*, Das Recht der Minderheiten, S. 76. In diesem Sinne auch: *Klein*, Der Status des deutschen Volkszugehörigen, Rn. 43.

440 Vgl. *Arnauld*, Minderheitenschutz im Recht der EU, S. 115.

441 Vgl. *Scheinin*, The United Nations ICCPR, S. 26; *Nowak*, CCPR Commentary, Art. 27, Rn. 21.

e. Besondere Charakteristika

Schließlich müssen sich die Mitglieder der Minderheit vom Rest der Bevölkerung durch besondere, objektiv bestehende charakteristische Merkmale ethnischer, religiöser oder sprachlicher Art vom Rest der Bevölkerung unterscheiden.[442] Der völkerrechtliche Minderheitenbegriff erfasst nur diese drei Arten von Minderheiten und ist damit enger als das Wort in seinem sonstigen politischen oder umgangssprachlichen Gebrauch. Eine strikte Trennung zwischen den drei völkerrechtlichen Minderheitengruppen lässt sich in der Praxis aber wohl nicht vollziehen. Eine Minderheit kann sowohl ethnische Merkmale als auch sprachliche oder religiöse Merkmale in sich vereinen.

aa. religiöse Minderheit

Den Ursprung des Minderheitenschutzes markierte in der Frühen Neuzeit die Gewährung religiöser Schutzrechte.[443] Dem Schutz religiöser Minderheiten kommt also historisch gesehen eine große Bedeutung zu. Umfasste der Schutz religiöser Minderheiten in seinen Ursprüngen zunächst nur den christlichen, dann auch den jüdischen und muslimischen Glauben, so geht der Schutz heute weit über dieses Spektrum hinaus. Grundsätzlich handelt es sich bei religiösen Minderheiten um Gruppen, die sich zu bestimmten religiösen Überzeugung oder konfessionellen Zugehörigkeiten bekennen, welche sich vom religiösen Bekenntnis oder gar von der atheistischen Haltung der Mehrheitsbevölkerung unterscheiden.[444] Dabei wird der Begriff der religiösen Überzeugung möglichst weit ausgelegt, wobei aber gleichzeitig nur religiöse Glaubensrichtungen und nicht sämtliche Weltanschauungen erfasst werden.[445] Da sich die Zugehörigkeit

---

442 Vgl. die Definition *Capotortis*: *"A group […], whose members […] possess ethnic, religious or linguistic characters differing from those of the rest of the population […]"*, *ders.*, Study on the Rights of Persons belonging to Ethnic, Religious and Linguistic Minorities, Rn. 568.

443 Siehe dazu: Teil 2, A., I.

444 Vgl. *Nowak*, ICCPR Commentary, Art. 27, Rn. 23; *Blumenwitz*, Minderheiten- und Volksgruppenrecht, S. 29; *Pallek*, Der Minderheitenschutz im deutschen Verfassungsrecht, S. 15; *Pritchard*, Der völkerrechtliche Minderheitenschutz S. 198 f.

445 In der Literatur findet sich hier meist der Verweis darauf, dass jede theistische, nichttheistische oder atheistische Haltung erfasst wird. Ausführlich dazu: *Pircher*, Der vertragliche Schutz ethnischer, sprachlicher und religiöser Minderheiten, S. 37; *Thornberry*, International Law and the Rights of Minorities, S. 161; *Pallek*, Der Minderheitenschutz im deutschen Verfassungsrecht, S. 15; *Pritchard*, Der völkerrechtliche Minderheitenschutz, S. 198; *Blumenwitz*, Minderheiten- und Volksgruppenrecht,

zu einer Religion primär durch einen persönlichen Bekenntnisakt ausdrückt, rückt die subjektive Komponente bei religiösen Minderheiten besonderes in den Vordergrund.[446]

bb. sprachliche Minderheit

Das besondere Charakteristikum, durch das sich sprachliche oder linguistische Minderheiten auszeichnen, ist – wie der Name schon sagt – ihre Sprache, die sie untereinander und in der Öffentlichkeit verwenden. Dabei muss es sich nicht zwangsläufig um eine Schriftsprache handeln.[447] Ihre Sprache muss sich allerdings deutlich von der Sprache der Mehrheit oder der offiziellen Landessprache abheben, es darf sich also nicht nur um einen marginal abgewandelten Dialekt handeln.[448]

cc. ethnische Minderheit

In den Sozialwissenschaften geht man heute mehrheitlich davon aus, dass eine Ethnie eine „Wir-Gruppe bezeichnet, die tatsächliche oder fiktive Gemeinsamkeiten behauptet", die sich häufig auf Abstammung, Sprache, Kultur, Geschichte und Sitten beziehen.[449] Damit bezieht man sich auf das von *Max Weber* entwickelte Konzept eines subjektiven Gemeinschaftsglaubens:

S. 29; *Oxenknecht*, Der Schutz ethnischer, religiöser und sprachlicher Minderheiten, S. 115; *Scherer-Leydecker*, Minderheiten und sonstige ethnische Gruppen, S. 307.

446 Darauf verweist auch: *Langenfeld*, Minderheitenschutz, Rn. 28; *Pritchard*, Der völkerrechtliche Minderheitenschutz S. 199; *Niewerth*, Der kollektive und der positive Schutz von Minderheiten, S. 35; *Heintze*, Selbstbestimmungsrecht und Minderheitenschutz, S. 132. Zur subjektiven Komponente siehe: Teil 2, C. II. 1. e. cc.

447 Vgl. *Nowak*, ICCPR Commentary, Art. 27, Rn. 23; *Heintze*, Selbstbestimmungsrecht und Minderheitenschutz, S. 134; *Niewerth*, Der kollektive und der positive Schutz von Minderheiten, S. 36; *Langenfeld*, Minderheitenschutz, Rn. 27; *Blumenwitz*, Minderheiten- und Volksgruppenrecht, S. 29; *Krugmann*, Das Recht der Minderheiten, S. 71.

448 Vgl. *Nowak*, ICCPR Commentary, Art. 27, Rn. 23; *Pritchard*, Der völkerrechtliche Minderheitenschutz, S. 199; *Langenfeld*, Minderheitenschutz, Rn. 27. *Heintze* schließt Dialekte generell aus, egal wie sehr sie sich von der Sprache der Mehrheit unterscheiden. *Ders.*, Selbstbestimmungsrecht und Minderheitenrechte, S. 134; ebenso: *Niewerth*, Der kollektive und der positive Schutz, S. 36; *Krugmann*, Das Recht der Minderheiten, S. 71. Noch anderer Ansicht ist *Scherer-Leydecker*, der die Meinung vertritt, dass auch Dialekte, die sich nur unwesentlich von der Sprache der Mehrheit unterscheiden, die Identität derer in erheblichem Maße prägen, die sie sprechen: *ders.*, Minderheiten und sonstige ethnische Gruppen, S. 309.

449 *Hansen*, Ethnie, Ethnozentrismus, Ethnizität, S. 152. Vgl. außerdem: *Bös*, Rasse und Ethnizität, S. 22. Eine weitere Auflistung von Einzelkriterien findet sich bei: *Eichberg*,

> Wir wollen solche Menschengruppen, welche auf Grund von Aehnlichkeiten des äußeren Habitus oder der Sitten oder beider oder von Erinnerungen an Kolonisation und Wanderung einen subjektiven Glauben an eine Abstammungsgemeinsamkeit hegen, derart, daß dieser für die Propagierung von Vergemeinschaftungen wichtig wird, dann, wenn sie nicht ‚Sippen' darstellen, ‚ethnische' Gruppen nennen, ganz einerlei, ob eine Blutsgemeinsamkeit objektiv vorliegt oder nicht.[450]

Im Rahmen des völkerrechtlichen Minderheitenschutzes war ursprünglich von „rassischen" Minderheiten die Rede.[451] Diese Begrifflichkeit wurde schließlich vom Begriff der ethnischen Minderheit abgelöst, da die Bezeichnung als „rassische" Minderheit nicht mehr zeitgemäß erschien und viele der Meinung waren, diese sei zu eng gefasst, da sie nur auf physische oder vererbliche Merkmale abstellte.[452] Dagegen sollte der Begriff der ethnischen Minderheit einen weiteren

---

Minderheit und Mehrheit, S. 3 f. *Toivanen* ist der Ansicht, dass Ethnizität zwar auf viele verschiedene Weisen definiert werden kann, aber letztlich doch auf das Merkmal der Abstammung reduziert wird: *dies.*, Das Paradox des Minderheitenschutzes, S. 199 f.

450 *Weber*, Wirtschaft und Gesellschaft, S. 237.

451 Als Beispiel sei hier auf die Resolution der UN-Generalversammlung 217 C (III) aus dem Jahr 1948 verwiesen, in der sie den Wirtschafts- und Sozialrat (ECOSOC) um die Beauftragung einer Studie über „Racial, national, religious oder linguistic minorities" ersuchte: UN-Generalversammlung, Resolution 217 C (III) v. 10.12.1948: Fate of Minorities.

452 Die UN-Unterkommission für die Verhütung von Diskriminierung und den Schutz von Minderheiten hatte während ihrer „Third Session" im Jahre 1950 beschlossen, den Begriff der rassischen Minderheit durch den Begriff der ethnischen Minderheit zu ersetzen: *"The term 'racial' was eliminated because the Sub-Commission considered the term should be eliminated because so-called racial groupings were not based upon scientific facts and tended to become indistinct as a result of evolutionary processes, intermarriage, and changes in ideas or beliefs"*, UN-Wirtschafts- und Sozialrat, Report of the third session of the Sub-Commission v. 30.1.1950, UN Doc. E/CN.4/Sub.2/119, Rn. 31a. Die Entwicklung im Unterausschuss beschreibend: *Capotorti*, Study on the Rights of Persons belonging to Ethnic, Religious and Linguistic Minorities, Rn. 197. Die Entscheidung der Unterkommission entsprach auch dem damaligen Zeitgeist, da etwa die 1948 verabschiedete Convention on the Prevention and Punishment of the Crime of Genocide (sog. Genozidkonvention) in ihrem Art. 2 bereits von ethnischen Gruppen spricht. Einen wichtigen Beitrag zur Abkehr vom Begriff der rassischen Minderheit leistete auch die UNESCO, vgl. dazu die „Declaration on Race and Racial Prejudice" der UNESCO v. 27.11.1978, die in Art. 1 klarstellt, dass alle Menschen von einer einzigen Art abstammen, verfügbar unter http://portal.unesco.org/en/ev.php-URL_ID=13161&URL_DO=DO_TOPIC&URL_SECTION=201.html (zuletzt aufgerufen am 12.6.2018). Das Abstellen auf physische oder vererbliche Merkmale

Anwendungsbereich bedienen und dabei auch auf eine gemeinsame Geschichte und kulturelle Verbundenheit abstellen.[453] Insbesondere von Bedeutung sind hierbei Sitten, Gebräuche, Herkunft, Erziehung, Sprache, Siedlungsgewohnheiten sowie das historische Schicksal.[454] Ob hier auch biologisch-genetische Merkmale wie zum Beispiel die Hautfarbe von Belang sein können und der Begriff der ethnischen Minderheit so die ursprünglich verwendete Kategorie der rassischen Minderheit mitumfasst, wird uneinheitlich beantwortet. Die Auffassung, dass auch physische oder biologische Merkmale zur Kategorisierung von Minderheiten herangezogen werden sollen, findet zwar nach wie vor Zustimmung.[455] Allerdings lässt sich mehr und mehr eine Abkehr von einem auch biologisch begründeten Ethnienbegriff im Rahmen des Minderheitenschutzdiskurses erkennen. So wird vermehrt in Zweifel gezogen, dass vererbbare physische Merkmale einen verlässlichen Maßstab für die Einräumung von Minderheitenrechten bilden.[456] Da die Einteilung nach physischen und biologischen

---

entspricht dem sog. biologischen Rassebegriff. Insbesondere in den USA wird der Rassebegriff in einem verstärkt soziologischen Kontext verstanden, in welchem auch kulturelle und soziale Aspekte eine Rolle spielen, vgl. *Bös*, Rasse und Ethnizität.

453 *"The term 'ethnic' was considered to refer to the whole of a group's physical, cultural and historical heritage"*, UN-Wirtschafts- und Sozialrat, Report of the third session of the Sub-Commission v. 30.1.1950, UN Doc. E/CN.4/Sub.2/119, Rn. 31a.

454 Aufzählung orientiert sich an: *Pircher*, Der vertragliche Schutz ethnischer, sprachlicher und religiöser Minderheiten, S. 30.

455 Vgl. *Capotorti*, Study on the Rights of Persons belonging to Ethnic, Religious and Linguistic Minorities, Rn. 201. Außerdem: *Heintze*, Selbstbestimmungsrecht und Minderheitenrechte, S. 135; *Krugmann*, Das Recht der Minderheiten, S. 70 f.; *Niewerth*, Der kollektive und der positive Schutz von Minderheiten, S. 36 f.; *Oxenknecht*, Der Schutz ethnischer, religiöser und sprachlicher Minderheiten, S. 111; *Pallek*, Der Minderheitenschutz im deutschen Verfassungsrecht, S. 14. *Shaw* führt etwa an, dass es in der Praxis dienlicher sei, ein solch weites Verständnis des Begriffs zu nutzen: *ders.*, The Definition of Minorities in International Law, S. 17. Auch *Scherer-Leydecker* sieht zumindest in „rassischen Merkmalen" ein „gewichtiges Indiz bei der Identifizierung einer eigenständigen Kultur" und lässt somit biologisch-genetische Merkmale zumindest mittelbar auf das Bestimmen ethnischer Minderheiten einwirken: *ders.*, Minderheiten und sonstige ethnische Gruppen, S. 306 f.

456 Vgl. *Schoder*, Vom Minderheitenschutz zum Schutz verwundbarer Gruppen, S. 41. Das EU-Parlament begründete bereits 1996, wieso eine Einteilung nach menschlichen „Rassen" abzulehnen ist: *"[...] the concept of race has no scientific foundation either in genetics or in anthropology and can therefore serve only to encourage discrimination on ethnic, national or cultural grounds or on grounds of skin colour, as it is based on the false premise that established, hierarchically classified 'races' exist; whereas the term should therefore be avoided in all official texts"*, Europäisches Parlament, Resolution on

Merkmalen unumgänglich mit einer hierarchischen Klassifizierung verschiedener menschlicher „Rassen" verbunden ist, die rassistischen Vorurteilen und Diskriminierungen Vorschub leistet, ist diese Abkehr zu begrüßen. So wird die ethnische Minderheit heute mehrheitlich als „Kulturverbund" verstanden, ohne auf vermeintliche biologische oder physisch vererbbare Merkmale abzustellen.[457]

Nichtsdestotrotz sei darauf verwiesen, dass auch ein Abstellen auf objektiv nachvollziehbare Kriterien der Ethnie ohne Heranziehung biologischer Merkmale die Gefahr einer „ethnisierenden oder kulturalistischen Etikettierung" mit sich bringt:[458] Selbst wenn der Ethnienbegriff nur aus kulturellen Merkmalen gespeist wird, vermittelt eine Überbetonung der Ethnie die Vorstellung, dass nach ethnischen Merkmalen klar voneinander zu unterscheidende Bevölkerungsgruppen existieren. Ein solcher Ansatz fördert die Segregation der Gesellschaft nach ethnischen Kriterien und forciert ebenso ein auf Homogenität angelegtes Konzept der Ethnizität.

2. *Subjektives Element*

Schließlich tritt zu den konstitutiven objektiven Kriterien nach überwiegender Meinung eine subjektive Komponente hinzu. Folgt man dem Vorschlag *Capotortis*, dann bedarf es unter den Angehörigen einer Minderheit eines gewissen Solidaritätsgefühls und des Willens, die besondere Identität der Gruppe, die sie von der Mehrheitsbevölkerung unterscheidet, zu wahren und zu fördern.[459]

---

the communication from the Commission on racism, xenophobia and anti-semitism, ABl. C 152 v. 27.5.1996, S. 57.

457 Vgl. *Arnauld*, Minderheitenschutz im Recht der EU, S. 112; *Pircher*, Der vertragliche Schutz ethnischer, sprachlicher und religiöser Minderheiten, S. 30; *Pritchard*, Der völkerrechtliche Minderheitenschutz S. 41; *Nowak*, CCPR Commentary, Art. 27, Rn. 24.

458 *Bielefeldt*, Rechte kultureller Minderheiten, S. 52.

459 Vgl. die Definition *Capotortis*: *"A group [...], whose members [...] show, if only implicitly, a sense of solidarity, directed towards preserving their culture, traditions, religion or language"*, *ders.*, Study on the Rights of Persons belonging to Ethnic, Religious and Linguistic Minorities, Rn. 568. Zustimmend zum Erfordernis eines subjektiven Elements auch: *Langenfeld*, Minderheitenschutz, Rn. 32; *Blumenwitz*, Minderheiten- und Volksgruppenrecht, S. 27 f.; *Bogaert*, State Duty Towards Minorities, S. 39; *Oxenknecht*, Der Schutz ethnischer, religiöser und sprachlicher Minderheiten, S. 102. Bereits der StIGH hatte 1930 in seiner Entscheidung *Greco-Bulgarian Communities* von der Notwendigkeit eines Solidaritätsgefühls gesprochen: *"a sentiment of solidarity, with a view to preserving their traditions, main-taining their form of worship, ensuring the instruction and upbringing of their children in accordance with the spirit and traditions of their race and rendering mutual assistance to each other"*, StIGH, *Greco-Bulgarian*

Spiegelbildlich bedeutet dies, dass solche Minderheiten nicht vom Minderheitenschutz erfasst werden, die sich selbst nicht als solche wahrnehmen und sich assimilieren wollen.[460]

Hinsichtlich sprachlicher Minderheiten wird zum Teil vertreten, dass das separate Erfordernis eines Solidaritätsgefühl überflüssig sei, da das subjektive Element im objektiven Element bereits enthalten sei: Wenn Angehörige einer sprachlichen Minderheit in der Minderheitensprache kommunizieren und sich dieser bedienen, sei es augenscheinlich, dass hier auch ein gewisses Interesse am Spracherhalt bestehe.[461]

Um einen effektiven Minderheitenschutz gewährleisten zu können, bedarf es einer möglichst flexiblen Handhabe der objektiven und subjektiven Kriterien. Werden Minderheiten etwa derart unterdrückt, dass sie ihre Sprache oder Religion nicht offen ausüben können und die besonderen Minderheitencharakteristika somit objektiv nicht mehr in aller Deutlichkeit bestimmbar sind, aber innerhalb der Minderheit nach wie vor ein Solidaritätsgefühl herrscht, so muss hier der subjektiven Komponente besonderes Augenmerk geschenkt werden. Ansonsten könnte ein Staat eine Minderheit durch gezielte Unterdrückung vom Schutzbereich der Minderheitenrechte ausschließen.[462]

Nach herrschender Ansicht sind auch an die subjektive Komponente keine zu hohen Voraussetzungen zu knüpfen. Es ist etwa nicht erforderlich, dass die Angehörigen der Minderheit explizit äußern, dass sie ihre kulturelle Identität wahren wollen. Vielmehr kann sich – wie bereits erwähnt – der eindeutige Wille zum Erhalt der Identität schon in einem alltäglichen Gebrauch der Sprache oder dem Aufrechterhalten bestimmter Bräuche und Traditionen widerspiegeln.[463]

Communities, Advisory Opinion v. 31.7.1930, Series B 17, S. 21. Kritisch zur Voraussetzung eines Solidaritätsgefühls: *Scherer-Leydecker*, Minderheiten und sonstige ethnische Gruppen, S. 320 f.

460 Vgl. *Benoît-Rohmer*, The minority question, S. 14.

461 Dies stellte bereits *Capotorti* fest: *ders.*, Study on the Rights of Persons belonging to Ethnic, Religious and Linguistic Minorities, Rn. 567. Vgl. auch: *Niewerth*, Der kollektive und der positive Schutz von Minderheiten, S. 38. Die Argumentation auch auf religiöse Minderheiten ausweitend: *Krugmann*, Das Recht der Minderheiten, S. 79 f.

462 Vgl. dazu: *Scherer-Leydecker*, Minderheiten und sonstige ethnische Gruppen, S. 324 ff.

463 *Capotorti* brachte dies in seiner Definition auch deutlich zum Ausdruck, indem er den Begriff *"implicitly"* verwendete: *ders.*, Study on the Rights of Persons belonging to Ethnic, Religious and Linguistic Minorities, S. 568.

III. Der Begriff der nationalen Minderheit

Neben der ethnischen, religiösen und sprachlichen Minderheit trifft man des Öfteren auch auf den Begriff der nationalen Minderheit. Gerade in Abgrenzung zu ethnischen Minderheiten sorgt seine Bedeutung regelmäßig für Verwirrung. Auch wegen der verschiedenen Deutungsmöglichkeiten des Begriffs der Nation existiert kein einheitliches Verständnis darüber, was die konstitutiven Merkmale einer nationalen Minderheit sind. In Art. 27 Zivilpakt taucht der Begriff der nationalen Minderheit nicht auf; vielmehr scheint er vor allem im europäischen Rechtsraum gängig zu sein. Ganz besonders prominent verankert ist der Begriff im bereits erwähnten Rahmenübereinkommen des Europarats, welches sich ausschließlich auf nationale Minderheiten bezieht, wie sich bereits aus dem Titel ergibt.[464] Im Folgenden sollen die verschiedenen Definitionsansätze kurz aufgezeigt werden. Auf die konkrete Bedeutung des Begriffs auf Europaratsebene wird in dem dazugehörigen Kapitel nochmals gesondert eingegangen.[465]

Um den Begriff der nationalen Minderheit richtig erfassen zu können, ist es unumgänglich zunächst einen Blick auf den Begriff der Nation zu werfen. Es dürfte wohl unmöglich sein, sich auf ein einheitliches Konzept der Nation zu verständigen, da der Begriff dazu viel zu sehr von politischen Ideologien, historischen Begebenheiten und kulturellen Einflüssen abhängig ist.[466] In vielen

---

464 So bezieht sich das Europäische Rahmenübereinkommen zum Schutz nationaler Minderheiten explizit im Titel auf nationale Minderheiten. Zum Rahmenübereinkommen siehe: Teil 2, D. IV. 3. Auch das Diskriminierungsverbot der EMRK in Art. 14 verbietet Diskriminierungen, die auf der Zugehörigkeit zu einer nationalen Minderheit gründen. Zu Art. 14 EMRK siehe: Teil 2, D. IV. 2 b. Selbige verbietet auch Art. 21 der EU-Grundrechtecharta. Siehe dazu: Teil 2, D. III. 1. b. Im Organisationsgefüge der OSZE nimmt der Hohe Kommissar für Nationale Minderheiten im Bereich des Minderheitenschutzes die zentrale Rolle ein. Zum Hohen Kommissar für Nationale Minderheiten siehe: Teil 2, D. II. 5. In internationalen Rechtsinstrumenten außerhalb der europäischen Ebene findet sich der Begriff der nationalen Minderheit auch in der Minderheitendeklaration der UN-Generalversammlung von 1992 (*Declaration on the Rights of Persons Belonging to National or Ethnic, Religious and Linguistic Minorities*) sowie in der UNESCO-Konvention gegen Diskriminierung im Unterrichtswesen. Zur Deklaration der Generalversammlung und der UNESCO-Konvention siehe: Teil 2, D. I. 2., 3. c.

465 Siehe Teil 2, D. IV. 3. d.

466 Zu diesem Schluss kam auch Berichterstatter *György Frunda*, der für den Europarat eine Studie über das Konzept der Nation erstellte: Europarat, Parlamentarische Versammlung, Committee on Legal Affairs and Human Rights, The Concept of "Nation",

europäischen Staaten wird der Begriff der Nation im Sinne einer Staatsnation verstanden. Die Nation stellt dieser Auffassung nach die Gesamtheit aller Staatsbürger dar, ungeachtet ihres ethnischen Hintergrunds. So ist er gleichbedeutend mit dem Wort Staat.[467] Dem gegenüber steht ein Konzept, welches die Nation im Sinne einer Kulturnation begreift.[468] Demnach macht eine Nation das Bestehen einer Abstammungs-, Kultur- und politischen Schicksalsgemeinschaft aus, zu der ein gewisses Zusammengehörigkeitsgefühl hinzutreten muss, das zumindest auf einem gemeinsamen politischen Willen fußt.[469] Es kommt dabei also auf einen „Zusammenhang von ethnischem Gemeinsamkeitsbewußtsein und staatlicher Organisation" an.[470] Oftmals wird in der Literatur darauf verwiesen, dass es sich bei diesem Gemeinsamkeitsbewusstsein lediglich um vorgestellte Gemeinsamkeiten handle und die Nation somit eine *"imagined community"* sei.[471]

Hieran anknüpfend wird versucht, die Besonderheit der nationalen Minderheit in einem stark ausgeprägten Zusammengehörigkeitsgefühl und einem gesteigerten politischen Selbstbewusstsein auszumachen. Indem sich nationale Minderheiten diesem Verständnis nach ihrer kollektiven Identität in herausragender Weise bewusst seien, gipfele ihr Zusammengehörigkeitsgefühl in einem Wunsch nach politischer Unabhängigkeit (zum Beispiel durch Gründung eines

---

Bericht v. 13.12.2005, Doc. 10762, Teil I, Rn. 3 f. Teil I ist zugleich: Parlamentarische Versammlung, Recommendation No. 1735 (2006).

467 Das Verständnis von Nation im Sinne einer Staatsbürgernation ist in Belgien, Frankreich, Polen, Rumänien, Slowenien und in der Türkei vorherrschend, vgl. Europarat, Parlamentarische Versammlung, Committee on Legal Affairs and Human Rights, The Concept of "Nation", Bericht v. 13.12.2005, Doc. 10762, Teil I, Rn. 5, Teil II, Rn. 10, 28 ff.

468 *Frunda* beschreibt dieses Verständnis in seinem Bericht folgendermaßen: *"[...] in some other member states the same term is used in order to indicate an organic community speaking a certain language and characterised by a set of similar cultural and historic traditions, by similar perceptions of its past, similar aspirations for its present and similar visions of its future"*, Europarat, Parlamentarische Versammlung, Committee on Legal Affairs and Human Rights, The Concept of "Nation", Bericht v. 13.12.2005, Doc. 10762, Teil I, Rn. 5. In den Geistes- und Sozialwissenschaften kursieren zahlreiche Definitionsansätze, die sich zum Teil nur minimal voneinander unterscheiden. Eine Übersicht bieten: *Heckmann*, Ethnische Minderheiten, Volk und Nation, S. 51 ff.; *Jäggi*, Nationalismus und ethnische Minderheiten, S. 25 ff.

469 Dazu: *Zippelius*, der allerdings die fehlende Schärfe des „politischen Willens"-Begriffs anmahnt: *ders.*, Allgemeine Staatslehre, S. 71 f.

470 *Heckmann*, Ethnische Minderheiten, Volk und Nation, S. 52.

471 *Anderson*, Die Erfindung der Nation, S. 15 ff.

eigenen Staates oder zumindest eines gewissen Autonomiestatus).[472] Kritisch wird dieses Erfordernis deshalb gesehen, weil dieses Verständnis eine sehr deutliche Nähe zum Selbstbestimmungsrecht der Völker aufweist und so die Grenze zwischen dem Minderheitenschutz und dem Selbstbestimmungsrecht verwische.[473]

Quelle des gesteigerten politischen Selbstbewusstseins einer nationalen Minderheit kann – einem weiteren Definitionsansatz zufolge – auch die ethnische Verbindung mit der Mehrheitsbevölkerung eines anderen Staates darstellen.[474] Als Beispiel kann hier etwa die dänische Minderheit in Deutschland genannt werden. Nationale Minderheiten werden demnach als Bevölkerungsgruppen angesehen, die auf Grund gewachsener Siedlungsstrukturen und historischer Grenzveränderungen „innerhalb eines in Bezug auf ihre ethnische Identität, Kultur und Geschichte fremden Staatsgebiet leben."[475] Hinsichtlich des Titularstaates, in dem die eigene Gruppe die Mehrheitsbevölkerung stellt und zu dem deshalb die angesprochene besondere Verbindung besteht, spricht man von einem so genannten *kin-state*.

Nach den eben dargestellten Ansätzen ist der Begriff der nationalen Minderheit enger als der Begriff der ethnischen Minderheit. Zum Teil werden beide

---

472 *Tomuschat* schreibt dazu: *"[…] it is clear nonetheless that it adds an additional subjective criterion to the relevant objective characteristics. Only few ethnic minorities would qualify as national minorities. National minorities are groups which have become conscious of their own identity to such an extent that they seek to become masters of their own fate at least partially", ders.,* Protection of Minorities under Article 27 ICCPR, S. 960. Vgl. auch: *Nowak*, CCPR Commentary, Art. 27, Rn. 25; *Pritchard*, Der völkerrechtliche Minderheitenschutz, S. 38.

473 Die Nähe räumt auch *Tomuschat* ein: *ders.*, Protection of Minorities under Article 27 ICCPR, S. 960. Ebenso: *Nowak*, CCPR Commentary, Art. 27, Rn. 25. Die Kritik *Tomuschats* ablehnend mit Verweis auf den konzeptionellen Unterschied zwischen Selbstbestimmungsrecht und Minderheitenschutz: *Klein*, Der Status des deutschen Volkszugehörigen, Rn. 44. Zum Selbstbestimmungsrecht: *Dörr*, Die indigenen Völker Nordamerikas und das Selbstbestimmungsrecht; *Cole*, Das Selbstbestimmungsrecht indigener Völker.

474 Vgl. *Klein*, Der Status des deutschen Volkszugehörigen, Rn. 44; *Murswiek*, Schutz der Minderheiten in Deutschland, Rn. 8; *Pallek*, Der Minderheitenschutz im deutschen Verfassungsrecht, S. 14; *Arnauld*, Minderheitenschutz im Recht der EU, S. 112; *Heckmann*, Ethnische Minderheiten, Volk und Nation, S. 62. Insbesondere auch: *Pircher*, Der vertragliche Schutz ethnischer, sprachlicher und religiöser Minderheiten, S. 33. Ablehnend: *Europarat*, The Framework Convention, Thematic Commentary No. 4, Rn. 35.

475 *Heckmann*, Ethnische Minderheiten, Volk und Nation, S. 62.

Begriffe aber auch synonym verwendet und ihre inhaltliche Reichweite als weitgehend deckungsgleich verstanden.[476] Dieser Ansicht nach sind nationale Minderheiten schlichtweg Gruppen innerhalb eines Staates, die sich durch eine eigene kulturelle Identität auszeichnen und deren Angehörige die Staatsangehörigkeit des Aufenthaltsstaates haben.[477] Auf Grund der begrifflichen Unklarheiten und der unterschiedlichen Definitionsansätze, wird zum Teil auch dafür plädiert, auf den Begriff der nationalen Minderheit ganz zu verzichten.[478]

IV. Eigene Bewertung

Das Fehlen einer allgemeingültigen Minderheitendefinition wird oft als das elementare Manko des völkerrechtlichen Minderheitenschutzes angesehen.[479] In der Tat sind – wie aufgezeigt wurde – einige der Definitionskriterien seit Jahrzehnten hoch umstritten. Es stellt sich allerdings die Frage, ob die Relevanz, die einer allgemeingültigen Minderheitendefinition im rechtswissenschaftlichen Diskurs eingeräumt wird, tatsächlich ihrer realen Bedeutung entspricht. Sicherlich wird die Definition der Minderheit dann zur zentralen Frage, wenn die Wahrung der Gruppenidentität im Vordergrund steht und die Minderheit selbst zum Träger kollektiver Rechte wird.[480] Als Teil der Menschenrechte ist der Minderheitenschutz heute überwiegend individualrechtlich ausgestaltet und bezieht sich schwerpunktmäßig auf die Persönlichkeitsentfaltung des einzelnen Minderheitenangehörigen. Im Fokus muss hier das persönliche Selbstverständnis des Einzelnen stehen, ob er sich der Gruppe zugehörig fühlt oder nicht. Nichtsdestotrotz baut auch dieses Verständnis auf dem Bestehen einer Minderheit auf, die zu bezeichnen ist. Die Beschreibung des Kollektivs ist dem Minderheitenschutz also in jedem Fall immanent.

Beobachtet werden kann dabei Folgendes: „Den internationalen Minderheitenschutzabkommen und -verträgen liegt das Postulat zu Grunde, dass Minderheiten kompakte, homogene und gleichgesinnte Gemeinschaften formen.“[481]

476 Vgl. *Blumenwitz*, Minderheiten- und Volksgruppenrecht, S. 30; *Oxenknecht*, Der Schutz ethnischer, religiöser und sprachlicher Minderheiten, S. 113; *Matscher*, Minderheitenschutz, S. 32; *Henrard*, Devising an Adequate System of Minority Protection, S. 55. Auch *Pritchard* weist auf die häufige synonyme Verwendung der Begriffe hin: *dies.*, Der völkerrechtliche Minderheitenschutz, S. 38.

477 *Blumenwitz*, Minderheiten- und Volksgruppenrecht, S. 29.

478 So etwa: *Krugmann*, Recht der Minderheiten, S. 70.

479 *Heun* spricht von der Debatte um den Minderheitenbegriff als der „Crux“ des Minderheitenschutzes: *dies.*, Minderheitenschutz der Roma in der EU, S. 80.

480 So auch: *Hilpold*, Minderheiten im Unionsrecht, S. 461.

481 *Toivanen*, Das Paradox der Minderheitenrechte, S. 186.

Für die Anerkennung als Minderheit hat es sich bisher als hilfreich erwiesen, auf ein feststehendes und nicht hybrides Kulturkonzept zu bauen. Auch wenn keine allgemeingültige Definition existiert, ist eine ziemlich genaue Vorstellung davon entstanden, wie eine Minderheit beschaffen sein muss. Hierzu gehören die bereits angesprochene interne Homogenität und am besten eine Unveränderbarkeit der Gruppe über Generationen hinweg.[482]

Es gelingt dem internationalen Minderheitenschutz nur schwer, sich von dem Konzept der Minderheiten als quasi organische Gruppen zu lösen. Dies liegt auch zum Teil an den Vertretern anerkannter Minderheiten, die ein Interesse daran haben, den Minderheitenschutz als exklusives Rechtsinstrument alt-eingesessener Minderheiten zu bewahren. Es lässt sich jedoch an der einen oder anderen Stelle durchaus die Bereitschaft zur Öffnung beobachten. Mit Verweis auf den Charakter des Europäischen Rahmenübereinkommens zum Schutz nationaler Minderheiten als *living instrument* lässt sich im vierten thematischen Kommentar zum Rahmenübereinkommen des Beratenden Ausschusses von 2016 Folgendes lesen:

> *Its interpretation must be adjusted regularly to ensure that minority rights can be enjoyed effectively in societies that are affected by constant transformation, including through mobility and migration. […] Among the broad range of rights contained in the Framework Convention, some explicitly apply to all individuals in the territory of the state, while the application of others may be linked to specific conditions.*[483]

Damit wird nicht nur das Bild einer wandelbaren Gesellschaft und der darin lebenden Kulturen vermittelt, sondern auch das Konzept eines Minderheitenschutzes, der diesem Prozess dienlich ist. In seinem bisherigen Verständnis war er das gerade nicht. Dabei wird neuerdings gezielt ein *article-by-article* Ansatz und damit eine flexible Handhabe des Staatsangehörigkeits- und des Stabilitätskriteriums

482 „Das bedeutet, dass jene Minderheiten optimistisch in die Zukunft blicken können, die ihre Gruppe als eine nationale Entität definieren, die sich auf eine »gemeinsame uralte« Geschichte und eine »Jahrtausende alte« Traditionen ebenso beruft wie auf eine Heimat, »in der sie schon immer gelebt haben«, eine Abstammung, »die sie genetisch von anderen Nationen unterscheidet«, sowie auf eine Sprache, »die sie mit anderen Mitgliedern ihrer Gruppe« teilen. MinderheitenaktivistInnen, die diese Merkmale für ihre Selbstidentifikation (oder Identitätspolitik) betonen, werden im Rahmen der internationalen Staatengemeinschaft und Minderheitenrechtsabkommen weit gehend als authentische Minderheiten anerkannt", *ebd.*, S. 201.

483 *Europarat*, The Framework Convention, Thematic Commentary No. 4, executive summary, S. 3.

proklamiert.[484] Nachdem das Fehlen einer einheitlichen Begriffsdefinition jahrzehntelang als das großes Manko beklagt wurde, wird nun darauf hingewiesen, dass der Verzicht auf eine starre Definition sogar notwendig sei, da der Minderheitenschutz nur so auf den gesellschaftlichen Wandel flexibel reagieren könne.[485]

Offen bleibt dabei, ob auch die Staaten und die bereits geschützten Minderheiten bereit sind, diesen neuen Weg mitzugehen. Während es bei den Organen internationaler Organisationen, wie dem eben zitierten Beratenden Ausschuss im Europarat, schon seit Längerem eine Tendenz hin zu einem flexibleren Ansatz gibt, sind es vor allem die Staaten, die eine Beschränkung des Minderheitenschutzes auf autochthone Minderheiten verfolgen.[486]

D. Der Schutz von Minderheiten im Völker- und Europarecht

At the end of the First World War, 'international protection of minorities' was the great fashion: treaties in abundance, conferences, League of Nations activities, and enormous literature. Recently this fashion has become nearly obsolete. Today the well-dressed international lawyer wears human rights.[487]

Der US-amerikanische Völkerrechtler *Joseph Kunz* brachte mit dem vorausgehenden Zitat den nach dem Zweiten Weltkrieg herrschenden Tenor unmissverständlich zum Ausdruck. Da man das Minderheitenschutzsystem des Völkerbundes als gescheitert ansah, wurde auf internationaler Ebene zunächst wenig Anstrengung unternommen, um den Schutz von Minderheiten voranzutreiben. Vielmehr wurde die Idee des Minderheitenschutzes von dem Konzept eines umfassenden Menschenrechtsschutzes verdrängt, da man davon ausging, dass die Gewährung weitreichender Menschenrechte den spezifischen Schutz von Minderheiten obsolet machte. Anders als nach dem Ersten Weltkrieg ließen die nun geschlossenen Friedensverträge den Aspekt des Minderheitenschutzes weitgehend unbeachtet. Bis auf das zwischen Österreich und Italien am 5. September 1946 geschlossene *Gruber-De Gasperi*-Abkommen zur Regelung der

---

484 Als mögliche Rechte, die an das Stabilitätskriterium im Sinne einer traditionellen Besiedlung eines bestimmten Gebiets geknüpft werden könnten, werden etwa das Recht, die Minderheitensprache im Umgang mit den lokalen Behörden oder das Recht auf Errichtung zweifacher Ortsschilder vorgeschlagen, vgl. *ebd.*, Rn. 79.

485 Vgl. *ebd.*, Rn. 5

486 So auch: *Hofmann*, Minderheitenschutz in Europa: Entwicklung und aktueller Stand, S. 10.

487 *Kunz*, The Present Status of International Law for the Protection of Minorities, S. 282.

Südtirol-Frage[488], sahen lediglich die Friedensverträge mit Finnland, Ungarn, Bulgarien und Rumänien gezielte Minderheitenschutzbestimmungen vor.[489] In der deutschsprachigen Rechtswissenschaft erfreute sich das Thema Minderheitenschutz im Hinblick auf die deutschen Minderheiten in den osteuropäischen Staaten nach Ende des Zweiten Weltkriegs recht schnell wieder großer Beliebtheit.[490] In einem erweiterten Kontext wurde die Frage des Minderheitenschutzes dann wieder aufgegriffen, als es zu verschiedenen Minderheitenkonflikten in Europa kam – etwa im Zuge des Balkankonflikts in den 1990er Jahren. Mittlerweile sieht sowohl das universelle als auch das regionale Völkerrecht eine Reihe verschiedener Mechanismen zur Durchsetzung von Minderheitenrechten vor.

I. Minderheitenschutz im Rahmen der Vereinten Nationen

Gerade im Rahmen der Vereinten Nationen wurde das Thema Minderheitenschutz nach Ende des Zweiten Weltkriegs zunächst weitgehend ausgeblendet. Dies zeigt sich daran, dass nicht nur die UN-Charta, sondern auch die Allgemeine Erklärung der Menschenrechte als eine der ersten völkerrechtlichen Nachkriegsinstrumente keinen ausdrücklichen Bezug auf den Minderheitenschutz nimmt. Letztere beinhaltet zwar für den Minderheitenschutz durchaus bedeutsame Individualrechte, sieht jedoch keinerlei spezielle Regelungen zum Minderheitenschutz vor.[491] Auch wenn die ersten wichtigen UN-Dokumente den Gedanken des Minderheitenschutzes nicht aufgegriffen haben, wurde das Thema auf der Ebene der Vereinten Nationen nicht vollständig ignoriert. Bereits 1946 richtete der Wirtschafts- und Sozialrat gemäß Art. 68 UN-Charta die

---

488 Ausführlich zum *Gruber-De Gasperi*-Abkommen: *Blumenwitz*, Internationale Schutzmechanismen zur Durchsetzung von Minderheiten- und Volksgruppenrechten, S. 51 ff.

489 Ausführlich zu den Friedensverträgen: *ebd.*, S. 67 ff.

490 Mit der Gründung einer Arbeitsgruppe „Volksgruppenrecht" innerhalb des Bundes der Vertriebenen verschafften sich die Befürworter von Minderheitenrechten zunehmend politisches Gehör in der Bundesrepublik, vgl. *Salzborn*, Politischer Katholizismus, Volksgruppenrecht und die Neuordnung Europas, S. 74.

491 Zur AEMR: UN-Generalversammlung, Resolution 217 A (III) v. 10.12.1948: Universal Declaration of Human Rights. Unerwähnt bleiben darf allerdings nicht, dass es durchaus einzelne Bestrebungen zur Aufnahme eines Minderheitenschutzartikels in die Allgemeine Erklärung der Menschenrechte gab, vgl. dazu *Kimminich*, Rechtsprobleme der polyethnischen Staatsorganisation, S. 63 ff.; *Scherer-Leydecker*, Minderheiten und sonstige ethnische Gruppen, S. 48 ff.; *Ermacora*, Der Minderheitenschutz in der Arbeit der Vereinten Nationen, § 9.

Menschenrechtskommission ein, die auch mit der Aufgabe des Minderheitenschutzes betraut wurde und für diese Zwecke schließlich eine Unterkommission für die Verhütung von Diskriminierung und den Schutz von Minderheiten (*Sub-Commission on the Prevention of Discrimination and Protection of Minorities*) schuf, welche sich ab 1947 insbesondere um das Erarbeiten einer gemeinsamen Minderheitendefinition verdient machte.[492] Parallel zur Allgemeinen Erklärung der Menschenrechte wurde die sogenannte *Fate of Minorities*-Resolution[493] von der UN-Generalversammlung verabschiedet. Die Resolution stellte ausdrücklich fest, dass die Vereinten Nationen dem Schicksal von Minderheiten nicht gleichgültig gegenüberstehen können.[494] Hierdurch wurde zwar deutlich, dass die Zurückhaltung der Vereinten Nationen bezüglich des Minderheitenschutzes keiner völligen Indifferenz gleichkam; eine klare Positionierung ging mit der Resolution allerdings nicht einher.

1. Der Internationale Pakt über bürgerliche und politische Rechte

Neben dem Internationalen Pakt über wirtschaftliche, soziale und kulturelle Rechte stellt der Internationale Pakt über bürgerliche und politische Rechte (*International Covenant on Civil and Political Rights* = ICCPR), der sogenannte Zivilpakt, wohl mit das wichtigste Vertragswerk des universellen Menschenrechtsschutzes dar. Auf Grund seiner rechtlichen Verbindlichkeit, der hohen Anzahl an Ratifizierungen sowie der bestehenden Durchsetzungsmechanismen kommt ihm zentrale Bedeutung zu. Mit Art. 27 beinhaltet der Zivilpakt zudem die zentrale Vorschrift des universellen Minderheitenschutzes.

a. Vorarbeiten zur Aufnahme eines speziellen Minderheitenschutzartikels

Trotz der inhaltlichen Überschaubarkeit beinhaltete die *Fate of Minorities*-Resolution eine deutliche Handlungsanweisung, die letztlich Stein des Anstoßes für den Minderheitenschutz auf universeller Ebene sein sollte. In der Resolution beauftragte die Generalversammlung den Wirtschafts- und Sozialrat durch die Menschenrechtskommission beziehungsweise deren zuvor gegründete Unterkommission, eine Studie über die Probleme von Minderheiten zu erstellen, die den Vereinten Nationen als Grundlage für das Ergreifen zukünftiger Maßnahmen

---

492 Zur Unterkommission siehe: Fn. 395.

493 UN-Generalversammlung, Resolution 217 C (III) v. 10.12.1948: Fate of Minorities.

494 *"The General Assembly, considering that the United Nations cannot remain indifferent to the fate of minorities […]"*, *ebd.*

zum Minderheitenschutz dienen sollte.[495] Schließlich verständigte man sich in der Unterkommission darauf, von einer Studie abzusehen und stattdessen auf die Aufnahme eines Minderheitenschutzartikels in den Internationalen Pakt über bürgerliche und politische Rechte hinzuarbeiten.[496] Die Unterkommission einigte sich schließlich auf einen Formulierungsentwurf und legte ihn der Menschenrechtskommission vor, welche mit der Ausarbeitung der Menschenrechtspakte betraut worden war.[497] Zentrale Streitpunkte, die heute noch aktuell sind, wie die Fragen nach einer kollektiven Ausrichtung und der Einbeziehung neuer Minderheiten, wurden bereits damals kontrovers diskutiert.[498] Letztlich wurde der Entwurf der Unterkommission von der Menschenrechtskommission im Jahr 1953 in leicht abgewandelter Form angenommen.[499] Erst acht Jahre später befasste sich die Generalversammlung mit dem Entwurf und nahm schließlich den Vorschlag der Menschenrechtskommission mit 80 Stimmen bei einer

---

495 *"The General Assembly [...] requests the Council to ask the Commission on Human Rights and the Sub-Commission on the Prevention of Discrimination and the Protection of Minorities to make a thorough study of the problem of minorities, in order that the United Nations may be able to take effective measures for the protection of racial, national, religious or linguistic minorities", ebd.*

496 Vgl. *Nowak*, CCPR Commentary, Art. 27, Rn. 5. Ausführlich zu den Vorbereitungsarbeiten in der Unterkommission: *Ermacora*, Der Minderheitenschutz in der Arbeit der Vereinten Nationen, § 13.

497 *"Persons belonging to ethnic, religious or linguistic minorities shall not be denied the right, in community with the other members of their group, to enjoy their own culture, to profess and practice their own religion or to use their own language"*, UN Wirtschafts- und Sozialrat, Unterkommission für die Verhinderung von Diskriminierung und den Schutz von Minderheiten, Res. E (III), UN Doc. E/CN.4/358, E/CN.4/Sub.2/119 (1950), Rn. 47. Abgedruckt auch bei: *Pritchard*, Der völkerrechtliche Minderheitenschutz, S. 174.

498 Vgl. *Nowak*, CCPR Commentary, Art. 27, Rn. 7; *Langenfeld*, Minderheitenschutz, Rn. 8. Ausführlich zu den Verhandlungen innerhalb der Menschenrechtskommission: *Ermacora*, Der Minderheitenschutz in der Arbeit der Vereinten Nationen, § 15; *Pritchard*, Der völkerrechtliche Minderheitenschutz, S. 174 ff.

499 Eingearbeitet wurde ein Änderungsantrag Chiles, vgl. *Langenfeld*, Minderheitenschutz, Rn. 8, Fn. 40. Die angenommene Fassung lautete schließlich: *"In those States in which ethnic, religious or linguistic minorities exist, persons belonging to such minorities shall not be denied the right, in community with the other members of their group, to enjoy their own culture, to profess and practice their own religion or to use their own language"*, UN Wirtschafts- und Sozialrat, Official Record, 16th Session, 1953, Suppl.8, S. 7. Außerdem abgedruckt in: *Pritchard*, Der völkerrechtliche Minderheitenschutz, S. 176.

Stimmenthaltung an.[500] Am 16. Dezember 1966 verabschiedete die Generalversammlung schließlich den Internationalen Pakt für bürgerliche und politische Rechte.[501] Somit fand der Minderheitenschutz in Gestalt des Art. 27 erstmals Eingang in ein internationales Menschenrechtsschutzinstrument. Der Wortlaut von Art. 27 Zivilpakt lautete fortan wie folgt:

> In Staaten mit ethnischen, religiösen oder sprachlichen Minderheiten darf Angehörigen solcher Minderheiten nicht das Recht vorenthalten werden, gemeinsam mit anderen Angehörigen ihrer Gruppe ihr eigenes kulturelles Leben zu pflegen, ihre eigene Religion zu bekennen und auszuüben oder sich ihrer eigenen Sprache zu bedienen.

Nicht bei allen Staaten fand die Implementierung einer Minderheitenschutzklausel entsprechende Zustimmung. Frankreich etwa erklärte Art. 27 unter Verweis auf Art. 2 seiner Verfassung für unanwendbar, was überwiegend als Vorbehalt gewertet wird.[502]

b. Art. 27 UN-Zivilpakt als zentrale Norm des universellen Minderheitenschutzes

Die Verortung einer Minderheitenschutzbestimmung in einem der bedeutendsten universellen Menschenrechtsabkommen zeigt deutlich, dass der Minderheitenschutz heute als Teil des Menschenrechtsschutzes verstanden wird. An Art. 27 wird oftmals kritisiert, dass er wegen seiner inhaltlichen Unbestimmtheit und der fehlenden Konkretisierung der beinhalteten Rechte keinen wirklichen Nutzen für die Minderheiten in den Unterzeichnerstaaten bringe. Darin spiegelt sich ein Grundproblem des Minderheitenschutzes wider: Der Schutz von Minderheiten stellt ein zu kontroverses Thema dar, als dass sich die Staaten auf

---

500 UN-Generalversammlung, Draft International Covenants on Human Rights, Report of the 3rd Committee v. 5.12.1961, UN Doc. A/5000. Ausführlich zu den Verhandlungen in der Generalversammlung, vgl. *Ermacora*, Der Minderheitenschutz in der Arbeit der Vereinten Nationen, § 16.

501 UN-Generalversammlung, Resolution 2200A (XXI) v. 16.12.1966: International Covenant on Economic, Social and Cultural Rights, International Covenant on Civil and Political Rights and Optional Protocol to the International Covenant on Civil and Political Rights, UN Doc. A/RES/21/2200. Der Pakt trat am 23.3.1976 in Kraft.

502 *"In the light of article 2 of the Constitution of the French Republic, the French Government declares that article 27 is not applicable so far as the Republic is concerned"*, verfügbar unter: https://treaties.un.org/Pages/ViewDetails.aspx?src=TREATY&mtdsg_no=IV-4&chapter=4&lang=en (zuletzt aufgerufen am 12.6.2018). Zur Kontroverse um die Erklärung Frankreichs: *Pritchard*, Der völkerrechtliche Minderheitenschutz, S. 207, Fn. 196.

punktgenaue Formulierungen einigen könnten. Da der Zivilpakt darüber hinaus einen universellen Vertrag darstellt, hätte eine weniger allgemein gehaltene Formulierung den verschiedenen Minderheitensituationen in den Mitgliedstaaten im Übrigen auch nicht gerecht werden können.[503]

Auch im Rahmen von Art. 27 wurde die für den Minderheitenschutz oft diskutierte Frage nach dem kollektiv- oder individualrechtlichen Charakter der Minderheitenrechte breit debattiert. Zwar findet sich Art. 27 in einem individualrechtlich geprägten Menschenrechtsabkommen. Er hebt sich allerdings von den sonstigen Regelungen des Paktes, die mit Ausnahme des in Art. 1 verankerten Selbstbestimmungsrechts der Völker individuelle Freiheitsrechte gewährleisten, insofern ab, als er ausdrücklich auf eine kollektive Ausübung abstellt („gemeinsam mit anderen Angehörigen ihrer Gruppe"). Nichtsdestotrotz ist Art. 27 als Individualrecht zu verstehen. Rechtsträger ist nicht die Gruppe, sondern der einzelne Angehörige der Minderheit.[504] Durch die eindeutige Formulierung kommt hier aber unweigerlich ein kollektives Element hinzu. Dies entspricht ganz dem Charakter des völkerrechtlichen Minderheitenschutzes: Auch wenn er individualrechtlich ausgestaltet ist, hat er letztliche eine kollektive Dimension, da er zumindest mittelbar dem Schutz der Gruppe dient und auf der Existenz der Gruppe basiert.[505]

Des Weiteren stellt sich bei Art. 27 die Frage, welcher Gehalt seinen Gewährleistungen zukommt. Konkret geht es hierbei darum, ob Art. 27 einen rein negatorischen Charakter aufweist oder auch positive Gewährleistungspflichten beinhaltet. Die Formulierung des Art. 27 („darf Angehörigen solcher Minderheiten nicht das Recht vorenthalten werden") spricht zunächst dafür, dass es sich lediglich um Abwehrrechte handelt. Das heißt der Staat darf den Angehörigen von Minderheiten die ihnen zustehenden Rechte, nämlich ihr kulturelles Leben zu pflegen, sich zu ihrer eigenen Religion zu bekennen und diese auszuüben oder sich ihrer eigenen Sprache zu bedienen, nicht vorenthalten. Die negative Formulierung des Art. 27 wurde von den beteiligten Staaten bewusst gewählt, da

---

503 So auch: *Blumenwitz*, Minderheiten- und Volksgruppenrecht, S. 49.

504 Vgl. *Tomuschat*, Protection of Minorities under Art. 27 ICCPR, S. 966; *Langenfeld*, Minderheitenschutz, Rn. 34; *Schoder*, Vom Minderheitenschutz zum Schutz verwundbarer Gruppen, S. 169; *Thornberry*, International Law and the Rights of Minorities, S. 173, *Nowak*, CCPR Commentary, Art. 27, Rn. 32.

505 Siehe dazu: Teil 2., B. IV. So auch *Scheinin*, The United Nations ICCPR, S. 34; *Nowak*, CCPR Commentary, Art. 27, Rn. 36 ff.; sowie *Thornberry*, International Law and the Rights of Minorities, S. 173; *Dinstein*, The Degree of Self-Rule of Minorities, S. 227; *Schoder*, Vom Minderheitenschutz zum Schutz verwundbarer Gruppen, S. 169.

sie als Mindestgarantie die Akzeptanz aller Staaten fand und diese befürchteten, dass durch die Verankerung positiver Gewährleistungspflichten ein Minderheitenbewusstsein in vielen Fällen erst zu Tage befördert würde.[506] Einig ist man sich außerdem, dass den Staaten aus Art. 27 eine Schutzpflicht vor Eingriffen von privater Seite erwächst.[507]

Eine beachtliche Strömung in der Literatur spricht sich zudem für ein leistungsorientiertes Verständnis von Art. 27 aus und leitet aus ihm eine Pflicht der Staaten ab, positive Unterstützungsmaßnahmen zu treffen. Angeführt wird hierfür das bereits angesprochene Argument, dass nur so das eigentliche Ziel des Minderheitenschutzes, nämlich die endgültige Bezwingung des Assimilationsdrucks, erreicht werden könne.[508] Argumentiert wird außerdem, dass Art. 27 neben den anderen Paktrechten weitgehend bedeutungslos wäre, wenn sich aus ihm nicht auch positive Leistungspflichten des Staates ableiten ließen.[509] *Tomuschat* hält diese Auffassung im Rahmen des Zivilpaktes für nicht ausreichend reflektiert, verweist letztlich in vernunftbehafteter Weise auf den universellen Charakter von Art. 27 und die damit verbundene Notwendigkeit einer weltweiten Anwendbarkeit der Regelung.[510] Da ein Überstrapazieren des Gewährleistungsumfangs des Art. 27 deshalb *de facto* dem eigentlichen Zweck der Norm nicht dienlich wäre, müssen die aus Art. 27 erwachsenden Verpflichtungen nach Ansicht *Tomuschats* auf den harten Kern reduziert werden.[511] Trotz der geteilten Lehrmeinung und der Entstehungsgeschichte leitet der UN-Menschenrechtsausschuss positive Leistungsrechte aus Art. 27 ab. In seinem *General Comment*

---

506 Vgl. *Nowak*, CCPR Commentary, Art. 27, Rn. 39.

507 Vgl. UN-Menschenrechtsausschuss, CCCPR General Comment No. 23 v. 8.4.1994: Article 27 (Rights of Minorities), UN Doc. CCPR/C/21/Rev.1/Add.5, Rn. 6.1. Vgl. außerdem: *Nowak*, CCPR Commentary, Art. 27, Rn. 47; *Tomuschat*, Protection of Minorities unser Art. 27 ICCPR, S. 974; *Schoder*, Vom Minderheitenschutz zum Schutz verwundbarer Gruppen, S. 165.

508 Vgl. *Capotorti*, Study on the Rights of Persons belonging to Ethnic, Religious and Linguistic Minorities, Rn. 588; *Nowak*, CCPR Commentary, Art. 27, Rn. 47; *Oxenknecht*, Der Schutz ethnischer, religiöser und sprachlicher Minderheiten in Art. 27 UN-Zivilpakt, S. 138 f.; *Thornberry*, International Law and the Rights of Minorities, S. 183.

509 Vgl. dazu: *ebd.*, S. 180.

510 Vgl. *Tomuschat*, Protection of Minorities under Art. 27 ICCPR, S. 969; *Langenfeld*, Minderheitenschutz, Rn. 37.

511 Vgl. *Tomuschat*, Protection of Minorities under Art. 27 ICCPR, S. 969 f. In diesem Sinne auch: *Oxenknecht*, Der Schutz ethnischer, religiöser und sprachlicher Minderheiten, S. 139.

No. 23 aus dem Jahr 1994, in welchem er sich mit Art 27 und auch mit der Frage positiver Gewährleistungen befasst hat, äußerte er sich wie folgt:

> *Although the rights protected under article 27 are individual rights, they depend in turn on the ability of the minority group to maintain its culture, language or religion. Accordingly, positive measures by States may also be necessary to protect the identity of a minority and the rights of its members to enjoy and develop their culture and language and to practice their religion, in community with the other members of the group.*[512]

Im selben Atemzug stellte der Ausschuss auch die Vereinbarkeit der Gewährung positiver Leistungsrechte mit dem Diskriminierungsverbot fest:

> *However, as long as those measures are aimed at correcting conditions which prevent or impair the enjoyment of the rights guaranteed under article 27, they may constitute a legitimate differentiation under the Covenant, provided that they are based on reasonable and objective criteria.*[513]

Besonders im Fall von indigenen Völkern erachtet der Ausschuss positive Verpflichtungen für geboten.[514] In welchem Ausmaß Art. 27 derartige Pflichten erwachsen, kann nur anhand des Einzelfalls bewertet werden, eine pauschale Praxis des Menschenrechtsausschusses lässt sich nicht erkennen.

c. *Andere für den Minderheitenschutz bedeutsame Normen im Rahmen des UN-Zivilpakts*

Neben Art. 27 finden sich im Internationalen Pakt für bürgerliche und politische Rechte noch weitere Normen, denen eine hohe Bedeutung für den Minderheitenschutz zukommt, auch wenn sie keine spezifischen Minderheitenschutzbestimmungen darstellen. Für den Minderheitenschutz von Relevanz sind etwa die Religions- (Art. 18) und die Versammlungsfreiheit (Art. 21). In Art. 2 Abs. 1 findet sich schließlich ein akzessorisches Diskriminierungsverbot ähnlich wie in Art. 14 EMRK, das die Unterzeichnerstaaten verpflichtet, die Paktrechte allen in ihren Gebieten befindlichen und ihrer Herrschaftsgewalt unterstehenden Personen „ohne Unterschied wie insbesondere der Rasse, der Hautfarbe, des Geschlechts, der Sprache, der Religion, der politischen oder sonstigen

512 UN-Menschenrechtsausschuss, CCCPR General Comment No. 23 v. 8.4.1994: Article 27 (Rights of Minorities), UN Doc. CCPR/C/21/Rev.1/Add.5, Rn. 6.2.

513 *Ebd.*

514 UN-Menschenrechtsausschuss, *Apirana Mahuika./.Neuseeland,* Nr. 547/1993, Entscheidung v. 27.10.2000, UN Doc. CCPR/C/70/D/547/1993, Rn. 9.5. Ausführlich zur weiteren Praxis des UN-Menschenrechtsausschusses: *Pritchard*, Der völkerrechtliche Minderheitenschutz, S. 231 ff.

Anschauung, der nationalen oder sozialen Herkunft, des Vermögens, der Geburt oder des sonstigen Status zu gewährleisten." Eine unterschiedliche Behandlung wird dann als diskriminierend eingestuft und ist dementsprechend verboten, wenn sich keine vernünftigen und objektiven Gründe für die Ungleichbehandlung finden lassen.[515]

Neben dem akzessorischen Diskriminierungsverbot in Art. 2 Abs. 1 beinhaltet der Zivilpakt mit Art. 26 zudem einen eigenständigen Gleichheitsgrundsatz, der die Gleichheit vor dem Gesetz sowie den Anspruch auf diskriminierungsfreien Schutz durch das Gesetz festschreibt.[516] Als verbotene Diskriminierungsfaktoren nennt die Vorschrift unter anderem Rasse, Hautfarbe, Sprache, Religion, sowie die nationale Herkunft. Hier besteht ein nicht zu übersehender Bezug zum Minderheitenschutz, der sich auch in der Systematik des Zivilpakts widerspiegelt, da auf das allgemeine Diskriminierungsverbot mit Art. 27 direkt die spezielle Minderheitenschutznorm des Zivilpakts folgt. Wie es sich relativ deutlich aus dem Wortlaut des Art. 26 ergibt, sieht dieser auch eine positive Verpflichtung von Staaten vor, aktiv Maßnahmen zum Schutz vor Diskriminierung zu ergreifen („In dieser Hinsicht hat das Gesetz […] allen Menschen gegen jede Diskriminierung […] gleichen und wirksamen Schutz zu gewährleisten.") Dies beinhaltet im Falle von historischer und struktureller Diskriminierung auch das Ergreifen von Maßnahmen im Bereich der *affirmative action* zu Gunsten benachteiligter Gruppen, um durch temporäre Fördermaßnahmen einen Zustand von Chancengleichheit herzustellen.[517] Gerade weil Art. 26 die Staaten zu *affirmative action* nicht aber zum Ergreifen zeitlich unbegrenzter Fördermaßnahmen verpflichtet, wird die schwache Bedeutung der Norm für den Minderheitenschutz teilweise kritisiert.[518]

d. Durchsetzungsmechanismen

Das wichtigste Organ zur Überwachung der Gewährleistung der Paktrechte stellt der UN-Menschenrechtsausschuss (*Human Rights Committee*) dar, welcher auf Basis des Art. 28 errichtet wurde. Der Menschenrechtsausschuss setzt

515 Vgl. *Nowak*, CCPR Commentary, Art. 2, Rn. 33.

516 Zum Unterschied zwischen Art. 2 Abs. 1 und Art. 26 Zivilpakt: *Dupuy*, Equality under the 1966 Covenants and in the 1948 Declaration, S. 150 ff.

517 Vgl. dazu: *Nowak*, CCPR Commentary, Art. 26, Rn. 55; *Thornberry*, International Law and the Rights of Minorities, S. 284; *Schoder*, Vom Minderheitenschutz zum Schutz verwundbarer Gruppen, S. 164.

518 Vgl. *Thornberry*, International Law and the Rights of Minorities, S. 284; ebenso *Schoder*, Vom Minderheitenschutz zum Schutz verwundbarer Gruppen, S. 164.

sich aus 18, von den Mitgliedstaaten vorgeschlagenen, aber von diesen dennoch unabhängigen Experten zusammen.[519] Dem Ausschuss stehen als „Hüter des Vertrages" verschiedene Mittel zur Durchsetzung der Paktrechte und damit auch zur Durchsetzung der minderheitenschutzrelevanten Regelungen zur Verfügung. Nach Art. 40 des Zivilpakts sind die Vertragsstaaten verpflichtet, dem Ausschuss regelmäßige Berichte über die Verwirklichung der im Pakt verankerten Rechte vorzulegen. Der Ausschuss setzt sich während seiner Plenarsitzung mit den Berichten in Anwesenheit einer Delegation des betreffenden Staates im Rahmen eines *constructive dialogue* auseinander, um im Anschluss seine *concluding observations* zum Bericht zu veröffentlichen, welche gezielte Empfehlungen beinhalten, aber unverbindlich sind.[520] Für die Aspekte des Minderheitenschutzes ist das Berichtsverfahren, wie *Blumenwitz* ausführt, insofern von Bedeutung, als dass die Berichte meist einen genauen Einblick in die Haltung der Staaten zum Thema Minderheitenschutz gewähren.[521] So wird etwa aus den französischen Berichten deutlich, dass das Land die Existenz nationaler Minderheiten nach wie vor nicht anerkennt.[522]

Neben dem Berichtsverfahren nach Art. 40 existiert die Möglichkeit einer Staatenbeschwerde nach Art. 41 des Zivilpakts, wonach ein Vertragsstaat geltend machen kann, dass ein anderer Vertragsstaat seinen Pflichten aus dem Pakt nicht nachkommt. Voraussetzung ist jedoch, dass sich dieser den Pflichten aus Art. 41

---

519 Art. 28 Abs. 2 Zivilpakt: „Der Ausschuss setzt sich aus Staatsangehörigen der Vertragsstaaten zusammen, die

Persönlichkeiten von hohem sittlichen Ansehen und anerkannter Sachkenntnis auf dem Gebiet der Menschenrechte sind, wobei die Zweckmäßigkeit der Beteiligung von Personen mit juristischer Erfahrung zu berücksichtigen ist." Art. 28 Abs. 3 Zivilpakt: „Die Mitglieder des Ausschusses werden in ihrer persönlichen Eigenschaft gewählt und sind in dieser Eigenschaft tätig."

520 Zu den Arbeitsmethoden des Menschenrechtsausschusses siehe http://www.ohchr.org/EN/HRBodies/CCPR/Pages/WorkingMethods.aspx (zuletzt aufgerufen am 12.6.2018). Die einzelnen *concluding observations* finden sich unter: http://tbinternet.ohchr.org/_layouts/treatybodyexternal/TBSearch.aspx?Lang=en&TreatyID=8&DocTypeID=5 (zuletzt aufgerufen am 12.6.2018).

521 *Blumenwitz*, Internationale Schutzmechanismen zur Durchsetzung von Minderheiten- und Volksgruppenrechten, S. 88. Zum Berichtsverfahren vgl. auch: *Gornig*, Sanktions- und Kontrollmechanismen für die Durchsetzung eines wirksamen Minderheitenschutzes, S. 122 f.

522 UN-Menschenrechtsausschuss, Consideration of reports submitted by States parties under article 40 of the Covenant, 5th periodic report France v. 31.1.2013, UN-Doc. CCPR/C/FRA/5, S. 8.

unterworfen hat. Von größerer Bedeutung ist allerdings das Fakultativprotokoll (*optional protocol*) zum Zivilpakt, welches dem Menschenrechtsausschuss die Befugnis einräumt, Individualbeschwerden über mögliche Verletzungen von Paktrechten, darunter auch Art. 27, zu prüfen.[523] Dies ist allerdings nur dann möglich, wenn der beschuldigte Staat das Fakultativprotokoll auch ratifiziert hat, was bisher nur von 116 Staaten getan wurde.[524] Zwar besitzen die Entscheidungen des Menschenrechtsausschusses (*views*) keine unmittelbare völkerrechtliche Verbindlichkeit, allerdings kommt den Mitgliedstaaten nach Ansicht des Ausschusses auf Grund der in Art. 2 verankerten Pakttreue durchaus eine Pflicht zur Beachtung seiner Entscheidungen zu.[525] Breit diskutiert wurde die Frage, ob das Recht, Individualbeschwerde zu erheben, auch juristischen Personen und letztlich auch Minderheiten als solchen zusteht.[526] Bisher hat es der Menschenrechtsausschuss jedoch abgelehnt, eine Beschwerde von Gruppen als zulässig zu erachten.[527] Für den Minderheitenschutz auf europäischer Ebene scheint die Individualbeschwerde aber nur geringe Bedeutung zu haben, was an der überschaubaren Zahl von Beschwerden deutlich wird, die bisher aus Europa erhoben wurden.[528]

---

523 UN-Generalversammlung, Resolution 2200A (XXI) v. 16.12.1966: International Covenant on Economic, Social and Cultural Rights, International Covenant on Civil and Political Rights and Optional Protocol to the International Covenant on Civil and Political Rights, UN Doc. A/RES/21/2200. Das Fakultativprotokoll trat am 23.3.1976 in Kraft.

524 Zum aktuellen Ratifikationsstand siehe: https://treaties.un.org/Pages/ViewDetails.aspx?src=TREATY&mtdsg_no=IV-5&chapter=4&lang=en (zuletzt aufgerufen am 12.6.2018).

525 Vgl. *Arnauld*, Völkerrecht, Rn. 753.

526 Befürwortend insbesondere für Minderheiten: *Blumenwitz*, Internationale Schutzmechanismen zur Durchsetzung von Minderheiten- und Volksgruppenrechten, S. 98 f. Ebenso kritisch bzgl. der Beschränkung auf Individuen: *Nowak*, CCPR Commentary, Art. 2 OP, Rn. 1.

527 Beispielhaft: UN-Menschenrechtsausschuss, *Lubicon Lake Band./.Kanada*, Nr. 167/1984, Entscheidung v. 26.3.1990, UN Doc. CCPR/C/38/D/167/1984, Rn. 32.1. Weitere Beispiele bei: *Nowak*, CCPR Commentary, Art. 2 OP, Rn. 2 ff. Vgl. auch: *Schäfer*, Die Individualbeschwerde nach dem Fakultativprotokoll zum Zivilpakt, S. 62 ff.

528 So auch: *Hofmann*, Minderheitenschutz in Europa: Entwicklung und aktueller Stand, S. 10. Über die Individualbeschwerde und ihre Bedeutung für den Minderheitenschutz: *Blumenwitz*, Internationale Schutzmechanismen zur Durchsetzung des Minderheiten- und Volksgruppenschutzes, S. 96 ff.; *Gornig*, Sanktions- und Kontrollmechanismen für die Durchsetzung eines wirksamen Minderheitenschutzes, S. 125 f. Eine Übersicht über die minderheitenschutzbezogenen

Prominent ist der vom Menschenrechtsausschuss entschiedene Fall der Kanadierin *Sandra Lovelace*, einer Angehörigen des *Maliseet Tribes*. Der Beschwerdeführerin war auf Basis des kanadischen *Indian Acts* wegen ihrer Heirat mit einem Nichtstammesangehörigen nach der Scheidung die Rückkehr in das Reservat verweigert worden. Der Menschenrechtsausschuss entschied zu Gunsten der Individualrechte von *Lovelace* und führte an, dass die Beschwerdeführerin sich auf Art. 27 berufen könne, da sie stets eine enge Bindung zu ihrem Stamm gehabt und nur kurze Zeit während ihrer Ehe nicht im Reservat gelebt habe. Der Ausschuss sah die Verweigerung einer Rückkehr als nicht gerechtfertigt an und wies insbesondere darauf hin, dass die Identität des Stammes durch eine Rückkehr nicht gefährdet würde.[529] Anders entschied der Menschenrechtsausschuss dagegen im Fall *Kitok*. Da er seinen Beruf als Rentierzüchter aufgegeben hatte, verlor der Beschwerdeführer infolge des schwedischen *Reindeer Husbandry Act* seinen Status als Sami und damit die vollen Rentierzucht-Rechte. Der Ausschuss zeigte sich zwar darüber besorgt, dass *Kitok* trotz seines ethnischen Hintergrunds nach dem schwedischen Gesetz rechtlich nicht mehr als Sami angesehen wurde. Letztlich wies der Ausschuss aber die Beschwerde zurück. Er sah die Beschneidung der Individualrechte nämlich als ausreichend gerechtfertigt an, da das Gesetz dem Schutz der Identität der Sami sowie der Umwelt diente.[530]

2. *Erklärung über die Rechte von Personen, die nationalen oder ethnischen, religiösen und sprachlichen Minderheiten angehören (UN-Minderheitendeklaration)*

Nachdem Sonderberichterstatter *Capotorti* im Jahr 1978 der Unterkommission seinen Bericht zum Minderheitenschutz vorgelegt hatte, empfahl diese der Menschenrechtskommission die Erarbeitung einer Grundsatzerklärung

---

Individualbeschwerdeverfahren vor dem Menschenrechtsausschuss bieten: *Alfredsson/de Zayas*, Minority Rights, S. 5 ff.

529 UN-Menschenrechtsausschuss, *Sandra Lovelace./.Kanada*, Nr. 24/1977, Entscheidung v. 30.7.1981, UN Doc. CCPR/C/13/D/24/1977, Rn. 14 ff. = HRLJ 1–2 (1981), S. 158, 165 ff. = EuGRZ 17 (1981), S. 522, 523 f. (deutsche Übersetzung, auszugsweise). Zu *Lovelace./.Kanada* siehe bereits: Fn. 390. Zu dem in Art. 1 des Zivilpakts verankerten Selbstbestimmungsrecht der Völker, welches als zweite Bestimmung aus dem Zivilpakt neben Art. 27 für die indigenen Völker Nordamerikas von Bedeutung ist: *Dörr*, Die indigenen Völker Nordamerikas und das Selbstbestimmungsrecht; *Cole*, Das Selbstbestimmungsrecht indigener Völker.

530 UN Human Rights Committee, *Ivan Kitok./.Sweden*, Nr. 197/1985, Entscheidung v. 27.7.1988, UN Docs. CCPR/C/33/D/197/1985, Rn. 9.1 ff.

zum Minderheitenschutz.[531] Ein entsprechender Entwurf wurde der Menschenrechtskommission ein Jahr später von Jugoslawien unterbreitet.[532] Dieser Entwurf diente schließlich der 1978 eigens eingerichteten *working group* der Menschenrechtskommission als Grundlage für die Ausarbeitung der Deklaration, die einige Jahre in Anspruch nahm. Die *working group* legte schließlich 1992 ihren Deklarationsvorschlag der Menschenrechtskommission vor, die den Entwurf nach zweiwöchiger Beratung mit Kommissions-Resolution 1992/16 billigte und dem Wirtschafts- und Sozialrat zur Zustimmung und Weiterleitung an die Generalversammlung vorlegte.[533] Am 18. Dezember 1992 nahm die Generalversammlung die Deklaration über die Rechte von Personen, die nationalen oder ethnischen, religiösen und sprachlichen Minderheiten angehören, an.[534]

Als Resolution der UN-Generalversammlung kommt der Deklaration keine rechtliche Bindungswirkung zu; sie stellt vielmehr völkerrechtliches *soft law* dar. Nichtsdestotrotz haben derartige Erklärungen politische und moralische Schlagkraft. Die Deklaration wird heute als Auslegungs- und Interpretationshilfe für alle Minderheitenschutzvorschriften im Rechtssystem der Vereinten Nationen und dabei insbesondere des Art. 27 Zivilpakt verstanden.[535] Die Deklaration ist zwar in Bezug auf die Rechtsträgerschaft individualrechtlich zugeschnitten

---

531 *Capotorti* hatte der Unterkommission dies explizit in den Schlussfolgerungen und Empfehlungen seines Berichts vorgeschlagen: *"Accordingly, on the basis of the conclusions of this study, the Sub-Commission might consider recommending to its superior organs the preparation of a draft declaration on rights of members of minority groups, within the framework of the principles set forth in article 27 of the Covenant"*, *ders.*, Study on the Rights of Persons belonging to Ethnic, Religious and Linguistic Minorities, Rn. 617.

532 UN Doc. E/CN.4/L.1367, Rev. 1 v. 6.3.1978. Dazu: *Capotorti*, Die Rechte der Angehörigen von Minderheiten, S. 113.

533 UN-Menschenrechtskommission, Res No. 1992/16 v. 21.2.1992: Rights of persons belonging to national, ethnic, religious and linguistic minorities, UN Doc. E/CN.4/RES/1992/16.

534 UN-Generalversammlung, Res. No. 47/1992 v. 18.12.1992 = HRLJ 1–2 (1993), S. 54 (englischer Originaltext). Ausführlich zur Entstehungsgeschichte der Deklaration: *Pritchard*, Der völkerrechtliche Minderheitenschutz, S. 163 ff.

535 Vgl. *Langenfeld*, Minderheitenschutz, Rn. 12; *Blumenwitz*, Minderheiten- und Volksgruppenrecht, S. 51. Auch während der Erörterung des Deklarationsentwurfs in der Menschenrechtskommission äußerten sich verschiedene Staatenvertreter zum Verhältnis der Deklaration mit anderen Minderheitenschutznormen. Dazu: *Pritchard*, Der völkerrechtliche Minderheitenschutz, S. 169. Ausführlich zur Funktion der Deklaration als Auslegungshilfe für andere Minderheitenschutznormen: *Schoder*, Vom Minderheitenschutz zum Schutz verwundbarer Gruppen, S. 197.

(„Angehörige von Minderheiten")[536], beinhaltet aber einige starke kollektive Bezüge. So werden als Ziele der Deklaration in Art. 1 Abs. 1 der Schutz der Existenz und der nationalen oder ethnischen, kulturellen, religiösen oder sprachlichen Identität der Minderheiten sowie die Schaffung von Voraussetzungen zur Förderung dieser Existenz festgeschrieben.[537] Hier steht also klar der Schutz des Kollektivs im Mittelpunkt.

Ein weiterer kollektiver Bezug der Deklaration zeigt sich in Art. 2, der Angehörigen von Minderheiten das Recht zuschreibt, Vereinigungen zu gründen und Kontakte zu anderen Angehörigen der Minderheit oder anderen Minderheiten zu pflegen.[538] Schließlich macht Art. 3 nochmals ausdrücklich deutlich, dass die Angehörigen von Minderheiten ihre Rechte einzeln oder in Gemeinschaft mit anderen Mitgliedern ihrer Gruppe ausüben können.[539] Auch zum Spannungsverhältnis zwischen Kollektivschutz und dem individuellen Interesse des Einzelnen nimmt die Deklaration Stellung und zwar insofern, als dass sie feststellt, dass aus den in der Deklaration verankerten Garantien kein Zwang auf den einzelnen resultieren darf.[540] Darüber hinaus wurde auch in Art. 4 Abs. 2 eine deutliche Einschränkung des Minderheitenschutzes zu Gunsten individueller Menschenrechte aufgenommen. Hier werden die Staaten nur insoweit zur Förderung der Minderheitenkulturen verpflichtet, wie nicht einzelne Praktiken der Minderheit gegen das innerstaatliche Recht verstoßen und im Widerspruch zu

536 Dies bedauernd: *Blumenwitz*, Minderheiten- und Volksgruppenrecht, S. 51.

537 Art. 1 Abs. 1 UN-Minderheitendeklaration: „Die Staaten schützen die Existenz und die nationale oder ethnische, kulturelle, religiöse und sprachliche Identität der Minderheiten in ihrem Hoheitsgebiet und begünstigen die Schaffung von Bedingungen für die Förderung dieser Identität."

538 Art. 2 Abs. 4 UN-Minderheitendeklaration: „Angehörige von Minderheiten haben das Recht, eigene Vereinigungen zu gründen und zu unterhalten." Art. 2 Abs. 5 UN-Minderheitendeklaration: „Angehörige von Minderheiten haben das Recht, ohne jegliche Diskriminierung freie und friedliche Kontakte mit anderen Mitgliedern ihrer Gruppe und mit Angehörigen anderer Minderheiten herzustellen und zu pflegen, sowie Kontakte über die Grenzen hinweg mit Bürgern anderer Staaten, mit denen sie nationale oder ethnische, religiöse oder sprachliche Gemeinsamkeiten verbinden."

539 Art. 3 Abs. 1 UN-Minderheitendeklaration: „Angehörige von Minderheiten können ihre Rechte, einschließlich der in dieser Erklärung niedergelegten Rechte, einzeln sowie in Gemeinschaft mit anderen Mitgliedern ihrer Gruppe ohne jegliche Diskriminierung ausüben."

540 Art. 3 Abs. 2 UN-Minderheitendeklaration: „Angehörigen von Minderheiten darf aus der Ausübung oder Nichtausübung der in der Erklärung niedergelegten Rechte kein Nachteil erwachsen."

internationalen Normen stehen.[541] Der Minderheitenschutz kann so für einzelne Traditionen und Gebräuche, die nicht mit den Menschenrechten vereinbar sind, wie etwa weibliche Genitalverstümmelung, kein Deckmantel sein.

Eine Definition des Minderheitenbegriffs enthält die Erklärung nicht, da eine Einigung auf eine einheitliche Begriffsdefinition auch in diesem Rahmen nicht möglich war.[542] Auffällig ist, dass – anders als bei Art. 27 Zivilpakt – auch der Begriff der nationalen Minderheit genannt wird. In Art. 27 war der Begriff der nationalen Minderheit bewusst nicht aufgenommen worden, weil viele Staaten eine vermeintlich politische Dimension des Begriffes fürchteten.[543] Da während der *travaux préparatoires* zur Minderheitendeklaration unterschiedliche Auffassungen innerhalb der Delegationen darüber herrschten, inwieweit sich der Begriff der nationalen Minderheit von dem der ethnischen Minderheit unterscheidet und um einen möglichst weiten Anwendungsbereich der Deklaration zu gewährleisten, wurde auch der Begriff der nationalen Minderheit mit aufgenommen.[544]

Die Deklaration sieht positive Verpflichtungen der Staaten vor; legt hierbei allerdings verschiedene Maßstäbe an: Während es im oben bereits erwähnten Art. 4 Abs. 2 etwa heißt: „Die Staaten ergreifen Maßnahmen zur Schaffung günstiger Bedingungen, die es Angehörigen von Minderheiten gestatten, ihre Wesensart zum Ausdruck zu bringen und ihre Kultur, Sprache, Religion, Traditionen und Gebräuche zu entwickeln“, ist Art. 4 Abs. 3 im Konjunktiv formuliert sowie unter den Vorbehalt des Möglichen gestellt und dementsprechend schwächer in der Wirkung: „Die Staaten sollen geeignete Maßnahmen ergreifen, damit Angehörigen von Minderheiten, soweit möglich, angemessene Möglichkeiten geboten werden, ihre Muttersprache zu erlernen oder Unterricht in ihrer

541 Art. 4 Abs. 2 UN-Minderheitendeklaration: „Die Staaten ergreifen Maßnahmen zur Schaffung günstiger Bedingungen, die es Angehörigen von Minderheiten gestatten, ihre Wesensart zum Ausdruck zu bringen und ihre Kultur, Sprache, Religion, Traditionen und Gebräuche zu entwickeln, es sei denn, daß einzelne Praktiken gegen das innerstaatliche Recht verstoßen und im Widerspruch zu den internationalen Normen stehen.“

542 Ausführlich zur Definitionsdebatte bei der Ausarbeitung der Deklaration: *Scherer-Leydecker*, Minderheiten und sonstige ethnische Gruppen, S. 80 ff.

543 Vgl. *Henrard*, Devising an Adequate System of Minority Protection, S. 54.

544 UN-Wirtschafts- und Sozialrat, Menschenrechtskommission, Report of the working group on the rights of persons belonging to national, ethnic, religious and linguistic minorities v. 5.3.1991, UN Doc. E/CN.4/1991/53, Rn. 10. Vgl. dazu *Schoder*, Vom Minderheitenschutz zum Schutz verwundbarer Gruppen, S. 207 f.; *Henrard*, Devising an Adeqaute System of Minority Protection, S. 21.

Muttersprache zu erhalten." Durch derart wage Formulierungen, welche den Staaten einen Ermessensspielraum hinsichtlich Erforderlichkeit und Inhalt der Maßnahmen einräumen, wurde ob der universellen Geltung der Deklaration gerade auf die Staaten Rücksicht genommen, denen es angesichts ihrer finanziellen Situation und der großen Anzahl von Minderheiten nicht möglich ist, weitreichende positive Maßnahmen zu ergreifen.[545] In Art. 8 Abs. 3 wird in Bezug auf die spezifischen Förderverpflichtungen nochmals ausdrücklich festgestellt, dass selbige dem Gleichheitsgrundsatz der Allgemeinen Erklärung der Menschenrechte *prima facie* nicht entgegenstehen.[546] Durch die einschränkende Formulierung wird jedoch die Möglichkeit, dass minderheitenschützende Maßnahmen im konkreten Fall doch gleichheitswidrig sein können, nicht ausgeschlossen.

Obwohl die Deklaration – auch wenn sie keinen verbindlichen Rechtekatalog darstellt – durch ihren Kollektivbezug weitreichende Minderheitenregelungen beinhaltet, stellt sie gleichzeitig klar, dass die in der Deklaration verbrieften Rechte nicht so auszulegen sind, als dass sie Tätigkeiten gestatten, die im Widerspruch zu den Zielen und Grundsätzen der Vereinten Nationen stehen (Art. 8 Abs. 4).[547] Hiermit ist insbesondere die territoriale Integrität von Staaten gemeint; die Deklaration erteilt separatistischen Bestrebungen so eine deutliche Absage. Auch wenn dieser oder andere Punkte – wie etwa die fehlenden Kollektivrechte – von einigen Seiten Kritik erfahren haben, wurde die UN-Minderheitendeklaration auch von Verfechtern eines weitreichenden Minderheitenschutzes als Meilenstein der Minderheitenpolitik gewürdigt.[548]

545 Vgl. *Langenfeld*, Minderheitenschutz, Rn. 13 f. Mit dem Hinweis darauf, dass die „übervorsichtigen, ungenauen Formulierungen" zur Folge haben können, dass Staaten die betreffenden Maßnahmen nicht ergreifen, weil sie sie nicht für „möglich", „angemessen" oder „erforderlich" halten: *Blumenwitz*, Minderheiten- und Volksgruppenrecht, S. 51. Ebenso kritisch ob der schwachen Formulierung: *Hofmann*, Minderheitenschutz in Europa. Überblick über die völker- und staatsrechtliche Lage, S. 11 f.

546 Art. 8 Abs. 3 UN-Minderheitendeklaration: „Die Maßnahmen, welche die Staaten ergreifen, um den tatsächlichen Genuss der in dieser Erklärung niedergelegten Rechte zu gewährleisten, dürfen nicht von vorneherein als im Widerspruch zu dem in der Allgemeinen Erklärung der Menschenrechte enthaltenen Gleichheitsgrundsatz stehend angesehen werden."

547 Art. 8 Abs. 4 UN-Minderheitendeklaration: „Diese Erklärung ist nicht so auszulegen, als gestatte sie eine Tätigkeit, die im Widerspruch zu den Zielen und Grundsätzen der Vereinten Nationen steht, einschließlich der souveränen Gleichheit, der territorialen Unversehrtheit und der politischen Unabhängigkeit der Staaten."

548 Vgl. *Pritchard*, Der völkerrechtliche Minderheitenschutz, S. 170 f.

Seit 2005 gibt es auf UN-Ebene einen *Special Rapporteur on Minority Issues*, dem die Überwachung der Umsetzung der Regelungen aus der Minderheitendeklaration unterliegt.[549] Er steht im engen Austausch mit den Staaten und Nicht-Regierungsorganisationen und führt *country-visits* durch. Auf Basis der erhaltenen Informationen übermittelt der *Rapporteur* dann sogenannte *communications* an die Staaten hinsichtlich des Umsetzungsstandes.

3. *Weitere für den Minderheitenschutz bedeutsame Regelungen auf UN-Ebene*

Auf universellem Niveau finden sich noch zahlreiche andere Regelwerke und Garantien, die zwar nicht speziell minderheitenschützenden Charakter haben, aber für den Minderheitenschutz trotzdem von großem Nutzen sind.

a. *Internationaler Pakt über wirtschaftliche, soziale und kulturelle Rechte*

Nachdem der Internationale Pakt über bürgerliche und politische Rechte hinsichtlich seiner minderheitenschützenden Funktion erörtert wurde, muss an dieser Stelle auch die zweite Säule des UN-Menschenrechtsschutzsystems genannt werden. Anders als der UN-Zivilpakt mit Art. 27 enthält der Internationale Pakt über wirtschaftliche, soziale und kulturelle Rechte (*International Covenant on Economic, Social and Cultural Rights* = ICESCR)[550], der sogenannte Sozialpakt, zwar keine explizite Minderheitenschutznorm, allerdings sind viele der in ihm enthaltenen Rechte für Minderheiten durchaus bedeutsam, gerade weil er Gewährleistungen rund um Bildung und kulturelle Teilhabe vorsieht.[551] Wie der Zivilpakt enthält auch der Sozialpakt ein akzessorisches Diskriminierungsverbot.[552]

---

549 UN-Menschenrechtskommission, Resolution 2005/79 v. 21.4.2005: Rights of persons belonging to national or ethnic, religious and linguistic minorities; UN-Menschenrechtsrat, Resolution 25/5 v. 27.3.2014, Mandate of the Independent Expert on minority issues.

550 UN-Generalversammlung, Resolution 2200A (XXI) v. 16.12.1966: International Covenant on Economic, Social and Cultural Rights, International Covenant on Civil and Political Rights and Optional Protocol to the International Covenant on Civil and Political Rights, UN Doc. A/RES/21/2200. Der Pakt trat am 3.1.1976 in Kraft.

551 Mit einer genauen Auflistung: *Pritchard*, Minderheitenschutz, S. 145.

552 Art. 2 Abs. 2 Sozialpakt: „Die Vertragsstaaten verpflichten sich, zu gewährleisten, dass die in diesem Pakt verkündeten Rechte ohne Diskriminierung hinsichtlich der Rasse, der Hautfarbe, des Geschlechts, der Sprache, der Religion, der politischen oder sonstigen Anschauung, der nationalen oder sozialen Herkunft, des Vermögens, der Geburt oder des sonstigen Status ausgeübt werden."

Anders als beim Zivilpakt, ist der Sozialpakt auf eine „progressive Erfüllung“ gerichtet; die Kerngehalte der einzelnen Garantien sind für die Staaten nach überwiegender Auffassung jedoch verpflichtend.[553] Die Fragen nach einklagbaren Rechten werden seit Verabschiedung des Fakultativprotokolls im Jahr 2008 und dessen Inkrafttreten am 5. Mai 2013 im Rahmen der nun möglichen Individualbeschwerden vom Sozialpakt-Ausschuss geklärt.[554]

b. Übereinkommen über die Verhütung und Bestrafung von Völkermord

Von großem Wert ist außerdem das Übereinkommen über die Verhütung und Bestrafung von Völkermord (sogenannte Völkermordkonvention; *Convention on the Prevention and Punishment of the Crime of Genocide*) vom 9. Dezember 1948.[555] Als Völkermord wird in Art. 2 eine solche Handlung definiert, die „in der Absicht begangen wird, eine nationale, ethnische, rassische oder religiöse Gruppe ganz oder teilweise zu zerstören“, etwa durch das Töten der Mitglieder. In der dem Minderheitenschutz zugewandten Literatur wird häufig kritisch angemerkt, dass der sogenannte „kulturelle Genozid“, das heißt die Auslöschung einer Gruppe durch die Zerstörung ihrer kulturellen Identität, in der Völkermordkonvention keine Berücksichtigung gefunden hat.[556] Die Gleichsetzung der physischen Auslöschung einer Menschengruppe mit kultureller Zwangsassimilation erscheint jedoch ein recht schiefer Vergleich zu sein.

---

553 Vgl. *Arnauld*, Völkerrecht, Rn. 754. Der progressive Charakter kommt insbesondere in Art. 2 Abs. 1 deutlich zum Vorschein: „Jeder Vertragsstaat verpflichtet sich, einzeln und durch internationale Hilfe und Zusammenarbeit, insbesondere wirtschaftlicher und technischer Art, unter Ausschöpfung aller seiner Möglichkeiten Maßnahmen zu treffen, um nach und nach mit allen geeigneten Mitteln, vor allem durch gesetzgeberische Maßnahmen, die volle Verwirklichung der in diesem Pakt anerkannten Rechte zu erreichen.“

554 UN-Generalversammlung, Res. 63/117 v. 10.12.2008: Optional Protocol to the International Covenant on Economic, Social and Cultural Rights, UN Doc. A/RES/63/117. Eine Übersicht über die Ratifikationen bietet: https://treaties.un.org/Pages/ViewDetails.aspx?src=TREATY&mtdsg_no=IV-3-a&chapter=4&lang=en (zuletzt aufgerufen am 12.6.2018).

555 UN-Generalversammlung, Res. 260 (III) A v. 9.12.1948: Convention on the Prevention and Punishment of the Crime of Genocide.

556 Vgl. etwa: *O'Nions*, Minority Rights Protection in International Law, S. 191.

c. Übereinkommen gegen Diskriminierung im Unterrichtswesen

Mit dem Übereinkommen gegen Diskriminierung im Unterrichtswesen (*Convention against Discrimination in Education*) vom 14. Dezember 1960[557], welches von der UNESCO-Generalversammlung verabschiedet wurde, existiert ein weiteres Abkommen auf universeller Ebene, das an den Aspekt der Diskriminierung völkerrechtlicher Minderheiten anknüpft.[558] Das UNESCO-Übereinkommen bezweckt nicht nur die Beseitigung jeglicher diskriminierender Behandlung im Unterrichtswesen, die auf „der Rasse oder der Hautfarbe, dem Geschlecht, der Sprache, der Religion, der politischen oder sonstigen Überzeugung, der nationalen oder sozialen Herkunft, den wirtschaftlichen Verhältnissen oder der Geburt" (Art. 1 Abs. 1) beruht, sondern beinhaltet tatsächlich eine dezidiert minderheitenschützende Norm. Der betreffende Art. 5 Abs. 1 lit. c gesteht nationalen Minderheiten weitreichende Autonomierechte im Unterrichtswesen zu, die allerdings an gewisse Voraussetzungen geknüpft werden – etwa dass Angehörige nationaler Minderheiten auch an der Mehrheitsgesellschaft teilhaben sollen:

> Die Vertragsstaaten kommen überein, […] dass es wesentlich ist, den Angehörigen nationaler Minderheiten das Recht zuzuerkennen, ihre eigene Erziehungsarbeit zu leisten, hierbei Schulen zu unterhalten und im Einklang mit der innerstaatlichen Politik in Erziehungsfragen ihre eigene Sprache zu gebrauchen und zu lehren, jedoch mit Maßgabe, i) dass dieses Recht nicht in einer Weise ausgeübt werden darf, welche die Angehörigen der Minderheiten daran hindert, die Kultur und Sprache der Gesamtgemeinschaft zu verstehen und an ihren Tätigkeiten teilzunehmen, oder in einer Weise, die der staatlichen Souveränität Abbruch tut; ii) dass das Niveau des Unterrichts an diesen Schulen nicht niedriger sein darf als das allgemeine Niveau, das die zuständigen Behörden festgelegt oder genehmigt haben; und iii) dass der Besuch dieser Schulen freiwillig erfolgt.

d. Übereinkommen über die Rechte des Kindes

An die Regelung des UNESCO-Übereinkommens knüpft inhaltlich auch Art. 30 des Übereinkommens über die Rechte des Kindes (sogenannte Kinderrechtskonvention; *Convention of the Rights of the Child* = CRC)[559] an, welche am

---

557 UNESCO Generalkonferenz, Convention against Discrimination in Education, adopted in the 11th session, 14.12.1960.

558 Konkret zu den gruppenschützenden Aspekten des Übereinkommens gegen Diskriminierung im Unterrichtswesen sowie des Übereinkommens zur Beseitigung jeder Form von Rassendiskriminierung: *Schoder*, Vom Minderheitenschutz zum Schutz verwundbarer Gruppen, S. 98 ff., 110 ff.

559 UN-Generalversammlung, Res. Nr. 44/25 v. 20.11.1989: UN Convention on the Rights of the Child.

20. November 1989 von der UN-Generalversammlung verabschiedet wurde. Art. 30 erinnert durch seine negative Formulierung stark an Art. 27 Zivilpakt:

> In Staaten, in denen es ethnische, religiöse oder sprachliche Minderheiten oder Ureinwohner gibt, darf einem Kind, das einer solchen Minderheit angehört oder Ureinwohner ist, nicht das Recht vorenthalten werden, in Gemeinschaft mit anderen Angehörigen seiner Gruppe seine eigene Kultur zu pflegen, sich zu seiner eigenen Religion zu bekennen und sie auszuüben oder seine eigene Sprache zu verwenden.

Auch im System der UN-Kinderrechtskonvention existiert ein Fachausschuss, das *Committee of the Rights of the Child*, welches Staatenberichte zur Umsetzung der Rechte aus der Konvention prüft.[560] Am 14. April 2014 ist zudem das dritte Fakultativprotokoll zur UN-Kinderrechtskonvention (*Optional Protocol to the Convention on the Rights of the Child on a communications procedure*) in Kraft getreten, welches ein Individualmitteilungsverfahren vorsieht.[561]

e. *Internationales Übereinkommen zur Beseitigung jeder Form von Rassendiskriminierung*

Für den Minderheitenschutz ebenfalls von Bedeutung ist das Internationale Übereinkommen zur Beseitigung jeder Form von Rassendiskriminierung (sogenannte Anti-Rassismus-Konvention; *International Convention on the Elimination of All Forms of Racial Discrimination* = ICERD), welches am 4. Januar 1969 in Kraft getreten ist.[562] Die Anti-Rassismus-Konvention wurde speziell für die Verhinderung und Bekämpfung rassistischer Diskriminierung konzipiert. Dabei ist sie zwar nicht spezifisch auf den Schutz von Minderheiten zugeschnitten; da aber gerade Angehörige ethnischer Minderheiten oft von rassistischer Diskriminierung betroffen sind, dient die Konvention auch ihrem Schutz. Als Rassendiskriminierung versteht die Konvention nämlich die Diskriminierung auf Grund „der Rasse, der Hautfarbe, der Abstammung, dem nationalen Ursprung oder dem Volkstum".[563] Ausdrücklich erkennt die Anti-Rassismus-Konvention die Notwendigkeit temporärer Sondermaßnahmen mit dem Zweck der Förderung einer adäquaten Entwicklung einzelner Gruppen oder Personen und spricht sich damit deutlich für *affirmative action*-Maßnahmen aus:

---

560 Vgl. Art. 44 ff. UN-Kinderrechtskonvention.

561 UN-Generalversammlung, Res. Nr. 66/138 v. 19.12.2011: UN Optional Protocol to the Convention of the Rights of the Child on a communications procedure.

562 UN-Generalversammlung, Res. Nr. 2106(XX), 21.12.1965: UN International Convention on the Elimination of all Forms of Racial Discrimination (ICERD).

563 Art. 1 Abs. 1 Anti-Rassismuskonvention.

> Sondermaßnahmen, die einzig zu dem Zweck getroffen werden, eine angemessene Entwicklung bestimmter Rassengruppen, Volksgruppen oder Personen zu gewährleisten, die Schutz benötigen, soweit ein solcher erforderlich ist, damit sie die Menschenrechte und Grundfreiheiten gleichberechtigt genießen und ausüben können, gelten nicht als Rassendiskriminierung, sofern diese Maßnahmen nicht die Beibehaltung getrennter Rechte für verschiedene Rassengruppen zur Folge haben und sofern sie nicht fortgeführt werden, nachdem die Ziele, um derentwillen sie getroffen wurden, erreicht sind.[564]

Neben einem periodischen Berichtsverfahren, sieht die Anti-Rassismus-Konvention auch die Möglichkeit der Einreichung von Individualbeschwerden über die Verletzung von Konventionsrechten vor, die vom *Committee on the Elimination on Racial Discrimination* (CERD) geprüft werden.[565]

II. Minderheitenschutz im Rahmen der OSZE

Grundsätzlich bietet sich die regionale Ebene besser für die Implementierung minderheitenschützender Regelungen an. Da die unterschiedlichen Minderheitensituationen und die Einstellung der Staaten zu ihren Minderheiten im regionalen Rahmen tendenziell weniger stark variieren als im universellen Vergleich, lässt sich der Minderheitenschutz hier deutlich effektiver betreiben.[566] Dies hat man auch auf europäischer Ebene erkannt. Mittlerweile befassen sich mehrere europäische Organisationen mit dem Thema Minderheitenschutz. Einer der wichtigsten Akteure ist die Organisation für Sicherheit und Zusammenarbeit in Europa (OSZE), die aus der Konferenz für Sicherheit und Zusammenarbeit in Europa (KSZE) hervorgegangen ist.[567] Auch wenn die Erklärungen und Empfehlungen auf KSZE-/OSZE-Ebene rechtlich nicht verbindlich sind, tragen sie zur inhaltlichen Klärung von Minderheitenrechten und zu einer Vereinheitlichung des europäischen Rechtestandards bei.

---

564 Art. 1 Abs. 4 Anti-Rassismuskonvention.

565 Vgl. Art. 8 f. und 14 Anti-Rassismuskonvention.

566 Nichtsdestotrotz variieren die Haltungen der europäischen Staaten zu ihren Minderheiten ebenfalls in hohem Maße. Einen Überblick bieten: *Frowein/Hofmann/Oeter*, Das Minderheitenrecht europäischer Staaten.

567 Im Jahr 1994 beschlossen die Teilnehmerstaaten auf dem Gipfeltreffen von Budapest, die KSZE zu institutionalisieren und sie in Organisation für Sicherheit und Zusammenarbeit in Europa (OSZE) umzubenennen. Dazu: *Tretter*, Von der KSZE zur OSZE, insbes. S. 298.

1. Die Schlussakte von Helsinki (1975)

Im Zuge der Entspannungspolitik während des Ost-West-Konflikts in den 1970er Jahren wurde die KSZE als blockübergreifende Staatenkonferenz ins Leben gerufen, nachdem es bereits zuvor mehrere Initiativen für eine europäische Sicherheitskonferenz gegeben hatte. Die erste KSZE-Konferenz wurde am 3. Juli 1973 in Helsinki eröffnet. Ergebnis der Konferenz war die KSZE-Schlussakte von Helsinki, die am 1. August 1975 in Genf von 35 Staaten unterzeichnet wurde.[568] Darin einigte man sich auf verschiedene Gebiete der Kooperation: die Friedenssicherung, die Zusammenarbeit in Wirtschaft, Wissenschaft, Technik und Umwelt sowie den Schutz der Menschenrechte. „Die Schlussakte von Helsinki stellt eine Art politisch bindenden Verhaltenskodex dar, der die Beziehungen der teilnehmenden Staaten nicht nur untereinander, sondern auch gegenüber ihren jeweiligen Staatsbürgern detailliert regelt."[569]

Der Aspekt des Minderheitenschutzes fand gleich an mehreren Stellen der Schlussakte von Helsinki Erwähnung – allerdings ohne konkret ausformulierte Forderungen. Dies ging insbesondere auf die Initiative Jugoslawiens zurück, welches das Thema von Anfang an auf die KSZE-Agenda gesetzt hatte. Im sogenannten 1. Korb der Helsinki Schlussakte, in dem die „Prinzipien, die die Beziehungen der Teilnehmerstaaten leiten" niedergelegt wurden, findet sich auch der Minderheitenschutz. Als VII. Prinzip ist die Achtung der Menschenrechte und Grundfreiheiten niedergeschrieben; dort heißt es im vierten Abschnitt:

> Die Teilnehmerstaaten, auf deren Territorium nationale Minderheiten bestehen, werden das Recht von Personen, die zu solchen Minderheiten gehören, auf Gleichheit vor dem Gesetz achten; sie werden ihnen jede Möglichkeit für den tatsächlichen Genuß der Menschenrechte und Grundfreiheiten gewähren und werden auf diese Weise ihre berechtigten Interessen in diesem Bereich schützen.

2. Wiener Abschlussdokument (1989)

Besonders bedeutsam für das Engagement der KSZE/OSZE im Bereich der Menschenrechte war das Abschlussdokument der (dritten) Folgekonferenz in Wien (4. November 1986 bis 19. Januar 1989)[570], durch welches das Konzept der

568 KSZE, Schlussakte, Helsinki 1975, verfügbar auf Deutsch unter: https://www.osce.org/de/mc/39503?download=true (zuletzt aufgerufen am 12.6.2018).

569 *Stoudmann*, 25 Jahre KSZE/OSZE, S. 286.

570 KSZE, Abschließendes Dokument des Wiener Treffens 1986 der Vertreter der Teilnehmerstaaten der Konferenz über Sicherheit und Zusammenarbeit in Europa, welches auf der Grundlage der Bestimmungen der Schlussakte betreffend die Folgen der

„Menschlichen Dimension“ eingeführt wurde. Die „Menschliche Dimension“ umfasst Verpflichtungen im Bereich der Menschenrechte und Grundfreiheiten, Demokratie und Rechtsstaatlichkeit, humanitären Angelegenheiten sowie der Rechte von Angehörigen nationaler Minderheiten. Durch die Einführung dieses Konzepts wurde die bereits in der Schlussakte von Helsinki verankerte Überzeugung, dass Menschenrechte, Demokratie und Rechtsstaatlichkeit Grundvoraussetzungen für Stabilität und Sicherheit und somit ein wichtiger Teil des KSZE-Sicherheitskonzepts sind, weiter bestärkt.[571]

Insbesondere der Minderheitenschutz erfuhr eine weitere Ausdifferenzierung im Zuge des Wiener Folgetreffens, sodass im dazugehörigen Abschlussdokument mehrfach Bezug auf denselbigen genommen wurde. Zwar wurden die in der Helsinki-Schlussakte enthaltenen Inhalte zum Teil wiederholt, vielfach wurden die Aussagen zum Minderheitenschutz allerdings auch ausgeweitet und konkretisiert.[572] Erstmalig wurden hier etwa Aspekte eines auf das Kollektiv bezogenen Schutzes sichtbar, indem die Staaten nicht nur verpflichtet wurden, die Rechte der Angehörigen von Minderheiten zu respektieren, sondern auch dazu, aktiv die Identität nationaler Minderheiten in ethnischer, kultureller, sprachlicher und religiöser Hinsicht zu schützen und zu fördern.[573] Im Abschnitt „Zusammenarbeit in humanitären und anderen Bereichen“ wurden – anders als noch in der allgemein gehaltenen Helsinki-Schlussakte – einige spezifische Verpflichtungen der Mitgliedstaaten gegenüber ihren nationalen Minderheiten aufgelistet. So heißt es dort etwa ausdrücklich, dass Angehörige nationaler Minderheiten oder regionaler Kulturen hinsichtlich menschlicher Kontakte denselben Status

---

Konferenz abgehalten wurde, Wien 1989, auf Deutsch verfügbar unter: https://www.osce.org/de/mc/40883?download=true (zuletzt aufgerufen am 12.6.2018) = EuGRZ 3–4 (1989), S. 85 (deutsche Übersetzung).

571 Vgl. *Stoudmann*, 25 Jahre KSZE/OSZE, S. 285.

572 Ausführlich hierzu: *Tabory*, Minority rights in the CSCE context, S. 198 ff.

573 „Sie werden die ethnische, kulturelle, sprachliche und religiöse Identität nationaler Minderheiten auf ihrem Territorium schützen und Bedingungen für die Förderung dieser Identität schaffen. Sie werden die freie Ausübung der Rechte durch Angehörige solcher Minderheiten achten und ihre völlige Gleichstellung mit anderen gewährleisten“, KSZE, Abschließendes Dokument des Wiener Treffens 1986 der Vertreter der Teilnehmerstaaten der Konferenz über Sicherheit und Zusammenarbeit in Europa, welches auf der Grundlage der Bestimmungen der Schlussakte betreffend die Folgen der Konferenz abgehalten wurde, Wien 1989, Fragen der Sicherheit in Europa, Prinzip 19, auf Deutsch verfügbar unter: https://www.osce.org/de/mc/40883?download=true (zuletzt aufgerufen am 12.6.2018) = EuGRZ 3–4 (1989), S. 85, 89 (deutsche Übersetzung, auszugsweise).

genießen sollen wie andere Bürger und, dass die Staaten gewährleisten sollen, dass sie auf ihren Territorien Unterricht über ihre eigene Kultur erteilen und erhalten können.[574]

3. *Kopenhagener Dokument (1990)*

Der große Durchbruch im Bereich des Minderheitenschutzes gelang der KSZE im Juni 1990 mit dem Verabschieden des Kopenhagener Dokuments in Folge des Expertentreffens über die menschliche Dimension der KSZE.[575] Die darin verankerten Bestimmungen zum Minderheitenschutz zeichneten sich durch eine bis dato nicht dagewesene Bestimmtheit und Ausführlichkeit aus. Dass eine derart detaillierte Ausgestaltung möglich war, hing zum einen daran, dass der Minderheitenschutz um 1990 durch den Umbruch in Osteuropa und das damit verbundene Aufleben verschiedener Minderheitenkonflikte wieder verstärkt in den Fokus der Weltöffentlichkeit gelangt war.[576] Zum anderen waren die Staaten auf KSZE-Ebene eher bereit, sich auf konkrete Regelungen einzulassen, da die KSZE-Dokumente lediglich politische Absichtserklärungen darstellten, rechtlich für die Staaten aber nicht verbindlich waren. Im Kopenhagener Dokument wird dem Minderheitenschutz ein kompletter Abschnitt (IV.) gewidmet. Trotz der umfassenden Regelungslage beinhaltet das Kopenhagener Dokument keine Minderheitendefinition. Es wird jedoch darauf hingewiesen, dass die Zugehörigkeit zu einer nationalen Minderheit Angelegenheit der persönlichen Entscheidung des Einzelnen ist.[577]

---

574 KSZE, Abschließendes Dokument des Wiener Treffens 1986 der Vertreter der Teilnehmerstaaten der Konferenz über Sicherheit und Zusammenarbeit in Europa, welches auf der Grundlage der Bestimmungen der Schlussakte betreffend die Folgen der Konferenz abgehalten wurde, Wien 1989, Zusammenarbeit in humanitären und anderen Bereichen, Prinzipien 31, 68, auf Deutsch verfügbar unter: https://www.osce.org/de/mc/40883?download=true (zuletzt aufgerufen am 12.6.2018) = EuGRZ 3–4 (1989), S. 85, 94, 96 (deutsche Übersetzung, auszugsweise).

575 KSZE, Dokument des Kopenhagener Treffens der Konferenz über die Menschliche Dimension der KSZE, auf Deutsch verfügbar unter: https://www.osce.org/de/odihr/elections/14304?download=true (zuletzt aufgerufen am 12.6.2018) = HRLJ 1–2 (1990), S. 232 (englischer Originaltext) = EuGRZ 9–10 (1990), S. 239 (deutsche Übersetzung).

576 Vgl. *Blumenwitz*, Minderheiten- und Volksgruppenrecht, S. 52.

577 KSZE, Dokument des Kopenhagener Treffens der Konferenz über die Menschliche Dimension der KSZE, Abschnitt IV, Rn. 32, auf Deutsch verfügbar unter: https://www.osce.org/de/odihr/elections/14304?download=true (zuletzt aufgerufen am

Neben der Verankerung eines umfassenden Diskriminierungsverbotes und Gleichheitsgrundsatzes, im Rahmen dessen die Staaten sogar zum Ergreifen besonderer Maßnahmen zum Erreichen einer vollen Gleichheit verpflichtet werden, wird Angehörigen von Minderheiten außerdem das Recht zugestanden, ihre ethnische, kulturelle, sprachliche und religiöse Identität frei zum Ausdruck zu bringen, zu bewahren und weiterzuentwickeln, sowie ihre Kultur in all ihren Aspekten zu erhalten und zu entwickeln, frei von jeglichen Versuchen, gegen ihren Willen assimiliert zu werden.[578] Was dieses Recht unter anderem konkret beinhaltet, wird im Anschluss sogar katalogartig ausformuliert.

Obwohl ausschließlich von den Angehörigen nationaler Minderheiten gesprochen wird, findet sich der altbekannte Hinweis darauf, dass Angehörige von Minderheiten ihre Rechte einzeln oder in Gemeinschaft mit anderen Mitgliedern ihrer Gruppe ausüben und genießen können, wodurch wieder ein kollektiver Bezug hergestellt wird.[579] Wie schon das Wiener Abschlussdokument sieht auch das Kopenhagener Dokument vor, dass die Staaten aktive Identitätsförderung betreiben.[580] In der näheren Erläuterung der Ausgestaltung einer solchen Förderpolitik wird jedoch in relativ zurückhaltender Manier nur noch von einem Bemühen der Staaten gesprochen, wie beispielsweise im Bereich der Sprachenförderung:

> Die Teilnehmerstaaten werden sich darum bemühen, Angehörigen nationaler Minderheiten, ungeachtet der Notwendigkeit, die offizielle Sprache oder die offiziellen Sprachen des betreffenden Staates zu erlernen, in Einklang mit den anwendbaren nationalen

---

12.6.2018) = HRLJ 1–2 (1990), S. 232, 242 (englischer Originaltext) = EuGRZ 9–10 (1990), S. 239, 245 (deutsche Übersetzung).

578 KSZE, Dokument des Kopenhagener Treffens der Konferenz über die Menschliche Dimension der KSZE, Abschnitt IV, Rn. 31 f., auf Deutsch verfügbar unter: https://www.osce.org/de/odihr/elections/14304?download=true (zuletzt aufgerufen am 12.6.2018) = HRLJ 1–2 (1990), S. 232, 242 (englischer Originaltext) = EuGRZ 9–10 (1990), S. 239, 245 (deutsche Übersetzung).

579 KSZE, Dokument des Kopenhagener Treffens der Konferenz über die Menschliche Dimension der KSZE, Abschnitt IV, Rn. 32, auf Deutsch verfügbar unter: https://www.osce.org/de/odihr/elections/14304?download=true (zuletzt aufgerufen am 12.6.2018) = HRLJ 1–2 (1990), S. 232, 242 (englischer Originaltext) = EuGRZ 9–10 (1990), S. 239, 245 (deutsche Übersetzung).

580 KSZE, Dokument des Kopenhagener Treffens der Konferenz über die Menschliche Dimension der KSZE, Abschnitt IV, Rn. 33, auf Deutsch verfügbar unter: https://www.osce.org/de/odihr/elections/14304?download=true (zuletzt aufgerufen am 12.6.2018) = HRLJ 1–2 (1990), S. 232, 243 (englischer Originaltext) = EuGRZ 9–10 (1990), S. 239, 245 (deutsche Übersetzung).

> Rechtsvorschriften entsprechende Möglichkeiten für den Unterricht ihrer Muttersprache oder in ihrer Muttersprache sowie, wo immer dies möglich und notwendig ist, für deren Gebrauch bei Behörden zu gewährleisten.[581]

Auch die Schaffung lokaler oder autonomer Verwaltungsstrukturen listet das Kopenhagener Dokument als eine Möglichkeit der Identitätsförderung ausdrücklich auf:

> Die Teilnehmerstaaten nehmen die Bemühungen zur Kenntnis, die ethnische, kulturelle, sprachliche und religiöse Identität bestimmter nationaler Minderheiten zu schützen und Bedingungen für ihre Förderung zu schaffen, indem sie als eine der Möglichkeiten zur Erreichung dieser Ziele geeignete lokale oder autonome Verwaltungen einrichten, die den spezifischen historischen und territorialen Gegebenheiten dieser Minderheiten Rechnung tragen und in Einklang mit der Politik des betreffenden Staates stehen.[582]

Die Tatsache, dass die Gewährung politischer Autonomie hier als legitime Maßnahme aufgeführt ist und diese wohl eine der weitgehendsten minderheitenschützenden Maßnahmen überhaupt darstellt, macht deutlich, wie weitreichend die im Kopenhagener Dokument vorgesehenen Maßnahmen sind – trotz der ein oder anderen weichen Formulierung. Auch wegen der Aufnahme von Autonomieaspekten wurde das Kopenhagener Dokument in der Literatur überwiegend als großartiger Fortschritt und Meilenstein gefeiert.[583]

---

581 KSZE, Dokument des Kopenhagener Treffens der Konferenz über die Menschliche Dimension der KSZE, Abschnitt IV, Rn. 34, auf Deutsch verfügbar unter: https://www.osce.org/de/odihr/elections/14304?download=true (zuletzt aufgerufen am 12.6.2018) = HRLJ 1–2 (1990), S. 232, 243 (englischer Originaltext) = EuGRZ 9–10 (1990), S. 239, 245 (deutsche Übersetzung).

582 KSZE, Dokument des Kopenhagener Treffens der Konferenz über die Menschliche Dimension der KSZE, Abschnitt IV, Rn. 35, auf Deutsch verfügbar unter: https://www.osce.org/de/odihr/elections/14304?download=true (zuletzt aufgerufen am 12.6.2018) = HRLJ 1–2 (1990), S. 232, 243 (englischer Originaltext) = EuGRZ 9–10 (1990), S. 239, 245 (deutsche Übersetzung).

583 Vgl. etwa: *Hofmann*, Minderheitenschutz in Europa: Völker- und Staatsrechtliche Lage im Überblick, S. 34 f.; *Scherer-Leydecker*, Minderheiten und sonstige ethnische Gruppen, S. 180; *Giegerich*, Menschenrechtsschutz im Rahmen der OSZE, Rn. 23; *Wright*, The OSCE and the Protection of Minority Rights, S. 196; *Gornig*, Sanktions- und Kontrollmechanismen für die Durchsetzung eines wirksamen Minderheitenschutzes, S. 142 f. *Kugelmann* stellt fest, dass die Regelungen des Kopenhagener Abschlussdokuments insgesamt „*das Maximum dessen, was an Regelungen zum Schutz von Minderheiten in Europa augenblicklich erreichbar ist*", markieren und „*Vorbildcharakter*" tragen: *ders.*, Minderheitenschutz als Menschenrechtsschutz, S. 247 f.

Am Ende des Minderheitenabschnitts sprechen sich die Staaten schließlich ausdrücklich gegen „Totalitarismus, Rassenhaß und Haß zwischen Volksgruppen, Antisemitismus, Fremdenhaß und Diskriminierung irgendeines Menschen sowie die Verfolgung aus religiösen und ideologischen Gründen" aus und erkennen in diesem Zusammenhang sogar die besonderen Probleme der Sinti und Roma an.[584] Die Staaten verpflichten sich schließlich, geeignete rechtliche und politische Maßnahmen zum Schutz von Minderheiten vor rassistischen Gewaltakten oder anderen Formen von Diskriminierungen zu ergreifen. An dieser Stelle zeichnet sich die Kopenhagener Erklärung durch einen konkreten Regelungscharakter aus, da die einzelnen zu ergreifenden Maßnahmen genau aufgelistet sind, wie etwa die staatliche Pflicht, dem einzelnen wirksame Rechtsmittel zur Verfügung zu stellen, mit denen er sich gerichtlich gegen Diskriminierung wehren kann.[585]

4. *Genfer Expertentreffen (1991)*

Die Charta von Paris für ein neues Europa, welche am 21. November 1990 als Schlussdokument der KSZE-Sondergipfelkonferenz von den teilnehmenden Staaten unterzeichnet wurde, dokumentierte das Ende des Ost-West-Konflikts und der Spaltung Europas.[586] Im Bereich des Minderheitenschutzes einigte man sich schließlich auf das Abhalten eines Expertentreffens über nationale Minderheiten mit dem Ziel des Erfahrungsaustauschs, der Überprüfung der Durchführung der KSZE-Verpflichtungen und der Prüfung der Möglichkeiten der Verbesserung der einschlägigen Normen und deren Durchführung.[587] Das

---

584 KSZE, Dokument des Kopenhagener Treffens der Konferenz über die Menschliche Dimension der KSZE, Abschnitt IV, Rn. 40, auf Deutsch verfügbar unter: https://www.osce.org/de/odihr/elections/14304?download=true (zuletzt aufgerufen am 12.6.2018) = HRLJ 1–2 (1990), S. 232, 244 (englischer Originaltext) = EuGRZ 9–10 (1990), S. 239, 246 (deutsche Übersetzung).

585 KSZE, Dokument des Kopenhagener Treffens der Konferenz über die Menschliche Dimension der KSZE, Abschnitt IV, Rn. 40.1, auf Deutsch verfügbar unter: https://www.osce.org/de/odihr/elections/14304?download=true (zuletzt aufgerufen am 12.6.2018) = HRLJ 1–2 (1990), S. 232, 244 (englischer Originaltext) = EuGRZ 9–10 (1990), S. 239, 246 (deutsche Übersetzung).

586 KSZE, Charta von Paris für ein Neues Europa, Paris 1990, auf Deutsch verfügbar unter: https://www.osce.org/de/mc/39518?download=true (zuletzt aufgerufen am 12.6.2018).

587 KSZE, Charta von Paris für ein Neues Europa, Paris 1990, Zusatzdokument zur Durchführung einiger Bestimmungen der Charta von Paris für ein Neues Europa, Abschnitt II B: Expertentreffen über Nationale Minderheiten, auf Deutsch verfügbar

Expertentreffen fand schließlich im Juli 1991 in Genf statt. Die bisherige Dynamik, die in den vorhergehenden Jahren auf KSZE-Ebene in Bezug auf den Minderheitenschutz zu beobachten war, fand dort allerdings ihr vorübergehendes Ende. Einige Staaten brachten klar zum Ausdruck, dass sie Minderheiten durch die individuellen Menschenrechte als ausreichend geschützt betrachteten und dementsprechend nicht bereit waren, den Minderheitenschutz auszuweiten.[588] Die unterschiedlichen Auffassungen der Staaten zum Minderheitenschutz traten in Genf deutlich zu Tage und so hatten die Staaten alle Mühe, ein gemeinsames Abschlussdokument zu Stande zu bringen.[589] Darin konnte man sich zumindest zu der Feststellung durchringen, dass der Minderheitenschutz ein berechtigtes internationales Anliegen und nicht ausschließlich eine innere Angelegenheit des jeweiligen Staates darstellt.[590] Der Umstand, dass die Dynamik des Kopenhagener Treffens mittlerweile verflogen war, schlug sich insbesondere in folgendem Satz nieder, der die restriktive Grundhaltung vieler Staaten verdeutlichte: *"They note that not all ethnic, cultural, linguistic or religious differences necessarily lead to the creation of national minorities."*[591] In der Literatur befürchtete man dadurch einen Zurückfall hinter den Minderheitenschutzstandard vor dem Kopenhagener Dokument; kritisiert wurde insbesondere, dass es den Staaten auf Grund der eben zitierten Formulierung nun wieder selbst überlassen würde, zu entscheiden, welche Gruppe eine Minderheit darstelle und welche nicht.[592]

---

unter: https://www.osce.org/de/mc/39518?download=true (zuletzt aufgerufen am 12.6.2018).

588 Vgl. *Blumenwitz*, Minderheiten- und Volksgruppenrecht, S. 54; *Widmer*, Bemühungen der internationalen und regionalen Organisationen, S. 156; *Hofmann*, Minderheitenschutz in Europa: Völker- und Staatsrechtliche Lage im Überblick, S. 36.

589 KSZE, Report of the CSCE Meeting of Experts on National Minorities, Geneva 1991, verfügbar unter: http://www.osce.org/hcnm/14588?download=true (zuletzt aufgerufen am 12.6.2018) = EuGRZ 21–22 (1991), S. 492 (deutsche Übersetzung). Dazu *Scherer-Leydecker*, Minderheiten und sonstige ethnische Gruppen, S. 181; *Hofmann*, Minderheitenschutz in Europa: Völker- und staatsrechtliche Lage im Überblick, S. 36.

590 *"Issues concerning national minorities, as well as compliance with international obligations and commitments concerning the rights of persons belonging to them, are matters of legitimate international concern and consequently do not constitute exclusively an internal affair of the respective State"*, KSZE, Report of the CSCE Meeting of Experts on National Minorities, Geneva 1991, Abschnitt II = EuGRZ 21–22 (1991), S. 492 (deutsche Übersetzung).

591 *Ebd.*

592 Vgl. *Widmer*, Bemühungen der internationalen und regionalen Organisationen, S. 157 f; *Hofmann*, Minderheitenschutz in Europa: Völker- und staatsrechtliche Lage im

5. *Das Amt des Hohen Kommissars für nationale Minderheiten*

Auf die Verabschiedung des Abschlussdokuments der Genfer Expertentagung folgte zunächst eine Zeit der Stagnation in Bezug auf den Minderheitenschutz innerhalb der KSZE. Auf den Folgekonferenzen konnten insbesondere auf Grund der ablehnenden Haltung von Bulgarien, Rumänien, Griechenland, Frankreich, Belgien und der Türkei keine weiteren nennenswerten Fortschritte erzielt werden.[593] Veränderungen ließen sich lediglich auf der Ebene der Implementierung der Minderheitenrechte beobachten, indem der sogenannte Moskauer Mechanismus ins Leben gerufen wurde, ein System der Entsendung unabhängiger Experten und Berichterstatter.[594]

Von größerer Bedeutung für den Minderheitenschutz war schließlich wieder der KSZE-Gipfel in Helsinki im Juli 1992, auf dem die Einsetzung eines Hohen Kommissars für nationale Minderheiten (*High Commissioner on National Minorities* = HCNM) beschlossen wurde.[595] Dieser wird vom OSZE Ministerrat im Konsens und auf Empfehlung des Hohen Rates für drei Jahre ernannt.[596] Primär soll der Hochkommissar zum frühestmöglichen Zeitpunkt als Instrument der Konfliktprävention fungieren:

> Der Hohe Kommissar sorgt zum frühestmöglichen Zeitpunkt für „Frühwarnung" und gegebenenfalls für „Frühmaßnahmen" hinsichtlich von Spannungen, die Bezug auf Angelegenheiten nationaler Minderheiten haben und das Potential in sich bergen, sich

---

Überblick, S. 36 f.; *Heun*, Minderheitenschutz der Roma in der EU, S. 48; *Heintze*, Selbstbestimmungsrecht und Minderheitenschutz, S. 167.

593 Vgl. dazu *Hofmann*, Minderheitenschutz in Europa. Völker- und Staatsrechtliche Lage im Überblick, S. 37; *Höhn*, Zwischen Menschenrechten und Konfliktprävention, S. 115.

594 Vgl. zum Moskauer Mechanismus: *Giegerich*, Menschenrechtsschutz im Rahmen der OSZE, Rn. 17 ff.; *Gornig*, Sanktions- und Kontrollmechanismen für die Durchsetzung eines wirksamen Minderheitenschutzes, S. 144 f.; *Blumenwitz*, Internationale Schutzmechanismen zur Durchsetzung von Minderheiten- und Volksgruppenrechten, S. 135 ff.; *Widmer*, Bemühungen der internationalen und regionalen Organisationen, S. 158 f.; *Heintze*, Selbstbestimmungsrecht und Minderheitenschutz, S. 168.

595 KSZE, Helsinki Dokument, Herausforderungen des Wandels, 1992, Abschnitt I, Beschluss 23 und Abschnitt II, auf Deutsch verfügbar unter: https://www.osce.org/de/mc/39532?download=true (zuletzt aufgerufen am 12.6.2018) = EuGRZ 15–16 (1992), S. 372, 377 ff.

596 KSZE, Helsinki Dokument, Herausforderungen des Wandels, 1992, Abschnitt II, Beschluss 9, auf Deutsch verfügbar unter: https://www.osce.org/de/mc/39532?download=true (zuletzt aufgerufen am 12.6.2018) = EuGRZ 15–16 (1992), S. 372, 378.

> im KSZE-Gebiet zu einem den Frieden, die Stabilität oder die Beziehungen zwischen Teilnehmerstaaten beeinträchtigenden Konflikt zu entwickeln.[597]

In der Entscheidung, mit welchen Minderheitensituationen er sich befasst, ist der Hochkommissar weitgehend autonom.[598] Allerdings ist sein Mandat in zweierlei Hinsicht beschränkt: Nicht befassen darf er sich zum einen mit Verletzungen von OSZE-Verpflichtungen in Bezug auf Einzelpersonen, die nationalen Minderheiten angehören, und zum anderen mit Situationen, in denen es um organisierte terroristische Handlungen geht.[599] Konsequenterweise fallen daher viele Minderheitensituationen, wie etwa lange Zeit im Baskenland, nicht in seinen Aufgabenbereich.

Bezogen auf seine Amtsführung wird von einem Mittel „stiller Demokratie" gesprochen. Der Hochkommissar kann ohne eine vorher eingeholte Erlaubnis einen Staat besuchen und dort mit den betroffenen Parteien sprechen. Er greift deeskalierend in die vorherrschende Spannungssituation ein und versucht, einen Prozess zur dauerhaften Lösung der Minderheitenprobleme einzuleiten. Gelangt der Hochkommissar zu der Auffassung, dass bestimmte Spannungen ein tatsächliches Konfliktrisiko in sich bergen, gibt er eine sogenannte Frühwarnungserklärung ab, die dann an den Hohen Rat weitergeleitet und auf dessen nächstem Treffen behandelt wird.[600] Bisher wurden vom Hochkommissar zwei solcher Frühwarnungen abgegeben: 1999 in Bezug auf Mazedonien und 2010 in Bezug auf Kirgisien.[601]

---

597 KSZE, Helsinki Dokument, Herausforderungen des Wandels, 1992, Abschnitt I, Beschluss 23, auf Deutsch verfügbar unter: https://www.osce.org/de/mc/39532?download=true (zuletzt aufgerufen am 12.6.2018) = EuGRZ 15–16 (1992), S. 372, 377. Dazu auch: *Helgesen*, The Protection of Minorities in the CSCE, S. 19.

598 Vgl. *Giegerich*, Menschenrechtsschutz im Rahmen der OSZE, Rn. 26; *Haselhuber*, Institutionalisierung ohne Verrechtlichung, S. 125.

599 KSZE, Helsinki Dokument, Herausforderungen des Wandels, 1992, Abschnitt II, Beschlüsse 5b. und 5c., auf Deutsch verfügbar unter: https://www.osce.org/de/mc/39532?download=true (zuletzt aufgerufen am 12.6.2018) = EuGRZ 15–16 (1992), S. 372, 378. Vgl. außerdem *Widmer*, Bemühungen der internationalen und regionalen Organisationen, S. 159 f., *Giegerich*, Menschenrechtsschutz im Rahmen der OSZE, Rn. 27; *Helgesen*, The Protection of Minorities in the CSCE, S. 21.

600 KSZE, Helsinki Dokument, Herausforderungen des Wandels, 1992, Abschnitt II, Beschlüsse 13 ff., auf Deutsch verfügbar unter: https://www.osce.org/de/mc/39532?download=true (zuletzt aufgerufen am 12.6.2018) = EuGRZ 15–16 (1992), S. 372, 378.

601 Siehe die Homepage des Hohen Komissars für Nationale Minderheiten: http://www.osce.org/hcnm/107878 (zuletzt aufgerufen am 12.6.2018).

6. *Der Begriff der nationalen Minderheit im KSZE/OSZE-Kontext*

Die Dokumente der KSZE/OSZE zum Minderheitenschutz beziehen sich ausschließlich auf den Schutz nationaler Minderheiten. Auch im Rahmen der KSZE/OSZE existiert allerdings keine einheitliche Definition des Begriffs. Anhaltspunkte dafür, wie der Begriff auf Ebene der OSZE verstanden wird, lassen sich allerdings aus der Praxis des Hohen Kommissars für Nationale Minderheiten gewinnen. *Max van der Stoel*, der das Amt als Erster innehatte, wies bereits 1993 den Weg in Richtung eines recht pragmatischen Ansatzes:

> *I won't offer you a definition of my own. I would note, however, that the existence of a minority is a question of fact and not of definition. In this connection I would like to quote the Copenhagen Document of 1990 which states that – 'to belong to a national minority is a matter of a person's individual choice.' Even though I may not have a definition of what constitutes a minority, I would dare to say that I know a minority when I see one. First of all, a minority is a group with linguistic, ethnic or cultural characteristics which distinguish it from the majority. Secondly, a minority is a group which usually not only seeks to maintain its identity but also tries to give stronger expression to that identity.*[602]

Gerade auch im Hinblick auf die Praxis des Hohen Kommissars wird der Begriff der nationalen Minderheit nach KSZE/OSZE-Verständnis in der Literatur meist als äquivalent zum Begriff der ethnischen Minderheit und relativ weitreichend gedeutet, das heißt etwa nicht auf das Kriterium der Staatsangehörigkeit abstellend.[603] Zum Teil wird die Verwendung des Begriffs der nationalen Minderheit im KSZE/OSZE-Kontext auch so verstanden, dass man hier zu den Anfangszeiten des KSZE/OSZE-Prozesses gezielt eine Mischform der bis dato in den bereits existierenden Menschenrechtsinstrumenten gängigen Bezeichnungen „ethnische, sprachliche und religiöse Minderheiten" und der in den osteuropäischen Staaten für Minderheiten üblichen Bezeichnung „Nationalitäten" wählte.[604]

---

602 Keynote Address of *Max von der Stoel*, CSCE High Commissioner on National Minorities at the CSCE Human Dimension Seminar on "Case Studies on National Minority Issues: Positive Results", Warschau, 24.5.1993, verfügbar unter: http://www.osce.org/hcnm/38038 (zuletzt abgerufen am 12.6.2018).

603 Vgl. etwa: *Wright*, The OSCE and the Protection of Minority Rights, S. 196; *Scherer-Leydecker*, Minderheiten und sonstige ethnische Gruppen, S. 191; *Heun*, Minderheitenschutz der Roma in der EU, S. 122; *Henrard*, Devising an Adequate System of Minority Protection, S. 29 f.

604 Vgl. *Tabory*, Minority rights in the CSCE context, S. 198.

III. Minderheitenschutz im Rahmen der Europäischen Union

Im Rahmen der Europäischen Union stellte der Minderheitenschutz nie das zentrale Thema dar; ein eigenständiges Regelwerk zum Minderheitenschutz sucht man auf EU-Ebene vergeblich. Alle Initiativen, die diesbezüglich ins Leben gerufen wurden, konnten sich nicht durchsetzen.[605] Mit der zunehmenden Entwicklung der Union von einer reinen Wirtschaftsgemeinschaft hin zu einer „Wertegemeinschaft" rückte jedoch auch das Thema des Minderheitenschutzes immer mehr in den Fokus. Als Gemeinschaft, die sich der Demokratie, Rechtsstaatlichkeit und den Menschenrechten verschrieben hat, kommt die Union heute nicht umhin, sich mit Aspekten des Minderheitenschutzes zu befassen.

Eine Schlüsselrolle für die Befassung der EU mit den Aspekten des Minderheitenschutzes spielten die EU-Osterweiterungen 2004 und 2007. Durch die Beitritte von Ländern wie Ungarn oder Bulgarien, die hohe Minderheitenpopulationen aufweisen, wurden Millionen Angehörige nationaler Minderheiten in diesen Staaten schlagartig Unionsbürger. Die Minderheitenkonflikte dieser Staaten wurden so mitten in die EU getragen. Zudem hatten die durch die Erweiterungen entstandenen Verschiebungen der EU-Außengrenzen zur Folge, dass sich die EU heute in direkter Nachbarschaft mit Staaten befindet, in denen ebenfalls zahlreiche Minderheiten leben, wie dies etwa in Serbien der Fall ist.[606] Da die Minderheitensituationen in den Staaten (Süd-)Osteuropas nach wie vor eine

---

605 1984 legte der Abgeordnete *Alfons Goppel* dem Europäischen Parlament etwa einen Berichtsentwurf zu den Rechten der Volksgruppen und Minderheiten vor und forderte dabei die Schaffung einer Europäischen Volksgruppencharta. Der daraufhin von dem Abgeordneten *Graf Stauffenberg* erarbeitete Entschließungsentwurf einer solchen Charta gelangte allerdings auf Grund der sich dem Ende neigenden Legislaturperiode nicht mehr zu einer Abstimmung im Plenum des Europäischen Parlaments. Vgl. dazu: *Kimminich*, Ansätze für ein europäisches Volksgruppenrecht, S. 13; *Blumenwitz*, Minderheiten- und Volksgruppenrecht, S. 59 f. 1992 wurde durch den Abgeordneten *Siegbert Alber* ein weiterer Entschließungsentwurf in das Parlament eingebracht, bei dem es aber ebenfalls nicht zu einer Abstimmung kam. Zu den verschiedenen Entschließungsanträgen insgesamt: *Scherer-Leydecker*, Minderheiten und sonstige ethnische Gruppen, S. 167 ff.; *Hilpold*, Minderheiten im Unionsrecht, S. 456 ff. Letzterer setzt sich besonders kritisch mit den Forderungen der Entschließungsentwurfs von *Alber* auseinander.

606 Gemäß einer Zensus Umfrage von 2002 leben in Serbien 18 verschiedene ethnische Minderheiten, darunter mind. 100.000 Roma, vgl. OSZE, Ethnic Minorities in Serbia, An Overview, Februar 2008, verfügbar unter: http://www.osce.org/serbia/30908?download=true (zuletzt aufgerufen am 12.6.2018).

enorme Sprengkraft besitzen, haben die Beitrittsverhandlungen und die Beitritte selbst dazu geführt, dass die Union die Relevanz des Minderheitenschutzes für die eigene Sicherheit und Stabilität erkannt hat. Der Minderheitenschutz gehört seither zur festen Agenda der EU.

Positiven Einfluss auf die Befassung mit den Nöten von Minderheiten und damit erforderlichen Lösungsansätzen auf Unionsebene hatte sicherlich auch die zunehmende Regelungsdichte auf anderen internationalen Ebenen, wie der KSZE/OSZE oder dem Europarat sowie die Aufmerksamkeit, die der Minderheitenschutz nach und nach im nationalen Bereich einiger Mitgliedstaaten erfahren hat. Immerhin dienen die Europäische Menschenrechtskonvention und die Verfassungsüberlieferungen der Mitgliedstaaten der Union als Rechtserkenntnisquellen im grundrechtlichen Bereich (Art. 6 Abs. 3 EU-Vertrag).

1. Minderheitenschutz im EU-Primärrecht

Bezüge zum Minderheitenschutz sind im EU-Primärrecht durchaus rar gesät. Lange Zeit fand der Minderheitenschutz sogar in keinem der Gemeinschaftsverträge direkte Erwähnung. Mit dem Vertrag von Lissabon hat sich dies geändert. Mittlerweile führt Art. 2 EU-Vertrag (EUV) die Wahrung von Rechten von Personen, die Minderheiten angehören, als einen der Werte der Union ausdrücklich auf. Schließlich nimmt auch die Europäische Grundrechtecharta, die durch den Vertrag von Lissabon den Verträgen rechtlich gleichgestellt wurde, in den Art. 21 und 22 Bezug auf den Schutz von nationalen Minderheiten.

a. Art. 2 Satz 1 EUV

Wie bereits erwähnt, listet Art. 2 Satz 1 EUV den Schutz der Rechte von Minderheitenangehörigen als einen der Grundwerte der Union auf und ordnet ihn dabei durch entsprechende Formulierungen direkt dem Menschenrechtsschutz zu: „Die Werte, auf die sich die Union gründet, sind […] die Wahrung der Menschenrechte einschließlich der Rechte der Personen, die Minderheiten angehören." Art. 2 formuliert die Wertebasis und dadurch eine Art „Verfassungskern" der EU.[607] Stein des Anstoßes für die Aufnahme des Minderheitenschutzes in Art. 2 war die plötzliche Konfrontation der Union mit den Minderheitensituationen ihrer neuen Mitgliedstaaten im Zuge der EU-Osterweiterungen.[608] Bereits um die Vorgängernorm, Art. 6 Abs. 1 EUV a.F., welche nur ein ausdrückliches Bekenntnis zu den Grund- und Menschenrechten beinhaltete, hatte

607 Vgl. *Calliess*, in: *ders./Ruffert*, EUV/AEUV, Art. 2, Rn. 7.
608 Vgl. *ebd.*, Rn. 28.

es Diskussionen wegen einer möglichen expliziten Aufnahme des Minderheitenschutzes in seinen Wortlaut gegeben.[609]

Art. 2 ist in erster Linie ein Wertebekenntnis mit deklaratorischem Charakter, das jedoch eine maßgebliche Komponente für die Frage der Aufnahme neuer Mitgliedstaaten darstellt.[610] Gemäß Art. 49 Abs. 1 S. 1 EUV können nur solche Staaten die Unionsmitgliedschaft beantragen, die die in Art. 2 verankerten Werte achten und sich für ihre Förderung einsetzen.[611] Weitere Bedeutung erfährt Art. 2 im Rahmen der Überwachungs- und Sanktionsmechanismen des Art. 7 EUV, die insbesondere das Verhängen von Sanktionen, wie etwa das Aussetzen von Stimmrechten eines Mitgliedstaates ermöglichen, der die in Art. 2 niedergelegten Werte schwerwiegend und dauerhaft verletzt hat. Bisher hat sich auf Grund der Zurückhaltung der Mitgliedstaaten die tatsächliche Bedeutung des Art. 7 allerdings in Grenzen gehalten.[612] Lediglich gegen Polen und Ungarn wurden bislang Sanktionsverfahren gemäß Art. 7 eingeleitet.[613]

b. Art. 21 und Art. 22 Europäische Grundrechtecharta

Gerade die Grundrechte sind auf der Ebene der Europäischen Union für den Minderheitenschutz von enormer Bedeutung. Ein umfassender Grundrechtekatalog findet sich in der Europäischen Grundrechtecharta (GRC), welche den momentanen Konsens der Mitgliedstaaten bezüglich des Grundrechtsschutzes zum Ausdruck bringt. Auf dem EU-Gipfel von Nizza im Jahr 2000 wurde die Charta vom Europäischen Rat feierlich proklamiert. Mit dem Vertrag von Lissabon wurde die Charta schließlich mit den Verträgen rechtlich gleichgestellt (siehe Art. 6 Abs. 1 S. 1 EUV) und stellt seither verbindliches EU-Primärrecht dar. Selbstverständlich gilt hier dasselbe, was bereits im Rahmen des UN-Zivilpaktes gesagt wurde: Viele der in der Charta verankerten Grundrechte haben

---

609 Vgl. dazu etwa: *Hoffmeister*, Grundlagen und Vorgaben für den Schutz der Minderheiten im EU-Primärrecht, S. 178 ff. *Arnauld* weist darauf hin, dass Art. 6 Abs. 1 und 2 EUV a.F. den Minderheitenschutz trotz fehlender ausdrücklicher Verankerung mitumfassten: *ders.*, Minderheitenschutz im Recht der EU, S. 128.

610 Vgl. *Fischer*, Vertrag von Lissabon, S. 132 f.

611 Siehe zu den Beitrittsmodalitäten: Teil 2, D. III. 5.

612 Vgl. dazu etwa: *Yamato/Stephan*, Eine Politik der Nichteinmischung.

613 Auf Grund der umstrittenen Justizreform strengte die EU-Kommission im Dezember 2017 ein Artikel-7-Verfahren gegen Polen an. Im Falle von Ungarn sprach sich das EU-Parlament wegen einer ernsthaften Verschlechterung von Demokratie und Rechtstaatlichkeit im Juli 2018 für die Einleitung eines solchen Verfahrens aus. In beiden Fällen steht eine finale Entscheidung des Rates noch aus.

eine hohe minderheitenschützende Relevanz, obwohl sie sich nicht ausdrücklich auf Minderheiten beziehen.[614]

In Art. 21 Abs. 1 statuiert die Charta ein Diskriminierungsverbot und nimmt dabei ausdrücklich Bezug auf nationale Minderheiten:

> Diskriminierungen, insbesondere wegen des Geschlechts, der Rasse, der Hautfarbe, der ethnischen oder sozialen Herkunft, der genetischen Merkmale, der Sprache, der Religion oder der Weltanschauung, der politischen oder sonstigen Anschauung, der Zugehörigkeit zu einer nationalen Minderheit, des Vermögens, der Geburt, einer Behinderung, des Alters oder der sexuellen Ausrichtung, sind verboten.

Bei Art. 22 handelt es sich um eine Regelung, die zwar nicht ausdrücklich auf die Rechte von Minderheiten verweist, einer klassischen Minderheitenschutznorm aber letztlich am nächsten kommt. Im Grundrechtekonvent war insbesondere von deutscher und österreichischer Seite gefordert worden, dass der Minderheitenschutz Berücksichtigung in der Charta finden sollte, da das Diskriminierungsverbot nicht ausreiche. Da dieser Vorstoß nicht nur auf Zustimmung stieß, vor allem nicht im Konventspräsidium, fand der Vorschlag nur in sehr zurückhaltender Form Eingang in die Charta.[615] So normiert Art. 22 schlicht: „Die Union achtet die Vielfalt der Kulturen, Religionen und Sprachen." Der Artikel formuliert das klare Ziel, dass es innerhalb der Union verschiedene Kulturen, Religionen und Sprachen geben muss und setzt so einen Kontrapunkt zur Unionsidentität. Art. 22 gewährt keine subjektiven Rechte, sondern normiert einen objektiv-rechtlichen Grundsatz, der Kriterien für das Handeln der Organe und Einrichtungen der EU aufstellt.[616]

2. Kompetenzen der EU zur Regelung minderheitenrelevanter Themen

Zwar nimmt das EU-Primärrecht nur an einzelnen Stellen direkten Bezug zum Minderheitenschutz, allerdings lassen sich verschiedene Bestimmungen ausmachen, die zumindest eine Kompetenz der Union zur Regelung minderheitenspezifischer Themen begründen können.

---

614 Selbiges gilt naturgemäß auch für die ungeschriebenen Unionsrechte, die gemäß Art. 6 Abs. 3 EUV aus den sog. Rechtserkenntnisquellen, der EMRK und den Verfassungsüberlieferungen der Mitgliedstaaten, entwickelt wurden.

615 Zur Entstehungsgeschichte: *Hölscheidt*, in: *Meyer*, Charta der Grundrechte der EU, Kommentar, Art. 22, Rn. 10 ff.

616 Vgl. *ebd.*, Rn. 16 f.

a. Kulturförderung

Besondere Relevanz kommt Art. 167 des Vertrags über die Arbeitsweise der Europäischen Union (AEUV) zu, welcher der Union in Absatz 1 einen Auftrag zur Kulturförderung auf europäischer Ebene erteilt: „Die Union leistet einen Beitrag zur Entfaltung der Kulturen der Mitgliedstaaten unter Wahrung ihrer nationalen und regionalen Vielfalt sowie gleichzeitiger Hervorhebung des gemeinsamen kulturellen Erbes."

Durch den direkten Verweis auf die regionale kulturelle Vielfalt innerhalb der Mitgliedstaaten, wird hier die Existenz minderheitlicher Kulturen explizit anerkannt. Hieraus kann geschlossen werden, dass die sogenannte Kulturkompetenz der Union auch die Förderung der kulturellen Identität der europäischen Minderheiten umfasst.[617] Auch an anderer Stelle wird deutlich, dass die Union der Vielfalt der Kulturen und Sprachen verpflichtet ist: Gemäß Art. 3 Abs. 3 Uabs. 4 EUV wahrt sie „den Reichtum ihrer kulturellen und sprachlichen Vielfalt".

Wichtig ist allerdings, dass der Union nur eine begrenzte Kulturkompetenz zukommt. Sie leistet laut Art. 167 Abs. 1 AEUV nur einen „Beitrag" zur Entfaltung der Kulturen in den Mitgliedstaaten, das heißt sie wird nur unterstützend oder ergänzend tätig, darf aber keine eigene Kulturpolitik betreiben. Ein solcher Beitrag kann das Ergreifen nicht-rechtsharmonisierender Fördermaßnahmen oder die Abgabe einer unverbindlichen Empfehlung sein.[618] Gemäß Art. 167 Abs. 4 AEUV ist die EU zudem verpflichtet, bei Tätigkeiten auf Grund anderer Vertragsbestimmungen kulturellen Aspekten Rechnung zu tragen – insbesondere zur Wahrung und Förderung der kulturellen Vielfalt.

b. Bildung

Auch im Bereich der Bildung kommen der Union entsprechende Kompetenzen zu – wenn auch ebenfalls nur komplementärer Art. Dies ergibt sich aus Art. 165 Abs. 1 AEUV:

---

617 Vgl. *Hilpold*, Minderheiten im Unionsrecht, S. 436; *Arnauld*, Minderheitenschutz im Recht der EU, S. 127. So auch im Wege ausführlicher Auslegung der Norm: *Heun*, Minderheitenschutz der Roma in der EU, S. 209 f. Letztere verweist dazu ausdrücklich auf Abs. 3, in dem die Zusammenarbeit mit dem Europarat betont wird, welcher sich ganz besonders im Bereich des Minderheitenschutzes hervorgetan hat. Ausführlich zur Kulturkompetenz: *Sparr*, in: *Schwarze*, EU Kommentar, Art. 167, Rn. 9 ff.

618 Vgl. *Arnauld*, Minderheitenschutz im Recht der EU, S. 127.

> Die Union trägt zur Entwicklung einer qualitativ hochstehenden Bildung dadurch bei, dass sie die Zusammenarbeit zwischen den Mitgliedstaaten fördert und die Tätigkeit der Mitgliedstaaten unter strikter Beachtung der Verantwortung der Mitgliedstaaten für Lehrinhalte und die Gestaltung des Bildungssystems sowie der Vielfalt ihrer Kulturen und Sprachen erforderlichenfalls unterstützt und ergänzt.

Da die Hauptverantwortung für das Bildungswesen bei den Mitgliedstaaten verbleibt, ist die Kompetenz der Union auch hier auf ein unterstützendes Tätigkeitwerden begrenzt. Dabei ist die Union angehalten, die Vielfalt der Kulturen und Sprachen zu beachten, wie es ausdrücklich in Art. 165 Abs. 1 heißt.

3. *Antidiskriminierungsmaßnahmen*

Art. 19 AEUV bildet die Grundlage für das Ergreifen von Maßnahmen zur Bekämpfung von Diskriminierung – auch auf Grund der ethnischen Herkunft. Diese Vorschrift hat somit einen hohen Stellenwert im Rahmen des unionsrechtlichen Minderheitenschutzes, da sie der Union weitgehende Handlungsmöglichkeiten an die Hand gibt. Art. 19 Abs. 1 AUEV lautet:

> Unbeschadet der sonstigen Bestimmungen der Verträge kann der Rat im Rahmen der durch die Verträge auf die Union übertragenen Zuständigkeiten gemäß einem besonderen Gesetzgebungsverfahren und nach Zustimmung des Europäischen Parlaments einstimmig geeignete Vorkehrungen treffen, um Diskriminierungen aus Gründen des Geschlechts, der Rasse, der ethnischen Herkunft, der Religion oder der Weltanschauung, einer Behinderung, des Alters oder der sexuellen Ausrichtung zu bekämpfen.

Das auf Art. 19 AEUV basierende Sekundärrecht hat durchaus das Potential, den Minderheitenschutz auf Unionsebene wesentlich voran zu bringen. Unter „geeigneten Vorkehrungen" wird auch der Erlass von Maßnahmen mit positiv diskriminierender Wirkung verstanden.[619] Auf Grundlage dieser Bestimmung wurde bereits die Richtlinie zur Anwendung des Gleichbehandlungsgrundatzes ohne Unterschied der Rasse und der ethnischen Herkunft (sogenannte Antirassismusrichtlinie) erlassen, die auch für Minderheiten von Bedeutung ist.[620] Sie verbietet nicht nur die Diskriminierung von Unionsbürgern sondern auch von Drittstaatenangehörigen wegen der Zugehörigkeit zu einer ethnischen Gruppe.

---

619 Vgl. *Holoubeck*, in: *Schwarze*, EU-Kommentar, Art. 19, Rn. 2; *Arnauld*, Minderheitenschutz im Recht der EU, S. 128.

620 EG, Richtlinie 2000/43/EG des Rates v. 29.6.2000 zur Anwendung des Gleichbehandlungsgrundsatzes ohne Unterschied der Rasse und der ethnischen Herkunft, ABl. L 180 v. 19.7.2000, S. 22. Dazu insbesondere in Bezug auf den Minderheitenschutz: *Arnauld*, Minderheitenschutz im Recht der EU, S. 133.

Ausdrücklich wird den Mitgliedstaaten in Art. 5 der Richtlinie sogar freigestellt, positive Maßnahmen zu ergreifen: „Der Gleichbehandlungsgrundsatz hindert die Mitgliedstaaten nicht daran, zur Gewährleistung der vollen Gleichstellung in der Praxis spezifische Maßnahmen, mit denen Benachteiligungen aufgrund der Rasse oder ethnischen Herkunft verhindert oder ausgeglichen werden, beizubehalten oder zu beschließen." Verschiedene Autoren schlagen außerdem den Erlass einer speziellen Minderheitenschutz-Richtlinie auf Grundlage des Art. 19 AEUV vor.[621]

4. *Der Minderheitenschutz im Rahmen der Gemeinsamen Außen- und Sicherheitspolitik*

Die Gemeinsame Außen- und Sicherheitspolitik (GASP) war mit dem Vertrag von Maastricht 1992 als zweite Säule im Gefüge der Europäischen Union verankert worden.[622] Geschaffen wurde die GASP, um der Gemeinschaft in Bereichen, die außerhalb der damaligen Integrationsfelder des Vertrags zur Gründung der Europäischen Gemeinschaft (EGV) lagen, ein koordiniertes Auftreten nach außen zu ermöglichen.[623] Betätigungen im Rahmen der GASP erfolgten auf Basis der intergouvernementalen Zusammenarbeit. Nach dem Vertrag von Lissabon und dem damit verbundenen Wegfall der Säulenstruktur wurde der Bereich der GASP deutlich gestärkt, insbesondere durch das Einsetzen eines Hohen Vertreters für Außen- und Sicherheitspolitik.[624]

---

621 Vgl. *Toggenburg*, Minorities (…) the EU, S. 278. *Heun* schlägt sogar den Erlass einer spezifischen Roma-Richtlinie auf Basis von Art. 19 AEUV vor: *dies.*, Minderheitenschutz der Roma in der EU, S. 342 ff.

622 Vertrag über die Europäische Union, unterzeichnet zu Maastricht am 7.2.1992, Titel V, ABl. C 191 v. 29.7.1992, S. 1, 58.

623 Als gemeinsame Ziele der GASP wurden im Vertrag von Maastricht festgelegt: „- die Wahrung der gemeinsamen Werte, der grundlegenden Interessen und der Unabhängigkeit der Union; – die Stärkung der Sicherheit der Union und ihrer Mitgliedstaaten in all ihren Formen; – die Wahrung des Friedens und die Stärkung der internationalen Sicherheit entsprechend den Grundsätzen der Charta der Vereinten Nationen sowie den Prinzipien der Schlußakte von Helsinki und den Zielen der Charta von Paris; – die Förderung der internationalen Zusammenarbeit; – die Entwicklung und Stärkung von Demokratie und Rechtsstaatlichkeit sowie die Achtung der Menschenrechte und der Grundfreiheiten", *ebd.*, Titel V, Art. J.1, Abs. 2, ABl. C 191 v. 29.7.1992, S. 1, 58.

624 Vertrag von Lissabon zur Änderung des Vertrags über die Europäische Union und des Vertrags zur Gründung der Europäischen Gemeinschaft, Art. 1, Rn. 19, ABl. C 306 v. 17.12.2007, S. 1, 21

Dass auch der Minderheitenschutz zu den Zielen des auswärtigen Handelns der EU gehört, zeigte sich relativ früh durch die Haltung der damaligen EG gegenüber Drittstaaten. Im Zuge der Sitzung der Europäischen Politischen Zusammenarbeit (EPZ), dem Vorgängerregime der GASP, legten die EG-Außenminister am 16. Dezember 1991 in ihrer dort verabschiedeten Erklärung zu den Richtlinien für die Anerkennung neuer Staaten in Osteuropa und in der Sowjetunion fest, dass die Garantie der Rechte ethnischer und nationaler Gruppen und Minderheiten entsprechend des KSZE-Rahmens eine Voraussetzung für die Anerkennung neuerer Staaten sein sollte.[625] Die Bemühungen der EU um die Rechte von Minderheiten im ehemaligen Jugoslawien standen primär in einem sicherheitspolitischen Licht und dienten vor allem den Stabilitätsinteressen der EG, weshalb sich das Engagement der EG hauptsächlich auf die Minderheiten beschränkte, die durch den Zerfall Jugoslawiens erst entstanden waren.[626]

Eine weitere außenpolitische Initiative der EG war der sogenannte Stabilitätspakt für Europa, der auf einer vom Rat einberufenen Konferenz im Mai 1994 unter Teilnahme der 52 OSZE-Mitgliedstaaten sowie mehrerer internationaler Organisationen ausgearbeitet wurde.[627] Nachdem zuvor der Europäische Rat beschlossen hatte, die Union für eine Osterweiterung zu öffnen, sollte der Stabilitätspakt den Beitrittsstaaten zur Vorbereitung auf ihren Beitritt dienen, sowie die „gutnachbarlichen Beziehungen“ insgesamt stärken. Zu solchen „gutnachbarlichen Beziehungen“ wurde ausdrücklich der Schutz nationaler Minderheiten gezählt.[628] Letztlich wurde der ausgearbeitete Stabilitätspakt in die Obhut der

---

625 *“The Community and its Member States confirm their attachment to the principles of the Helsinki Final Act and the Charter of Paris, in particular the principle of self-determination. They affirm their readiness to recognize, subject to the normal standards of international practice and the political realities in each case, those new States which, following the historic changes in the region, have constituted themselves on a democratic basis, have accepted the appropriate international obligations and have committed themselves in good faith to a peaceful process and to negotiations. Therefore, they adopt a common position on the process of recognition of these new States, which requires: […] – guarantees for the rights of ethnic and national groups and minorities in accordance with the commitments subscribed to in the framework of the CSCE […]”*, Declaration on the Guidelines on the Recognition of New States in Eastern Europe and in the Soviet Union, abgedruckt in: International Legal Materials 6 (1992), S. 1485.

626 Vgl. dazu: *Heun*, Minderheitenschutz der Roma in der EU, S. 154 f.

627 Ausführlich zum Stabilitätspakt: *Opitz*, Minderheitenpolitik der EU, S. 93 f.; *Hilpold*, Minderheiten im Unionsrecht, S. 450 f.

628 „Wir sind uns darin einig, daß die für diesen Stabilitätspakt geltenden Grundsätze gutnachbarlicher Beziehungen den Grundsätzen und Verpflichtungen entsprechen, die von den Vereinten Nationen, der KSZE und dem Europarat aufgestellt worden

OSZE übergeben. Diese nahm den Pakt auf der Schlusskonferenz von Paris 1995 mit den Stimmen der 52 Mitgliedstaaten an und verwaltet ihn seither.

Nicht zu verwechseln ist der Stabilitätspakt für Europa mit dem Stabilitätspakt für Südosteuropa, welcher als Reaktion auf die Beendigung des Kosovo-Krieges am 10. Juni 1999 auf einer Außenministerkonferenz in Köln unter der Beteiligung der EU-Kommission, der EU-Mitgliedstaaten, der südosteuropäischen Staaten, sowie zahlreicher weiterer Staaten und Institutionen beschlossen wurde und am 30. Juni 1999 schließlich in Kraft trat. Der Pakt, der insbesondere die Stabilisierung der Region im Fokus hatte, verknüpft die Ingangsetzung umfassender demokratischer politischer Prozesse mit der Achtung der Menschenrechte und Grundfreiheiten einschließlich der Rechte von Personen, die nationalen Minderheiten angehören.[629] Im Jahr 2008 wurde der Stabilitätspakt in den Regionalen Kooperationsrat (*Regional Cooperation Council*) umgewandelt.[630]

Schließlich unterhält die EU noch zahlreiche finanzielle Unterstützungsprogramme, die insbesondere auf die Förderung von Demokratie und Menschenrechten in Drittstaaten abzielen, wie etwa das Europäische Instrument für Demokratie und Menschenrechte (EIDHR), bei dem es auch um die Bekämpfung der Diskriminierung von Angehörigen nationaler Minderheiten geht.[631]

---

sind, und zwar insbesondere in der Helsinki-Schlussakte, der Charta von Paris für ein neues Europa, dem Kopenhagener Dokument, dem Helsinki-Dokument von 1992 und der Wiener Erklärung des Europaratgipfels 1993; dies bedeutet Unverletzbarkeit der Grenzen, territoriale Integrität und Achtung der bestehenden Grenzen sowie Schutz nationaler Minderheiten", EG, Beschluss des Rates v. 14.6.1994 zur Fortsetzung der vom Rat auf der Grundlage von Art. J.3 des Vertrags über die EU angenommenen gemeinsamen Aktion betreffend die Eröffnungskonferenz für den Stabilitätspakt (94/367/GASP), Anhang, Schlussdokument zur Eröffnungskonferenzüber einen Stabilitätspakt für Europa, Teil 1 Ziele und Grundsätze, Ziff. 1.6., ABl. L 165 v. 1.7.1994, S. 2, 3.

629 *"To that end we pledge to cooperate towards: […] – bringing about mature democratic political processes, based on free and fair elections, grounded in the rule of law and full respect for human rights and fundamental freedoms, including the rights of persons belonging to national minorities […]"*, Stability Pact for South Eastern Europe v. 10.6.1999, Rn. 10

630 Die Website des *Regional Coopertation Council* findet sich hier: http://www.rcc.int/ (zuletzt aufgerufen am 12.6.2018).

631 EG, Verordnung (EG) 1889/2006 des Europäischen Parlaments und des Rates v. 20.12.2006 zur Einführung eines Finanzierungsinstruments für die weltweite Förderung der Demokratie und der Menschenrechte – Europäisches Instrument für

5. *Der Minderheitenschutz im Rahmen der Beitrittsprozesse*

Der Beitritt zur Europäischen Union ist an bestimmte Kriterien geknüpft. Gemäß Art. 49 Abs. 1 S. 1 EUV muss ein beitrittswilliger Staat die in Art. 2 EUV niedergelegten Werte, zum Beispiel Freiheit, Demokratie und Gleichheit, achten. Wie bereits erwähnt, listet Art. 2 EUV, anders als noch seine Vorgängernorm, ausdrücklich die Wahrung der „Rechte der Personen, die Minderheiten angehören" als einen der Union zu Grunde liegenden Wert auf. Die politischen Kriterien stellen den ersten Teil der Kopenhagener Kriterien dar, die der Europäische Rat 1993 im Hinblick auf den Beitritt der mittel- und osteuropäischen Staaten beschlossen hat. Konkret wurde hier gefordert, dass „der Beitrittskandidat eine institutionelle Stabilität als Garantie für politische und rechtsstaatliche Ordnung, für die Wahrung der Menschenrechte sowie die Achtung und den Schutz von Minderheiten verwirklicht" hat.[632] Neben der politischen Dimension, enthalten die Kopenhagener Kriterien noch bestimmte wirtschaftliche Kriterien sowie die Voraussetzung, die aus der Mitgliedschaft erwachsenden Verpflichtungen wahrnehmen zu können (sogenanntes besitzstandsbezogenes Kriterium).[633]

Im Vorfeld eines Beitritts findet ein relativ ausführliches *Monitoring*-Verfahren statt, in Rahmen dessen die EU-Kommission über mehrere Jahre hinweg Berichte über die Beitrittsreife der Kandidaten anfertigt. Im Wege dieser Berichtverfahren wird auch geprüft, inwiefern die Beitrittskandidaten die Rechte von Minderheiten achten.[634] Welche Reformen der Bewerberstaat noch konkret umzusetzen hat, wird in sogenannten Beitrittspartnerschaften bestimmt, die zwischen der EU und den Kandidatenstaaten geschlossen werden.[635] Der

---

Demokratie und Menschenrechte, Art. 2 Abs. 1 (b) iii), iv), ABl. L 386 v. 29.12.2006, S. 1, 5.

632 EG, Europäischer Rat Kopenhagen, 21. bis 22.6.1993, Schlussfolgerungen des Vorsitzes, abgedruckt in: Bulletin der EG 6 (1993), S. 13.

633 „Sie [die Mitgliedschaft] erfordert ferner eine funktionsfähige Marktwirtschaft sowie die Fähigkeit, dem Wettbewerbsdruck und den Marktkräften innerhalb der Union standzuhalten" (wirtschaftliche Kriterien). „Die Mitgliedschaft setzt außerdem voraus, daß die einzelnen Beitrittskandidaten die aus einer Mitgliedschaft erwachsenden Verpflichtungen übernehmen und sich auch die Ziele der politischen Union sowie der Wirtschafts- und Währungsunion zu eigen machen können" (besitzstandsbezogenes Kriterium), *ebd.*, S. 13.

634 Ausführlich zum *Monitoring*-Verfahren insbesondere bezüglich der Kriterien des Minderheitenschutzes: *Heun*, Minderheitenschutz der Roma in der EU, S. 159 ff.

635 Eingeführt wurde das Instrument der Beitrittspartnerschaft durch die EG-Verordnung 622/98 des Rates v. 16.3.1998 über die Hilfe für die beitrittswilligen Staaten im

Aspekt des Minderheitenschutzes spielt darin eine immer stärker werdende Rolle.[636]

Im Zuge der EU-Osterweiterungen von 2004 und 2007 erkannte die EU, dass sie Aspekte des Minderheitenschutzes nicht mehr als Nebensächlichkeit behandeln konnte. Die Union ist heute in hohem Maße darauf bedacht, dass Beitrittskandidaten die Rechte von Minderheiten ernst nehmen und achten. Dabei nutzt sie dies mitunter als Druckmittel gegenüber den potentiellen Mitgliedern. Allerdings stellt die Union diesbezüglich nicht nur Forderungen an die Beitrittskandidaten, sondern leistet in Erweiterungsprozessen auch gerade in finanzieller Hinsicht massive Unterstützung zur Verbesserung der Lage der Minderheiten.[637]

Rahmen der Heranführungsstrategie, insbesondere über die Gründung von Beitrittspartnerschaften, ABl. L 85 v. 20.3.1998, S. 1. Vgl. dazu auch *Hilpold*, Minderheiten im Unionsrecht, S. 447 f.

636 Dies zeigt sich etwa in der 1998 mit Bulgarien geschlossenen Beitrittspartnerschaft, vgl. EG, Beschluss des Rates v. 30.3.1998 über die Grundsätze, Prioritäten, Zwischenziele und Bedingungen der Beitrittspartnerschaft mit der Republik Bulgarien (98/266/EG), ABl. Nr. L 121 v. 23.4.1998, S. 36, 38. Darin wurde etwa die „Integration der Roma" unter die Anliegen mit „mittelfristiger Priorität" gefasst. Im Zuge einer Novellierung der Beitrittspartnerschaft im Jahr 1999 wurden sogar einige konkrete Maßnahmen zur Verbesserung der Situation der Roma aufgenommen: „Beginn der Durchführung des Roma-Rahmenprogramms und Stärkung des Nationalen Rates für Ethnische und Demographische Angelegenheiten einschließlich Bereitstellung der erforderlichen finanziellen Unterstützung; Durchführung von Maßnahmen zur Bekämpfung der Diskriminierung (auch in der öffentlichen Verwaltung); Förderung von Beschäftigungsmöglichkeiten und des Zugangs zur Bildung", EG, Beschluss des Rates v. 6.12.1999 über die Grundsätze, Prioritäten, Zwischenziele und Bedingungen der Beitrittspartnerschaft mit der Republik Bulgarien (1999/857/EG), Anhang, Rn. 3.1, ABl. L 335 v 28.12.1999, S. 48, 50. In der überarbeiteten Beitrittspartnerschaft von 2003 wurde dann weitere Punkte zur Verbesserung der Lage der Roma als Prioritäten gelistet: „Konkrete Maßnahmen zur Durchführung des Roma-Rahmenprogramms mit besonderem Schwerpunkt auf der Bereitstellung der erforderlichen finanziellen Unterstützung, einer deutlichen Stärkung der für Minderheiten zuständigen Regierungsstelle sowie der Gewährleistung eines gleichberechtigten Zugangs zu Gesundheitsfürsorge, Wohnraum, Bildung und sozialer Sicherheit. Ausarbeitung eines konkreten Aktionsplans und eines Finanzrahmens für das Roma-Rahmenprogramm, um dessen Umsetzung zu verbessern", EG, Beschluss des Rates v. 19.5.2004 über die Grundsätze, Prioritäten, Zwischenziele und Bedingungen der Beitrittspartnerschaft mit der Republik Bulgarien (2003/396/EG), ABl. L 145 v. 12.6.2003, S. 1, 7.

637 Hauptinstrument für die Gewährung finanzieller Unterstützung für die Beitrittskandidaten durch die Union war das sog. PHARE-Programm (*Programme of Community aid to the countries of Central and Eastern Europe*), welches 1989 in Leben gerufen

Da die Geschichte gezeigt hat, dass Minderheitenkonflikte Auswirkungen auf ganze Regionen haben können, sind es primär sicherheitspolitische Erwägungen, die das Interesse der Union an stabilen Minderheitensituationen stützen.

Die Tatsache, dass die Union die Achtung der Rechte von Minderheiten von den Beitrittskandidaten massiv einfordert, dies aber gegenüber den eigenen Mitgliedstaaten nicht im selben Ausmaß praktiziert, obwohl die Situation einiger Minderheiten in vielen Mitgliedstaaten ebenfalls defizitär ist, bringt ihr deutliche Kritik ein sowie den Vorwurf, mit zweierlei Maß zu messen.[638] Die Kritiker sehen im Minderheitenschutz einen Wert, der im Rahmen der Beitrittsprozesse enorme Beachtung findet, dem aber in der internen Entwicklung der Union kaum Bedeutung zukommt. Der belgische Jurist *Bruno DeWitte* schrieb dazu: *"For the European Union, concern for minorities is primarily an export product and not one for domestic consumption."*[639] Tatsächlich hat sich die Situation von Minderheiten, etwa in Bulgarien und Rumänien, trotz der vielen Zugeständnisse, die

---

wurde; zunächst, um die Umstrukturierung der polnischen und ungarischen Wirtschaft zu unterstützen. Es wurde schließlich auf sämtliche mittel- und osteuropäischen Länder ausgeweitet. Als beitrittsorientiertes Programm unterstützte das PHARE-Programm die Beitrittskandidaten hauptsächlich in Bereichen, die für die Erfüllung der Kopenhagener Kriterien notwendig waren, vgl. dazu: *Heun*, Minderheitenschutz der Roma in der EU, S. 170 ff. Inwiefern das PHARE-Programm auch die Inklusion von Sinti und Roma unterstützt hat, vgl. *Guglielmo/Waters*, Migrating Towards Minority Status, S. 771 f. 2007 wurde das PHARE-Programm durch das Instrument zur Heranführungshilfe (*Instrument for Pre-Accession Assistance* = IPA) ersetzt: EG, Verordnung (EG) Nr. 1085/2006 des Rates v. 17.6.2006 zur Schaffung eines Instruments zur Heranführungshilfe (IPA), ABl. L 210 v. 31.7.2006, S. 82.

638 Vgl. etwa *Michael Johns*, der der EU vorwirft nach einem *"double standard"* zu verfahren: *ders.*, „Do as I Say, Not as I Do". So auch: *Hillion*, Enlargement of the European Union, S. 717. *Hilpold* hält dem in seinem Aufsatz von 2001 entgegen, dass sich die faktische Situation der Minderheiten in der Union wesentlich von jener in Staaten Osteuropa und dem Balkan (welche 2001 noch nicht Mitglied waren) unterscheide, da dort die Zugehörigkeit zu einer Minderheit Anknüpfungspunkt für eine diskriminierende Behandlung sei und deshalb aus dem außenpolitischen Handeln der EU keine Implikationen für die interne Behandlung der Minderheiten abzuleiten seien. Dieses Argument vermag heute nach dem Beitritt zahlreicher Staaten aus Osteuropa und dem Balkan nicht mehr überzeugen, da sich die Situation vieler Minderheiten trotz Unionbeitritt nicht wesentlich verbessert hat, vgl. *ders.*, Minderheiten im Unionsrecht, S. 451 f. Spannenderweise wurde eine ähnliche Diskussion um einen „Doppelstandard" auch auf Europaratsebene geführt im Zuge der Beitrittsprozesse osteuropäischer Staaten Anfang der 1990er Jahre, vgl. *Klebes*, Rechtsschutz von Minderheiten, S. 51.

639 *De Witte*, Politics versus law in the EU's approach to ethnic minorities, S. 139.

während der Beitrittsprozesse gemacht wurden, seit den Beitritten nicht merklich verbessert.

6. *Politische Initiativen zum Minderheitenschutz*

Auch wenn auf Unionsebene kein Regelwerk existiert, das sich ausschließlich auf die Rechte von Minderheiten bezieht, sind die Unionsorgane in diesem Bereich nicht untätig geblieben. Gerade das Europäische Parlament hat sich immer wieder als um den Schutz von Minderheiten bemüht gezeigt.[640] Bereits Anfang der 1980er Jahre erließ das Europäische Parlament mehrere Entschließungen mit dem Ziel des Erhalts und der Förderung von Minderheiten- und Regionalsprachen sowie -kulturen.[641] Zum Teil enthalten die Entschließungen detaillierte und deutliche Forderungen nach minderheitenschützenden Maßnahmen in den Bereichen Bildung, Sprache, Behörden, Medien und Kultur. Auch wenn die Kommission den Forderungen des Parlaments nicht vollständig nachkam, trugen dessen Entschließungen insofern Früchte, als etwa ein Europäisches Büro für Sprachminderheiten eingerichtet wurde.[642] Im Jahr 2006 befasste sich das Parlament schließlich mit dem Aspekt der Diskriminierung von Minderheiten und erließ die Entschließung zum Schutz von Minderheiten und den Maßnahmen

---

640 Hierzu auch: *Hilpold*, Minderheiten im Unionsrecht, S. 454 f.; *Heun*, Minderheitenschutz der Roma in der EU, S. 178 ff.; *Arnauld*, Minderheitenschutz im Recht der EU, S. 123 f.

641 Vgl. EG, Entschließung des Europäischen Parlaments v. 16.10.1981 zu einer Gemeinschaftscharta der Regionalsprachen und -kulturen und einer Charta der Rechte der ethnischen Minderheiten, ABl. C 287 v. 9.11.1981, S. 106; Entschließung des Europäischen Parlaments v. 11.2.1983 über Maßnahmen zugunsten sprachlicher und kultureller Minderheiten, ABl. C 68 v. 14.3.1983, S. 103; Entschließung des Europäischen Parlaments v. 30.10.1987 zu den Sprachen und Kulturen der regionalen und ethnischen Minderheiten in der Europäischen Gemeinschaft, ABl. C 318 v. 30.11.1987, S. 160. Auch in den 1990er und 2000er Jahren brach diesbezüglich das Engagement des Europäischen Parlaments nicht ab, vgl. Entschließung des Europäischen Parlaments v. 9.2.1994 zu den sprachlichen und kulturellen Minderheiten in der Europäischen Gemeinschaft, ABl. C 61 v. 28.2.1994, S. 110; Entschließung des Europäischen Parlaments v. 13.12.2001 zu den regionalen und weniger verbreiteten europäischen Sprachen, ABl. C 177 E v. 25.7.2002, S. 334; Entschließung des Europäischen Parlaments v. 4.9.2003 mit Empfehlungen an die Kommission zu den regionalen und weniger verbreiteten europäischen Sprachen – den Sprachen der Minderheiten in der Europäischen Union – unter Berücksichtigung der Erweiterung und der kulturellen Vielfalt (2003/2057(INI)), ABl C 76 E v. 25.3.2004, S. 374.

642 Dazu: *Hilpold*, Minderheiten im Unionsrecht, S. 462 f.

gegen Diskriminierung in einem erweiterten Europa.[643] Darin wird die Relevanz der Bekämpfung von Diskriminierung in einem erweiterten Europa und dabei konkret die Notwendigkeit der Umsetzung der Richtlinie 2000/43/EG (Antirassismusrichtlinie) betont. Zwar kommt den Entschließungen des Europäischen Parlaments kein rechtlich verbindlicher Charakter zu, jedoch geht von ihnen durchaus eine gewisse politische Wirkung aus.

Die Fülle an Entschließungen zum Thema Minderheitenschutz macht deutlich, dass sich das Europäische Parlament intensiv mit den Rechten und der Situation der europäischen Minderheiten auseinandergesetzt hat und dieser Frage Bedeutung zumisst. Dies führte nicht nur dazu, dass das Thema stärkeres Gehör in der Öffentlichkeit fand, sondern auch, dass andere Organe der Union auf die Minderheitenproblematik aufmerksam geworden sind.

7. *Finanzielle Förderung*

Es existiert eine ganze Bandbreite von Programmen, die durch die EU (mit-) finanziert wird und Minderheiten zumindest mittelbar zu Gute kommt. Derartige Programme existieren in verschiedenen Bereichen, wie etwa der Förderung von Regional- und Minderheitensprachen aber auch der Bekämpfung von Rassismus. Darüber hinaus existieren zahlreiche Programme zur Bildungsförderung und Projekte, die sich speziell an Jugendliche richten sowie sogenannte Strukturfonds, die das Ziel eines besseren wirtschaftlichen und sozialen Zusammenhalts in der EU verfolgen, indem Wachstum und Beschäftigung in den Regionen mit Entwicklungsrückstand („strukturschwache Regionen") besonders gefördert werden.[644]

8. *Bewertung*

Zum relevanten Thema wurde der Minderheitenschutz für die Europäische Union erst im Zuge der EU-Erweiterungen von 2004 und 2007. Gleichzeitig hat sich die Union von einer primär auf die Schaffung eines gemeinsamen Marktes gerichteten Gemeinschaft hin zu einer Wertegemeinschaft entwickelt, in der Menschenrechte, Rechtsstaatlichkeit und Demokratie Grundsätze sind,

---

643 EG, Entschließung des Europäischen Parlaments v. 8.6.2005 zum Schutz von Minderheiten und den Maßnahmen gegen Diskriminierung in einem erweiterten Europa (2005/2008(INI)), ABl. 124 E v. 25.5.2006, S. 405.

644 Eine ausführliche Darstellung findet sich bei: *Heun*, Minderheitenschutz der Roma in der EU, S. 188 ff. Vgl. dazu auch: *Arnauld*, Minderheitenschutz im Recht der EU, S. 124.

die die Mitgliedstaaten verbinden (sollen). Insbesondere durch den Vertrag von Lissabon mit der Inaussichtstellung eines Beitritts der EU zur EMRK und der Erhebung der Grundrechtecharta in den Rang von Primärrecht hat der Grundrechtsschutz eine deutliche Stärkung erfahren. Für den Minderheitenschutz lässt sich diese Entwicklung deutlich an dem veränderten Art. 2 EUV festmachen, der die Menschenrechte, einschließlich der Rechte der Personen, die Minderheiten angehören, in den Wertekanon der EU aufgenommen hat. Gleichzeitig zeigt sich allerdings in den Entwicklungen der vergangenen Jahre, dass Mitgliedstaaten wie Ungarn oder Polen diese Werte konsequent in Frage stellen können, ohne bislang dafür ernstzunehmende Sanktionen erfahren zu haben.[645]

Auch wenn in den letzten Jahren ein verstärktes Engagement der EU im Bereich des Minderheitenschutzes wahrnehmbar ist, kann von einem kohärenten Minderheitenschutzsystem im Rahmen der EU dennoch nicht gesprochen werden. Vielmehr existiert ein Flickenteppich aus politischen Entschließungen und vereinzeltem Sekundärrecht, wie der Antidiskriminierungsrichtlinie 2000/43/EG, die zumindest mittelbar dem Schutz von Minderheiten dient. Die Entschließungen des Europäischen Parlaments, die zum Teil konkrete Forderungen an die Mitgliedstaaten in Bezug auf den Minderheitenschutz enthalten, sind rechtlich unverbindlich. Das heißt bei die Erfüllung der in diesen Entschließungen verankerten Zielvorgaben kommt es vornehmlich auf den Willen der Mitgliedstaaten an. Anders als andere internationale Organisationen verfügt die Europäische Union allerdings über ausreichende finanzielle Mittel, mit denen sie die Verbesserung der sozialen, ökonomischen und politischen Situation von Minderheiten gezielt fördern kann.

IV. Minderheitenschutz im Rahmen des Europarats

Eine besondere Rolle im Bereich des Minderheitenschutzes kommt dem Europarat zu. Nach Art. 1 Abs. 1 der Satzung des Europarats, hat dieser „die Aufgabe, einen engeren Zusammenschluß unter seinen Mitgliedern zu verwirklichen, um die Ideale und Grundsätze, die ihr gemeinsames Erbe sind, zu schützen und zu fördern und um ihren wirtschaftlichen und sozialen Fortschritt zu begünstigen." Zu diesem gemeinsamen Erbe gehören die Menschenrechte, für deren Schutz und Förderung sich der Europarat in vielfältiger Weise seit seiner Gründung 1949 einsetzt. Mittlerweile gehören ihm 47 Staaten, darunter alle europäischen

645 Vgl. dazu: *Yamato/Stephan*, Eine Politik der Nichteinmischung. Allerding sei hier auf die beiden jüngst eingeleiteten Artikel-7-Verfahren gegen Polen und Ungarn hingewiesen, deren Ausgang noch offen ist, siehe Fn. 613.

Staaten mit Ausnahme Weißrusslands und des Kosovo.[646] Sechs weitere Staaten, darunter Israel und die USA, haben Beobachterstatus.

Hinsichtlich des Minderheitenschutzes hat der Europarat die rein politisch-programmatische Ebene verlassen und mit dem Rahmenübereinkommen zum Schutz nationaler Minderheiten und der Europäischen Charta der Regional- und Minderheitensprachen zwei rechtsverbindliche multilaterale Verträge geschaffen.

1. Die Entwicklung des Minderheitenschutzes auf Europaratsebene

Die Debatte um ein stärkeres Engagement der Staaten auf der Ebene des Europarats im Bereich des Minderheitenschutzes war von Anfang an maßgeblich geprägt von der Frage, in welcher Form Minderheitenschutzaspekte ihren Niederschlag finden sollten. Mehr noch als ein Erlass einer eigenständigen Minderheitenschutzkonvention wurde von den meisten Verfechtern des Minderheitenschutzes eine Einbettung in den Kontext der Europäischen Menschenrechtskonvention (EMRK) favorisiert, da sich dadurch der Geltungsbereich der EMRK-Durchsetzungsmechanismen und zuvörderst die Zuständigkeit des Europäischen Gerichtshofs für Menschenrechte (EGMR) auch auf die implementierten Minderheitenschutzregelungen erstreckt hätte. Gleichzeitig erschien es nicht unproblematisch, die Straßburger Konventionsorgane, das heißt der Gerichtshof und die damals noch bestehende Europäische Kommission für Menschenrechte, mit einer politisch hoch brisanten Aufgabe wie dem Minderheitenschutz zu betrauen.[647] Zudem wurde auch die tatsächliche Wirkung eines etwaigen Zusatzprotokolls in Zweifel gezogen, da eine Unterzeichnung durch

646 Weißrussland ist seit 1993 Beitrittskandidat. Ein wirklicher Beitritt Weißrussland in nächster Zeit ist nicht geplant. Grund für den bis dato nicht erfolgten Beitritt sind Bedenken wegen der dortigen Menschenrechtssituation. Im Falle des Kosovo ist es seit der Unabhängigkeitserklärung 2007 dessen ungeklärter internationaler Status, der einen Beitritt verzögert. Mittlerweile haben über die Hälfte der UN-Mitgliedstaaten den Kosovo völkerrechtlich anerkannt. Die Republik Kosovo strebt die Aufnahme in internationale Organisationen, darunter auch den Europarat. an. Vgl. dazu die Homepage des Europarates mit der Auflistung der Mitgliedstaaten: http://www.coe.int/en/web/portal/47-members-states (zuletzt aufgerufen am12.6.2018). Vgl. *Brummer*, Europarat, S. 30.

647 Vgl. dazu: *Hofmann*, Minderheitenschutz in Europa: Völker- und Staatsrechtliche Lage im Überblick, S. 38 f. Ausführlich zu beiden Ansätzen: *Klebes*, Minderheitenschutz durch den Europarat, S. 138 ff.

viele Mitgliedstaaten angesichts ihrer grundsätzlichen Zurückhaltung beim Thema Minderheitenschutz durchaus unwahrscheinlich erschien.[648]

a. Initiativen der Parlamentarischen Versammlung

Die Idee einer Verflechtung der EMRK mit Minderheitenschutzregelungen trat schnell zutage. Bereits während des Zusammentreffens der Beratenden Versammlung, dem Vorgängergremium der Parlamentarischen Versammlung des Europarats[649], gab es anlässlich der Ausarbeitung der EMRK Bestrebungen einzelner Abgeordneter der Versammlung, spezifische minderheitenschützende Bestimmungen in den Konventionstext selbst mit aufzunehmen.[650] Durchsetzen konnten sich diese Initiativen nicht und so trat die EMRK 1950 ohne konkrete Minderheitenschutzbestimmung in Kraft.

Nachdem ein von der Beratenden Versammlung eingesetzter Unterausschuss im Jahr 1956 eine vergleichende Studie über die Situation von Minderheiten in Österreich, Deutschland, Dänemark und Italien erarbeitet hatte, den sogenannten *Struye-Bericht*, wurde von einigen Abgeordneten der Versammlung die Forderung nach einem EMRK-Zusatzprotokoll zum Minderheitenschutz erhoben, obwohl der Bericht die Situation der Minderheiten als zufriedenstellend eingestuft hatte.[651] Rund um die Ausarbeitung eines solchen Zusatzprotokolls entstand 1961 der sogenannte *Lannung-Bericht* über die Rechte nationaler Minderheiten.[652] Dieser bildete schließlich die Grundlage für die *Recommendation*

---

648 Vgl. *Hofmann*, Minderheitenschutz in Europa: Völker- und staatsrechtliche Lage im Überblick, S. 54.

649 Die Beratende Versammlung wurde 1974 in Parlamentarische Versammlung umbenannt. Sie stellt neben dem Ministerkomitee eines der zwei satzungsmäßigen Organe des Europarats dar. Die Parlamentarische Versammlung war das erste parlamentarische Gremium auf europäischer Ebene nach dem Zweiten Weltkrieg und stellt heute das größte politische Forum Europas dar.

650 Vgl. *Scherer-Leydecker*, Minderheiten und sonstige ethnische Gruppen, S. 142 f. Hervor tat sich hier insbesondere der dänische Delegierte *Lannung*, dessen ureigenes Interesse der Schutz der dänischen Minderheit in Süd-Schleswig war, vgl. dazu: *Thornberry/Estébanez*, Minority Rights in Europe, S. 40 f.; *Hillgruber/Jestaedt*, Die EMRK und der Schutz nationaler Minderheiten, S. 13 ff.

651 Vgl. *Klebes*, Rechtsschutz von Minderheiten, S. 47 f.; *Kimminich*, Rechtsprobleme der polyethnischen Staatsorganisation, S. 78.

652 Europarat, Beratende Versammlung, Committee on Legal Affairs and Human Rights, Doc. 1299 (1961): Report on the rights of national minorities. Vgl. dazu: *Kimminich*, Rechtsprobleme der polyethnischen Staatsorganisation, S. 79.

No. 285 der Beratenden Versammlung über die Rechte von Minderheiten.[653] Darin empfahl die Beratende Versammlung dem Ministerkomitee bei Unterbreitung eines konkreten Formulierungsvorschlags, eine Minderheitenschutzklausel auszuarbeiten, um diese in das zweite Fakultativprotokoll zur EMRK einzubauen, da nach Ansicht der Versammlung die kollektiven Belange nationaler Minderheiten durch die EMRK nicht ausreichend geschützt waren.[654] Der vom Ministerkomitee daraufhin beauftragte Expertenausschuss stimmte dann aber in seiner Bewertung der Notwendigkeit einer solchen Minderheitenschutzklausel nicht ganz mit der Einschätzung der Beratenden Versammlung überein, sondern sah durch die bestehenden Regelungen der EMRK und des sonstigen Völkerrechts einen ausreichenden Schutz gewährleistet.[655]

Knapp 30 Jahre später brachte die Beratende Versammlung, die mittlerweile in Parlamentarische Versammlung umbenannt worden war, ihre Einschätzung bezüglich der Notwendigkeit konkreter Minderheitenschutzregelungen gegenüber dem Ministerkomitee erneut zum Ausdruck. Im Jahr 1990 zeigte sich die Versammlung zutiefst besorgt über die Situation von Europas Minderheiten und empfahl dem Ministerkomitee, ein eigenes EMRK-Zusatzprotokoll oder gar eine selbstständige Konvention zum Minderheitenschutz zu entwerfen.[656] Verknüpft wurde diese Forderung mit konkret formulierten Schutzprinzipien. Interessanterweise formulierte die Versammlung als Gegenstück zu den zu schützenden Rechten auch eine Loyalitätsklausel und nahm so auch die Minderheiten in die Pflicht.[657] Die Parlamentarische Versammlung wies in ihrer Empfehlung auf

653 Europarat, Parlamentarische Versammlung, Recommendation No. 285 (1961): Rights of national minorities.

654 Der Formulierungsvorschlag lautete wie folgt: *"Persons belonging to a national minority shall not be denied the right, in community with the other members of their group, and as far as compatible with public order, to enjoy their own culture, to use their own language, to establish their own schools and receive teaching in the language of their choice or to profess and practise their own religion", ebd.*

655 Vgl. *Klebes*, Rechtsschutz von Minderheiten, S. 48; *Ermacora*, Volksgruppenrecht und Minderheitenschutz, S. 122; *Widmer*, Bemühungen der internationalen und regionalen Organisationen, S. 152.

656 Europarat, Parlamentarische Versammlung, Recommendation No. 1134 (1990): Rights of minorities, Rn. 17. Zur Empfehlung vgl. auch: *Klebes*, Rechtsschutz von Minderheiten, S. 52 f.

657 *"In respect of national minorities […] the following principles should apply: […] every person belonging to a national minority is required to comply with the obligations resulting from his citizenship or residence in a European state"*, Europarat, Parlamentarische Versammlung, Recommendation No. 1134 (1990), Rights of minorities, Rn. 11.5.

die drohenden Minderheitenkonflikte in den osteuropäischen Staaten hin und betonte die friedenssichernde Wirkung eines ausgeprägten Minderheitenschutzes.[658]

Zwei Jahre später wiederholte die Versammlung ihre Forderung erneut, empfahl nun aber ausdrücklich den Erlass eines EMRK-Zusatzprotokolls.[659] Nachdem das Ministerkomitee immer noch nicht die erhoffte Reaktion gezeigt hatte, wurde die Versammlung selbst tätig und ließ von ihrem Rechtsausschuss den Entwurf eines Zusatzprotokolls ausarbeiten.[660] Am 1. Februar 1993 nahm sie den Entwurf eines Zusatzprotokolls mit mehr als drei Vierteln der abgegebenen Stimmen im Rahmen der *Recommendation No. 1201* an.[661] Bei der Parlamentarischen Versammlung handelt es sich nicht um ein gesetzgebendes Organ, weshalb ihren *Recommendations* im wahrsten Sinne des Wortes nur empfehlender Charakter zukommt. Um die Unverbindlichkeit des Entwurfs des Zusatzprotokolls gegenüber den Mitgliedstaaten zu überwinden, hätte es einer Annahme durch das Ministerkomitee mit anschließender Auflage zur Unterzeichnung durch die Mitgliedstaaten bedurft. Daher empfahl die Parlamentarische Versammlung

658 *"Respect for the rights of minorities and persons belonging to them is an essential factor for peace, justice, stability and democracy"*, *ebd.*, Rn. 4; *"With the change towards democracy in Central and Eastern European states, grave minority problems also come to light in these countries. These problems have been ignored and neglected for many years by authoritarian rule"*, *ebd.*, Rn. 6.

659 Europarat, Parlamentarische Versammlung, Recommendation No. 1177 (1992): Rights of minorities, Rn. 12. Im Bewusstsein, dass die Ausarbeitung und das Inkrafttreten eines Zusatzprotokolls längere Zeit in Anspruch nehmen würde, riet die Versammlung dem Ministerrat gleichzeitig zu einer Verabschiedung einer Erklärung über Grundprinzipien des Minderheitenschutzes, *ebd.*, Rn. 13.

660 Das selbstständige Tätigwerden hatte die Parlamentarische Versammlung bereits 1992 unter Setzung einer Deadline angekündigt, Europarat, Parlamentarische Versammlung, Order 474 (1992): Rights of minorities, Rn. 4. Ausführlich zu den Vorgängen: *Klebes*, Entwurf eines Minderheitenprotokolls zur EMRK, S. 148 f. Untätig blieb der Ministerrat allerdings nicht. Bereits ab Oktober 1991 setzte er zur Ausarbeitung eines weiteren Minderheitenschutzkonzeptes einen Lenkungsausschuss ein. Siehe zum Tätigwerden des Ministerkomitees: Teil 2, D. IV. 1. c.

661 Europarat, Parlamentarische Versammlung, Recommendation No. 1201 (1993): Additional protocol on the rights of national minorities to the European Convention on Human Rights = HRLJ 3–4 (1993), S. 144 (englischer Originaltext) = EuGRZ 5–6 (1993), S. 151 (deutsche Übersetzung). Ausführlich dazu: *Klebes*, Entwurf eines Minderheitenprotokolls zur EMRK, S. 149; *Hofmann*, Minderheitenschutz in Europa: Völker- und Staatsrechtliche Lage im Überblick, S. 45 ff.

dem Ministerkomitee die Ausarbeitung eines Zusatzprotokolls auf Basis des Entwurfs.[662]

Der Entwurf enthielt neben Grundsatzprinzipien – etwa, dass die Zugehörigkeit zu einer nationalen Minderheit auf der Entscheidung des einzelnen beruht[663] – zahlreiche für die Wahrung der Existenz und eigenständigen Identität der Minderheit als essentiell erachteten Gewährleistungen, zum Teil mit durchaus weitreichendem Charakter. So sah der Entwurf etwa das Recht vor, seinen Vor- und Familiennamen in der nach der Minderheitensprache gebräuchlichen Form zu führen und dies von offizieller Seite anerkannt zu bekommen (Art. 7 Abs. 2): *"Every person belonging to a national minority shall have the right to use his/her surname and first names in his/her mother tongue and to official recognition of his/her surname and first names."*[664] Schließlich normierte der Entwurf sogar die Möglichkeit, eigene autonome politische Strukturen in Gegenden zu begründen, in der die Minderheit die Mehrheit darstellt – allerdings unter der Voraussetzung, dass die nationale Rechtsordnung dem nicht entgegensteht (Art. 11):

> *In the regions where they are in a majority the persons belonging to a national minority shall have the right to have at their disposal appropriate local or autonomous authorities or to have a special status, matching the specific historical and territorial situation and in accordance with the domestic legislation of the state.*[665]

---

662 Europarat, Parlamentarische Versammlung, Recommendation No. 1201 (1993): Additional protocol on the rights of national minorities to the European Convention on Human Rights, Rn. 8 = HRLJ 3–4 (1993), S. 144, 145 (englischer Originaltext) = EuGRZ 5–6 (1993), S. 151, 152 (deutsche Übersetzung).

663 Europarat, Parlamentarische Versammlung, Recommendation No. 1201 (1993): Additional protocol on the rights of national minorities to the European Convention on Human Rights, Rn. 15 = HRLJ 3–4 (1993), S. 144, 145 (englischer Originaltext) = EuGRZ 5–6 (1993), S. 151, 152 (deutsche Übersetzung). Zur Relevanz dieses Rechts auf Selbstverortung vgl.: Explanatory Memorandum zum Entwurf des Berichterstatters Worms, abgedruckt in HRLJ 3–4 (1993), S. 146, 147.

664 Europarat, Parlamentarische Versammlung, Recommendation No. 1201 (1993): Additional protocol on the rights of national minorities to the European Convention on Human Rights, Rn. 20 = HRLJ 3–4 (1993), S. 144, 145 (englischer Originaltext) = EuGRZ 5–6 (1993), S. 151, 153 (deutsche Übersetzung).

665 Europarat, Parlamentarische Versammlung, Recommendation No. 1201 (1993): Additional protocol on the rights of national minorities to the European Convention on Human Rights, Rn. 25 = HRLJ 3–4 (1993), S. 144, 146 (englischer Originaltext) = EuGRZ 5–6 (1993), S. 151, 153 (deutsche Übersetzung).

Bemerkenswert an dem Entwurf ist, dass es den Beteiligten gelungen war, sich trotz langer Auseinandersetzungen auf eine einheitliche Definition des Begriffs der nationalen Minderheit zu einigen und diese an prominenter Stelle, nämlich in Art. 1 des Entwurfs, zu verankern.[666] Im Ministerkomitee konnte sich der Vorschlag der Parlamentarischen Versammlung letztlich nicht durchsetzen.[667] Der Entwurf war in dessen Augen schlichtweg nicht praktikabel, da vorhersehbar war, dass ihm viele Staaten auf Grund einzelner Elemente, wie beispielsweise der enthaltenen Minderheitendefinition, ihre Zustimmung verwehren würden.[668]

Am 1. Februar 1995 beschloss das Ministerkomitee schließlich das Rahmenübereinkommen zum Schutz nationaler Minderheiten, welches drei Jahre später in Kraft trat.[669] Da dieses allerdings nicht vollends den Vorstellungen der Parlamentarischen Versammlung entsprach, blieb diese zunächst hartnäckig und forderte bis ins Jahr 2001 vom Ministerkomitee den Erlass eines Zusatzprotokolls zur EMRK auf Grundlage ihres Entwurfs aus der *Recommendation No. 1201.*[670] Nachdem das Ministerkomitee bereits 1996 ausdrücklich erklärt hatte,

---

666 *"For the purposes of this Convention, the 'national minority' refers to a group of persons in a state who: a. reside on the territory of that state and are citizens thereof; b. maintain longstanding, firm and lasting ties with that state; c. display distinctive ethnic, cultural, religious or linguistic characteristics; d. are sufficiently representative, although smaller in number than the rest of the population of that state or of a region of that state; e. are motivated by a concern to preserve together that which constitutes their common identity, including their culture, their traditions, their religion or their language"*, Europarat, Parlamentarische Versammlung, Recommendation No. 1201 (1993): Additional protocol on the rights of national minorities to the European Convention on Human Rights, Rn. 14 = HRLJ 3–4 (1993), S. 144, 145 (englischer Originaltext) = EuGRZ 5–6 (1993), S. 151, 152 (deutsche Übersetzung). Ausführlich zum Diskursverlauf bzgl. der Minderheitendefinition: *Klebes,* Entwurf eines Minderheitenprotokolls zur EMRK, S. 149 f.; *Hofmann*, Minderheitenschutz in Europa: Völker- und Staatsrechtliche Lage im Überblick, S. 45 f.

667 Vgl. *Hilpold*, Neue Minderheiten, S. 89.

668 Europarat, Reply of the Committee of Ministers to Parliamentary Assembly Recommendations 1134 (1990) on the rights of minorities, 1177 (1992) on the rights of minorities, 1201 (1993) on an additional protocol on the rights of national minorities to the European Convention on Human Rights, 1255 (1995) on the protection of the rights of national minorities, 1285 (1996) on the rights of national minorities, 1300 (1996) on the protection of the rights of minorities, 1345 (1997) on the protection of national minorities, 656th meeting, 19.1.1999.

669 Zur genauen Ausgestaltung des Rahmenübereinkommens siehe: Teil 2, D. IV. 3.

670 Europarat, Parlamentarische Versammlung, Recommendation 1492 (2001): Rights of National Minorities, Rn. 12.11.

die Ausarbeitung eines Zusatzprotokolls nicht weiter verfolgen zu wollen, veranlasste auch die erneute Aufforderung der Parlamentarischen Versammlung das Ministerkomitee zu keinen weiteren Anstrengungen in diese Richtung. Vielmehr musste sich die Parlamentarische Versammlung mit dem Verweis auf das damals bevorstehende Inkrafttreten des 12. Zusatzprotokolls zur EMRK begnügen, welches ein umfassendes Diskriminierungsverbot beinhaltete.[671]

Nichtsdestotrotz erkannte die Parlamentarische Versammlung aber auch die Fortschritte an, die zu Gunsten des Minderheitenschutzes seit Inkrafttreten des Rahmenübereinkommens erzielt worden waren und würdigte letzteres dementsprechend in seinen Empfehlungen. So forderte sie beispielsweise die Staaten auf, die das Rahmenübereinkommen noch nicht unterzeichnet hatten, dies schleunigst nachzuholen.[672] Erst 2003 sah die Parlamentarische Versammlung von ihrer konkreten Forderung nach einem Zusatzprotokoll zur EMRK ab. Stattdessen empfahl sie nun, durch den Erlass eines Zusatzprotokolls zum Rahmenübereinkommen dem Europäischen Gerichtshof für Menschenrechte die Befugnis einzuräumen, sogenannte *advidsory opinions* abzugeben und ihm damit eine gewisse Interpretationshoheit hinsichtlich des Rahmenübereinkommens zuzubilligen.[673] Das Ministerkomitee hielt dies mit Hinweis auf die rein programmatische Natur der im Rahmenübereinkommen verankerten Rechte nicht für notwendig.[674]

Im Jahr 2012 hat die Parlamentarische Versammlung die Idee eines Zusatzprotokolls zur EMRK in seinen *Recommendations No. 1866* und *1994* erneut aufgegriffen.[675] Mit dem Hinweis auf die prekäre Situation einiger europäischer Minderheiten, womit primär die Sinti und Roma gemeint sein durften, wies sie

---

671 Europarat, Reply of the Committee of Ministers to Parliamentary Assembly Recommendation 1492 (2001) on the rights of national minorities, 799th meeting, 12.6.2002.

672 Europarat, Parlamentarische Versammlung, Recommendation 1492 (2001): Rights of National Minorities, Rn. 6; Recommendation 1623 (2003): Rights of National Minorities, Rn. 11 i-iii.

673 *Ebd.*, Rn. 12 i.

674 Europarat, Reply of the Committee of Ministers to Parliamentary Assembly Recommendation 1623 (2003) on the rights of national minorities, 909th meeting, 15.12.2003, Rn 10.

675 Europarat, Parlamentarische Versammlung, Recommendation 1866 (2012): An additional protocol to the European Convention on Human Rights on national Minorities; Recommendation 1994 (2012): An additional protocol to the European Convention on Human Rights on national Minorities.

auf die dringend notwendige Justiziabilität von Minderheitenrechten vor dem EGMR hin:

> *Considering the precarious situation of numerous national minority groups in Europe, it is time to reconsider the Assembly's previous proposals concerning the adoption of an additional protocol to the European Convention on Human Rights, which could reinforce the standing of national minorities, both as individuals and/or as groups, before the European Court of Human Rights and provide them with substantive and justiciable rights.*[676]

In seiner Antwort auf die Empfehlungen der Parlamentarischen Versammlung erteilte das Ministerkomitee der Idee eines Zusatzprotokolls im Jahr 2013 erneut eine klare Absage. Seiner Ansicht nach besteht weder eine Notwendigkeit einer weiteren normativen Arbeit in diesem Bereich noch erscheint es angemessen, die EMRK mit einem Zusatzprotokoll auszustatten, was nur auf bestimmte Gruppen von Menschen anwendbar wäre: *"Furthermore, as regards the European Convention on Human Rights, it does not consider it appropriate to accompany the ECHR with additional protocols setting out a range of rights applicable to specific groups of people."*[677]

b. Der Entwurf der sogenannten Venedig-Kommission

Neben der Idee, Minderheitenschutzregelungen in den Kontext der EMRK zu implementieren, wurde immer wieder die Ausarbeitung eines völlig separaten Minderheitenschutzabkommens in Erwägung gezogen. Diese Idee einer eigens mit dem Minderheitenschutz befassten Konvention auf Europaratsebene verfolgte auch die Europäische Kommission für Demokratie durch Recht. Die sogenannte Venedig-Kommission, welche vom Europarat 1990 ins Leben gerufen worden war, um die osteuropäischen Staaten bei ihren Verfassungsreformen zu unterstützen, ist heute international als Beratungsorgan für Verfassungsfragen tätig.[678] 1991 verabschiedete sie einen Vorschlag für eine Europäische Konvention zum Minderheitenschutz.[679] Ausgestattet mit einem ausführlichen

---

676 Europarat, Parlamentarische Versammlung, Recommendation 1866 (2012): An additional protocol to the European Convention on Human Rights on national Minorities, Rn. 5.

677 Europarat, Reply of the Committee of Ministers to Parliamentary Assembly Recommendation 1994 (2012) on the rights of national minorities, 1159th meeting, 16.1.2013, Rn. 2.

678 Vgl. dazu die Website der Venedig-Kommission: http://www.venice.coe.int/WebForms/pages/default.aspx?p=01_Presentation (zuletzt aufgerufen am 12.6.2018).

679 In englischer Sprache abgedruckt in: HRLJ 12 (1991), S. 269. Hierzu auch: *Widmer*, Bemühungen der internationalen und regionalen Organisationen, S. 152 f.; *Hofmann*,

Rechtekatalog, wurden darin weitreichende kollektivschützende Rechte, wie beispielsweise die regionale Verwendung einer Minderheitensprache vor Gericht oder in Behörden, sowie originäre Gruppenrechte, wie etwa ein Existenzrecht, gefordert.[680] Sogar einen institutionellen Rahmen gab der Entwurf vor: Vorgesehen war die Einsetzung eines Ausschusses, der die Mitgliedstaaten im Rahmen eines Staatenberichtsverfahrens überwachen sollte sowie die Möglichkeit von an den Ausschuss gerichteten Individual- und Staatenbeschwerden, die aber die jeweilige Einlassung der einzelnen Staaten voraussetzten.[681] Gerade das auf dem *good will* der Staaten basierende Schutzsystem rief dezidierte Kritik seitens der Parlamentarischen Versammlung hervor, die darauf hinwies, dass eine separate Konvention mit unzureichenden Überwachungsmechanismen verknüpft sei, während bei einem EMRK-Zusatzprotokoll die bestehenden und sich als durchaus wirksam erwiesenen Durchsetzungsmechanismen der EMRK greifen würden.[682]

Letztlich war die Venedig-Kommission nicht der einzige externe Akteur, der versuchte, den Europarat in diesem Bereich zum Handeln zu ermutigen. Zu nennen wäre hier beispielsweise die Föderalistische Union Europäischer Volksgruppen (FUEV), eine Nichtregierungsorganisation mit Konsultativstatus beim Europarat, die dem selbigem 1992 einen vollständigen Entwurf eines Zusatzprotokolls präsentierte.[683]

c. *Das Tätigwerden des Ministerkomitees*

Die sich Anfang der 1990er Jahre intensivierenden Forderungen der Parlamentarischen Versammlung und anderen Akteuren nach einem stärkeren Engagements seitens des Europarats im Bereich des Minderheitenschutzes veranlassten auch das Ministerkomitee zum Handeln. Im Oktober 1991 mandatierte er den sogenannten Lenkungsausschuss für Menschenrechte dazu, Vorschläge für ein weiteres Vorgehen auszuarbeiten.[684] Im Mai 1992 weitete das Ministerkomitee

---

Minderheitenschutz in Europa, Völker- und Staatsrechtliche Lage im Überblick, S. 40 ff.; *Blumenwitz*, Minderheiten- und Volksgruppenrecht, S. 57.

680 Siehe Art. 3 und 8 des Entwurfs.

681 Siehe Art. 18 ff. des Entwurfs. Hierzu ausführlich: *Klebes*, Rechtsschutz von Minderheiten, S. S. 53 f.

682 Europarat, Parlamentarische Versammlung, Recommendation No. 1177 (1992): Rights of minorities, Rn. 12.

683 Hierzu und auch zu weiteren externen Initiativen: *Scherer-Leydecker*, Minderheiten und sonstige ethnische Gruppen, S. 159 ff.

684 Hierzu ausführlich: *ebd.*, S. 154 ff. Vgl. auch Europarat, Explanatory Report of the FCNM, 1995, Rn. 3 = EuGRZ 10–12 (1995), S. 271, 271 f. (deutsche Übersetzung).

das Mandat des Ausschusses dahingehend aus, dass dieser mit der konkreten Ausarbeitung rechtlicher Normen beauftragt wurde.[685] Dabei orientierte sich der Lenkungsausschuss auch an den Entwürfen der Venedig-Kommission und der Parlamentarischen Versammlung. Drei mögliche Alternativen hinsichtlich eines geeigneten Rechtsrahmens wurden diskutiert: ein Zusatzprotokoll zur EMRK, eine eigene Minderheitenkonvention und eine Rahmenkonvention, die keine unmittelbaren subjektiven Rechte garantieren, sondern auf den innerstaatlichen Vollzug angewiesen sein sollte.

Wegweisend für ein ausgeweitetes Engagement des Europarats im Bereich des Minderheitenschutzes war der Wiener Europaratsgipfel im Oktober 1993. In der aus dem Gipfel resultierenden Wiener Erklärung zeigten sich die Staats- und Regierungschefs der Mitgliedstaaten bereit, politische und rechtliche Verpflichtungen im Bereich des Minderheitenschutzes einzugehen und forderten das Ministerkomitee auf, die dafür geeigneten internationalen Rechtsinstrumente auszuarbeiten.[686] Letztlich wurde das Ministerkomitee beauftragt, kurzfristig ein Rahmenübereinkommen auszuarbeiten: *"In consequence, we decide to instruct the Committee of Ministers: […] to draft with minimum delay a framework convention specifying the principles which contracting States commit themselves to respect, in order to assure the protection of national minorities."*[687] Gleichzeitig wurde das Ministerkomitee auch damit beauftragt, die Arbeit an einem Zusatzprotokoll zur EMRK für den kulturellen Bereich aufzunehmen: *"In consequence, we decide to instruct the Committee of Ministers: […] to begin work on drafting a protocol complementing the European Convention of Human Rights in the cultural field by provisions guaranteeing individual rights, in particular for persons belonging to national minorities."*[688] Durch die Beschränkung auf ein Zusatzprotokoll im kulturellen Bereich wurde den Forderungen der Parlamentarischen Versammlung nach einem umfassenden und weitreichenden Zusatzprotokoll, wie sie es in ihren *Recommendations No. 1177* und *1201* gefordert hatte, nicht entsprochen.[689]

Unter Miteinbeziehung der Venedig Kommission und des Hohen Kommissars für nationale Minderheiten der KSZE nahm ein vom Ministerkomitee

685 Vgl. Europarat, Explanatory Report of the FCNM, 1995, Rn. 4 = EuGRZ 10–12 (1995), S. 271, 272 (deutsche Übersetzung).

686 Europarat, Vienna Summit, Final Declaration v. 9.10.1993 = EuGRZ 18–19 (1993), S. 484 (deutsche Übersetzung).

687 Europarat, Vienna Summit, Final Declaration v. 9.10.1993, Appendix II.

688 *Ebd.*

689 Vgl. *Gilbert*, The Council of Europe and Minority Rights, Fn. 74.

eingesetzter *ad-hoc*-Ausschuss im Februar 1994 seine Arbeit zum Rahmenübereinkommen auf. Auf der 95. Tagung des Ministerkomitees am 10. November 1994 wurde schließlich der Entwurf eines Rahmenübereinkommens zum Schutz nationaler Minderheiten angenommen.[690]

Die Arbeit an einem Zusatzprotokoll zur EMRK, welche ja ebenfalls in der Wiener Erklärung gefordert worden war, wurde zur großen Enttäuschung der Parlamentarischen Versammlung bereits im Januar 1996 auf Beschluss des Ministerkomitees ausgesetzt.[691] Obwohl letzteres dabei betonte, dass es sich lediglich um eine Suspendierung von nicht endgültigem Charakter handelte, wurden bis heute keine weiteren Anstrengungen mehr zu Gunsten eines Zusatzprotokolls unternommen. Zuletzt äußerte sich das Ministerkomitee im Jahr 2013 zu einem Zusatzprotokoll, nachdem sich die Parlamentarische Versammlung wieder zugunsten eines solchen positioniert hatte, und lehnte weitere Anstrengungen in diesem Bereich deutlich ab.[692]

2. Die Europäische Konvention zum Schutz der Menschenrechte und Grundfreiheiten

Das Herzstück des Konventionengeflechts des Europarats und das zentrale Instrument für den Schutz der Menschenrechte auf europäischer Ebene ist die Europäische Konvention zum Schutze der Menschenrechte und Grundfreiheiten (EMRK). Die EMRK war und ist wegweisend für die Schaffung eines gesamteuropäischen Rechtsrahmens zum Schutz der Menschenrechte. Bereits mit der Gründung des Europarats ging die Vorbereitung für die Ausarbeitung eines europäischen Menschenrechtskatalogs einher. Noch im Jahr der Gründung des Europarates befasste sich dessen Beratende Versammlung mit der entsprechenden Ausarbeitung. Das Ministerkomitee des Europarats bestellte schließlich einen Ausschuss von Regierungsexperten, der auf Grundlage der bisherigen Arbeit der Beratenden Versammlung einen Textentwurf ausarbeitete. Unterzeichnet wurde

---

690 Zum Rahmenübereinkommen siehe: Teil 2, D. IV. 3.

691 Europarat, Reply of the Committee of Ministers to Parliamentary Assembly Recommendations 1134 (1990) on the rights of minorities, 1177 (1992) on the rights of minorities, 1201 (1993) on an additional protocol on the rights of national minorities to the European Convention on Human Rights, 1255 (1995) on the protection of the rights of national minorities, 1285 (1996) on the rights of national minorities, 1300 (1996) on the protection of the rights of minorities, 1345 (1997) on the protection of national minorities, 656th meeting, 19.1.1999, A. 2. Dazu auch: *Klebes*, Minderheitenschutz durch den Europarat, S. 147.

692 Siehe dazu: Teil 2, D. IV. 1. a.

die Konvention am 4. November 1950 in Rom; allgemein in Kraft trat sie am 3. September 1953. Entsprechend der Anzahl der Mitgliedstaaten des Europarates wurde sie bisher von 47 Staaten unterzeichnet und ratifiziert.[693]

a. Grundsätzliche Haltung zum Minderheitenschutz

Die EMRK ist ein klassischer, rein individualrechtlich ausgestalteter Menschenrechtskatalog; explizite Minderheitenrechte enthält sie keine. Viele Anliegen klassischer Minderheiten, insbesondere die Gewährleistung kultureller Rechte, finden keine direkte Verankerung in der EMRK. So beinhaltet sie beispielsweise keinen Anspruch des einzelnen gegenüber staatlichen Stellen, die eigene Minderheitensprache zu benutzen.[694] Schon in frühen Jahren stellte die Europäische Kommission für Menschenrechte, die zunächst als zweite Beschwerdeinstanz neben dem EGMR existierte, fest, dass sich ein Selbstbestimmungsrecht nach Vorbild der Art. 1 Abs. 1 der UN-Menschenrechtspakte aus keiner der Konventionsgarantien ableiten lasse.[695] Nichtsdestotrotz ist auch die EMRK von nicht zu unterschätzender Bedeutung für die Rechte von Minderheitenangehörigen. Auch wenn es sich bei den Konventionsgarantien nicht um ausdrückliche Minderheitenrechte handelt, können sie zumindest einen mittelbaren Beitrag zum Minderheitenschutz leisten, wenn sich der einzelne Angehörige einer Minderheit auf sie beruft.

---

693 Der aktuelle Unterzeichnungs- und Ratifikationsstand ist einsehbar unter: http://conventions.coe.int/Treaty/Commun/ChercheSig.asp?NT=005&CM=8&CL=ENG (zuletzt aufgerufen am 12.6.2018). Zur Entstehungsgeschichte der EMRK: *Weiß*, Die EMRK, S. 3 ff.

694 Eingaben vor Gericht betreffend: EKMR, *Isop./.Österreich*, Nr. 808/60, Entscheidung v. 8.3.1962, Yearbook of the ECHR 5, S. 108, 124. Kommunikation mit Behörden betreffend: EKMR, *Fryske Nasjonale Partij./.Niederlande*, Nr. 11100/84, Entscheidung v. 12.12.1985, Decisions and Reports 45, S. 240, 245. Zwar sieht die Konvention in Art. 6 Abs. 3 lit. e EGMR etwa das Recht auf einen Dolmetscher vor, wenn eine angeklagte Person die Verhandlungssprache des Gerichts nicht versteht oder spricht. Ein generelles Recht, eine Sprache nach Wahl im Umgang mit staatlichen Autoritäten sprechen zu können, kennt die EMRK aber nicht. Eine Übersicht bieten: *Thornberry/Estébanez*, Minority Rights in Europe, S. 58 ff. Zur Frage des Anspruchs auf Schulunterricht in einer Minderheitensprache siehe die Ausführungen zum Belgischen Sprachenfall: Teil 2, D. IV. 2. g. aa.

695 EKMR, *X./.Deutschland*, Nr. 6742/74, Entscheidung v. 10.7.1975, Decisions and Reports 3, S. 98, 102; *X./.Niederlande*, Nr. 7230/75, Entsch. v. 4.10.1976, Decisions and Reports 7, S. 109, 111.

Von vielen Verfechtern eines auf das Kollektiv bezogenen Minderheitenschutzes wird die Bedeutung der EMRK für den Minderheitenschutz als gering erachtet. Sie sind geleitet von der Sorge, dass ein allzu akzentuierter indviduarechtlicher Menschenrechtsschutz die Zielsetzungen eines auf das Kollektiv bezogenen Minderheitenschutzes konterkariert.[696] Diese Auffassung verkennt bereits, dass ein starker und durchsetzungsfähiger Diskriminierungsschutz, wie ihn die EMRK durch die Justiziabilität ihrer Garantien bietet, auch für einen Minderheitenschutz, der den Fokus auf das Kollektiv legt, die notwendige Grundlage ist, ohne die der Minderheitenschutz ins Leere liefe.[697] Zahlreiche in der EMRK verbriefte Rechte leisten im Zusammenspiel mit den ausgeprägten Kontrollmechanismen, wobei hier zuvörderst die Individualbeschwerde nach Art. 34 EMRK zu nennen ist, einen wichtigen Schutz auch für die Stellung von Angehörigen völkerrechtlicher Minderheiten.[698]

Dass der Minderheitenschutz als solcher nicht im Widerspruch zum Geiste der EMRK steht, hat der Europäische Gerichtshof für Menschenrechte (EGMR) mehrfach deutlich gemacht. Offen spricht sich der Gerichtshof für die Unterstützung und Förderung nationaler Minderheiten aus und sieht die Interessen des Staates dadurch nicht gefährdet:

> *Mention of the consciousness of belonging to a minority and the preservation and development of a minority's culture could not be said to constitute a threat to "democratic society". [...] Territorial integrity, national security and public order were not threatened by the activities of an association whose aim was to promote a region's culture, even supposing that it also aimed partly to promote the culture of a minority; the existence of minorities and different cultures in a country was a historical fact that a "democratic society" had to tolerate and even protect and support according to the principles of international law.*[699]

Der Gerichtshof hat mehrfach festgestellt, dass die Staaten verpflichtet seien, Minderheitenrechte entsprechend internationaler Standards zu achten.[700]

---

696 Beispielhaft etwa: *Heintze*, Selbstbestimmungsrecht und Minderheitenschutz, S. 178. *Hofmann* spricht dagegen von einer „zunehmenden Bedeutung" der Rechtsprechung des EGMR für den Minderheitenschutz: *ders.*, Minderheitenschutz in Europa: Entwicklung und aktueller Stand, S. 9.

697 Siehe dazu: Teil 2, B. III 1.

698 Einen guten Überblick bieten: *Hillgruber/Jestaedt*, Die EMRK und der Schutz nationaler Minderheiten;
Hofmann, Nationale Minderheiten und der EGMR.

699 EGMR, *Sidiropoulos u.a./.Griechenland*, Nr. 57/1997/841/1047, Urteil v. 10.7.1998, Reports 1998–IV, Rn. 41.

700 *"[...] itself* [Anmerkung: die zypriotische Regierung], *bound to respect international standards in the field of the protection of human and minority rights"*, EGMR, *Denizci*

Obgleich sich der Gerichtshof in seiner Rechtsprechung vom Grundsatz her positiv auf den Schutz von Minderheiten bezieht, betont er dabei den individualrechtlichen Charakter der Konvention und schließt Kollektivrechte wie ein Selbstbestimmungsrecht aus. Ein staatliches Verbot von Gruppen, die ihren Wunsch nach Autonomie oder nach einem Anschluss an einen anderen Staat offen aber mit friedlichen Mitteln äußern, hält er allerdings nicht automatisch für gerechtfertigt, sondern bringt zum Ausdruck, dass eine funktionierende Demokratie einen solchen Dialog aushalten müsse.[701]

b. Das Diskriminierungsverbot aus Art. 14 EMRK

Indem Art. 14 Diskriminierungen unter anderem wegen der Zugehörigkeit zu einer nationalen Minderheit verbietet, ist er die einzige Konventionsgarantie, die ausdrücklichen Bezug zu nationalen Minderheiten nimmt:

> Der Genuß der in dieser Konvention anerkannten Rechte und Freiheiten ist ohne Diskriminierung insbesondere wegen des Geschlechts, der Rasse, der Hautfarbe, der Sprache, der Religion, der politischen oder sonstigen Anschauung, der nationalen oder sozialen Herkunft, der Zugehörigkeit zu einer nationalen Minderheit, des Vermögens, der Geburt oder eines sonstigen Status zu gewährleisten.

Auch wenn die Bekämpfung von Diskriminierung für gewöhnlich nicht das Hauptanliegen vieler nationaler Minderheiten in Europa ist, so stellt es doch die Basis für einen erfolgreichen Minderheitenschutz dar. Bei Art. 14 handelt es sich um ein Diskriminierungsverbot mit akzessorischem Charakter, da er nur die „in dieser Konvention anerkannten Rechte und Freiheiten" erfasst. Ihm kommt somit keine selbständige, von den übrigen normativen Vorschriften losgelöste Bedeutung zu. Allerdings kann Art. 14 bereits verletzt sein, wenn ein Eingriff in den Schutzbereich des in Rede stehenden Konventionsrechts gegeben ist, nicht aber eine Verletzung vorliegt.[702] Nicht jede Ungleichbehandlung stellt eine verbotene Diskriminierung im Sinne des Art. 14 dar. Unter bestimmten Umständen

---

u.a./.Zypern, Nr. 25316–25321/94 und 27207/95, Urteil v. 23.5.2001, Reports 2001-V, Rn. 410.

701 EGMR, *Stankov the United Macedonian Organisation Ilinden./.Bulgarien*, Nr. 29221/95 u. 29225/95, Urteil v. 2.10.2001, Rn. 88, 97 f. In diesem Sinne auch: *Hillgruber/Jestaedt*, Die EMRK und der Schutz nationaler Minderheiten, S. 49. Ausführlich dazu: *Gilbert*, The Burgeoning Minority Rights Jurisprudence of the ECHR, S. 775 ff.; *Hofmann*, Nationale Minderheiten und der EGMR, S. 1019.

702 EGMR, *Belgischer Sprachenfall*, Nr. 1474/62, 1677/62, 1691/62, 1769/63, 1994/63 und 2126/64, Urteil v. 23.7.1968, abgedruckt in deutscher Sprache in: EGMR, Deutschsprachige Sammlung I, hrsg. v. Erika Engel und Norbert Paul Engel, Nr. 6, S. 31, 37 f.

kann eine Ungleichbehandlung gerechtfertigt sein, nämlich dann, wenn sie einem rechtmäßigen Zweck dient und ein angemessenes Verhältnis zwischen den angewandten Mitteln und dem verfolgten legitimen Ziel besteht.[703]

aa. Zurückhaltung des EGMR

In vielen Fällen geht der EGMR trotz Rüge der Beschwerdeführer nicht näher auf eine Verletzung von Art. 14 ein. Dies betrifft vor allem Fällen, in denen bereits die Verletzung eines anderen Konventionsrechts festgestellt wurde. Hier verzichtet der EGMR regelmäßig auf eine Prüfung von Art. 14 mit dem Verweis darauf, dass der Fall *"no further issues under Art. 14"* aufwerfe. Hierdurch bringt der EGMR zum Ausdruck, dass die monierte Ungleichbehandlung seiner Ansicht nach keinen weiteren Unrechtsgehalt gegenüber der bereits festgestellten Konventionsrechtsverletzung darstellt.[704]

Es scheint, als ob sich der Gerichtshof besonders zurückhaltend in der Prüfung von Art. 14 zeigt, wenn es um eine vermeintliche Diskriminierung auf Grund der ethnischen Zugehörigkeit („Rasse") geht. Eine Verletzung des Diskriminierungsverbotes aus Gründen der „Rasse" bejahte der Gerichtshof erstmalig im Urteil zu *Nachova u.a./.Bulgarien* – über fünfzig Jahre nach seiner Gründung.[705] Regelmäßig wird dem EGMR auch vorgeworfen, dass er gerade in vielen Fällen mit Minderheitenbezug zwar Verletzungen von Freiheitsrechten der Beschwerdeführer annehme, dann aber nicht den doch so dringend notwendigen Bogen zu einer damit möglicherweise einhergehenden Diskriminierung

---

703 *Ebd.*, S. 39.

704 Im Fall *Aziz./.Zypern* äußerte der EGMR hier einen klaren Grundsatz: *"The Court further observes that Article 14 has no independent existence, but plays an important role by complementing the other provisions of the Convention and the Protocols, since it protects individuals, placed in similar situations, from any discrimination in the enjoyment of the rights set forth in those other provisions. Where a substantive Article of the Convention has been relied on, both on its own and in conjunction with Article 14, and a separate breach has been found of the substantive Article, it is not generally necessary for the Court to consider the case under Article 14 also, though the position is otherwise if a clear inequality of treatment in the enjoyment of the right in question is a fundamental aspect of the case"*, EGMR, *Aziz./.Zypern*, Nr. 69949/01, Urteil v. 22.6.2004, Reports 2004-V, Rn. 35.

705 EGMR, *Nachova u.a./.Bulgarien*, Nr. 43577/98 u. 43579/98, Urteil v. 26.2.2004, Rn. 171 ff.; *Nachova u.a./Bulgarien* [GK], Nr. 43577/98 u. 43579/98, Urteil v. 6.7.2005, Reports 2005-VII, Rn. 163 ff. = EuGRZ 22–23 (2005), S. 693, 695 f. (deutsche Übersetzung, auszugsweise). Ausführlich zur Prüfung von Art. 14 im Fall *Nachova u.a./.Bulgarien* siehe: Teil 4, C. VIII. 1.

schlage – selbst wenn eine solche in Betracht komme.[706] Der EGMR setzt hohe Hürden bis er tatsächlich eine Diskriminierung auch auf Grund der ethnischen Herkunft bejaht. Auffallend ist außerdem, dass der EGMR bisher äußerst selten auf die Zugehörigkeit zu einer nationalen Minderheit als Anknüpfungsmerkmal für eine Diskriminierung abgestellt hat. Selbst wenn die Beschwerdeführer Angehörige einer nationalen Minderheit waren, nahm er stattdessen auf das ebenfalls in Art. 14 ausdrückliche Merkmal der „Rasse“ Bezug.[707]

bb. Positive Leistungsrechte

Viele Minderheitenvertreter, die für spezielle Minderheitenrechte im Sinne von Leistungsrechten eintreten, also solche die letztlich auf eine dauerhafte Andersbehandlung von Minderheiten abzielen, stützen sich im Kontext der EMRK voller Hoffnung auf den vom EGMR entwickelten Anspruch auf Ungleichbehandlung. Demnach ist das Diskriminierungsverbot des Art. 14 auch dann verletzt, wenn ein Staat ohne objektive und angemessene Rechtfertigung Personen, deren Situationen völlig verschieden sind, keine unterschiedliche Behandlung zuteil werden lässt.[708] In dem konkreten Fall *Thlimmenos./.Griechenland* war der Beschwerdeführer Zeuge Jehova, der aus religiösen Gründen den Militärdienst verweigert und infolgedessen eine Haftstrafe verbüßt hatte. Wegen seiner Vorstrafe wurde ihm trotz bester fachlicher Qualifikation die Zulassung als Wirtschaftsprüfer verweigert. Der EGMR sah darin einen Verstoß gegen Art. 14 in Verbindung mit Art. 9 EMRK und argumentierte, dass es keine Rechtfertigungsgründe gebe, einen schweren Straftäter und einen Militärdienstverweigerer gleich zu behandeln.[709]

Verfechter von Minderheitenrechten leiten hieraus eine sich aus Art. 14 ergebende Verpflichtung der Staaten ab, positive Maßnahmen zum Schutz der Minderheitenidentität zu ergreifen.[710] Ihrer Ansicht nach befinden sich Minderheiten auf Grund ihrer kulturellen Eigenarten in einer von der Mehrheit unterschiedlichen Situation, die eine unterschiedliche Behandlung daher gerade gebietet.

---

706 Vgl. etwa: *Thornberry/Estébanez*, Minority Rights in Europe, S. 49 f.

707 *Ebd.*, S. 59 f.

708 EGMR, *Thlimmenos./.Griechenland* [GK], Nr. 34369/97, Urteil v. 6.4.2000, Reports 2000-IV, Rn. 44.

709 *Ebd.*, Rn. 47.

710 Vgl. *Thornberry/Estébanez*, Minority Rights in Europe, S. 50, insbes. Fn. 98; *Ruiz Vieytez*, Minority marriage and discrimination, S. 409 ff.; *Barth*, Minority Rights, Multiculturalism and the Roma of Europe, S. 388 ff. Ausführlich hierzu: *Pentassuglia*, Minority Issues as a Challenge in the ECHR, S. 433 ff.

In seiner weiteren Rechtsprechung gab sich der Gerichthof diesbezüglich aber eher zurückhaltend und ließ Bedenken hinsichtlich der Vereinbarkeit derartiger positiven Verpflichtung mit Art. 14 verlauten.[711]

c. *Das Diskriminierungsverbot aus Art. 1 des 12. Zusatzprotokolls*

Dem auf Grund seines akzessorischen Charakters beschränkten Art. 14 wurde mit Erlass des 12. Zusatzprotokolls (12. ZP) im Jahr 2000 eine weitreichendere, nicht-akzessorische Antidiskriminierungsregelung zur Seite gestellt. Somit wurde der Forderung entsprochen, den Diskriminierungsschutz der Konvention auch auf andere als die von ihr garantierten Rechte auszudehnen. Das 12. ZP trat am 1. April 2015 in Kraft. Da bisher nur 20 Staaten das Zusatzprotokoll ratifiziert haben, ist seine Bedeutung allerdings begrenzt.[712]

Gemäß Art. 1 des 12. ZP ist der Genuss eines jeden gesetzlich niedergelegten Rechtes „ohne Diskriminierung insbesondere wegen des Geschlechts, der Rasse, der Hautfarbe, der Sprache, der Religion, der politischen oder sonstigen Anschauung, der nationalen oder sozialen Herkunft, der Zugehörigkeit zu einer nationalen Minderheit, des Vermögens, der Geburt oder eines sonstigen Status zu gewährleisten." Als Recht in diesem Sinne werden nicht nur die Konventionsrechte, sondern alle speziellen, in der nationalen Rechtsordnung verankerten subjektiven Rechte verstanden sowie alle Rechte, die sich auf der Grundlage von Verpflichtungen von Behörden aus der Rechtsordnung entnehmen lassen.[713] Wie auch Art. 14 verbietet Art. 1 des 12. ZP nicht generell jede rechtliche Differenzierung, sondern lässt eine solche dann zu, wenn eine objektive Rechtfertigung ersichtlich ist.[714] Primär stellt Art. 1 ein negatives Verbot dar; der *Explanatory*

---

711 EGMR, *Chapman./.Vereinigtes Königreich* [GK], Nr. 27238/95, Urteil v. 18.1.2001, Reports 2001-I, Rn. 129. Ausführlicher behandelte der EGMR die Frage nach positiven Verpflichtungen zum Minderheitenschutz hier allerdings unter Art. 8: *ebd.*, Rn. 95 f. Siehe dazu: Teil 2., D. IV. 2. c. sowie Teil 4, C. V. 1. a. Zu identischen Schlüssen kam der EGMR in: *Beard./.Vereinigtes Königreich* [GK], Nr. 24882/94, Urteil v. 18.1.2001, Rn. 106 f., 132; *Coster./.Vereinigtes Königreich* [GK], Nr. 24876/94, Urteil v. 18.1.2001, Rn. 109 f., 141; *Lee./.Vereinigtes Königreich* [GK], Nr. 25289/94, Urteil v. 18.1.2001, Rn. 97 f., 129; *Jane Smith./.Vereinigtes Königreich* [GK], Nr. 25154/94, Urteil v. 18.1.2001, Rn. 102 f., 138.

712 Der aktuelle Ratifikationsstand ist einsehbar unter: http://www.coe.int/en/web/conventions/search-on-treaties/-/conventions/treaty/177/signatures?p_auth=IYxH81Mf (zuletzt aufgerufen am 12.6.2018).

713 Europarat, Explanatory Report to the Protocol No. 12 to the ECHR, Rn. 22. Vgl. Dazu auch: *Frowein*, in: *ders./Peukert*, EMRK Kommentar, Art. 1 12. ZP, Rn. 2.

714 *Ebd.*, Rn. 4.

Report macht allerdings auch deutlich, dass Art. 1 zwar keine generelle positive Verpflichtung der Staaten beinhaltet, Diskriminierungen im Privatrechtsverkehr entgegenzutreten, sich gewisse horizontale Effekte im Sinne einer staatlichen Schutzpflicht aber im Einzelfall nicht gänzlich ausschließen lassen.[715]

d. *Meinungs-, Versammlungs- und Vereinigungsfreiheit (Art. 10 und Art. 11 EMRK)*

Wenn sich Minderheiten in Verbänden oder Vereinen organisieren wollen, kommt der in Art. 11 EMRK verankerten Versammlungs- und Vereinigungsfreiheit eine besondere Rolle für die kollektiven Entfaltungsmöglichkeiten einer Minderheit zu. Artikel 11 ermöglicht Angehörigen nationaler Minderheiten nicht nur die Gründung von Vereinen zur Pflege von Kultur und Brauchtum, sondern schützt auch den Zusammenschluss zu politischen Zwecken – auch als Partei.

Der EGMR hatte sich schon zuhauf mit staatlich angeordneten Verboten beziehungsweise der Versagung der Gründung entsprechender Vereinigungen zu befassen.[716] Im Rahmen dieser Fälle, in denen oftmals politische pro-kurdische Parteien in der Türkei die Beschwerdeführer waren[717], betonte der EGMR die grundlegende Rolle der Meinungs- und Versammlungsfreiheit in einer Demokratie und folgerte daraus, dass diese Rechte nur unter besonders eng auszulegenden Voraussetzungen einschränkbar seien. Konkret bedeute dies, dass ein auf eine angebliche Gefährdung der nationalen Sicherheit und der territorialen Integrität gestützes Verbot einer politischen Partei, die ihre Ziele gerade auch hinsichtlich der Förderung des Minderheitenschutzes unter Ablehnung von Gewalt und der Wahrung demokratischer Prinzipien verfolgt, nicht als gerechtfertigter Eingriff in Art. 11 angesehen werden kann (*necessary in a democratic society*).[718]

---

715 Europarat, Explanatory Report to the Protocol No. 12 to the ECHR, Rn. 24 ff.

716 Vgl. beispielsweise EGMR, *Gorzelik u.a./.Polen* [GK], Nr. 44158/98, Urteil v. 17.4.2004, Reports 2004-I; *United Communist Party of Turkey u.a./.Türkei* [GK], Nr. 19392/92, Urteil v. 30.1.1998.

717 Vgl. beispielsweise EGMR, ebd.; *Socialist Party u.a./.Türkei* [GK], Nr. 21237/93, Urteil v. 25.5.1998; *Freedom and Democracy Party (Özdep)./.Türkei* [GK], *Nr.* 23885/94, Urteil v. 8.12.1999, Reports 1999-VIII.

718 Vgl. dazu: *Thornberry/Estébanez*, Minority Rights in Europe, S. 44 f.; *Hofmann*, Nationale Minderheiten und der EGMR, S. 1018 f.; *Pentassuglia*, Minority Issues as a Challenge in the ECHR, S. 403 ff. In dem Fall *Refah Partisi (The Welfare Party)./.Türkei*, in dem es ebenfalls um das Verbot einer politischen Partei durch den türkischen Staat ging, verneinte der Gerichtshof eine Verletzung von Art. 11. Allerdings sah das

Aus der in Art. 10 verankerten Meinungsfreiheit ergibt sich keine Verpflichtung der Staaten, die notwendigen Mittel zu ihrer effektiven Gewährleistung bereitzustellen. Dies bedeutet konkret für Minderheiten, dass sie etwa keinen unbegrenzten Anspruch auf Zugang zum Rundfunk haben durch Einräumung von Frequenzen oder Sendezeiten.[719] Schließlich erwächst auch aus der klassischen abwehrrechtlichen Form des Art. 10 Bedeutung für den Schutz von Minderheiten. Die Meinungsäußerungsfreiheit gibt einzelnen Angehörigen von Minderheiten selbstverständlich das Recht, sich medialer Plattformen zu bedienen, um Angelegenheiten, die die Minderheit betreffen, an die Öffentlichkeit zu tragen. In verschiedenen Fällen in der Türkei fürchteten die staatlichen Behörden ein Anwachsen kurdischer Sezessionsbestrebungen auf Grund der medialen Präsenz der Kurden und verboten daher entsprechende Publikationen und sanktionierten Autoren und Herausgeber. In Hinblick auf die besondere Bedeutung der Meinungsfreiheit für demokratische Gesellschaften stellte der Gerichtshof in der Mehrheit der Fälle eine Verletzung von Art. 10 fest, obwohl die Publikationen zum Teil starke staatskritische Töne anschlugen und Sezessionsbestrebungen beinhalteten.[720]

e. *Achtung des Privat- und Familienlebens (Art. 8 EMRK)*

Eine Schlüsselrolle in Fällen mit Minderheitenbezug kommt Art. 8 EMRK zu, der das Recht auf Achtung des Privat- und Familienlebens beinhaltet. Die vor dem EGMR anhängigen Minderheitenfälle mit Art. 8-Bezug betrafen meist Fragen des traditionellen Lebensstils von Minderheiten. Mehrheitlich angestrengt wurden diese Verfahren zum einen von Angehörigen der norwegischen Samen wegen der Einschränkung ihrer traditionellen Land- und Fischereirechte

Parteiprogramm der Refah Partisi die Abschaffung des Säkularismus und die Einführung der Scharia vor. Dies hielt der Gerichtshof nicht mit den demokratischen Idealen der Konvention vereinbar und stufte das Verbot der Partei daher als *necessary in a democratic society* ein: *Refah Partisi (The Welfare Party) u.a./.Türkei* [GK], Nr. 41340/98, 41342/98, 41343/98, 41344/98, Urteil v. 13.2.2003, Reports 2003-II, Rn. 106 ff.

719 Dazu: *Hillgruber/Jestaedt*, Die EMRK und der Schutz nationaler Minderheiten, S. 49.

720 Beispielsweise EGMR, *Arslan./.Türkei* [GK], Nr. 23462/94, Urteil v. 8.7.1999, Rn. 44 ff. Mit zahlreichen weiteren Verweisen: *Gilbert*, Burgeoning Minority Rights Jurisprudence of the ECHR, S. 755 ff., insbes. Rn. 88. Eine Verletzung wurde lediglich in solchen Fällen verneint, in denen ausdrücklich zur Gewalt aufgerufen wurde.

beispielsweise durch staatliche Großbauprojekte[721] sowie zum anderen von britischen *"gypsies"* beziehungsweise *Irish Travellers* wegen der Versagung von Wohnwagenstellplätzen.[722] Der EGMR erkannte im Rahmen dieser Urteile grundsätzlich an, dass der traditionelle Lebensstil einer Minderheit als Teil ihrer althergebrachten Kultur vom Schutz des Art. 8, das heißt vom Recht auf Achtung des Privat- und Familienlebens, umfasst ist.[723] Nicht selten sah der EGMR allerdings den jeweiligen Eingriff durch die meist wirtschaftlichen Interessen des Staates als gerechtfertigt an.[724]

Gerade im Rahmen von Art. 8 musste sich der Gerichtshof des Öfteren mit der Frage befassen, ob aus der Vorschrift spezielle Minderheitenrechte abzuleiten sind. Interessanterweise erfolgte diese gedankliche Abwägung stets unter Art. 8 ohne direkte Hinzuziehung von Art. 14. In *Chapman./.Vereinigtes Königreich*, einer der oben genannten Wohnwagenfälle, lehnte der EGMR die Ableitung durchschlagkräftiger Minderheitenschutzverpflichtungen aus Art. 8 ab, das heißt in diesem Fall die positive Verpflichtung des Staates, der Beschwerdeführerin auf Grund ihrer Zugehörigkeit zu den britischen *"gypsies"*, ungeachtet einer einfachgesetzlichen Genehmigungsfähigkeit, einen Wohnwagenstellplatz zur Verfügung zu stellen. Grundsätzlich sah es der Gerichthof hinsichtlich der speziellen Situation von Minderheiten durchaus als notwendig an, auch der eigentümlichen Kultur und Lebensform der Minderheiten Beachtung zu schenken (*"special consideration"*) und dies als nicht unwichtigen Aspekt in der Verhältnismäßigkeitsprüfung unter Art. 8 zu würdigen. Der EGMR leitete aus Art. 8 ausdrücklich sogar eine Verpflichtung der Staaten ab, den Lebensstil der *"gypsy"*-Minderheit durch entsprechendes staatliches Handeln zu erleichtern: *"To*

---

721 Etwa EKMR, *G and E./.Norwegen*, Nr. 9278/81 und 9415/81, Entscheidung v. 3.10.1983, Decisions and Reports Vol. 35, S. 30. Dazu auch: *Hofmann*, Nationale Minderheiten und der EGMR, S. 1017.

722 Siehe ausführlich dazu: Teil 4, C. V. 1.

723 EKMR, *G and E./.Norwegen*, Nr. 9278/81 und 9415/81, Entscheidung v. 3.10.1983, Decisions and Reports Vol. 35, S. 30, 35 f.; EGMR, *Chapman./.Vereinigtes Königreich* [GK], Nr. 27238/95, Urteil v. 18.1.2001, Reports 2001-I, Rn. 73 f. Hierzu auch: *Grabenwarter/Pabel*, EMRK, § 22, Rn. 13; *Hillgruber*, Minderheitenschutz im Rahmen der EMRK, S. 40 f.

724 So etwa in: EKMR, *G and E./.Norwegen*, Nr. 9278/81 und 9415/81, Entscheidung v. 3.10.1983, Decisions and Reports Vol. 35, S. 30, 36. Zusammenfassend: *Thornberry/Estébanez*, Minority Rights in Europe, S. 53 ff.; ebenso: *Hillgruber/Jestaedt*, Die EMRK und der Schutz nationaler Minderheiten, S. 44; *Hillgruber*, Minderheitenschutz im Rahmen der EMRK, S. 40 f.

this extent, there is thus a positive obligation imposed on the Contracting States by virtue of Article 8 to facilitate the Gypsy way of life."[725] Hierdurch betonte der EGMR zwar die Notwendigkeit, die nationalen Minderheiten und ihren Lebensstil zu schützen; die genaue Ausgestaltung dieses Schutzes überließ er jedoch dem Beurteilungsspielraum der Staaten und erläuterte nicht weiter, was unter dieser positiven Verpflichtung genau zu verstehen ist.

Den Zweck der Bewahrung der „*gypsy-culture*" ließ der EGMR aber letztlich nicht ausreichen, um eine Verletzung von Art. 8 anzunehmen, sondern gewichtete flächenplanerische und Umweltschutzaspekte höher. Der EGMR äußerte außerdem offenkundig Bedenken bezüglich der Vereinbarkeit einer eigentlich rechtswidrigen Stellplatzgenehmigung, die allein auf Grund des Minderheitenstatus ergeht, mit Art. 14.[726] Eine Entwicklung hin zu einer minderheitenfreundlicheren Rechtsprechung ließ sich aber in den Nachfolgeurteilen zu ähnlich gelagerten Fällen beobachten. Hier baute der EGMR auf den entwickelten Grundsätzen auf, bezog aber den Aspekt der kulturellen Eigenart stärker in die Abwägung mit ein unter Beschränkung des nationalen Ermessensspielraums und bejahte letztlich Verletzungen von Art. 8.[727]

Trotz der Entwicklung in eine dem Minderheitenschutz zugewandte Richtung, kann hier nicht von einer dezidiert kollektivschützenden Rechtsprechung im Rahmen des Art. 8 gesprochen werden, obwohl entsprechende Forderungen auch schon gerichtshofsintern erhoben wurden. In seiner *dissenting opinion* zum Fall *Buckley./.Vereinigtes Königreich*, dem ähnlich gelagerten Vorgängerfall von *Chapman./.Vereinigtes Königreich*, brachte *Richter Lohmus* mit deutlichen Worten zum Ausdruck, dass sich seiner Meinung nach aus Art. 8 eine Verpflichtung der Staaten zur gesonderten Behandlung von Minderheiten zwecks Bewahrung ihres kulturellen Erbes ergeben müsse:

> *It has been stated before the Court that the applicant as a Gypsy has the same rights and duties as all the other members of the community. I think that this is an oversimplification of the question of minority rights. It may not be enough to prevent discrimination so that*

725 EGMR, *Chapman./.Vereinigtes Königreich* [GK], Nr. 27238/95, Urteil v. 18.1.2001, Reports 2001-I, Rn. 96. Auch hier erfolgt die Abhandlung hauptsächlich unter Art. 8; unter Art. 14 wird die Problematik nur kurz aufgegriffen: *ebd.*, Rn. 129. Siehe zur Prüfung von Art. 8 in diesem Fall: Teil 2, D. IV. 2. e. sowie Teil 4, C. V. 1 a.

726 *Ebd.*, Rn. 95. Ebenso kritisch bzgl. des Mehrheitsvotums: *Ringelheim*, Chapman redux, S. 435 ff.; *Barth*, Minority Rights, Multiculturalism and the Roma of Europe, S. 388.

727 EGMR, *Connors./.Vereinigtes Königreich*, Nr. 66746/01, Urteil v. 27.5.2004, Rn. 85 ff.; *Winterstein u.a./.Frankreich*, Nr. 27013/07, Urteil 17.10.2013, Rn. 142 f.

members of minority groups receive equal treatment under the law. In order to establish equality in fact, different treatment may be necessary to preserve their special cultural heritage.[728]

Nach Ansicht des Gerichtshofs können dem Staat aus Art 8 im Einzelfall auch gewisse Schutzpflichten erwachsen. Eine Konventionsverletzung kann etwa dann bestehen, wenn ein Mitgliedstaat es versäumt, Individuen vor Eingriffen in ihr Privat- und Familienleben durch andere Individuen ausreichend zu schützen – sofern die Eingriffe eine gewisse Intensität erreichen.[729] Hierdurch sind auch die Angehörigen nationaler Minderheiten vor staatlich geduldeter Verfolgung und Vertreibungen geschützt. Überschreiten solche Eingriffe von privater Seite die reine Beeinträchtigung des Privat- und Familienlebens und gehen mit Gewaltanwendung einher, trifft die Staaten ebenfalls eine Schutzpflicht aus Art. 2 Abs. 1 S. 1 EMRK.[730]

f. Religionsfreiheit (Art. 9 EMRK)

Für religiöse Minderheiten kommt Art. 9, welcher die Gedanken- Gewissens- und Religionsfreiheit gewährleistet, selbstverständlich die größte Bedeutung zu. Eine wichtige Frage, mit der sich der Gerichtshof immer wieder auseinandersetzen muss, ist, inwieweit religiöse Praktiken überhaupt in modernen Gesellschaften, die Pluralismus propagieren, Grenzen gezogen werden dürfen. Einen prominenten Fall hierzu stellte *Cha'Are Shalom Ve Tsedek./.Frankreich* dar, in

---

728 EGMR, *Buckley./.Vereinigtes Königreich,* Nr. 20348/92, Urteil v. 25.9.1996, Dissenting Opinion Judge Lohmus. Zu einem abweichenden Votum mit ähnlicher Argumentation kamen mehrere Richter auch in *Chapman./.Vereinigtes Königreich*: "*There is an emerging consensus amongst the member States of the Council of Europe recognising the special needs of minorities and an obligation to protect their security, identity and lifestyle […], not only for the purpose of safeguarding the interests of the minorities themselves but also in order to preserve a cultural diversity of value to the whole community. This consensus includes a recognition that the protection of the rights of minorities, such as Gypsies, requires not only that Contracting States refrain from policies or practices which discriminate against them but also that, where necessary, they should take positive steps to improve their situation through, for example, legislation or specific programmes*", EGMR, *Chapman./.Vereinigtes Königreich* [GK], Nr. 27238/95, Urteil v. 18.1.2001, Reports 2001-I, Joint Dissenting Opinion of Judges Pastor Ridruejo, Bonello, Tulkens, Strážnická, Lorenzen, Fischbach and Casadevall, Rn. 3.

729 EGMR, *X und Y./.Niederlande*, Nr. 8978/80, Urteil v. 26.3.1985, Rn. 23 = EuGRZ 11 (1985), S. 297, 298 (deutsche Übersetzung, auszugsweise).

730 Vgl. *Hillgruber/Jestaedt*, Die EMRK und der Schutz nationaler Minderheiten, S. 46; *Hillgruber*, Minderheitenschutz im Rahmen der EMRK, S. 42.

dem es um das eine jüdisch-orthodoxe Gemeinde betreffende staatliche Verbot ritueller Schächtungen ging. Der Gerichtshof sah hier keinen Eingriff in die Religionsfreiheit gegeben, da es den streng-orthodoxen Juden trotz des Verbots durch belgische Importe möglich war, Fleisch von Tieren zu konsumieren, die nach ihren religiösen Vorgaben geschlachteten worden waren.[731]

g. Leiturteile im Bereich des Minderheitenschutzes

aa. *Der Belgische Sprachenfall*

Ein für die Reichweite des Art. 14 allgemein aber auch für den Minderheitenschutz im Speziellen bedeutender Fall stellte der sogenannte Belgische Sprachenfall dar.[732] Zugrunde lag diesem Fall die Beschwerde mehrerer belgischer Eltern und Schüler über die belgische Sprachgesetzgebung. Als Folge einer Gesetzesneufassung wurde Belgien 1963 in drei Sprachgebiete aufgeteilt (flämisch, französisch und deutsch), die als homogene, einsprachige Gebiete gedacht waren. Eine Konsequenz dieser Einteilung war, dass als Unterrichtssprache in staatlichen Schulen beziehungsweise in staatlich subventionierten Privatschulen ausschließlich die Sprache des jeweiligen Gebietes zugelassen war. Die Beschwerdeführer argumentierten, dass die Regelung die in den flämisch sprechenden Gebieten lebenden Eltern und Schüler mit französischer Sprachpräferenz einseitig diskriminiere und somit gegen Art. 14 verstoße. Die Regierung hielt dagegen, dass es den Eltern freistehe, ihre Schüler zu Hause zu unterrichten oder sie auf nichtsubventionierte Privatschulen zu schicken.

---

731 EGMR, *Cha'are Shalom Ve Tsedek./.Frankreich* [GK], Nr. 27417/95, Urteil v. 27.6.2000, Reports 2000-VII, Rn. 80 f. Ausführlich hierzu: *Gilbert*, Burgeoning Minority Rights Jurisprudence of the ECHR, S. 766 f.

732 EGMR, *Belgischer Sprachenfall*, Nr. 1474/62, 1677/62, 1691/62, 1769/63, 1994/63 und 2126/64, Urteil v. 23.7.1968, abgedruckt in deutscher Sprache in: EGMR, Deutschsprachige Sammlung I, hrsg. v. Erika Engel und Norbert Paul Engel, Nr. 6, S. 31. Ausführlich dazu auch: *Thornberry/Estébanez*, Minority Rights in Europe, S. 47 ff. Vgl. auch: *Hillgruber/Jestaedt*, Die EMRK und der Schutz nationaler Minderheiten, S. 24, die den Belgischen Sprachenfall für am „bedeutsamsten und ertragreichsten für die Rechtsstellung sprachlicher und nationaler Minderheiten" halten. Für die grundsätzliche Auslegung des Art. 14 war das Urteil insoweit wichtig, als dass der EGMR erstmalig statuierte, dass Art. 14 in normativer Hinsicht zwar keine von den anderen Normen der EMRK losgelöste Bedeutung habe, seine Anwendbarkeit aber keine Verletzung der betreffenden Konventionsnorm voraussetze. Vielmehr könne eine Maßnahme, die den Anforderungen einer bestimmten Konventionsnorm entspreche, gegen diese Norm in Verbindung mit Art. 14 verstoßen, weil sie als diskriminierend einzustufen sei.

Der Gerichtshof verneinte letztlich eine Verletzung des Art. 2 des Ersten Zusatzprotokolls (Erstes ZP), welcher ein Recht auf Bildung vorsieht, da dieser nicht das Recht beinhalte, in einer speziellen Sprache unterrichtet zu werden – eine für die Interessen von Minderheiten durchaus folgenreiche Aussage.[733] Eine Verletzung des Art. 14 in Verbindung mit Art. 2 des Ersten ZP wurde vom Gerichtshof jedoch angenommen. Dies stützte er allerdings nicht auf die Tatsache, dass sich der belgische Staat weigerte, im flämischen Teil staatliche Schulen mit französischer Unterrichtssprache zu errichten beziehungsweise entsprechende Privatschulen zu fördern. Die damit verbundene Ungleichbehandlung sah er nämlich dadurch gerechtfertigt, dass der Zweck der Schulpolitik darin zu sehen sei, die sprachliche Einheit im Innern der beiden großen Sprachregionen Belgiens, in denen eine große Mehrheit der Bevölkerung nur eine der beiden Nationalsprachen spricht, zu verwirklichen.[734] Minderheitenfreundlich ist eine solche Zwecksetzung sicherlich nicht. Eine Politik, die darauf abzielt, die Ausbreitung der Sprache und Kultur der einen Region in einer anderen Region zu verhindern, führt zwangsläufig zu einer sprachlichen Assimilation der jeweiligen regionalen Minderheit.[735]

Eine Diskriminierung nach Art. 14 knüpfte der Gerichtshof letztlich an die Situation in sechs Gemeinden bei Brüssel, die gesetzlich einen Sonderstatus

733 EGMR, *Belgischer Sprachenfall*, Nr. 1474/62, 1677/62, 1691/62, 1769/63, 1994/63 und 2126/64, Urteil v. 23.7.1968, abgedruckt in deutscher Sprache in: EGMR, Deutschsprachige Sammlung I, hrsg. v. Erika Engel und Norbert Paul Engel, Nr. 6, S. 31, 42. Anders entschied der EGMR aber in der Staatenbeschwerde *Zypern./.Türkei*, bei der er eine Verletzung des Art. 2 des 1. ZP annahm. Hier ging es um den Fall, dass in Schulen der Sekundarstufe in Nordzypern kein Unterricht auf Griechisch angeboten wurde. Der EGMR stellte fest, dass der Unterricht so nicht den Bedürfnissen der griechischen Zyprioten entsprach, um ihre ethnische und kulturelle Identität zu bewahren. Die Besonderheit war hier, dass solche Schulen zuvor bestanden hatten, durch die nordzypriotische Behörden aber abgeschafft worden waren und die Kinder bereits in der Primärstufe in Griechisch unterrichtet worden waren. Die totale Nichtexistenz griechischsprachiger Sekundarschulen in Nordzypern stufte der EGMR als Verletzung des Rechts auf Bildung ein: EGMR, *Zypern./.Türkei* [GK], Nr. 25781/94, Urteil v. 10.5.2001, Reports 2001-IV, Rn. 278. Hierzu auch: *Gilbert*, Burgeoning Minority Rights Jurisprudence of the ECHR, S. 762 f.

734 EGMR, *Belgischer Sprachenfall*, Nr. 1474/62, 1677/62, 1691/62, 1769/63, 1994/63 und 2126/64, Urteil v. 23.7.1968, abgedruckt in deutscher Sprache in: EGMR, Deutschsprachige Sammlung I, hrsg. v. Erika Engel und Norbert Paul Engel, Nr. 6, S. 31, 43 f.

735 Deutliche Kritik am Urteil liefern: *Hillgruber/Jestaedt*, Die EMRK und der Schutz nationaler Minderheiten, S. 29 ff.

erlangt hatten, da sie eine beachtliche frankophone Bevölkerungszahl aufweisen konnten. In den dortigen Schulen, in denen eigentlich Flämisch die Unterrichtssprache war, gab es die Möglichkeit der Errichtung frankophoner Klassen. Frankophonen Kindern, die ihren Wohnsitz außerhalb dieser sechs Gemeinden hatten, war es allerdings nicht möglich, an diesem Unterricht teilzunehmen. Die flämischen Klassen nahmen dagegen jedes Kind – unabhängig vom Wohnort – auf. Eine solche, an den Wohnort anknüpfende, unterschiedliche Behandlung, sah der Gerichtshof nicht mehr als gerechtfertigt an.[736] Der Gerichtshof stützte sein Urteil insofern nicht auf den Aspekt der „Zugehörigkeit zu einer nationalen Minderheit", sondern auf den Aspekt des Wohnorts („sonstiger Status").

bb. *Gorzelik./.Polen*

Besondere Bedeutung für den Minderheitenschutz kommt schließlich dem Fall *Gorzelik./.Polen* aus dem Jahr 1996 zu.[737] Beschwerdeführer waren Angehörige der ethnischen Gruppe der Schlesier, deren Anliegen von den polnischen Autoritäten abgelehnt wurde, die von ihnen gegründete *Union of People of Silesian Nationality* gemäß den Vorschriften des polnischen Vereinsgesetztes registrieren zu lassen. Ziele der Vereinigung sollten die Förderung des nationalen Bewusstseins der Schlesier sowie der Schutz der ethnischen Rechte von Personen mit schlesischer Nationalität sein. Mit der Begründung, dass eine schlesische Nationalität nicht existent sei, wurde der Antrag von den Behörden negativ beschieden. Das Verfahren erreichte schließlich die Große Kammer des EGMR, die zwar einen Eingriff in Art. 11 EMRK bejahte, diesen letztlich aber trotz der enormen Bedeutung von Art. 11 für gerechtfertigt (*necessary in a democratic society*) hielt. Begründet wurde dies damit, dass die Vereinigung mit einer Registrierung als Vertretung einer nationalen Minderheit bei kommenden Wahlen von den Privilegien, die Organisationen nationaler Minderheiten nach dem polnischen Wahlrecht zustehen, profitiert hätte. Nur durch die Verweigerung der Registrierung habe dies verhindert werden können.[738] Insofern bestand hier nach Ansicht der Großen Kammer ein *pressing social need* hinsichtlich der Verweigerung.

---

736 EGMR, *Belgischer Sprachenfall*, Nr. 1474/62, 1677/62, 1691/62, 1769/63, 1994/63 und 2126/64, Urteil v. 23.7.1968, abgedruckt in deutscher Sprache in: EGMR, Deutschsprachige Sammlung I, hrsg. v. Erika Engel und Norbert Paul Engel, Nr. 6, S. 31, 49.

737 EGMR, *Gorzelik u.a./.Polen* [GK], Nr. 44158/98, Urteil v. 17.2.2004, Reports 2004-I. Ausführlich dazu auch: *Hofmann*, Nationale Minderheiten und der EGMR, S. 1020 f.

738 EGMR, *Gorzelik u.a./.Polen* [GK], Nr. 44158/98, Urteil v. 17.2.2004, Reports 2004-I, Rn. 97 ff. Hierzu auch: *Gilbert*, Burgeoning Minority Rights Jurisprudence of the ECHR, S. 752.

Schließlich stufte sie die Maßnahme auch als verhältnismäßig ein, da sie nicht in der Absicht erfolgt sei, die Ziele der Vereinigung zu untergraben, sondern lediglich, um einen Missbrauch des polnischen Wahlrechts zu verhindern.[739]

Von den Fällen, in denen der EGMR eine relativ minderheitenfreundliche Rechtsprechung an den Tag gelegt hat, unterscheidet sich der Fall *Gorzelik./.Polen* insofern, als dass es hier nicht nur um eine einfache staatliche Behinderung der minderheitenrechtlich relevanten Aktivitäten einer politischen Partei oder Vereinigung ging, sondern darum, ob sich eine Personengruppe als eine nationale Minderheit im Sinne des nationalen (polnischen) Rechts bezeichnen darf und auf Grund einer damit verbundenen staatlichen Anerkennung in den Genuss gewisser, im nationalen Recht verankerter Privilegien kommt. Sieht die nationale Rechtsordnung positive Minderheitenrechte vor, dann gesteht der EGMR dem Staat einen weiten Beurteilungsspielraum zu, ob die jeweilige Personengruppe die notwendigen Kriterien erfüllt, um eine nationale Minderheit zu sein, und in den Genuss der betreffenden Rechte kommt – so die Deutung von *Hofmann*.[740]

cc. *Sejdić und Finci./.Bosnien und Herzegowina*

Auslöser für den Fall *Sejdić und Finci./.Bosnien und Herzegowina*, den die Große Kammer im Jahr 2009 entschieden hat, war eine Bestimmung in der Präambel der bosnisch-herzegowinischen Verfassung, die Bosniaken, Kroaten und Serben als "*constituent people*" auswies. Folge dieser Regelung war unter anderem, dass Angehörigen anderer Gruppen das passive Wahlrecht etwa zu den Parlamentswahlen verwehrt war. Den beiden Beschwerdeführern, die jüdischer und Roma-Abstammung waren, war so untersagt worden, für die Wahl der zweiten Parlamentskammer und das Präsidentenamt zu kandidieren. Die Große Kammer sah zwar ein, dass die Machtteilung zwischen den drei großen Volksgruppen ein Beitrag zum Frieden in der vom Krieg zerrütteten Region gewesen war.[741] Den kategorischen Ausschluss aller anderen Bevölkerungsgruppen betrachtete sie jedoch als unverhältnismäßig, da es weniger einschneidende Möglichkeiten gegeben hätte.[742] So bejahte die Große Kammer eine Verletzung von Art. 3

739 EGMR, *Gorzelik u.a./.Polen* [GK], Nr. 44158/98, Urteil v. 17.2.2004, Reports 2004-I, Rn. 104 f. Kritisch zum Urteil der Großen Kammer: *Pentassuglia*, Minority Issues as a Challenge in the ECHR, S. 407.

740 *Hofmann*, Nationale Minderheiten und der EGMR, S. 1025.

741 EGMR, *Sejdić und Finci./.Bosnien* [GK], Nr. 27996/06 und 34836/06, Urteil v. 22.12.2009, Reports 2009-VI, Rn. 45.

742 *Ebd.*, Rn. 46 ff.

des Ersten ZP in Verbindung mit Art. 14 EMRK durch die Regelung zum passiven Wahlrecht bezüglich der Legislative. In Bezug auf das passive Wahlrecht in Bezug auf die Präsidentschaft stellte die Große Kammer sogar erstmalig in der Geschichte der Rechtsprechung des EGMR eine Verletzung des Diskriminierungsverbots aus dem Zwölften ZP fest.[743]

h. Durchsetzungsmechanismen

Die geringe Bedeutung, die der EMRK für den Schutz von Minderheiten beigemessen wird, steht im deutlichen Widerspruch zur tatsächlichen Durchsetzbarkeit der in ihr enthaltenen Rechte. Während etwa ein spezifisches Minderheitenschutzinstrument wie das Rahmenübereinkommen zum Schutz nationaler Minderheiten zur Überwachung der Einhaltung seiner Garantien lediglich ein *Monitoring*-Verfahren vorsieht, sind die in der EMRK verankerten Rechte vor dem EGMR justiziabel. Die Rechtsprechung des Gerichtshofs trägt entscheidend zur Bedeutung der Konvention bei, da er die praktische Durchsetzbarkeit ihrer Gewährleistungen sichert und die Urteile bindend sind für die adressierten Staaten.

aa. Individualbeschwerde

Herausragende Stellung kommt der Individualbeschwerde (Art. 34 EMRK) zu, die es dem Einzelnen ermöglicht, seine Rechte vor dem EGMR geltend zu machen. Gemäß Art. 34 Abs. 1 S. 1 EMRK kann jede natürliche Personen sowie nichtstaatliche Organisation oder Personengruppe den EGMR mit einer Individualbeschwerde befassen. Auch Angehörige nationaler Minderheiten sind als Individuen uneingeschränkt parteifähig, da auch sie selbstverständlich Träger der Konventionsrechte sind.

Um Rechtsschutzlücken zu vermeiden, wurde der Kreis der Parteifähigen bewusst weit gezogen. Je nach Organisationsgrad können auch Minderheiten als solche eine Individualbeschwerde einlegen, entweder als Personengruppe, wenn eine Organisation nicht gegeben ist, oder als nichtstaatliche Organisation, wenn eine rechtlich-organisatorische Verfasstheit besteht. Als nichtstaatliche Organisation kann eine Minderheit jedoch nur die Verletzung eigener Rechte und nicht die ihrer Mitglieder geltend machen. Dies setzt voraus, dass die jeweiligen Rechte auch ihrer Natur nach auf die Minderheit anwendbar sind, wie dies etwa bei der Vereinigungsfreiheit aus Art. 11 der Fall ist.[744] Erheben mehrere

743 *Ebd.*, Rn. 56. Vgl. zum Urteil: *Thürer/Burri*, Rassismusbekämpfung im Europäischen Rechtsraum, S. 619 ff.

744 Vgl. dazu: *Wolfrum*, Kulturelle Rechte und Minderheitenschutz, Rn. 18 f.

Mitglieder einer Minderheit eine Individualbeschwerde als Personengruppe, handelt es sich um eine Bündelung einzelner Beschwerden; jedes Mitglied muss sich auf eigene Rechte berufen können.[745]

bb. Staatenbeschwerde

Art. 33 EMRK eröffnet den Mitgliedstaaten die Möglichkeit, einen anderen Staat wegen Konventionsverletzungen vor der EGMR zu verklagen. In der Theorie kommt der Staatenbeschwerde als Rechtsschutzinstrument für den Minderheitenschutz eine hohe Relevanz zu. Dies betrifft insbesondere die Konstellationen, in denen Minderheiten einen sogenannte *kin-state* besitzen, also ein Titularstaat, in dem sie die Mehrheitsbevölkerung darstellen. In einer derartigen Konstellation wäre es nämlich möglich, dass der *kin-state* in Ausübung seiner Schutzfunktion Staatenbeschwerde gegen den Staat einlegt, in dem die nationale Minderheit lebt. Da Staatenbeschwerden aber meist ein Politikum darstellen, werden Staatenbeschwerden nur sehr selten eingelegt.

3. *Das Rahmenübereinkommen zum Schutz nationaler Minderheiten*

Das Rahmenübereinkommen zum Schutz nationaler Minderheiten (*Framework Convention for the Protection of National Minorities* = FCNM), welches am 1. Februar 1998 in Kraft getreten ist, stellt das erste und bislang einzige rechtsverbindliche, multilaterale Abkommen dar, welches vollends dem Schutz völkerrechtlicher Minderheiten verschrieben ist.[746] Da mit der Einzelregelung des Art. 27 Zivilpakt auf Grund des unklaren Wortlauts nach Ansicht vieler Minderheitenschützer nicht angemessen auf die komplexe Situation von Europas nationalen Minderheiten reagiert werden kann, wurde mit dem Rahmenübereinkommen ein umfassender Regelungskatalog geschaffen. Bislang hat eine beeindruckende Zahl von 39 der 47 Mitgliedstaaten des Europarats das Rahmenübereinkommen ratifiziert.[747]

---

745 Vgl. *Schäfer*, in: Karpenstein/Mayer, EMRK Kommentar, Art. 34, Rn. 48.

746 Zur Entstehungsgeschichte des Rahmenübereinkommens siehe: Teil 2, D. IV. 1.

747 Zum aktuellen Ratifikationsstand: https://www.coe.int/de/web/conventions/full-list/-/conventions/treaty/157/signatures?p_auth=EYNYbBbS (zuletzt aufgerufen am 12.6.2018). Trotz der beeindruckenden Quote zeigt sich *Hofmann* besorgt über die fehlende Ratifikationen durch Belgien, Frankreich, die Türkei und Griechenland: *ders.*, in: ders. u.a., RÜ Handkommentar, Einführung, Rn. 45.

a. Zielsetzung

Als Zweck nennt das Rahmenübereinkommen in Art. 1 den „Schutz nationaler Minderheiten und der Rechte und Freiheiten von Angehörigen dieser Minderheiten". Durch das Rahmenübereinkommen sollen Bedingungen geschaffen werden, die es nationalen Minderheiten ermöglichen, ihre ethnische, sprachliche, religiöse oder kulturelle Identität zu bewahren und weiterzuentwickeln. Mithin zielt das Rahmenübereinkommen nicht nur auf den einzelnen Minderheitenangehörigen ab, vielmehr geht es auch darum, das Bestehen nationaler Minderheiten insgesamt zu schützen. Gleichzeitig wird in der Präambel des Rahmenübereinkommens auch auf die Relevanz des Minderheitenschutzes für Stabilität, demokratische Sicherheit und Frieden in Europa hingewiesen. Entsprechend der heute herrschenden Auffassung ist der Minderheitenschutz des Rahmenübereinkommens Bestandteil des internationalen Schutzes der Menschenrechte, wie in Art. 1 klargestellt wird.

b. Inhaltliche Ausgestaltung

Das Rahmenübereinkommen enthält zahlreiche materiellrechtliche Garantien im Bereich des Minderheitenschutzes, die ein weites Themenfeld abdecken und somit einen breit gefächerten Schutz garantieren.

aa. Grundkonzeption als Minderheitenschutzinstrument ohne kollektive Rechte

Entsprechend des zweisäuligen Modells des Minderheitenschutzes findet sich im Normengerüst des Rahmenübereinkommens als erste materiellrechtliche Garantie ein formales Gleichheitsgebot und Diskriminierungsverbot aus Gründen der Zugehörigkeit zu einer nationalen Minderheit (Art. 4 Abs. 1). Der Folgeabsatz geht sodann über die Forderung nach formaler Gleichheit hinaus und verankert den Grundsatz effektiver Gleichheit im Rahmenübereinkommen:

> Die Vertragsparteien verpflichten sich, erforderlichenfalls angemessene Maßnahmen zu ergreifen, um in allen Bereichen des wirtschaftlichen, sozialen, politischen und kulturellen Lebens die vollständige und tatsächliche Gleichheit zwischen den Angehörigen einer nationalen Minderheit und den Angehörigen der Mehrheit zu fördern. In dieser Hinsicht berücksichtigen sie in gebührender Weise die besonderen Bedingungen der Angehörigen nationaler Minderheiten.

Um vollständige und tatsächliche Gleichheit zwischen Minderheit und Mehrheit zu schaffen, sind also laut dem Rahmenübereinkommen besondere Maßnahmen erforderlich. Nach Art. 4 Abs. 3 werden Maßnahmen nach Abs. 2 nicht als Diskriminierung angesehen. Sie stellen also keine Privilegierung der Minderheit dar, sondern dienen der Herstellung tatsächlicher Gleichheit.[748] Der Beratende Ausschuss zum Rahmenübereinkommen (*Advisory Committee*) bejaht dem Wortlaut des Art 4 Abs. 2 entsprechend dort eine Rechtspflicht zum Ergreifen positiver Maßnahmen, wo formale Gleichbehandlung allein zur Verhinderung der Diskriminierung nicht genügt.[749] Gleichzeitig räumt der Ausschuss den Mitgliedstaaten bei der Auswahl der angemessenen Maßnahme ein weites Ermessen ein.

Art. 5 Abs. 1 verpflichtet schließlich die Staaten, Bedingungen zu fördern, die es den nationalen Minderheiten ermöglichen, ihre Kultur zu pflegen und weiterzuentwickeln. Damit zielt Art. 5 auf den Erhalt und die Entwicklung der Identität nationaler Minderheiten ab. Eine Definition, was die Kultur nationaler Minderheiten ausmacht, enthält das Rahmenübereinkommen nicht. Stattdessen werden als wesentliche Bestandteile ihrer Identität Religion, Sprache, Traditionen und kulturelles Erbe genannt. Es wird jedoch eine klare Grenze gezogen: Kulturelle Aspekte, die unvereinbar mit innerstaatlichem Recht oder völkerrechtlichen Normen sind, werden hiervon nicht erfasst und gelten nicht als schützenswerte Traditionen.[750] Da die formale Achtung der Minderheitenidentität und -kultur für einen effektiven Schutz vor Assimilation dem Beratenden Ausschuss zufolge nicht ausreicht, normiert Art. 5 Abs. 1 eine Verpflichtung der Staaten zur Ergreifung positiver Maßnahmen, die auf Schutz und Förderung der Minderheitenkultur gerichtet sind.[751] Umfasst sein von einer solchen Pflicht kann beispielsweise die staatliche (finanzielle) Förderung kultureller Einrichtungen von Minderheiten.[752] Art. 5 muss in Zusammenhang mit den weiteren Normen des Rahmenübereinkommens gesehen werden, die den Schutz und die Förderung der Kultur und Identität noch konkreter ausgestalten.

Schließlich werden die Vertragsstaaten verpflichtet, von Assimilierungspraktiken abzusehen und vor Assimilierung durch Dritte zu schützen (Art. 5 Abs. 2). Davon selbstverständlich nicht umfasst ist allerdings die freiwillige

---

748 Hierzu ausführlich: *Eide*, The Council of Europe's FCNM, S. 132.

749 Vgl. dazu: *Schmidt*, in: Hofmann u.a., RÜ Handkommentar, Art. 4, Rn. 3, 15 ff. Die Mitgliedstaaten lehnen es dagegen überwiegend ab, eine Rechtspflicht zum Ergreifen positiver Maßnahme aus Art. 4 Abs. 2 abzuleiten.

750 Vgl. Europarat, Explanatory Report of the FCNM v. 1.2.1995, Rn. 44 = EuGRZ 10–12 (1995), S. 271, 274 (deutsche Übersetzung).

751 Dazu *Pirker*, in: Hofmann u.a., RÜ Handkommentar, Art. 5, Rn. 4.

752 Vgl. beispielsweise: Europarat, Advisory Committee on the FCNM, Opinion on Croatia v 6.4. 2001, Rn. 30; Opinion on Germany v. 1.3.2002, Rn. 25 ff. Dazu auch *Pirker*, in: Hofmann u.a., RÜ Handkommentar, Art. 5, Rn. 12 f.

Assimilierung. Diese bleibt dem Einzelnen vorbehalten.[753] Klargestellt wird, dass die allgemeine Integrationspolitik vom Verbot der Zwangsassimilierung nicht berührt wird. Nach dem Rahmenübereinkommen soll der Minderheitenschutz also nicht zu einer gesellschaftlichen Teilung führen, sondern den gesellschaftlichen Zusammenhalt fördern. Diese Zielsetzung unter Art. 5 Abs. 2 wird auch im *Explanatory Report* bekräftigt:

> *Paragraph 2 does not preclude the Parties from taking measures in pursuance of their general integration policy. It thus acknowledges the importance of social cohesion and reflects the desire expressed in the preamble that cultural diversity be a source and a factor, not of division, but of enrichment to each society.*[754]

Auch wenn das Rahmenübereinkommen als Minderheitenschutzinstrument kollektivschützende Ziele verfolgt, wird durch Teilaspekte, wie den eben genannten, versucht, dem Minderheitenschutz die ihm innewohnende Sprengkraft zu nehmen und ihn an die Vorstellung liberaler Gesellschaften anzupassen. Dies zeigt sich auch in der Form, in die das Rahmenübereinkommen gegossen ist. Dass keine kollektiven Rechte darin verankert sind, wird bereits in Art. 1 verdeutlicht: „Der Schutz nationaler Minderheiten und der Rechte und Freiheiten von Angehörigen dieser Minderheiten ist Bestandteil des internationalen Schutzes der Menschenrechte und stellt als solcher einen Bereich internationaler Zusammenarbeit dar." Entsprechend eines individualrechtlichen Menschenrechtsansatzes zielt das Übereinkommen auf die Angehörigen nationaler Minderheiten als Rechtsträger ab. Anerkannt wird aber gleichzeitig, dass durch die Bezugnahme auf den einzelnen Angehörigen auch dem Schutz der Minderheit als solcher gedient wird.[755] Wie die meisten modernen Minderheitenschutzinstrumente ist das Rahmenübereinkommen demnach zwar individualrechtlich ausgestaltet, bezweckt jedoch auch den Schutz des Kollektivs.[756]

In Art. 3 Abs. 1 greift das Rahmenübereinkommen schließlich den Grundsatz der Selbstverortung auf: „Jede Person, die einer nationalen Minderheit angehört, hat das Recht, frei zu entscheiden, ob sie als solche behandelt werden möchte

---

753 Vgl. Europarat, Explanatory Report of the FCNM v. 1.2.1995, Rn. 45 = EuGRZ 10–12 (1995), S. 271, 274 (deutsche Übersetzung).

754 Vgl. *ebd.*, Rn. 46. *Pirker* merkt dazu kritisch an, dass die Grenzziehung jedoch schwierig sein dürfte, vgl. *ders.*, in: Hofmann u.a., RÜ Handkommentar, Art. 5, Rn. 4.

755 Vgl. Europarat, Explanatory Report of the FCNM v. 1.2.1995, Rn. 31 = EuGRZ 10–12 (1995), S. 271, 273 (deutsche Übersetzung). Kritisch zu den fehlenden Gruppenrechten: *Alfredsson*, A frame with an incomplete painting, S. 295.

756 Zu diesem Schluss kommen auch: *Thornberry/Estébanez*, Minority Rights in Europe, S. 98 f.

oder nicht; aus dieser Entscheidung oder der Ausübung der mit dieser Entscheidung verbundenen Rechte dürfen ihr keine Nachteile erwachsen." Ob man also von den im Rahmenübereinkommen verankerten Minderheitenrechten profitieren möchte, hängt von der individuellen Präferenz des einzelnen Minderheitenangehörigen ab.[757] Der Beratende Ausschuss betont, dass das individuelle Recht der Wahl der Zugehörigkeit beziehungsweise der Nichtzugehörigkeit zu einer nationalen Minderheit ein Grundstein des Minderheitenschutzes ist.[758]

Die Bestimmungen des Rahmenübereinkommens sollen nicht so verstanden werden, als gewährten sie den Minderheiten das Recht, Handlungen vorzunehmen, die den wesentlichen Grundsätzen des Völkerrechts, insbesondere der souveränen Gleichheit, der territorialen Unversehrtheit und der politischen Unabhängigkeit der Staaten, zuwiderlaufen, wie ausdrücklich in Art. 21 festgehalten ist. Die Bestimmungen des Minderheitenschutzes sollen also nicht zur Gefährdung der staatlichen Integrität missbraucht werden. Von den Minderheiten wird erwartet, dass sie den Bestand des Staates, in dem sie leben, respektieren. „Den Minderheiten wird nochmals vor Augen geführt, dass die Gewährung von Minderheitenschutz nicht Sprungbrett zur Verwirklichung (externer) Selbstbestimmung sein kann", so *Hilpold* zu Art. 21.[759] Selbst auf Fragen politischer Autonomie geht das Rahmenübereinkommen nicht ausdrücklich ein. Im Rahmen des *Monitoring*-Verfahrens zeigt sich der Beratende Ausschuss aber stets positiv in Bezug auf die territoriale Autonomie nationaler Minderheiten und wertet sie als gutes Mittel zur Bewahrung und Weiterentwicklung der Minderheitenidentität.[760]

---

757 Erst bei genauerer Betrachtung wird hier ein Unterschied in der Formulierung im Vergleich zu anderen Minderheitenschutzinstrumenten deutlich. Anders als beispielsweise Rn. 32 des OSZE Kopenhagen Dokuments, welche dem Wortlaut nach schon die Zugehörigkeit zu einer nationalen Minderheit von der eigenen Wahl abhängig macht, stellt das Rahmenübereinkommen in Art. 3 Abs. 1 die Zugehörigkeit als solche nicht zur Disposition des einzelnen, sondern nur die daraus resultierende rechtliche Behandlung, d.h. ob man in den Genuss des Schutzes des Rahmenübereinkommens kommt. Die gewählte Formulierung scheint aber nicht in Frage zu stellen, dass auch die Einordnung als Angehöriger einer Minderheit dem Individuum obliegt. So schreibt der Beratende Ausschuss: *"[...] every person must have the right to identify freely as a member of a specific group, or to choose not to do so"*, *Europarat*, The Framework Convention, Thematic Commentary No. 4, Rn. 9.

758 *Ebd.*

759 *Hilpold*, in: Hofmann u.a., RÜ Handkommentar, Art. 21, Rn. 9.

760 Über den Autonomiestatus Grönlands und der Faröer Inseln äußerte sich der Beratende Ausschuss wie folgt: *"The Advisory Committee considers that home rule for*

bb. Konkreter materiellrechtlicher Regelungsgehalt

Einige der Bestimmungen wiederholen die in der EMRK verbürgten individualrechtlichen Menschenrechtsbestimmungen wie etwa die Versammlungs-, Vereinigungs-, Meinungs-, Gedanken- und Religionsfreiheit (Art. 7, 8 und 9 Abs. 1 des Rahmenübereinkommens). Obwohl diese Grundrechte universeller Natur sind und Menschen sich unabhängig davon, ob sie Angehörige nationaler Minderheiten sind, auf sie berufen können, soll durch die explizite Verankerung dieser Grundrechte im Rahmenübereinkommen ihre Bedeutung für den Schutz von Minderheiten betont werden.[761]

Eine Bestimmung, die die Notwendigkeit des Ergreifens positiver Maßnahmen durch den Staat betont, stellt Art. 9 Abs. 4 dar. Demnach sollen die Staaten „angemessene Maßnahmen" ergreifen, „um Angehörigen nationaler Minderheiten den Zugang zu den Medien zu erleichtern". Dies meint beispielsweise die Ausstrahlung von Radio- oder Fernsehsendungen, die Minderheitenangelegenheiten behandeln, sowie die Finanzierung solcher Einrichtungen.[762] Große Bedeutung für den Schutz und die Förderung von Minderheitensprachen kommt Art. 10 zu, der in Absatz 1 nicht nur die staatliche Anerkennungspflicht des Rechts auf einen freien und ungehinderten Gebrauch der Minderheitensprache im privaten und öffentlichen Raum (Absatz 1), sondern daneben in Absatz 2 auch eine Verpflichtung der Vertragsstaaten vorsieht, sich zu bemühen, „soweit wie möglich die Voraussetzungen dafür sicherzustellen, daß im Verkehr zwischen den Angehörigen dieser Minderheiten und den Verwaltungsbehörden die Minderheitensprache gebraucht werden kann."[763] Letztere Verpflichtung greift nur in „Gebieten, die von Angehörigen nationaler Minderheiten traditionell oder in beträchtlicher Zahl bewohnt werden" und nur „sofern die Angehörigen

---

Greenland and the Far Oer Islands are important arrangements contributing to the effective participation of the individuals concerned in cultural, social and economic life and in public affairs", Europarat, Advisory Committee on the FCNM, Opinion on Denmark v. 22.9.2000, Rn. 36; ähnlich über die Autonomie der Åland-Inseln: Opinion on Finland v. 22.9.2000, Rn. 47; ähnlich über die Autonomie von Südtirol, dem Aostatal und Friaul-Julisch Venetien: Opinion on Italy v. 14 September 2001, Rn. 61 f.

761 Vgl. Europarat, Explanatory Report of the FCNM v. 1.2.1995, Rn. 51 = EuGRZ 10–12 (1995), S. 271, 274 f. (deutsche Übersetzung).

762 Vgl. *ebd.*, Rn. 62.

763 Erfreulicherweise hat der Beratende Ausschuss bisher keinen eindeutigen Verstoß gegen das in Abs. 1 garantierte Recht annehmen müssen. Direkte Verbote des Gebrauchs von Sprachen gehören in den Mitgliedstaaten des Europarats wohl der Vergangenheit an, vgl. dazu: *Hofmann*, in: ders. u.a., RÜ Handkommentar, Art. 10, Rn. 7.

dieser Minderheiten dies verlangen und dieses Anliegen einem tatsächlichen Bedarf entspricht". Hier fällt sofort die vorsichtige Formulierung auf, die eine flexible Anwendung der Norm ermöglicht und den Staaten einen weiten Ermessensspielraum zubilligt.[764] Gerade im Falle einer solchen Vorschrift, die eine Fülle von unbestimmten Rechtsbegriffen und offenen Formulierungen enthält, kommt einer standardisierten Auslegung durch den Beratenden Ausschuss als Kontrollorgan immense Bedeutung zu.[765] Weiter vorgesehen ist beispielsweise die Verpflichtung der Staaten „anzuerkennen, daß jede Person, die einer nationalen Minderheit angehört, das Recht hat, ihren Familiennamen (Vaternamen) und ihre Vornamen in der Minderheitensprache zu führen, sowie das Recht auf amtliche Anerkennung dieser Namen" (Art. 11 Abs. 1). Zudem soll die Möglichkeit gefördert werden, topographische Hinweise wie Ortstafeln und Straßenschilder in der Minderheitensprache anzubringen (Art. 11 Abs. 3).

Erwartungsgemäß wird auch das Thema Unterrichtswesen vom Rahmenübereinkommen aufgegriffen. Die Vertragsstaaten sind etwa gemäß Art. 14 Abs. 1 verpflichtet, „anzuerkennen, daß jede Person, die einer nationalen Minderheit angehört, das Recht hat, ihre Minderheitensprache zu erlernen." Eine finanzielle Verpflichtung für die Staaten ergibt sich hieraus allerdings nicht.[766] Darüber hinaus sind die Staaten gemäß Art. 14 Abs. 2 auch verpflichtet, „soweit wie möglich und im Rahmen ihres Bildungssystems sicherzustellen, daß Angehörige dieser Minderheiten angemessene Möglichkeiten haben, die Minderheitensprache zu erlernen oder in dieser Sprache unterrichtet zu werden." Ähnlich wie in Art. 10 Abs. 2 wird hier vorausgesetzt, dass die Minderheit traditionell und in beträchtlicher Zahl in der Region siedelt und dass auch seitens der Minderheit eine entsprechende Nachfrage besteht. Indem auch hier eine zurückhaltende Formulierung gewählt wurde, wird es den Staaten ermöglicht, die besonderen Spezifika ihres Schulsystems zu berücksichtigen sowie die Ausgestaltung der Angebote flexibel zu handhaben.[767] Das Rahmenübereinkommen gesteht den Angehörigen nationaler Minderheiten auch das Recht zu, eigene

---

764 Ausführlich zu diesen Kriterien: *Europarat*, The Framweork Convention, Thematic Commentary No. 3, Rn. 55 ff.

765 Vgl. *Hofmann*, in: ders. u.a., RÜ Handkommentar, Art. 10, Rn. 14.

766 Vgl. Europarat, Explanatory Report of the FCNM v. 1.2.1995, Rn. 74 = EuGRZ 10–12 (1995), S. 271, 276 (deutsche Übersetzung).

767 Vgl. *Brohy*, in: Hofmann u.a., RÜ Handkommentar, Art. 14, Rn. 13. Zu den genauen Kriterien: *Europarat*, The Framework Convention, Thematic Commentary No. 1, S. 24 ff.

private Bildungseinrichtungen zu gründen, wobei eine finanzielle Verpflichtung der Staaten damit nicht einhergeht (Art. 13).[768]

Auf die Regelung in Art. 5 Abs. 1, welche die Vertragsstaaten ganz allgemein verpflichtet, Bedingungen herzustellen, in denen die Minderheiten ihre Kultur weiterentwickeln und ihre Identität bewahren können, wurde oben bereits verwiesen.[769] Es sind die eben skizzierten Einzelregelungen des Rahmenübereinkommens, die die allgemeine Verpflichtung aus Art. 5 Abs. 1 in vielfältiger Weise konkretisierten und ausgestalten.

Als besonders wichtig wird auch die gleichberechtigte Teilhabe der Minderheitenangehörigen am kulturellen, sozialen und wirtschaftlichen Leben sowie an öffentlichen Angelegenheiten erachtet. Hierzu sollen die Vertragsstaaten gemäß Art. 15 „die notwendigen Voraussetzungen“ schaffen. Auch hier geht es um die Herstellung tatsächlicher Gleichheit zwischen Angehörigen der Minderheit und der Mehrheit. Der Regelungsgehalt von Art. 15 beruht auf der Erkenntnis, dass ein Zugehörigkeitsgefühl der Angehörigen nationaler Minderheiten zur Gesellschaft insgesamt Grundvoraussetzung für ein friedliches Zusammenleben zwischen Minderheit und Mehrheit ist.[770] Eine effektive Partizipation im öffentlichen Bereich erfordert die Einbeziehung von Minderheitenangehörigen in entsprechende Entscheidungsprozesse auf kommunaler, regionaler und nationaler Ebene und damit ein aktives Tätigwerden des Staates und das Ergreifen entsprechender Maßnahmen. Dies kann etwa die Etablierung angemessener Vertretungsmechanismen in öffentlichen Körperschaften umfassen. Bestehende Defizite bei der Repräsentation im öffentlichen Sektor können durch die gezielte Einstellung von Minderheitenangehörigen etwa auf Verwaltungs- und Justizebene ausgeglichen werden.[771]

---

768 Kritisch zur fehlenden finanziellen Verpflichtung: *Alfredsson*, A frame with an incomplete painting, S. 294. Da den Minderheiten selbst meist entsprechende finanzielle Mittel fehlen, spielt Art. 13 im *Monitoring*-Verfahren keine allzu große Rolle, vgl. *Europarat*, The Framework Convention, Thematic Commentary No. 1, S. 22.

769 Siehe dazu: Teil 2., D. IV. 3. b. aa.

770 Vgl. *Hofmann*, in: ders. u.a., RÜ Handkommentar, Einführung, Rn. 37. Wegen der zentralen Bedeutung der gleichberechtigten Teilhabe hat der Beratende Ausschuss hierüber einen eigenen thematischen Kommentar verfasst: *Europarat*, The Framework Convention, Thematic Commentary No. 2.

771 Vgl. *Eide*, The Council of Europe's FCNM, S. 140 f. Weitere Beispiele bei: *Thornberry/Estébanez*, Minority Rights in Europe, S. 109 f. Auch der Beratende Ausschuss spricht sich im konkreten Fall für eine gezielte Gegensteuerung aus: Europarat, Advisory Committee on the FCNM, Opinion on United Kingdom v. 30.11.2001, Rn. 94 f.

cc. Kritik an der inhaltlichen Ausgestaltung

Vielen Verfechtern eines weitreichenden Minderheitenschutzes geht das Übereinkommen nicht weit genug. Schon die Bezeichnung als Rahmenübereinkommen deutet auf eine intendierte Flexibilität in der staatlichen Umsetzung hin. Zielscheibe der Kritiker ist insbesondere der Umstand, dass das Rahmenübereinkommen kaum konkrete Rechte, sondern eher verbindliche Programmsätze beinhaltet, die das staatliche Handeln in den Fokus stellen.[772] Tatsächlich sind die Bestimmungen nicht direkt anwendbar, sondern bedürfen einer innerstaatlichen Umsetzung durch Gesetzgebung und politische Maßnahmen. Die Staaten sind also nicht verpflichtet, die unmittelbare innerstaatliche Anwendbarkeit der Bestimmungen des Rahmenübereinkommens zu garantieren, sondern die Vereinbarung der nationalen Gesetzgebung und Verwaltungspraxis mit den Bestimmungen sicherzustellen.

Die teilweise sehr vage formulierten Bestimmungen, die den Staaten nach Ansicht vieler zu weite Spielräume einräumen, gereichen nicht immer zur Zufriedenheit der Minderheitenschützer.[773] Auch die Parlamentarische Versammlung des Europarats prangerte die ihrer Ansicht nach zu schwach und dehnbar formulierten Ziele und Grundsätze an: "*The convention is weakly worded. It formulates a number of vaguely defined objectives and principles, the observation of which will be an obligation of the contracting states but not a right which individuals may invoke.*"[774] Vielen Kritikern gehen die „offenkundigen Kompromissformulierungen", wie *Hofmann* sie betitelt, schlichtweg nicht weit genug.[775]

Zu Gunsten des Rahmenübereinkommens in seiner bestehenden Form wird von anderer Seite auf die Diversität der verschiedenen Minderheitensituationen in Europa hingewiesen. Nur eine offenere Formulierung der Verpflichtungen bringe die nötige Flexibilität mit sich und könne eine adäquate Anwendbarkeit der Vorschriften überall in Europa garantieren.[776] Zudem wird der weiche Ton,

---

772 Vgl. etwa: *Gilbert*, The Council of Europe and Minortiy Rights, S. 188; *Alfredsson*, A frame with an incomplete painting, S. 293. Diese Kritik nicht teilend: *Thornberry/Estébanez*, Minority Rights in Europe, S. 91 f.

773 Vgl. *Klebes*, Minderheitenschutz durch den Europarat, S. 148; *ders.*, The Council of Europe's FCNM, S. 94; *Alfredsson*, A frame with an incomplete painting, S. 293 f.

774 Europarat, Parlamentarische Versammlung, Recommendation 1255 (1995): Protection of the rights of national minorities, Rn. 7 = EuGRZ 10–12 (1995), S. 284 (deutsche Übersetzung).

775 *Hofmann*, Konkrete Umsetzung des Rahmenübereinkommens, S. 50.

776 Vgl. Europarat, Explanatory Report of the FCNM v. 1.2.1995, Rn. 11 = EuGRZ 10–12 (1995), S. 271, 272 (deutsche Übersetzung). So auch: *Hofmann*, Konkrete Umsetzung des Rahmenübereinkommens, S. 50. *Ders.* hält die gefundene flexible Lösung aus dem

den das Rahmenübereinkommen an vielen Stellen anschlägt, mit der politischen Sprengkraft verteidigt, die dem Minderheitenschutz *per se* innewohnt.

c. *Durchsetzungsmechanismen*

Das Rahmenübereinkommen sieht ein reines Berichts- beziehungsweise *Monitoring*-Verfahren zur Durchsetzungen seiner Regelungen vor. Ablauf und Zuständigkeiten finden sich in Grundzügen ebenfalls im Konventionstext. Gemäß Art. 24 Abs. 1 obliegt dem Ministerkomitee des Europarats die Überwachung der Durchführung des Rahmenübereinkommens anhand regelmäßiger Staatenberichte. Dem Ministerkomitee steht bei der Frage der Durchsetzung des Rahmenübereinkommens ein 18-köpfiger Expertenausschuss, der Beratende Ausschuss (*Advisory Committee*), zur Seite.[777]

Detailliert geregelt ist der Ablauf des *Monitoring*-Verfahrens in den vom Ministerkomitee erlassenen Verfahrensregeln, den *Rules on the Monitoring Arrangements under Articles 24 to 26 of the Framework Convention for the Protection of National Minorities* vom 17. September 1997.[778] Art. 25 Abs. 1 des Rahmenübereinkommens legt fest, dass ein erster Staatenbericht innerhalb eines Jahres nach Inkrafttreten des Rahmenübereinkommens für die jeweilige Vertragspartei an den Generalsekretär des Europarats zu übermitteln ist. Anschließend sind in einem fünfjährigen Rhythmus weitere Berichte vorzulegen.[779] Bei der Auswertung der Berichte wird das Ministerkomitee von dem bereits genannten

Blickwinkel eines Praktikers für die „einzig sinnvolle": *ders.*, in: ders. u.a., RÜ Handkommentar, Einführung, Rn. 19.

777 In Art. 26 des Rahmenübereinkommens wird bereits auf die Unterstützung durch den Beratenden Ausschuss hingewiesen. Ausführlich geregelt ist die Mitgliedschaft sowie das Wahl- und Ernennungsverfahren für den Beratenden Ausschuss in den im Folgenden vorgestellten *Rules on the Monitoring Arrangements*: Europarat, Ministerkomitee, Res. 97 (10) v. 17.9.1997: Rules on the Monitoring Arrangements under Art. 24 to 26 of the FCNM, Rn. 1–19 = EuGRZ 23–24 (1997), S. 650 (deutsche Übersetzung). Ausführlich dazu auch: *Hofmann*, The Work of the Advisory Committee under the FCNM, S. 54; *Weckerling*, Der Durchführungsmechanismus des Rahmenübereinkommens, S. 605 ff.

778 Europarat, Ministerkomitee, Res. 97 (10) v. 17.9.1997: Rules on the Monitoring Arrangements under Art. 24 to 26 of the FCNM = EuGRZ 23–24 (1997), S. 650 (deutsche Übersetzung).

779 Vgl. Europarat, Ministerkomitee, Res. 97 (10) v. 17.9.1997: Rules on the Monitoring Arrangements under Art. 24 to 26 of the FCNM, Rn. 21 = EuGRZ 23–24 (1997), S. 650, 651 (deutsche Übersetzung).

Beratenden Ausschuss unterstützt (Art. 26 Abs. 1).[780] Eine von diesem eingesetzte Arbeitsgruppe verfasst dann eine erste Stellungnahme zu dem Bericht. Selbstverständlich ist, dass weder Staatsangehörige des berichtenden Staates, noch Staatsangehörige solcher Staaten Mitglied in der konkreten Arbeitsgruppe sein können, die ebenfalls ein besonderes Interesse an dem konkreten Bericht haben, wie etwa *kin-states* der dortigen nationalen Minderheiten. Die Arbeitsgruppe arbeitet eng mit dem Sekretariat des Beratenden Ausschusses zusammen und holt auch von anderen Organisationen wie OSZE oder UN sowie von Nichtregierungsorganisationen zusätzliche Informationen ein. In den meisten Fällen macht sich die Arbeitsgruppe auch selbst von den Umständen vor Ort ein Bild und bereist auf Einladung den jeweiligen Staat. Im Anschluss an den Besuch veröffentlicht der Beratende Ausschuss eine detaillierte Stellungnahme (*opinion*) zur Minderheitenlage in dem jeweiligen Staat. Diese Stellungnahme wird in vielen Fällen von der Regierung des jeweiligen Staates wiederum kommentiert. Die Stellungnahme des Beratenden Ausschusses bildet letztlich die Grundlage für die Schlussfolgerungen und Empfehlungen, die das Ministerkomitee am Ende des Berichtszyklus an den Staat übermittelt.[781] Wichtig für das komplette Durchsetzungskonzept des Rahmenübereinkommens ist der sogenannte *follow-up*-Prozess, der sich an den Berichtszyklus anschließt. Die Vertragsstaaten sind aufgefordert, den bestehenden Dialog mit dem Beratenden Ausschuss fortzuführen und mit diesem regelmäßig neue Entwicklungen zu erörtern.[782]

Auf Grund der Tatsache, dass die Umsetzung der Bestimmungen des Rahmenübereinkommens allein anhand des *Monitoring*-Verfahrens überprüft wird und die Bestimmungen nicht vor dem EGMR justiziabel sind, wurde die Effektivität des Rahmenübereinkommens ursprünglich bezweifelt, wie etwa von der Parlamentarischen Versammlung: *"Its implementation machinery is feeble and there is a danger that, in fact, the monitoring procedures may be left entirely to*

780 Ausführlich zum *Monitoring*-Prozedere: *Eide*, The Council of Europe's FCNM, S. 146 ff.; *Hofmann*, The Work of the Advisory Committee under the FCNM, S. 55 ff.; *Weckerling*, Der Durchführungsmechanismus des Rahmenübereinkommens, S. 607. Zur Arbeitsweise des Beratenden Ausschusses: Europarat, Ministerkomitee, Res. 97 (10) v. 17.9.1997: Rules on the Monitoring Arrangements under Art. 24 to 26 of the FCNM, Rn. 28 ff. = EuGRZ 23–24 (1997), S. 650, 651 (deutsche Übersetzung).

781 Europarat, Ministerkomitee, Res. 97 (10) v. 17.9.1997: Rules on the Monitoring Arrangements under Art. 24 to 26 of the FCNM, Rn. 24 = EuGRZ 23–24 (1997), S. 650, 651 (deutsche Übersetzung).

782 Vgl. *Hofmann*, Menschenrechte und der Schutz nationaler Minderheiten, S. 597.

the governments."[783] Kritisiert wurde nicht nur, dass die Berichte durch die Staaten selbst erstellt werden, sondern auch die tragende Rolle des Ministerkomitees als politisches Organ einerseits und die lediglich unterstützende und somit als schwach empfundene Rolle des unabhängigen Expertengremiums andererseits.[784]

Entgegen der anfänglichen Skepsis hat sich das *Monitoring*-Verfahren mittlerweile etabliert und sich in den Augen vieler Betrachter als Garant für einen kontinuierlichen und konstruktiven Dialog erwiesen.[785] Dem Beratenden Ausschuss ist es gelungen, sich als respektierter und wichtiger Akteur im *Monitoring*-Verfahren zu etablieren, was sich etwa daran zeigt, dass auf seine Stellungnahmen von anderen internationalen Institutionen immer wieder Bezug genommen wird.[786] Dem Charakter des Rahmenübereinkommens als *living instrument* wird auch durch die Arbeit des Beratenden Ausschusses Rechnung getragen, indem ein lebendiger interner Dialog über neue Ansätze und die Zukunft des Rahmenübereinkommens geführt wird.[787] Zugute gehalten wird dem Beratenden Ausschuss außerdem, dass es ihm gelungen ist, von Anfang an „eine Politik der strikten Gleichbehandlung von 'alten' und 'neuen' Demokratien zu verfolgen" und somit keine *double standards* anzulegen.[788] Im Übrigen wird die Transparenz des Verfahrens (Berichte, Stellungnahmen und Kommentare

---

783 Vgl. Europarat, Parlamentarische Versammlung, Recommendation 1255 (1995): Protection of the Rights of National Minorities, Rn. 7 = EuGRZ 10–12 (1995), S. 284 (deutsche Übersetzung).

784 Vgl. *Alfredsson*, A frame with an incomplete painting, S. 296; *Gilbert*, The Council of Europe and Minority Rights, S. 188. *Klebes* nennt den vorgesehenen Kontrollmechanismus „zahnlos": *ders.*, Minderheitenschutz durch den Europarat, S. 148 f. Optimistischer: *Thornberry/Estébanez*, Minority Rights in Europe, S. 116. Die Kritik darstellend: *Hofmann*, in: ders. u.a., RÜ Handkommentar, Einführung, Rn. 20.

785 Ausführend: *Eide*, The Council of Europe's FCNM, S. 145 ff.; *Hofmann*, in: ders. u.a., RÜ Handkommentar, Einführung, Rn. 24. Eine Übersicht über die Resolutionen des Ministerkomitees sowie über die einzelnen Staatenberichte und Stellungnahmen des Beratenden Ausschusses findet sich unter: http://www.coe.int/en/web/minorities/country-specific-monitoring (zuletzt aufgerufen am12.6.2018).

786 Vgl. etwa: EGMR, *D.H. u.a./.Tschechische Republik* [GK], Nr. 57325/00, Urteil v. 13.11.2007, Rn. 18. Dazu auch *Hofmann*, in: ders. u.a., RÜ Handkommentar, Einführung, Rn. 25.

787 Dies zeigt sich etwa an der Veröffentlichung von mittlerweile vier thematischen Kommentaren zum Rahmenübereinkommen, welche verfügbar sind unter: https://www.coe.int/en/web/minorities/thematic-commentaries (zuletzt aufgerufen am 12.6.2018).

788 Vgl. *Hofmann*, in: ders. u.a., RÜ Handkommentar, Einführung, Rn. 41.

werden zügig veröffentlicht) und der inklusive Ansatz durch eine konsequente Einbeziehung der Minderheiten in den *Monitoring*-Prozess positiv bewertet.[789]

Gleichzeitig ist der Erfolg des Rahmenübereinkommens maßgeblich von der Kooperation der Unterzeichnerstaaten abhängig. Schon früh musste sich der Beratende Ausschuss etwa mit der Problematik verspäteter Staatenberichte auseinandersetzen.[790] Hier kann zwar anhand diplomatischer Unternehmungen versucht werden, Druck auszuüben. Sanktionsmechanismen bestehen aber nicht. Da weder die Stellungnahme des Beratenden Ausschusses, noch die Empfehlungen des Ministerkomitees rechtsverbindlich sind, ist die tatsächliche Reichweite des Rahmenübereinkommens trotz aller Erfolge beschränkt. Nach mehreren Berichtszyklen sieht sich der Beratende Ausschuss außerdem verstärkt mit einer Berichtsmüdigkeit und Kooperationsverweigerung der Staaten einerseits und einer Desillusionierung der Minderheitenvertreter andererseits konfrontiert.[791] Trotz aller Kritikpunkte muss eine Gesamtwürdigung der Errungenschaften des Rahmenübereinkommens angesichts der verbreiteten Akzeptanz des *Monitoring*-Verfahrens und des umfassenden inhaltlichen *standard-settings* positiv ausfallen.

d. Der Begriff der nationalen Minderheit im Rahmenübereinkommen

Das Rahmenübereinkommen zum Schutz nationaler Minderheiten enthält keine ausdrückliche Definition des Begriffs der nationalen Minderheit. Anhand seiner übrigen Regelungen, der Haltung der Mitgliedstaaten und der Stellungnahmen des Beratenden Ausschusses kann jedoch versucht werden, die genaue Bedeutung des Begriffs im Kontext des Rahmenübereinkommens näher zu umreißen.

aa. Systematische Auslegung im Lichte des übrigen Regelungsgehalts des Rahmenübereinkommens

Bedeutung für die Auslegung des Rahmenübereinkommens kommt der *Recommendation No. 1201* der Parlamentarischen Versammlung des Europarates zu, welche noch vor Verabschiedung des Rahmenübereinkommens erlassen wurde und einen Vorschlag zur Verabschiedung eines Minderheitenschutz-Zusatzprotokolls zur EMRK beinhaltete, inklusive einer Definition für den Begriff der

---

789 Vgl. *Eide*, The Council of Europe's FCNM, S. 149 f.

790 Vgl. *Hofmann*, The Work of the Advisory Committee under the FCNM, S. 57. Eine tabellarische Übersicht über die Fälligkeit und den tatsächlichen Eingang einzelner Berichte (Status: 2007) findet sich bei: *ders.*, The FCNM, S. 48 f.

791 Vgl. *ders.*, in: ders. u.a., RÜ Handkommentar, Einführung, Rn. 46, 48.

nationalen Minderheit.[792] Auch wenn die Idee eines Zusatzprotokolls letztlich verworfen wurde, ist die darin enthaltene Definition bis heute prägend für das Begriffsverständnis auf Europaratsebene.[793] Unter anderem sah die Definition vor, dass die Angehörigen der Minderheit Staatsangehörige sein müssen und eine langjährige, solide und dauerhafte Bindung zu dem Staat haben, in dem sie leben.

Ausdrücklich hat sich ein solches enges Begriffsverständnis nicht im Rahmenübereinkommen niedergeschlagen. Aus einer Formulierung in der Präambel lassen sich jedoch auf den ersten Blick gewisse Sympathien für die Erfordernisse der Staatsangehörigkeit und Stabilität ableiten. An besagter Stelle wird positiv auf die den Schutz von Minderheiten betreffenden Verpflichtungen aus den Übereinkommen und Erklärungen der Vereinten Nationen verwiesen. Dies könnte auch das Minderheitenbegriffsverständnis im Rahmen von Art. 27 Zivilpakt miteinschließen, welches maßgeblich von *Capotorti* geprägt wurde, der eben die Erfordernisse der Staatsangehörigkeit und der Stabilität bejahte.[794] Allerdings wird im *Explanatory Report* zum Rahmenübereinkommen ausdrücklich festgestellt, dass sich der Verweis in der Präambel gerade nicht auf die Minderheitendefinition bezieht.[795] Schließlich lassen sich sogar an anderer Stelle Anhaltspunkte finden, die eher für ein weites Verständnis des Minderheitenbegriffs im Anwendungsbereich des Rahmenübereinkommens sprechen. In Art. 6 Abs. 1 heißt es etwa:

> Die Vertragsparteien fördern den Geist der Toleranz und des interkulturellen Dialogs und treffen wirksame Maßnahmen zur Förderung der gegenseitigen Achtung und des gegenseitigen Verständnisses sowie der Zusammenarbeit zwischen allen in ihrem

792 Europarat, Parlamentarische Versammlung, Recommendation No. 1201 (1993): Additional protocol on the rights of national minorities to the European Convention on Human Rights, Rn. 14 = HRLJ 3–4 (1993), S. 144, 145 (englischer Originaltext) = EuGRZ 5–6 (1993), S. 151, 153. (deutsche Übersetzung). Zur *Recommendation 1201* siehe: Teil 2, D. IV. 3. d. Die Definition wurde in der Empfehlung Nr. 1255, in der die Parlamentarische Versammlung 1995 zur Unterzeichnung des Rahmenübereinkommens aufforderte, erneut aufgegriffen, vgl. Europarat, Parlamentarische Versammlung, Recommendation 1255 (1995): Protection of the Rights of National Minorities, Rn. 2 = EuGRZ 10–12 (1995), S. 284 (deutsche Übersetzung).

793 Vgl. *Hilpold*, Neue Minderheiten, S. 89, Fn. 31; *Klebes*, Minderheitenschutz durch den Europarat, S. 142.

794 Zur Minderheitendefinition *Capotortis* siehe: Teil 2, C. II.

795 Europarat, Explanatory Report of the FCNM v. 1.2.1995, Rn. 26 = EuGRZ 10–12 (1995), S. 271, 273 (deutsche Übersetzung).

> Hoheitsgebiet lebenden Menschen unabhängig von deren ethnischer, kultureller, sprachlicher oder religiöser Identität, und zwar insbesondere in den Bereichen Bildung, Kultur und Medien.

Art. 6 Abs. 1 spricht ausdrücklich von auf dem Hoheitsgebiet des Staates lebenden Menschen und nicht von Staatsangehörigen oder Stabilität. Diese Wertung dürfte sich allerdings nicht auf das gesamte Rahmenübereinkommen übertragen lassen. Art. 6 stellt nämlich eine Einzelnorm dar mit spezifischem Regelungsgehalt und keine allgemeine Bestimmung des Übereinkommens. Auch ein weiterer Blick in das Rahmenübereinkommen spricht weder für noch gegen ein Bekenntnis zum Erfordernis der Staatsangehörigkeit oder Stabilität. Bezug genommen wird an mehreren Stellen lediglich auf die ethnische, kulturelle, sprachliche und religiöse Identität von Minderheiten.[796] Ob darüber hinaus weitere Voraussetzungen wie die Staatsangehörigkeit hinzutreten müssen, um in den Genuss des Schutzes des Rahmenübereinkommens zu kommen, bleibt offen.

Auch die Notwendigkeit eines *kin-state* ist im Wortlaut des Rahmenübereinkommens nicht angelegt. Zwar verpflichtet Art. 17 Abs. 1 die Mitgliedstaaten, den friedlichen Austausch von Angehörigen nationaler Minderheiten mit Personen in einem etwaigen *kin-state*, die dieselbe ethnische, sprachliche, religiöse oder kulturelle Identität besitzen, nicht zu behindern. Allerdings lässt sich daraus nicht schließen, dass das Vorliegen eines *kin-state* notwendige Voraussetzung für eine nationale Minderheit ist, da es sich auch bei Art. 17 um eine Einzelnorm handelt.

Bei der Ausarbeitung des Rahmenübereinkommens war es sogar eine bewusste Entscheidung, keine Begriffsdefinition in den Vertragstext mit aufzunehmen. Vielmehr wurde beschlossen, die Begriffsbestimmung dem Ermessen der Staaten zu überlassen, da eine Einigung auf eine allgemeingültige Definition unrealistisch erschien. Im *Explanatory Report* heißt es hierzu ausdrücklich:

> *It should also be pointed out that the framework Convention contains no definition of the notion of "national minority". It was decided to adopt a pragmatic approach, based on the recognition that at this stage, it is impossible to arrive at a definition capable of mustering general support of all Council of Europe member States.*[797]

---

796 So etwa in der Präambel, in Art. 5 Abs. 1 und Art. 6 Abs. 1 des Rahmenübereinkommens.

797 Europarat, Explanatory Report of the FCNM v. 1.2.1995, Rn. 12 = EuGRZ 10–12 (1995), S. 271, 272 (deutsche Übersetzung). Vgl. auch das *Factsheet* des Europarats zum Thema *Protection of Minorities* von Oktober 2016: "*Each party of the Framework Convention is therefore left with a margin of appreciation to assess which groups are to be covered by the Convention within their territory. This decision must be made in good faith and in accordance with general principles of international law, including the principle of free self-identification, set out in Article 3 of the Framework Convention*",

Dies alles verdeutlicht, dass dem Geist des Rahmenübereinkommens also nicht nur keine spezifische Definition des Begriffs der nationalen Minderheit, sondern nicht einmal eine eindeutige Vorstellung vom Schutzobjekt innewohnt. Es lassen sich also keine konkreten Schlussfolgerungen für das Begriffsverständnis aus den Regelungen des Rahmenübereinkommens ziehen.

bb. Haltung der Mitgliedstaaten

Unter den Mitgliedstaaten findet sich für ein enges Begriffsverständnis naturgemäß eine große Anhängerschaft.[798] Durch einen weiten Schutzbereich fürchten sie stärkere Verpflichtungen oder eine Gefährdung ihrer territorialen Integrität. Gerade bezüglich des Rahmenübereinkommens zeigt sich die Interessenlage der europäischen Staaten ganz deutlich, da sie vermehrt bei Unterzeichnung beziehungsweise Ratifikation Deklarationen hinsichtlich einer Beschränkung der Anwendbarkeit auf autochthone Minderheiten abgegeben haben oder in ihrem ersten Bericht im Rahmen des Berichtsverfahren Entsprechendes erklärt haben.[799]

---

verfügbar unter: https://www.coe.int/en/web/minorities/fcnm-factsheet (zuletzt aufgerufen am 12.6.2018).

798 Die Staaten verweisen oft auf die UN-Konvention zum Schutz der Wanderarbeitnehmer und der Familienangehörigen (*International Convention on the Protection of the Rights of All Migrant Workers and Members of their Families*), die am 1.7.2003 in Kraft trat. Da die Konvention weltweit bisher nur von einer Handvoll Industrienationen unterzeichnet wurde und gerade die Mitglieder des Europarates hierbei besonders zurückhaltend waren, stellt die Konvention wohl kaum ein äquivalentes Schutzinstrument für Migrantinnen und Migranten auf europäischem Boden dar. Der Stand der Ratifikationen findet sich hier: http://treaties.un.org/Pages/ViewDetails.aspx?src=TREATY&mtdsg_no=IV-13&chapter=4&lang=en (zuletzt aufgerufen am 12.6.2018).

799 Deutschland, Estland, Lettland, Luxemburg, Österreich, Polen und die Schweiz haben bei Unterzeichnung bzw. Ratifikation erklärt, dass der Schutz des Rahmenübereinkommens auf Staatsangehörige bzw. traditionell ansässige Minderheiten beschränkt ist. Mazedonien hat im Nachhinein ebenfalls eine solche Erklärung verfasst. Alle Deklarationen sind nachzulesen unter: https://www.coe.int/en/web/conventions/full-list/-/conventions/treaty/157/declarations?p_auth=K5wD9V1O (zuletzt aufgerufen am 12.6.2018). Norwegen gehört zu den Staaten, die den Anwendungsbereich im ersten Bericht eingegrenzt haben: Europarat, Report submitted by Norway pursuant to Art. 25, para. 1 of the FCNM v. 2.3.2001, Part II, Rn. 3.1. Zur Staatenpraxis vgl. auch: *Eide*, The Council of Europe's FCNM, S. 124 f.; *Europarat*, The Framework Convention, Thematic Commentary No. 4, Rn. 23 ff.; *Angst*; in: Hofmann u.a., RÜ Handkommentar, Art. 3, Rn. 2. Gerade Deutschland machte bisher besonders deutlich,

Es stellt sich hier zunächst die Frage, wie die Deklarationen der Unterzeichnerstaaten völkerrechtlich einzustufen sind. Zu denken wäre hier an einen völkerrechtlichen Vorbehalt gemäß Art. 2 Abs. 1 lit. d der Wiener Vertragsrechtskonvention (WVK). Ein Vorbehalt stellt eine einseitige Erklärung des Staates dar, mit der dieser bezweckt, die Rechtswirkung einzelner Vertragsbestimmungen in der Anwendung auf diesen Staat auszuschließen oder zu ändern. Auch wenn es der Kategorisierung als Vorbehalt gemäß Art. 2 Abs. 1 lit. d WVK nicht entgegensteht, dass die besagten Erklärungen der Staaten zum Rahmenübereinkommen nicht als solche bezeichnet werden, stellen sie trotzdem keine Vorbehalte dar. In den Erklärungen schließen die Staaten die Anwendung des Rahmenübereinkommens auf neue Minderheiten aus und beschränken so dessen Anwendungsbereich. Das Rahmenübereinkommen liefert aber gerade keine Begriffsdefinition und legt diesbezüglich den Anwendungsbereich nicht konkret fest. Hieraus folgt, dass die Erklärungen der Staaten auch nicht die Rechtswirkung einzelner Vertragsbestimmungen in der Anwendung ausschließen oder ändern können. Eine Vertragsbestimmung, die für das komplette Abkommen ein weites Verständnis des Minderheitenbegriffs festlegt, existiert ja gerade nicht.

Allerdings ist anerkannt, dass ein Vorbehalt auch dann vorliegt, wenn sich die vorgesehene Beschränkung nicht auf einzelne Vorschriften sondern auf den Vertrag als Ganzen bezieht (sogenannte *across the board-reservation).*[800] Eine solche Erklärung hat mehr Gewicht und beeinflusst die Geltung des Vertrages meist wesentlich stärker als wenn nur einzelne Bestimmungen betroffen sind. Im vorliegenden Fall betreffen die staatlichen Deklarationen zwar den kompletten Anwendungsbereich des Rahmenübereinkommens, allerdings zielen sie nicht auf eine Modifizierung desselbigen ab, da dieser eben gerade nicht festgelegt wurde. Folglich legen die staatlichen Erklärungen die Vertragsbestimmungen lediglich aus. Es handelt sich bei ihnen also nicht um völkerrechtliche Vorbehalte sondern vielmehr um Interpretationserklärungen.[801]

---

dass das Rahmenübereinkommen seiner Ansicht nach kein allgemeines Menschenrechtsinstrument darstellt und nicht auf Zuwanderer anwendbar ist, sondern nur auf traditionelle Minderheiten: Bundesministerium des Innern, Stellungnahme der BRD zu der Stellungnahme des Beratenden Ausschusses zu dem Bericht über die Umsetzung des Rahmenübereinkommens zum Schutz nationaler Minderheiten in der BRD, Juli 2002, S. 7 f.

800 Vgl. International Law Commission, Report on the Work of its fiftieth session v. 20.4.-12.6. und 27.7.-14.8.1998, Official Records of the General Assembly, Doc. A/53/10, Chapter IX, C.2, 1.1.1.

801 Vgl. hierzu ausführlich: *Frowein/Bank*, The Effect of Member States' Declarations.

Nicht alle Staaten beschränken den Schutzbereich des Rahmenübereinkommens auf Staatsangehörige oder autochthone Minderheiten. Großbritannien beispielsweise wendet das Rahmenübereinkommen auf alle ethnischen Gruppen (*racial groups*)[802] an und versieht das Rahmenübereinkommens so mit einem weiten Anwendungsbereich:

> *'National Minority'" is not a legally defined term within the UK. Our minority population is mainly made up of 'ethnic minorities' or 'visible minorities'. UK anti- discrimination legislation is designed to protect ethnic minorities because this has been the pattern of discrimination.*[803]

Verständlicherweise wurde dieser Ansatz als "*inclusive approach*" vom Beratenden Ausschuss im Rahmen des Berichtsverfahrens ausdrücklich begrüßt.[804]

cc. *Article-by-article*-Ansatz des Beratenden Ausschusses

Der Beratende Ausschuss zeigt sich grundsätzlich einverstanden mit einer pragmatischen Herangehensweise. Mangels einer einheitlichen Begriffsdefinition sieht er die Staaten in der Verantwortung, den persönlichen Anwendungsbereich des Rahmenübereinkommens festzulegen. Insoweit gesteht er den Staaten ausdrücklich einen Beurteilungsspielraum zu, weist aber gleichzeitig daraufhin, dass die Staaten diesen Spielraum entsprechend der allgemeinen völkerrechtlichen Grundsätze wahrnehmen müssen: "*In particular, it stresses that the implementation of the Framework Convention should not be a source of arbitrary or unjustified distinctions.*"[805] Anders als die meisten Mitgliedstaaten vertritt der Beratende Ausschuss selbst allerdings ein weites Verständnis des Minderheitenbegriffs:

> *[...] the absence of a definition in the Framework Convention is indeed not only intentional but also necessary to ensure that the specific societal, including economic and demographic, circumstances of states parties are duly taken into account when establishing the applicability of minority rights. The Framework Convention was deliberately conceived as a living instrument whose interpretation must evolve and be adjusted regularly to new societal challenges. Multiple identities and increasing mobility, for instance, have become*

---

802 Dem Begriff liegt die Definition des britischen *Race Relations Act* von 1976 zu Grunde: "*a group of persons defined by colour, race, nationality (including citizenship) or ethnic or national origins.*"

803 Europarat, Report submitted by the United Kingdom pursuant to Art. 25, para. 1 of the FCNM v. 26.7.1999, Rn. 45.

804 Europarat, Advisory Committee on the FCNM, Opinion on UK v. 22.5.2002, Rn. 14.

805 Europarat, Advisory Committee on the FCNM, Opinion on Germany v. 1.3.2002, Rn. 14.

regular features of European societies. However, such features must not limit access to minority rights.[806]

Trotz aller Beurteilungsspielräume kritisierte der Beratende Ausschuss in seinen Stellungnahmen vor allem während des ersten Berichtszyklus regelmäßig die restriktive Haltung vieler Mitgliedstaaten. Exemplarisch sei hier die Stellungnahme bezüglich der Minderheitensituation in Deutschland herangezogen. Darin nahm der Ausschuss Bezug auf die große Zahl der in Deutschland lebenden Migranten und regte an, auch sie künftig in den Anwendungsbereich des Rahmenübereinkommens miteinzubeziehen:

Apart from the groups identified by the German authorities as being covered by the Framework Convention, in their reply to the questionnaire and in the course of interviews with the Advisory Committee, the German authorities reported the existence of other groups that they do not consider, at this stage, to be covered by the Framework Convention. [...] The Advisory Committee is of the opinion that it would be possible to consider the inclusion of persons belonging to other groups, including citizens and non-citizens as appropriate, in the application of the Framework Convention.[807]

Einen kategorischen Ausschluss aller ethnischen, sprachlichen oder religiösen Gruppen, deren Angehörige nicht die Staatsangehörigkeit des Staates besitzen, in dem sie leben, oder nicht traditionell dort siedeln, lehnt der Beratende Ausschuss also ab. Sein Lösungsansatz ist stattdessen eine sogenannte *article-by-article-basis*. Die dahinterstehende Idee ist, dass die Mitgliedstaaten nicht in pauschaler Weise einen Ausschluss oder eine Einbeziehung festlegen, sondern von einem Artikel zum anderen abwägen, welche Gruppen in den Anwendungsbereich miteinbezogen werden. Ein solcher Ansatz stelle nicht nur eine effektive, auf Tatsachen und nicht auf den Status basierende Umsetzung des Rahmenübereinkommens sicher, sondern fördere auch ein soziales Klima des Dialogs, indem kulturelle Diversität als Bereicherung betrachtet werde.[808] Der artikelweise Ansatz lässt letztlich eine einzelfallbezogene Betrachtung der Situation und

---

806 *Europarat*, The Framework Convention, Thematic Commentary No. 4, Rn. 5.

807 Europarat, Advisory Committee on the FCNM, Opinion on Germany v. 1.3.2002, Rn. 16 f. Auch in seiner Stellungnahme zum zweiten Bericht von Deutschland hielt das *Advisory Committee* an seiner Position fest. Es räumt zwar ein, dass ihm keine konkreten Forderungen von Zuwanderergruppen bekannt sind, in den Schutzbereich des Rahmenübereinkommens aufgenommen zu werden, allerdings stellt es fest, dass diese Gruppen durchaus in Bezug auf das Rahmenübereinkommen erwähnenswert sind, vgl. Europarat, Advisory Committee on the FCNM, Second Opinion on Germany v. 1.3.2006, Rn. 10.

808 *Europarat*, The Framework Convention, Thematic Commentary No. 4, Rn. 7.

der Bedürfnisse der jeweiligen Minderheit zu. In konstanter Praxis fordert das *Advisory Committee* die Mitgliedstaaten dazu auf, einen solchen *"more inclusive approach"* zu verfolgen und das Rahmenübereinkommen als *"living instrument"* zu begreifen.[809]

Die Mitgliedstaaten kritisieren wiederum den artikelweisen Ansatz des Beratenden Ausschusses und führen an, dass er die Zielführung des Rahmenübereinkommens als Minderheitenschutzinstrument verwässern würde und die Gefahr mit sich bringe, Minderheiten erster und zweiter Klasse zu schaffen, wenn manche Minderheiten in den Genuss aller Rechte kommen und andere nur in selektiver Weise.[810]

4. *Die Europäische Charta der Regional- oder Minderheitensprachen*

Das bereits erwähnte Rahmenübereinkommen hat nicht die alleinige Vormachtstellung im Bereich des Minderheitenschutzes auf der Ebene des Europarates inne. Pioniercharakter kommt diesbezüglich der Europäischen Charta der Regional- oder Minderheitensprachen (*European Charter for Regional or Minority Languages* = ECRML) zu, die bereits drei Jahre vor dem Rahmenübereinkommen, nämlich am 5. November 1992, vom Ministerkomitee verabschiedet wurde.[811]

a. *Entstehungsgeschichte*

Die sogenannte Sprachencharta war anders als das Rahmenübereinkommen kein Produkt der in den 1990er Jahren aufkeimenden Minderheitenschutzbestrebungen des Europarats. Vielmehr kann es eine eigene Entstehungsgeschichte verzeichnen, die bis in die 1980er Jahre zurückreicht. Der Antrieb für den Erlass einer Sprachencharta bestand im Wesentlichen in der Angst vor dem Verlust der kulturellen Diversität in Europa durch den Untergang einzelner Sprachen.[812] Bereits 1981 sprach sich die Parlamentarische Versammlung in ihrer *Recommendation No. 928* für das Ergreifen spezifischer Maßnahmen zum

---

809 Etwa in: Europarat, Advisory Committee on the FCNM, Opinion on Estonia v. 14.9.2001, Rn. 17. Dazu auch: *Angst*, in: Hofmann u.a., RÜ Handkommentar, Art. 3, Rn. 10.

810 Bundesministerium des Innern, Stellungnahme der BRD zu der Stellungnahme des Beratenden Ausschusses zu dem Bericht über die Umsetzung des Rahmenübereinkommens zum Schutz nationaler Minderheiten in der BRD, Juli 2002, S. 8.

811 Abgedruckt in englischer Sprache in: HRLJ 3–4 (1993), S. 148.

812 Vgl. *Dunbar*, The Council of Europe's ECRML, S. 156.

Schutz von Minderheitensprachen und -dialekten aus.[813] Die Ständige Konferenz der Gemeinden und Regionen Europas (*Standing Conference on Local and Regional Authorities in Europe*)[814] begann dann mit der Arbeit an einem entsprechenden Instrument zum Schutz von Regionalsprachen und legte 1988 in ihrer Entschließung 192 den Text einer Charta in Gestalt einer Konvention vor.[815] Die Parlamentarische Versammlung unterstützte diesen Vorschlag[816], woraufhin das Ministerkomitee einen Sachverständigenrat für die Regional und Minderheitensprachen in Europa (*Ad hoc committee of experts on regional or minority languages in Europe*) einsetzte und diesen mit der Aufgabe betraute, unter Berücksichtigung des Vorschlags der Ständigen Konferenz eine Charta auszuarbeiten.[817] Am 25. Juni 1992 nahm das Ministerkomitee die Charta als Konvention an. Die Sprachencharta trat am 1. März 1998, einen Monat nach dem Rahmenübereinkommen, in Kraft; 25 Staaten haben sie mittlerweile ratifiziert.[818]

b. Zielsetzung

Zielsetzung der Charta ist der Erhalt und die Förderung von europäischen Regional- und Minderheitensprachen, um Europas kulturelle und sprachliche Vielfalt zu bewahren. Dabei wird die Bedeutung der Minderheitensprachen für das kulturelle Erbe Europas betont und darauf hingewiesen, dass in vielen europäischen Staaten autochthone Minderheiten existieren, die eine von der Mehrheit abweichende Sprache sprechen.[819] Da ein Großteil dieser

---

813 Vgl. Europarat, Parlamentarische Versammlung, Recommendation No. 928 (1981): Education and cultural problems of minority languages and dialects in Europe.

814 Die Ständige Konferenz wurde mit der *Statuary Resolution 94(3)* des Ministerkomittees des Europarates v. 14.1.1994 in den Kongress der Gemeinden und Regionen des Europarats umgewandelt. Der Kongress ist die institutionelle Vertretung der regionalen und lokalen Gebietskörperschaften der Mitgliedstaaten des Europarats.

815 Europarat, Ständige Konferenz der Gemeinden und Regionen Europas, Resolution 192 (1988): Regional and Minority Languages in Europe. Dazu auch: Europarat, Explanatory Report of the ECRML v. 5.11.1992, Rn. 5 ff.

816 Vgl. Europarat, Parlamentarische Versammlung, Opinion 142 (1988): Resolution 192 (1988) on regional and minority languages in Europe, adopted by the Standing Conference on Local and Regional Authorities in Europe.

817 Vgl. Europarat, Explanatory Report of the ECRML v. 5.11.1992, Rn. 8.

818 Der aktuelle Ratifikationsstand ist abrufbar unter: http://conventions.coe.int/Treaty/Commun/ChercheSig.asp?NT=148&CM=&DF=&CL=GER (zuletzt aufgerufen am 12.6.2018).

819 Europarat, Explanatory Report of the ECRML v. 5.11.1992, Rn. 1, 10.

Sprachen ums Überleben kämpft, versucht die Charta, diese am Leben zu erhalten, indem sie eine aktive Unterstützungspolitik durch die Staaten verfolgt, die den Gebrauch der Sprachen im öffentlichen wie im privaten Raum sichern soll.

Da gerade die Sprache als Identifikationsbande zwischen den Angehörigen einer Minderheit eine meist herausragende Rolle spielt und wichtiger Bestandteil vieler Minderheitenidentitäten ist, trägt die Charta automatisch auch zum Schutz von Minderheiten bei. Im Erläuternden Bericht wird allerdings darauf hingewiesen, dass die Charta ein Instrument ist, was nicht die sprachlichen Minderheiten, sondern die Regional- und Minderheitensprachen als solche schützen soll.[820] Auf Konzepte, was Minderheiten sind und was sie ausmacht, wird keinerlei Bezug genommen. Vielmehr wird im Chartatext der Begriff „Sprecher" beziehungsweise "*user*" verwendet, ohne dass dieser notwendigerweise mit der Zugehörigkeit zu einer Minderheit verknüpft wird.[821] Auch wenn nur ein mittelbarer Bezug zur Minderheit besteht, weist die Charta deutliche Charakteristika eines Minderheitenschutzinstruments auf. Immerhin ist es meist die Sprache, über die sich die Minderheiten identifizieren und die einen wesentlichen Teil ihrer Identität darstellt. Über die Sprache wurde auch oftmals versucht, Minderheiten zu assimilieren, beispielsweise durch Sprechverbote. Die Charta hat also unweigerlich Einfluss auf die Lebensrealität von Minderheiten in einem kollektivschützenden Sinne und kann durchaus auch als Instrument des Minderheitenschutzes angesehen werden.[822]

c. *Inhaltliche Ausgestaltung der Charta*

Im *Explanatory Report* wird betont, dass die Charta keine individuellen oder kollektiven Rechte beinhaltet, sondern die Unterzeichnerstaaten lediglich zum Ergreifen bestimmter Maßnahmen verpflichtet.[823] Hier wird der Unterschied zu klassischen Menschenrechtskatalogen deutlich. Dieser Umstand, der im direkten Zusammenhang damit steht, dass die Charta nicht unmittelbar ein

---

820 *Ebd.*, Rn. 11. Vgl. auch: *Pallek*, Der Minderheitenschutz in deutschen Verfassungsrecht, S. 185.

821 Vgl. auch: *Dunbar*, The Council of Europe's ECRML, S. 158.

822 Ein offensichtlicher Einfluss auf die Minderheiten wird bereits im Erläuternden Bericht eingeräumt: Europarat, Explanatory Report of the ECRML v. 5.11.1992, Rn. 11 a.E. Ebenso: *Pogány*, Minority Rights and the Roma, S. 7.

823 Europarat, Explanatory Report of the ECRML v. 5.11.1992, Rn. 11.

Minderheitenschutzinstrument darstellt, führte im Übrigen dazu, dass Staaten wie Frankreich der Ratifizierung weitaus offener gegenüber standen als beim Rahmenübereinkommen.[824]

Insgesamt beinhaltet die Charta eine Vielzahl detaillierter Regelungen, insbesondere im dritten Teil. Dieser ist als dezidierter Maßnahmenkatalog ausgestaltet, der sich in die Bereiche Bildung, Justizbehörden, Verwaltungsbehörden und öffentliche Dienstleistungsbetriebe, Medien, Kultur, wirtschaftliches und soziales Leben sowie grenzüberschreitender Austausch auffächert. Im zweiten Teil der Charta sind Ziele und Grundsätze geregelt, die der Förderpolitik der Staaten als Leitlinien dienen sollen, wie etwa die „Anerkennung der Regional- und Minderheitensprachen als Ausdruck des kulturellen Reichtums" oder die „Notwendigkeit entschlossenen Vorgehens zur Förderung von Regional- und Minderheitensprachen".

aa. Der Sprachenbegriff der Charta

Von großer Bedeutung für den Anwendungsbereich der Charta ist der Begriff der Regional- und Minderheitensprache. Laut der Legaldefinition in Art. 1 lit. a weisen Regional- und Minderheitensprachen im Sinne der Charta folgende Merkmale auf:

> Im Sinne dieser Charta: a. bezeichnet der Ausdruck „Regional- oder Minderheitensprachen" Sprachen, i. die herkömmlicherweise in einem bestimmten Gebiet eines Staates von Angehörigen dieses Staates gebraucht werden, die eine Gruppe bilden, deren Zahl kleiner ist als die der übrigen Bevölkerung des Staates, und ii. die sich von der (den) Amtssprache(n) dieses Staates unterscheiden; er umfaßt weder Dialekte der Amtssprache(n) des Staates noch die Sprachen von Zuwanderern […]

Anders als sonst üblich beim Minderheitenschutz, wo die Frage nach dem Schutz sogenannter neuer Minderheiten eine der wichtigsten Streitfragen darstellt, werden die Sprachen von Zuwanderern ausdrücklich nicht von der Charta erfasst. Schutzobjekt der Charta sind also ausschließlich die Sprachen autochthoner Minderheiten. Der *Explanatory Report* wird besonders deutlich:

> *The purpose of the charter is not to resolve the problems arising out of recent immigration phenomena, resulting in the existence of groups speaking a foreign language in the country of immigration or sometimes in the country of origin in case of return. In particular, the*

---

824 Hierzu am Beispiel Frankreichs: *Thornberry/Estébanez*, Minority Rights in Europe, S. 138 f.

charter is not concerned with the phenomenon of non-European groups who have immigrated recently into Europe and acquired the nationality of a European State.[825]

Welche Sprachen letztlich dem Sprachenbegriff der Charta unterfallen und somit ihrem Schutz unterstellt werden, bestimmen gemäß Art. 3 Abs. 1 die Staaten selbst.

Als weitere Kategorie kennt die Charta sogenannte nicht territorial gebundene Sprachen. Dies sind gemäß Art. 1 lit. c. solche Sprachen, bei denen anders als bei den üblichen Regional- und Minderheitensprachen ein geographischer Anwendungsbereich nicht genau bestimmt werden kann. Beispiele für Sprachen ohne einen solchen eigenen Sprachraum sind das Jiddische oder auch das Romanes.[826] Bereits die unterschiedliche begriffliche Einordnung weist auf eine kategorale Trennung hin. Nicht territorial gebundene Sprachen begreift die Charta nicht als echte Regional- und Minderheitensprachen und schließt somit eine direkte Anwendung der Charta auf diese aus. Somit wird eine Privilegierung von Territorialsprachen begründet.[827] Hierfür spricht auch Art. 7 Abs. 5, der eine Verpflichtung der Vertragsstaaten statuiert, die Grundsätze des Art. 7 Abs. 1 bis 4 sinngemäß auf nicht territorial gebundene Sprachen anzuwenden. Folglich wird eine Anwendbarkeit des dritten Teils, welcher die wesentlichen Garantien der Charta beinhaltet, auf nicht territorial gebundene Sprachen ausgeschlossen. Das Normgefüge insgesamt knüpft bereits an eine solche Trennung an, da ein territorialer Bezug bei vielen Bestimmungen Voraussetzung für Eröffnung ihres Anwendungsbereichs ist.[828]

bb. Regelungsgehalt der Charta

Die Charta beinhaltet einen umfassenden Katalog an Vorschriften. In Art. 7 Abs. 2 S. 1 sieht sie ein klassisches Diskriminierungsverbot vor, das die Staaten verpflichtet, jede ungerechtfertigte Unterscheidung, Ausschließung, Einschränkung oder Bevorzugung zu beseitigen, die den Gebrauch einer Regional- und Minderheitensprache betrifft. Damit wird dem Staat auch eine Optimierungspflicht auferlegt: „Der Staat muss ungerechtfertigte Unterscheidungen nicht nur unterlassen, sondern damit unvereinbare Zustände aktiv korrigieren.“[829] Art. 7

825 Europarat, Explanatory Report of the ECRML v. 5.11.1992, Rn. 31. Dazu auch: *Thornberry/Estébanez*, Minority Rights in Europe, S. 142 ff.; *Dunbar*, The Council of Europe's ECRML, S. 163 ff.

826 Europarat, Explanatory Report of the ECRML v. 5.11.1992, Rn. 36.

827 Dazu auch: *Boysen*, in: dies. u.a., Sprachencharta Handkommentar, Art. 1, Rn. 46 ff.

828 Europarat, Explanatory Report of the ECRML v. 5.11.1992, Rn. 37.

829 *Richter*, in: Boysen u.a., Sprachencharta Handkommentar, Art. 7, Rn. 87.

Abs. 2 S. 2 stellt sodann klar, dass das „Ergreifen besonderer Maßnahmen zu Gunsten von Regional- und Minderheitensprachen, welche die Gleichstellung zwischen den Sprechern dieser Sprachen und der übrigen Bevölkerung fördern sollen oder welche ihre besondere Lage gebührend berücksichtigen", keine Diskriminierung von Sprechern der Mehrheitssprachen darstellt. Auch in der Charta wird so ein Konzept von faktischer oder materieller Gleichheit verfolgt. „Dem liegt die Annahme zugrunde, dass der Gebrauch kleiner Sprachen typischerweise mit Nachteilen verbunden ist, deren Abbau durch gezielte Förderung erlaubt sein muss, um das Ziel des Erhalts dieser Sprache überhaupt erreichen zu können."[830]

Schon dies zeigt, dass die Charta schwerpunktmäßig auf ein aktives Eingreifen des Staates zur Förderung und dem Erhalt von Minderheitensprachen abzielt. Im *Explanatory Report* wird darauf hingewiesen, dass angesichts der schwachen Position vieler Regional- und Minderheitensprachen positive Maßnahmen unerlässlich seien und ein Diskriminierungsverbot allein ein Überleben der Sprachen nicht garantieren könne.[831] Auch wenn die Charta nur mittelbar Bezug auf Minderheiten nimmt, bewegt sie sich dadurch sehr nah am Konzept eines auf Bestandsschutz ausgelegten Minderheitenschutzes.[832]

Dies wird dann besonders im dritten Teil der Charta deutlich, in welchem in detailreicher Weise Verpflichtungen zu aktiven Maßnahmen zur Förderung des Gebrauchs von Regional- und Minderheitensprachen in zahlreichen Bereichen des öffentlichen Lebens aufgelistet sind. Während die Staaten gemäß Art. 2 Abs. 1 verpflichtet sind, die im zweiten Teil niedergelegten Ziele und Grundsätze „auf alle in ihrem Hoheitsgebiet gebrauchten Regional- oder Minderheitensprachen anzuwenden, die der Begriffsbestimmung in Artikel 1 entsprechen", sieht die Umsetzung der Regelungen des dritten Teils ein kompliziertes System vor. Ob der Detailtreue und des Umfangs der Regelungen im dritten Teil sind diese gemäß Art. 3 Abs. 1 der Charta nur auf die Minderheiten- und Regionalsprachen anwendbar, auf die der jeweilige Staat auch die Anwendbarkeit erklärt hat. Dies bedeutet, dass die Staaten selbst entscheiden, welche Sprachen in den Genuss der Fördermaßnahmen des dritten Teils der Charta kommen. Es besteht

---

830 *Ebd.*, Rn. 91. Vgl. außerdem: Europarat, Explanatory Report of the ECRML v. 5.11.1992, Rn. 73.

831 *Ebd.*, Rn. 61.

832 *Salzborn* zeigt sich besorgt, dass die Sprachencharte mit ihrer klar kollektivorientierten Ausrichtung sogar über das Ziel des Minderheitenschutzes hinausgeht und ein Zuviel an Reglementierung beinhaltet: *ders.*, Minderheitenpolitik in Europa, S. 142.

keine Rechtspflicht, diesen Vorzug allen auf ihrem Territorium gesprochenen Regional- und Minderheitensprachen zuteilwerden zu lassen.[833]

Zudem sind die Staaten nicht zur Umsetzung aller im Katalog des dritten Teils enthaltenen Fördermaßnahmen verpflichtet. Gemäß Art. 2 Abs. 2 können die Staaten eine Auswahl treffen, welche Verpflichtungen sie aus dem dritten Teil eingehen wollen – insgesamt müssen sie sich zur Durchsetzung von mindestens 35 der dort verankerten Maßnahmen verpflichten.[834] Den Vertragsstaaten steht also zudem ein erhebliches Ermessen zu, welche Fördermaßnahmen sie konkret zu Gunsten welcher Sprache ergreifen wollen. Dieser Ansatz wurde von vielen Seiten kritisiert. So schrieb *Hofmann:* „Diese Regelung, die offenkundig möglichst vielen Mitgliedstaaten des Europarats die Ratifikation der Charta „schmackhaft“ machen soll wird naturgemäß dazu führen, daß das sprachenrechtliche Bild der künftigen Mitgliedstaaten der Charta einem wahren Flickenteppich gleichen wird.“[835]

Befürchtet wurde, dass ein solcher *“pick and choose”*- oder „Menu“-Ansatz, wie er bezeichnet wurde, minderheitenskeptische Staaten dazu animiert, sich in einer durch das System der Charta legitimierten Weise für die Umsetzung weniger wichtiger oder sogar „kosmetischer“ Maßnahmen zu entscheiden.[836] Von anderen wurde wiederum die Flexibilität, die dieser Ansatz mit sich bringt, gewürdigt, da so differenziert auf die konkrete Situation in dem jeweiligen Mitgliedstaat und die bestehenden Ressourcen reagiert werden kann.[837]

---

833 Kritisch hierzu: *Hofmann*, Minderheitenschutz in Europa: Völker- und staatsrechtliche Lage im Überblick, S. 56; *Heun*, Minderheitenschutz der Roma in der EU, S. 61.

834 Dabei müssen jeweils mindestens drei Maßnahmen aus den Bereichen Bildung und Kultur und jeweils mindestens eine aus den Bereichen Justizbehörden, Verwaltungsbehörden und öffentliche Dienstleistungsbetriebe, Medien, wirtschaftliches und soziales Leben umgesetzt werden.

835 *Hofmann*, Minderheitenschutz in Europa: Völker- und staatsrechtliche Lage im Überblick, S. 56 f. Von einer „Unübersichtlichkeit“ spricht auch: *Oeter*, Der Schutz nationaler Minderheiten, S. 200.

836 *Hofmann*, Minderheitenschutz in Europa: Völker- und staatsrechtliche Lage im Überblick, S. 62 f. Die Metapher des Menu-Ansatzes verwendet *Oeter*, der letztlich aber ein positives Fazit zieht: *ders.*, Der Schutz nationaler Minderheiten, S. 200.

837 Vgl. *ebd.*, S. 200 f.; *Thornberry/Estébanez*, Minority Rights in Europe, S. 159. Erläuternd auch: Europarat, Explanatory Report of the ECRML v. 5.11.1992, Rn. 46.

cc. Durchsetzungsmechanismen

Der Durchsetzungsmechanismus der Charta basiert im Wesentlichen – ähnlich wie beim Rahmenübereinkommen – auf einem Berichtsverfahren. Dies spiegelt die materiellrechtliche Ausgestaltung der Charta insofern wieder, als sie keine unmittelbar anwendbaren Rechte der Sprecher beinhaltet, sondern Staaten verpflichtet, aus einem umfangreichen Katalog von Maßnahmen zur Förderung von Regional- und Minderheitensprachen bestimmte Maßnahmen zur Umsetzung in innerstaatliches Recht auszuwählen.[838]

Das Berichtsverfahren ist so ausgestaltet, dass die Mitgliedstaaten dem Generalsekretär des Europarats in regelmäßigen Abständen Berichte dazu vorlegen müssen, inwieweit sie die Bestimmungen der Charta umgesetzt haben (Art. 15 Abs. 1). Nach dem ersten Bericht, welcher innerhalb von einem Jahr nach Inkrafttreten der Charta vorgelegt werden muss, werden Berichte in dreijährigem Abstand erwartet. Insofern ist der Abstand kürzer als beim Rahmenübereinkommen, was zu einem noch kontinuierlicheren Dialog zwischen den Unterzeichnerstaaten und den überwachenden Stellen führt. Zunächst prüft ein nach Art. 17 der Charta eingesetzter Sachverständigenausschuss (*Committee of Experts*)[839] den Staatenbericht und arbeitet einen eigenen Bericht aus, der auch Vorschläge für möglicherweise erforderliche Empfehlungen des Ministerkomitees an den Mitgliedstaat enthält. Hierbei wird regelmäßig die Expertise von Nichtregierungsorganisationen und anderen nicht-staatlichen Akteuren herangezogen. Der Bericht des Sachverständigenausschusses wird schließlich zusammen mit einer Stellungnahme des Staates an das Ministerkomitee übersandt. Das Ministerkomitee richtet dann entsprechende Empfehlungen an den Mitgliedstaat.[840]

Wie bei allen regionalen oder universellen Berichtsverfahren kommt es auch im Rahmen des Kontrollmechanismus der Sprachencharta nicht zu einer Feststellung von Rechtsverletzungen. Vielmehr werden in der Regel unverbindliche Empfehlungen seitens des Ministerkomitees erlassen, bestimmte Maßnahmen

---

838 *Hofmann*, Minderheitenschutz in Europa: Völker- und staatsrechtliche Lage im Überblick, S. 61.

839 Gem. Art. 17 Abs. 1 besteht der Sachverständigenausschuss aus einer Person pro Vertragspartei, welches das Ministerkomitee aus einer Vorschlagsliste auswählt.

840 Das Verfahren ist in Art. 16 geregelt. Ausführlich zur Arbeit des Sachverständigenausschusses und dem Ablauf des Berichtsverfahrens: *Dunbar*, The Council of Europe's ECRML, S. 171 ff.; *Hofmann*, Minderheitenschutz in Europa: Völker- und staatsrechtliche Lage im Überblick, S. 60 f.

zu ergreifen oder anders durchzuführen.[841] Die Umsetzung dieser Empfehlungen ist letztlich vom politischen Willen der Mitgliedstaaten abhängig.

V. Ergebnis

Obwohl nach dem Zweiten Weltkrieg zunächst die Ansicht vorherrschend war, dass umfassende Menschenrechte explizite Minderheitenrechte auf völkerrechtlicher Ebene obsolet machen, hat sich über die Jahrzehnte doch ein sichtbares Geflecht an Minderheitenschutzregelungen herausgebildet. Den ersten Anstoß für ein Umdenken gab 1966 die Aufnahme von Art. 27 in den Internationalen Pakt für bürgerliche und politische Rechte – einer Norm, die eingebettet in eine universelle Menschenrechtskonvention ausschließlich dem Schutz von Angehörigen ethnischer, sprachlicher und religiöser Minderheiten dienen sollte. Eine regelrechte Renaissance erlebte der Minderheitenschutz in den 1990er Jahren mit dem Zerfall Jugoslawiens und der Auflösung der Sowjetunion. In der Ansicht, dass explizite Regelungen im Bereich des Minderheitenschutzes Spannungen zwischen neu entstandenen Mehrheits- und Minderheitsbevölkerungen entgegenwirken können, trugen die Staaten beispielsweise auf KSZE-Ebene im Kopenhagener-Dokument von 1990 in großer Detailtreue Bestimmungen zum Minderheitenschutz zusammen. 1992 wurde schließlich das Amt des KSZE-Hochkommissars für nationale Minderheiten geschaffen. Auch das Rahmenübereinkommen zum Schutz nationaler Minderheiten ist letztlich ein Kind der neuen, dem Minderheitenschutz zugewandten Stimmung der 1990er Jahre.

Die bestehenden Instrumente im Bereich des Minderheitenschutzes auf universeller und regionaler Ebene sind hinsichtlich ihres Wirkungsgrades höchst verschieden und tragen auf unterschiedliche Art und Weise zur Schaffung einheitlicher Standards im Minderheitenrecht bei. Eine starke Wirkung haben die Regelungen der EMRK, über deren Verletzung der EGMR entscheidet und dessen Urteile für die adressierten Staaten verbindlich sind. Allerdings handelt es sich bei der EMRK natürlich nicht um ein dezidiertes Minderheitenschutzinstrument; die EMRK entfaltet nur mittelbar minderheitenschützende Wirkung.

Dem Rahmenübereinkommen zum Schutz nationaler Minderheiten sowie der Europäischen Charta für Regional- oder Minderheitensprachen kommt insofern eine besondere Bedeutung zu, als dass sie spezifische Minderheitenschutzabkommen darstellen und verbindliche staatliche Verpflichtungen beinhalten. Auf Durchsetzungsebene sehen sie aber lediglich ein *Monitoring*-Berichtsverfahren

841 Kritisch dahingehend: *ebd.*, S. 61; *Heun*, Minderheitenschutz der Roma in der EU, S. 62.

vor, an dessen Ende unverbindliche Stellungnahmen und Empfehlungen stehen. Gerade das Rahmenübereinkommen stellt auf Grund der hohen Anzahl an Unterzeichnerstaaten und des umfassenden Regelungsbereichs eine besonders wichtige Quelle für die Standardsetzung im Bereich des Minderheitenschutzes dar. Schließlich existieren neben rechtlich verbindlichen Vertragswerken Foren wie die OSZE, wo auf rein politischer Ebene Programmsätze und Leitlinien aufgestellt werden, die ebenfalls politische und rechtliche Prozesse der Staaten beeinflussen. Auch sie tragen zu einer Vereinheitlichung der rechtlichen Standards unter den Mitgliedstaaten im Bereich des Minderheitenschutzes bei.

Über die Jahre wurde so ein umfangreiches System des universellen und europäischen Minderheitenschutzes geschaffen, welches auf einer menschenrechtlichen Basis fußt. Allerdings hat es auch dieses System noch nicht geschafft, auf alle Probleme eine Antwort zu finden. So sind viele Fragen noch immer nicht abschließend geklärt, wie etwa die Frage, welche Kriterien erfüllt sein müssen, um als völkerrechtliche Minderheit zu gelten. Die Tatsache, dass Minderheitenkonflikte wie in Katalonien trotz des etablierten Minderheitenschutzsystems heute noch staatliche Krisen auslösen können, zeigt, dass die Frage des Minderheitenschutzes und seiner normativen Ausgestaltung nach wie vor aktuell ist.

Teil 3 Minderheitenschutz und Sinti und Roma

A. Die langjährige Verweigerung eines Minderheitenstatus für Sinti und Roma

Die Sinti und Roma werden gerne als „die größte Minderheit Europas" bezeichnet und damit in eine Reihe mit anderen ethnischen oder nationalen Minderheiten gestellt – oft unter der Betonung der Besonderheit ihres transnationalen Auftretens. Dementsprechend werden Sinti und Roma verstärkt als Adressaten von Minderheitenrechten wahrgenommen und in die international existenten Regelungen zum Minderheitenschutz miteinbezogen.[842] Das war allerdings nicht immer so.[843] Gerade deutsche Vertreter von auf das Kollektiv bezogenen Minderheiten- oder Volksgruppenrechten zu Gunsten autochthoner Gruppen waren lange nicht gewillt, Sinti und Roma den Status einer ethnischen oder nationalen Minderheit zuzuerkennen. Abgestellt wurde dabei insbesondere auf das fehlende angestammte Siedlungsgebiet der Sinti und Roma beziehungsweise den fehlenden *kin-state*, was sie von vielen anderen traditionellen Minderheiten unterscheidet.[844]

Betrachtet man den Minderheitenschutz aus historischer Perspektive, zeigt sich deutlich, dass viele Staaten den Minderheitenschutz vornehmlich aus Eigeninteresse, das heißt im Hinblick auf die eigenen Minderheiten im Ausland vorangebracht haben.[845] Als Minderheit ohne eigenen Staat, der sie protegiert, standen die Sinti und Roma daher lange nicht im Fokus der Diskussion um den Minderheitenschutz. So existieren etwa anders als bei anderen Minderheiten auch keine bilateralen Verträge zu ihren Gunsten.[846] Lange Zeit wurden selbst die Sinti

---

842 Siehe dazu den nächsten Abschnitt: Teil 3, B.

843 Vgl. dazu: *Toivanen*, Das Paradox des Minderheitenschutzes, S. 193.

844 Vgl. *Murswiek*, Schutz der Minderheiten in Deutschland, Rn. 18; *Capotorti*, Study on the Rights of Persons belonging to Ethnic, Religious and Linguistic Minorities, Rn. 77. *Blumenwitz* erwähnte 1992 die Sinti und Roma in seiner Auflistung der Minderheitengruppen im wiedervereinigten Deutschland überhaupt nicht: *ders.*, Minderheiten- und Volksgruppenrecht, S. 107 ff. Zum fehlenden *kin-state*: *Thelen*, Der lange Weg zur politischen Emanzipation, S. 41. Zum lang andauernden ablehnenden Verhalten der Bundesregierung: *Rose*, Konkreter Minderheitenschutz für die Sinti und Roma, S. 19 f.; *Jansen*, Sinti and Roma, S. 198.

845 Hierauf verweist auch: *Heun*, Der Minderheitenschutz der Roma in der EU, S. 89.

846 Vgl. *Thelen*, Der lange Weg zur politischen Emanzipation, S. 41.

und Roma, die seit Jahrhunderten im jeweiligen Staat ansässig waren und meist dessen Staatsangehörigkeit besaßen, eher als Fremde und Immigranten statt als integraler Bestandteil der Gesellschaft wahrgenommen. Zu vorherrschend war das Bild des „nomadischen Zigeuners".[847] Hinzukam, dass die Sinti- und Roma-Gemeinschaften in Deutschland und anderen europäischen Ländern in den Nachkriegsjahren sehr geschwächt waren, nachdem unzählige Angehörige der Sinti und Roma europaweit in den Konzentrationslagern der Nationalsozialisten ermordet worden waren. Sie besaßen zunächst keine richtige Lobby, die für ihre Anerkennung als Minderheit in den einzelnen Staaten gekämpft hätte.[848] In Deutschland formierte sich erst in den 1980er Jahren eine Bürgerrechtsbewegung, die sich massiv für die Rechte von Sinti und Roma einsetzte.

Im Zuge der Ausarbeitung des Rahmenübereinkommens zum Schutz nationaler Minderheiten Anfang der 1990er Jahre bestand plötzlich die Notwendigkeit eines klaren Statements seitens der Bundesrepublik, wer eine nationale Minderheit auf ihrem Territorium darstellte. In den Jahren 1992 und 1993 hatte die Bundesregierung noch offiziell erklärt, dass die Sinti und Roma – selbst solche mit deutschem Pass – in der Bundesrepublik nicht als Minderheit angesehen würden.[849] Damit befand sie sich ganz im Einklang mit der Parlamentarischen Versammlung des Europarats, die 1992 ebenfalls erklärt hatte, dass die Definition der nationalen Minderheit nicht auf die Sinti und Roma passe: *"A special place among the minorities is reserved for Gypsies. Living scattered all over Europe, not having a country to call their own, they are a true European minority, but one that does not fit into the definitions of national or linguistic minorities."*[850] Auf Druck des Zentralrats erklärte Deutschland im Mai 1995 schließlich, dass das Rahmenübereinkommen auch auf die „traditionell in Deutschland heimische

---

847 Vgl. *Murray*, Should Immigrants or Roma and Sinti be Regarded as Minorities?, S. 226 f.; *Guglielmo/Waters*, Migrating Towards Minority Status, S. 763. Selbst heute finden sich noch Ansätze in der Literatur, in denen den Sinti und Roma auf Grund ihres angeblichen Nomadentums ihr Minderheitenstatus abgesprochen wird, vgl. *Malloy*, National Minority Rights in Europe, S. 23 f.

848 Vgl. *Zülch*, Nach 1945, S. 91 f.

849 1992 antwortete die Bundesregierung ausdrücklich auf eine Kleine Anfrage der damaligen PDS-Abgeordneten *Ulla Jelpke* zum Thema Haltung der Bundesregierung zur Roma-Resolution der VN-Menschenrechtskommission, dass sie Roma, unabhängig ihrer Nationalität, nicht als Minderheit anerkenne: BT-Drucks. 12/2367 v. 3.4.1992. Ähnliches erklärte im Dezember 1993 der deutsche Vertreter vor der KSZE in Warschau, nach: *Rose*, Konkreter Minderheitenschutz für die Sinti und Roma, S. 19.

850 Europarat, Parlamentarische Versammlung, Recommendation 1203 (1993): Gypsies in Europe, Rn. 2.

Volksgruppe" der deutschen Sinti und Roma anwendbar sei. Auch wenn hier nicht ausdrücklich von einer nationalen Minderheit seitens der Bundesregierung die Rede war, wird dieses Datum heute als offizielle Anerkennung der Sinti und Roma als nationale Minderheit angesehen.[851] Heute werden die deutschen Sinti und Roma ganz selbstverständlich neben den Sorben, Friesen und Dänen als nationale Minderheit gelistet, auch wenn betont wird, dass die Sinti und Roma nicht wie die anderen drei Minderheiten über ein angestammtes Siedlungsgebiet verfügen.[852]

B. Die Bezugnahme internationaler Organisationen auf die Situation der Sinti und Roma

Der politische Umbruch in (Süd-)Osteuropa führte nicht nur zu einer Verschärfung der wirtschaftlichen und sozialen Not vieler Sinti und Roma, sondern auch zu einer zunehmenden antiziganistischen Stimmung in den Bevölkerungen. Die Situation der Sinti und Roma rückte so immer stärker in den Fokus der europäischen Öffentlichkeit und internationaler Organisationen.[853] Das neue internationale Interesse an den Sinti und Roma fiel so genau in die Blütezeit des modernen Minderheitenschutzes Anfang der 1990er Jahre. Aus einer Verschmelzung beider Entwicklungen resultierte schließlich auch die Wahrnehmung der Sinti und Roma als europäische, transnationale Minderheit.[854] Auf Grund der Tatsache, dass sie keinen *kin-state* besitzen, der für ihre Interessen auf bilateraler oder multilateraler Ebene eintritt, sind die Sinti und Roma jedoch in besonderem Maße auf die Unterstützung durch internationale Organisationen angewiesen. Im Folgenden soll ein grober Überblick über die Tätigkeitsfelder internationaler Organisationen in Bezug auf die Sinti und Roma verschafft werden.

I. Die Vereinten Nationen

Anders als die regionalen europäischen Organisationen beschäftigen sich die Organe der Vereinten Nationen nicht ganz so häufig mit der Situation der Sinti und Roma. Nichtsdestotrotz steht die Situation der Sinti und Roma hin und

---

851 Erklärung der Bundesrepublik Deutschland bei der Zeichnung des Rahmenübereinkommens zum Schutz nationaler Minderheiten am 11.5.1995, in: BT-Drucks. 13/6912 v. 11.2.1997, S. 18. Dazu auch: *Murray*, Should Immigrants or Sinti and Roma be Regarded as Minorities?, S. 223, 225.

852 Vgl. *Bundesministerium des Innern*, Nationale Minderheiten, S. 10.

853 Vgl. *Matras*, Die Entstehungsgeschichte der Bürgerrechtsbewegung der Roma, S. 79 f.

854 So auch: *Pogány*, Accomodating an Emergent National Identity, S. 161.

wieder auf der Agenda der UNO. Insbesondere die Ausschüsse der verschiedenen UN-Menschenrechtsabkommen sind im Rahmen der Staatenberichtsverfahren regelmäßig gezwungen, sich mit der Lage der Sinti und Roma in europäischen Staaten zu befassen.

1. UN-Menschenrechtsausschuss

An vorderster Stelle steht hier der UN-Menschenrechtsausschuss mit seinem Staatenberichtsverfahren nach Art. 40 Zivilpakt. Da es die Staaten selbst sind und nicht unabhängige Experten, die über die Durchsetzung der Paktrechte Bericht erstatten, versteht es sich von selbst, dass oftmals eine beschönigte Beschreibung der Situation zum Berichtsinhalt wird.[855] Nichtsdestotrotz richtet der UN-Menschenrechtsausschuss nach Durchsicht der Berichte in seinen *concluding observations* immer wieder deutliche Worte an die berichterstattenden Staaten. So äußerte der Menschenrechtsausschuss anlässlich des dritten Berichts der Tschechischen Republik im Jahr 2013 sehr deutlich seine Besorgnis über das antiziganistische Klima innerhalb der Bevölkerung sowie die diskriminierende Haltung von Politik und Medien. Gleichzeitig stellte der Menschenrechtsausschuss teils sehr konkrete Forderungen an den tschechischen Staat zur Bekämpfung der Intoleranz gegenüber Roma. So betonte er etwa die Notwendigkeit einer stärkeren Sensibilisierung der Bevölkerung gegenüber der Geschichte der Roma und schlug als konkrete Maßnahme die Schließung eines Schweinemastbetriebs vor, der seit den 1970er Jahren auf dem Gelände des ehemaligen Konzentrationslagers Lety (sogenanntes „Zigeunerlager") ansässig war.[856] Darüber hinaus prangert der Menschenrechtsausschuss gezielt die bis in jüngster Zeit durchgeführte Praxis der Zwangssterilisationen von Roma-Frauen und das Ausbleiben von Entschädigungszahlungen an die Opfer an.[857]

2. UN-Ausschuss für die Beseitigung der Rassendiskriminierung

Auch der Ausschuss für die Beseitigung der Rassendiskriminierung (CERD) drückt in seinen *concluding observations* zu den einzelnen Staatenberichten über die Umsetzung der Regelungen aus dem Internationalen Übereinkommen zur

---

855 Hierauf verweist etwa: *O'Nions*, Minority Rights Protection in International Law, S. 70.

856 UN-Menschenrechtsausschuss, Concluding observations on the third periodic report of the Czech Republic v. 22.8.2013, UN Doc. CCPR/C/CZE/CO/3, Rn. 8.

857 *Ebd.*, Rn. 11. Weitere Beispiele für *concluding observations*, in denen der Menschenrechtsausschuss zu Staatenberichten auf die Situation von Roma eingeht, finden sich bei: *O'Nions*, Minority Rights Protection in International Law, S. 199 f.

Beseitigung jeder Form von Rassendiskriminierung regelmäßig seine Besorgnis über den allgegenwärtigen Antiziganismus in europäischen Gesellschaften aus.[858]

Ähnlich wie der Menschenrechtsausschuss erlässt auch der Ausschuss für die Beseitigung der Rassendiskriminierung Allgemeine Empfehlungen (*General Recommendations*), in denen die Bestimmungen der Konvention näher ausgelegt werden und der Ausschuss sich – anders als im Zuge des Staatenberichtsverfahrens – ausführlich mit einem einzigen Thema auseinandersetzt. Die Regelmäßigkeit, in der der Ausschuss durch die Staatenberichte mit der Lage der Sinti und Roma befasst war, führte bereits im Jahr 2000 dazu, dass er eine solche Allgemeine Empfehlung zur Diskriminierung der Roma erließ.[859] Die *General Recommendation XXVII on Discrimination Against Roma* greift verschiedene Aspekte auf, die bei der Diskriminierung von Sinti und Roma eine Rolle spielen, wie etwa rassistische Gewalt, Benachteiligung im Bildungsbereich, prekäre Wohnverhältnisse, Diskriminierung durch die Medien sowie die Teilnahme am öffentlichen Leben. Unter anderem werden die Staaten auch aufgefordert, Maßnahmen im Bereich der *affirmative action* zu ergreifen:

> *28. To take special measures to promote the employment of Roma in the public administration and institutions, as well as in private companies. 29. To adopt and implement, whenever possible, at the central or local level, special measures in favour of Roma in public employment such as public contracting and other activities undertaken or funded by the Government, or training Roma in various skills and professions.*[860]

---

858 Siehe allein die letzten *concluding observations* zu den Berichten europäischer Staaten: UN-Ausschuss gegen jede Form von rassistischer Diskriminierung, Concluding observations on the combined twentieth and twenty-first periodic reports of Poland v. 19.3.2014, UN Doc. CERD/C/POL/CO/20–21, Rn. 13; Concluding observations on the sixteenth to nineteenth periodic reports of Belgium v. 14.3.2014, UN Doc. CERD/C/BEL/CO/16–19, Rn. 18; Concluding observations on the combined second and third periodic reports of Montenegro v. 13.3.2014, UN Doc. CERD/C/MNE/CO2–3, Rn. 11; Concluding observations on the combined seventh to ninth periodic reports of Switzerland v. 13.3.2014, UN Doc. CERD/C/CHE/CO/7–9, Rn. 12, 14 f.; Concluding observations on the combined nineteenth to twenty-first periodic reports of Sweden v. 23.9.2013, UN Doc. CERD/C/SWE/CO/19–21, Rn. 20; Concluding observations on the ninth to the tenth periodic reports of Slovakia v. 17.4.2013, UN Doc. CERD/C/SVK/CO/9–10, Rn. 10.

859 UN-Ausschuss gegen jede Form von rassistischer Diskriminierung, General Recommendation XXVII on Discrimination against Roma v. 16.8.2000.

860 *Ebd.*, Rn. 28 f.

Tatsächlich musste der Ausschuss im Rahmen des Individualbeschwerdeverfahrens nach Art. 14 der Anti-Rassismuskonvention auch schon Beschwerden von Angehörigen der Sinti und Roma prüfen. So ging es in einem Fall gegen die Slowakei um den verweigerten Zutritt zu einem öffentlichen Restaurant mit Hinweis auf die Roma-Zugehörigkeit des Gastes.[861] Ein weiterer Fall gegen die Slowakei betraf die gewaltsame staatliche Vertreibung von Roma-Familien von ihren Wohnorten.[862] 2008 musste sich das CERD auch mit einer Beschwerde gegen Deutschland befassen, die unter anderem vom Zentralrat eingelegt worden war. Dabei ging es um als rassistisch empfundene Äußerungen über Sinti und Roma, die in einem Polizeimagazin veröffentlicht worden waren.[863]

3. *Engagement der UN-Organe*

Viele UN-Organe und Sonderorganisationen haben sich in den letzten Jahren immer wieder mit der sozialen, ökonomischen und rechtlichen Situation der Sinti und Roma befasst mit dem Ziel, die gesellschaftliche Inklusion der Sinti und Roma zu verbessern. Dieses Engagement kennt viele verschiedene Ebenen und findet häufig in Zusammenarbeit mit anderen internationalen Organisationen statt. Beispielhaft genannt sei etwa der bereits zitierte gemeinsame Bericht des UN-Entwicklungsprogramms (UNDP) und der Europäischen Grundrechteagentur (FRA) aus dem Jahr 2013 über die Situation der Sinti und Roma in elf EU-Mitgliedstaaten.[864] UN-Behörden beraten Mitgliedstaaten bei der Entwicklung von Inklusionsstrategien und Anti-Diskriminierungsgesetzgebung und unterstützen Nichtregierungsorganisationen in ihrer Menschenrechtsarbeit.[865] Auch der *Special Rapporteur on Minority Issues* hat der besonderen Situation

---

861 UN-Ausschuss gegen jede Form von rassistischer Diskriminierung, *Miroslav Lacko./ .Slowakei*, Nr. 1/1998, Entscheidung v. 9.8.2001, UN Doc. CERD/C/59/D/11/1998.

862 UN-Ausschuss gegen jede Form von rassistischer Diskriminierung, *Anna Koptova./ .Slowakei*, Nr. 13/1998, Entscheidung v. 8.8.2000, UN Doc. CERD/C/57/D/13/1998.

863 UN-Ausschuss gegen jede Form von rassistischer Diskriminierung, *Zentralrat Deutscher Sinti und Roma u.a./.Deutschland*, Nr. 38/2006, Entscheidung v. 3.3.2008, UN Doc. CERD/C/72/D/38/2006.

864 Siehe zu dem Bericht der Europäischen Grundrechteagentur und dem UN-Entwicklungsprogramm: Fn. 140

865 Eine Übersicht zur vielfältigen Arbeit der UN in diesem Bereich findet sich hier: UN, The role of the United Nations in advancing Roma inclusion, Joint Position Paper produced by the Roma Regional Working Group of the UN, Dezember 2013, verfügbar unter: http://www.europe.ohchr.org/Documents/Publications/RomaInclusion.pdf (zuletzt aufgerufen am 27.10.2017).

der Sinti und Roma bereits Aufmerksamkeit geschenkt. So fertigte er 2015 im Auftrag des UN-Menschenrechtsrates eine umfassende Studie über die globale menschenrechtliche Situation der Sinti und Roma an.[866]

II. OSZE/KSZE

Auch die OSZE/KSZE befasst sich seit einiger Zeit mit dem Schicksal der Sinti und Roma in Europa und ist mittlerweile einer der wichtigsten internationalen Akteure in diesem Bereich. Im bedeutendsten OSZE/KSZE-Dokument für den Minderheitenschutz finden die Roma sogar explizite Erwähnung. So wird im Kopenhagener Dokument von 1990 explizit auf die „besonderen Probleme der Roma" hingewiesen und eine „feste Absicht" der Staaten, die Bemühungen zur Bekämpfung dieser Probleme zu intensivieren, zum Ausdruck gebracht.[867] Auch bei den KSZE-Folgetreffen in Genf, Moskau, Helsinki und Budapest stand die Situation der Sinti und Roma jeweils auf der Tagesordnung.[868]

---

866 UN-Menschenrechtsrat, Report of the Special Rapporteur on Minority Issues, Comprehensive study of the human rights situation of Roma worldwide, with a particular focus on the phenomenon of anti-Gypsyism v. 15.6.2015, verfügbar unter: http://www.ohchr.org/EN/Issues/Minorities/SRMinorities/Pages/GlobalStudyonRomaworldwide.aspx (zuletzt aufgerufen am 12.6.2018).

867 KSZE, Dokument des Kopenhagener Treffens der Konferenz über die Menschliche Dimension der KSZE, Abschnitt IV, Rn. 40, auf Deutsch verfügbar unter: https://www.osce.org/de/odihr/elections/14304?download=true (zuletzt aufgerufen am 12.6.2018) = HRLJ 1–2 (1990), S. 232, 244 (englischer Originaltext) = EuGRZ 9–10 (1990), S. 239, 246 (deutsche Übersetzung).

868 KSZE, Report of the CSCE Meeting of Experts on National Minorities, Geneva 1991, Abschnitt VI., verfügbar unter: http://www.osce.org/hcnm/14588?download=true (zuletzt aufgerufen am 27.8.2017) = EuGRZ 21–22 (1991), S. 492, 494 (deutsche Übersetzung); Dokument des Moskauer Treffens über die Menschliche Dimension der KSZE, 1991, Rn. 42.2, verfügbar unter: https://www.osce.org/de/odihr/elections/14310?download=true (zuletzt aufgerufen am 12.6.2018); KSZE, Helsinki Dokument, Herausforderungen des Wandels, 1992, Abschnitt VI, Beschluss 35, auf Deutsch verfügbar unter: https://www.osce.org/de/mc/39532?download=true (zuletzt aufgerufen am 12.6.2018) = EuGRZ 15–16 (1992), S. 372, 389 (deutsche Übersetzung); Budapester Dokument 1994, Der Weg zu echter Partnerschaft in einem neuen Zeitalter, Abschnitt VIII., Rn. 23 f., auf Deutsch verfügbar unter: https://www.osce.org/de/mc/39556?download=true (zuletzt aufgerufen am 12.6.2018).

1. Einrichten einer Kontaktstelle für Sinti und Roma

Auch wenn die Folgekonferenzen für den Minderheitenschutz insgesamt nur dürftige Früchte trugen (ausgenommen die Einsetzung des Hohen Kommissars für Nationale Minderheiten), brachte der Budapester Gipfel 1994 für Sinti und Roma im Speziellen insofern eine Neuerung, als dass die Errichtung einer Kontaktstelle für Sinti und Roma beim OSZE-Büro für demokratische Institutionen und Menschenrechte (BDIMR; *Office for Democratic Institutions and Human Rights* = ODIHR) beschlossen wurde.[869] Das BDIMR ist die wichtigste Institution der OSZE im Bereich der menschlichen Dimension; zu seinen Aufgaben gehört etwa das Entsenden von Wahlbeobachtern, die Unterstützung der Mitgliedstaaten bei der Ausarbeitung von Rechtsvorschriften oder das Veranstalten von Seminaren. Das Einrichten der beim BDIMR angesiedelten Kontaktstelle für Sinti und Roma ging auf den Vorschlag des Hohen Kommissars für nationale Minderheiten aus dem Jahr 1993 zurück.[870] Insbesondere ein im September 1994 in Warschau gemeinsam mit dem Europarat veranstaltetes Seminar zur menschlichen Dimension über Roma trug zur Profilschärfung der zukünftigen Kontaktstelle maßgeblich bei.[871]

Durch ihre Expertise und Unterstützung vor Ort hilft die Kontaktstelle für Sinti und Roma den Mitgliedstaaten bei der effektiven Umsetzung der Verpflichtungen, die sich für die Staaten aus der OSZE-Mitgliedschaft ergeben. Sie dient als Koordinierungsstelle zum Informationsaustausch und fördert den Dialog und die Zusammenarbeit zwischen internationalen Organisationen, Nichtregierungsorganisationen und den Staaten – und zwar ausdrücklich unter Miteinbeziehung von Sinti- und Roma-Organisationen.[872] Der Kontaktstelle kommt

---

869 *Ebd.*, Rn. 23.

870 *"It is furthermore recommended that the resources available in the Human Dimension relevant to Roma-related affairs be enhanced, most logically through the Office for Democratic Institutions and Human Rights, and that a point of contact for Roma issues be established within the ODIHR"*, KSZE, Roma (Gypsies) in the CSCE, Report of the High Commissioner on National Minorities, Meeting of the Committee of Senior Officials v. 21.-23.9.1993, Rn. 5.3 Nr. 2, verfügbar unter: http://www.osce.org/hcnm/36441?download=true (zuletzt aufgerufen am 12.6.2018). Ausführlicher zum Bericht des Hohen Kommissars für Nationale Minderheiten siehe: Teil 3, B. II. 4.

871 Vgl. *Mirga*, Die Lage der Sinti und Roma, S. 343; *Höhn*, Zwischen Menschenrechten und Konfliktprävention, S. 148 f.

872 KSZE, Budapester Dokument 1994, Der Weg zu echter Partnerschaft in einem neuen Zeitalter, Abschnitt VIII., Rn. 23, auf Deutsch verfügbar unter: https://www.osce.org/de/mc/39556?download=true (zuletzt aufgerufen am 12.6.2018).

insofern eine besondere Bedeutung zu, als dass sie die erste Einrichtung im Gefüge einer Internationalen Organisation war, die sich speziell mit den Belangen von Sinti und Roma befasste.[873] Seit ihrem Bestehen wurde das Aktionsfeld der Kontaktstelle stetig ausgebaut und ihr Mandat spezifiziert.[874]

2. *Aktionsplan zur Verbesserung der Lage der Roma und Sinti im OSZE-Gebiet*

Auf dem Gipfel von Istanbul 1999 schlugen die Mitgliedstaaten die Ausarbeitung eines Aktionsplans zielgerichteter Aktivitäten (*action plan of targeted activities*) durch die Kontaktstelle unter Zusammenarbeit mit dem Hohen Kommissar für Nationale Minderheit und anderen Stellen, wie etwa dem Europarat, vor.[875] Nach einer intensiven Phase der Ausarbeitung durch die Kontaktstelle wurde der Aktionsplan zur Verbesserung der Lage der Roma und Sinti im OSZE-Gebiet (*Action Plan on Improving the Situation of Roma and Sinti within the OSCE Area*) vom Ministerrat im Dezember 2003 beschlossen.[876] Da der Aktionsplan zum damaligen Zeitpunkt sicherlich das weitreichendste und detaillierteste Strategiepapier zum Thema Sinti und Roma darstellte, kommt ihm besondere Bedeutung zu. Das Kernanliegen der Macher des Aktionsplanes war es, dass die Staaten und OSZE-Institutionen die uneingeschränkte und gleichberechtigte Teilnahme der Sinti und Roma an der Gesellschaft sicherstellen und deren Diskriminierung endgültig beseitigen.[877] Wichtige Kernidee des Aktionsplans war außerdem die

873 Vgl. *Mirga*, Lage der Sinti und Roma, S. 341. Siehe auch OSZE, Factsheet ODIHR and Roma and Sinti Issues, 2015, S. 1, verfügbar unter: http://www.osce.org/odihr/102598?download=true (zuletzt aufgerufen am 12.6.2018).

874 Großen Einfluss hierauf hatte der zweite Roma-Bericht des Hohen Kommissars für Nationale Minderheiten aus dem Jahr 2000, der zahlreiche Empfehlungen in Bezug auf die Kontaktstelle enthielt: OSZE, Hoher Kommissar für Nationale Minderheiten, Report on the Situation of Roma and Sinti in the OSCE Region, VI. E., verfügbar unter: http://www.osce.org/hcnm/32350?download=true (zuletzt aufgerufen am 12.6.2018).

875 OSZE, Dokument von Istanbul 1999, Rn. 31, verfügbar unter: https://www.osce.org/de/mc/39571?download=true (zuletzt aufgerufen am 12.6.2018).

876 OSZE, Ministerrat, Decision No. 3/03, Action Plan on Improving the Situation of Roma and Sinti in the OSCE-Area (MC.DEC/3/03) v. 1./2.12.2003, verfügbar unter: http://www.osce.org/mc/40533?download=true (zuletzt aufgerufen am 12.6.2018). Der Aktionsplan findet sich als Annex zu der eben benannten *decision*.

877 *"The Action Plan is intended to reinforce the efforts of the participating States and relevant OSCE institutions and structures aimed at ensuring that Roma and Sinti people are able to play a full and equal part in our societies, and at eradicating discrimination*

größtmögliche Miteinbeziehung der Sinti und Roma selbst.[878] Den Adressaten des Aktionsplans wurde ein genauer Leitfaden in Bezug auf Bekämpfung von Rassismus und Diskriminierung (unter anderem in Hinblick auf Polizei und Medien), die Verbesserung der sozioökonomischen Lage und den Zugangs zur Bildung, die Stärkung der Teilnahme am öffentlichen und politischen Leben sowie den Schutz von Sinti und Roma in Krisensituationen an die Hand gegeben. Der Kontaktstelle kam infolge des Inkrafttretens des Aktionsplans mitunter die Aufgabe zu, den Mitgliedstaaten bei der Umsetzung der im Aktionsplan enthaltenen Empfehlungen Hilfestellung zu leisten.[879] Bereits zweifach hat die Kontaktstelle die Implementierung des Aktionsplans evaluiert und somit 2008 und 2013 einen Statusreport zum Aktionsplan veröffentlicht.[880]

3. *Field visits*

Neben der Evaluierung der Durchsetzung des Aktionsplans nimmt die Durchführung von sogenannten *field visits* mittlerweile einen großen Teil der Arbeit der Kontaktstelle ein.[881] Unter der Leitung des BDIMR reisen Delegationen in Mitgliedstaaten und beleuchten dort die Situation der Sinti und Roma unter einem konkreten Aspekt. So wurde etwa im November 2007 ein solcher *field visit* zusammen mit Vertretern des Hohen Kommissars für nationale Minderheiten und der im OSZE-Sekretariat angesiedelten Gruppe „Strategische Polizeiangelegenheiten" in Rumänien durchgeführt mit dem Ziel, sich ein Bild von der

---

against them", Action Plan on Improving the Situation of Roma and Sinti in the OSCE-Area, Rn. 1.

878 Siehe den Abschnitt II. des Aktionsplans mit dem Titel *"General Context: for Roma; with Roma"*, Action Plan on Improving the Situation of Roma and Sinti in the OSCE-Area, Rn. 4 ff.

879 *Ebd.*, Rn. 125 f.

880 OSZE, Büro für demokratische Institutionen und Menschenrechte, Implementation of the Action Plan on Improving the Situation of the Roma and Sinti within the OSCE Area, Status Report 2008, verfügbar unter: http://www.osce.org/odihr/33500?download=true (zuletzt aufgerufen am 12.6.2018); Implementation of the Action Plan on Improving the Situation of the Roma and Sinti within the OSCE Area, Renewed Commitments, Continued Challenges, Status Report 2013, verfügbar unter: http://www.osce.org/odihr/107406?download=true (zuletzt aufgerufen am 12.6.2018).

881 Vgl. dazu: OSZE, Factsheet ODIHR and Roma and Sinti Issues, 2015, S. 3, verfügbar unter: http://www.osce.org/odihr/102598?download=true (zuletzt aufgerufen am 12.6.2018).

dort weitreichenden Polizeigewalt gegen Sinti und Roma zu machen.[882] Anlässlich durchgeführter Zwangsräumungen wurde im Juni/Juli 2015 ein *field visit* in das ungarische Miskolc unternommen mit dem Fokus auf die dortige Wohnsituation der Roma.[883]

4. *Berichte des Hohen Kommissars für nationale Minderheiten*

Auch der Hohe Kommissar für nationale Minderheiten der OSZE hat sich um die Anliegen der Sinti und Roma verdient gemacht. Bereits 1993, das heißt ein Jahr nachdem das Amt überhaupt ins Leben gerufen worden war, befasste sich der damalige Kommissar *Max von der Stoel* auf Ersuchen des KSZE-Ausschusses Hoher Beamter (AHB) in dem Bericht *Roma (Gypsies) in the CSCE Region* mit der Lage der Sinti und Roma.[884] Dies war insofern mit seinem Mandat der Konfliktprävention kompatibel, als dass von einigen westeuropäischen Staaten enorme Flüchtlingsströme auf Grund des Umbruchs in den (süd-)osteuropäischen Staaten befürchtet wurden.[885] Neben der Einrichtung der Kontaktstelle für Sinti und Roma, empfahl der Hohe Kommissar in seinem Bericht, die Situation der Roma als Standardthema auf OSZE Tagungen und Konferenzen im Rahmen der menschlichen Dimension zu behandeln, die Mitgliedstaaten bei der Erarbeitung und Implementierung von Roma-Strategien zu unterstützen, die Erstellung weiterer Studien zum Thema zu fördern und letztlich die Zusammenarbeit mit anderen internationalen Akteuren zu intensivieren.[886]

---

882 Dazu: OSZE, Büro für demokratische Institutionen und Menschenrechte, Field Visit on Police and Roma relations, Romania, 12.-15.11.2007, verfügbar unter: http://www.osce.org/odihr/30876?download=true (zuletzt aufgerufen am 12.6.2018).

883 Dazu: OSZE, Büro für demokratische Institutionen und Menschenrechte, The Housing Rights of Roma in Miskolc, Hungary, Report on the ODIHR Field Assessment Visit to Hungary 29.6–1.7.2015, verfügbar unter: http://www.osce.org/odihr/262026?download=true (zuletzt aufgerufen am 12.6.2018).

884 KSZE, Roma (Gypsies) in the CSCE, Report of the High Commissioner on National Minorities, Meeting of the Committee of Senior Officials, 21.-23.9.1993, verfügbar unter: http://www.osce.org/hcnm/36441?download=true (zuletzt aufgerufen am 12.6.2018). Zum Bericht außerdem: *Guglielmo/Waters*, Migrating Towards Minority Status, S. 767 ff.

885 Vgl. *ebd.*, S. 767.

886 KSZE, Roma (Gypsies) in the CSCE, Report of the High Commissioner on National Minorities, Meeting of the Committee of Senior Officials, 21.-23.9.1993, Rn. 5.3, verfügbar unter: http://www.osce.org/hcnm/36441?download=true (zuletzt aufgerufen am 12.6.2018).

Vereinzelt enthält der Bericht allerdings problematische Stellen und reproduziert klassisch antiziganistische Denkweisen. So spricht der Hohe Kommissar ohne hinreichenden Beleg durch entsprechendes Zahlenmaterial etwa von einer Anfälligkeit der Sinti und Roma für Straffälligkeit, Bettelei, Prostitution und ein betrügerisches Ausnutzen der Sozialsysteme: "*With reduced opportunities to maintain former sources of income, alternative sources may become increasingly attractive, including delinquency, begging, prostitution, and the sophisticated use of available social resources.*"[887] Auch wenn es womöglich einen generellen Zusammenhang zwischen sozialer Stellung und Anfälligkeit für nicht-rechtskonformes Verhalten gibt, dürfte sich dies auf alle Menschen übertragen lassen und ist kein Alleinstellungsmerkmal der Sinti und Roma. Gerade weil sich antiziganistische Stereotype auf das Bild von angeblich kriminellen und die Sozialsysteme ausnutzenden Sinti und Roma beziehen, erscheint der eben zitierte Satz, der ein pauschales Urteil fällt, als verkürzt und stigmatisierend.

Motiviert von der ernüchternden Erkenntnis, dass sich die Situation der Sinti und Roma seit Anfang der 1990er Jahre nicht maßgeblich verbessert hatte, erstellte der Hohe Kommissar im Jahr 2000 einen zweiten Bericht mit dem Titel *Report on the Situation of Roma and Sinti in the OSCE Area*.[888] An vorderster Stelle empfahl der Hohe Kommissar darin den Erlass starker Anti-Diskriminierungsgesetze, die wirksame Sanktionierung rassistisch motivierter Diskriminierung von privater sowie öffentlicher Seite und befürwortete ausdrücklich *affirmative action*-Programme mit dem Zweck, die Anzahl der Sinti und Roma im öffentlichen Dienst zu steigern. Gleichzeitig betonte er die Notwendigkeit, die breite Öffentlichkeit und insbesondere Polizisten, Richter und Staatsanwälte in Bezug auf Antiziganismus zu sensibilisieren, beziehungsweise gezielt zu schulen.[889]

5. *Kritik von Seiten des Zentralrats*

Insbesondere die Einrichtung der Kontaktstelle und die Ausarbeitung des Aktionsplanes zeigen, dass die Situation der Sinti und Roma im Bereich der

---

887 *Ebd.*, Rn. 3.2.

888 OSZE, Hoher Kommissar für Nationale Minderheiten, Report on the Situation of Roma and Sinti in the OSCE Region, 10.3.2000, verfügbar unter: http://www.osce.org/hcnm/32350?download=true (zuletzt aufgerufen am 12.6.2018). Zum Bericht außerdem: *Guglielmo/Waters*, Migrating Towards Minority Status, S. 769 ff.

889 OSZE, Hoher Kommissar für Nationale Minderheiten, Report on the Situation of Roma and Sinti in the OSCE Region, 10.3.2000, VII. A., verfügbar unter: http://www.osce.org/hcnm/32350?download=true (zuletzt aufgerufen am 12.6.2018).

Menschlichen Dimension der OSZE durchaus eine Rolle spielt. Von Seiten des Zentralrats Deutscher Sinti und Roma wurde der OSZE Ende der 1990er Jahre allerdings vorgeworfen, dass die Sinti und Roma nicht als gleichberechtigte nationale Minderheit wahrgenommen, sondern eine andere Behandlung erfahren würden als andere nationale Minderheiten. So sei in den verschiedenen Abschlussdokumenten zu den Tagungen zur Menschlichen Dimension immer zwischen den Anliegen nationaler Minderheiten und den Sinti und Roma unterschieden worden. Der Vorsitzende des Zentralrats, *Romani Rose*, sah darin eine „Ausgrenzungspolitik" und kritisierte die OSZE dahingehend, dass sie die Sinti und Roma ausschließlich und pauschal als soziale Randgruppe betrachte.[890]

III. Europäische Union

Auch wenn die Europäische Union ursprünglich als Wirtschaftsgemeinschaft konzipiert war, spielt sie heute neben dem Europarat auf europäischer Ebene eine tragende Rolle im Bereich der Integration der Sinti und Roma.

1. EU-Osterweiterungen als Katalysator

Da fast alle der damaligen Beitrittsstaaten eine hohe Roma-Population aufweisen können, rückte der Minderheitenschutz der Sinti und Roma vor allem durch die EU-Osterweiterungen 2004 und 2007 sowie durch die vorausgehenden Beitrittsverhandlungen in das Blickfeld der Europäischen Union. Diese Tendenz zeigten bereits die Berichte der EU-Kommission im Laufe der *Monitoring*-Verfahren zur Fähigkeit der damaligen Beitrittskandidaten, die Kopenhagener Kriterien zu erfüllen. In Bezug auf die Situation der in dem jeweiligen Staat ansässigen Minderheiten waren es regelmäßig und oft ausschließlich die Roma, die in den Berichten teils sehr ausführlich Erwähnung fanden.[891] Auch in den zwischen den

890 *Rose*, Die Politik der OSZE gegenüber Sinti und Roma, S. 375 f.

891 In Rumänien fand etwa neben den Roma lediglich in einem Satz die ungarische Minderheit Erwähnung, vgl. ebenfalls aus dem Jahr 2004: EG, Europäische Kommission, Regelmäßiger Bericht über die Fortschritte Rumäniens auf dem Weg zum Beitritt v. 6.10.2004, SEK(2004)1200, S. 31 f., verfügbar unter: http://www.europarl.europa.eu/meetdocs/2004_2009/documents/sec/com_sec(2004)1200_/com_sec(2004)1200_de.pdf (zuletzt aufgerufen am 12.6.2018). Dazu auch: *Heun*, Minderheitenschutz der Roma in der EU, S. 160 f. Auch die Fortschrittsberichte zum Stand der Beitrittsverhandlungen mit dem westlichen Balkanländern zeichnen aktuell ein ähnliches Bild; vor allem bei der Situation der Roma wird Handlungsbedarf gesehen, vgl. etwa EU, Entschließung des Europäischen Parlaments zu dem Fortschrittsbericht 2014 über Albanien v. 30.4.2015, ABl. C 346 v. 21.9.2016, S. 63, 67, Rn. 20.

Beitrittskandidaten und der EU abgeschlossenen Beitrittspartnerschaften, die im Sinne von *road maps* die Beitrittskandidaten bei der Umsetzung der Kopenhagener Kriterien unterstützen sollten, wurde der Integration der Roma immer wieder Priorität zuerkannt.[892]

Neben dem gesellschaftlichen Konfliktpotential, das in der Ausgrenzung der Sinti und Roma steckt, sind es auch andere Aspekte, die für die EU Handlungsanreiz in Bezug auf den Minderheitenschutz der Sinti und Roma sind. Zu denken ist hier an wirtschaftliche Erwägungen. Die Tatsache, dass viele Sinti und Roma keinen Zugang zum Arbeitsmarkt haben, lässt sich mit der Vorstellung eines gemeinsamen Marktes, innerhalb dessen alle Unionsbürger Arbeitnehmerfreizügigkeit genießen, kaum vereinbaren.[893] Nicht zuletzt ist es aber auch das Selbstverständnis der EU als Wertegemeinschaft, die sich auf Menschenrechte, Rechtsstaatlichkeit und Demokratie stützt, mit dem eine Untätigkeit der Union in Bezug auf die von Diskriminierung und Ausgrenzung geplagten Sinti und Roma eigentlich nicht vereinbar ist. Gleichzeitig dürfte für viele EU-Mitgliedstaaten auch die Angst vor erhöhten Migrationsströmen von Roma aus Osteuropa, das heißt dem Zuzug sogenannter „Armutszuwanderer“, Motivation für das plötzliche Eintreten für Minderheitenrechte gewesen sein.[894]

2. *Die Entschließungspraxis des Europäischen Parlaments und des Rates*

a. *Allgemeine Entschließungen zum Minderheiten- und Diskriminierungsschutz*

In seinen Entschließungen zum Minderheitenschutz während der 1980er Jahre, hatte sich das Europäische Parlament nicht explizit auf die Sinti und Roma bezogen.[895] Dies spiegelt die Tatsache wider, dass die Sinti und Roma in vielen

---

892 Vgl. *Heun*, Minderheitenschutz der Roma in der EU, S. 168 ff. Siehe als Beispiel die mit Bulgarien abgeschlossenen Beitrittspartnerschaft: Fn. 635.

893 Dazu: *Heun*, Minderheitenschutz der Roma in der EU, S. 145 ff.

894 Über die ablehnenden Reaktionen verschiedener EU-Mitgliedstaaten auf Migrationsbewegungen von Roma – allerdings noch vor den EU-Erweiterungen von 2004 und 2007: *Pluim*, Current Roma Migration from the EU Candidate States.

895 Vgl. EG, Entschließung des Europäischen Parlaments zu einer Gemeinschaftscharta der Regionalsprachen und -kulturen und einer Charta der Rechte der ethnischen Minderheiten v. 16.10.1981, ABl. Nr. C 287 v. 9.11.1981, S. 106; Entschließung des Europäischen Parlaments über Maßnahmen zugunsten sprachlicher und kultureller Minderheiten v. 11.2.1983, ABl. Nr. C 68 v. 14.3.1983, S. 103; Entschließung des EuropäischeParlaments zu den Sprachen und Kulturen der regionalen und ethnischen Minderheiten in der Europäischen Gemeinschaft v. 30.10.1987, ABl. C 318 v. 30.11.1987, S. 160.

europäischen Staaten lange Zeit nicht als „echte" Minderheit wahrgenommen wurden.[896] Erst 1994 in der Entschließung des Europäischen Parlaments zu den sprachlichen und kulturellen Minderheiten in der Europäischen Gemeinschaft, in der sich das Parlament mit der Forderung, die Belange sprachlicher und kultureller Minderheiten stärker zu berücksichtigen, an die Europäische Kommission und die Mitgliedstaaten wandte, wurden die Sinti und Roma ausdrücklich erwähnt. Ihnen wurde zwar nicht ein gleichberechtigter Status als sprachliche oder kulturelle Minderheit zugebilligt, vielmehr wurde gefordert, die Empfehlungen der Entschließung für *„nicht territorial begrenzte autochthone Sprachen (wie der Sprache der Roma und Sinti und des Jiddischen)"* sinngemäß umzusetzen.[897]

Beachtung wurde den Sinti und Roma vor allem in der Entschließung des Europäischen Parlaments zum Schutz von Minderheiten und den Maßnahmen gegen Diskriminierung in einem erweiterten Europa aus dem Jahr 2006 geschenkt.[898] Darin wurde den Sinti und Roma ein ganzer Abschnitt gewidmet („Die Gemeinschaft der Roma"), in dem auf das besondere Schutzbedürfnis der Sinti und Roma hingewiesen wurde.[899] Das Parlament schlug dabei unter anderem vor, auf die anhaltende Benachteiligung der Sinti und Roma etwa mit gemeinsamen Integrationsprogrammen der Mitgliedstaaten zu reagieren, aber auch durch gezielte Sprachförderungsprogramme das Selbstwertgefühl der Sinti und Roma in Bezug auf ihr kulturelles Erbe zu festigen.

b. Entschließungen speziell zur Situation der Sinti und Roma

Neben der Erwähnung der Sinti und Roma in allgemeinen Entschließungen zum Minderheiten- oder Diskriminierungsschutz existieren bereits aus frühen Jahren Entschließungen des Parlaments speziell zur Situation der Sinti und Roma. Insofern kommt dem Europäischen Parlament durchaus eine Vorreiterrolle beim Schutz von Sinti und Roma zu. Die erste Entschließung diesbezüglich erging im Jahr 1984 mit dem Titel „Entschließung zur Lage der Zigeuner in

---

896 Siehe dazu: Teil 3, A.

897 EG, Entschließung des Europäischen Parlaments zu den sprachlichen und kulturellen Minderheiten in der Europäischen Gemeinschaft v. 9.2.1994, ABl. Nr. C 61 v. 28.2.1994, S. 110, 113, Rn. 13.

898 EG, Entschließung des Europäischen Parlaments zum Schutz von Minderheiten und den Maßnahmen gegen Diskriminierung in einem erweiterten Europa v. 8.6.2005 (2005/2008(INI)), ABl. Nr. C 124 E v. 25.5.2006, S. 405.

899 *Ebd.*, Rn. 38 ff.

der Gemeinschaft".[900] Neben der Verwendung des „Zigeuner"-Begriffs fällt hier außerdem negativ auf, dass der Entschließung wohl die Auffassung zu Grunde lag, dass die Sinti und Roma primär selbst für den gegen sie gerichteten Antiziganismus verantwortlich sind. Das Parlament stellte nämlich fest, dass die Sinti und Roma „sowohl de jure als auch de facto" nach wie vor Opfer von Diskriminierungen seien, dies aber in ihrer Lebensweise begründet liege, die „sich in kein traditionelles Schema einordnen" lasse.[901] Das Parlament forderte letztlich die Kommission und die Mitgliedstaaten auf, Maßnahmen zu ergreifen, um die Lage der Sinti und Roma zu verbessern, „ohne jedoch ihre spezifischen Werte zu zerstören" und verknüpfte dadurch im Falle der Sinti und Roma den Diskriminierungsschutz mit der Idee des Minderheitenschutzes.[902]

Fünf Jahre später nahm der Rat der Europäischen Union Bezug auf die Entschließung des Parlaments aus dem Jahr 1984 und verabschiedete 1989 eine eigene Entschließung zur schulischen Betreuung von Kindern von Sinti und Roma und Fahrenden.[903] Darin drückte der Rat seine Besorgnis über die schulische Betreuungssituation aus und hielt die Mitgliedstaaten sowie die Gemeinschaftsorgane an, verschiedene Maßnahmen zu ergreifen. Die Miteinbeziehung sogenannter Fahrender, das heißt nichtsesshafter Menschen, die nicht Angehörige der Sinti und Roma sind, zeigt, dass der Rat mit den Sinti und Roma automatisch eine nomadische Lebensweise verknüpfte.

1994 und 1995 erließ das Europäische Parlament zwei weitere Entschließungen zum Thema Sinti und Roma.[904] Darin wurden die Mitgliedstaaten einerseits aufgefordert, ein Minderheiten-Zusatzprotokoll zur EMRK auszuarbeiten, dessen Schutzumfang auch die Sinti und Roma erfassen sollte, andererseits merkte das Parlament an, dass die „Roma eine besondere Kultur besitzen, die respektiert werden sollte, daß ihre Art zu leben jedoch in manchen Fällen Spannungen

900 EG, Entschließung des Europäischen Parlaments zur der Lage der Zigeuner in der Gemeinschaft v. 24.5.1984, ABl. C 172 v. 2.7.1984, S. 153.

901 *Ebd.*, Rn. 1.

902 *Ebd.*, S. 154, Rn. 8.

903 EG, Entschließung des Rates und der im Rat vereinigten Minister für das Bildungswesen v. 22.5.1989 zur schulischen Betreuung von Kindern von Sinti und Roma und Fahrenden, ABl. C 153 v. 21.6.1989, S. 3. Dazu auch *Liégeois*, Roma, Sinti, Fahrende, S. 343 f., der die Entschließung als „historisch" bezeichnet.

904 EG, Entschließung des Europäischen Parlaments zur Lage der Sinti und Roma in der Gemeinschaft v. 21.4.1994, ABl. C 128 v. 9.5.1994, S. 372; Entschließung des Europäischen Parlaments zur Diskriminierung der Roma v. 13.7.1995, ABl. C 249 v. 25.9.1995, S. 156.

mit ihrem sozialen Umfeld“ erzeuge.[905] 2005 verabschiedete das Parlament die besonders hervorzuhebende Entschließung zur Lage der Roma in der Europäischen Union.[906] Darin ging das Parlament in sehr detaillierter Form auf die in der EU weit verbreitete Roma-Feindlichkeit ein und sprach offen aus, dass die „mangelnde Bekämpfung“ der Diskriminierung durch die Behörden der Behebung dieses Problems maßgeblich entgegenstehe.[907] Neben den starken Bezügen zum Problem der rassistischen Diskriminierung in verschiedensten Lebensbereichen wurde kritisiert, dass die Sinti und Roma in vielen Mitgliedstaaten noch nicht den Status einer ethnischen oder nationalen Minderheit hatten.[908] Die Entschließung beinhaltete einen langen Maßnahmenkatalog, in dem die Mitgliedstaaten und EU-Organe dazu aufgefordert wurden, die Bekämpfung der Roma-Feindlichkeit voranzutreiben und eine bessere politische, soziale und wirtschaftliche Integration anzustreben – wobei ausdrücklich die Notwendigkeit von sogenannten positiven Maßnahmen in Bezug auf den Zugang zum Arbeitsmarkt betont wurde. Gleichzeitig wird auf die Relevanz klassischer Minderheitenrechte, die dem Erhalt der Roma-Kultur dienen, hingewiesen.

Seither hat das Europäische Parlament zahlreiche Entschließungen verabschiedet, die sich speziell mit der Situation der Sinti und Rama befassten und insbesondere den Europa verbreiteten Antiziganismus in den Fokus nahmen oder die spezielle Situation doppelt-diskriminierter Roma-Frauen.[909]

---

905 EG, Entschließung des Europäischen Parlaments zur Lage der Sinti und Roma in der Gemeinschaft v. 21.4.1994, ABl. C 128 v. 9.5.1994, S. 372, 374, Rn. 3; Entschließung des Europäischen Parlaments zur Diskriminierung der Roma v. 13.7.1995, ABl. C 249 v. 25.9.1995, S. 156, 157, D.

906 EG, Entschließung des Europäischen Parlaments zur Lage der Sinti und Roma in der Europäischen Union v. 28.4.2005, ABl. C 45 E v. 23.2.2006, S. 129.

907 *Ebd.*, S. 130, D.

908 *Ebd.*, E.

909 So etwa: EG, Entschließung des Europäischen Parlaments zu der Situation der Roma-Frauen in der Europäischen Union v. 1.6.2006, ABl. C 298 E v. 8.12.2006, S. 283; EU, Entschließung des Europäischen Parlaments zur Zählung der Roma in Italien auf der Grundlage ihrer ethnischen Zugehörigkeit v. 10.7.2008, ABl. C 294 E v. 3.12.2009, S. 54; Entschließung des Europäischen Parlaments zum Internationalen Roma-Tag – Antiziganismus in Europa und Anerkennung durch die EU des Tages des Gedenkens an den Völkermord an den Roma während des Zweiten Weltkriegs v. 15.4.15, ABl. C 328 v. 6.9.2016, S. 4.

c. *Bewertung der Entschließungspraxis*

Bemerkenswert an den mittlerweile in großer Anzahl existierenden Entschließungen des Europäischen Parlaments und des Rates zum Thema Sinti und Roma ist, dass sie, obwohl sie rechtlich unverbindlich sind, durchaus dazu beigetragen haben, das Thema auch in die europäische Öffentlichkeit zu tragen. Gleichzeitig lässt sich in den frühen Entschließungen ein Rückgriff auf verschiedene antiziganistische Stereotype beobachten, wie einen ethnisch bedingten Nomadismus und einen mit der westlich zivilisierten Welt nicht kompatiblen Lebensstil. Bei der Lektüre entsteht dabei zum Teil der Eindruck, dass die Diskriminierung als selbst verschuldet wahrgenommen wurde.

Interessant ist, dass sich die Entschließungen oftmals nicht darauf beschränkten, die Diskriminierung und den Antiziganismus zu thematisieren, sondern auch unmissverständlich die Behandlung der Sinti und Roma als nationale oder ethnische Minderheit forderten. Insbesondere in neueren Entschließungen fällt dabei auf, dass das Parlament darauf bedacht war, mögliche Konflikte zwischen dem Minderheitenschutz und Menschenrechten nicht entstehen zu lassen. So wies das Parlament in seiner Entschließung vom 11. März 2009 zu der sozialen Lage der Roma und der Verbesserung ihres Zugangs zum EU-Arbeitsmarkt zwar auf die Notwendigkeit hin, die kulturellen Eigenheiten der Sinti und Roma zu bewahren, andererseits brachte es deutlich zum Ausdruck, dass die von der Union für die Sinti und Roma durchgeführten Programme „auf die individuelle Loslösung von traditionellen Hierarchien und auf die sozioökonomische Unabhängigkeit der Mitglieder von Roma-Gemeinschaften, insbesondere Frauen, abzielen sollten“.[910]

3. *Die Ausweisungen von Sinti und Roma durch Frankreich im Jahr 2010*

Im Sommer 2010 erregte Frankreich mit der massenhaften Ausweisung von Roma nach Rumänien und Bulgarien in Folge der Räumung illegaler Camps (*campements illicites*) europaweit Aufmerksamkeit – unter anderem auch die der Europäischen Kommission. Rechtlich problematisch war die Rückführungspraxis dahingehend, dass es sich bei den betroffenen Rumänen und Bulgaren mittlerweile um Unionsbürger handelte und diese sich eigentlich auf das Recht auf Freizügigkeit berufen konnten.[911] Das Unionsrecht sieht zwar die Möglichkeit

910 EU, Entschließung des Europäischen Parlaments zu der sozialen Lage der Roma und der Verbesserung ihres Zugangs zum EU-Arbeitsmarkt v. 11.3.2009 (2008/2137/(INI)), ABl. C 87 E v. 1.4.2010, S. 60, 66, Rn. 39, 41.

911 Rumänien und Bulgarien sind 2007 der EU beigetreten. Art. 21 Abs. 1 AEUV: „Jeder Unionsbürger hat das Recht, sich im Hoheitsgebiet der Mitgliedstaaten vorbehaltlich

der Beschränkung der Freizügigkeit vor, diese ist allerdings an spezifische Voraussetzungen geknüpft, die dezidiert in der Freizügigkeitsrichtlinie 2004/38/EG verankert sind. So sieht Art. 27 Abs. 1 der Freizügigkeitsrichtlinie vor, dass die Freizügigkeit und das Aufenthaltsrecht aus „Gründen der öffentlichen Ordnung, Sicherheit und Gesundheit" beschränkt werden darf.[912] Dabei muss allerdings, wie es in Abs. 2 weiter heißt, der Grundsatz der Verhältnismäßigkeit gewahrt und auf das persönliche Verhalten des Betroffenen abgestellt werden. Nur wenn letzteres eine „tatsächliche, gegenwärtige und erhebliche Gefahr" darstellt, die „ein Grundinteresse der Gesellschaft berührt", ist eine Beschränkung des Freizügigkeits- und Aufenthaltsrecht rechtmäßig.[913] Frankreich dehnte den Begriff der Gefahr für die öffentliche Sicherheit weit aus und subsumierte bereits die illegale Bewohnung von Grundstücken oder die Zuwiderhandlung gegen arbeitsrechtliche Bestimmungen darunter.[914] Unabhängig davon, inwiefern eine solche weite

---

der in den Verträgen und in den Durchführungsvorschriften vorgesehenen Beschränkungen und Bedingungen frei zu bewegen und aufzuhalten." Tatsächlich gilt das Recht, sich auf dem Gebiet eines anderen Mitgliedstaats aufzuhalten zunächst unbeschränkt für drei Monate, wie Art. 6 Abs. 1 Freizügigkeitsrichtlinie (2004/38/EG) aufzeigt: „Ein Unionsbürger hat das Recht auf Aufenthalt im Hoheitsgebiet eines anderen Mitgliedstaats für einen Zeitraum von bis zu drei Monaten, wobei er lediglich im Besitz eines gültigen Personalausweises oder Reisepasses sein muss und ansonsten keine weiteren Bedingungen zu erfüllen oder Formalitäten zu erledigen braucht." Über diese drei Monate hinaus ist das Recht an bestimmte Voraussetzungen geknüpft, beispielsweise an eine Arbeitnehmertätigkeit oder berufliche Selbständigkeit im Aufnahmestaat, vgl. Art. 7 Abs. 1 Freizügigkeitsrichtlinie (2004/38/EG).

912 Art. 27 Abs. 1 Freizügigkeitsrichtlinie (2004/38/EG): „Vorbehaltlich der Bestimmungen dieses Kapitels dürfen die Mitgliedstaaten die Freizügigkeit und das Aufenthaltsrecht eines Unionsbürgers oder seiner Familienangehörigen, ungeachtet ihrer Staatsangehörigkeit, aus Gründen der öffentlichen Ordnung, Sicherheit oder Gesundheit beschränken. Diese Gründe dürfen nicht zu wirtschaftlichen Zwecken geltend gemacht werden."

913 Art. 27 Abs. 2 Freizügigkeitsrichtlinie (2004/38/EG): „Bei Maßnahmen aus Gründen der öffentlichen Ordnung oder Sicherheit ist der Grundsatz der Verhältnismäßigkeit zu wahren und darf ausschließlich das persönliche Verhalten des Betroffenen ausschlaggebend sein. [...] Das persönliche Verhalten muss eine tatsächliche, gegenwärtige und erhebliche Gefahr darstellen, die ein Grundinteresse der Gesellschaft berührt. Vom Einzelfall losgelöste oder auf Generalprävention verweisende Begründungen sind nicht zulässig."

914 Vgl. Ministère de l'Intérieur, Circulaire du 24 juin 2010 concernant la lutte contre les campements illicites, verfügbar unter: http://www.interieur.gouv.fr/Media/Immigration/Files/Circulaire-IOCK1016329J-du-24-juin-2010-relative-a-la-lutte-contre-les-campements-illicites (zuletzt aufgerufen am 12.6.2018).

Auslegung des Begriffs beanstandet werden kann, hielt Frankreich auch die anderen in Art. 27 Abs. 2 Freizügigkeitsrichtlinie verankerten Voraussetzungen nicht ein. Dem Kriterium der Berücksichtigung des persönlichen Verhaltens, das heißt die Durchführung einer Einzelfallprüfung, konnte Frankreich durch die Massenrückführungen nicht gerecht werden.

Neben einer mangelhaften Umsetzung der Freizügigkeitsrichtlinie kam hinzu, dass die Maßnahmen zunächst auf einem Rundschreiben des französischen Innenministeriums vom 5. August 2010 basierten, welches an die Präfekten der *Départements* adressiert war und eine systematische Zerschlagung unerlaubter Camps, insbesondere Roma-Camps anordnete.[915] Damit stützten sich die Rückführungen auf ein explizit ethnisches Kriterium, was mit den Bestimmungen der Richtlinie zur Gleichbehandlung ohne Unterschied der Rasse (2000/43/EG) und Art. 21 der Europäischen Grundrechtecharta kaum vereinbar sein dürfte.

Als Hüterin der Verträge wird der Europäischen Kommission auch die Aufgabe zuteil, die Mitgliedstaaten dabei zu überwachen, inwieweit sie das Primärrecht und die Rechtsvorschriften der Union einhalten. Die damalige Kommissarin für Justiz, Grundrechte und Bürgerschaft, *Viviane Reding*, trat im Falle von Frankreich zunächst relativ zögerlich in Erscheinung. Sie kritisierte das Land für den Umgang mit den osteuropäischen Roma und stellte fest, dass es mit dem Grundsatz auf Gleichbehandlung nicht vereinbar sei, dass jemand auf Grund seiner Roma-Identität abgeschoben wird.[916] Dem Europäischen Parlament ging die Reaktion der Kommissarin allerdings nicht weit genug und so forderte es die Kommission mit deutlichen Worten auf, zu untersuchen, inwieweit das Verhalten Frankreichs mit dem Unionsrecht vereinbar war.[917] Dieser Aufforderung kam die Kommission schließlich nach und drohte Frankreich auf

915 *«Il revient donc, dans chaque département, aux préfets d'engager [...] une démarche systématique de démantèlement des camps illicites, en priorité ceux de Roms»*; Auszüge des Rundschreibens finden sich in: *O.V.*, La circulaire visant les Roms "très probablement illégale".

916 EU, Europäische Kommission, Statement by Viviane Reding, Vice-President of the European Commission and EU Commissioner for Justice, Fundamental Rights and Citizenship, on the Roma situation in Europe, Pressemitteilung v. 25.8.2010 verfügbar unter: http://europa.eu/rapid/press-release_MEMO-10-384_en.htm (zuletzt aufgerufen am 12.6.2018).

917 Das Europäische Parlament fand deutliche Worte des Bedauerns über *„die verspätete und begrenzte Reaktion der Europäischen Kommission"*, EU, Entschließung des Europäischen Parlaments zur Lage der Roma und der Freizügigkeit in der Europäischen Union v. 9.9.2010, ABl. C 308 E v. 20.10.2011, S. 73, 77, Rn. 11 f.

Grund seiner mangelhaften Umsetzung der Freizügigkeitsrichtlinie ein Vertragsverletzungsverfahren im Sinne von Art. 258 AEUV an.[918] Die Hoffnungen, die viele in die Androhung der Kommission gesteckt hatten[919], wurden allerdings alsbald enttäuscht. Kommissarin *Reding* zeigte sich höchst zufrieden mit der „positiven, konstruktiven und fristgerechten" Reaktion von französischer Seite und teilte mit, dass Frankreich bereits mehrere Unterlagen, unter anderem Gesetzesentwürfe und einen glaubhaften Zeitplan zur vollständigen Umsetzung der Freizügigkeitsrichtlinie, vorgelegt habe, sodass die Verfahrensandrohungen von Seiten der Kommission zurückgenommen würden.[920] Unter dem Deckmantel einer neuen Sprachregelung, das heißt basierend auf einem neuen, ethnisch neutral formulierten Rundschreiben des Innenministeriums, wurden auch im Anschluss zahlreiche Abschiebungen von Rumänen und Bulgaren, darunter vorwiegend Roma, durchgeführt. Allein im Jahr 2010 soll dies 9.500 Personen betroffen haben.[921] Das Frankreich letztlich seitens der EU keine Sanktionierung erfuhr, stieß auf heftige Kritik.[922]

4. *Die Roma Gipfel und der EU-Rahmen zur Integration der Roma bis 2020*

In der Erkenntnis, dass der Europäischen Union eine zentrale Rolle bei der Verbesserung der Lage der Sinti und Roma zukommen muss und daher ein kohärenter und umfassender EU-Ansatz in dieser Hinsicht gefragt ist, forderte das Europäische Parlament in seiner Entschließung zu einer europäischen Strategie

918 EU, Europäische Kommission, Statement by Viviane Reding on the latest developments on the Roma situation, Pressemitteilung v. 14.9.2010, verfügbar unter: http://europa.eu/rapid/press-release_SPEECH-10-428_en.htm (zuletzt aufgerufen am 12.6.2018); Freizügigkeit von EU-Bürgern und Lage der Roma: Europäische Kommission befasst sich mit Situation in Frankreich, Pressemitteilung v. 29.9.2010, verfügbar unter http://europa.eu/rapid/press-release_IP-10-1207_de.htm (zuletzt aufgerufen am 12.6.2018).

919 Vgl. *Rose*, Roma in Europa.

920 EU, Europäische Kommission, Vizepräsidentin Viviane Reding, EU-Kommissarin für Justiz, Grundrechte und Bürgerschaft, zu den jüngsten Entwicklungen hinsichtlich der Roma-Situation in Frankreich und der Achtung des EU-Rechts, Pressemitteilung v. 19.10.2010, verfügbar unter: http://europa.eu/rapid/press-release_MEMO-10-502_de.htm (zuletzt aufgerufen am 12.6.2018).

921 *O.V.*, Europarat: Abschiebungen von Roma aus Frankreich verletzen Europäische Sozialcharta.

922 Vgl. beispielsweise: *Krol*, Antiziganismus als Regierungstechnik.

für die Roma vom 31. Januar 2008 die Europäische Kommission auf, eine Rahmenstrategie zur Eingliederung der Roma auszuarbeiten.[923] Da eine allgemeine Gesetzgebungskompetenz der EU in diesem Bereich nicht vorlag, erschien eine Rahmenstrategie, in der die Mitgliedstaaten zu verschiedenen Maßnahmen aufgefordert werden, als gangbare Lösung. Seit 2008 trägt die Kommission diesem Wunsch zumindest ansatzweise dadurch Rechnung, dass sie regelmäßig, das heißt bisher 2008, 2010 und 2014, sogenannte Roma-Gipfel veranstaltet, an denen jeweils bis zu 500 Vertreter von EU-Institutionen, nationalen Regierungen und Parlamenten sowie der Zivilbevölkerung inklusive verschiedener Roma-Organisationen zusammenkommen, um über die Situation der Sinti und Roma zu diskutieren und gemeinsame Strategien zu entwickeln.[924]

Die Europäische Kommission kam der langjährigen Forderung des Parlaments schlussendlich im Jahr 2011 nach, indem sie den EU-Rahmen zur Integration der Roma bis 2020 verabschiedete.[925] Darin verlangte die Kommission

---

923 EG, Entschließung des Europäischen Parlaments zu einer Europäischen Strategie für die Roma v. 31.1.2008, ABl. C 68 E v. 21.3.2009, S. 31, 33, Rn. 6. Auch in weiteren Entschließungen wurde später diese Forderung aufgegriffen, etwa: EU, Entschließung des Europäischen Parlaments zur Lage der Roma und der Freizügigkeit in der Europäischen Union v. 9.9.2010, ABl. C 308 E v. 20.10.2011, S. 73, 77, Rn 13.

924 Der erste Gipfel fand am 16.9.2008 in Brüssel statt. Abgezielt wurde auf eine klare Zusage der Staaten, romaspezifische Probleme anzugehen und darauf, das Verständnis für die Situation der Sinti und Roma in Europa zu stärken. Diskutiert wurde auf dem Gipfel insbesondere das Kommissionsarbeitspapier Community Instruments and Policies for Roma Inclusion v. 2.7.2008, COM(2008) 420. Der zweite Roma-Gipfel mit dem Motto *Promoting Policies in Favour of the Roma Population* fand am 8. und 9.4.2010 in Cordoba, Spanien statt. Auch hier brachte die Kommission wieder ein wichtiges Strategiepapier in den Gipfel ein: EU, Mitteilung der Kommission an das Europäische Parlament, den Rat, den Europäischen Wirtschafts- und Sozialausschuss und den Ausschuss der Regionen, Soziale und wirtschaftliche Integration der Roma v. 7.4.2010, KOM(2010)133 endg. Der dritte Gipfel fand am 4.4.2014 abermals in Brüssel statt und stand unter dem Motto *Going local on Roma inclusion both in the EU as well as in enlargement countries*. Eingebracht wurde von der Kommission: EU, Mitteilung der Kommission an das Europäische Parlament, den Rat, den Europäischen Wirtschafts- und Sozialausschuss und den Ausschuss der Regionen, Bericht über die Umsetzung des EU-Rahmens für nationale Strategien zur Integration der Roma v. 2.4.2014, Kom(2014)209 endgültig. Alle Informationen zu den drei Gipfeln finden sich unter: https://ec.europa.eu/info/policies/justice-and-fundamental-rights/combatting-discrimination/roma-and-eu/roma-summits_en (zuletzt aufgerufen am 12.6.2018).

925 EU, Mitteilung der Kommission an das Europäische Parlament, den Rat, den Europäischen Wirtschafts- und Sozialausschuss und den Ausschuss der Regionen,

von den Mitgliedstaaten, umfassende nationale Strategien zur Integration der Sinti und Roma auszuarbeiten und diese der Kommission bis Ende Dezember 2011 vorzulegen.[926] Die genaue Ausgestaltung der Strategien blieb den Mitgliedstaaten überlassen solange diese auf die Ziele des EU-Rahmens zur Integration der Sinti und Roma abgestimmt wurden. Letztere decken vier Kernbereiche ab: Zugang zu Bildung, Beschäftigung, Gesundheitsfürsorge sowie Wohnraum und grundlegenden Diensten. Die Kommission stellte in Bezug auf diese vier Bereiche folgende abschließenden Forderungen auf:

> Die Mitgliedstaaten sollten daher sicherstellen, dass alle Roma-Kinder – egal ob sesshaft oder nicht – Zugang zu einer qualitativ hochwertigen Bildung haben, nicht diskriminiert oder ausgegrenzt werden und zumindest die Grundschule abschließen. Ferner sollten sie den Zugang zu einer guten frühkindlichen Betreuung, Bildung und Erziehung verbessern und im Einklang mit der Strategie Europa 2020 die Schulabbrecherquote in der Sekundarschule verringern. Darüber hinaus sollten jugendliche Roma nachdrücklich zum Besuch einer Sekundarschule und zum Studium ermutigt werden.[927]

> Die Mitgliedstaaten sollten den Roma daher in nichtdiskriminierender Weise uneingeschränkten Zugang zur beruflichen Bildung, zum Arbeitsmarkt sowie zu Instrumenten und Initiativen zur Förderung der Selbständigkeit bieten. Ferner sollte die Gewährung von Kleinstkrediten gefördert werden. Im öffentlichen Sektor sollte besonders auf die Beschäftigung qualifizierter Roma als Staatsbedienstete geachtet werden. Öffentliche Arbeitsvermittlungsstellen können speziell Roma ansprechen, indem sie ihnen personalisierte Dienstleistungen und Mediation anbieten. Hiermit kann der Arbeitsmarkt für die Roma besser geöffnet und die Erwerbsquote erhöht werden.[928]

> Die Mitgliedstaaten sollten daher dafür sorgen, dass die Roma in gleichem Maße und unter den gleichen Bedingungen wie die restliche Bevölkerung Zugang zu Gesundheitsprävention und sozialen Dienstleistungen haben. Besonders Frauen und Kindern sollte

---

EU-Rahmen zur Integration der Roma bis 2020 v. 5.4.2011, KOM(2011) 173 endg. Kurz zuvor hatte das Europäische Parlament noch einen detaillierten Forderungskatalog bezüglich des EU-Rahmens aufgestellt: EU, Entschließung des Europäischen Parlaments zur EU-Strategie zur Integration der Roma v. 9.3.2011 (2010/2276(INI)), ABl. C 199 E v. 7.7.2012, S. 112.

926 EU, Mitteilung der Kommission an das Europäische Parlament, den Rat, den Europäischen Wirtschafts- und Sozialausschuss und den Ausschuss der Regionen, EU-Rahmen zur Integration der Roma bis 2020 v. 5.4.2011, KOM(2011)173 endg., S. 10 Vgl. dazu auch: *Kropp/Striethorst*, Europäische Romapolitik.

927 EU, Mitteilung der Kommission an das Europäische Parlament, den Rat, den Europäischen Wirtschafts- und Sozialausschuss und den Ausschuss der Regionen, EU-Rahmen zur Integration der Roma bis 2020 v. 5.4.2011, KOM(2011) 173 end., S. 6.

928 *Ebd*, S. 7.

> Zugang zu einer guten Gesundheitsfürsorge gewährt werden. Qualifizierte Roma sollten soweit möglich in Gesundheitsprogramme eingebunden werden, die speziell auf ihre Bevölkerungsgruppe abgestellt sind.[929]

> Die Mitgliedstaaten sollten daher einen diskriminierungsfreien Zugang zu Wohnraum u. a. zu Sozialwohnungen, fördern. Wohnraummaßnahmen müssen Teil eines integrierten Ansatzes sein, der insbesondere die Bereiche Bildung, Gesundheit, Soziales, Beschäftigung und Sicherheit sowie Antisegregationsmaßnahmen einschließt. Ferner sollten die Mitgliedstaaten den besonderen Bedürfnissen der nicht sesshaften Roma Rechnung tragen (z. B. durch den Zugang zu für sie angemessenen Aufenthaltsorten). Sie sollten gezielte Programme auflegen, in die die regionalen und lokalen Behörden eingebunden sind.[930]

Daneben stellte die Kommission zur Erreichung dieser Ziele verschiedene organisatorische und methodische Forderungen zur Durchführung auf. Unter anderem wurde von den Mitgliedstaaten verlangt, eine Kontaktstelle für die nationale Roma-Integrationsstrategie zu nennen, die mit der Aufgabe betraut werden sollte, die Entwicklung und Umsetzung der Strategie zu koordinieren.[931] Durch die Schlussfolgerungen des Rates vom 19. Mai 2011 wurde der EU-Rahmen für nationale Strategien zur Integration der Roma angenommen und schließlich vom Europäischen Rat auf seiner Tagung vom 23./24. Juni 2011 gebilligt.[932]

Für die heutige Roma-Integrationsarbeit der EU stellt die Rahmenstrategie das maßgebliche Orientierungspapier dar. Dabei basiert sie auf der Vorstellung, dass sich wirtschaftliches Wachstum und sozialer Fortschritt gegenseitig bedingen. Dementsprechend ist die Rahmenstrategie stark auf die Eingliederung der Sinti und Roma in den Arbeitsmarkt fokussiert, wobei die Kommission auch deutlich macht, wie wichtig eine erfolgreiche Roma-Integration für die gesamte nationale Wirtschaft ist.[933] Einerseits fördert die wirtschaftliche Integration den Lebensstandard der Roma und dadurch ihr Ansehen in der Mehrheitsbevölkerung. Gleichzeitig wirkt sich dies positiv auf das nationale Bruttosozialprodukt

---

929 *Ebd*, S. 8.

930 *Ebd.*

931 *Ebd.*, S. 10.

932 EU, Schlussfolgerungen des Rates zum EU-Rahmen für nationale Strategien zur Integration der Roma bis 2020 v. 19.5.2011, 10658/11; Schlussfolgerungen des Europäischen Rates v. 24./25.6.2011, EUCP 23/11, S. 13.

933 Laut Weltbank könnte dies für manche Mitgliedstaaten einen wirtschaftlichen Nutzen von ca. 0,5 Milliarden Euro einbringen, vgl. EU, Mitteilung der Kommission an das Europäische Parlament, den Rat, den Europäischen Wirtschafts- und Sozialausschuss und den Ausschuss der Regionen v. 5.4.2011: EU-Rahmen zur Integration der Roma bis 2020, KOM(2011) 173 endg., S. 3. Dazu auch: *Goodwin/Buijs*, Making Good European Citizens of the Roma, S. 2045.

aus und verstärkt das Wirtschaftswachstum – so die Logik der Rahmenstrategie. Daran bemängelt wird, dass ein solcher Integrationsansatz den kulturellen oder historischen Kontext der Situation außer Acht lässt.[934] Dem ist insofern zuzustimmen, als dass die prekäre Lage, in der sich viele Sinti und Roma heute befinden, nur dann komplett erfasst werden kann, wenn auch die Geschichte ihrer jahrhundertelangen Verfolgung berücksichtigt wird. Die aktuelle Situation der Sinti und Roma darf keinesfalls nur unter sozialen oder wirtschaftlichen Aspekten betrachtet werden, da sie maßgeblich mit dem vorherrschenden Antiziganismus verknüpft ist.[935] Maßnahmen, die auf die Bekämpfung von Roma-Feindlichkeiten und Diskriminierung abzielen, finden sich in dem Forderungskatalog der Rahmenstrategie nicht. Nach Auffassung verschiedener Kritiker wird auch den kulturellen Eigenarten der Roma von dem in der Rahmenstrategie verankerten Integrationsansatz kein Raum gelassen – insbesondere dann, wenn sie die wirtschaftliche Integration erschweren. Dies bringt den Urhebern der Rahmenstrategie den Vorwurf ein, dass sich ihr Integrationsverständnis stark in der Nähe von Assimilation bewege.[936]

Die Kommission hat im Mai 2012 in ihrer Mitteilung „Nationale Strategien zur Integration der Roma: erster Schritt zur Umsetzung des EU-Rahmens" die nationalen Roma-Integrationsstrategien, die ihr von den Mitgliedstaaten zugeleitet worden waren, bewertet und dem Europäischen Parlament und dem Rat Bericht erstattet.[937] Darin gelangte sie mit Blick auf die vier oben genannten Kernbereiche zu dem Schluss, dass einigen Aspekten besondere Aufmerksamkeit zuteil werden müsste, um eine echte Integration der Sinti und Roma bewirken zu können. Dies betraf die Zusammenarbeit mit lokalen und regionalen Behörden sowie der Zivilgesellschaft, die Zuweisung angemessener Finanzmittel, die Überwachung von Veränderungen und das Ermöglichen einer politischen Anpassung sowie schließlich auch die entschlossene Bekämpfung von Diskriminierung.[938]

---

934 Vgl. *ebd.*, S. 2045 ff.

935 Vgl. *Rose*, Gleichberechtigte Teilhabe für Sinti und Roma, S. 8; *Kropp/Striethorst*, Europäische Romapolitik, S. 3; *End*, Gutachten Antiziganismus, S. 66. Ähnlich: *Krol*, Antiziganismus als Regierungstechnik, S. 233. Letztere prangert an, dass die Rahmenstrategie das „brachliegende Humankapital der Roma" als vorrangiges Problem begreift.

936 Vgl. *ebd.*, S. 2047.

937 EU, Mitteilung der Kommission an das Europäische Parlament, den Rat, den Europäischen Wirtschafts- und Sozialausschuss und den Ausschuss der Regionen v. 21.5.2012: Nationale Strategien zur Integration der Roma: erster Schritt zur Umsetzung des EU-Rahmens, COM(2012) 226 final.

938 *Ebd.*, S. 20 ff.

In einem von der Kommission 2014 veröffentlichten Bericht sind zum ersten Mal die Fortschritte in den vier Kernbereichen Bildung, Beschäftigung, Gesundheitsfürsorge und Wohnraumversorgung sowie die Fortschritte im Kampf gegen Diskriminierung evaluiert worden.[939] Insgesamt erkannte die Kommission einen langsamen Fortschritt in den Mitgliedstaaten und hob positiv hervor, dass zum ersten Mal alle Mitgliedstaaten mit der Umsetzung solcher Strategien begonnen und die strukturellen Voraussetzungen hierfür geschaffen hätten.[940] Andererseits wies die Kommission auf den in allen vier Kernbereichen nach wie vor dringend bestehenden Handlungsbedarf hin, wie etwa in Bezug auf die Segregation von Roma-Kindern im Schulwesen oder die schlechten Beschäftigungschancen von Roma-Frauen. Dabei rief sie den Mitgliedstaaten in Erinnerung, dass all die Ziele nur durch den nötigen politischen Willen und eine entsprechende Entschlossenheit erreicht werden können.[941]

Die hohen Ziele, die sich die Rahmenstrategie gesteckt hat, konnten bisher nicht erreicht werden. Wirklich messbare Verbesserungen in den Bereichen Bildung, Arbeit, Wohnen und Gesundheitsversorgung sind wohl in keinem der Mitgliedstaaten durch die Umsetzung der Rahmenstrategie bis heute erkennbar. Auch die Kommission fand in ihrem 2016er Bericht deutliche Worte und zog eine nüchterne Bilanz:

> Die Mitgliedstaaten haben Koordinierungsstrukturen eingerichtet, als Reaktion auf die Empfehlung des Rates gezielte und allgemeine Maßnahmen eingeführt und Mittel bereitgestellt. […] Diesen Anstrengungen zum Trotz haben sich jedoch die Lebensbedingungen der Roma weiter verschlechtert und die weit verbreitete feindselige Einstellung der Mehrheitsgesellschaften gegenüber den Roma hat zugenommen. Bedenkliche Engpässe wurden bei der Bekämpfung der Diskriminierung der Roma, insbesondere der Segregation im Hinblick auf Wohnraum und im Bildungsbereich, sowie bei der Vermeidung von Zwangsräumungen festgestellt. Nachhaltiges Engagement und die Durchführung von Maßnahmen auf lokaler Ebene sind auch weiterhin nicht sichergestellt. Die Zusammenarbeit mit der Zivilgesellschaft und die Einbeziehung des privaten Sektors in die Durchführung von Maßnahmen sind nach wie vor unzureichend.[942]

---

939 EU, Mitteilung der Kommission an das Europäische Parlament, den Rat, den Europäischen Wirtschafts- und Sozialausschuss und den Ausschuss der Regionen, Bericht über die Umsetzung des EU-Rahmens für nationale Strategien zur Integration der Roma v. 2.4.2014, COM(2014) 209 FINAL.

940 *Ebd.*, S. 5, 22.

941 *Ebd.*, S. 6, 9, 22.

942 EU, Mitteilung der Kommission an das Europäische Parlament, den Rat, den Europäischen Wirtschafts- und Sozialausschuss und den Ausschuss der Regionen, v. 27.6.2016: Umsetzung des EU – Rahmens für nationale Strategien zur Integration

5. *Finanzielle Förderung zu Gunsten von Sinti und Roma*

Neben wortreichen Unterstützungsbekundungen wie sie etwa in den Entschließungen des Europäischen Parlaments zu lesen sind, engagiert sich die Union auch finanziell für die Verbesserung der Situation der Sinti und Roma. Da sie anders als andere internationale Organisationen über ausreichende finanzielle Ressourcen verfügt, hat die Union überhaupt die Möglichkeit, auf dieser Ebene tätig zu werden. Im Dickicht der EU-Finanzierungsprogramme stellen die Sinti und Roma tatsächlich eine der Hauptbegünstigten dar. Die EU wirbt mittlerweile offensiv dafür, dass die Mitgliedstaaten den EU-Strukturfonds für die Integration der Sinti und Roma nutzen.[943]

Der Rat stellte 2013 ausdrücklich fest, dass „die Förderung der sozialen Inklusion und der Bekämpfung von Armut und Diskriminierung, einschließlich unter anderem die sozioökonomische Integration marginalisierter Bevölkerungsgruppen wie der Roma", dadurch erleichtert werden solle, dass mindestens 20 Prozent der gesamten Mittel aus dem Europäischen Sozialfonds in jedem Mitgliedstaat veranschlagt werden.[944] Da oftmals der politische Wille fehlt, werden die bestehenden finanziellen Instrumente der EU von den Mitgliedstaaten nur unzureichend genutzt, beziehungsweise steht eine weit verbreitete Korruption einer nachhaltigen Verwendung der Gelder entgegen.

IV. Europarat

Als internationale Organisation, die sich besonders um den Schutz völkerrechtlicher Minderheiten verdient gemacht hat, ist der Europarat nicht umhin

der Roma und der Empfehlung des Rates für wirksame Maßnahmen zur Integration der Roma in den Mitgliedstaaten – Bewertung 2016, COM(2016)424 final, S. 14.

943 Auch die Kommission wies 2011 in ihrer Mitteilung zur EU-Rahmenstrategie deutlich darauf hin, dass im EU-Haushalt große Summen für Maßnahmen der sozialen Integration, d.h. auch der Roma, veranschlagt sind: EU, Mitteilung der Kommission an das Europäische Parlament, den Rat, den Europäischen Wirtschafts- und Sozialausschuss und den Ausschuss der Regionen v. 5.4.2011: EU-Rahmen zur Integration der Roma bis 2020, KOM(2011) 173 endg., S. 10.

944 EU, Empfehlung des Rates v. 9.12.2013 für wirksame Maßnahmen zur Integration der Roma in den Mitgliedstaaten (2013/C 378/01), ABl. C 378 v. 24.12.2013, S. 1, 5, Rn. 1.10. Siehe dazu auch Art. 3 und 4 der Verordnung (EU) Nr. 1304/2013. Die sog. europäischen Struktur- und Investitionsfonds bestehen aus dem Europäischen Fonds für regionale Entwicklung (EFRE), dem Europäischen Sozialfonds (ESF), dem Kohäsionsfonds, dem Europäischen Landwirtschaftsfonds für die Entwicklung des ländlichen Raumes (ELER) und dem Europäischen Meeres- und Fischereifonds (EMFF).

gekommen, sich auch mit dem Schicksal der europäischen Sinti und Roma zu befassen.[945]

1. Die Situation der Roma als Gegenstand der Arbeit der Organe des Europarats

Zunächst war es die Situation sogenannter „nomadischer Gruppen", die die Besorgnis des Europarats auf sich zog. Zu deren Hauptvertreter wurden die Sinti und Roma gezählt, obwohl dies bereits damals nicht der Lebensrealität der meisten Sinti und Roma entsprach, sondern die meisten Sinti und Roma sesshaft waren. Erstmalig lenkte die Parlamentarische Versammlung des Europarats im Jahr 1969 die Aufmerksamkeit des Ministerkomitees auf das Thema. In ihrer *Recommendation on the Siuation of Gypsies and other travellers in Europe* wies sie auf die Diskriminierung und die sozialen Probleme dieser Gruppen hin.[946] Das Ministerkomitee erließ 1975 und 1983 Entschließungen zur sozialen Situation nomadischer Bevölkerungsgruppen sowie zur Situation staatenloser Nomaden.[947] Angesprochen wurden dabei die Probleme hinsichtlich des Abstellens von Wohnwägen, fehlender Bildungsmöglichkeiten, beruflicher Orientierung, medizinischer Versorgung und sozialer Unterstützung. Dies verdeutlicht, wie sehr die Sinti und Roma zur damaligen Zeit auch von Institutionen wie dem Europarat primär als Nichtsesshafte begriffen wurden.

Anlass für den Europarat zu einer verstärkten Auseinandersetzung mit der Situation der Sinti und Roma waren mitunter die Beitritte zahlreicher osteuropäischer Staaten Anfang der 1990er Jahre und der damit verbundene Anstieg der Anzahl der im Einflussbereich des Europarats lebenden Sinti und Roma. Im Jahr 1993 verabschiedete die Parlamentarische Versammlung ihre *Recommendation No. 1203 on Gypsies in Europe.*[948] In der Empfehlung wurden die Roma als *"true national minority"*bezeichnet; gleichzeitig wurde ihnen auf Grund ihrer zerstreuten Siedlungsweise und dem fehlenden *kin-state* ein besonderer Platz unter Europas Minderheiten zugewiesen und der Charakter als nationale oder

945 Eine umfassende Übersicht bietet: *Liégeois*, The Council of Europe and Roma.

946 Europarat, Parlamentarische Versammlung, Recommendation No. 563 (1969): On the situation of Gypsies and other travellers in Europe.

947 Europarat, Ministerkomitee, Resolution (75) 13 v. 22.5.1975: Containing Recommendations on the Social Situation of Nomads in Europe; Resolution R (83) 1 v. 22.2.1983: On Stateless Nomads and Nomads of Undetermined Nationality.

948 Europarat, Parlamentarische Versammlung, Recommendation 1203 (1993): Gypsies in Europe.

sprachliche Minderheit abgesprochen.[949] Festgehalten wurde in der Empfehlung, dass die Sinti und Roma einen wichtigen Beitrag zum kulturellen Erbe Europas leisten und dringend Maßnahmen ergriffen werden müssten, um das Romanes und die Sinti- und Roma-Kultur zu stärken. Hingewiesen wurde auch auf die bestehende Intoleranz gegenüber Sinti und Roma sowie auf die sie betreffende Diskriminierung.[950] Die Parlamentarische Versammlung empfahl dem Ministerkomitee, den nationalen Regierungen und lokalen beziehungsweise regionalen Autoritäten konkrete Handlungsempfehlungen in den Bereichen Kultur, Bildung, Information und gleiche Rechte zu unterbreiten.[951] Auch wenn sich die Parlamentarische Versammlung für die Probleme der Sinti und Roma sensibel zeigte, betonte sie in ihrer Empfehlung deutlich die Besonderheiten, die die Sinti und Roma in ihren Augen von anderen Minderheiten unterschieden. Sie wies ihnen eine klare Sonderstellung zu, grenzte sie bewusst ab von anderen nationalen Minderheiten und schloss sie somit vom Minderheitenschutzkonzept des Europarats aus. Für diesen „Zwei-Klassen-Minderheitenschutz" wurde die Parlamentarische Versammlung von Sinti- und Roma-Vertretern scharf kritisiert.[952] Die *Recommendation* entsprach so aber dem damals vorherrschenden Zeitgeist – auch die deutsche Bunderegierung hatte sich 1993 noch geweigert, die deutschen Sinti und Roma als nationale Minderheit anzuerkennen.

Ein weiteres viel zitiertes Dokument auf Ebene des Europarates ist die Resolution *On Gypsies in Europe: The role and responsibility of local and regional authorities* der Ständigen Konferenz der Gemeinden und Regionen – ebenfalls aus dem Jahr 1993.[953] Prägend für die Resolution ist die darin enthaltene Aufforderung an regionale und lokale Autoritäten, sich aktiv an der Integration der Sinti und Roma in den Kommunen zu beteiligen.[954] Die Resolution richtete sich

949 *Ebd.*, Rn. 2.

950 *Ebd.*, Rn. 3,5.

951 *Ebd.*, Rn. 11.

952 Vgl. *Rose*, Konkreter Minderheitenschutz für Sinti und Roma, S. 18. Positiv dagegen und das Bild der besonderen Minderheit selbst aufgreifend: *Xanthaki*, Protection of a specific minority, S. 175.

953 Europarat, Ständige Konferenz der Gemeinden und Regionen in Europa, Resolution 249 (1993): On gypsies in Europe: the role and responsibility of local and regional authorities. Ausführlich zur Arbeit der Ständigen Konferenz mit Roma-Bezug: *Xanthaki*, Protection of a specific minority, S. 179 ff.

954 Europarat, Ständige Konferenz der Gemeinden und Regionen in Europa, Resolution 249 (1993): On gypsies in Europe: the role and responsibility of local and regional authorities, Rn. 8.

auch direkt an die Sinti und Roma und ermutigte diese, sich in die Gesellschaft einzubringen. Verknüpft wurde diese direkte Ansprache allerdings mit der Aufforderung, sich an die nationalen Gesetze zu halten.[955] Einmal mehr zeigt dies, dass auch internationale Organisationen wie der Europarat selbst lange solche antiziganistischen Stereotype wie das der „kriminellen Zigeuner" reproduzierten. *Romani Rose* beklagte in Bezug auf den Europarat eine „vorurteilsgeladenen Politik gegenüber ‚Zigeunern' ".[956]

1995 wurde vom Ministerkomitee eine dreizehnköpfige Spezialistengruppe (*Specialist Group on Roma/Gypsies*) eingesetzt, die in den folgenden Jahren sehr aktiv war, indem sie in intensiver Zusammenarbeit mit EU, OSZE, UNHCR und UNDP verschiedene Studien zum Thema erstellte, Konferenzen organisierte und vor Ort *field missions* durchführte.[957] Das Mandat wurde 2002 schließlich erweitert auf die Anliegen von *"Travellers"*-Gruppen und so änderte sich der Name in *Group of Specialists on Roma, Gypsies and Travellers.*[958] 2010 wurde die *Specialist Group* ersetzt durch das *Ad-hoc Committee of Experts on Roma Issues* (CAHROM), welches dem Ministerkomitee direkt über die Situation der Sinti und Roma Bericht erstattet.[959]

Als weitere Reaktion auf die von der Parlamentarischen Versammlung und der Ständigen Konferenz der Gemeinden und Regionen geäußerten Handlungsappelle richtete das Ministerkomitee in den 2000er Jahren mehrere Empfehlungen insbesondere in Bezug auf die soziale und ökonomische Situation der Sinti und Roma an die Mitgliedstaaten.[960] Im Jahr 2010 fand schließlich auf Einladung des Generalsekretärs des Europarats unter Einbeziehung von Regierungen, der EU und Sinti- und Roma-Organisationen ein *High Level Meeting on Roma* in

955 *Ebd.*, Rn. 11 II.

956 *Rose*, Die Politik der OSZE gegenüber Sinti und Roma, S. 377.

957 Vgl. *Xanthaki*, Protection of a specific minority, S. 176 f.

958 Vgl. *Guet*, MG-S-ROM – Council of Europe Group on Specialists on Roma, Gypsies and Travellers.

959 Informationen über das Mandat der *CAHROM* und deren Berichte sind abrufbar unter: http://www.coe.int/en/web/portal/cahrom (zuletzt aufgerufen am 12.6.2018).

960 Europarat, Ministerkomitee, Recommendation Rec(2001)17 on improving the economic and employment situation of Roma/Gypsies and Travellers; Recommendation Rec(2005)4 on improving the housing conditions of Roma and Travellers in Europe; Rec(2006)10 on better access to health care for Roma and Travellers in Europe; Recommendation CM/Rec(2008)5 on policies for Roma and/or Travellers in Europe; Recommendation CM/Rec(2009)4 on the education of Roma and Travellers in Europe; Recommendation CM/Rec(2012)9 on mediation as an effective tool for promoting respect for human rights and social inclusion of Roma.

Straßburg statt. Verabschiedet wurde dabei die sogenannte *Strasbourg Declaration on Roma*, in der sich ein Prioritätenkatalog findet, der den Staaten als Richtlinie zum Erreichen vollständiger Inklusion der Sinti und Roma dienen soll.[961] 2012 reagierte das Ministerkomitee auf den in Europa weit verbreiteten Antiziganismus und erließ die *Declaration on the Rise of Anti-Gypsyism and Racist Violence against Roma in Europe*, in welcher es seine tiefe Besorgnis über die bestehende europaweite roma-feindliche Stimmung zum Ausdruck brachte und die Staaten zur Gegensteuerung aufforderte.[962]

In seinen letzten Empfehlungen mit Sinti- und Roma-Bezug hat sich die Parlamentarische Versammlung vor allem mit der Rolle der Roma als Asylsuchende oder Arbeitsmigranten befasst.[963] Besonders stark hat die Parlamentarische Versammlung die Rückführungen von Roma in den Kosovo und die Balkanstaaten kritisiert, die von dort während des Jugoslawien- und Kosovokrieges als Flüchtlinge nach Westeuropa gekommen waren. Erwähnenswert ist auch die *Recommendation No. 1740* aus dem Jahr 2010, in der die Parlamentarische Versammlung einen umfassenden Ansatz vertrat und die Mitgliedstaaten aufforderte, die Sinti und Roma nicht nur als sozial benachteiligte Gruppe, sondern auch als nationale Minderheit zu behandeln bei gleichzeitiger Bekämpfung der Diskriminierung.[964]

Aufbauend auf der *Strasbourg Declaration* wurde 2016 schließlich der *Thematic Action Plan on the Inclusion of Roma and Travellers (2016–2019)* verabschiedet.[965] Der Plan sieht bis 2019 drei maßgebliche Hauptbetätigungsfelder *(priority)* des Europarats im Bereich der Sinti- und Roma-Inklusion vor:

1) *to tackle anti-Roma and anti-Traveller prejudice, discrimination and crimes more effectively;*
2) *to demonstrate innovative models for inclusive policies for the most vulnerable;*
3) *to promote innovative models for local-level solutions.*[966]

---

961 Europarat, High Level Meeting on Roma, The Strasbourg Declaration on Roma v. 20.10.2010, CM(2010)133 final.

962 Europarat, Ministerkomitee, Declaration on the Rise of Anti-Gypsyism and Racist Violence against Roma in Europe v. 1.2.2012.

963 Europarat, Parlamentarische Versammlung, Recommendation 1557 (2002): Legal situation of the Roma in Europe; Recommendation 1941 (2010): Roma Asylum Seekers in Europe; Recommendation 2003 (2012): Roma migrants in Europe.

964 Europarat, Parlamentarische Versammlung, Recommendation 1740 (2010): The Situation of Roma in Europe and relevant activities of the Council of Europe.

965 Europarat, Thematic Action Plan on the Inclusion of Roma and Travellers (2016–2019) v. 2.3.2016, SG/Inf(2015)38 final.

966 *Ebd.*, S. 2.

Der *Action Plan* stellt den politischen aber auch finanziellen Rahmen für das Engagement des Europarats in Bezug auf die Sinti und Roma und *"Travellers"* für die Jahre 2016 bis 2019 dar. Der Plan basiert auf der richtigen Annahme, dass die Marginalisierung und soziale Ausgrenzung der Sinti und Roma untrennbar mit dem weit verbreiteten Antiziganismus verknüpft ist. Das Konzept des Plans zur effektiven Bekämpfung von Diskriminierung sieht die gezielte Unterstützung von Aufklärungsprojekten vor, um die Sensibilität in der Bevölkerung für die Situation der Sinti und Roma zu stärken. Weiterer Bestandteil des Konzepts ist die Erweiterung von staatlichen Kapazitäten für die Sinti- und Roma-Inklusion, beispielsweise durch spezifische Trainings von Staatsbediensteten, sowie die Gewährleistung eines handlungsfähigen Rechtsstaats, in dem diskriminierende Handlungen konsequent sanktioniert werden und Sinti und Roma ein entsprechender Rechtsweg tatsächlich offen steht.[967] Besonders erfreulich ist, dass der Aktionsplan ganz spezifisch auf die Situation derer eingeht, die von doppelter Diskriminierung betroffen sind, das heißt insbesondere Roma-Frauen und -Kinder, und sich dabei nicht scheut, Probleme wie Kinderehen, Menschenhandel und erzwungenes Betteln anzusprechen.[968]

2. *Kritik am Begriffsverständnis des Europarats*

Die vorangegangene Darstellung hat gezeigt, dass sich das Engagement der Organe des Europarats zu Gunsten der Sinti und Roma zu Beginn seines Tätigwerdens auf die besonderen Herausforderungen eines nomadischen Lebensstils beschränkte. Es scheint, als hätte auch der Europarat die Sinti und Roma entgegen der Realität pauschal als nichtsesshaftes Volk begriffen. Mit der Zeit erweiterte sich der Blick des Europarats für die verschiedenen Lebensrealitäten der Sinti und Roma. Aber auch heute ist der Begriff *Roma* mit dem Begriff *"Traveller"* auf Europaratsebene interessanterweise eng verknüpft. So finden sich auf der Homepage des Europarats unter dem Reiter *"Roma and Travellers Team"* die gesammelten Aktivitäten des Europarats in diesem Bereich.[969] Selbst der eben genannte *Action Plan* von 2016 bezieht sich nicht nur auf die Sinti und Roma, sondern auch auf *"Traveller"*.

Hinzukommt, dass der Begriff *Roma* auf Europaratsebene nicht nur ethnische Sinti und Roma umfasst; vielmehr wird im aktuellen Begriffsglossar der Begriff wie folgt definiert: "*The term "Roma" used at the Council of Europe refers to Roma,*

967 *Ebd.*, S. 2 ff.
968 *Ebd.*, S. 5.
969 Vgl. https://www.coe.int/en/web/portal/roma (zuletzt aufgerufen am 12.6.2018).

Sinti, Kale and related groups in Europe, including Travellers and the Eastern groups (Dom and Lom), and covers the wide diversity of the groups concerned, including persons who identify themselves as Gypsies."[970] Auch wenn "*Travellers*" oder nichtsesshafte Gruppen wie die Jenischen ebenso von Diskriminierung betroffen sind und auch ein historisches Schicksal der gesellschaftlichen Ausgrenzung erlitten haben, verwundert eine solche begriffliche Gleichsetzung durch den Europarat. Ein derartiges Begriffsverständnis begünstigt doch die Einordnung der Sinti und Roma als „fahrendes Volk" und fördert nicht das Überwinden des alten Stereotyps vom „nomadischen Zigeuner".

3. *Sinti und Roma als nationale Minderheit im Sinne des Rahmenübereinkommens*

Nachdem sich einige Staaten zunächst zurückhaltend gezeigt haben, ihre Sinti- und Roma-Populationen als nationale Minderheiten einzustufen, erkennen sie die meisten Staaten mittlerweile als Rechtsträger des im Rahmenübereinkommen niedergelegten Minderheitenschutzes an.[971] Schweden, Slowenien und Mazedonien haben sogar ausdrücklich im Rahmen einer *declaration* die Anwendbarkeit des Rahmenübereinkommens auf Sinti und Roma erklärt.[972] Auch Deutschland hat eine solche Erklärung abgegeben, jedoch die Anwendbarkeit auf die Sinti und Roma mit deutscher Staatsangehörigkeit beschränkt.[973]

Studiert man die vielen Stellungnahmen des Beratenden Ausschusses zu den einzelnen Staatenberichten, erhält man den Eindruck, dass die Sinti und Roma die Minderheit sind, deren Situation am häufigsten vom Beratenden Ausschusses thematisiert wird. So prangert er regelmäßig die bestehenden sozio-ökonomischen Missstände an, von denen überproportional viele Sinti und Roma

---

970 Europarat, Descriptive Glossary of terms relating to Roma issues v. 18.5.2012, verfügbar unter: https://rm.coe.int/1680088eab (zuletzt aufgerufen am 12.6.2018).

971 Beispiele von Staaten, die sich zunächst weigerten, die Roma als nationale Minderheit anzuerkennen finden sich bei: *Medda-Windischer*, The Roma, S. 319 ff.

972 Eine Übersicht über die Erklärungen der Unterzeichnerstaaten findet sich unter: http://conventions.coe.int/Treaty/Commun/ListeDeclarations.asp?NT=157&CM=&DF=&CL=ENG&VL=1 (zuletzt aufgerufen am 12.6.2018).

973 Siehe dazu: Teil 3, A. Im Übrigen sei nochmals darauf hingewiesen, dass gerade in Deutschland die Sinti und Roma nicht von vorneherein als nationale Minderheit anerkannt und somit nicht direkt in den Schutzbereich des Rahmenübereinkommens miteinbezogen wurden.

betroffen sind, und findet dabei meist deutliche Worte.[974] Hierbei adressiert der Beratende Ausschuss nicht nur die (süd-)osteuropäischen Staaten, sondern übt regelmäßig auch Kritik an der Lage in Westeuropa.[975] Der weit verbreiteten Diskriminierung von Sinti und Roma räumt der Ausschuss in seinen Stellungnahmen stets einen wichtigen Platz ein.[976] Zum Thema macht er regelmäßig die in vielen Staaten fehlende Verfolgung antiziganistischer Gewalttaten und die romafeindliche Grundhaltung staatlicher Stellen, wie der Polizei.[977]

Da Aspekte der Bildung und des Schulwesens an verschiedenen Stellen im Rahmenübereinkommen eine Rolle spielen, befasst sich auch der Ausschuss mit der Thematik. Bei der Beurteilung der Lage der Sinti und Roma geht es hier aber fast ausnahmslos um die hohe Schulabbruchquote[978], die Segregation im Bildungssystem und die automatische Einschulung von Roma-Kindern in Förderschulen[979]. Hauptsächlich wird hier also Bezug genommen auf die Diskriminierung und die fehlende Chancengleichheit von Sinti und Roma im Bildungsbereich. Dies lässt sich auch bei der Beleuchtung der anderen Lebensbereiche der Sinti und Roma beobachten. Diskriminierung und soziale Ausgrenzung stehen im

974 Vgl. beispielsweise: Europarat, Advisory Committee on the FCNM, Opinion on Bosnia and Herzegovina v. 11.5.2005, Rn. 44 ff.; Second Opinion on Bosnia and Herzegovina v. 9.10.2008, Rn. 23 ff.; Third Opinion on Bosnia and Herzegovina v. 7.3.2013, Rn. 20 ff. Eine kurze Übersicht bietet: *Eide*, The Council of Europe's FCNM, S. 131. Ebenso: *Medda-Windischer*, The Roma, S. 323.

975 Italien wird beispielsweise regelmäßig scharf kritisiert: Europarat, Advisory Committee on the FCNM, Opinion on Italy v. 14.9.2001, Rn. 24 ff.; Second Opinion on Italy v. 24.2.2005, Rn. 11 ff.; Third Opinion on Italy v. 15.10.2010, Rn. 14; Fourth Opinion on Italy v. 19.11.2015, Rn. 7 ff.

976 Zusammenfassend: *Eide*, The Council of Europe's FCNM, S. 129; *Hofmann*, The Work of the Advisory Committee under the FCNM, S. 68.

977 Vgl. beispielsweise: Europarat, Advisory Committee on the FCNM, Opinion on Hungary v. 22.9.2000, Rn. 25; Opinion on the Czech Republic v. 6.4.2001, Rn. 39 f.; First Opinion on Romania v. 6.4.2001, Rn. 40 f.; First Opinion on Italy v. 14.9.2001, Rn. 38. Zusammenfassend: *Hofmann*, Konkrete Umsetzung des Rahmenübereinkommens, S. 57.

978 Vgl. beispielsweise: Europarat, Advisory Committee on the FCNM, Opinion on Italy v. 14.9.2001, Rn. 55; Opinion on Moldova v. 1.3.2002, Rn. 77; Opinion on Albania v. 12.9.2002, Rn. 59.

979 Vgl. beispielsweise: Europarat, Advisory Committee on the FCNM, Opinion on Finland v. 22.9.2000, Rn. 37; Opinion on Hungary v. 22.9.2000, Rn. 41; Opinion on Croatia v. 6.4.2001, Rn. 49; Opinion on the Czech Republic v. 6.4.2001, Rn. 61 ff.; Opinion on Germany v. 1.3.2002, Rn. 36; Opinion on Bulgaria v. 27.5.2004, Rn. 37. Dazu auch: *Medda-Windischer*, The Roma, S. 323 ff.

Fokus der Stellungnahmen durch den Beratenden Ausschuss, wenn er sich mit den Sinti und Roma befasst. Keine besondere Rolle spielt dagegen die Gewährung von Minderheitenrechte im engeren Sinne, wie etwa die Möglichkeit der Gründung minderheiteneigener Bildungseinrichtungen. Die Flexibilität des Rahmenübereinkommens lässt gerade eine solche konkrete Zuschneidung auf die Einzelsituation der jeweiligen Minderheit zu.

Der Beratende Ausschuss hat in verschiedenen Stellungnahmen die jeweiligen Staaten ermutigt, Strategien zur Verbesserung der Situation der Sinti und Roma zu entwickeln und entsprechende Initiativen begrüßt.[980] Über die verschiedenen Berichtszyklen haben sich zwar Verbesserungen in einzelnen Bereichen gezeigt, von einer durchschlagenden Veränderung zu Gunsten der Sinti und Roma kann allerdings mitnichten gesprochen werden.

4. *Romanes als Schutzobjekt der Sprachencharta*

Das Romanes wird im Anwendungsbereich der Sprachencharta grundsätzlich als Beispiel für eine sogenannte nicht territorial gebundene Sprache verstanden, da es keinem festgesteckten Gebiet innerhalb eines Staates zugeordnet werden kann.[981] Auf solche nicht territorialen Sprachen findet die Charta allerdings nur in sehr begrenztem Umfang Anwendung. Dies basiert auf der Annahme, dass viele Regelungen der Charta auf die Bedürfnisse von Sprachen mit territorialem Bezug zugeschnitten sind. Dies betrifft insbesondere die Regelungen im dritten Teil, wie etwa die Gestaltung von Schulunterricht in Minderheitensprachen oder das Gebrauchen von Minderheitensprachen in Behörden. Die im zweiten Teil verbrieften Grundsatzregelungen, wie das darin enthaltene Diskriminierungsverbot, sind dagegen unter den Voraussetzungen des Art. 7 Abs. 5 sinngemäß auf nicht territorial gebundene Sprachen und somit auch auf das Romanes anwendbar.[982]

---

980 Vgl. beispielsweise: Europarat, Advisory Committee on the FCNM, Opinion on Hungary v. 22.9.2000, Rn. 18 f.; Opinion on Slovakia v. 22.9.2000, Rn. 20 f.; Opinion on Croatia v. 6.4.2001, Rn. 28; Opinion on Italy v. 14.9.2001, Rn. 24 f.; Opinion on Austria v. 16.5.02, Rn. 23. Begrüßt wurde in den jüngeren Berichtszyklen insbesondere die Erarbeitung der Nationalen Strategien zur Integration der Roma auf Initiative der EU, vgl. etwa: Third Opinion on Bulgaria v. 11.2.2014, Rn. 18. Zum EU-Rahmen zur Integration der Roma siehe: Teil 3, B. III. 4.

981 Siehe dazu: Teil 2, D. IV. 4. c. aa. Kritisch hierzu: *Rossberg*, Minderheitenschutzabkommen des Europarates, der KSZE, der EU und der UNO, S. 46.

982 Vgl. Europarat, Explanatory Report of the ECRML v. 5.11.1992, Rn. 37. Siehe dazu: Teil 2, D. IV. 4. c. aa.

In der Tat sind viele der Bestimmungen im dritten Teil territoriumsbezogen. Ein kompletter Ausschluss der Anwendbarkeit auf nicht territorial gebundene Sprachen, wie er im *Explanatory Report* angelegt ist, erscheint aber nicht angemessen. Warum beispielsweise die Möglichkeit, Minderheitensprachen als Studienfächer an Universitäten zu lehren (siehe Art. 8 Abs. 1 lit. e. iii.), nicht für das Romanes gelten soll, leuchtet nicht ein. Zudem ist fraglich, ob nicht gerade nicht territorial gebundene Sprachen wie das Romanes besonders schutzbedürftig sind, weil ihnen die territoriale Basis fehlt und sie daher auf eine gezielte Förderung zum Erhalt der Sprache angewiesen sind. Hier wäre etwa an die staatliche Unterstützung einer Zeitung in der Minderheitensprache zu denken, wie es Art. 11 Abs. 1 lit. e. i. vorsieht. Der gezielte teilweise Ausschluss nicht territorial gebundener Sprachen vom Schutzbereich der Charta zeigt einmal mehr, dass die Sinti und Roma in den 1990er Jahren nicht als echte Minderheit wahrgenommen wurden. Nichtsdestotrotz haben um die Hälfte der 25 Unterzeichnerstaaten ausdrücklich erklärt, dass das Romanes (meist im Sinne einer nicht territorial gebundenen Sprache) auf ihrem Territorium vom Schutzbereich der Sprachencharta umfasst wird.[983] Einige Staaten, unter anderem Deutschland, haben zusätzlich erklärt, auch Bestimmungen aus dem dritten Teil auf das Romanes anwenden zu wollen, was somit in faktischer Hinsicht einer Gleichstellung mit Regional- und Minderheitensprachen gleichkommt.

Im Rahmen des *Monitoring*-Verfahrens bemängelte der Sachverständigenausschuss in vielen Fällen, dass der innerhalb der Mehrheitsgesellschaften fest verankerte Antiziganismus ein wichtiger Grund für das Aussterben des Romanes und der Roma-Kultur ist.[984] Um einer Stigmatisierung zu entgehen, wählen viele Sinti und Roma nämlich den Weg einer „freiwilligen" Assimilation. Der Sachverständigenausschuss weist immer wieder deutlich darauf hin, dass Integration nur dann im Einklang mit den Zielen der Charta stehen könne, wenn sie gepaart ist mit dem Erhalt der linguistischen und kulturellen Identität.[985]

---

983 Eine aktuelle Liste der Unterzeichnerstaaten findet sich unter: https://www.coe.int/en/web/conventions/full-list/-/conventions/treaty/148/signatures (zuletzt aufgerufen am 12.6.2018); die Erklärungen der einzelnen Staaten finden sich unter: https://www.coe.int/en/web/conventions/full-list/-/conventions/treaty/148/declarations?p_auth=adpW1NPl (zuletzt aufgerufen am 12.6.2018).

984 Vgl. beispielsweise: Europarat, Committee of Experts of the ECRML, Evaluation Report on Hungary v. 1.7.2004, 2nd cycle, Rn. 48; Evaluation Report on the Czech Republic v. 9.12.2009, 1st cycle, Rn. 30, 32.

985 Vgl. beispielsweise: Europarat, Committee of Experts of the ECRML, Evaluation Report on Hungary v. 1.7.2004, 2nd cycle, Rn. 43.

Wie etwa im Falle von Österreich, Tschechien und Ungarn empfiehlt das Ministerkomitee den Unterzeichnerstaaten, eine dezidierte politische Strategie zum Schutz und Förderung des Romanes zu entwickeln, um dieses auch außerhalb der privaten Sphäre präsenter zu machen.[986] Hierfür misst das Ministerkomitee dem schulischen Bereich besondere Bedeutung zu und empfiehlt eine Ausweitung des Unterrichtsangebots auf Romanes beziehungsweise überhaupt dessen Einführung.[987]

V. Ergebnis

Auf Grund ihrer sozio-ökonomischen Lage und des weit verbreiteten Antiziganismus, aber auch wegen ihres Status als nationale Minderheit befassen sich internationale Organisationen, insbesondere auf europäischer Ebene, seit den 1990er Jahren in verstärkten Maße mit den Sinti und Roma. Es existiert mittlerweile eine fast unüberblickbare Fülle an Entschließungen, Aktionsplänen, Strategien und Empfehlungen von Seiten des Europarates, der OSZE und der Europäischen Union, welche sich speziell mit der Situation der Sinti und Roma befassen. Im *Monitoring*-Verfahren zum Rahmenübereinkommen zum Schutz nationaler Minderheiten ist es die Situation der Sinti und Roma, die in fast jeder

---

986 Vgl. beispielsweise: Europarat, Ministerkomitee, Recommendation on the application of the ECRML by Austria v. 19.1.2005, 1st cycle, Rn. 1; Recommendation on the application of the ECRML by Austria v. 11.3.2009, 2nd cycle, Rn. 1; Recommendation on the application of the ECRML by Austria v. 28.11.2012, 3rd cycle, Rn. 1; Recommendation on the application of the ECRML by the Czech Republic v. 9.12.2009, 1st cycle, Rn. 2; Recommendation on the application of the ECRML by the Czech Republic v. 30.1.2013, 2nd cycle, Rn. 3; Recommendation on the application of the ECRML by the Czech Republic v. 1.12.2015, 3rd cycle, Rn. 3; Recommendation on the application of the ECRML by Hungary v. 4.10.2001, 1st cycle, Rn. 1.

987 Vgl. beispielsweise: Europarat, Ministerkomitee, Recommendation on the application of the ECRML by Hungary v. 4.10.2001, 1st cycle, Rn. 1; Recommendation on the application of the ECRML by Hungary v. 3.6.2004, 2nd cycle, Rn. 1; Recommendation on the application of the ECRML by Hungary v. 20.6.2007, 3rd cycle, Rn. 1; Recommendation on the application of the ECRML by Hungary v. 10.3.2010, 4th cycle, Rn. 6; Recommendation on the application of the ECRML by Hungary v. 10.7.2013, 5th cycle, Rn. 3; Recommendation on the application of the ECRML by Hungary v. 14.12.2016, 6th cycle, Rn. 3; Recommendation the application of the ECRML by Montenegro v. 20.1.2010, 1st cycle, Rn. 3; Recommendation the application of the ECRML by Montenegro v. 12.9.2012, 2nd cycle, Rn. 4; Recommendation the application of the ECRML by Montenegro v. 12.5.2015, 3rd cycle, Rn. 2; Recommendation the application of the ECRML by Montenegro v. 27.9.2017, 4th cycle, Rn. 2.

Stellungnahme des Beratenden Ausschusses zur Sprache gebracht wird und diese oft sogar dominiert.

Dabei fällt auf, dass auch die betreffenden Organisationen gerade in den Anfangsjahren immer wieder selbst antiziganistische Stereotype in ihren Arbeiten reproduziert haben. So wurden die Sinti und Roma auch von ihnen zunächst primär als nomadisches und nicht-sesshaftes Volk wahrgenommen, was etwa die ersten Empfehlungen des Ministerkomitees des Europarates verdeutlichen. Eine solche Tendenz lässt sich auf Europaratsebene selbst heute noch beobachten, da hier von der offiziellen Verwendung des Begriffs *Roma* auch *"Travellers"* erfasst werden. Zum Teil wurde den Sinti und Roma auch selbst die Schuld an ihrer wirtschaftlich und sozial prekären Lage zugeschrieben. Ein Zusammenhang zwischen den sozio-ökonomischen Missständen einerseits und dem Antiziganismus und der Diskriminierung andererseits wurde erst mit der Zeit hergestellt.

Obwohl immer wieder von den Sinti und Roma als „Europas größter Minderheit" die Rede ist, stehen Minderheitenrechte im engeren Sinne nicht im Zentrum der Forderungen und Empfehlungen der internationalen Akteure. Das gilt selbst für die Bereiche spezifischer Minderheitenschutzinstrumente, wie dem Rahmenübereinkommen. Zwar wird immer wieder betont, dass die Sinti und Roma in den Staaten nationale Minderheiten darstellen, wirkliche Forderungen nach Kultur- und Spracherhalt sind allerdings nur Randerscheinungen. Ein viel größeres Gewicht kommt den Appellen für eine Verbesserung der sozio-ökonomischen Lage, die Herstellung gleichberechtigter gesellschaftlicher Teilhabe und die Bekämpfung des Antiziganismus zu. Gerade in neueren Ansätzen wie dem EU-Rahmen von 2008 immer wieder auftauchende Stichwörter sind die Inklusion und die Integration der Sinti und Roma. Die eben aufgezeigte Gewichtung zeigt sich beispielsweise sehr deutlich beim *Monitoring*-Verfahren zum Rahmenübereinkommen zum Schutz nationaler Minderheiten. Der Beratende Ausschuss beklagt vorwiegend die Benachteiligung der Sinti und Roma auf vielen gesellschaftlichen Ebenen. In Bezug auf das Unterrichtswesen, befasst sich der Beratende Ausschuss beispielsweise vorwiegend mit der Diskriminierung von Sinti und Roma im Bildungssystem, etwa durch die automatische Einschulung in Förderschulen oder das Gründen separater Roma-Schulen/Klassen in Osteuropa. Die Forderung nach klassischen Minderheitenrechten, wie etwa die staatliche Unterstützung von Printmedien auf Romanes oder dergleichen, spielt in den Stellungnahmen des Beratenden Ausschusses nur eine sehr untergeordnete Rolle.

In jüngster Zeit wird außerdem immer wieder das Thema der Doppeldiskriminierung, das heißt die Situation von Roma-Frauen und -Kindern und damit auch Probleme wie Menschenhandel oder Kinderehen zur Sprache gebracht. Dass so auch Missstände innerhalb der Sinti- und Roma-Communities thematisiert werden, ist sehr zu begrüßen.

Das große Engagement internationaler Organisationen macht deutlich, dass Einigkeit darüber besteht, dass die Situation der Sinti und Roma zu den drängendsten Menschenrechtsfragen im Europa unserer Zeit gehört. Trotz dieses großen Engagements muss allerdings eine nüchterne Bilanz gezogen werden. Die Situation der Sinti und Roma hat sich in den letzten Jahren nicht merkbar verbessert und Antiziganismus ist nach wie vor in den europäischen Gesellschaften weit verbreitet. Auch wenn die internationalen Akteure in ihrem Handeln ambitioniert sind, mangelt es wohl oft am politischen Willen der Staaten an einer wirklichen Umsetzung. Zudem scheint ein struktureller Antiziganismus in den europäischen Gesellschaften zu fest verankert zu sein.

C. Die Relevanz des Minderheitenschutzes für die Sinti und Roma

Der vorangegangene Überblick hat gezeigt, dass die Sinti und Roma mittlerweile von Seiten internationaler Organisationen und der überwiegenden Anzahl von Staaten selbstverständlich als Träger von Minderheitenrechten wahrgenommen werden. Selbst innerhalb des Minderheitenschutzdiskurses um die Sinti und Roma dominieren jedoch nicht Forderungen nach Minderheitenrechten im engeren Sinne, wie die Garantie eines kulturellen Bestandsschutzes, sondern Menschenrechtsfragen sowie sozio-ökonomische Aspekte. Nichtsdestotrotz wird immer wieder der Status der Sinti und Roma als Minderheit betont und eine vollständige Einbeziehung der Sinti und Roma in Minderheitenschutzinstrumente wie das Rahmenübereinkommen gefordert.[988] Dies erscheint widersprüchlich. Im Folgenden sollen nun die Adäquanz und der Nutzen des Minderheitenschutzes für die Sinti und Roma genauer beleuchtet werden.

I. Die Sinti und Roma und der völkerrechtliche Minderheitenbegriff

Als „Europas größte Minderheit“ werden die Sinti und Roma heute immer wieder bezeichnet.[989] Es wird ein gesonderter Fokus auf die Transnationalität der

988 Vgl. etwa: *Rose*, Gleichberechtigte Teilhabe für Sinti und Roma, S. 10; *ders.*, Sinti and Roma as National Minorities in the Countries of Europe; *End*, Gutachten Antiziganismus, S. 68.

989 Vgl. etwa: EU, Mitteilung der Kommission an das Europäische Parlament, den Rat, den Europäischen Wirtschafts- und Sozialausschuss und den Ausschuss der Regionen

Sinti und Roma gelegt; oft wird sogar der Begriff der transnationalen Minderheit verwendet, obwohl er keine völkerrechtliche Kategorie darstellt.[990] Dem Umstand, dass sie – anders als andere Minderheiten, die lediglich nationale Minderheiten in einzelnen europäischen Staaten darstellen – in fast ganz Europa ungeachtet nationaler Grenzen ansässig sind, wird so besondere Rechnung getragen. Daneben sind die Sinti und Roma (zumindest diejenigen, die die jeweilige Staatsangehörigkeit besitzen) in vielen europäischen Staaten als reguläre nationale Minderheit anerkannt; ihre Eigenschaft als „europäische Minderheit" wird aber stets betont.[991]

Es kommt ein weiterer Aspekt hinzu, der den Sinti und Roma eine besondere Stellung im System des Minderheitenschutzes zukommen lässt. Sinti und Roma werden nicht nur als ethnische, sondern auch als soziale Gruppe wahrgenommen, das heißt als eine Einheit, die sich einerseits durch kulturelle Gemeinsamkeiten auszeichnet und andererseits einer sozial benachteiligten Schicht zugehörig ist. Zum Teil wird den Sinti und Roma daher ein „doppelter Minderheitenstatus" zugeschrieben.[992] Dass dies nicht unproblematisch ist, da die Gefahr groß ist, dass soziale Aspekte ethnisiert werden und Armut, Bildungsferne und eine prekäre Lebensweise schnell zu kulturellen Merkmalen transformiert werden, wurde im Rahmen dieser Arbeit bereits thematisiert.[993] Richtig ist allerdings und in diesem Punkt unterscheiden sich Sinti und Roma wohl von vielen anderen ethnischen und nationalen Minderheiten, dass sie in besonderem Maße unter Diskriminierung und Ausgrenzung zu leiden haben. Dass den Sinti und Roma ein Sonderstatus unter den Minderheiten auferlegt wird, missfällt einigen Vertretern der Sinti und Roma, da sie einen „Zwei-Klassen-Minderheitenschutz" befürchten.[994]

---

v. 5.4.2011: EU-Rahmen für nationale Strategien zur Integration der Roma bis 2020, KOM(2011) 173 end., Rn. 1.

990 Vgl. *O'Nions*, Minority Rights Protection in International Law, S. 273. Alternativ wird der Begriff *"non-territorial minority"* benutzt, vgl. Europarat, Parlamentarische Versammlung, Recommendation 1203 (1993): Gypsies in Europe, Rn. 3.

991 *Ebd.*, Rn. 2.

992 So etwa: *Thelen*, Der lange Weg zur politischen Partizipation, S. 11; *Heun*, Minderheitenschutz der Roma in der EU, S. 91. Außerdem: Europarat, Parlamentarische Versammlung, Recommendation 1557 (2002): The legal situation of Roma in Europe, Rn. 4.

993 Siehe dazu: Teil 1, C. III und D. IV.

994 Vgl. beispielsweise: *Rose*, Sinti and Roma as National Minorities in the Countries of Europe.

Ob Sinti und Roma tatsächlich Träger völkerrechtlicher Minderheitenrechte sind und der Minderheitenschutz somit für ihre Situation den richtigen Lösungsansatz darstellt, ist angesichts der Brisanz der aktuellen Lage der Sinti und Roma eine Frage, die man sich dringend stellen muss. Schon eine genauere Analyse, ob die Sinti und Roma die Kriterien einer Minderheit im Sinne des Völkerrechts erfüllen, findet sich in kaum einer Abhandlung zum Thema.[995] Dass die Definition des Minderheitenbegriffs hoch umstritten ist, wurde in dieser Arbeit bereits aufgezeigt. Ebenso wurde aufgezeigt, dass sich die meisten Abhandlungen an dem Definitionsversuch des UN-Sonderberichterstatters *Francesco Capotorti* orientieren. Im Folgenden soll nun genau analysiert werden, ob die Sinti und Roma tatsächlich die einzelnen Kriterien der gängigen Minderheitendefinition erfüllen.

1. Numerische Unterlegenheit und nicht-dominante Stellung

Laut *Capotorti* muss eine Gruppe, um eine Minderheit im völkerrechtlichen Sinne darzustellen, zahlenmäßig schwächer aufgestellt sein als der Rest der Bevölkerung und zudem keine beherrschende Stellung innehaben.[996] Zwar ist der Bevölkerungsanteil der Sinti und Roma in einigen europäischen Staaten recht hoch, sie sind allerdings in allen Staaten weit davon entfernt, die zahlenmäßige Mehrheit darzustellen. Weil viele Sinti und Roma aus Furcht vor Diskriminierung nicht bereit sind, ihre Identität offen zu legen, dürfte die tatsächliche Anzahl der Sinti und Roma jedoch meist höher sein als es die offiziellen Zahlen vermuten lassen. An ihrer zahlenmäßigen Unterlegenheit dürfte dies jedoch nichts ändern. Wie bereits erwähnt, finden sich die meisten Roma in Bulgarien und Rumänien; sie machen aber auch dort unter zehn Prozent der Bevölkerung aus.[997]

Auch eine beherrschende, das heißt eine politisch, wirtschaftlich und sozial dominierende Stellung kann man im Falle der Sinti und Roma kaum als gegeben betrachten. Wie bereits aufgezeigt wurde, ist die ökonomische und soziale Lage vieler Sinti und Roma in Europa bedenklich.[998] Um pauschale Verallgemeinerungen zu vermeiden, sei auch an dieser Stelle nochmals darauf hingewiesen,

995 Lediglich: *Heun*, Minderheitenschutz der Roma in der EU, S. 89 ff.; *Marten-Gotthold*, Der Schutz der Sinti und Roma in der BRD, S. 99 ff.

996 *Capotorti*, Study on the Rights of Persons belonging to Ethnic, Religious and Linguistic Minorities, Rn. 568. Siehe dazu: Teil 2, C. II. 1. a. und b.

997 Siehe dazu Teil 1, C. III.

998 Siehe dazu Teil 1, C. III.

dass nicht alle Sinti und Roma von Armut und Marginalisierung betroffen sind. Auf eine überdurchschnittlich hohe Zahl trifft dies aber zu. Auch auf politischer Ebene ist der Einfluss von Sinti und Roma meist verschwindend gering. Zwar existieren in manchen Staaten, wie etwa in Rumänien, Roma-Parteien, die sich speziell für die Rechte der Minderheit einsetzen.[999] Bei Wahlen können diese meist jedoch keinen nennenswerten Erfolg für sich verbuchen. Mancherorts existieren zwar Roma-Ortsvorsteher und es gibt Abgeordnete des Europäischen Parlaments, die sich zu ihrem Roma-Background bekennen.[1000] Von politischer Dominanz kann hier aber nicht gesprochen werden.[1001]

2. Staatsangehörigkeit und Stabilitätskriterium

Als weiteres Definitionsmerkmal wird oftmals die Staatsangehörigkeit beziehungsweise eine gewisse Stabilität, das heißt eine zeitlich gewachsene Bindung zum Staat, angesehen.[1002] Auch wenn beispielweise der Beratende Ausschuss im Anwendungsbereich des Rahmenübereinkommens die Abkehr von beiden Merkmalen verlangt, halten die meisten Staaten hieran fest. Beide Kriterien, insbesondere das Anknüpfen an die Staatsangehörigkeit, machen den Minderheitenschutz automatisch zu einem Schutzmechanismus zu Gunsten autochthoner Minderheiten und klammern die sogenannten „neuen Minderheiten“ vom Anwendungsbereich aus. Diesem Ansatz liegt die Angst zu Grunde, dass ein Ausdehnen des Anwendungsbereichs auf „neue Minderheiten“ eine

---

999 Beispielhaft kann hier etwa die rumänische *Partida Romilor* (Partei der Roma) genannt werden, welche in Rumänien die Interessen der dortigen Roma-Minderheit vertritt und für die ein Sitz im Parlament reserviert ist. Der Internetauftritt der Partei findet sich unter: http://www.partidaromilor.ro/ (zuletzt aufgerufen am 12.6.2018). Eine kurze Übersicht über die Roma-Parteienlandschaft in den Balkanländern bietet: *Thelen*, Der lange Weg zur politischen Emanzipation, S. 66. Dazu außerdem: *Vermeersch/Ram*, The Roma, S. 66 f.

1000 Der erste EU-Parlamentarier mit Sinti- und Roma-Wurzeln war *Juan de Dios Ramírez Heredia* aus Spanien, der von 1986 bis 1999 Abgeordneter war. Die Ungarin *Lívia Járóka* ist mit Unterbrechungen seit 2004 Mitglied des Europaparlaments. *Viktória Mohácsi*, ebenfalls aus Ungarn, war von 2004 bis 2009 Mitglied im Europaparlament. Weitere Beispiele bei: *Vermeersch/Ram*, The Roma, S. 67.

1001 *Thelen* spricht auch davon, dass die Roma in den Parlamenten (und in den Regierungen) – gemessen an ihrem Anteil an der Bevölkerung – weit unterrepräsentiert sind: *Thelen*, Der lange Weg zur politischen Emanzipation, S. 66.

1002 Siehe dazu Teil 2, C. II. 1. c. und d.

Verwässerung des Minderheitenschutzes und den Verlust seiner Eigenschaft als Bestandsschutzinstrument zur Folge hätte.

Diese Haltung schlägt sich auch im Umgang mit den Sinti und Roma nieder. Deutschland erkennt etwa ausdrücklich nur die deutschen Sinti und Roma als nationale Minderheit und somit als Träger von Minderheitenrechten an.[1003] Die Roma, die vor längerer oder kürzerer Zeit nach Deutschland gekommen sind, um hier zu leben, aber nicht die deutsche Staatsangehörigkeit besitzen, werden dadurch nicht erfasst. Dies erscheint widersprüchlich, zumal gleichzeitig von den Sinti und Roma als der größten Minderheit Europas im einheitlichen Sinne gesprochen wird. Dies suggeriert das Bestehen einer transnationalen, homogenen Gruppe, die sich auch als solche versteht. Eine am Kriterium der Staatsangehörigkeit oder der Stabilität orientierte differenzierte Behandlung, die die einen Angehörigen der Minderheit schützt und die anderen nicht, erscheint gerade dann künstlich und die Lebensrealität der Sinti und Roma nicht ausreichend berücksichtigend, wenn gleichzeitig ihre Transnationalität stets besondere Betonung findet.[1004] Der Ausschluss vom Schutzbereich der Minderheitenrechte auf Grund fehlender Staatsangehörigkeit oder einer festen und historisch gewachsenen Verbindung zum Aufenthaltsstaat wird im Falle der Sinti und Roma gerade der Tatsache nicht gerecht, dass deren heutige Anwesenheit in vielen Staaten, ohne die entsprechende Staatsangehörigkeit zu besitzen, auch Resultat von Flucht, Vertreibung oder wirtschaftlichen Nöten ist.[1005]

Konkret resultiert aus der Haltung Deutschlands also ein geteilter Schutz: Sinti und Roma, die seit Jahrhunderten in Deutschland ansässig sind und die Staatsangehörigkeit besitzen, werden als nationale Minderheit geschützt; die Sinti und Roma ohne deutsche Staatsangehörigkeit, die etwa erst in jüngerer Zeit nach Deutschland gekommen sind, profitieren von diesem Schutz nicht. Gerade am Beispiel der Sinti und Roma zeigt sich deutlich, wie antiquiert das strikte Abstellen sowohl auf das Erfordernis der Staatsangehörigkeit, als auch auf das Stabilitätskriterium auf einem europäischen Kontinent ist, der von Freizügigkeit und Migration lebt und geprägt ist. Diesen Gedanken bezog auch der UN-Menschenrechtsausschuss in seinem *General Comment No. 23* mit ein, in welchem er äußerte, dass ein Staat einem Migranten, der einer in dem Staat bereits

1003 Vgl. *Bundesministerium des Innern*, Nationale Minderheiten, S. 10
1004 So auch: *Pogány*, Accomodating an Emergent National Identity, S. 162 f.
1005 Hierauf ebenfalls verweisend: *Heun*, Minderheitenschutz der Roma in der EU, S. 96.

anerkannten Minderheit angehört, den Status als Minderheitenangehörigen nicht absprechen könne.[1006]

3. *Ethnische, religiöse oder sprachliche Gemeinsamkeiten*

Von entscheidender Bedeutung ist schließlich die Frage, inwiefern sich die europäischen Sinti und Roma von der Mehrheitsbevölkerung durch besondere Charakteristika religiöser, sprachlicher oder ethnischer Art unterscheiden und sich dadurch als distinkte Gruppe auszeichnen. Wie bereits gezeigt wurde, ist es schwierig ein realistisches Bild einer homogenen europäischen Sinti- und Roma-Kultur zu zeichnen.[1007] Eine gemeinsame Religion etwa können Sinti und Roma in Europa nicht aufweisen. Gemein ist den Sinti und Roma letztlich ihr Jahrhunderte zurückliegender, indischer Ursprung und ihre Verfolgungsgeschichte. Ein weiterer Aspekt ist ihre Sprache, das Romanes, welches allerdings nicht (mehr) von allen Sinti und Roma gesprochen wird. Im Übrigen haben sich mittlerweile viele verschiedene, teils sehr unterschiedliche Dialekte entwickelt, so dass sich längst nicht alle Sinti und Roma Europas, die Romanes sprechen, miteinander verständigen können. Es erscheint daher passender, von mehreren Romanes Sprachgemeinschaften zu sprechen als von einer weltweit einheitlichen Romanes Sprachgemeinschaft.[1008]

Neben ursprünglicher Herkunft und Sprache finden sich immer wieder andere Aspekte, die der vermeintlich homogenen Kultur der Sinti und Roma zugerechnet werden, wie etwa, dass Sinti und Roma nomadisch leben, ein eigenes Rechtssystem unterhalten oder per se musikalisch seien. Es wurde im Laufe der Arbeit bereits deutlich darauf hingewiesen, dass solche angeblichen kulturellen Merkmale meist weniger Abbildungen der Realität sind – auch wenn sie auf einzelne Sinti- und Roma-Gruppen zutreffen mögen –, sondern vielmehr Zuschreibungen darstellen, aus denen sich ein stereotypes und pauschales „Zigeuner"-Bild der Mehrheitsbevölkerung speist, welches auf Sinti und Roma auch heute noch übertragen wird.[1009] Auch im juristischen Bereich wird sich gerne dieser Stereotype zum Zwecke der Einordnung der Sinti und Roma als Minderheit bedient.[1010]

1006 UN-Menschenrechtsausschuss, CCPR General Comment No. 23 v. 8.4.1994: Article 27 (Rights of Minorities), UN-Doc. CCPR/C/21/Rev.1/Add.5, Rn. 5.2. Siehe dazu: Teil 2, C. II. 1. d.

1007 Siehe dazu: Teil 1, D. sowie Teil 3, C. I. 3.

1008 Vgl. *Warasin*, Sterbendes Kulturerbe.

1009 Siehe dazu: Teil 1, D. sowie Teil 3, C. I. 3.

1010 *Marten-Gotthold* verweist etwa pauschal auf die distinkten „Siedlungsgewohnheiten" der Sinti und Roma als Auszeichnungsmerkmal ihrer eigenen Kultur: *dies.*,

Neuerdings sind es insbesondere soziale Komponenten, wie etwa das Beziehen von Sozialleistungen oder das Wohnen in Armutssiedlungen, die das Bild der Mehrheitsbevölkerung von Sinti und Roma speisen. Diese sozialen Komponenten werden kulturalisiert und so automatisch zu ethnischen Eigenschaften der Sinti und Roma gemacht.[1011] Dass Armut vielmehr ein Ergebnis gesellschaftlicher Prozesse ist und im Falle der Sinti und Roma zudem die Folge jahrhunderterlanger Verfolgung und Ausgrenzung, wird dabei ausgeklammert. Auch so wird ein pauschales Bild der Sinti und Roma konstruiert, das der tatsächlichen Situation nicht gerecht wird.

Gerade im juristischen Kontext dürfen die eben beschriebenen Mechanismen und die daraus resultierenden Sinti- und Roma-Bilder aber nicht zur Einordnungs- und Handlungsgrundlage werden. Wer Sinti und Roma auch hier als homogene europäische Gruppe darstellt, läuft Gefahr, die verbreiteten Stereotype ins Juristische zu übertragen. Angesichts der zahlreichen Diskussionen um Antiziganismus in den Sozial- und Geisteswissenschaften verwundert es durchaus, dass Sinti und Roma in völker- und europarechtlichen Diskursen meist als homogene europäische Minderheit dargestellt werden – ohne zu hinterfragen, ob eine derartige Homogenität tatsächlich existiert.

Gemeinsame historische Erfahrungen beziehungsweise ein gemeinsames historisches Schicksal, wie die Sinti und Roma es teilen, können aber durchaus Grundlage für die Einordnung als ethnische Minderheit sein.[1012] Erfahrungen mit Antiziganismus sind für viele Sinti und Roma allein aus dem Grund, dass sie als solche wahrgenommen werden, an der Tagesordnung. Es ist also insgesamt das Moment der Diskriminierung, das nicht alle, aber doch viele Sinti und Roma überall betrifft. Ein dichtes Netz kultureller Eigenarten, die allen Sinti und Roma in Europa zu eigen sind, findet sich indes nicht. Im Gegenteil, die europäischen Sinti und Roma zeichnen sich durch eine ausgeprägte Heterogenität aus und stellen nicht die uniforme Minderheit mit Kollektivmentalität dar, zu der sie gemacht werden.[1013] Die einzelnen Sinti- und Roma-Gruppen unterscheiden

---

Der Schutz der Sinti und Roma in der Bundesrepublik Deutschland, S. 106. Ebenso *Barth*, der die Sinti und Roma pauschal als nomadische Gruppe beschreibt, vgl. *ders.*, Minority Rights, Multiculturalism and the Roma of Europe, S. 370.

1011 Siehe dazu: Teil 1, C. III und D. IV.

1012 Sie dazu: Teil 2, C. II. 1. e. cc.

1013 Selbst in der vom *European Roma and Travellers Forum* (ERTF) entwickelten Charter on the Rights of the Roma heißt es in Art. 3 S. 3 ausdrücklich: *"Romanipe is based on unity through diversity."* Ebenso: *Horváth*, Gadjo Nation, Roma Nation, S. 54; *Kovats*, The European Roma Question, S. 1.

Interessenverband, der von einigem politischen Gewicht ist und entscheidenden Anteil daran hatte, dass die deutschen Sinti und Roma mittlerweile in der Bundesrepublik als nationale Minderheit anerkannt sind. Auch Maßnahmen, die die Förderung und Bewahrung der Sinti- und Roma-Kultur zur Aufgabe haben, stehen auf seiner Agenda.[1021] Damit handelt er auch ganz im Sinne eines Großteils der deutschen Sinti-Bevölkerung, die ihr Interesse an Kulturerhalt und -bewahrung nach außen offen kundtut.[1022] In Deutschland ist der Organisationsgrad der Sinti und Roma vergleichsweise hoch, allerdings existieren auch in anderen Staaten Europas ähnliche Verbände.[1023]

Gerade weil sich die Sinti und Roma in Europa durch eine erhöhte Diversität auszeichnen, ist die Frage, ob von einem Zusammengehörigkeitsgefühl über die Ebene regionaler oder lokaler Sinti- und Roma-Gemeinschaften hinaus gesprochen werden kann, von zentraler Bedeutung. Die weite geographische Zerstreuung der Sinti und Roma in ganz Europa und die dezentrale Siedlungsstruktur stellen grundsätzlich eine schlechte Voraussetzung für die Ausbildung eines solchen Zusammengehörigkeitsgefühls dar. Für das Vorliegen eines subjektiven Gemeinsamkeitsdenkens, das beispielsweise in Deutschland über die Sinti und Roma mit deutscher Staatsangehörigkeit hinausgeht, spricht jedoch ebenfalls die Arbeit des Deutschen Zentralrats. Dieser setzt sich mittlerweile auch für die Situation der in anderen Staaten lebenden Sinti und Roma ein und vermittelt dadurch, dass auch über Grenzen beziehungsweise einzelne Sinti- und Roma-Gruppen hinweg Solidarität und Gemeinschaftssinn existieren.[1024] Dies war allerdings nicht immer so. Viele deutsche Sinti grenzten sich lange Zeit bewusst von eingewanderten Roma aus Osteuropa ab und auch der Zentralrat sah sich – anders als heute – nicht als deren Interessenvertretung an, sondern nur der Sinti und Roma mit deutscher Staatsangehörigkeit. Vielmehr verweigerte er in den 1980er Jahren gezielt die Unterstützung von Roma-Flüchtlingen mit dem Einwand, diese würden ihren „Gästestatus" missbrauchen.[1025] Es dauerte viele Jahre

---

1021 Vgl. dazu: *Rose*, Konkreter Minderheitenschutz für die Sinti und Roma, S. 14 f.

1022 Vgl. beispielsweise: *Speitel*, „Es geht auch um Kulturwahrung".

1023 Zu Österreich: *Hemetek*, Zwischen Hass, Ausgrenzung und Romantisierung, S. 23. *Puxon* lieferte 1980 einen kurzen Überblick über die Entstehung von Roma-Verbänden in verschiedenen europäischen Ländern: *ders.*, Zur Geschichte der Zigeuner, S. 21 f. Einen ausführlichen und zugleich historischen Überblick über die Bildung von Sinti und Roma Organisationen bietet: *Liégeois*, Roma, Sinti, Fahrende, S. 312 ff.

1024 Siehe dazu: Teil 1, C. IV.

1025 Vgl. *Matras*, Die Entstehungsgeschichte der Bürgerrechtbewegung der Roma, S. 75.

bis der Zentralrat seine Praxis änderte und sich auch für die Belange nicht-deutscher Sinti und Roma einsetzte.

Laut *Reemtsma* existiert unter Sinti und Roma der Abgrenzungsmechanismus, der gegenüber Nicht-Sinti und -Roma besteht, für die sogar das spezielle Romanes-Wort *Gadsche* existiert, auch gegenüber anderen Sinti- und Roma-Gruppen.[1026] Interaktionen zwischen diesen verschiedenen Gruppen scheinen, wie auch neuere Umfragen belegen, keine Selbstverständlichkeit zu sein. Beispielhaft herangezogen sei hier die Studie des UN-Entwicklungsprogramms aus dem Jahr 2003.[1027] Aus der Studie, welche die Situation der Sinti und Roma in Mittel- und Osteuropa beleuchtete, resultierte, dass Sinti und Roma zum Teil engere Kontakte zur Mehrheitsgesellschaft pflegen, als zu anderen Sinti- und Roma-Gruppen. Dabei differenziert die Studie auch zwischen verschiedenen Arten der Interaktion wie etwa normale nachbarschaftliche Kontakte oder Eheschließungen.[1028] Auch wenn die Ergebnisse der Studie nicht dahingehend interpretiert werden können, dass Sinti und Roma keinerlei Kontakte zu Sinti und Roma anderer Gruppen pflegen, deutet sie doch auf eine von den Sinti und Roma selbst empfundene Diversität der verschiedenen Sinti- und Roma-Gemeinschaften hin. Diese Beispiele lassen es zumindest fraglich erscheinen, ob tatsächlich von einer weltweiten und gruppenüberschreitenden, von den Einzelnen auch empfundenen Sinti- und Roma-Identität gesprochen werden kann.

1026 Vgl. *Reemtsma*, Sinti und Roma, S. 60.

1027 *Entwicklungsprogramm der Vereinten Nationen*, The Roma in Central and Eastern Europe, S. 69 f. Für genauere Informationen zum Bericht des UN-Entwicklungsprogramms siehe: Fn. 182.

1028 Um einige Ergebnisse der Umfrage konkret zu nennen: In Tschechien gaben etwa nur 19 % der befragten Roma an, dass sie geschäftliche Beziehungen mit anderen Roma-Gruppen unterhalten, dagegen bejahten 52 % der Befragten die Frage in Bezug auf Nicht-Roma. In Ungarn gaben ca. 50 % der befragten Roma an, dass ihre Kinder mit Kindern aus anderen Roma-Gruppen spielen, wobei 55 % dies in Bezug auf Nicht-Roma-Kinder bejahten. 80 % der befragten slowakischen Roma bejahten das Unterhalten nachbarschaftlicher Beziehungen zu anderen Roma-Gruppen, während dies auf 93 % in Bezug auf Nicht-Roma zutraf. In der Slowakei gaben auch nur 20 % der befragten Roma an, dass sie gelegentlich Bier mit Angehörigen anderer Roma-Gruppen trinken; dagegen gaben 30 % an, dass sie dies mit Nicht-Roma tun. *Mappes-Niediek* verweist in historischer Hinsicht außerdem darauf, dass die verschiedenen wandernden Handwerker- und Händlergruppen in Osteuropa hauptsächlich nur innerhalb der eigenen Gruppe heirateten, vgl. *ders.*, Arme Roma, böse Zigeuner, S. 124. Auf ähnliche Forschungsergebnisse hinweisend: *Pogány*, Accomodating an Emergent National Identity, S. 157 f.

Auch von einigen Autoren wird die Existenz einer von den Sinti und Roma selbst wahrgenommenen, transnationalen Sinti- und Roma-Gesellschaft, die ein Interesse daran hat, ein gemeinsames kulturelles Erbe zu bewahren, im Ergebnis tendenziell verneint.[1029]

5. *Die Sinti- und Roma-Nationalbewegung*

Anknüpfend an die Frage nach einem gemeinsamen subjektiven Zusammengehörigkeitsgefühl unter Sinti und Roma, muss auf eine besondere Entwicklung, nämlich die Herausbildung einer politischen Emanzipationsbewegung auf internationaler Ebene, hingewiesen werden, die sich die nationale Einheit der Sinti und Roma weltweit zum Ziel gemacht hat. Nachdem es bereits zuvor vereinzelt Bemühungen in diese Richtung gegeben hatte, formierte sich schließlich in den 1970er Jahren eine solche international agierende Bewegung von Sinti und Roma.[1030]

Ausgangspunkt für eine tatsächliche transnationale Sinti- und Roma-Organisation war der erste *World Romani Congress*, der 1971 in der Nähe von London stattfand. Im Anschluss fanden seither in regelmäßigen Abständen weitere solche internationale Delegiertentreffen statt.[1031] Auf dem zweiten *World Romani Congress* 1978 in Genf wurde der aufkeimenden internationalen Sinti- und Roma-Bewegung mit der Gründung der *International Roma Union* (IRU) auch ein institutioneller Rahmen gegeben.[1032] Ziel war es, eine effektive internationale Interessenvertretung zu formen, die sich insbesondere für die politische Anerkennung als Nation, die Verbesserung der rechtlichen Situation sowie den Erhalt der Sinti- und Roma-Kultur einsetzen sollte. Die IRU sieht sich selbst ausdrücklich als Vertreterin einer weltweiten Sinti- und Roma-Nation. 1979 erhielt sie sogar konsultativen Status als Nichtregierungsorganisation vor dem

---

1029 Vgl. *Mappes-Niediek*, Arme Roma, böse Zigeuner, S. 13, 164; *Fraser*, The Gypsies, S. 8; *Pogány*, Minority Rights and the Roma, S. 16, 18; *Schär*, „Nicht mehr Zigeuner, sondern Roma!", S. 224; *Vermeersch/Ram*, The Roma, S. 62; *Kovats*, The politics of Roma identity. Zu einer anderen Einschätzung kommt *Marten-Gotthold*, die von einem „starken Willen" der Sinti und Roma, sich mit der eigenen Kultur zu identifizieren, spricht: *dies.*, Schutz der Sinti und Roma in der BRD, S. 111; ebenso: *O'Nions*, Minority Rights Protection in International Law, S. 184; *Thelen*, Der lange Weg zur politischen Emanzipation, S. 50 f.

1030 Zu früheren Versuchen der Schaffung einer Roma-Nationalbewegung (ab Mitte des 19. Jahrhunderts) siehe *Djurić/Bescken/Bengsch*, Ohne Heim – Ohne Grab, S. 22 ff.

1031 Für eine genaue Auflistung der Treffen siehe: Fn. 202.

1032 Zur IRU siehe: Teil 1, C. IV.

Wirtschafts- und Sozialrat der UNO.[1033] Ganz im Sinne einer nationalen Symbolik wurde bereits auf dem ersten *World Romani Congress* als Zeichen für die weltweite Einheit der Sinti und Roma eine offizielle Hymne gekürt und eine gemeinsame Flagge entworfen.[1034] Von Seiten der IRU wird heute nach wie vor proklamiert, dass die Sinti und Roma eine Nation ohne Territorium seien. In der sogenannten *Declaration of a Roma Nation*, welche während des fünften *World Romani Congress* in Prag im Jahr 2000 entstanden ist, heißt es mitunter: *"Individuals belonging to the Roma Nation call for a representation of their Nation, which does not want to become a State."* In der *Declaration* werden durchaus politische Forderungen proklamiert. Auch wenn mit diesen kein Verlangen nach einem eigenen Staat verbunden ist, geht es um den Wunsch nach verstärkter Repräsentation auf internationaler Ebene, politischer Selbstbestimmung, Anerkennung als Nation aber auch nach Schaffung spezifischer Schutzbestimmungen. Abgestellt wird auf die Einzigartigkeit der Sinti und Roma als transnationale Minderheit, die keinen *kin-state* besitze und somit eine Sonderrolle unter allen anderen Minderheiten einnehme.[1035]

Ein weiterer wichtiger Protagonist im Rahmen der Sinti- und Roma-Nationalbewegung ist der *Roma National Congress* (RNC), welcher aus der Bewegung um die Hamburger Roma und Cinti Union hervorgegangen ist.[1036] Auch der RNC beruft sich auf die Stellung der Sinti und Roma als Volk ohne Staat, welches besonderen Schutzes bedürfe. Er versteht sich als außerparlamentarische

---

1033 1993 wurde der Beobachterstatus (*roster*) sogar in die *category II* erhöht, womit die IRU den vollen Beobachterstatus erhielt, vgl. *Thelen*, Der lange Weg zur politischen Emanzipation, S. 47 f.; *Djurić/Becken/Bengsch*, Ohne Heim – Ohne Grab, S. 27 f.; *Liégeois*, Roma, Sinti, Fahrende, S. 323; *O'Nions*, Minority Rights Protection in International Law, S. 17.

1034 Bei der Hymne handelt es sich um das Lied *„Djelem, djelem"*, welches 1969 von dem Liedermacher *Žarko Jovanović* verfasst wurde. Auf der Roma-Flagge befindet sich ein rotes Speichenrad (*Chakra*) auf blauem und grünem Grund, welche Himmel und Erde symbolisieren sollen. Das Speichenrad soll an die indische Herkunft und die jahrhundertelange Wanderbewegung erinnern. Siehe dazu: *Pečínka*, Emanzipation oder Folklore?, S. 74 f.; *Djurić/Becken/Bengsch*, Ohne Heim – Ohne Grab, S. 25.

1035 Die Deklaration ist online verfügbar unter: http://www.hartford-hwp.com/archives/60/132.html (zuletzt aufgerufen am 12.6.2018).

1036 Vgl. *Pečínka*, Emanzipation oder Folklore?, S. 78; *Matras*, Die Entstehungsgeschichte der Bürgerrechtsbewegung der Roma, S. 81. Zum RNC siehe: Teil 1, C. IV.

Bürgerrechtsbewegung und fordert ebenfalls den Erlass einer speziellen Roma-Rechte-Charta.[1037]

Besondere Bedeutung für die Sinti- und Roma-Nationalbewegung hat schließlich das *European Roma und Travellers Forum* (ERTF), welches durch ein Partnerschaftsabkommen mit dem Europarat verbunden ist und als Vertretungsorgan auf europäischer Ebene tätig wird.[1038] Durch die Gründung des ERTF sollte die Vorstellung einer direkten politischen Partizipation der Sinti und Roma auf europäischer Ebene realisiert werden.[1039] Im Rahmen des ERTF wurde ein Entwurf für eine Charta für die Rechte von Roma (*Charter on the Rights of the Roma*) ausgearbeitet und von der Vollversammlung des ERTF im Jahr 2009 angenommen. Auch diese Charta ist ähnlich explizit: "*We have a shared national identity as Roma, independent of citizenship, state and/or group and/or religious affiliation.*"[1040] Betont wird dabei ebenfalls die Sonderstellung, die die Sinti und Roma unter den Minderheiten einnehmen: "*The Roma occupy a unique position in Europe, both historically and politically, as a pan-European national minority, without kin-state.*"[1041] In der Charta sticht besonders die Aussage hervor, dass es nach Jahren der Fremdbestimmung an der Zeit sei, dass die Sinti und Roma ihr Schicksal selbst in die Hand nähmen.[1042] Hier wird ausdrücklich ein Bezug zum Selbstbestimmungsrecht der Völker hergestellt, was die Debatte über den Status der Sinti und Roma sogar in die Nähe von Art. 1 der UN-Menschenrechtspakte rückt. Die Forderungen der Sinti- und Roma-Nationalbewegung beziehen sich

---

1037 Vgl. *Pečínka*, Emanzipation oder Folklore?, S. 78; *Pogány*, Accomodating an Emergent National Identity, S. 157; *O'Nions*, Minority Rights Protection in International Law, S. 21 f.

1038 *Kovats* schrieb über das ERTF bereits vor dessen Gründung: "The ERF [Anmerkung: urspr. angedachter Name] will be the first official institution of Roma nationalism", *ders.*, The politics of Roma identity. Zum ERTF siehe: Teil 1, C. IV.

1039 Vgl. *Thelen*, Der lange Weg zur politischen Emanzipation, S. 70.

1040 Art. 2 Charter on the Rights of the Roma. Die Charta ist verfügbar auf der Homepage des ERTF: http://www.ertf.org/images/ERTF_Charter_Rights_Roma_EN_FIN.pdf (zuletzt aufgerufen am 19.11.2017).

1041 Erwägungsgrund Nr. 23 der Charter on the Rights of the Roma.

1042 Erwägungsgrund 20 der Charter on the Rights of the Roma: "*The traditional adherence to experts and specialists deciding on our fate constitutes a blatant infringement of any kind of people's right to self-determination; [...].*" Besonders eindeutig ist Art. 6: "*We Roma have the right to self-determination in accordance with international law [...]*".

also nicht mehr nur auf bloße Minderheitenrechte, sondern auf das Selbstbestimmungsrecht der Völker.[1043]

Auch wenn die geäußerten Anliegen der Nationalbewegung zum Teil im Sinne vieler Sinti- und Roma-Aktivisten sind, werden einige konkrete Forderungen, die mit dem Bestehen einer Sinti- und Roma-Nation verknüpft sind, nicht von allen Bürgerrechtlern geteilt, sondern als zu weitgehend empfunden.[1044] *Romani Rose* vom deutschen Zentralrat kritisierte die von der Nationalbewegung geforderte Sonderbehandlung von Sinti und Roma und merkte dabei an, dass das konkrete Hervorheben der besonderen Situation als nicht territoriale Minderheit die Sinti und Roma von anderen Minderheiten somit innerhalb des Minderheitenschutzsystems isoliere und so einen Zwei-Klassen-Minderheitenschutz schaffen würde.[1045]

Zum Teil wird der Nationalbewegung auch vorgeworfen, dass es sich hier um Einzelpersonen mit gewissen Machtansprüchen handle, die sich nach außen als Vertreter aller Sinti und Roma gerieren.[1046] Die Problematik, dass es vorwiegend Eliten und Kreise von Bessergestellten sind, die die Emanzipationsbewegung stützen, ist wohl nicht von der Hand zu weisen. Viele Sinti und Roma werden vermutlich noch nie von der *International Romani Union* gehört haben, beziehungsweise nicht wissen, dass es eine globale Emanzipationsbewegung gibt. Einige Vertreter der Sinti- und Roma-Nationalbewegung haben ganz offen ausgesprochen, dass es sich zunächst um eine Bewegung von Sinti- und Roma-Intellektuellen handele, deren Ziel eine Art „nationale Wiedergeburt" der Sinti und Roma sei, die auf alle Sinti und Roma weltweit übergreifen solle.[1047] Oft wird allerdings der Vorwurf laut, dass es die IRU über die lange Zeit ihres Bestehens

1043 Dazu ausführlich: *Morag Goodwin*, The Romani claim to non-territorial status. Siehe auch: *Pečínka*, Emanzipation oder Folklore?, S. 77.

1044 Auch das Europäische Parlament steht der Idee einer Roma-Nation ohne Staat ablehnend gegenüber, da es der Auffassung ist, dass so die Staaten aus ihrer Verantwortung entlassen würden, siehe EU, Entschließung des Europäischen Parlaments zu der sozialen Lage der Roma und der Verbesserung ihres Zugangs zum EU-Arbeitsmarkt v. 11.3.2009 (2008/2137/(INI)), ABl. C 87 E v. 1.4.2010, S. 60, 67, Rn. 51.

1045 *Rose*, Sinti and Roma as National Minorities in the Countries of Europe. Ebenfalls sehr kritisch: *Horváth*, Gadjo Nation, Roma Nation, etwa S. 55; *Kovats*, The politics of Roma identity.

1046 *Horvath* spricht von *"ethno-carreerism"*: *ders.*, Gadjo Nation, Roma Nation, S. 55. Außerdem: *Pečínka*, Emanzipation oder Folklore?, S. 81 f.; *Kovats*, The European Roma Question, S. 5.

1047 Vgl. *Djurić/Becken/Bengsch*, Ohne Heim, ohne Grab, S. 22; *Jaroschek*, „Mein Volk, Roma & Sinti, wir brauchen die Solidarität", Interview mit Rajko Djurić, S. 98 f.

gerade nicht geschafft habe, sich diesen Rückhalt in den einzelnen Sinti- und Roma-Gemeinschaften zu verschaffen und es dahingehend an einer Rückkoppelung zur Basis fehle.[1048] Dass solche Bewegungen aber nie von allen getragen werden, die von ihnen profitieren, und es oftmals einige wenige sind, die einen Emanzipationsprozess initiieren, ist ein Problem, dass solchen Bewegungen wohl immanent ist.[1049] Im Fall der Sinti und Roma ist zudem im besonderen Maße zu berücksichtigen, dass viele Angehörige der Minderheit unter sozioökonomischen Umständen leben, die nicht nur eine soziale, sondern auch eine politische Marginalisierung zur Folge haben, das heißt eine tatsächliche politische Partizipation ungemein erschweren.[1050]

Inwiefern der Nationalbewegung eine wirkliche Repräsentativfunktion zugeschrieben werden kann, kann hier nicht abschließend beantwortet werden. Die tatsächlichen Einflussmöglichkeiten, die sie hat, erscheinen allerdings in der Tat begrenzt und werden sicherlich durch die hohe Anzahl der überregional und dezentral operierenden Interessenvertretungen und deren zum Teil konfliktbehaftetes Verhältnis minimiert.[1051] In der Literatur werden die Erfolge, die die Nationalbewegung bisher für sich verbuchen kann, als relativ gering eingeschätzt.[1052] Außerdem scheint es um die Nationalbewegung in den letzten

---

1048 Vgl. *Kovats*, The politics of Roma identity. Hierzu auch: *Pečínka*, Emanzipation oder Folklore?, S. 81 f.; *Thelen*, Der lange Weg zur politischen Emanzipation, S. 44.

1049 *Toivanen* stellt die These auf, dass Minderheiten im Kampf um Gleichberechtigung und Anerkennung immer eine starke Elite benötigen, die mit den Angewohnheiten der Mehrheit gut vertraut ist: *dies.*, Das Paradox des Minderheitenschutzes, S. 194. Dieser Gedanke lässt sich wohl auch auf die Roma-Nationalbewegung übertragen.

1050 Diese Parallele zieht auch: *Kovats*, The politics of Roma identity. Einen Zusammenhang zwischen sozialer Stellung und politischer Teilhabe stellt auch *Thelen* her, vgl. *ders.*, Der lange Weg zur politischen Emanzipation, S. 37 f.

1051 Vgl. *Vermeersch/Ram*, The Roma, S. 66. Auch *Kovats* beklagt den Wettbewerb, in dem die verschiedenen Organisationen zueinander stehen : *ders.*, The politics of Roma identity; *Thelen*, Der lange Weg zur politischen Emanzipation, S. 45. Vgl. zahlreiche Beispiele zum problematischen Verhältnis zwischen RNC, IRU und ERTF bei: *Pečínka*, Emanzipation oder Folklore?.

1052 Vgl. *Vermeersch/Ram*, The Roma, S. 66 f.; *Mappes-Niediek*, Arme Roma, böse Zigeuner, S. 158 f.; *Schär*, „Nicht mehr Zigeuner, sondern Roma!“, S. 220. Auch die Lektüre von *Pečínka* erweckt den Eindruck, dass die Arbeit der IRU, des RNC und des ERTF stark von internen Streitigkeiten und Konflikten geprägt war/ist: *ders.*, Emanzipation oder Folklore. Tendenziell positiv sieht *Matras* die Errungenschaften der Roma-Nationalbewegung: *ders.*, Die Entstehungsgeschichte der Bürgerrechtsbewegung der Roma, S. 77. Ebenso positiv in Bezug auf die IRU: *Liégeois*, Roma, Sinti, Fahrende, S. 325.

Jahren ruhig geworden zu sein – zumindest lassen Medienberichterstattung, die fehlende Aktualität der Websites von IRU und ERTF sowie der Umstand, dass der RNC anscheinend überhaupt keine Homepage unterhält, keinen anderen Schluss zu. Hierfür spricht weiterhin, dass der IRU vom UN-Wirtschafts- und Sozialrat im Jahr 2011 der konsultative Status wegen fehlender Berichterstattung über die eigene Tätigkeit aberkannt wurde.[1053] Die Ursachen für die Untätigkeit können natürlich vielseitig sein. Anderseits sprechen sie aber auch nicht für eine gelebte europa- oder weltweite Sinti- und Roma-Gemeinschaft.

6. *Fazit*

Die vorangegangenen Ausführungen haben gezeigt, dass die europäischen Sinti und Roma nicht ohne weiteres unter den völkerrechtlichen Minderheitenbegriff subsumiert werden können. Zum einen erscheint ein Abstellen auf das Kriterium der Staatsangehörigkeit oder Stabilität, was von vielen Staaten praktiziert wird, für die Sinti und Roma nicht passend, da ihre Eigenschaft als transnationale Minderheit gleichzeitig stets betont wird. Ein solch starres Konzept des Minderheitenbegriffs lässt sich nicht mit der Lebensrealität der Sinti und Roma vereinen, zu der auch gehört, dass sich gerade viele Roma bis in die jüngste Vergangenheit durch Flucht und Vertreibung oder soziale Nöte gezwungen sahen, ihre langjährigen Wohnorte zu verlassen. Wenn man schon von den Sinti und Roma als einheitliche, europäische Gruppe spricht, dann erscheint eine einseitige Erfassung von Sinti und Roma mit der jeweiligen Staatsangehörigkeit als nationale Minderheit unter Ausschluss der Sinti und Roma, die diese nicht besitzen, als unangemessen.

Als problematisch erscheint auch die Einordnung der Sinti und Roma als homogene Gruppe. Eine einheitliche, europaweite kulturelle oder ethnische Identität der Sinti und Roma lässt sich nur durch das Heranziehen gängiger antiziganistischer Stereotype konstruieren. Sie als eingeschworene, europaweite Gemeinschaft mit einheitlicher Sprache, Tradition und ethnischer Identität darzustellen, entspricht nicht der Realität. Was sie verbindet, ist eine gemeinsame Verfolgungsgeschichte und die Erfahrungen mit Antiziganismus. Auch auf subjektiver Ebene erscheint es aber durchaus fraglich, inwiefern ein europaweites Zusammengehörigkeitsgefühl existiert, über das sich der einzelne als Angehöriger einer grenzüberschreitenden Sinti- und Roma-Weltgemeinschaft

1053 Vgl. UN, Wirtschafts- und Sozialrat, Decision 2011/23 v. 25.7.2011, verfügbar unter: http://www.un.org/en/ecosoc/docs/2011/dec%202011.232.pdf (zuletzt aufgerufen am 12.6.2018).

identifiziert. Gerade der mäßige Erfolg der Sinti- und Roma-Nationalbewegung ist ein Indiz dafür, dass ein ausgeprägtes Zusammengehörigkeitsgefühl nicht existiert. Die Sinti und Roma scheinen in ihrer Gesamtheit also die Kriterien einer völkerrechtlichen Minderheit nicht ohne weiteres zu erfüllen. Daher ist bei der pauschalen Einordnung der Sinti und Roma als völkerrechtliche Minderheit Vorsicht geboten, da dies wohl nur gelingen kann, wenn man sich gängiger antiziganistischer Stereotype bedient.

Anders dagegen mag dies freilich in Bezug auf einzelne Sinti- und Roma-Gemeinschaften sein, wie etwa die Sinti in Deutschland. Diese zeichnen sich durchaus durch eine eigene kulturelle Identität aus; ihre Mitglieder verbindet nicht selten ein Zusammengehörigkeitsgefühl sowie der Wunsch nach Erhalt ihrer kulturellen Identität. Dementsprechend müsste im Falle der Sinti und Roma richtigerweise von Minderheiten gesprochen werden – nicht jedoch von einer einheitlichen ethnischen Minderheit in ganz Europa.

II. Die Zweckmäßigkeit des Minderheitenschutzes für die Situation der Sinti und Roma

An die Frage, ob die Sinti und Roma überhaupt eine ethnische Minderheit darstellen, schließt sich eine Folgefrage an. Unabhängig davon, wie der Minderheitenschutz grundsätzlich einzustufen ist und ob er uneingeschränkt begrüßenswerte Ziele verfolgt, muss geklärt werden, ob er im speziellen Fall der Sinti und Roma überhaupt ein probates Mittel darstellt.

1. Zerstreute Siedlungsweise

Was die Verwirklichung eines weitreichenden Minderheitenschutzes von vorneherein im Falle der Sinti und Roma erschwert, ist ihre zerstreute Siedlungsweise. Wie bereits dargelegt wurde, ist zwar das Fehlen eines angestammten Siedlungsgebietes heute nach überwiegender Ansicht kein Hindernis für die Anerkennung als nationale Minderheit. Trotzdem lassen sich viele klassische Minderheitenschutzmaßnahmen, beispielsweise im Bereich kultureller oder politischer Autonomie, nur begrenzt realisieren, wenn die Minderheit auch innerhalb einzelner Staaten kein klar definiertes Siedlungsgebiet besitzt.[1054]

1054 Du diesem Schluss kommen auch: *Mappes-Niediek*, Arme Roma, böse Zigeuner, S. 158; *Heun*, Minderheitenschutz der Roma in der EU, S. 97; *Matscher*, Minderheitenschutz, S. 45.

2. *Heterogenität der europäischen Sinti und Roma*

Zudem muss an dieser Stelle an den vorherigen Abschnitt angeknüpft und nochmals darauf verwiesen werden, dass die Sinti und Roma in ganz Europa eben keine homogene Gruppe mit einheitlicher Kultur und Sprache darstellen. Was sie über Grenzen hinweg verbindet, sind Antiziganismuserfahrungen und eine jahrhundertelange Verfolgungsgeschichte. Auf Grund ihrer kulturellen und sprachlichen Diversität lässt sich kein einheitliches Minderheitenschutzregime schaffen, dass den Bedürfnissen all dieser Gruppen gerecht würde. Was für einzelne Gruppen gilt, kann nicht pauschal auf alle Sinti und Roma übertragen werden. Beispielsweise ließe sich schon die Einführung von Romanes als Unterrichtssprache in einem Land wie Ungarn auf Grund der zahlreichen Romanes-Dialekte nur schwer umsetzen, da etwa das Erstellen einheitlicher Unterrichtsmaterialien gar nicht erst möglich wäre.

3. *Diskriminierung und prekäre Lebensumstände als Hauptprobleme*

Warum der Minderheitenschutz nur bedingt für Sinti und Roma von Nutzen sein kann, zeigt insbesondere folgender Aspekt: Minderheiten, die die typischen Begünstigten des völkerrechtlichen Minderheitenschutzes sind, sind von der Sorge getrieben, dass ihnen ihre distinkte kulturelle Identität abhandenkommt; sie sehen sich letztlich in ihrem Bestand bedroht. Gewöhnlicherweise ist nicht Diskriminierung ihr Hauptproblem, sondern der Assimilationszwang, der von der Mehrheitsbevölkerung ausgeht.[1055] Oftmals hegen solche Minderheiten zumindest den Wunsch nach kulturellen oder gar politischen Autonomiezugeständnissen seitens des Staates, in dem sie leben. An dieses Szenario knüpft auch der völkerrechtliche Minderheitenschutz an. Er baut zwar auf einem Diskriminierungsschutz auf, der das notwendige Fundament für einen effizienten Minderheitenschutz darstellt, sein Hauptzweck ist es allerdings, der Aufrechterhaltung der spezifischen ethnischen, sprachlichen oder religiösen Minderheitenidentität zu dienen beziehungsweise der hierauf bezogenen Entfaltungsmöglichkeit des einzelnen Minderheitenangehörigen. Im Fokus des Minderheitenschutzes steht die besondere Identität der Minderheit und ihrer Angehörigen. Selbst wenn der

---

1055 Vgl. *Oeter*, Der Schutz nationaler Minderheiten im Völkerrecht, S. 203. Hiervon gibt es selbstverständlich auch Ausnahmen, wie etwa im Falle der Sorben in Sachsen, die sich zunehmen Feindseligkeiten von Seiten rechtsextremer Gruppierungen ausgesetzt sehen, vgl. *Locke*, Alter Hass in neuen Kleidern.

Minderheitenschutz rein individualrechtlich ausgestaltet ist, hat er kollektivschützenden Charakter.

Die Situation der Sinti und Roma in Europa weicht von der Situation der Minderheiten, die zum typischen Begünstigtenkreis des Minderheitenschutzes gehören, schon auf den ersten Blick deutlich ab. Wie bereits dargestellt wurde, lebt ein großer Teil der Sinti und Roma in Europa unter sehr schwierigen sozialen und ökonomischen Bedingungen. Hinzukommt, dass Sinti und Roma in nahezu allen europäischen Staaten nach wie vor Opfer von Diskriminierung und Verfolgung sind.[1056] Beide Komponenten bedingen sich gegenseitig und führen zu einer europaweiten Ausgrenzung und Marginalisierung der Sinti und Roma. Ihre schlechte soziale Situation ist eben nicht das Resultat einer „kulturell" bedingten Bildungsferne, sondern das Ergebnis des Antiziganismus.[1057]

Sicherlich existieren in Europa zahlreiche Sinti- und Roma-Gruppen, die bewusst unter dem Assimilationszwang der Mehrheitsbevölkerung leiden und ein ausgeprägtes Interesse daran haben, ihre kulturelle Identität zu bewahren. Dies lässt sich etwa bei den deutschen Sinti beobachten, die nicht nur Diskriminierung beklagen, sondern auch aktiv kollektivschützende Minderheitenrechte einfordern.[1058] Für das Gros der Sinti und Roma in Europa erscheinen solche Minderheitenrechte im engeren Sinne dagegen zum gegenwärtigen Zeitpunkt nicht zielführend. Im Falle von Sinti und Roma sind neben generellen politischen Maßnahmen zur Armutsbekämpfung auf juristischer Ebene vielmehr ein starker Diskriminierungsschutz und die strikte Achtung von Menschenrechten gefragt.[1059] Auch öffentliche Aufklärungsarbeit spielt eine wichtige Rolle, um

---

1056 *Murswiek* weist ausdrücklich darauf hin, dass sich die Sinti und Roma im Punkt der Diskriminierung von den anderen nationalen Minderheiten in Deutschland unterscheiden, vgl. *ders.*, Schutz der Minderheiten in Deutschland, Rn. 18.

1057 Vgl. *End*, Gutachten Antiziganismus, S. 65 f.

1058 Siehe oben: Teil 3 C. I. 4.

1059 Auf die Bedeutung des Diskriminierungsschutzes und die Achtung der Menschenrechte verweist auch deutlich: *Mappes-Niediek*, Arme Roma, böse Zigeuner, S. 51. *End* spricht davon, dass Antiziganismus durch gesetzliche Regelungen bekämpft werden müsse, womit neben einer strafrechtlichen Dimension auf Täterebene, die Stärkung der Menschenrechte und Diskriminierungsschutz im Speziellen gemeint sein dürften, vgl. *ders.*, Gutachten Antiziganismus, S. 66. Politische Maßnahmen zur Armutsbekämpfung dürfen keinesfalls roma-spezifisch ausgerichtet sein, da sonst die Gefahr besteht, dass soziale Probleme so ethnisiert werden. Vielmehr müssen solche Maßnahmen darauf gerichtet sein, die soziale Lage der Bevölkerung insgesamt zu verbessern. So auch: *Thelen*, Der lange Weg zur politischen Emanzipation, S. 37; *Goodwin/Buijs*, Making Good European Citizens of the Roma, S. 2050.

die Mehrheitsbevölkerung für die Situation der Sinti und Roma zu sensibilisieren.[1060] Dies kann etwa eine entsprechende Ausrichtung des Schulunterrichts sein. So hat das Hessische Kultusministerium 2015 eine Handreichung für den fächerübergreifenden Unterricht zu Sinti und Roma und Antiziganismus herausgegeben.[1061]

Minderheitenrechte im engeren Sinne scheinen dagegen von zweitrangiger Bedeutung zu sein. Die pauschale Aufnahme der Sinti und Roma in die Riege ethnischer beziehungsweise nationaler Minderheiten verkennt zunächst einmal ihre konkrete Situation. Gerade bei den Sinti und Roma lässt sich beobachten, dass sie auf Grund der immer wiederkehrenden Diskriminierungserfahrungen, die sie machen, oftmals dazu tendieren, sich zu assimilieren und ihre Sinti- und Roma-Identität zu verbergen.[1062] Einer Minderheit, von der sich ein großer Teil der Angehörigen freiwillig assimiliert, um der dauerhaften Stigmatisierung zu entkommen, helfen keine kollektivschützenden Minderheitenrechte in dieser Situation. Minderheitenschutz kann nur funktionieren, wenn sein Fundament stimmt, das heißt die Minderheit nicht Opfer von systematischer Diskriminierung ist. Auf die Situation der Sinti und Roma lassen sich folgende Worte des ehemaligen UN-Sonderberichterstatters *Asbjørn Eide* eins zu eins übertragen:

> *Among members of groups which are objects of discrimination due to color, race, religion or ethnic (national) origin, their priority claim is for equality: The right to enjoy equal treatment and equal protection as individuals in society. […] Their main demand is that the State takes the necessary steps to end discrimination in society and to provide adequate protection against discriminatory measures. Their initial purpose is not to be treated as a separate group – on the contrary, they want the government to ensure that persons defined by others as belonging to a particular category for purposes of discrimination are in the future treated in just the same way as other members of the society.*[1063]

Konkret auf die Sinti und Roma bezogen kommt der britisch-ungarische Rechtswissenschaftler *István Pogány* zu einer ähnlichen Einschätzung: *"Arguably, minority rights represent a luxury that many Roma, particularly those in the CEE region, are unable to benefit from because of their chronic poverty and comparative lack of formal education."*[1064]

1060 So auch: *End*, Gutachten Antiziganismus, S. 66.

1061 *Hessisches Kultusministerium*, Sinti und Roma in Deutschland und die Rolle des Antiziganismus.

1062 Dies beschreibt etwa: *Mappes-Niediek*, Arme Roma, böse Zigeuner, S. 13.

1063 *Eide*, Group Accomodation, S. 109.

1064 *Pogány*, Minority Rights and the Roma, S. 4.

Nicht auf Minderheitenrechte im engeren Sinne, sondern auf die Beendigung von Diskriminierung und auf Gleichbehandlung muss in rechtlicher Hinsicht bei den Sinti und Roma also der Fokus gelegt werden. Auch die bereits erwähnte Studie des UN-Entwicklungsprogramms aus dem Jahr 2003 zeigt deutlich, dass Sinti und Roma selbst klassischen Minderheitenrechten nicht die oberste Dringlichkeit zusprechen.[1065] Im Rahmen der Studie wurden Roma in Bulgarien, Rumänien, der Slowakei, Tschechien und Ungarn befragt, was ihrer Meinung nach die wichtigste Voraussetzung für eine gleichberechtigte gesellschaftliche Teilhabe wäre. In allen Ländern gab die Mehrheit der Befragten dem Zugang zum Arbeitsmarkt die oberste Priorität. Dagegen wurde die mediale Repräsentation, das heißt also das Unterhalten eigener Zeitungen oder Fernsehkanäle, was eine klassische Maßnahme des Minderheitenschutzes darstellen würde, einhellig als verhältnismäßig unbedeutend eingeschätzt.

Zwar beinhalten auch Instrumente des Minderheitenschutzes wie das Rahmenübereinkommen ein Diskriminierungsverbot. Und gerade Letzteres ermöglicht auf Grund seiner flexiblen Anwendbarkeit, dass im *Monitoring*-Verfahren die spezifische Situation der konkreten Minderheit einzelfallbezogen betrachtet wird und dabei das Hauptaugenmerk bei den Sinti und Roma eben auf Fragen der Diskriminierung gelegt wird. Allerdings stellt die Bekämpfung von Diskriminierung nicht das Herzstück des Minderheitenschutzes dar; er ist letztlich nur die notwendige Grundlage für die Erreichung des eigentlichen Zwecks. Daher ist es nicht nachvollziehbar, warum die rechtliche Debatte zur Verbesserung der Situation der Sinti und Roma immer um deren Status als völkerrechtliche Minderheit kreist und spezifische Minderheitenschutzinstrumente in den Fokus rückt. Passender erscheint es, die Debatte vielmehr auf das Feld klassischer Menschenrechte zu verlagern.

4. Gesellschaftliche Integration statt Betonung der Andersartigkeit

Die pauschale und undifferenzierte Behandlung der Sinti und Roma als völkerrechtliche Minderheit ist nicht nur nicht zielführend, sondern birgt auch Gefahren. Die Idee des Minderheitenschutzes ist es ja gerade, ethnische, religiöse, sprachliche und kulturelle Eigenarten der Minderheit hervorzuheben und auf Grund dessen den Minderheiten eine gewisse rechtliche Privilegierung zuzugestehen. Die Betonung von Andersartigkeit muss aber nicht immer positive

---

1065 Vgl. außerdem: *Entwicklungsprogramm der Vereinten Nationen*, The Roma in Central and Eastern Europe, S. 77. Für genauere Informationen zum Bericht des UN-Entwicklungsprogramms siehe Fn. 182.

Folgen für die betreffende Gruppe nach sich ziehen. Im Falle der Sinti und Roma werden seit jeher vermeintliche Charakteristika betont, die sie von der Mehrheitsbevölkerung angeblich unterscheiden. Diese behauptete Andersartigkeit war letztlich auch argumentative Grundlage für den Genozid an den Sinti und Roma während des Nationalsozialismus. Gerade bei den Sinti und Roma, die eine jahrhundertelange Verfolgungsgeschichte erlebt haben, ist deshalb Vorsicht geboten, wenn man sich auf angebliche kulturelle Eigenarten stützt. Auch wenn man nur im Rahmen des Minderheitenschutzes ethnische, religiöse, sprachliche und kulturelle Unterschiede betont, kann dies dazu führen, dass wohl etablierte Vorurteile und Stereotype dadurch neuen Nährboden erhalten und reproduziert werden. Im Falle der Sinti und Roma muss auf eine vollständige Integration in die Gesellschaft und ein Ende der Ausgrenzung hingearbeitet werden. Dies kann nicht durch das übermäßige Betonen von Unterschieden erreicht werden.[1066]

Minderheitenrechte im engeren Sinne verfehlen in ihrer Zielrichtung die dringendsten Probleme eines Großteils der Sinti und Roma. Autonomiezugeständnisse helfen niemandem, der in bitterer Armut lebt und dem der Zugang zu Bildung, Gesundheitsversorgung, Arbeitsmarkt und grundsätzlicher Infrastruktur weitgehend versperrt ist.[1067] Zudem gibt eine weitreichende Einbettung in das Minderheitenschutzsystem, etwa durch die Gewährung lokaler Selbstverwaltungen wie es in Ungarn teilweise auch für Roma der Fall ist, berechtigten Anlass zur Sorge, dass das Verantwortungsbewusstsein nationaler Regierungen und Autoritäten gegenüber Minderheiten minimiert wird. Auch das Europäische Parlament machte die Mitgliedstaaten in seiner Entschließung zu der sozialen Lage der Roma und der Verbesserung ihres Zugangs zum EU-Arbeitsmarkt vom 11. März 2009 auf die Gefahr aufmerksam, dass eine Behandlung der Sinti und Roma als Nation, was eng verknüpft wäre mit der Gewährung spezifischer Minderheitenrechte, „die Mitgliedstaaten ihrer Verantwortung entheben und die Möglichkeit der Integration in Frage stellen würde.“[1068] Dies kann im Fall

---

1066 An dieser Stelle kann nochmal auf das in Teil 3, C. II. 3. angeführte Zitat von UN-Sonderberichterstatter *Eide* verwiesen werden, der deutlich macht, dass es nicht das vorwiegende Interesse von diskriminierten Gruppen ist, als „separate Gruppe“ behandelt zu werden: *ders.*, Group Accomodation, S. 109. Dazu auch: *O'Nions*, Minority Rights Protection in International Law, S. 19.

1067 So auch: *Mappes-Niediek*, Arme Roma, böse Zigeuner, S. 13. Das konkrete Beispiel Ungarn aufgreifend: *Vermeersch/Ram*, The Roma, S. 65.

1068 EU, Entschließung des Europäischen Parlaments zu der sozialen Lage der Roma und der Verbesserung ihres Zugangs zum EU-Arbeitsmarkt v. 11.3.2009 (2008/2137/(INI)), ABl. C 87 E v. 1.4.2010, S. 60, 67, Rn. 51.

besonders benachteiligter Gruppen, wie der Sinti und Roma, die fatale Folge haben, dass sich auf staatlicher Ebene und innerhalb der Mehrheitsbevölkerung die Meinung durchsetzt, dass die Minderheiten ihre Probleme selbst lösen sollen und sie letztlich für ihre Misere selbst verantwortlich gemacht werden.[1069] Schließlich sei angemerkt, dass der Minderheitenschutz, je nachdem wie er genau ausgestaltet wird, fragwürdigen kulturellen Praktiken wenig entgegensetzt, sondern sie als schutzwürdige Bräuche und Traditionen behandelt. Gerade bei manchen Sinti- und Roma-Gruppen, bei denen die Doppel-Diskriminierung von Frauen und Kindern zum Teil ein Problem darstellt, ist es zum Schutz dieser besonders gefährdeten Mitglieder von zentraler Bedeutung, dass Missstände gezielt adressiert und nicht als kulturelle Merkmale verbucht werden.

5. *Beispiel: Das Recht auf eigene Bildungseinrichtungen*

Wie wenig klassische Minderheitenrechte mit der Situation vieler Sinti und Roma kompatibel sind, lässt sich am Beispiel eines speziellen Minderheitenrechts veranschaulichen. Das Recht, eigene Bildungs- und Ausbildungseinrichtungen zu gründen und zu betreiben, wie es etwa in Art. 13 Abs. 1 des Rahmenübereinkommens zum Schutz nationaler Minderheiten verankert ist, stellt eine klassische Gewährleistung im Bereich des Minderheitenschutzes dar, die den Minderheiten ein Stück weit kulturelle Autonomie zugesteht. In Deutschland etwa unterhält die dänische Minderheit in Schleswig-Holstein ein gut ausgebautes Privatschulsystem. Nun lässt sich argumentieren, dass sich die Errichtung eigener Schulen schon allein deshalb nicht so einfach realisieren ließe, weil die Sinti und Roma kein angestammtes Siedlungsgebiet besitzen, sondern meist über das jeweilige Staatsgebiet verteilt leben.

Das eigentliche Problem liegt aber an anderer Stelle. Eine solche Sonderbehandlung ist letztendlich nicht weit von der Segregation entfernt, die die Sinti und Roma im Bildungsbereich seit langer Zeit erfahren.[1070] In vielen osteuropäischen Staaten wie Tschechien existieren trotz Protesten internationaler Organisationen und Verurteilungen durch den Europäischen Gerichtshof für Menschenrechte separate Roma-Schulen oder -Klassen. Die dortige Situation unterscheidet sich natürlich von der Situation der Dänen in Schleswig-Holstein: Die Roma verwalten ihre Schulen nicht selbst und die dortige Separierung knüpft nicht an die Idee kultureller Autonomie, sondern an die Vorstellung an, dass Roma-Kinder

---

1069 Diese Gefahr sieht auch: *O'Nions*, Minority Rights Protection in International Law, S. 253. Außerdem: *Norbert Mappes-Niediek*, Der Geruch der Armut.

1070 Diese Parallele zieht auch: *Kovats*, The politics of Roma identity.

im normalen Unterricht überfordert sind. Wie auch die dem Minderheitenschutz inhärente Idee von einem selbstbestimmten Bildungswesen, baut auch die Schulsituation osteuropäischer Roma auf einer vermeintlichen Andersartigkeit der Betroffenen auf. Selbst wenn Separation zum Erreichen kultureller Autonomie stattfindet, ist sie nicht das richtige Mittel, um antiziganistische Vorurteile abzubauen. Um Chancengleichheit im Bildungssystem herzustellen und die systematische Diskriminierung im Bildungswesen, die den Sinti und Roma entgegenschlägt, abzubauen, bedarf es einer vollständigen Integration der Sinti und Roma in das Bildungssystem der Mehrheitsgesellschaft und nicht der Gründung separater Schulen, die die gesellschaftliche Isolation von Sinti und Roma weiter vorantreibt.[1071]

6. *Förderung gesellschaftlicher Exklusion und antiziganistischer Stereotype durch Minderheitenrechte*

Was hier für den Bildungssektor aufgezeigt wurde, gilt letztlich für alle Lebensbereiche. Minderheitenrechte für Sinti und Roma führen gerade nicht zu ihrer Inklusion in die Gesellschaft, sondern zementieren unter dem vermeintlich positiven Deckmantel des Minderheitenschutzes im schlimmsten Fall ihre gesellschaftliche Abseitsposition.

Die Gewährung von Sonderrechten für Minderheiten soll zwar dazu dienen, gesellschaftlichen Frieden herzustellen, indem die besonderen Bedürfnisse der Minderheiten berücksichtigt werden und damit ihrer kulturellen, ethnischen, sprachlichen oder religiösen Andersartigkeit Geltung verschafft wird. Gleichzeitig bringt ein weitläufiger Minderheitenschutz immer das Risiko mit sich, dass er die Feindseligkeit, Missgunst und Ablehnung der Mehrheit gegenüber der in ihren Augen privilegierten Minderheiten schürt. Dies ist insbesondere bei solchen Minderheiten, die *per se* von Diskriminierung und Ausgrenzung betroffen sind, stets zu beachten. Dies gilt dementsprechend auch für Sinti und Roma: *"If one wants to avoid increasing the misrecognition of the Roma, the option of group rights, including self-government must be handled with extreme caution."*[1072]

Ein regulärer Minderheitenschutz, der ja, wie aufgezeigt wurde, zumindest mittelbar kollektivschützend ausgelegt ist, ist in Bezug auf die Sinti und Roma auch insofern problematisch, als dass sie von der Mehrheitsgesellschaft ohnehin oftmals automatisch als homogenes Kollektiv wahrgenommen werden und

1071 In diesem Sinne auch: *Pogány*, Minority Rights and the Roma, S. 20; *Kovats*, The politics of Roma identity.

1072 *O'Nions*, Minority Rights Protection in International Law, S. 58.

der Einzelne unabhängig seiner tatsächlichen Lebensumstände (Bildung, wirtschaftliche und soziale Stellung *et cetera*) so zur Projektionsfläche stereotyper Zuschreibungen wird, wenn er als Sinto oder Rom erkannt wird. In besonderem Maße wird den Sinti und Roma so eine Kollektividentität auferlegt. Dass eine rechtliche Fixierung auf die Gruppe und insbesondere ein auf das Kollektiv bezogener völkerrechtlicher Minderheitenschutz unter bestimmten Umständen sogar einen Identitätszwang produzieren können, wurde bereits im Kapitel über den völkerrechtlichen Minderheitenschutz erläutert.[1073] Es besteht gerade im Fall der Sinti und Roma also die Gefahr, dass ein kollektivschützender Minderheitenschutz das in der Mehrheitsbevölkerung bereits verbreitete pauschale und undifferenzierte Bild der Sinti und Roma weiter zementiert und der Einzelne ungeachtet seiner individuellen Situation automatisch mit sämtlichen Sinti- und Roma-Stereotypen belegt wird.[1074]

7. Ergebnis

Auch bezüglich seiner Zielrichtung lässt der Minderheitenschutz in Bezug auf die Sinti und Roma starke Bedenken aufkommen. Anders als andere Minderheiten sind sie in besonders hohem Maße von Ausgrenzung, Diskriminierung und Marginalisierung betroffen. Die Mehrheit der Sinti- und Roma-Gemeinschaften kann aus Minderheitenrechten, die auf Kulturerhalt und Identitätswahrung abzielen, zum jetzigen Zeitpunkt keinen Nutzen ziehen. Dringend erforderlich auf juristischer Ebene ist dagegen der Kampf gegen Diskriminierung und die Stärkung von Menschenrechten. Zwar beinhalten auch Minderheitenschutzinstrumente ausnahmslos Diskriminierungsverbote und klassische Menschenrechte; flexible Instrumente wie das Rahmenübereinkommen erlauben auch eine unterschiedliche Schwerpunktsetzung hinsichtlich der konkreten Bedürfnisse der einzelnen Minderheiten. Nichtsdestotrotz liegt der Schwerpunkt des Minderheitenschutzes auf dem Schutz des Kollektivs beziehungsweise der kulturellen Entfaltung des Einzelnen als Angehöriger der Minderheit.[1075]

1073 Siehe dazu: Teil 2, B. V. 2.

1074 Ebenso hierauf verweisend: *Pogány*, Minority Rights and the Roma, S. 16.

1075 Zwar werden auch progressive Ansätze, etwa durch das *Advisory Committee*, vertreten, wonach die Forderung nach Einbeziehung neuer Minderheiten und entsprechend auch das Ziel der gesellschaftlichen Teilhabe in den Fokus gestellt werden. Nichtsdestotrotz vertritt ein Großteil der Staaten einen solchen Ansatz nicht, sondern betrachtet den Minderheitenschutz primär als Instrument für den Erhalt der kulturellen Identität alteingesessener Minderheiten.

Dies heißt nicht, dass Sinti und Roma gänzlich vom Minderheitenschutz ausgenommen werden sollen. Angehörige einzelner Sinti- und Roma-Gruppen, die sich dem Assimilationszwang entgegen setzen wollen, können durchaus Träger entsprechender Rechte sein. Für die Mehrheit der Sinti- und Roma-Gemeinschaften sind dezidierte Minderheitenrechte allerdings im Moment nicht zielführend. Ganz im Gegenteil, die Fokussierung auf Minderheitenschutzregeln birgt die Gefahr, dass das rechtlich eigentlich Relevante, nämlich die Wahrung von Menschenrechten und die Integration in die Gesellschaft, ins Hintertreffen gelangt.[1076] Außerdem bringt die Gewährung von Minderheitenrechten stets eine Betonung der Andersartigkeit der Minderheit mit sich. Gerade die Betonung ihrer Andersartigkeit hat aber bei Sinti und Roma seit Jahrhunderten zu ihrer Ausgrenzung, Diskriminierung und Verfolgung geführt.

Um die Lage der Sinti und Roma in Europa zu verbessern, kommt es auf juristischer Ebene also zuvörderst auf die Stärkung von Menschenrechten, insbesondere auf die Bekämpfung von Diskriminierung an. Vonnöten sind dafür eine entsprechende Rechtsprechung, eine klare Antidiskriminierungsgesetzgebung sowie die Schaffung rechtlicher Grundlagen für *affirmative action*-Maßnahmen. Hier kommt nicht nur den einzelnen Nationalstaaten Verantwortung zu. Da Sinti und Roma gerade keinen *kin-state* haben, der ihre Interessen vertreten kann, sind internationale Organisationen in besonderem Maße für den Schutz der Sinti und Roma bedeutend.[1077] Die primäre Notwendigkeit eines starken Diskriminierungs- und Menschenrechtsschutzes zu Gunsten der Sinti und Roma spiegelt sich letztlich auch in den Arbeiten internationaler Organisationen wieder. Selbst im Rahmen von völkerrechtlichen Minderheitenschutzsystemen sind die Maßnahmen, die für eine Verbesserung der Sinti und Roma als besonders dringlich empfunden werden, überwiegend im Bereich des Diskriminierungsschutzes angesiedelt. Aspekte des Minderheitenschutzes im engeren Sinne treten deutlich in den Hintergrund.

1076 Ähnliche Bedenken äußert: *Mappes-Niediek*, Der Geruch der Armut.

1077 Vgl. *Murray*, Should Immigrants or Roma and Sinti be Regarded as Minorities?, S. 226.

Teil 4 Die EMRK und ihre Bedeutung für die Rechte von Sinti und Roma

Da der völkerrechtliche Minderheitenschutz für sich alleine, wie im vorangegangenen Teil gezeigt wurde, kein verlässliches Instrument zur Verbesserung der Situation der europäischen Sinti und Roma zu sein scheint, muss das Augenmerk auf andere rechtliche Schutzmechanismen verlagert werden, die die Probleme der Sinti und Roma besser adressieren. Vor allem ein starker Diskriminierungsschutz ist hier gefragt, der im Völkerrecht primär in Menschenrechtsabkommen in Form von Diskriminierungsverboten gewährleistet wird. Zum erfolgreichsten völkerrechtlichen Menschenrechtsschutzsystem weltweit hat sich die Europäische Menschenrechtskonvention entwickelt. Da sie einen umfassenden Menschenrechts- und Diskriminierungsschutz gewährleistet und gleichzeitig einen mittelbaren Beitrag zum Minderheitenschutz leisten kann[1078], scheint die EMRK auf den ersten Blick ein Rechtsinstrument zu sein, das die Bedürfnisse der Sinti und Roma besser aufgreift als spezifische Instrumente des Minderheitenschutzes. Inwieweit sie tatsächlich die Möglichkeit bietet, zu einer Verbesserung der Situation der Sinti und Roma beizutragen und ob beziehungsweise inwieweit der EGMR in seiner Rechtsprechung bisher von diesen Möglichkeiten Gebrauch gemacht hat, soll im Folgenden analysiert werden.

A. Vorabeinschätzung der Bedeutung der EMRK

Bevor anhand einer ausführlichen Begutachtung der Rechtsprechung des EGMR analysiert wird, inwieweit die EMRK adäquate Antworten auf die Situation der Sinti und Roma bieten kann, soll hier zunächst eine erste Einschätzung zu ihrer diesbezüglichen Bedeutung abgegeben werden.

I. Urteile des EGMR mit Sinti- und Roma-Bezug

Die EMRK ist nicht nur das weltweit erfolgreichste völkerrechtliche Menschenrechtsschutzsystem, vielmehr hat sich der EGMR, vor dem die Regelungen der EMRK justiziabel sind, auch im konkreten Bereich bereits hervorgetan. Bis dato wurden von der Kammer und der Großen Kammer weit über 50 Fälle entschieden, in denen die Beschwerdeführer Sinti und Roma waren und der Sachverhalt

---

1078 Siehe Teil 2, D. IV. 2. a.

des Falles damit im Zusammenhang stand. Der EGMR ist folglich der zentrale judikative Ort, an dem auf völkerrechtlicher Ebene die konkrete Auseinandersetzung mit der menschenrechtlichen Situation von Sinti und Roma stattfindet.

Trotz der stattlichen Anzahl von Urteilen zum Thema wird der EGMR nur selten erwähnt, wenn es darum geht, welche Akteure des internationalen Rechts sich um die Stärkung der Rechte der Sinti und Roma verdient gemacht haben. Obwohl unter den Urteilen mit Sinti- und Roma-Bezug sogar einige generelle Leitentscheidungen des EGMR zu finden sind[1079], denen eine wichtige grundsätzliche Bedeutung für die EMRK als *living instrument* zukommt, sind es nur einige wenige Urteile, über die regelmäßig zu lesen ist, wenn es um die Rolle geht, die die EMRK für die Rechte von Sinti und Roma spielt. Stets Erwähnung finden vor allem die Beschwerden britischer *"gypsies"* aus den 1990er und 2000er Jahren gegen vom Vereinigten Königreich erlassene Abstellverbote für Wohnwägen.[1080]

Die überwiegende Anzahl der Individualbeschwerden von Sinti und Roma richtete sich bislang gegen osteuropäische Staaten, wobei hier Bulgarien und Rumänien entsprechend ihrer hohen Roma-Populationen an der Spitze stehen. Vereinzelt gab es aber auch Beschwerden gegen westeuropäische Länder wie Frankreich, Italien, das Vereinigte Königreich und Spanien.

II. Faktischer Zugang zur Beschwerdemöglichkeit

Auch wenn gemäß Art. 34 EMRK der Weg der Individualbeschwerde allen natürlichen Personen offen steht, ist der Zugang zum Gerichtshof für viele Sinti

1079 Beispielsweise: EGMR, *Nachova u.a./Bulgarien* [GK], Nr. 43577/98 u. 43579/98, Urteil v. 6.7.2005, Reports 2005-VII = EuGRZ 22–23 (2005), S. 693 (deutsche Übersetzung, auszugsweise) sowie *D.H. u.a./.Tschechische Republik* [GK], Nr. 57325/00, Urteil v. 13.11.2007, Reports 2007-IV = NJW 28 (2008), S. 2017 (Leitsätze) = EuGRZ 5–7 (2009), S. 90 (deutsche Übersetzung, auszugsweise) = NVwZ 5 (2008), S. 533 (deutsche Übersetzung, auszugsweise).

1080 EGMR, *Buckley./.Vereinigtes Königreich*, Nr. 20348/92, Urteil v. 25.9.1996, Reports 1996-IV; *Chapman./.Vereinigtes Königreich* [GK], Nr. 27238/95, Urteil v. 18.1.2001, Reports 2001-I; *Beard./.Vereinigtes Königreich* [GK], Nr. 24882/94, Urteil v. 18.1.2001; *Coster./.Vereinigtes Königreich* [GK], Nr. 24876/94, Urteil v. 18.1.2001; *Lee./.Vereinigtes Königreich* [GK], Nr. 25289/94, Urteil v. 18.1.2001; *Jane Smith./.Vereinigtes Königreich* [GK], Nr. 25154/94, Urteil v. 18.1.2001; *Connors./.Vereinigtes Königreich*, Nr. 66746/01, Urteil v. 27.5.2004. *Heun* beispielsweise geht nur näher auf die eben genannten Urteile ein: *dies.*, Minderheitenschutz der Roma in der EU, S. 68 ff.

und Roma erschwert.[1081] Oftmals fehlt das bloße Wissen über die Existenz einer Beschwerdeinstanz wie dem EGMR und gerade besonders benachteiligte Sinti und Roma sind auf Grund ihres niedrigen Bildungsniveaus allein nicht in der Lage, eine Individualbeschwerde einzulegen. An dieser Stelle muss auf die vergleichsweise hohe Analphabetenrate unter Sinti und Roma hingewiesen werden. Auch der Zugang zu einem engagierten Rechtsanwalt dürfte gerade im Falle vieler Sinti und Roma deutlich erschwert sein.

Nicht erst im Zuge der Einlegung der Individualbeschwerde, sondern bereits zuvor bei der Erschöpfung des innerstaatlichen Rechtswegs, was gemäß Art. 35 Abs. 1 EMRK Zulässigkeitsvoraussetzung für die Individualbeschwerde ist, sind Sinti und Roma daher häufig auf Unterstützung angewiesen. Hier kommt vor allem Nichtregierungsorganisationen eine wichtige Bedeutung zu. In besonderem Maße engagiert sich das *European Roma Rights Center* (ECCR) in Budapest, welches im Wege sogenannter *stratetic litigation* versucht, antiziganistische Diskriminierung aufzudecken und zu bekämpfen.[1082] Das ECCR initiiert nationale und internationale Gerichtsverfahren und leistet hierbei finanzielle aber auch professionelle Unterstützung. Bei einer Vielzahl der Fälle vor dem EGMR war das ECCR im Sinne des Art. 36 Abs. 2 EMRK als Dritter beteiligt und konnte Stellungnahmen abgeben.

III. Die Wirkungskraft der EGMR-Urteile

1. *Die Bedeutung der EMRK als Katalog justiziabler Garantien*

Mit ihrer Endgültigkeit werden die Urteile des EGMR unanfechtbar und somit formell und materiell rechtskräftig.[1083] Letzteres bedeutet, dass die Parteien des

---

1081 Vgl. *O'Nions*, Minority Rights Protection in International Law, S. 94. Auch der Hohe Kommissar für Minderheiten der OSZE forderte in seinem Bericht über die Lage der Sinti und Roma im OSZE-Gebiet aus dem Jahr 2000 die Staaten dazu auf, Maßnahmen zu ergreifen, die den Zugang zu Gerichten für Angehörige der Sinti und Roma erleichtern: OSZE, Hoher Kommissar für Nationale Minderheiten, Report on the Situation of Roma and Sinti in the OSCE Region v. 10.3.2000, Teil VII. A., Recommendation No. 13, verfügbar unter: http://www.osce.org/hcnm/32350?download=true (zuletzt aufgerufen am 12.6.2018).

1082 Zur sog. *strategic litigation* des ERRC, siehe dessen Homepage: http://www.errc.org/strategic-litigation (zuletzt aufgerufen am 12.6.2018). Auf die Relevanz des ERRC verweisend: *Pogány*, Minority Rights and the Roma, S. 6.

1083 Die Urteile der Großen Kammer sind endgültig; die Urteile der Kammern sind drei Monate nach ihrem Datum endgültig, wenn keine Verweisung an die Große Kammer beantragt wird oder eine solche abgelehnt wird (Art. 44 EMRK).

Verfahrens an den Inhalt der Urteile gebunden sind. Die Urteile entfalten allerdings nur eine *inter-partes*-Wirkung, das heißt sie sind gemäß Art. 46 Abs. 1 EMRK nur für den beklagten Mitgliedstaat verpflichtend. In sachlicher Hinsicht beschränkt sich die Rechtskraft auf den Sachverhalt des Falles und die darauf gerichteten Beschwerdevorbringen.

Der Gerichtshof stellt lediglich die Konventionsrechtsverletzung fest; zur Aufhebung innerstaatlicher Gesetze oder Rechtsakte ist er nicht befugt. Der Staat ist allerdings verpflichtet, die Verletzung des Konventionsrechts abzustellen und eine Wiedergutmachung für die sich aus der Konventionsrechtsverletzung ergebenden Folgen zu leisten, das heißt insbesondere den ursprünglichen Zustand wiederherzustellen. Der Gerichtshof kann nach Maßgabe des Art. 41 EMRK der verletzten Partei eine gerechte Entschädigung in Geld zusprechen.

Über die Rechtswirkung hinaus, ergibt sich aus den Urteilen zudem eine Orientierungswirkung.[1084] Diese betrifft zum einen den verurteilten Staat hinsichtlich anderer, parallel gelagerter Fälle. Darüber hinaus betrifft die Orientierungswirkung andere Staaten, die das Urteil zur Kenntnis nehmen und ihr zukünftiges Handeln entsprechend konventionsrechtskonform ausrichten.

Gemäß Art. 46 Abs. 2 EMRK ist das Ministerkomitee mit der Durchsetzung der Urteile betraut. Dabei handelt es sich aber nicht um einen echten Vollstreckungsmechanismus, das heißt ein Urteil kann nicht durch das Ministerkomitee mit Zwang in einem Mitgliedstaat durchgesetzt werden. Vielmehr überwacht das Ministerkomitee anhand eines speziellen Verfahrens die Umsetzung in öffentlicher Weise. Das Ministerkomitee übt hier vor allem politischen Druck aus, der den Mitgliedstaat zur Umsetzung des Urteils veranlassen soll. Als finales Mittel steht dem Ministerkomitee die Möglichkeit zu, dem Mitgliedstaat vorläufig die Vertretung zu entziehen oder ihn aufzufordern, seinen Austritt aus dem Europarat zu erklären (Art. 8 der Satzung des Europarats). Beide Mittel wurden bislang noch nie angewendet. Ein relativ neues Mittel, um auf Verstöße gegen die Verfolgungspflicht nach Art. 46 Abs. 1 EMRK zu reagieren, wurde dem Ministerkomitee mit den sogenannten *infringement proceedings* gemäß Art. 46 Abs. 4 und 5 EMRK an die Hand gegeben. Demnach kann das Ministerkomitee den Gerichtshof mit der Frage befassen, ob der Staat ein Urteil befolgt hat.

In dringenden Fällen hat der Gerichtshof die Möglichkeit, vorübergehende Maßnahmen (*interim-measures*) gemäß Art. 39 der EGMR-Verfahrensordnung anzuordnen. Im Juli 2015 stoppte der EGMR beispielsweise vorübergehend die

---

1084 Vgl. hierzu: *Grabenwarter/Pabel*, EMRK, § 16, Rn. 8 f.

Zerstörung einer illegalen Roma-Siedlung in der bulgarischen Stadt Gurmen bis alternativer Wohnraum für die betroffenen Bewohner gefunden wurde.

An diesen Charakteristika des EMRK-Menschenrechtschutzsystems zeigt sich bereits der deutliche Unterschied zu den klassischen Minderheitenschutzinstrumenten wie dem Rahmenübereinkommen und der Sprachencharta. Diese basieren lediglich auf einem *Monitoring*-Verfahren, im Rahmen dessen letztlich reine Empfehlungen an die Staaten gerichtet werden. Justiziabel sind die in den Minderheitenschutzinstrumenten verbrieften Regelungen nicht.[1085] Selbstverständlich ist auch der Straßburger Gerichtshof auf die Kooperationsbereitschaft der Staaten angewiesen, wenn es um die Durchsetzung seiner Urteile geht. Auch das Ministerkomitee, welches mit der Durchsetzung der EMRK betraut ist, hat nur begrenzte Handhabe auf politischer Ebene, wenn ein verurteilter Mitgliedstaat ein Urteil nicht umsetzt. Nichtsdestotrotz sind beide Systeme in ihrer Wirkungskraft grundverschieden. Der EMRK-Menschenrechtsschutz setzt hier völlig andere Maßstäbe, indem der EGMR für die Staaten verbindliche Urteile verlässt.

2. Der Einzelfall als Teil einer erweiterten Strategie

Der EGMR entscheidet über Einzelfälle, das heißt die Urteile beeinflussen in unmittelbarer Weise einzig die Situation der Beschwerdeführer, da von ihnen lediglich für den adressierten Staat Bindungswirkung ausgeht. Mit dem einzelnen Urteil geht zweifellos keine Welle der Veränderung für die Gesamtheit der Sinti und Roma einher. Aber einzelne Fälle, die Verletzungen individueller Menschenrechte von Sinti und Roma betreffen, können durchaus als Teil einer erweiterten juristischen Strategie gesehen werden. Diese Strategie, die beispielsweise von Nichtregierungsorganisationen wie dem bereits erwähnten *European Roma Rights Center* verfolgt wird, besteht darin, derartige Fälle gezielt und stetig vor den EGMR zu bringen, sodass sich die Rechtsprechung verfestigt und immer detailliertere Anforderungen an das staatliche Handeln von den Richtern formuliert werden. So soll durch *standard setting* auf judikativer Ebene dazu beigetragen werden, längerfristig die inakzeptablen rechtlichen, sozialen und politischen

1085 Eine Ausnahme macht hier lediglich Art. 27 Zivilpakt. Das Fakultativprotokoll räumt dem einzelnen eine Beschwerdemöglichkeit vor dem UN-Menschenrechtsausschuss ein, welche auch Art. 27 umfasst. Allerdings gilt der Ausschuss nur als *quasi-judicial body*. Siehe dazu: Teil 2, D. I. 1. d.

Zustände, die eine Vielzahl von Angehörigen der Sinti und Roma in den Vertragsstaaten betreffen, erfolgreich zu bekämpfen.[1086]

3. *Die Individualbeschwerde als* Empowerment-*Prozess*

Die Urteile des EGMR ermöglichen es den Beschwerdeführern nicht nur in manchen Fällen eine Entschädigung des verurteilten Staates zu erhalten, sondern motivieren im besten Fall auch die Betroffenen, sich weiter für die eigenen Rechte einzusetzen und zwar über nationale Grenzen hinweg.[1087] Dem einzelnen die Möglichkeit zu geben, sich selbst an ein überstaatliches Gericht zu wenden, die Verletzung eigener Konventionsrechte zu beklagen und unter Umständen sogar eine Geldsumme als Schadensausgleich zugesprochen zu bekommen, kann als wichtiger *Empowerment*-Prozess angesehen werden, den Europas Sinti und Roma dringend benötigen.[1088] Auch andere Sinti und Roma werden womöglich durch die Rechtsprechung des EGMR ermutigt, den sie betreffenden Rassismus und die sozialen Probleme weiter zur Sprache zu bringen.[1089]

4. *Öffentlichkeitswirkung der Urteile*

Auch wenn der EGMR letztlich die Konventionsrechtsverletzung im Einzelfall prüft, haben die Urteile nicht allein eine Wirkung auf die Situation der Beschwerdeführer, sondern auch auf die Öffentlichkeit. Zum Teil erfahren Entscheidungen des EGMR, insbesondere die Urteile der Kammer und der Großen Kammer, eine relativ große mediale Aufmerksamkeit und finden öffentliche Beachtung über den beklagten Mitgliedstaat hinaus. Benennt der EGMR in einem seiner Urteile in deutlicher Sprache die vorgefallenen Menschenrechtsverletzungen gegenüber Sinti und Roma, erfährt die Öffentlichkeit nicht nur, dass die rassistische Diskriminierung von Sinti und Roma existent und weit verbreitet ist, sondern zudem, dass diese mit internationalem Recht nicht vereinbar ist.[1090]

Selbstverständlich ist die Anzahl der Fälle, die letztlich vor der Kammer oder der Großen Kammer landen, verschwindend gering im Verhältnis zu der Anzahl

---

1086 Dazu auch: *Pogány*, Minority Rights and the Roma, S. 6. Zur sog. *strategic litigation* des ERRC, siehe deren Homepage: http://www.errc.org/strategic-litigation (zuletzt aufgerufen am 12.6.2018). Zum ERRC siehe bereits: Teil 1, C. IV.

1087 So auch: *Cahn*, Die Rechte der Roma, S. 177.

1088 So auch: *O'Nions*, Minority Rights Protection in International Law, S. 16 f.; *Pogány*, Minority Rights and the Roma, S. 23 f.

1089 So auch: *Goldston*, The Struggle for Roma Rights, S. 315.

1090 Dazu auch: *Goldston*, Race discrimination litigation in Europe.

der eingehenden Beschwerden insgesamt. Um der Flut an Beschwerden Herr zu werden, sah sich der Gerichthof gezwungen, einen Reformprozess anzustoßen, um einen effizienteren Umgang mit der Vielzahl an Beschwerden zu finden. Durch das 14. Zusatzprotokoll, welches 2010 in Kraft trat, wurde etwa die Möglichkeit geschaffen, dass auch der Einzelrichter (*single judge*) gemäß Art. 27 Abs. 1 EMRK Beschwerden für unzulässig erklären oder sie aus dem Register streichen kann (*strike-out*), zum Beispiel wenn die Streitigkeit bereits einer Lösung zugeführt worden ist. Von den 53.500 eingegangenen Beschwerden im Jahr 2016 wurde ganze 27.300 Fälle wegen vermuteter Unzulässigkeit direkt dem Einzelrichter zugeordnet.[1091] Auch die Mehrheit der Fälle, in denen Sinti und Roma die Beschwerdeführer sind, scheitert vermutlich an den hohen Zulässigkeitshürden oder wird aus dem Register gestrichen.[1092] Nichtsdestotrotz existiert eine beachtliche Anzahl an Urteilen der Kammer und der Großen Kammer mit Sinti- und Roma-Bezug, die so auch die entsprechende Öffentlichkeit erhalten.

IV. Ergebnis

Da die Urteile des EGMR für die adressierten Staaten verbindlich sind und bereits eine Fülle von Urteilen existiert, die einen Sinti- und Roma-Bezug aufweisen, sodass in bestimmten Bereichen schon von *standard-setting* gesprochen werden kann, lässt sich auf den ersten Blick vorsichtig eine positive Bilanz hinsichtlich der Bedeutung der Rechtsprechung des EGMR für die Situation der Sinti und Roma ziehen. Die Öffentlichkeitswirkung, die die Entscheidungen der Kammer und der Großen Kammer in manchen Fällen erzielen, bietet außerdem eine große Chance, weiter für den bestehenden Antiziganismus zu sensibilisieren. Die Einlegung einer zulässigen Individualbeschwerde ist an hohe Voraussetzungen geknüpft. Hier dürfte ein Großteil der Sinti und Roma auf Hilfe angewiesen sein. Nichtregierungsorganisationen wie das *European Roma Rights Center* knüpfen hieran an und leisten im Bereich der sogenannten *strategic litigation* wichtige Hilfe für die Betroffenen. Eine wirkliche Bewertung der Bedeutung

1091 EGMR, Analysis of Statistics 2016, S. 4, verfügbar unter: http://www.echr.coe.int/Documents/Stats_analysis_2016_ENG.pdf (zuletzt aufgerufen am 12.6.2018).

1092 Beispiele für *strike-outs*, allerdings durch die Kammer, sind die Fälle *Kalanyos u.a./.Rumänien* und *Gergely./.Rumänien*. In beiden Fällen waren die Beschwerdeführer Roma und die Kammer ordnete letztlich die Streichung aus dem Register an, da die rumänische Regierung eine Konventionsverletzung anerkannt hatte, sich bereit erklärt hatte, eine Entschädigung zu zahlen und der Gerichtshof bereits einen ähnlichen Fall entschieden hatte: EGMR, Kalanyos u.a./.Rumänien, Nr. 57884/00, Urteil v. 26.4.2007; Gergely./.Rumänien, Nr. 57885/00, Urteil v. 26.4.2000.

der EGMR-Rechtsprechung kann aber erst nach einer Analyse der einzelnen Urteile erfolgen.

B. Das Sinti- und Roma-Bild des EGMR

Der Urteilsanalyse vorausgeschickt werden soll zunächst eine Begutachtung, welches Sinti- und Roma-Bild der Gerichtshof in seiner Rechtsprechung vermittelt. Dies ist deshalb interessant, weil das vorherrschende Bild von Sinti und Roma oftmals mit Stereotypen behaftet ist und es sich bereits im Verlauf dieser Arbeit gezeigt hat, dass auch internationale Organisationen auf ebensolche Stereotype zurückgegriffen haben.

Es ist nicht verwunderlich, dass dem damaligen allgemeinen Sprachgebrauch entsprechend die Bezeichnung *"gypsy"* auch die Rechtsprechung des EGMR in den 1990er Jahren dominiert hat.[1093] Allerdings findet sich diese Begrifflichkeit als vom Gerichtshof verwendete Bezeichnung auch noch in einigen Urteilen, die nach der Jahrtausendwende gefällt wurden.[1094] Auffallend ist jedoch, dass der EGMR nicht immer eine saubere Differenzierung vorgenommen hat, wenn es um den sogenannten *"gypsy-background"* ging. Dies betrifft ausgerechnet die prominenten Wohnwagen-Fälle beziehungsweise *"gypsy-cases"* des EGMR, in denen sich britische *"gypsies"* über Abstellverbote für ihre Wohnwägen beschwerten.[1095] Unter mehreren Aspekten sind diese Urteile kritisch zu sehen: Der Gerichtshof verwendete die allgemeine Bezeichnung *"gypsy"* und ließ dabei aber offen, ob es sich bei den Beschwerdeführern um ethnische Sinti und Roma oder nicht vielmehr um *Irish Travellers* handelte, welche gerade keine Sinti und Roma in ethnischem Sinne sind. Angesichts ihrer weiten Verbreitung in Großbritannien ist es zumindest nicht unwahrscheinlich, dass es sich um letztere handelte und nicht um Sinti und Roma. Die fehlende terminologische Differenzierung in den

---

1093 Vgl. EGMR, *Buckley./.Vereinigtes Königreich*, Nr. 20348/92, Urteil v. 25.9.1996, Reports 1996-IV.

1094 Vgl. etwa: EGMR, *Chapman./.Vereinigtes Königreich* [GK], Nr. 27238/95, Urteil v. 18.1.2001, Reports 2001-I; *Aksu./.Türkei* [GK], Nr. 4149/04 und 41029/04, Urteil v. 15.3.2012, Reports 2012-I.

1095 EGMR, *Buckley./.Vereinigtes Königreich*, Nr. 20348/92, Urteil v. 25.9.1996, Reports 1996-IV; *Chapman./.Vereinigtes Königreich* [GK], Nr. 27238/95, Urteil v. 18.1.2001, Reports 2001-I; *Beard./.Vereinigtes Königreich* [GK], Nr. 24882/94, Urteil v. 18.1.2001; *Coster./.Vereinigtes Königreich* [GK], Nr. 24876/94, Urteil v. 18.1.2001; *Lee./.Vereinigtes Königreich* [GK], Nr. 25289/94, Urteil v. 18.1.2001; *Jane Smith./.Vereinigtes Königreich* [GK], Nr. 25154/94, Urteil v. 18.1.2001; *Connors./.Vereinigtes Königreich*, Nr. 66746/01, Urteil v. 27.5.2004.

Urteilen wird auch in der Literatur meist kritiklos aufgenommen. Dabei wird automatisch davon ausgegangen, dass es sich bei den Beschwerdeführern um Sinti und Roma handelte.[1096]

Hinzu kommt ein weiteres Problem: Wenn der EGMR etwa in *Buckley./. Vereinigtes Königreich* ganz generell vom sogenannten *"gypsy way of life"* beziehungsweise vom *"gypsy lifestyle"* oder in *Chapman./. Vereinigtes Königreich* von der *"gypsy identity"* spricht und damit eine nichtsesshafte Lebensweise und ein Leben im Wohnwagen meint, generalisiert er und reproduziert das alte Stereotyp vom nomadischen „Zigeuner" – erst recht, wenn er begrifflich nicht differenziert, wer mit *"gypsy"* gemeint ist.[1097] Auf die Beschwerdeführer mochte dieser Lebensstil zutreffen, aber nicht auf Sinti und Roma generell. Der Gerichtshof zeichnete hier aber ein homogenes Bild einer allgemeinen *"gypsy"*-Kultur mit pauschaler Gültigkeit. Auch wenn der sprachliche Umgang des Gerichtshofs durch die Vorbringen der Beschwerdeführer, die selbst Begriffe wie *"gypsy tradition"* in ihren Stellungnahmen verwendet hatten, und der Tatsache, dass das britische Recht unter den Begriff *"gypsy"* generell Personen mit nomadischem Lebensstil definiert, beeinflusst wurde[1098], wäre hier doch zu erwarten gewesen, dass der EGMR als Menschenrechtsgerichtshof eine differenziertere Herangehensweise findet.

Seit der Jahrtausendwende bemüht sich der Gerichtshof sichtlich darum, ein authentisches Bild der Lebensrealität der Sinti und Roma in den jeweiligen Ländern zu erlangen und dies zur Grundlage seiner Urteile zu machen. So wird im Urteil zu *Yordanova u.a./.Bulgarien* bereits zu Beginn des Tatbestands darauf hingewiesen, dass die Mehrheit der bulgarischen Roma (mittlerweile) sesshaft ist und eben keine nomadische Lebensweise verfolgt.[1099] Auch historische Hintergründe bezieht der Gerichtshof mittlerweile in seine Entscheidungsgründe mit ein, wie sich etwa aus dem Urteil der Großen Kammer zum Fall *D.H. u.a./. Tschechische Republik* ergibt, in dem sich ein einseitiger Kurzüberblick

---

1096 Einen ausdrücklichen Bezug der besagten Urteile zur „Minderheit der Roma" stellen etwa her: *Heyden/Ungern-Sternberg*, Ein Diskriminierungsverbot ist kein Fördergebot, S. 85; *Heun*, Minderheitenschutz der Roma in der EU, S. 69 ff.; *Barth*, Minority Rights, Multiculturalism and the Roma of Europe, S. 382 ff.

1097 Hierzu ebenfalls kritisch: *Farget*, Defining Roma Identity in the ECHR, S. 299, 301 ff.

1098 *"Therefore, the applicants' discourse feeds the position of the Court on the concept of Romanity ('Gypsyness') and of way of life, as well as on the approach adopted to understand those concepts – a homogenous one"*, *ebd.*, S. 308.

1099 EGMR, *Yordanova u.a./.Bulgarien*, Nr. 25446/06, Urteil v. 24.4.2012, Rn. 7.

zur Geschichte der Roma in Tschechien findet.[1100] Sehr positiv fällt dabei in den jüngeren Urteilen auf, dass der EGMR zum Teil in sehr umfassender Weise Berichte und Stellungnahmen anderer internationaler Akteure heranzieht, die sich mit der Situation der Sinti und Roma befassen.[1101] Dies ermöglicht es dem Gerichtshof, ein weitgehend differenziertes Bild der Situation der Beschwerdeführer zu zeichnen und mit zur Grundlage seiner Rechtsprechung zu machen. Selbstverständlich bewertet der Gerichtshof den Einzelfall unter Berücksichtigung der konkreten Situation der Beschwerdeführer. Nichtsdestotrotz erleichtert es die Einordnung eines konkreten Falls, wenn sich der Gerichtshof die weiteren gesellschaftlichen Umstände bewusst macht. Dass der EGMR sich dabei der Arbeiten anderer internationaler Akteure bedient und so Synergien nutzt, ist durchaus begrüßenswert.

C. Die einzelnen Konventionsgarantien in der Sinti- und Roma-Rechtsprechung des EGMR

Im Folgenden soll nun ein genauerer Blick auf die Rechtsprechungspraxis des EGMR geworfen werden. Analysiert werden soll hierbei, inwieweit die Konventionsgarantien überhaupt zu einer Verbesserung der Situation der Sinti und Roma beitragen können. Hierfür wurde ein artikelweiser Aufbau gewählt. Im Rahmen der einzelnen Artikel werden, wenn möglich, Fallgruppen gebildet. Dabei wird nur auf solche Konventionsgarantien eingegangen, zu denen mindestens ein EGMR-Urteil der Kammer oder Großen Kammer mit Sinti- und Roma-Bezug existiert. Reine Entscheidungen sind also nicht Gegenstand der Rechtsprechungsanalyse.

1100 EGMR, *D.H. u.a./.Tschechische Republik* [GK], Nr. 57325/00, Urteil v. 13.11.2007, Reports 2007-IV, Rn. 12 ff. = EuGRZ 5–7 (2009), S. 90 (deutsche Übersetzung, auszugsweise) = NVwZ 5 (2008), S. 533 (deutsche Übersetzung, auszugsweise).

1101 Vgl. EGMR, *Ognyanova u. Choban./.Bulgarien*, Nr. 46317/99, Urteil v. 23.2.2006, Rn. 76; *Mižigárová./.Slowakei*, Nr. 74832/01, Urteil v. 14.12.2010, Rn. 57 ff.; *Yordanova u.a./.Bulgarien*, Nr. 25446/06, Urteil v. 24.4.2012, Rn. 73 ff.; *D.H. u.a./.Tschechische Republik* [GK], Nr. 57325/00, Urteil v. 13.11.2007, Reports 2007-IV, Rn. 54 ff. = EuGRZ 5–7 (2009), S. 90, 91 (deutsche Übersetzung, auszugsweise) = NVwZ 5 (2008), S. 533 (deutsche Übersetzung, auszugsweise); *Sampanis u.a./.Griechenland*, Nr. 32526/05, Urteil v. 5.6.2008, Rn. 37 ff.

I. Das Recht auf Leben (Art. 2 EMRK)

> Das Recht jedes Menschen auf Leben wird gesetzlich geschützt. Niemand darf absichtlich getötet werden, außer durch Vollstreckung eines Todesurteils, das ein Gericht wegen eines Verbrechens verhängt hat, für das die Todesstrafe gesetzlich vorgesehen ist.[1102]

In erschreckend vielen Fällen mit Sinti- und Roma-Bezug, musste der EGMR auch Art. 2 in seine Prüfung miteinbeziehen, da es zu (potentiell) tödlicher Gewalt gegen Sinti und Roma gekommen war.[1103] Das in Art. 2 verbriefte Recht auf Leben stellt zusammen mit dem Folterverbot aus Art. 3 die fundamentalste Garantie der EMRK dar, was sich bereits aus seiner Stellung an der Spitze der Konvention ergibt.

1. Gewalt durch Polizeibeamte

Dass Polizeigewalt gegen Sinti und Roma ein zentrales und offensichtlich strukturelles Problem in vielen europäischen Staaten darstellt[1104], spiegelt sich auch in der Rechtsprechung des EGMR wider. In über zehn Fällen musste sich der EGMR bereits mit tödlicher oder zumindest lebensbedrohlicher Gewalt von Polizeibeamten gegenüber Sinti und Roma auseinandersetzen.

a. Fälle gezielter Misshandlungen

In einer Vielzahl dieser Fälle ging es um angebliche Misshandlungen durch Polizeibeamte. Hier musste der EGMR der Frage nachgehen, ob die Beamten überhaupt für den Tod verantwortlich gewesen waren, da die Regierungen letzteres in der Regel bestritten. Der erste Fall, in dem sich der EGMR mit der Thematik auseinandersetzen musste, war *Velikova./.Bulgarien.*[1105] Dabei ging es um einen 49-jährigen bulgarischen Rom, der 1996 nach zwölf Stunden in Polizeigewahrsam auf Grund von akutem Blutverlust verstorben war. Der Beschwerdegegner, die bulgarische Regierung, stritt ab, dass die bulgarischen Polizeibeamten Verursacher der tödlichen Verletzungen gewesen waren und behauptete, der Verstorbene hätte sich diese auf Grund seiner starken Alkoholisierung wahrscheinlich selbst zugezogen. In seiner Prüfung des Art. 2 wies der Gerichtshof darauf hin,

---

1102 Art. 2 Abs. 1 EMRK

1103 Auch wenn die Gewaltanwendung nur potentiell tödlich war und der Adressat die Gewalt zufällig überlebt hat, sieht der EGMR den Schutzbereich regelmäßig als eröffnet an, vgl. EGMR, *Makaratzis./.Griechenland* [GK], Nr. 50385/99, Urteil v. 20.12.2004, Reports 2004-XI, Rn. 49 ff.

1104 Siehe dazu: Teil 1, C. II.

1105 EGMR, *Velikova./.Bulgarien*, Nr. 41488/98, Urteil v. 18.5.2000, Reports 2000-IV.

dass Personen in Polizeigewahrsam in einer besonders verletzlichen Situation seien. Er stellte klar, dass es in Fällen, in denen eine Person in gesundem Zustand in Polizeigewahrsam genommen und dort später tot aufgefunden wird, dem Staat obliege, eine schlüssige Erklärung für die Todesursache zu liefern.[1106] Gelinge ihm das nicht, sei der Staat nach Art. 2 verantwortlich. Der Gerichtshof übertrug so die Beweislast in derartig gelagerten Fällen auf den Staat. Er gab den Beschwerden hierdurch eine reale Erfolgsaussicht und reagierte so auf den Umstand, dass das Wissen in derartigen Fällen über die tatsächlichen Vorkommnisse meist exklusiv bei der beteiligten staatlichen Stelle, das heißt der Polizei, liegt. Hierbei wandte der EGMR das übliche Beweismaß *beyond reasonable doubt* an.

Unbestritten war im vorliegenden Fall, dass der später Verstorbene zum Zeitpunkt der Ingewahrsamnahme zwar alkoholisiert gewesen war, aber nicht über gesundheitliche Probleme geklagt hatte, sodass es keine Anhaltspunkte für vor der Ingewahrsamnahme bestehende größere Verletzungen gab. Die Kammer konnte also ausschließen, dass die tödlichen Verletzungen bereits vor der Ingewahrsamnahme bestanden hatten.[1107] Völlig unplausibel erschien zudem, dass er sich Verletzungen dieser Intensität auf Grund seiner Alkoholisierung während der Inhaftierung selbst zugezogen hatte. Vielmehr ergab sich aus medizinischen Gutachten, dass die Verletzungen die Folge absichtlicher Schläge gewesen waren.[1108] Da die bulgarische Regierung somit keine plausible Erklärung für den Tod liefern konnte, betrachtete es der EGMR ohne begründeten Zweifel – also *beyond reasonable doubt* – als erwiesen an, dass die Polizeibeamten für die Verletzungen verantwortlich gewesen waren und bejahte daher eine Verletzung von Art. 2.[1109] In mehreren ähnlich gelagerten Fällen mit Sinti- und Roma-Bezug griff der EGMR diese Rechtsprechungslinie auf und kam zu vergleichbaren Ergebnissen.[1110]

1106 *Ebd.*, Rn. 70; mit Verweis auf: EGMR, *Selmouni./. France* [GK], Nr. 25803/94, Urteil v. 28.7.1999, Reports 1999-V, Rn. 87. In letzterem Urteil zog der EGMR diesen Grundsatz allerdings in der Prüfung einer Verletzung von Art. 3 heran.

1107 EGMR, *Velikova./.Bulgarien*, Nr. 41488/98, Urteil v. 18.5.2000, Reports 2000-IV, Rn. 72.

1108 *Ebd.*, Rn. 73.

1109 *Ebd.*, Rn. 74 ff.

1110 Eine Verletzung von Art. 2 jeweils bejahend: EGMR, *Anguelova ./.Bulgarien*, Nr. 38361/97, Urteil v. 13.6.2002, Reports 2002-IV, Rn. 109 ff.; *Ognyanova u. Choban./.Bulgarien*, Nr. 46317/99, Urteil v. 23.2.2006, Rn. 92 ff.; *Carabulea ./. Rumänien*, Nr. 45661/99, Urteil v. 13.07.2010, Rn. 107 ff. Anders dagegen im Fall *Kleyn u. Aleksandrovich./.Russland*, in dem eine 21-jährige Romni, die wegen mutmaßlichen

b. Verwendung von Schusswaffen in Fluchtfällen

In anderen Fällen ging es darum, dass Polizeibeamte Sinti und Roma an einer Flucht hindern wollten und dabei von Schusswaffen Gebrauch gemacht hatten, zum Beispiel nachdem die Sinti und Roma bei einer Straftat auf vermeintlich frischer Tat ertappt worden waren. So etwa im Fall *Nachova u.a./.Bulgarien*, in dem sich zwei 21-jährige wehrdienstpflichtige Roma, die wegen mehrfacher Abwesenheit von der Truppe eine Haftstrafe verbüßten, während eines Arbeitseinsatzes abgesetzt hatten.[1111] Als die Militärpolizei die beiden kurze Zeit später aufgespürt hatte, ergriffen diese die Flucht und wurden dabei erschossen.

Hier musste sich die Große Kammer des EGMR die Frage stellen, ob die Anwendung von Waffengewalt durch Art. 2 Abs. 2 lit. b gerechtfertigt gewesen war. Dies ist dann der Fall, wenn die Gewaltanwendung „unbedingt erforderlich" ist, um „jemanden rechtmäßig festzunehmen oder jemanden, dem die Freiheit rechtmäßig entzogen ist, an der Flucht zu hindern." Auf Grund der Bedeutung von Art. 2 sind die Rechtfertigungsgründe und insbesondere das Merkmal der unbedingten Erforderlichkeit in dessen Abs. 2 restriktiv auszulegen. Die Gewaltanwendung muss streng verhältnismäßig sein angesichts der mit ihr angestrebten Ziele. Nicht nur das Verhalten der Polizeibeamten, sondern alle sonstigen Umstände, zum Beispiel der Planungs- und Organisationsgrad des Einsatzes, müssen daher in die Bewertung miteinbezogen werden, wie der EGMR ausführte.[1112] Im Fall *Nachova u.a./.Bulgarien* waren die beiden späteren Opfer aus der Haft geflohen und sollten nun durch den Einsatz der Militärpolizei wieder

---

Diebstahls verhört worden war, tot im Hof der Polizeiwache aufgefunden wurde. Hier hielt der EGMR die Erklärung der russischen Erklärung für plausibel, dass die Frau selbst aus dem Toilettenfenster im 2. Stock gesprungen war, und sah keine Anhaltspunkte dafür, dass sie von Polizeibeamten gestoßen worden war: EGMR, *Kleyn u. Aleksandrovich./.Russland*, Nr. 40657/04, Urteil v. 03.5.2012, Rn. 43 ff. Ebenso eine Verletzung von Art. 2 ablehnend: EGMR, *Ion Bălăşoiu./.Rumänien*, Nr. 70555/10, Urteil v. 17.2.2015, Rn. 94 ff.

1111 Das Urteil der Kammer: EGMR, *Nachova u.a./.Bulgarien*, Nr. 43577/98 u. 43579/98, Urteil v. 26.2.2004 = EuGRZ 1–3 (2005), S. 23 (deutsche Übersetzung, auszugsweise). Das Urteil der Großen Kammer: EGMR, *Nachova u.a./Bulgarien* [GK], Nr. 43577/98 u. 43579/98, Urteil v. 6.7.2005, Reports 2005-VII = EuGRZ 22–23 (2005), S. 693 (deutsche Übersetzung, auszugsweise).

1112 EGMR, *Nachova u.a./.Bulgarien* [GK], Nr. 43577/98 u. 43579/98, Urteil v. 6.7.2005, Reports 2005-VII, Rn. 93 = EuGRZ 22–23 (2005), S. 693 (deutsche Übersetzung, auszugsweise); mit Verweisen auf: EGMR, *McCann u.a./.Vereinigtes Königreich*, Nr. 18984/91, Urteil v. 27.9.1995, Rn. 150 sowie auf: *Makaratzis./.Griechenland* [GK], Nr. 50385/99, Urteil v. 20.12.2004, Reports 2004-XI, Rn. 56 ff.

festgenommen werden. Die beiden Flüchtigen hatten in Haft wegen eines nicht gewalttätigen Verbrechens (Abwesenheit von der Truppe) gesessen und ihre Flucht ohne Gewalt vollzogen. Zum Zeitpunkt, zu dem sie von der Militärpolizei aufgegriffen worden waren, waren sie unbewaffnet gewesen und hatten keine Gefahr für die Militärpolizisten oder Dritte dargestellt. Hierüber war sich die Polizei zum Zeitpunkt des Waffengebrauchs völlig im Klaren gewesen. Der EGMR resümierte, dass der Zweck einer legitimen Verhaftung in Abwägung mit der unbedingten Notwendigkeit, das Leben zu schützen, niemals rechtfertigen könne, ein Leben in Gefahr zu bringen, wenn der Flüchtige ein nicht-gewalttätiges Delikt begangen hat und keine Gefahr für andere darstellt. Unter derartigen Umständen könne die Anwendung von Schusswaffen niemals als unbedingt erforderlich im Sinne des Art. 2 Abs. 2 lit. b) angesehen werden. Vielmehr müsse in Kauf genommen werden, dass der Flüchtige entkommt.[1113]

Die Große Kammer führte weiter aus, dass Art. 2 zudem im Vorfeld die Analyse aller erhältlichen Informationen zu den konkreten Umständen erfordere, wenn eine Verhaftungsoperation mit eventueller Verwendung von Feuerwaffen geplant werde. Insbesondere müsse auf Basis bestehender rechtlicher Regelungen und adäquaten Trainings geklärt werden, unter welchen Umständen von Feuerwaffen Gebrauch gemacht werden kann. Im vorliegenden Fall fehlte es nicht nur generell an einer rechtlichen Regelung, die den tödlichen Einsatz von Schusswaffen durch die Militärpolizei ausreichend reguliert hätte, sondern auch an der erforderlichen konkreten Planungsintensität des Einsatzes.[1114] Der Gerichtshof sah den Eingriff in Art. 2 als nicht unbedingt erforderlich im Sinne des Art. 2 Abs. 2 und somit als nicht gerechtfertigt an.[1115] In drei ähnlich

---

1113 EGMR, *Nachova u.a./.Bulgarien* [GK], Nr. 43577/98 u. 43579/98, Urteil v. 6.7.2005, Reports 2005-VII, Rn. 95 = EuGRZ 22–23 (2005), S. 693 (deutsche Übersetzung, auszugsweise); mit Verweis auf: EGMR, *McCann u.a./.Vereinigtes Königreich*, Nr. 18984/91, Urteil v. 27.9.1995, Rn. 146 ff., 192 ff. sowie auf *Makaratzis./.Griechenland* [GK], Nr. 50385/99, Urteil v. 20.12.2004, Reports 2004-XI, Rn. 64 ff.

1114 EGMR, *Nachova u.a./.Bulgarien* [GK], Nr. 43577/98 u. 43579/98, Urteil v. 6.7.2005, Reports 2005-VII, Rn. 96 f., 99 ff. = EuGRZ 22–23 (2005), S. 693 (deutsche Übersetzung, auszugsweise). Hinsichtlich der fehlerhaften Einsatzplanung verwies die Große Kammer umfangreich auf die Ausführungen der Kammer: EGMR, *Nachova u.a./.Bulgarien*, Nr. 43577/98 u. 43579/98, Urteil v. 26.2.2004, Rn. 110 = EuGRZ 1–3 (2005), S. 23, 26 (deutsche Übersetzung, auszugsweise).

1115 EGMR, *Nachova u.a./.Bulgarien* [GK], Nr. 43577/98 u. 43579/98, Urteil v. 6.7.2005, Reports 2005-VII, Rn. 109 = EuGRZ 22–23 (2005), S. 693 (deutsche Übersetzung, auszugsweise). Auch die Kammer hatte bereits eine Verletzung von Art. 2 angenommen: EGMR, *Nachova u.a./.Bulgarien*, Nr. 43577/98 u. 43579/98, Urteil v. 26.2.2004,

gelagerten Flucht- beziehungsweise Festnahmefällen, in denen die Opfer der polizeilichen Waffengewalt auch Sinti und Roma gewesen waren, bejahte der EGMR ebenfalls eine Verletzung von Art. 2.[1116]

Auch in einem jüngeren Fall[1117], in dem lokale Polizisten begleitet von einer schwer bewaffneten Spezialeinheit in ein rumänisches Roma-Viertel gefahren waren, um einen der Beleidigung verdächtigten Rom festzunehmen, dabei in die aus Neugier zusammengekommene Menschenmenge geschossen und so eine Frau lebensgefährlich verletzt hatten, wandte der Gerichtshof obige Maßstäbe an. Der Gerichtshof konnte schon keine plausible Erklärung dafür erkennen, warum es überhaupt zum Einsatz der Spezialeinheit gekommen war.[1118] Im Übrigen prangerte der Gerichtshof eine seiner Meinung nach fehlende Vorbereitung des Einsatzes an und erkannte auch keine Eilbedürftigkeit, die die fehlende Vorbereitung hätte legitimieren können. Zudem hätte die Polizei nach Ansicht des EGMR damit rechnen müssen, dass es bei einem solchen Ereignis wie einem Polizeieinsatz in einem Wohnviertel zu einer Menschenansammlung kommen würde.[1119] Dass es tatsächlich zu Angriffen auf die Polizisten von Seiten der Bewohner gekommen war, hielt der EGMR nicht für erwiesen. Somit sah der EGMR die Prüfung von Rechtfertigungsgründen nach Abs. 2 gar nicht erst als notwendig an.[1120]

2. *Todesfälle besonders schutzbedürftiger Personen*

Aus Art. 2 erwächst dem Staat die positive Verpflichtung, besonders schutzbedürftige Personen oder solche Personen, die sich in einer besonderen Nähebeziehung zum Staat befinden, zu schützen. Dies betrifft beispielsweise Patienten in medizinischen Einrichtungen, insbesondere dann, wenn diese nicht selber für sich Sorge tragen können, wie im Fall *Center for Legal Resources on behalf of*

Rn. 115 = EuGRZ 1–3 (2005), S. 23, 26. Vgl. zum Urteil der Kammer auch: *Thürer/ Dold*, Rassismus und Rule of Law, S. 4.

1116 Mit ähnlichem Ergebnis: EGMR, *Vasil Sashov Petrov./.Bulgarien*, Nr. 63106/00, Urteil v. 10.6.2010, Rn. 42 ff.; *Soare u.a./.Rumänien*, Nr. 24329/02, Urteil v. 22.2.2011, Rn. 130 ff. In folgendem Fall sah der EGMR, anders als in *Nachova u.a./.Bulgarien*, die gesetzlichen Grundlagen als ausreichend an, verurteilte aber den Schusswaffengebrauch im konkreten Fall: EGMR, *Guerdner u.a./.Frankreich*, Nr. 68780/10, Urteil v. 17.4.2014, Rn. 63 ff.

1117 EGMR, *Ciorcan u.a./.Rumänien*, Nr. 29414/09 u. 44841/09, Urteil v. 27.1.2015.

1118 *Ebd.*, Rn. 113.

1119 *Ebd.*, Rn. 114.

1120 *Ebd.*, Rn. 117.

Valentin Câmpeanu./.Rumänien.[1121] In dem Fall ging es um einen rumänischen Rom, der sein Leben lang auf Grund einer geistigen Behinderung und einer HIV-Infektion in Pflegeeinrichtungen verbracht hatte. Mit 18 war er schließlich in einem psychiatrischen Krankenhaus untergebracht worden, in welchem seine HIV-Infektion nicht behandelt werden konnte, und er schließlich verstorben war. Angesichts der überproportional hohen Zahlen von Roma-Kindern in osteuropäischen Pflegeeinrichtungen kommt dieser Entscheidung durchaus generelle Bedeutung für die Situation der Sinti und Roma zu.

Der EGMR führte aus, dass der Staat dafür Sorge tragen müsse, dass medizinische Einrichtungen entsprechende Maßnahmen ergreifen, um das Leben von Kranken zu schützen. Entscheidet der Staat, dass ein Mensch in eine Einrichtung kommt, dann müsse er gewährleisten, dass dieser die notwendige Versorgung bekommt, die er braucht. Daraus folgt laut EGMR, dass dem Staat dann eine Handlungsverpflichtung zukommt, wenn er davon Kenntnis erlangt hat (oder erlangen hätte müssen), dass eine solche besonders schutzbedürftige Person durch schlechte Behandlung in Gesundheit oder Leben bedroht ist.[1122] Der Gerichtshof sah es im vorliegenden Fall als gesichert an, dass den rumänischen Behörden bekannt gewesen war, dass dem Patienten nicht die für ihn notwendige Behandlung zuteil wurde. Besonders erschwerend kam für den EGMR hinzu, dass die Behörden von den in dem psychiatrischen Krankenhaus vorherrschenden völlig unzureichenden hygienischen Zuständen und Versorgungsmängeln gewusst hatten und es dort in den Jahren zuvor zu über 100 Todesfällen gekommen war, wie den Behörden ebenfalls bekannt war.[1123] Da die Behörden hier ihrer positiven Plicht, das Leben des Patienten zu schützen, nicht nachgekommen waren, sah der Gerichtshof Art. 2 als verletzt an.[1124]

1121 EGMR, *Center for Legal Resources on behalf of Valentin Câmpeanu./.Rumänien* [GK], Nr. 47848/08, Urteil v. 17.7.2014, Reports 2014-V = NJW 36 (2015), S. 2635 (deutsche Übersetzung, auszugsweise).

1122 EGMR, *Center for Legal Resources on behalf of Valentin Câmpeanu./.Rumänien* [GK], Nr. 47848/08, Urteil v. 17.7.2014, Reports 2014-V, Rn. 130 f., mit zahlreichen Verweisen = NJW 36 (2015), S. 2635, 2640 (deutsche Übersetzung, auszugsweise).

1123 EGMR, *Center for Legal Resources on behalf of Valentin Câmpeanu./.Rumänien* [GK], Nr. 47848/08, Urteil v. 17.7.2014, Reports 2014-V, Rn. 144 = NJW 36 (2015), S. 2635, 2641 (deutsche Übersetzung, auszugsweise).

1124 EGMR, *Center for Legal Resources on behalf of Valentin Câmpeanu./.Rumänien* [GK], Nr. 47848/08, Urteil v. 17.7.2014, Reports 2014-V, Rn. 144 = NJW 36 (2015), S. 2635, 2641 (deutsche Übersetzung, auszugsweise).

Auch in Bezug auf Personen in Haft oder Polizeigewahrsam kommt dem Staat eine positive Verpflichtung zu, deren Leben zu schützen. Konkret umfasst dies beispielsweise die Pflicht, eine rechtzeitige und den Umständen nach angemessene medizinische Versorgung zu gewährleisten, wenn es der Gesundheitszustand des Inhaftierten erkennbar erfordert, wie der EGMR im Fall *Anguelova./.Bulgarien* ausführte.[1125] Der Staat muss Maßnahmen ergreifen, die sicherstellen, dass die Gesundheit und das Wohlergehen von Inhaftierten in adäquater Weise geschützt sind. Dazu gehört beispielsweise auch, eine dem Staat bekannte Suizidgefahr durch entsprechende Maßnahmen zu minimieren. Der EGMR sah diese Pflicht in *Mižigárová./.Slowakei* dadurch als verletzt an, dass ein Polizeibeamter seine Schusswaffe derart ungesichert bei sich getragen hatte, dass der Inhaftierte diese während eines Verhörs entwenden konnte, um sich zu erschießen.[1126]

3. *Ineffektive Ermittlungsarbeiten nach Todesfällen*

In den Fällen, in denen der EGMR Art. 2 in Zusammenhang mit Gewaltanwendung gegenüber Sinti und Roma geprüft hat, spielte die sogenannte prozessuale Seite von Art. 2 stets eine wichtige Rolle. Aus Art. 2 erwächst dem Staat nämlich die positive Verpflichtung, eine effektive offizielle Untersuchung des Todes natürlicher Personen durchzuführen, wenn diese durch die Anwendung von Gewalt verstorben sind. Dies gilt sowohl für Fälle, in denen die Gewalt durch Repräsentanten des Staates ausgeht, als auch für alle anderen Fälle unrechtmäßiger Gewaltanwendung.[1127] Der Gerichtshof leitet diese Verpflichtung aus Art. 2 in Verbindung mit Art. 1 ab, der die Unterzeichnerstaaten verpflichtet, „allen ihrer Hoheitsgewalt unterstehenden Personen die in Abschnitt I bestimmten Rechte und Freiheiten“ zuzusichern.[1128] Eine effektive Untersuchung sieht der EGMR nur dann als gegeben an, wenn diese gründlich, unparteiisch und sorgfältig

---

1125 EGMR, *Anguelova./.Bulgarien*, Nr. 38361/97, Urteil v. 13.6.2002, Reports 2002-IV, Rn. 125 ff.

1126 EGMR, *Mižigárová./.Slowakei*, Nr. 74832/01, Urteil v. 14.12.2010, Rn. 89. Im konkreten Fall konnte vom EGMR nicht abschließend festgestellt werden, ob das Opfer Selbstmord begangen hatte oder von einem der Polizisten erschossen worden war. Daher stellte der EGMR darauf ab, dass selbst im Suizidfall eine Verletzung von Art. 2 vorgelegen habe, weil der Polizeibeamte seine Sorgfaltspflicht durch die mangelhafte Sicherung seiner Waffe verletzt hatte.

1127 Vgl. *Grabenwarter*, ECHR Commentary, Art. 2, Rn. 22, mit zahlreichen Verweisen.

1128 Vgl. EGMR, *McCann u.a./. Vereinigtes Königreich*, Nr. 18984/91, Urteil v. 27.09.1995, Rn. 161 ff.

sowie von einer unabhängigen Instanz und in transparenter Weise durchgeführt wird.[1129] Der EGMR kam in nahezu allen Art. 2-Fällen mit Sinti- und Roma-Bezug zu dem Schluss, dass eine Verletzung von Art. 2 in prozessualer Hinsicht zu bejahen sei – meistens, weil die Untersuchungen und Ermittlungen nur lückenhaft und nicht hinreichend objektiv betrieben worden waren.[1130]

Im Fall *Angelova und Iliev./.Bulgarien* sprach sich der EGMR in Anlehnung an seine bestehende Rechtsprechung und unter Heranziehung von Art. 14 für gesteigerte Anforderungen in Bezug auf die Effektivität von Ermittlungen in Fällen rassistisch motivierter Übergriffe aus. In derartigen Fällen sei es besonders wichtig, dass die Untersuchungen unparteiisch und mit Nachdruck durchgeführt würden. Nur dies würde der Notwendigkeit Rechnung zu tragen, die gesellschaftliche Ächtung von Rassismus zu bekräftigen und das Vertrauen von Minderheiten in die staatlichen Autoritäten zu stärken.[1131] Gerade im Falle von Sinti und Roma ist dies ein besonders wichtiger Aspekt, den der EGMR anspricht, da es auf Grund ihrer jahrhundertelangen Verfolgung oftmals an einem solchen Vertrauen in staatliche Einrichtungen fehlt. Es wäre wünschenswert, dass der EGMR die gesteigerten Anforderungen an die Effektivität der Ermittlungen regelmäßig bei der Prüfung von Art. 2 in Fällen mit Sinti- und Roma-Bezug

---

1129 Zusammenfassend: *Thürer/Dolf*, Rassismus und Rule of Law, S. 4.

1130 EGMR, *Velikova./.Bulgarien*, Nr. 41488/98, Urteil v. 18.5.2000, Reports 2000-VI, Rn. 77 ff.; *Anguelova./.Bulgarien*, Nr. 38361/97, Urteil v. 13.6.2002, Reports 2002-IV, Rn. 136 ff.; *Nachova u.a./.Bulgarien* [GK], Nr. 43577/98 u. 43579/98, Urteil v. 6.7.2005, Reports 2005-VII, Rn. 110 ff. = EuGRZ 22–23 (2005), S. 693 (deutsche Übersetzung, auszugsweise); *Ognyanova u. Choban./.Bulgarien*, Nr. 46317/99, Urteil v. 23.2.2006, Rn. 102 ff; *Angelova und Iliev./.Bulgarien*, Nr. 55523/00, Urteil v. 26.7.2007, Rn. 93 ff.; *Vasil Sashov Petrov./.Bulgarien*, Nr. 63106/00, Urteil v. 10.6.2010, Rn. 51 ff.; *Carabulea./.Rumänien*, Nr. 45661/99, Urteil v. 13.7.2010, Rn. 127 ff.; *Seidova u.a./.Bulgarien*, Nr. 310/04, Urteil v. 18.11.2010, Rn. 48 ff.; *Mižigárová./.Slowakei*, Nr. 74832/01, Urteil v. 14.12.2010, Rn. 91 ff.; *Dimitrova u.a./.Bulgarien*, Nr. 44862/04, Urteil v. 27.1.2011, Rn. 74 ff.; *Soare u.a./.Rumänien*, Nr. 24329/02, Urteil v. 22.2.2011, Rn. 160 ff.; *Kleyn u. Aleksandrovich./.Russland*, Nr. 40657/04, Urteil v. 3.5.2012, Rn. 52 ff.; *Fedorchenko u. Lozenko./.Ukraine*, Nr. 387/03, Urteil v. 20.9.2012, Rn. 41 ff.; *Center for Legal Resources on behalf of Valentin Câmpeanu./.Rumänien* [GK], Nr. 47848/08, Urteil v. 17.7.2014, Reports 2014-V, Rn. 145 ff.; *Ciorcan u.a./.Rumänien*, Nr. 29414/09 u. 44841/09, Urteil v. 27.1.2015, Rn. 118 ff.; *Mihaylova u. Malinova./.Bulgarien*, Nr. 36613/08, Urteil v. 24.02.2015, Rn. 58 ff.

1131 EGMR, *Angelova und Iliev./.Bulgarien*, Nr. 55523/00, Urteil v. 26.7.2007, Rn. 98, mit Verweis auf: EGMR, *Menson u.a./.Vereinigtes Königreich*, Nr. 47916/99, Entscheidung v. 6.5.2003, Reports 2003-V.

miteinbeziehen würde. Hinsichtlich seiner rassistischen Motivation dürfte der Übergriff im Fall *Angelova und Iliev./.Bulgarien* kein Einzelfall sein.

4. *Ergebnis*

Die mannigfaltigen Verpflichtungen, die den Staaten aus Art. 2 erwachsen, erlauben es dem EGMR auf Fälle tödlicher Gewaltanwendung gegenüber Sinti und Roma auf vielfältige Weise zu reagieren. Gerade weil es oftmals schwierig sein dürfte, Gewaltanwendungen durch Polizeibeamte beispielsweise während des Gewahrsams nachzuweisen, ist die vom EGMR eingeführte Beweislastumkehr besonders begrüßenswert. Indem er die Beweislast in den Fällen, in denen eine Person während des Polizeigewahrsams oder der Inhaftierung ums Leben kommt, dahingehend auf den Staat überträgt, dass dieser eine plausible Erklärung für den Todesfall vorbringen muss, schafft der EGMR eine reale Chance, dass solche Beschwerden auch zu einer Verurteilung führen. Einen ebenso starken Effekt hat auch die prozessuale Seite von Art. 2. Indem der Staat verpflichtet wird, effektive Untersuchungen nach gewaltsamen Todesfällen durchzuführen, werden die Beweisschwierigkeiten auf materieller Seite ausgeglichen. Die hohe Anzahl der Fälle, in denen der EGMR eine Verletzung der prozessualen Seite von Art. 2 bejaht hat, spricht hier eine deutliche Sprache.

Die Einschätzung von Organisationen wie *Amnesty International*, dass Sinti und Roma überproportional häufig von Polizeigewalt betroffen sind und (tödliche) Gewaltanwendungen gegen sie oftmals nicht den erforderlichen Ermittlungseifer der Strafverfolgungsbehörden auslösen, wird durch die Vielzahl der Fälle, in denen Art. 2 allgemein zur Anwendung kommt, bestätigt.[1132] Auch der EGMR hat den möglichen Zusammenhang zwischen Antiziganismus und der tödlichen Polizeigewalt gegen Sinti und Roma beziehungsweise einer Nachlässigkeit staatlicher Strafverfolgungsbehörden in Fällen, in denen Sinti und Roma Gewaltopfer sind, erkannt. Dies zeigen seine Ausführungen im Fall *Angelova und Iliev./.Bulgarien*, in dem er bei der offensichtlich rassistisch motivierten Tat erhöhte Anforderungen an die Ermittlungsbehörden stellte. Zudem bezieht der EGMR regelmäßig Berichte und Stellungnahmen internationaler Organisationen oder Nichtregierungsorganisationen über rassistisch motivierte Polizeigewalt in seine Urteilsfindungen mit ein.[1133]

1132 Vgl. etwa: *Amnesty International*, “We ask for justice”, S. 5 f.

1133 So beispielsweise in: EGMR, *Ciorcan u.a./.Rumänien*, Nr. 29414/09 u. 44841/09, Urteil v. 27.1.2015, Rn. 75 ff.

II. Verbot der Folter (Art. 3 EMRK)

> Niemand darf der Folter oder unmenschlicher oder erniedrigender Strafe oder Behandlung unterworfen werden.[1134]

Art. 3 schützt vor Folter sowie unmenschlicher oder erniedrigender Strafe oder Behandlung. Die besondere Relevanz von Art. 3 wird bereits dadurch hervorgehoben, dass es die einzige Bestimmung in der EMRK ist, die einen absoluten Schutz gewährleistet und keine Rechtfertigungstatbestände vorsieht. Ähnlich wie bei Art. 2 musste sich der EGMR bereits in einer ganzen Reihe von Individualbeschwerden von Sinti und Roma mit dem Folterverbot befassen.

1. Gewalt durch Polizeibeamte

Wie im Rahmen von Art. 2 betreffen auch hier viele Beschwerden Fälle von angeblichen Misshandlungen in Form von Gewaltanwendungen durch Polizeibeamte – meist während Ingewahrsamnahmen oder Inhaftierungen. Hier geht der EGMR grundsätzlich zunächst der Frage nach, ob die für Art. 3 notwendige Schwelle erreicht ist. Zwar schützt Art. 3 den Einzelnen vor staatlichen Eingriffen in seine körperliche oder geistige Integrität. Damit der sachliche Schutzbereich aber tatsächlich eröffnet ist, bedarf es einer gewissen Schwere des Eingriffs. Ob eine solche Schwere erreicht ist, bemisst sich nach sämtlichen Umständen des Einzelfalles, wie der Dauer und den körperlichen und geistigen Auswirkungen der Behandlung.[1135] Im Fall *M./.Italien und Bulgarien* sah der EGMR die Schwere nicht etwa schon dadurch erreicht, dass die Beschwerdeführer, eine bulgarische Roma-Familie, während einer polizeilichen Vernehmung durch italienische Polizeibeamte davor gewarnt worden waren, eine Falschaussage zu machen und so ein Strafverfahren gegen sich zu provozieren. Der EGMR stufte dies als reguläre Belehrung ein und sah dies als normale Pflicht von Polizeibeamten an.[1136] In Fällen, in denen eine Person ihrer Freiheit beraubt ist und gegen sie körperliche Gewalt angewendet wird, obwohl das Verhalten der Person keinen hinreichenden Anlass für die Gewaltanwendung gegeben hat, sieht der EGMR in der Regel die Menschenwürde als tangiert und somit eine Behandlung im Sinne des Art. 3 als gegeben an.[1137] In den meisten Fällen polizeilicher

---

1134 Art. 3 EMRK.

1135 Vgl. dazu: *Grabenwarter*, ECHR Commentary, Art. 3, Rn. 2.

1136 EGMR, *M. u.a./.Italien und Bulgarien*, Nr. 40020/03, Urteil v. 31.7.2012, Rn. 117.

1137 Vgl. beispielsweise: EGMR, *Assenov u.a./.Bulgarien*, Nr. 24760/94, Urteil v. 28.10.1998, Reports 1998-VIII, Rn. 94.

Gewalt gegen Sinti und Roma hielt der EGMR somit die Schwelle zu Art. 3 für überschritten. Hämatome und Prellungen infolge von Schlägen lässt der EGMR beispielsweise ausreichen.[1138] Mehrheitlich stufte der EGMR den gezielten Missbrauch durch Polizeibeamte als unmenschliche und erniedrigende Behandlung ein, da hierdurch regelmäßig in beabsichtigter Weise neben starkem körperlichem oder seelischem Schmerz auch Gefühle der Angst, Pein und Unterlegenheit hervorgerufen würden.[1139] Im Fall *Carabulea./.Rumänien* nahm der EGMR sogar einen Fall der Folter an, da beim Opfer besonders schwere und grausame Leiden verursacht worden waren. Während der Untersuchungshaft hatten die Polizisten den Betroffenen so schwer misshandelt, dass er infolgedessen später im Krankenhaus verstorben war. Er war zudem gezielt misshandelt worden, um ein Geständnis über den ihm vorgeworfenen Raub zu erlangen. Hinzukam, dass den Familienmitgliedern noch kurz vor seinem Tod versagt worden war, ihn im Krankenhaus zu besuchen.[1140]

Grundsätzlich müssen Behauptungen von Misshandlungen mit entsprechenden Beweisen belegt werden. Dies wird für die Beschwerdeführer oft dadurch erschwert, dass manche nationalen Ermittlungsbehörden nur unzureichend arbeiten und die Beweiserhebungen nicht selten lückenhaft sind. Dies führt dazu, dass auch der EGMR den Fall nicht vollständig rekonstruieren kann und so eine Verantwortlichkeit des Staates nicht *beyond reasonable doubt* bejahen kann. In Haft- oder Gewahrsamsfällen wendet der EGMR zu Gunsten der Beschwerdeführer ähnliche Maßstäbe hinsichtlich der Beweislastverteilung wie bei Art. 2 an. Auch hier gilt, dass es dem Staat obliegt, eine plausible Erklärung zu präsentieren, wenn jemand in gesundem Zustand in Polizeigewahrsam kommt und mit Verletzungen entlassen wird.[1141]

1138 *Ebd.*, Rn. 95.

1139 Vgl. die Sinti- und Roma-Fälle: EGMR, *Bekos und Koutropoulos./.Griechenland*, Nr. 15250/02, Urteil v. 13.12.2005, Reports 2005-XIII, Rn. 51; *Cobzaru./.Rumänien*, Nr. 48254/99, Urteil v. 26.7.2007, Rn. 61 f., 74; *Stoica./.Rumänien*, Nr. 42722/02, Urteil v. 4.3.2008, Rn. 60 f, 80; *Borbála Kiss./.Ungarn*, Nr. 59214/11, Urteil v. 26.6.2012, Rn. 34 f.

1140 EGMR, *Carabulea./.Rumänien*, Nr. 45661/99, Urteil v. 13.7.2010, Rn. 147 ff.

1141 Vgl. folgende Fälle mit Sinti- und Roma-Bezug: EGMR, *Anguelova./.Bulgarien*, Nr. 38361/97, Urteil v. 13.6.2002, Reports 2002-IV, Rn. 149; *Balogh./.Ungarn*, Nr. 47940/99, Urteil v. 20.7.2004, Rn. 47 ff.; *Bekos und Koutropoulos./.Griechenland*, Nr. 15250/02, Urteil v. 13.12.2005, Reports 2005-XIII, Rn. 47 ff.; *Ognyanova u. Choban./.Bulgarien*, Nr. 46317/99, Urteil v. 23.2.2006, Rn. 120 ff.; *Cobzaru./.Rumänien*, Nr. 48254/99, Urteil v. 26.7.2007, Rn. 64 ff., 74; *Carabulea./.Rumänien*, Nr. 45661/99, Urteil v. 13.7.2010, Rn. 145 f.

2. De facto-Zwangssterilisationen

Mehrfach prüfte der EGMR eine Verletzung von Art. 3 in Fällen, in denen Roma-Frauen in öffentlichen Krankenhäusern ohne ihr Wissen sterilisiert worden waren. In allen Fällen war die Slowakei die Beschwerdegegnerin.[1142] Der Fall *V.C./.Slowakei* betraf eine 20-jährige Romni, deren Eileiter bei der Geburt ihres zweiten Kindes von den Ärzten absichtlich durchtrennt worden waren. Kurz vor der Geburt, als sie in den Wehen lag, war ihr vom Krankenhauspersonal ein mehrseitiges Papier mit dem Hinweis vorgelegt worden, dass sie oder ihr nächstes Kind sterben müssten, wenn sie es nicht unterzeichne. Da sie ob der Schmerzen nicht in der Lage gewesen war, die Unterlagen genauer zu lesen, hatte sie es daraufhin unterschrieben. Bei dem Papier hatte es sich um die Einwilligung zur Sterilisation gehandelt. Die Ärzte hatten zu diesem Zeitpunkt eine Sterilisation für notwendig erachtet, da bei einer etwaigen dritten Geburt wegen der konkreten Beschaffenheit des Uterus Lebensgefahr für Mutter und Kind bestanden hätte.

Da hier keine akut lebensbedrohliche Situation bestanden hatte und die Sterilisation somit in dem Moment keine lebensrettende Maßnahme gewesen war, kam der EGMR zu dem Schluss, dass die Einwilligung der Betroffenen eine notwendige Voraussetzung für die Sterilisation gewesen wäre.[1143] Ohne eine genaue Aufklärung zu erhalten, war sie kurz vor der Geburt, als sie bereits mit schmerzhaften Wehen zu kämpfen und sich in liegender Position befunden hatte, gebeten worden, die Zustimmungserklärung zu unterzeichnen. Einen derartigen Eingriff in die Selbstbestimmung einer Frau hielt der EGMR für mit der Menschenwürde nicht vereinbar.[1144] Durch die Sterilisation sei in hohem Maße in ihre körperliche Integrität eingegriffen worden, da sie ihrer Fruchtbarkeit beraubt worden war. Erschwerend kam hier für den EGMR hinzu, dass die Betroffene erst 20 Jahre alt gewesen war und somit am Anfang ihres fortpflanzungsfähigen Alters gestanden hatte. Der EGMR erkannte an, dass die Sterilisation bei ihr Gefühle der Angst, Pein und der Minderwertigkeit hervorgerufen und ihr lang andauerndes Leid zugefügt hatte, da ihre Unfruchtbarkeit unter anderem der Grund für ihre Scheidung gewesen war sowie ihren Ausschluss aus ihrer Roma-Gemeinschaft zur Folge gehabt hatte. Der EGMR sah daher – auch wenn dem

---

1142 EGMR, *V.C./.Slowakei*, Nr. 18968/07, Urteil v. 8.11.2011, Reports 2011-V; *N.B./.Slowakei*, Nr. 29518/10, Urteil v. 12.6.2012; *I.G. u.a./.Slowakei*, Nr. 15966/04, Urteil v. 13.11.2012.

1143 EGMR, *V.C./.Slowakei*, Nr. 18968/07, Urteil v. 8.11.2011, Reports 2011-V, Rn. 110.

1144 *Ebd.*, Rn. 112.

Krankenhauspersonal keine Böswilligkeit nachgewiesen werden konnte – wie in allen anderen ähnlich gelagerten Fällen eine Verletzung von Art. 3 als gegeben an.[1145]

Die Tatsache, dass Zwangssterilisationen während des Nationalsozialismus eine der vielen Spielarten des Genozids an den Sinti und Roma waren, lässt die Tatsache, dass derartige Praktiken nach wie vor existieren, noch gravierender erscheinen. Dass der EGMR Sterilisationen als Behandlung im Sinne von Art. 3 einstuft, erscheint daher richtig. Erfreulich an den Urteilen ist auch, dass sich der EGMR durch die Heranziehung von Berichten internationaler Organisationen ein Bild über die Praxis von solchen *de facto* Zwangssterilisationen verschaffte und sich somit der besonderen Gefahr, der Roma-Frauen im Speziellen ausgesetzt sind, bewusst wurde.

3. *Ineffektive Ermittlungsarbeiten bei Misshandlungsvorwürfen*

Wenn eine Person in nachvollziehbarer Weise behauptet, dass sie von der Polizei oder anderen Staatsbediensteten in einer Art. 3 verletzenden Weise behandelt wurde, dann ist der Staat verpflichtet, eine ernsthafte und offizielle Untersuchung einzuleiten.[1146] Wie bei Art. 2 ergibt sich diese prozessuale Seite von Art. 3 aus einem Zusammenspiel mit Art. 1 EMRK. Die positive Verpflichtung, eine effektive Ermittlung durchzuführen, beschränkt sich aber nicht nur auf Fälle, in denen die angeblichen Misshandlungen von staatlicher Seite ausgehen. Der Staat muss auch dann ermitteln, wenn Private die Urheber der Misshandlungen sind.[1147] Gerade angesichts dessen, dass der EGMR in Fällen behaupteter Misshandlungen auf Grund einer zu dünnen Beweislage, die aus mangelhaften Ermittlungsarbeiten der nationalen Behörden resultiert, eine Verletzung von Art. 3 durch die Misshandlungen verneinen muss, kommt der prozessualen Seite von Art. 3 eine besondere Bedeutung zu. Ohne sie lief das Folterverbot ins Leere, da durch eine gezielte lückenhafte Ermittlungs- und Untersuchungspolitik von Seiten des Staates eine Verurteilung wegen einer Verletzung des Folterverbots umgangen werden könnte. In den meisten Fällen, in denen Sinti und Roma eine

---

1145 *Ebd.*, Rn. 119 f., *N.B./.Slowakei*, Nr. 29518/10, Urteil v. 12.6.2012, Rn. 80 f.; *I.G. u.a./.Slowakei*, Nr. 15966/04, Urteil v. 13.11.2012, Rn. 123 f., 125 f.

1146 EGMR, *Assenov u.a./.Bulgarien*, Nr. 24760/94, Urteil v. 28.10.1998, Reports 1998-VIII, Rn. 102.

1147 EGMR, *Šečić./.Kroatien*, Nr. 40116/02, Urteil v. 31.5.2007, Rn. 52 f.; *Koky u.a./.Slowakei*, Nr. 13624/03, Urteil v. 12.6.2012, Rn. 215.

Verletzung von Art. 3 geltend gemacht haben, hat der Gerichtshof eine Verletzung der prozessualen Seite von Art. 3 bejaht.[1148]

Der EGMR wendet hier dieselben Maßstäbe wie bei Art. 2 an. Die Ermittlungen müssen grundsätzlich fähig sein, ihren Mitteln nach zur Identifizierung und Bestrafung der Täter zu führen.[1149] Zur Effektivität gehört auch, dass die Untersuchungen gründlich, unabhängig, unparteiisch und zügig von statten gehen. Im Fall *Petropoulou-Tsakiris./.Griechenland* prangerte der EGMR beispielsweise die in seinen Augen fehlende Objektivität des Verfahrens an, da die Ermittlungen von Polizeibeamten geführt worden waren, die in derselben Polizeistation tätig gewesen waren wie die Beamten, gegen die ermittelt worden war.[1150] Eine Verletzung von Art. 3 im prozessualen Sinne bejahte der EGMR auch im Fall *M. u.a./.Italien und Bulgarien.* Die Eltern einer 17-jährigen Tochter hatten sich an die italienischen Behörden mit der Behauptung gewandt, dass ihre Tochter entführt und zwangsverheiratet worden sei. Die Behörden hatten daraufhin das Mädchen befreit, die Ermittlungen gegen die mutmaßlichen Täter jedoch innerhalb eines Tages eingestellt und stattdessen ein Verfahren wegen Falschaussage gegen das Mädchen und ihre Eltern eingeleitet. Auf Grund eines Hochzeitsfotos waren die Behörden zu dem Ergebnis gekommen, dass es sich um eine

1148 EGMR, *Assenov u.a./.Bulgarien*, Nr. 24760/94, Urteil v. 28.10.1998, Reports 1998-VIII, Rn. 101 ff.; *Bekos und Koutropoulos./.Griechenland*, Nr. 15250/02, Urteil v. 13.12.2005, Reports 2005-XIII, Rn. 53 ff.; *Jasar./.Mazedonien*, Nr. 69908/01, Urteil v. 15.2.2007, Rn. 58 ff.; *Šečić./.Kroatien*, Nr. 40116/02, Urteil v. 31.5.2007, Rn. 52 ff.; *Cobzaru./.Rumänien*, Nr. 48254/99, Urteil v. 26.7.2007, Rn. 68 ff; *Petropoulou-Tsakiris./.Griechenland*, Nr. 44803/04, Urteil v. 6.12.2007, Rn. 47 ff.; *Stoica./.Rumänien*, Nr. 42722/02, Urteil v. 4.3.2008, Rn. 70 ff.; *Beganović./.Kroatien*, Nr. 46423/06, Urteil v. 25.6.2009, Rn. 69 ff.; *Carabulea./.Rumänien*, Nr. 45661/99, Urteil v. 13.7.2010, Rn. 151; *Koky u.a./.Slowakei*, Nr. 13624/03, Urteil v. 12.6.2012, Rn. 226 ff.; *Borbála Kiss./.Ungarn*, Nr. 59214/11, Urteil v. 26.6.2012, Rn. 37 ff.; *M. u.a./.Italien und Bulgarien*, Nr. 40020/03, Urteil v. 31.7.2012, Rn. 101 ff.; *I.G. u.a./.Slowakei*, Nr. 15966/04, Urteil v. 13.11.2012, Rn. 130 ff.; *Ciorcan u.a./.Rumänien*, Nr. 29414/09 u. 44841/09, Urteil v. 27.1.2015, Rn. 146 ff.; *Ion Bălăşoiu./.Rumänien*, Nr. 70555/10, Urteil v. 17.2.2015, Rn. 112 ff. Keine Verletzung der prozessualen Seite dagegen bei: EGMR, *V.C./.Slowakei*, Nr. 18968/07, Urteil v. 8.11.2011, Reports 2011-V, Rn. 126 ff.; *N.B./.Slowakei*, Nr. 29518/10, Urteil v. 12.6.2012, Rn. 85 ff.

1149 Etwa: EGMR, *Assenov u.a./.Bulgarien*, Nr. 24760/94, Urteil v. 28.10.1998, Reports 1998-VIII, Rn. 102, mit Verweis auf seine Ausführungen im Rahmen von Art. 2 in: EGMR, *McCann u.a./.Vereinigtes Königreich*, Nr. 18984/91, Urteil v. 27.09.2005, Rn. 161.

1150 EGMR, *Petropoulou-Tsakiris./.Griechenland*, Nr. 44803/04, Urteil v. 6.12.2007, Rn. 49.

von beiden Seiten gewollte und arrangierte Roma-Hochzeit gehandelt hatte. Der EGMR verurteilte das Vorgehen der italienischen Behörden scharf und kam zu dem Entschluss, dass der komplette Sachverhalt unmöglich innerhalb eines Tages von den Ermittlungsbehörden hatte erfasst werden können. Unabhängig von der Frage, ob die Heirat einen Zwangscharakter gehabt hatte, hätten hier Missbrauchsvorwürfe gegenüber einer Minderjährigen im Raum gestanden. Da es in dem Fall gewisse Indizien für Menschenhandel gegeben hatte, hätten die italienischen Behörden besonders gründlich prüfen müssen.[1151]

Konkreten Bezug auf den die Sinti und Roma betreffenden Rassismus nahm der EGMR bei seiner Prüfung von Art. 3 in Fall *Koky u.a./.Slowakei.* Ähnlich wie bei Art. 2 betonte der Gerichtshof hier die besondere Relevanz effektiver, das heißt unparteiischer und mit Nachdruck geführter Ermittlungen bei rassistisch motivierten Übergriffen.[1152] Auch bei Art. 3 wäre wünschenswert, dass der EGMR derartige Überlegungen regelmäßig in seine Sinti- und Roma-Rechtsprechung miteinbezieht.

4. *Sonstige Verletzungen positiver Verpflichtungen*

Wie bereits im vorangehenden Abschnitt gezeigt wurde, erwachsen dem Staat in bestimmten Fällen aus Art. 3 auch positive Verpflichtungen. Um zu verhindern, dass die ihrer Hoheitsgewalt unterstehenden Personen nicht Folter, unmenschlicher oder erniedrigender Behandlung oder Strafe zum Opfer fallen, sind die Staaten verpflichtet, entsprechende Maßnahmen zu ergreifen. Im Fall *Moldovan u.a./.Rumänien (2)* sah der EGMR Art. 3 etwa dadurch verletzt, dass es die rumänischen Behörden versäumt hatten, für die Beschwerdeführer angemessene Lebensbedingungen zu schaffen.[1153] Diese waren nämlich in Folge von Brandanschlägen, bei denen auch Polizisten beteiligt gewesen waren, obdachlos geworden und dadurch gezwungen, mehrere Jahre unter völlig beengten und hygienisch unzumutbaren und somit unmenschlichen Bedingungen zu leben. Erschwerend kam für den EGMR hinzu, dass sich staatliche Vertreter im Umgang mit den Anliegen der Beschwerdeführer regelmäßig diskriminierend in Bezug auf Sinti und Roma geäußert hatten. Dabei bekräftigte der EGMR nebenbei, dass

1151 EGMR, *M. u.a./.Italien und Bulgarien*, Nr. 40020/03, Urteil v. 31.7.2012, Rn. 104 ff.

1152 EGMR, *Koky u.a./.Slowakei*, Nr. 13624/03, Urteil v. 12.6.2012, Rn. 239.

1153 EGMR, *Moldovan u.a./.Rumänien (2)*, Nr. 41138/98 und 64320/01, Urteil v. 12.7.2005, Reports 2005-VII, Rn. 110 ff. Um denselben Vorfall, nur mit anderen Beschwerdeführern ging es hier: *Lăcătuş u.a./.Rumänien*, Nr. 12694/04, Urteil v. 13.11.2012, Rn. 89 ff.

auch rassistische Diskriminierung für sich genommen eine erniedrigende oder unmenschliche Behandlung im Sinne des Art. 3 darstellen kann.[1154]

Besonders in Fällen von Personen, die eine spezielle Nähebeziehung zum Staat haben, wie etwa bei Strafgefangenen, kommen dem Staat positive Verpflichtungen im Sinne von Art. 3 zu.[1155] In *Marian Chiriţă./.Rumänien* bejahte der Gerichthof beispielsweise eine Verletzung des Folterverbots, da die Gefängnisverwaltung dem Beschwerdeführer trotz gerichtlicher Anordnung über vier Jahre verweigert hatte, ein ziviles Krankenhaus zwecks einer lebensnotwendigen Operation aufzusuchen.[1156]

5. *Ergebnis*

Hier lässt sich im Prinzip das im Fazit zu Art. 2 Gesagte wiederholen. Obwohl sich zahlreiche Fälle angeblicher Misshandlungen durch Staatsbedienstete während Haft und Gewahrsam mangels Beweisen auf Grund lückenhafter staatlicher Ermittlungsarbeit nachträglich durch den EGMR nicht mehr *beyond reasonable doubt* feststellen lassen, verhindern vor allem die angewandten Maßstäbe der Beweislastverteilung und die Herausbildung der prozessualen Seite von Art. 3, dass das Folterverbot ins Leere läuft. Die zahlreichen Fälle, in denen sich der EGMR mit Misshandlungen von Sinti und Roma durch Staatsbedienstete auseinandersetzen musste, bestätigen, dass es hier ein ernstzunehmendes Problem innerhalb Europas gibt.

Auch in den Fällen zu Art. 3 bezieht der EGMR regelmäßig Berichte und Stellungnahmen internationaler Organisationen oder anderer Europaratsorgane zur Problematik der Polizeigewalt gegenüber Sinti und Roma mit ein.[1157] Erfreulich ist zudem, dass sich der EGMR mehrfach im Rahmen seiner Prüfung von Art. 3 zum Teil auch auf den diskriminierenden Hintergrund des Falles gestützt hat und hierdurch die erniedrigende oder unmenschliche Wirkung der in Rede stehenden Behandlung sogar intensiviert sah, beziehungsweise in derartigen Fällen

---

1154 EGMR, *Moldovan u.a./.Rumänien (2)*, Nr. 41138/98 und 64320/01, Urteil v. 12.7.2005, Reports 2005-VII, Rn. 111.

1155 Vgl. *Grabenwarter*, ECHR Commentary, Art. 3, Rn. 8.

1156 EGMR, *Marian Chiriţă./.Rumänien*, Nr. 9443/10, Urteil v. 21.10.2014, Rn. 41 ff. Insgesamt zu den Maßstäben des EGMR zur Gesundheitsversorgung von Gefangenen im Rahmen von Art. 3: *Grabenwarter*, ECHR Commentary, Art. 3, Rn. 11.

1157 In *Ciorcan u.a./.Rumänien* bezieht der EGMR beispielsweise eine Stellungnahme des *Advisory Committee on the FCNM* zu Rumänien und den darin enthaltenen Passagen zu Polizeigewalt mit ein: EGMR, *Ciorcan u.a./.Rumänien*, Nr. 29414/09 u. 44841/09, Urteil v. 27.1.2015, Rn. 77.

sogar höhere Anforderungen an die Ermittlungsarbeiten der nationalen Behörden stellte.[1158] Begrüßenswert wäre, wenn er derartige Überlegungen regelmäßig in Urteile zu Fällen mit Sinti- und Roma-Bezug, in denen Antiziganismus eine Rolle spielt, miteinfließen lassen würde.

III. Recht auf Freiheit und Sicherheit (Art. 5 EMRK)

> Jede Person hat das Recht auf Freiheit und Sicherheit. Die Freiheit darf nur in den folgenden Fällen und nur auf die gesetzlich vorgeschriebene Weise entzogen werden: [...]
> c) rechtmäßige Festnahme oder rechtmäßiger Freiheitsentziehung zur Vorführung vor die zuständige Gerichtsbehörde, wenn hinreichender Verdacht besteht, daß die betreffende Person eine Straftat begangen hat, oder wenn begründeter Anlaß zu der Annahme besteht, daß es notwendig ist, sie an der Begehung einer Straftat oder an der Flucht nach Begehung einer solchen zu hindern; [...]
>
> f) rechtmäßige Festnahme oder rechtmäßige Freiheitsentziehung zur Verhinderung der unerlaubten Einreise sowie bei Personen, gegen die ein Ausweisungs- oder Auslieferungsverfahren im Gange ist.[1159]
>
> Jede Person, die nach Absatz 1 Buchstabe c von Festnahme oder Freiheitsentziehung betroffen ist, muß unverzüglich einem Richter oder einer anderen gesetzlich zur Wahrnehmung richterlicher Aufgaben ermächtigten Person vorgeführt werden; sie hat Anspruch auf ein Urteil innerhalb angemessener Frist oder auf Entlassung während des Verfahrens. Die Entlassung kann von der Leistung einer Sicherheit für das Erscheinen vor Gericht abhängig gemacht werden.[1160]

In nur wenigen Fällen mit Sinti- und Roma-Bezug hat Art. 5 bislang eine Rolle gespielt. Dies verwundert, da Inhaftierungen und Ingewahrsamnahmen von Sinti und Roma, wie die Analysen von Art. 2 und 3 gezeigt haben, oftmals Gegenstand der Rechtsprechung des EGMR sind. Trotz der geringen Relevanz, die Art. 5 in der bisherigen Sinti- und Roma-Rechtsprechung des EGMR zugekommen ist, sollen hier die wichtigsten Fälle in knapper Weise skizziert werden.

In *Cŏnka./.Belgien* ging es um eine slowakische Roma-Familie, die in Belgien Asyl beantragt hatte. Eines Tages erreichte sie eine Vorladung zur belgischen Polizei mit dem angeblichen Zweck, dort den Asylantrag der Familie zu vervollständigen. Wie sich vor Ort herausstellte, war dies nur vorgeschoben, denn auf

---

1158 So etwa in: EGMR, *Koky u.a./.Slowakei*, Nr. 13624/03, Urteil v. 12.6.2012, Rn. 239; *Moldovan u.a./.Rumänien (2)*, Nr. 41138/98 und 64320/01, Urteil v. 12.7.2005, Reports 2005-VII, Rn. 111.

1159 Art. 5 Abs. 1 S. 2 lit. c) und f) EMRK.

1160 Art. 5 Abs. 3 EMRK.

der Wache wurden ihnen ein Abschiebungsbescheid sowie ein Bescheid über die Anordnung der Abschiebungshaft ausgehändigt. Der EGMR hielt eine bewusste Täuschung von Asylbewerbern mit dem Ziel einer verbesserten Durchführung einer Abschiebungsmaßnahme mit Art. 5 Abs. 1 S. 2 lit. f) nicht vereinbar.[1161] In den Fällen *Anguelova./.Bulgarien* und *Ognyanova u. Choban./.Bulgarien* hielt der EGMR die in Rede stehenden Inhaftierungen wegen angeblicher Straftaten deswegen nicht für rechtmäßig im Sinne des Art. 5 Abs. 1 S. 2 lit. c), da die Polizeibeamten keinerlei Aufzeichnungen über die Inhaftierungen vorlegen konnten und so keine Informationen über Ort, Zeit und genaue Umstände der Inhaftierungen zur Verfügung standen.[1162]

In *Assenov u.a./.Bulgarien*, welcher im Übrigen der erste ausgeurteilte Kammer-Fall mit einem osteuropäischen Rom als Beschwerdeführer war, stellte der EGMR beispielsweise fest, dass es nicht ausreiche, wenn ein Untersuchungshäftling erst drei Monate nach seiner Inhaftierung einem Richter vorgeführt wird und die Inhaftierung nur von einem Ermittler angeordnet worden ist. Hierin sah der EGMR eine Verletzung von Art. 5 Abs. 3.[1163] Zudem hielt er Art. 5 Abs. 3 auch deshalb für verletzt, weil das nationale Gericht nicht „innerhalb einer angemessenen Frist" zu einem Urteil gekommen war. Der Beschwerdeführer hatte ganze zwei Jahre in Untersuchungshaft gesessen. Zwar erkannte der EGMR eine gewisse Komplexität des Falles an und sah den von bulgarischer Seite vorgebrachten Grund für die Aufrechterhaltung der Untersuchungshaft, nämlich die hohe Wahrscheinlichkeit, dass der Beschwerdeführer bei Entlassung wieder straffällig würde, als teilweise berechtigte Überlegung an. Gleichzeitig verwies der EGMR aber auf die Minderjährigkeit des Inhaftierten und die Tatsache, dass es zum Teil zu mehrmonatigen Ermittlungspausen gekommen war.[1164]

In der Sinti- und Roma-Rechtsprechung des EGMR hat Art. 5 bisher eine eher untergeordnete Rolle gespielt. Nichtsdestotrotz enthält Art. 5 wichtige Bestimmungen für die Fälle, in denen Sinti und Roma durch Polizei und Justizbedienstete im Zusammenhang mit Inhaftierungen ihrer Rechte beraubt werden.

1161 EGMR, *Čonka./.Belgien*, Nr. 51564/99, Urteil v. 5.2.2002, Reports 2002-I, Rn. 38 ff.

1162 EGMR, *Anguelova./.Bulgarien*, Nr. 38361/97, Urteil v. 13.6.2002, Reports 2002-IV, Rn. 157; *Ognyanova u. Choban./.Bulgarien*, Nr. 46317/99, Urteil v. 23.2.2006, Rn. 129 f.

1163 EGMR, *Assenov u.a./.Bulgarien*, Nr. 24760/94, Urteil v. 28.10.1998, Reports 1998-VIII, Rn. 146 ff.

1164 *Ebd.*, Rn. 153 ff.

IV. Recht auf ein faires Verfahren (Art. 6 EMRK)

Jede Person hat ein Recht darauf, daß über Streitigkeiten in bezug auf ihre zivilrechtlichen Ansprüche und Verpflichtungen oder über eine gegen sie erhobene strafrechtliche Anklage von einem unabhängigen und unparteiischen, auf Gesetz beruhenden Gericht in einem fairen Verfahren, öffentlich und innerhalb angemessener Frist verhandelt wird.[1165]

Entgegen seiner grundsätzlichen Bedeutung in der Rechtsprechung des EGMR als meistgerügtes Konventionsrecht, hat Art. 6 bisher keine besonders große Rolle im Rahmen der Sinti- und Roma-Rechtsprechung des EGMR gespielt. Lediglich in einigen wenigen Fällen musste sich der EGMR mit dem Recht auf ein faires Verfahren befassen.

Gleich in mehreren Fällen ging der Gerichtshof allerdings der Frage nach, ob „innerhalb einer angemessenen Frist", wie Art. 6 Abs. 1 S. 1 verlangt, verhandelt worden war.[1166] In derartigen Fällen weist der Gerichtshof stets darauf hin, dass die Frage nach der Angemessenheit der Verfahrensdauer an den Umständen des Einzelfalles zu messen sei und dabei insbesondere die Komplexität des Falles, das Verhalten von Beschwerdeführer und -gegner sowie die Bedeutung des Falles für den Beschwerdeführer berücksichtigt werden müssen.[1167] Im Fall *Molnár./.Ungarn*, in dem es um eine Wohnungszwangsräumung ging, hielt der EGMR die Frist für nicht mehr angemessen, da bereits sieben Jahre vergangen waren seit die Beschwerdeführerin Klage vor den innerstaatlichen Gerichten eingelegt hatte und die Klage zum Zeitpunkt der EGMR-Entscheidung immer noch anhängig war.[1168] Auch in den Fällen *Moldovan u.a./.Rumänien (2)* und *Oršuš u.a./.Kroatien* verneinte der EGMR die Angemessenheit der Verfahrensdauer und nahm eine Verletzung von Art. 6 Abs. 1 an.[1169] In letzterem Fall, der sogar an die Große Kammer verwiesen wurde, hatte sich eine Gruppe von

1165 Art. 6 Abs. 1 S. 1 EMRK.

1166 Insgesamt ist der Aspekt der zu langen Verfahrensdauer einer der meistgerügten vor dem EGMR, vgl. *Peukert*, in: *Frowein/Peukert*, EGMR Kommentar, Art. 6, Rn. 235.

1167 So etwa in: EGMR, *Molnár./.Ungarn*, Nr. 22592/02, Urteil v. 5.10.2004, Rn. 20; *Moldovan u.a./.Rumänien (2)*, Nr. 41138/98 und 64320/01, Urteil v. 12.7.2005, Reports 2005-VII, Rn. 125; jeweils mit Verweis auf: EGMR, *Frydlender./.Frankreich* [GK], Nr. 30979/96, Urteil v. 23.6.2000, Reports 2000-VII, Rn. 43.

1168 EGMR, *Molnár./.Ungarn*, Nr. 22592/02, Urteil v. 05.10.2004, Rn. 22.

1169 EGMR, *Moldovan u.a./.Rumänien (2)*, Nr. 41138/98 und 64320/01, Urteil v. 12.7.2005, Reports 2005-VII, Rn. 128 ff.; *Oršuš u.a./.Kroatien*, Nr. 15766/03, Urteil v. 17.7.2008, Rn. 48 f.; *Oršuš u.a./.Kroatien* [GK], Nr. 15766/03, Urteil v. 16.3.2010, Reports 2010-II, Rn. 109 f.

Roma-Grundschülern vor den innerstaatlichen kroatischen Gerichten gegen ihre Einteilung in separate Roma-Klassen zur Wehr gesetzt. Von der Klageerhebung bis zur Entscheidung des kroatischen Verfassungsgerichts waren fünf Jahre vergangen, wobei vor allem letzteres mehrere Jahre für seine Entscheidung gebraucht hatte. Der EGMR erkannte hier zwar die Sonderrolle des Verfassungsgerichts an und billigte, dass ein Verfassungsgericht grundsätzlich auch Fälle von besonderer Bedeutung vorziehen kann. Allerdings hielt sowohl die Kammer als auch die Große Kammer die überlange Verfahrensdauer von fünf Jahren auch durch diesen Umstand nicht für gerechtfertigt.[1170]

Im selben Fall kam den Beschwerdeführern auch die großzügige Auslegung des Begriffs des zivilrechtlichen Anspruchscharakters, wie er in Art. 6 Abs. 1 niedergelegt ist, entgegen. Grundsätzlich lässt es der EGMR bei der Frage, ob ein zivilrechtlicher Anspruch Gegenstand des Verfahrens ist, nicht auf dessen Klassifizierung im nationalen Recht ankommen, sondern stellt viel eher auf den materiellen Inhalt und die Wirkung des Anspruchs ab.[1171] Im vorliegenden Fall rügten die Beschwerdeführer eine rassistische Diskriminierung im Bildungsbereich. Die Kammer merkte an, dass der Gerichtshof bereits in Fällen von Diskriminierung auf Grund von Religion oder politischer Gesinnung Art. 6 für anwendbar erklärt hatte, sodass es keinen Anlass gebe, dies in Fällen rassistischer Diskriminierung nicht zu tun.[1172] Zudem hatten hier die Beschwerdeführer vor den ordentlichen Gerichten in Kroatien Klage erhoben, sodass der EGMR im Kammer-Urteil Art. 6 für anwendbar hielt, was von der Großen Kammer bestätigt wurde. Letztere qualifizierte das Recht auf Zugang zu schulischer Ausbildung *per se* als Anspruch ziviler Natur.[1173]

Im Fall *K.H. u.a./.Slowakei* zielte die Prüfung von Art. 6 auf das darin verankerte Recht ab, einen bestehenden zivilrechtlichen Anspruch auch gerichtlich geltend machen zu können. In dem Fall war den Beschwerdeführerinnen, die

---

1170 EGMR, *Oršuš u.a./.Kroatien*, Nr. 15766/03, Urteil v. 17.7.2008, Rn. 48 f.; *Oršuš u.a./.Kroatien* [GK], Nr. 15766/03, Urteil v. 16.3.2010, Reports 2010-II, Rn. 109 f.

1171 Vgl. *Peukert*, in: *Frowein/Peukert*, EGMR Kommentar, Art. 6, Rn. 15.

1172 EGMR, *Oršuš u.a./.Kroatien*, Nr. 15766/03, Urteil v. 17.7.2008, Rn. 43, mit Verweis auf EGMR, *Tinnelly & Sons Ltd u.a. und McElduff u.a./.Vereinigtes Königreich*, Nr. 20390/92, Urteil v. 10.7.1998, Reports 1998-IV, Rn. 61 f.; *Devlin./.Vereinigtes Königreich*, Nr. 29545/95, Urteil v. 30.10.2001, Rn. 23; *Oršuš u.a./.Kroatien* [GK], Nr. 15766/03, Urteil v. 16.3.2010, Reports 2010-II, Rn. 104 ff.

1173 EGMR, *Oršuš u.a./.Kroatien* [GK], Nr. 15766/03, Urteil v. 16.3.2010, Reports 2010-II, Rn. 104 ff, mit Verweis auf *Emine Araç./.Türkei*, Nr. 9907/02, Urteil v. 23.9.2008, Reports 2008-IV, Rn. 16 ff.

den Verdacht hegten, ohne ihr Wissen sterilisiert worden zu sein, und dagegen gerichtlich vorgehen wollten, auf Grundlage des slowakischen Gesundheitsgesetzes verweigert worden, Fotokopien ihrer Krankenhausakten anzufertigen. Obwohl den Beschwerdeführerinnen hier theoretisch der innerstaatliche Klageweg offen gestanden hätte und ihnen somit der Zugang zu Gericht prinzipiell nicht verwehrt war, sah der EGMR Art. 6 Abs. 1 auch dadurch verletzt, dass die aus der Versagung des Kopierens der Krankenakte resultierende mangelhafte Beweissituation die Effektivität eines möglichen Verfahrens erheblich gemindert hatte.[1174] Ein faires Verfahren lag nach Ansicht des Gerichtshofs auch im Fall *Lăcătuş u.a./.Rumänien* nicht vor, da die rumänischen Gerichte zum einen nicht über alle geltend gemachten immateriellen Schadensersatzansprüche entschieden hatten und zum anderen, weil das Revisionsgericht in seinem Urteil keine ausreichende Begründung geliefert hatte.[1175]

Auch wenn der grundsätzlich sehr bedeutsame Art. 6 bislang nur vereinzelt und eher in untergeordneter Rolle in Urteilen des EGMR, in denen Sinti und Roma Beschwerdeführer waren, zur Sprache kam, zeigen die erwähnten Beispiele, dass Art. 6 mit seinen zahlreichen Facetten gut geeignet ist, den Problemen, die Sinti und Roma vor nationalen Gerichten widerfahren und zum Teil wohl ebenfalls Ausdruck eines strukturell verankerten Antiziganismus sind, zu begegnen.

V. Das Recht auf Achtung des Privat- und Familienlebens (Art. 8 EMRK)

> Jede Person hat das Recht auf Achtung ihres Privat- und Familienlebens, ihrer Wohnung und ihrer Korrespondenz.[1176]

Anders als Art. 5 und 6 hat Art. 8 EMRK bisher im Rahmen der Sinti- und Roma-Rechtsprechung des EGMR einen vergleichsweise großen Niederschlag gefunden. Die Urteile, die in der Literatur mit die größte Aufmerksamkeit erfahren haben, spielten sich alle schwerpunktmäßig im Anwendungsbereich von Art. 8 ab. Es handelte sich dabei um die bereits erwähnten Individualbeschwerden britischer *"gypsies"* gegen staatliche Wohnwagenabstellverbote.

1174 EGMR, *K.H. u.a./.Slowakei*, Nr. 32881/04, Urteil v. 28.4.2009, Reports 2009-II, Rn. 66.

1175 EGMR, *Lăcătuş u.a./.Rumänien*, Nr. 12694/04, Urteil v. 13.11.2012, Rn. 101 f.

1176 Art. 8 Abs. 1 EMRK.

1. *Abstellverbote von Wohnwägen*

Als erstes soll direkt auf die eben genannten Wohnwagenfälle (*"gypsy-cases"*) eingegangen werden, bei denen es sich um Individualbeschwerden gegen das Vereinigte Königreich handelte. Dabei soll nochmals an dieser Stelle in aller Deutlichkeit darauf hingwiesen werden, dass auf Grund der fehlenden sprachlichen Differenziertheit des EGMR unklar ist, ob es sich bei den Beschwerdeführern tatsächlich um Sinti und Roma oder um *Irish Travellers* handelte.[1177] Da die Urteile in der Literatur stets als Sinti- und Roma-Urteile behandelt werden, sollen sie auch hier in die Rechtsprechungsanalyse miteinbezogen werden. In jüngerer Zeit war zudem eine Individualbeschwerde zur selben Thematik gegen Frankreich anhängig.

a. *Die erste Generation der Wohnwagenurteile*

Das zeitlich erste Urteil in der Thematik, das zugleich das erste *"gypsy"*-Urteil des EGMR überhaupt darstellte, erließ der Gerichtshof im Jahr 1996 in der Sache *Buckley./.Vereinigtes Königreich*. Der Beschwerdeführerin war in diesem Fall von staatlicher Seite nicht genehmigt worden, ihre Wohnwägen auf ihrem eigenen Grundstück zu dauerhaften Wohnzwecken abzustellen. Ihr war stattdessen ein Stellplatz auf einem öffentlichen Campingplatz zugewiesen worden, den die Beschwerdeführerin wegen der dort herrschenden hohen Kriminalitätsrate abgelehnt hatte. Der Gerichtshof stufte auch den Wohnwagen als Wohnung im Sinne des Art. 8 ein, da die Beschwerdeführerin fest darin lebte, und sah einen Eingriff in das Recht auf Wohnung gegeben, welches von Art. 8 ebenfalls geschützt wird.[1178] Der Gerichtshof kam jedoch unter Anerkennung eines weiten staatlichen Beurteilungsspielraums zu dem Schluss, dass von Seiten des Staates eine Abwägung der konkurrierenden Interessen zur Genüge stattgefunden hatte und die Versagung der Genehmigung ausreichend begründet worden war – nämlich mit der Durchsetzung der Raumplanungspolitik, der Straßensicherheit, dem Umweltschutz und der öffentlichen Gesundheit.[1179] Der EGMR führte aus, dass auch der traditionelle *"gypsy-lifestyle"*, den die Beschwerdeführerin verfolgte, mit in die Abwägung der nationalen Behörden miteinbezogen worden sei und bewertete diese Miteinbeziehung schließlich als ausreichend.[1180]

1177 Siehe dazu Teil 4, B.

1178 EGMR, *Buckley./.Vereinigtes Königreich*, Nr. 20348/92, Urteil v. 25.9.1996, Reports 1996-IV, Rn. 54.

1179 *Ebd.*, Rn. 84.

1180 *Ebd.*, Rn. 80, 84.

Zudem stellte der EGMR fest, dass Art. 8 nicht so weit gehe, dass die konkreten Wohnpräferenzen des Einzelnen die Interessen der Allgemeinheit grundsätzlich überwiegen würden.[1181]

Auch innerhalb der Kammer gab es Kritik an der Entscheidung (6 zu 3-Entscheidung).[1182] Interessant an den abweichenden Voten der betreffenden Richter ist, dass sie zum Teil sehr starke minderheitenschützende Aspekte in ihre Wertungen miteinbezogenen haben, was grundsätzlich für die EMRK als individualrechtlichen Menschenrechtskatalog untypisch ist.[1183] Bemängelt wurde insbesondere, dass kulturelle Aspekte, das heißt unter anderem die angeblich traditionelle nomadische *"gypsy"*-Kultur, zu wenig Beachtung in der Abwägung gefunden haben. *Judge Repik* wies beispielsweise darauf hin, dass es das Abstellverbot der Beschwerdeführerin erschweren würde, ihren Kindern ein sicheres und festes Zuhause zu bieten und gleichzeitig in den Schulferien den traditionellen *"gypsy-lifestyle"* zu leben: *"Whilst the applicant wishes to find a safe and stable place to set up home, she also wishes to retain the possibility of travelling during school holidays – a legitimate objective given the traditional way of life and culture of the Gypsy minority."*[1184] *Judge Lohmus* sprach sich sogar explizit für die Ableitung gezielter Minderheitenrechte aus der EMRK, das heißt positive Verpflichtungen zum Schutz der Minderheitenkultur aus.[1185] Einen konkreten Umsetzungsvorschlag liefert er aber nicht.

Judge Pettiti dagegen stellte weniger auf einen Minderheitenschutz im engeren Sinne ab, sondern rückte die vorherrschende Diskriminierung und Ausgrenzung der *"gypsies"* in den Fokus seines Votums. Dabei sprach er von einer besonderen Verantwortung, die die europäischen Staaten angesichts des Völkermords und der fortdauernden Verfolgung hätten. Er weist der EMRK eine herausragende Rolle für die Verbesserung der Rechte der *"gypsies"* zu, da es der Zweck der Konvention sei, die Staaten zu verpflichten, fundamentale Rechte ohne Diskriminierung zu gewährleisten:

1181 *Ebd.*, Rn. 81.

1182 *Ebd.*, Partly Dissenting Opinion of Judge Repik, Partly Dissenting Opinion of Judge Lohmus und Dissenting Opinion of Judge Pettiti. Zusammenfassend: *Thornberry/ Estébanez*, Minority Rights in Europe, S. 56 f.

1183 Zum Minderheitenschutz im Rahmen der EMRK und speziell zum Fall Buckley./ .Vereinigtes Königreich siehe: Teil 2, D. IV. 2. e.

1184 EGMR, *Buckley./.Vereinigtes Königreich*, Nr. 20348/92, Urteil v. 25.9.1996, Reports 1996-IV, Partly Dissenting Opinion of Judge Repik.

1185 Ausführlich zu den Äußerungen von *Judge Lohmus* siehe: Teil 2, D. IV. 2. e.

Europe has a special responsibility towards Gypsies. During the Second World War States concealed the genocide suffered by Gypsies. After the Second World War, this direct or indirect concealment continued (even with regard to compensation). Throughout Europe, and in member States of the Council of Europe, the Gypsy minority have been subject to discrimination, and rejection and exclusion measures have been taken against them. […] Can the European Convention provide a remedy for this situation? The answer must be yes, since the purpose of the Convention is to impose a positive obligation on the States to ensure that fundamental rights are guaranteed without discrimination."[1186]

Das große Manko an *Buckley./.Vereinigtes Königreich* im Bereich von Art. 8 ist, dass der Gerichtshof lediglich auf den Aspekt der Wohnung eingegangen ist. Ein Eingriff in das Familienleben wurde nicht geprüft. Gerade diesbezüglich hätten in die Abwägung aber unbedingt die drohenden Konsequenzen eines Abstellverbots für das Familienleben der Beschwerdeführerin miteinbezogen werden müssen. Der Umstand, dass es auf Grund des landesweiten Mangels an legalen Karavanstellplätzen in der Gegend keinerlei Alternativorte gab, an dem die Beschwerdeführerin dauerhaft, sicher und unter adäquaten Bedingungen mit ihren Kindern im Wohnwagen hätte leben können, wurde kaum berücksichtigt. Problematisch erscheint vor allem, dass der EGMR die von staatlicher Seite getätigte Erwägung anstandslos billigte, dass die Konzentration von *"gypsy"*-Wohnwagenplätzen gering gehalten werden müsse, da ansonsten die Akzeptanz durch die Mehrheitsbevölkerung gefährdet sei. Somit billigte der EGMR gleichzeitig die staatliche Rücksichtnahme auf antiziganistische Vorurteile.[1187]

b. Die zweite Generation der Wohnwagenurteile

Im Jahr 2001 musste sich die Große Kammer des EGMR gleich mit einer ganzen Reihe von Individualbeschwerden britischer *"gypsies"* befassen. Auch hier ging es um *"gypsy"*-Familien, denen von Behördenseite meist zu Zwecken des Naturschutzes untersagt worden war, auf ihrem eigenen Grundstück in ihrem Wohnwagen zu leben. Die Leitentscheidung war dabei der Fall *Chapman./.Vereinigtes Königreich.*[1188] Die anderen Fälle wurden vom EGMR rechtlich in entsprechender Weise gewürdigt.[1189] Auch hier sah der EGMR eine Verletzung von Art. 8 als

---

1186 EGMR, *Buckley./.Vereinigtes Königreich*, Nr. 20348/92, Urteil v. 25.9.1996, Reports 1996-IV, Dissenting Opinion of Judge Pettiti.

1187 *Ebd.*, Rn. 80. Ebenso kritisch hierzu *Judge Pettiti* in seiner *Dissenting Opinion* zum Urteil.

1188 EGMR, *Chapman./.Vereinigtes Königreich* [GK], Nr. 27238/95, Urteil v. 18.1.2001, Reports 2001-1.

1189 Dabei handelte es sich um: EGMR, *Beard./.Vereinigtes Königreich* [GK], Nr. 24882/94, Urteil v. 18.1.2001; *Coster./.Vereinigtes Königreich* [GK], Nr. 24876/94, Urteil

nicht gegeben an. Gleichwohl ging der EGMR weiter als noch bei *Buckley./. Vereinigtes Königreich* und stellte ganz am Anfang seiner Prüfung von Art. 8 fest, dass das Leben im Wohnwagen ein wichtiger Bestandteil der ethnischen Identität der Beschwerdeführerin als *"gypsy"* sei. Hieraus folgerte der EGMR, dass nicht nur das Recht auf Wohnung, sondern auch das Recht auf Privat- und Familienleben durch die Genehmigungsversagung betroffen war.[1190]

Indem der EGMR hier die traditionelle Lebensweise einer Minderheit in den Schutzbereich von Art. 8 miteinbezog, rückte er Aspekte des völkerrechtlichen Minderheitenschutzes in den weiteren Fokus seiner Prüfung. Trotzdem gereichte das Urteil wohl nicht zur Zufriedenheit der Verfechter eines starken Minderheitenschutzes. Die Große Kammer bestätigte zwar, dass es einen internationalen Konsens über die Notwendigkeit des Minderheitenschutzes gebe und verwies dabei auf das Rahmenübereinkommen zum Schutz nationaler Minderheiten, verneinte aber gleichzeitig, dass sich aus diesem Konsens konkrete Handlungsanweisungen für die Staaten ableiten ließen, anhand derer der nationale Ermessensspielraum einschränkbar sei.[1191] Die Ableitung spezifischer Minderheitenrechte aus der EMRK, im Sinne einer „positiven Diskriminierung", das heißt im konkreten Fall die Erteilung der Genehmigung auf Grund der Zugehörigkeit der Beschwerdeführerin zur *"gypsy"*-Minderheit trotz fehlender Genehmigungsfähigkeit, lehnte der EGMR mit Hinweis auf eine fehlende Vereinbarkeit mit Art. 14 letztlich ab.[1192]

Gleichzeitig erkannte der EGMR aber eine Verpflichtung der Staaten an, die Bedürfnisse der *"gypsy"*-Minderheit mit ihrer eigentümlichen Lebensweise in besonderem Maße zu berücksichtigen (*"special consideration"*). Welche konkreten Verpflichtungen sich hieraus allerdings für die Staaten ableiten lassen, führte der Gerichtshof nicht näher aus:

> *Nonetheless, although the fact of belonging to a minority with a traditional lifestyle different from that of the majority does not confer an immunity from general laws intended to*

---

v. 18.1.2001; *Lee./. Vereinigtes Königreich* [GK], Nr. 25289/94, Urteil v. 18.1.2001; *Jane Smith./. Vereinigtes Königreich* [GK], Nr. 25154/94, Urteil v. 18.1.2001.

1190 EGMR, *Chapman./. Vereinigtes Königreich* [GK], Nr. 27238/95, Urteil v. 18.01.2001, Reports 2001-1, Rn. 73.

1191 *Ebd.*, Rn. 93 f. Davon abweichend: *Ebd.*, Joint Dissenting Opinion of Judges Pastor Ridruejo, Bonello, Tulkens, Strážnická, Lorenzen, Fischbach and Casadevall, Rn. 3.

1192 *Ebd.*, Rn. 95. Abweichend und sich dezidiert für einen aus der Charta ableitbaren Minderheitenschutz, der über den Diskriminierungsschutz hinausgeht, aussprechend: *Ebd.*, Joint Dissenting Opinion of Judges Pastor Ridruejo, Bonello, Tulkens, Strážnická, Lorenzen, Fischbach and Casadevall, Rn. 3.

> *safeguard the assets of the community as a whole, such as the environment, it may have an incidence on the manner in which such laws are to be implemented. As intimated in Buckley, the vulnerable position of Gypsies as a minority means that some special consideration should be given to their needs and their different lifestyle both in the relevant regulatory planning framework and in reaching decisions in particular cases. […] To this extent, there is thus a positive obligation imposed on the Contracting States by virtue of Article 8 to facilitate the Gypsy way of life.*[1193]

Letztlich war die Große Kammer in einer 10-zu-7-Entscheidung entgegen der Ansicht der Beschwerdeführerin davon überzeugt, dass das Vereinigte Königreich nicht verpflichtet sei, der *"gypsy"*-Gemeinschaft eine ausreichende Anzahl von entsprechend ausgestatteten Wohnwagenstellplätzen zur Verfügung zu stellen, da Art. 8 grundsätzlich nicht das Recht auf Bereitstellung einer Wohnung enthalte.[1194]

c. Die dritte Generation der Wohnwagenurteile

Schließlich erreichte den EGMR in den 2000er Jahren eine weitere Individualbeschwerde aus der britischen *"gypsy"-Community.* Im Fall *Connors./.Vereinigtes Königreich* ging es um die Ausweisung einer *"gypsy"*-Familie von einem kommunalen *"gypsy"*-Wohnwagenplatz wegen angeblichen Störverhaltens von Familienmitgliedern. Der EGMR legte den Schwerpunkt seiner Prüfung auf die Frage, ob der Eingriff, das heißt die Ausweisung, notwendig in einer demokratischen Gesellschaft gewesen war (Art. 8 Abs. 2). Er wiederholte seine in *Chapman./.Vereinigtes Königreich* getätigte Aussage, dass die Staaten positiv verpflichtet seien, angesichts der verletzlichen Situation der *"gypsies"* als Minderheit, den *"gypsy"*-Lebensstil zu erleichtern (*"to facilitate the Gypsy way of life"*) und diesem besondere Beachtung zu schenken (*"special consideration"*).[1195]

Anders als noch in den Vorgängerurteilen bezog der EGMR jedoch die konkrete Situation der Beschwerdeführer in seine Abwägung ausführlich mit ein. Er erörterte ausgiebig, welche Konsequenzen eine Ausweisung für die Beschwerdeführer hätte:

1193 *Ebd.*, Rn. 96.

1194 *Ebd.*, Rn. 99. Enttäuscht über die Entscheidung des Gerichtshofs und mit dem Vorwurf, dem Schutz von Minderheitenkulturen nicht genug Rechnung getragen zu haben, zeigt sich: *Barth,* Minority Rights, Multiculturalism and the Roma of Europe, S. 387 f. Ebenso kritisch dazu: *Ringelheim*, Chapman redux, S. 435 ff. *Sandland* beschreibt den Ansatz der Großen Kammer trotz des finalen Ausgangs noch als *"progressive"*, vgl. *Sandland*, Developing a Jurisprudence of Difference, S. 490.

1195 EGMR, *Connors./.Vereinigtes Königreich*, Nr. 66746/01, Urteil v. 27.5.2004, Rn. 84.

> *The seriousness of what was at stake for the applicant is not in doubt. The applicant and his family were evicted from the site where they had lived, with a short absence, for some fourteen to fifteen years, with consequent difficulties in finding a lawful alternative location for their caravans, in coping with health problems and young children and in ensuring continuation in the children's education. The family was, in effect, rendered homeless, with the adverse consequences on security and well-being which that entails.*[1196]

Da für den EGMR retrospektivisch nicht mehr zu klären war, inwieweit die Beschwerdeführer sich tatsächlich ein schadhaftes Verhalten auf dem Platz hatten zu Schulden kommen lassen, kam es hier lediglich darauf an, ob den Beschwerdeführern ausreichend Verfahrensgarantien gegen die Ausweisung zugestanden hatten. Anders als in den Vorgängerfällen, in denen die Beschwerdeführer jeweils ohne Baugenehmigung auf ihrem Grundstück ihre Wohnwägen abgestellt hatten, war hier also nicht mehr zu klären, ob eine Rechtsverletzung durch die Beschwerdeführer stattgefunden hatte.

Die Kündigung beziehungsweise Ausweisung war im vorliegenden Fall in einem Schnellverfahren abgelaufen, ohne, dass die Gemeinde gerichtlich überprüfbare Gründe hätte angeben müssen. Die Regierung rechtfertigte die Möglichkeit einer solchen Schnellkündigung damit, dass es auf Grund des nomadischen Lebensstils der *"gypsies"* einer flexiblen Handhabe und insgesamt eines schnellen, effektiven Mittels gegen anti-soziales Verhaltens bedurft habe.[1197] Dies ließ der Gerichtshof allerdings nicht gelten, da es sich bei dem Platz nicht um einen Transitplatz, sondern um einen Platz für sesshafte *"gypsies"* gehandelt hatte, die dauerhaft in ihrem Wohnwagen lebten. Außerdem ließ sich der EGMR nicht davon überzeugen, dass anti-soziales Verhalten ein ausschließliches Problem innerhalb der *"gypsy"*-Community sei. Folglich war es für den EGMR nicht ersichtlich, warum hier kein normales Kündigungsverfahren wie in anderen öffentlichen Wohnungen durchgeführt worden war.[1198] Der EGMR kam zu dem Entschluss, dass das Vereinigte Königreich nicht in ausreichendem Maße begründet hatte, weshalb die Ausweisung notwendig in einer demokratischen Gesellschaft gewesen war und sah hier die Ausweisung nicht von adäquaten prozessualen Schutzmechanismen begleitet.[1199] Erstmalig bejahte er somit in einem derartigen Fall eine Verletzung des Rechts auf Achtung des Privat- und

1196 *Ebd.*, Rn. 85.
1197 *Ebd.*, Rn. 87.
1198 *Ebd.*, Rn. 89.
1199 *Ebd.*, Rn. 94.

Familienlebens und der Wohnung, was von Verfechtern eines weiten Minderheitenschutzes als deutlichen Fortschritt gewertet wurde.[1200]

d. Die vierte Generation der Wohnwagenurteile

Im Jahr 2008 wurde erneut ein Fall vor dem EGMR anhängig, bei dem es um das Abstellen von Wohnwägen ging. Beschwerdeführer waren diesmal allerdings fast einhundert französische *«gens de voyage»*, die seit vielen Jahren in ihren Wohnwägen oder kleinen Häusern auf einem Grundstück in einer französischen Gemeinde gelebt hatten und nun von einer zwangsweisen Räumung bedroht waren.

Der EGMR bekräftigte hier nochmals, dass auch die traditionellen Lebensweisen von Angehörigen einer Minderheit vom Schutzbereich des Art. 8 umfasst seien. Zwar waren die Beschwerdeführer hier nicht mehr fahrend, aber nach Einschätzung des Gerichtshofs war das Leben im Wohnwagen trotzdem wichtiger Bestandteil ihrer Lebensweise und Tradition. Obwohl der Räumungsbescheid nicht vollzogen worden war, ließ der EGMR die Androhung als Eingriff in das Recht auf Achtung des Privat- und Familienlebens und der Wohnung ausreichen. Hier waren immerhin knapp einhundert Personen betroffen, für die eine tatsächliche Räumung gravierende Einschnitte in das Sozial- und Familienleben bedeutet hätte. Zudem hatten einige der Bewohner die Gemeinde allein auf Grund der Androhung schon verlassen.[1201]

Auch hier stand die Frage der Verhältnismäßigkeit der Maßnahme im Fokus der Prüfung. Für deren Beurteilung waren laut EGMR folgende Aspekte relevant: die Legalität der Behausung, die Existenz von Alternativwohnraum, die konkreten Bedürfnisse der von der Maßnahme Betroffenen sowie andererseits die Planungshoheit der Gemeinde. Wie in den Vorgängerurteilen betonte der EGMR die verletzliche Lage der Sinti und Roma beziehungsweise *«gens de voyage»*, die in besonderem Maße bei der Beurteilung der Verhältnismäßigkeit zu berücksichtigen sei. Den Staaten komme eine positive Verpflichtung zu, es ihnen zu ermöglichen, ihren Lebensstil auszuleben ("*to facilitate the way of life of the Roma*").[1202]

1200 *"The Court can be criticised for its tendency to analyse the issues at stake in procedural rather than substantive terms, but despite this there has been a significant shift – from a politics of sameness to a politics of difference – which can only be welcome"*, *Sandland*, Developing a Jurisprudence of Difference, S. 496.

1201 EGMR, *Winterstein u.a./.Frankreich*, Nr. 27013/07, Urteil 17.10.2013, Rn. 142 f.

1202 *Ebd.*, Rn. 148, mit zahlreichen Verweisen auf die Vorgängerurteile.

Im vorliegenden Fall hatten die Bewohner schon seit vielen Jahren in der Gemeinde gelebt und waren ebenso lange von den Behörden toleriert worden. Die Bewohner hatten die Grundstücke entweder angemietet oder waren sogar deren Eigentümer. Der einzige Grund für die Räumungsandrohung war die Tatsache gewesen, dass das dauerhafte Abstellen der Wohnwagen zu permanenten Wohnzwecken mit dem bestehenden Flächennutzungsplan nicht in Einklang gestanden hatte. Der EGMR warf den nationalen Gerichten vor, die Verhältnismäßigkeit der Maßnahme nicht näher erörtert zu haben, sondern lediglich auf die Unvereinbarkeit mit dem Planungsrecht abgestellt zu haben.[1203] Wie schon im Urteil zu *Connors./.Vereinigtes Königreich* hätte hier nach Ansicht des Gerichtshofs die mit der Räumung verbundenen Konsequenzen und Risiken für die Bewohner im konkreten Fall Berücksichtigung finden müssen. Auch unter Einbeziehung internationaler Texte, in denen betont wurde, dass Sinti und Roma im Falle von Zwangsräumungen Alternativwohnraum angeboten werden müsse[1204], wiederholte der EGMR seine in den Vorgängerurteilen bereits getätigte Aussage, dass den speziellen Bedürfnissen und der Lebensweise der Betroffenen besondere Rechnung getragen werden müsse ("*special consideration*").[1205] Der EGMR stellte hier aber nicht nur auf ihre kulturellen Besonderheiten ab, sondern auch auf ihren Status als sozial benachteiligte Gruppe. Nicht nur weil Frankreich hier nach Ansicht des Gerichtshofs eine Verhältnismäßigkeitsprüfung nicht in seinen Entscheidungsprozess miteinbezogen hatte, sondern auch weil es versäumt hatte, den Betroffenen Alternativwohnraum anzubieten, der ihren besonderen Bedürfnissen entsprach[1206], nahm der EGMR hier letztlich eine Verletzung von Art. 8 an.[1207]

1203 *Ebd., Rn. 156* ff.

1204 Beispielsweise Bezug auf: Europarat, Ministerkomitee, Recommendation Rec(2005)4 on Improving the Housing Conditions of Roma and Travellers in Europe v. 23.2.2005; Parlamentarische Versammlung, Resolution 1740(2010): The situation of Roma in Europe and relevant activities of the Council of Europe.

1205 EGMR, *Winterstein u.a./.Frankreich*, Nr. 27013/07, Urteil 17.10.2013, Rn. 159 f.

1206 Hier wurden den Betroffenen lediglich Sozialwohnungen angeboten. Der EGMR war aber der Ansicht, dass die Behörden unter Achtung der besonderen Lebensweise der betroffenen *«gens de voyage»* verpflichtet gewesen wären, Grundstücke zur Verfügung zu stellen, auf denen das Leben im Wohnwagen möglich gewesen wäre.

1207 EGMR, *Winterstein u.a./.Frankreich*, Nr. 27013/07, Urteil 17.10.2013, Rn. 167.

2. *Räumung einer illegalen Roma-Siedlung*

Ähnlich wie in den vorangehend besprochenen Fällen verhielt es sich bei *Yordanova u.a./.Bulgarien*. Da hier aber nicht das Wohnen im Wohnwagen im Mittelpunkt stand und somit Aspekte des Minderheitenschutzes im engeren Sinne keine Rolle spielten, soll dieser Fall hier separat analysiert werden.

Im Fall *Yordanova u.a./.Bulgarien* ging es um die Androhung der Räumung einer Roma-Siedlung mit 200 bis 300 Bewohnern am Rande der bulgarischen Hauptstadt Sofia. In den 1960er Jahren hatten sich Roma auf dem staatseigenen Bauland angesiedelt und Häuser ohne entsprechende Baugenehmigung errichtet. Eine infrastrukturelle Anbindung (Wasser, Abwasser, Müllentsorgung) bestand nicht. Nachdem es zu mehreren Beschwerden von Seiten der Nachbarn gekommen war wegen der zunehmenden Geruchsbelästigung durch Müll und Abwasser sowie wegen des Erscheinungsbilds der Siedlung, forderten die Behörden die Bewohner auf, die Siedlung innerhalb von sieben Tagen zu verlassen. Nachdem die Bewohner dieser Androhung keine Folge geleistet hatten, ordneten die Behörden die Zerstörung der Häuser an. Durch politischen Druck konnte die Räumung vorübergehend verhindert werden.

Der EGMR stellte zunächst klar, dass die Rechtswidrigkeit der Bebauung der Annahme eines Eingriffs in das Recht auf Achtung des Privat- und Familienlebens sowie der Wohnung nicht entgegenstehe, da die Häuser unabhängig von deren rechtmäßigen Erbauung die Wohnungen der Beschwerdeführer dargestellt hatten.[1208] Seiner Ansicht nach hatte die Räumung jedoch ein legitimes Ziel verfolgt, nämlich die Befreiung der Landschaft von einer illegalen Siedlung, deren Häuser weder baurechtlichen Bestimmungen genügten, noch mit der nötigen Infrastruktur ausgestattet waren.[1209]

Grundsätzlich billigte der EGMR dem Nationalstaat gerade im Bereich des Planungsrechts einen weiten Ermessensspielraum zu, stellte aber auch fest, dass dieser Spielraum in Fällen, in denen der Eingriff in Art. 8 besonders schwer wiegt, eingeschränkt sei. Ein solcher Fall lag hier vor, da der Verlust der Wohnung wohl der schwerstmögliche Eingriff in Art. 8 darstellt. Letztlich kam der EGMR auch hier zu dem Schluss, dass die nationalen Behörden und Gerichte, die sich mit dem Fall befasst hatten, die für die Bewohner aus der Räumung erwachsenden Konsequenzen und die besondere Situation der Sinti und Roma als benachteiligte Gruppe nicht ausreichend in ihre Entscheidungsprozesse

---

1208 EGMR, *Yordanova u.a./.Bulgarien*, Nr. 25446/06, 24.4.2012, Rn. 102 f.
1209 *Ebd.*, Rn. 110 ff.

einbezogen hatten.[1210] Die Siedlung war jahrzehntelang durch die staatlichen Stellen toleriert worden, sodass die Bewohner mittlerweile ein richtiges Gemeindeleben aufgebaut hatten.[1211] Eine Räumung hätte somit weitreichende Einschnitte in das Sozial- und Familienleben der Beschwerdeführer bedeutet. Auch mögliche alternative Lösungswege wie etwa die Legalisierung der Siedlung und der Ausbau der Infrastruktur waren hier in keinster Weise von Bulgarien mitbedacht worden. Nach Ansicht des EGMR hatte Bulgarien auch nicht ausreichend dargelegt, dass die Fläche dringend für öffentliche Zwecke von der Stadt benötigt wurde.[1212] Zwar beinhaltet Art. 8 keinen Anspruch auf eine Wohnung, laut EGMR hat der Staat aber eine Verpflichtung, besonders schutzbedürftigen Menschen eine Unterkunft zu gewähren. Im vorliegenden Fall hätten daher die bulgarischen Behörden den Beschwerdeführern auf Grund ihrer benachteiligten Stellung alternativen Wohnraum zur Verfügung stellen, beziehungsweise bei der Suche danach behilflich sein müssen. Völlig zu Recht prangerte der EGMR an, dass Bulgarien zwar in zahlreichen nationalen Inklusionsprogrammen die Notwendigkeit der staatlichen Unterstützung beim Wohnen anerkannt hatte, in diesem konkreten Fall aber völlig ungeachtet dieser guten Vorsätze agiert hatte.[1213] Weil die Behörden die Situation der Beschwerdeführer als sozial benachteiligte Roma nicht mit in ihren Entscheidungsprozess miteinbezogen hatten, kam der EGMR zu dem Schluss, dass der Räumungsbescheid nicht notwendig in einer demokratischen Gesellschaft gewesen war und somit eine Verletzung von Art. 8 vorgelegen hatte.

3. *De facto-Zwangssterilisationen*

Bei den Fällen, die Sterilisationen von Roma-Frauen betrafen[1214], verfolgte der EGMR in seinen Urteilen von Beginn an im Rahmen von Art. 8 eine klare Linie. In allen Fällen, in denen die Frauen nach der Geburt ihres Kindes ohne ausreichende Aufklärung und entsprechende Einholung ihres Einverständnisses sterilisiert worden waren, hielt der EGMR eine Verletzung des Privat- und Familienlebens für gegeben. Dabei fanden stets Berichte internationaler Organisationen über die Zwangssterilisationen von Roma-Frauen in der Slowakei

1210 *Ebd.*, Rn. 129.
1211 *Ebd.*, Rn. 121.
1212 *Ebd.*, Rn. 127.
1213 *Ebd.*, Rn. 132.
1214 Zu den Sterilisationsfällen siehe bereits: Teil 4, C. II. 2.

Berücksichtigung.[1215] Der Gerichtshof kam jeweils zu dem Ergebnis, dass die Slowakei ihre positiven Verpflichtungen missachtet hatte, durch ihr Rechtssystem die in Art. 8 verbrieften Rechte in ausreichendem Maße zu sichern. Konkret hätte die Slowakei hier gesetzliche Vorkehrungen zum Schutze der gefährdeten Frauen treffen müssen.[1216] Erst nach den Vorfällen, nämlich im Jahr 2004, hatte die Slowakei ein neues Gesundheitsgesetz erlassen, das vorsah, dass eine Sterilisation frühestens 30 Tage nach dem schriftlichen Einverständnis durchgeführt werden darf, sowie einer ausführlichen Aufklärung über alternative Methoden der Empfängnisverhütung, Familienplanung und über medizinische Folgen bedarf.

In seinen Urteilen macht sich der EGMR das Ergebnis der zitierten Berichte zu eigen, dass ein Zusammenhang zwischen der Praxis der Zwangssterilisationen und dem weit verbreiteten Antiziganismus bestand:

> *This* (Anm: die Zwangssterilisationen von Roma-Frauen) *was due, inter alia, to the widespread negative attitudes towards the relatively high birth rate among the Roma compared to other parts of the population, often expressed as worries of an increased proportion of the population living on social benefits.*[1217]

4. *Roma-feindliche Aussagen in Publikationen*

Einen völlig anderen Sachverhalt betraf der Fall *Aksu./.Türkei*, der im Jahr 2012 von der Großen Kammer entschieden wurde.[1218] Zum einen ging es hierbei um das vom türkischen Kulturministerium herausgegebene Buch „Die Zigeuner in der Türkei". Der Beschwerdeführer, der selber Rom war, empfand einige Aussagen des Buches über die türkischen Roma als herabwürdigend und versuchte daraufhin, den Verkauf des Buches zu stoppen, womit er allerdings vor den innerstaatlichen Stellen keinen Erfolg hatte. Darüber hinaus ging es in dem Fall noch um zwei von der Türkischen Sprachgesellschaft veröffentlichte Lexika,

---

1215 EGMR, *V.C./.Slowakei*, Nr. 18968/07, Urteil v. 8.11.2011, Reports 2011-V, Rn. 146 ff.; jeweils unter Bezugnahme auf *ebd.*: EGMR, *N.B./.Slowakei*, Nr. 29518/10, Urteil v. 12.6.2012, Rn. 96, *I.G. u.a./.Slowakei*, Nr. 15966/04, Urteil v. 13.11.2012, Rn. 143.

1216 EGMR, *V.C./.Slowakei*, Nr. 18968/07, Urteil v. 8.11.2011, Rn. 140 f, 145, 152; *N.B./.Slowakei*, Nr. 29518/10, Urteil v. 12.6.2012, Rn. 97; *I.G. u.a./.Slowakei*, Nr. 15966/04, Urteil v. 13.11.2012, Rn. 145 ff.

1217 EGMR, *V.C./.Slowakei*, Nr. 18968/07, Urteil v. 8.11.2011, Rn. 146.

1218 EGMR, *Aksu./.Türkei* [GK], Nr. 4149/04 und 41029/04, Urteil v. 15.3.2012, Reports 2012-I; dem lag folgendes Kammerurteil zu Grunde: *Aksu./.Türkei*, Nr. 4149/04 und 41029/04, Urteil v. 27.7.2010.

deren Einträge der Beschwerdeführer zum Teil als beleidigend und diskriminierend empfand. In den Lexika wurde der Begriff „Zigeuner" nicht nur mit der Zugehörigkeit zu einer Ethnie umschrieben, sondern auch als Synonym für Geiz und Gier dargestellt. Das Buch beinhaltete noch weitere äquivalente Inhalte, wie das „Zigeunerzelt", das als dreckiger und armer Ort definiert wurde. Auch hier versuchte der Beschwerdeführer, der sich durch die Publikationen in seiner Roma-Identität verletzt sah, vergeblich, den Vertrieb der Lexika unterbinden zu lassen.

Von der türkischen Regierung bezweifelt wurde die Opfereigenschaft des Beschwerdeführers. Zwar war dieser hier durch die Aussagen nicht direkt betroffen, der EGMR bejahte aber trotzdem die Opfereigenschaft, da es dem Beschwerdeführer immerhin möglich gewesen sei, in zwei Instanzen vor den innerstaatlichen Gerichten gegen die Publikationen vorzugehen.[1219] Den Schutzbereich von Art. 8 sah der EGMR als eröffnet an, da er die ethnische Identität als Element des Rechts auf Achtung des Privatlebens begriff:

> *In particular, any negative stereotyping of a group, when it reaches a certain level, is capable of impacting on the group's sense of identity and the feelings of self-worth and self-confidence of members of the group. It is in this sense that it can be seen as affecting the private life of members of the group.*[1220]

Wie auch in den oben besprochenen Wohnwagenurteilen[1221] stellte sich die Große Kammer auf den Standpunkt, dass die auf ihrer benachteiligten Situation und ihrer Lebensart basierenden besonderen Bedürfnisse der Sinti und Roma bei Gesetzgebung und Einzelfallentscheidungen Berücksichtigung finden müssen. Gleichzeitig sah sie die Nationalstaaten in der Pflicht, antiziganistische Stereotype zu bekämpfen.[1222] Eine Abwägung hatte hier im konkreten Fall stattfinden müssen zwischen dem Recht auf Achtung des Privatlebens des Beschwerdeführers und dem Recht der Autoren, ihre jeweiligen Werke zu publizieren. Die nationalen Gerichte hatten die Klagen des Beschwerdeführers gegen das Buch unter anderem mit der Begründung abgelehnt, dass es sich um ein akademisches Werk handle, welches auf wissenschaftlicher Recherche basiere. Zudem

---

1219 EGMR, *Aksu./.Türkei* [GK], Nr. 4149/04 und 41029/04, Urteil v. 15.3.2012, Reports 2012-I, Rn. 50 ff.

1220 *Ebd.*, Rn. 58.

1221 So beispielsweise in: EGMR, *Chapman./.Vereinigtes Königreich* [GK], Nr. 27238/95, Urteil v. 18.1.2001, Reports 2001-1, Rn. 96.

1222 EGMR, *Aksu./.Türkei* [GK], Nr. 4149/04 und 41029/04, Urteil v. 15.3.2012, Reports 2012-I, Rn. 75.

hatten die Gerichte ausgeführt, dass sich die in Rede stehenden Aussagen (beispielsweise, dass sich manche Roma in der Türkei ihren Lebensunterhalt mit Diebstählen verdienen) augenscheinlich nicht auf Roma generell, sondern nur auf Teile der türkischen Roma beziehen würden. Der EGMR sah sich hier nicht in der Lage, die Argumentation der nationalen Gerichte als unverhältnismäßig zu beanstanden und den nationalen Ermessensspielraum als überschritten zu werten. Er zitierte aus dem Vorwort des Buches, wonach es die Intention des Autors sei, den Lesern die „unbekannte Welt der Roma" nahezubringen. Für den EGMR war somit belegt, dass der Autor nicht von rassistischen Motiven bewegt gewesen war.[1223]

Auch in Bezug auf die Lexika verneinte der EGMR eine Überschreitung des nationalen Ermessensspielraums und somit auch eine Verletzung von Art. 8. Der EGMR sah es als legitim an, dass in den Lexika neben der eigentlichen Definition von „Zigeuner" als ethnische Gruppe auch die despektierliche Bedeutung des Wortes aufgeführt wurde, da es gerade die Aufgabe eines Lexikons sei, die aktuelle Sprache wiederzugeben.[1224] Einziger Kritikpunkt des Gerichtshofs war, dass die in Rede stehenden Bedeutungen nicht als abwertend oder beleidigend gekennzeichnet waren.[1225] Dies allein ließ er aber nicht für die Annahme einer Verletzung von Art. 8 ausreichen.

Das Urteil des EGMR in diesem Fall ist bedauerlich. Insbesondere das Buch reproduzierte hier in hohem Maße bestehende Vorurteile gegenüber Sinti und Roma. Zwar bezogen sich die darin verankerten Aussagen, wie etwa, dass sich Roma ihren Lebensunterhalt durch kriminelle Machenschaften verdienen, immer auf konkret genannte Roma-Untergruppen. Der Autor stellte dies aber als ein den Gruppen ureigenes Charakteristikum dar und verknüpfte somit die Kriminalität mit der Ethnie. *Judge Gyulumyan* stellte diesen Zusammenhang in seiner *dissenting opinion* sehr anschaulich dar.[1226] Problematisch erscheint auch, dass der EGMR die Tatsache, dass das Buch in einem akademischen Kontext entstanden ist, als rechtfertigendes Element heranzog. Dabei verkannte die Große Kammer, dass auch akademische Werke nicht davor gefeit sind, diskriminierende Inhalte zu transportieren. Angesichts der Notwendigkeit, den weit verbreiteten Antiziganismus einzudämmen, wäre es hier wünschenswert gewesen, dass der EGMR die sich aus zahlreichen internationalen Übereinkommen

---

1223 *Ebd.*, Rn. 70.
1224 *Ebd.*, Rn. 84.
1225 *Ebd.*, Rn. 85.
1226 *Ebd.*, Dissenting Opinion Judge Gyulumyan, Rn. 3 ff.

ergebende staatliche Pflicht[1227], Rassismus und Stigmatisierung zu bekämpfen, betont und eine Verletzung von Art. 8 bejaht hätte.

Da die Große Kammer in dem Fall keine unterschiedliche Behandlung in Form der Diskriminierung auf Grund der ethnischen Zugehörigkeit erkannte, beleuchtete sie den Fall lediglich unter Art. 8, was sehr bedauerlich erscheint.[1228] Dabei wäre gerade die Prüfung einer Verletzung des Diskriminierungsverbotes notwendig gewesen. Die Türkei verfolgt nämlich einen sehr unterschiedlichen Ansatz, wenn es um die Herabwürdigung von Volksgruppen geht. Der Herabwürdigung der Türkischen Nation (bis 2008: Herabwürdigung des Türkentums) widmete die türkische Gesetzgebung gar einen eigenen Straftatbestand.[1229] Dabei definierten türkische Gerichte den Begriff des Türkentums wie folgt: *"[...] Turkishness is constituted by the national and moral values as a whole, that is, human, religious and historical values as well as the national language and national feelings and traditions [...]."*[1230] Auch hierbei geht es also um die Diffamierung der ethnischen und kulturellen Eigenschaften einer Gruppe. Zwischen 2003 und 2007 kam es in 744 Fällen zu Verurteilungen wegen dieses Straftatbestandes durch

---

1227 Beispielhaft genannt sei hier etwa das Internationale Übereinkommen zur Beseitigung jeder Form von Rassendiskriminierung, in dem es in Art. 2 Abs. 1 heißt: „Die Vertragsstaaten verurteilen die Rassendiskriminierung und verpflichten sich, mit allen geeigneten Mitteln unverzüglich eine Politik der Beseitigung der Rassendiskriminierung in jeder Form und der Förderung des Verständnisses unter allen Rassen zu verfolgen; zu diesem Zweck a) verpflichtet sich jeder Vertragsstaat, Handlungen oder Praktiken der Rassendiskriminierung gegenüber Personen, Personengruppen oder Einrichtungen zu unterlassen und dafür zu sorgen, dass alle staatlichen und örtlichen Behörden und öffentlichen Einrichtungen im Einklang mit dieser Verpflichtung handeln, b) verpflichtet sich jeder Vertragsstaat, eine Rassendiskriminierung durch Personen oder Organisationen weder zu fördern noch zu schützen noch zu unterstützen [...]."

1228 Zur Argumentation der Großen Kammer: EGMR, *Aksu./.Türkei* [GK], Nr. 4149/04 und 41029/04, Urteil v. 15.3.2012, Reports 2012-I, Rn. 44 f. Die Kammer prüfte den Fall dagegen sogar vorwiegend unter Art. 14: EGMR, *Aksu./.Türkei*, Nr. 4149/04 und 41029/04, Urteil v. 27.7.2010, Rn. 40 ff.

1229 Art. 301 des Türkischen Strafgesetzbuches. Hierauf ebenfalls eingehend: EGMR, *Aksu./.Türkei* [GK], Nr. 4149/04 und 41029/04, Urteil v. 15.3.2012, Reports 2012-I, Dissenting Opinion Judge Gyulumyan, Rn. 2.

1230 Auf Französisch in: EGMR, *Dink./.Türkei*, Nr. 2668/07, 6102/08, 30079/08 und 7124/09, Urteil v. 14.9.2010, Rn. 28. Ins Englische übersetzt in: *Aksu./.Türkei* [GK], Nr. 4149/04 und 41029/04, Urteil v. 15.3.2012, Reports 2012-I, Dissenting Opinion Judge Gyulumyan, Rn. 2.

türkische Gerichte.[1231] Im klaren Kontrast hierzu steht der Umgang der nationalen Gerichte im vorliegenden Fall mit antiziganistischen Äußerungen über Sinti und Roma.

5. *Ergebnis*

Im Bereich des Minderheitenschutzes spielt Art. 8 im Normengeflecht der EMRK eine herausragende Rolle. Die Wohnwagenurteile sind wohl die Urteile in der Sinti- und Roma-Rechtsprechung des EGMR, anhand derer die Bedeutung der EMRK für den Minderheitenschutz am Besten analysiert werden kann. In den eben benannten Urteilen zeigt sich eine deutliche Entwicklung in der Rechtsprechung des Gerichtshofs. Billigte er in den Entscheidungen zu *Buckley./.Vereinigtes Königreich* und *Chapman./.Vereinigtes Königreich* den innerstaatlichen Behörden noch einen weiten Ermessensspielraum zu und wagte kaum, die nationale Entscheidungshoheit anzutasten, fielen seine Urteile bei *Connors./.Vereinigtes Königreich* und *Winterstein./.Frankreich* schon deutlich minderheitenfreundlicher aus. Indem der Gerichtshof hier urteilte, dass bei derartigen Abstellverboten die drohenden Konsequenzen für die Betroffenen und insbesondere deren konkrete Lebensweise in die Prüfung der Verhältnismäßigkeit miteinbezogen werden müssten, bediente sich der EGMR gezielt minderheitenschützender Argumente. Es ging ihm hier konkret darum, die traditionelle Lebensweise der Betroffenen, das heißt das Leben im Wohnwagen in sesshafter Form zu schützen. An diesen Urteilen zeigt sich, dass die EMRK ein gewisses Potential hat, minderheitenschützende Überlegungen in die EGMR-Rechtsprechung einfließen zu lassen, auch wenn ihr Schwerpunkt auf dem individualrechtlichen Menschenrechtsschutz liegt. Nichtsdestotrotz spielen dezidiert minderheitenschützende Überlegungen im Rahmen der Sinti- und Roma-Rechtsprechung insgesamt eine untergeordnete Rolle, was sich auch an den sonstigen Urteilen im Bereich des Art. 8 zeigt. Auch bei ihnen ging es mehrheitlich um die gesellschaftliche Abseitsposition der Sinti und Roma – also um klassische Menschenrechtsverletzungen.

1231 In folgendem Fall übermittelte die türkische Regierung entsprechende statistische Informationen: EGMR, *Altuğ Taner Akçam./.Türkei*, Nr. 27520/07, Urteil v. 25.10.2011, Rn. 28.

VI. Versammlungs- und Vereinigungsfreiheit (Art. 11 EMRK)

> Jede Person hat das Recht, sich frei und friedlich mit anderen zu versammeln und sich frei mit anderen zusammenzuschließen; dazu gehört auch das Recht, zum Schutz seiner Interessen Gewerkschaften zu gründen und Gewerkschaften beizutreten.[1232]

Auch wenn der einzige Fall mit Sinti- und Roma-Bezug, bei dem es um eine Verletzung von Art. 11 ging, keine Individualbeschwerde eines Angehörigen der Sinti und Roma war, soll dieser hier Erwähnung finden. Beschwerdeführer im Fall *Vona./.Ungarn* war der Vorsitzende der Ungarischen Garde, einer paramilitärischen, rechtsextremen Vereinigung. Nachdem die Garde in ganz Ungarn mehrere Aufmärsche in Dörfern und Stadtteilen mit hoher Roma-Population durchgeführt und offene Hetze gegen Roma und die vermeintliche „Zigeunerkriminalität" betrieben hatte, wurde der Trägerverein der Garde aufgelöst und verboten. Gegen dieses gerichtlich bestätigte Verbot wandte sich der Beschwerdeführer mit seiner Individualbeschwerde.

Schwerpunkt der Prüfung des EGMR war, ob das Verbot gemäß Art. 11 Abs. 2 EMRK notwendig in einer demokratischen Gesellschaft und somit gerechtfertigt gewesen war. Der EGMR führte aus, dass Staaten grundsätzlich präventive Maßnahmen gegen Vereinigungen ergreifen können, wenn fundamentale demokratische Werte durch diese bedroht sind. Als einen dieser Werte sah der Gerichtshof das gesellschaftliche Leben ohne ethnische Segregation an.[1233] In seine Verhältnismäßigkeitsüberlegungen bezog der EGMR einerseits ein, dass es sich bei der Garde nicht um eine politische Partei handelte, sondern lediglich um eine politische Vereinigung, die insofern nicht dieselbe Bedeutung für die Demokratie besitze wie eine Partei und somit weniger schutzwürdig sei. Andererseits erkannte der EGMR aber auch an, dass das Verbot des Trägervereins einen besonders schweren Eingriff darstellte.[1234]

Der Gerichtshof schloss sich letztlich den Argumentationen der nationalen Gerichte an, dass die Garde durch ihre militärartigen Aufmärsche eine Anti-Roma-Stimmung erzeugt hatte, welche mit der Menschenwürde der Roma nicht vereinbar war, und ein rassistisches Konzept verfolgte. Eine unverhältnismäßige Abwägung sah der EGMR in den Entscheidungen der nationalen Gerichte somit nicht.[1235] Er stellte zwar klar, dass Art. 11 auch solche Versammlungen schütze, auf denen unpopuläre Gedanken oder verstörende und schockierende

---

1232 Art. 11 Abs. 1 EMRK.

1233 EGMR, *Vona./.Ungarn*, Nr. 35943/10, Urteil v. 9.7.2013, Reports 2013-IV, Rn. 57.

1234 *Ebd.*, Rn. 58.

1235 *Ebd.*, Rn. 60 ff.

Ideen verbreitet werden. Dies habe, wie der EGMR weiter ausführte, aber dort seine Grenze, wo solche Versammlungen zur Brutstätte von Gewalt oder der Negierung demokratischer Gedanken werden. Vorliegend hatte die Garde Aufmärsche in militärischer Form veranstaltet. Dabei wurde mit der verwendeten Symbolik Anlehnung an die ungarische faschistische und antisemitische Bewegung der Pfeilkreuzler genommen, welche während des Dritten Reichs die deutschen Nationalsozialisten unterstützt hatten und für die Massenvernichtung der Sinti und Roma mitverantwortlich gewesen waren. Die konkrete Demonstration der Bereitschaft und Fähigkeit, eine paramilitärische Einheit zu organisieren, stufte der EGMR nicht mehr als Artikulierung einer politischen Botschaft ein.[1236] Das rassistische Auftreten der Garde hatte massiv einschüchternden Effekt auf die betroffenen Roma. Nach Ansicht des Gerichtshofs gehen derartige Aufmärsche über den Schutzbereich von Art. 8 hinaus, da dabei nicht mehr von der reinen Äußerung schockierender oder unpopulärer Ansichten gesprochen werden kann. Da die Aufmärsche auf Grund der Propagierung ethnischer Segregation nach Ansicht des EGMR eine Bedrohung für die demokratischen Werte dargestellt hatten und diese in koordiniert einschüchternder Weise durchgeführt worden waren, sah er das Verbot der Garde als gerechtfertigt an.[1237]

Der EGMR zeigte in seinem Urteil somit recht deutlich die Relevanz einer entschlossenen Bekämpfung von Rassismus und Antiziganismus in all seinen Formen auf. Besonders stark betonte der EGMR dabei, dass die Konvention es geradezu von den Mitgliedstaaten verlange, dass sie der Verbreitung rassistischen Gedankengutes entschieden entgegentreten.

VII. Das Recht auf eine wirksame Beschwerde (Art. 13 EMRK)

> Jede Person, die in ihren in dieser Konvention anerkannten Rechten oder Freiheiten verletzt worden ist, hat das Recht, bei einer innerstaatlichen Instanz eine wirksame Beschwerde zu erheben, auch wenn die Verletzung von Personen begangen worden ist, die in amtlicher Eigenschaft gehandelt haben.[1238]

Gemäß Art. 13 hat jedermann, der eine Verletzung seiner durch die Konvention geschützten Rechte behauptet, das Recht auf eine wirksame Beschwerde bei einer nationalen Instanz. Somit gehört Art. 13 zu den in der Konvention verankerten Verfahrensgarantien. Es handelt sich dabei um ein akzessorisches Recht, da eine Verletzung von Art. 13 nur in Verbindung mit einem materiellen

1236 *Ebd.*, Rn. 63 ff.
1237 *Ebd.*, Rn. 69 f.
1238 Art. 13 EMRK.

Konventionsrecht gerügt werden kann, wie schon der Wortlaut der Norm verdeutlicht.

In den Fällen mit Sinti- und Roma-Bezug hat Art. 13 bisher relativ häufig eine Rolle gespielt. Vor allem in Fällen, in denen es um Übergriffe auf Sinti und Roma durch staatliche Vertreter ging, kam eine Prüfung von Art. 13 in Betracht. Eine wirksame Beschwerde setzt auch voraus, dass die staatlichen Ermittlungen in gründlicher und effektiver Weise durchgeführt werden. Hier wird eine klare Parallele zur prozessualen Dimension von Art. 2 und 3 deutlich.[1239] Da die Anforderungen an staatliche Ermittlungsmaßnahmen zur Untersuchung von Konventionsrechtsverletzungen unter Art. 13 weiter sind als unter Art. 2 und 3, schließt eine Verletzung der Ermittlungspflicht nach Art. 2 und 3 automatisch eine entsprechende Verletzung von Art. 13 mit ein. Da der EGMR gerade in mehreren Fällen, in denen Sinti und Roma die Beschwerdeführer waren, mit Ermittlungsarbeiten konfrontiert war, die diese Grundsätze nicht erfüllt hatten, nahm er in diesen Fällen in der Regel neben einer Verletzung von Art. 2 und 3 auch eine Verletzung von Art. 13 an.[1240] In Fällen, in denen das Recht auf Leben betroffen war, führte er diesbezüglich konkretisierend aus, dass die reine Gewährung von Schadensersatz angesichts der Bedeutung von Art. 2 nicht ausreiche, sondern Art. 13 vielmehr verlange, dass ein effektives Verfahren durchgeführt wird, welches grundsätzlich in der Lage ist, die Täter zu ermitteln und an welchem die Geschädigten auch die Möglichkeit der Teilnahme haben.[1241]

1239 Siehe dazu: Teil 4, C. I. 3. und II. 3.

1240 EGMR, *Assenov u.a./.Bulgarien*, Nr. 24760/94, Urteil v. 28.10.1998, Reports 1998-VIII, Rn. 118; *Velikova./.Bulgarien*, Nr. 41488/98, Urteil v. 18.5.2000, Reports 2000-VI, Rn. 90; *Anguelova./.Bulgarien*, Nr. 38361/97, Urteil v. 13.6.2002, Reports 2002-IV, Rn. 162; *Ognyanova u. Choban./.Bulgarien*, Nr. 46317/99, Urteil v. 23.2.2006, Rn. 138; *Cobzaru./.Rumänien*, Nr. 48254/99, Urteil v. 26.7.2007, Rn. 83; *Carabulea./.Rumänien*, Nr. 45661/99, Urteil v. 13.7.2010, Rn. 166. Entgegen der Ausführungen des Beschwerdeführers hielt der EGMR in den folgendem Fall das Verfahren für effektiv und verneinte eine Verletzung von Art. 13: EGMR, *Balogh./.Ungarn*, Nr. *47940/99*, Urteil v. 20.7.2004, Rn. 65 f. In einigen Fällen verzichtete der EGMR auch auf eine eigenständige Prüfung von Art. 13, da die Frage der ineffektiven Untersuchung im Rahmen der prozessuralen Komponente von Art. 2 oder 3 behandelt worden sei, vgl. beispielsweise: *Stoica./.Rumänien*, Nr. 42722/02, Urteil v. 4.3.2008, Rn. 94. Dazu auch: *Grabenwarter*, ECHR Commentary, Art. 13, Rn. 16.

1241 EGMR, *Velikova./.Bulgarien*, Nr. 41488/98, Urteil v. 18.5.2000, Reports 2000-VI, Rn. 89; *Anguelova./.Bulgarien*, Nr. 38361/97, Urteil v. 13.6.2002, Reports 2002-IV, Rn. 161; *Ognyanova u. Choban./.Bulgarien*, Nr. 46317/99, Urteil v. 23.2.2006, Rn. 136; *Cobzaru./.Rumänien*, Nr. 48254/99, Urteil v. 26.7.2007, Rn. 82; *Carabulea./.Rumänien*, Nr. 45661/99, Urteil v. 13.7.2010, Rn. 165.

In anderen Fällen wiederum rügte der EGMR schlichtweg die Nichtexistenz innerstaatlicher Rechtsmittel, die das Wirksamkeitskriterium des Art. 13 erfüllten.[1242] Dies betraf beispielsweise Fälle, in denen das innerstaatliche Recht kein Rechtsmittel mit Suspensiveffekt gegen eine Abschiebungsandrohung vorsah und somit in den Augen des Gerichtshofs keine schnelle und effektive Prüfung der Maßnahme ermöglichte.[1243] Oder aber Fälle, in denen den Beschwerdeführern zwar theoretisch zivilrechtliche Schadensersatzklagen zugestanden hätten, deren Erfolgsaussichten aber deshalb verschwindend gering waren, weil bereits das Strafverfahren im selben Fall in ineffektiver Weise zum Nachteil des Beschwerdeführers durchgeführt worden war.[1244]

VIII. Das Diskriminierungsverbot (Art. 14 EMRK)

> Der Genuß der in dieser Konvention anerkannten Rechte und Freiheiten ist ohne Diskriminierung insbesondere wegen des Geschlechts, der Rasse, der Hautfarbe, der Sprache, der Religion, der politischen oder sonstigen Anschauung, der nationalen oder sozialen Herkunft, der Zugehörigkeit zu einer nationalen Minderheit, des Vermögens, der Geburt oder eines sonstigen Status zu gewährleisten.[1245]

Da Art. 14 die zentrale Diskriminierungsschutzvorschrift der Konvention darstellt, ist zu mutmaßen, dass sie von herausragender Bedeutung für die Sinti und Roma ist.[1246] Diese Vermutung wird zunächst einmal davon untermauert, dass kein anderes Konventionsrecht so oft Niederschlag in der Sinti- und Roma-Rechtsprechung des Gerichtshofs gefunden hat. Sogar in der Mehrheit der entsprechenden Urteile wurde ein Verstoß gegen das Diskriminierungsverbot von

---

1242 EGMR, *Čonka./.Belgien*, Nr. 51564/99, Urteil v. 5.2.2002, Reports 2002-I, Rn. 80 ff.; *Sampanis u.a./.Griechenland*, Nr. 32526/05, Urteil v. 5.6.2008, Rn. 55 ff.; *Soare u.a./.Rumänien*, Nr. 24329/02, Urteil v. 22.2.2011, Rn. 194 ff. Entgegen der Ansicht des Beschwerdeführers sah der EGMR hier eine wirksame Beschwerdemöglichkeit vorliegen: EGMR, *Stoica./.Rumänien*, Nr. 42722/02, Urteil v. 4.3.2008, Rn. 105 ff.

1243 EGMR, *V.M. u.a./.Belgien*, Nr. 60125/11, Urteil v. 7.7.2015, Rn. 216. Der Fall wurde an die Große Kammer verwiesen. Da kein Kontakt zwischen den Beschwerdeführern und ihrem Rechtsbeistand mehr bestand, ging die Große Kammer davon aus, dass die Beschwerdeführer kein Interesse an einer Weiterverfolgung des Verfahrens hatten und strich den Fall aus der Liste (*strike-out* nach Art. 37 Abs. 1 S. 1 lit. a EMRK): EMRK, *V.M. u.a./.Belgien* [GK], Nr. 60125/11, Urteil v. 17.11.2016, Rn. 32 ff.

1244 EGMR, *Cobzaru./.Rumänien*, Nr. 48254/99, Urteil v. 26.7.2007, Rn. 83; *Carabulea./.Rumänien*, Nr. 45661/99, Urteil v. 13.7.2010, Rn. 166.

1245 Art. 14 EMRK.

1246 Grundsätzlich zu Art. 14 EMRK siehe: Teil 2, D. IV. 2. c.

den Beschwerdeführern gerügt. Gleichzeitig wurde in dieser Arbeit bereits festgestellt, dass sich der EGMR eher zurückhaltend zeigt, wenn es um die Feststellung von Diskriminierung auf Grund der „Rasse“ oder der Zugehörigkeit zu einer nationalen Minderheit geht.[1247] Wie progressiv die Art. 14-Rechtsprechung des EGMR in Bezug auf die Sinti und Roma nun tatsächlich ist, soll nun im Folgenden analysiert werden.[1248]

1. Gewalt durch Polizeibeamte

Gerade in den zahlreichen und bereits unter Art. 2 und 3 vorgestellten Fällen, in denen Sinti und Roma Opfer von Polizeigewalt wurden, machten die Beschwerdeführer auch eine Verletzung von Art. 14 geltend.[1249] Um Polizeigewalt im Einzelfall als diskriminierende Handlung auf Grund der Zugehörigkeit des Opfers zu einer nationalen Minderheit oder seiner ethnischen Herkunft einstufen zu können, bedarf es zunächst des Nachweises einer rassistischen Motivation der handelnden Polizisten.

a. Die Crux mit der Beweislast

Die ersten Urteile des EGMR, in denen es um Polizeigewalt gegen Sinti und Roma ging, behandelten die Frage einer Diskriminierung eher stiefmütterlich. Im Fall *Velikova./.Bulgarien*, in dem ein wegen angeblichen Diebstahls festgenommener Rom während der Ingewahrsamnahme auf einer Polizeiwache ums Leben gekommen war, trug die Lebensgefährtin des Toten in ihrer Rolle als Beschwerdeführerin glaubhaft vor, dass die Polizisten seine Roma-Herkunft gekannt und diese später als Zeugen sowie die Ermittler selbst immer wieder Anspielungen hierauf gemacht hätten.[1250] Der EGMR gestand der Beschwerdeführerin zwar zu, einige gewichtige Argumente vorgetragen zu haben und stellte fest, dass die bulgarische Regierung keine plausible Erklärungen für die Geschehnisse geliefert hätte, sah es aber nicht als *beyond reasonable doubt* erwiesen an, dass die

---

1247 Siehe dazu: Teil 2, D. IV. 2. b. aa.

1248 Einen Überblick über die Rechtsprechung des EGMR zu Artikel 14 unter Heranziehung vieler Sinti- und Roma-Urteile bieten: *Thürer/Burri*, Rassismusbekämpfung im europäischen Rechtsraum, S. 609 ff.

1249 Nur vereinzelt sah es der EGMR in Polizeigewaltfällen nicht als notwendig an, Art. 14 separat zu prüfen. Gerade angesichts der Schwere der Thematik erscheint ein Verzicht auf eine Prüfung von Art. 14 als unverständlich, vgl. insbesondere EGMR, *Carabulea./.Rumänien*, Nr. 45661/99, Urteil v. 13.7.2010, Rn. 168.

1250 EGMR, *Velikova./.Bulgarien*, Nr. 41488/98, Urteil v. 18.5.2000, Reports 2000-VI, Rn. 92.

Tötungshandlung sowie die sich anschließenden Ermittlungsarbeiten rassistisch motiviert gewesen waren und verneinte eine Verletzung von Art. 14.[1251]

Hier zeigte sich recht schnell das Dilemma derartiger Fälle: Anhand der etablierten Beweisregel *beyond reasonable doubt* gelingt es den Beschwerdeführern meist nur schwer, den Nachweis einer bestehenden rassistischen Motivation der handelnden Staatsbediensteten zu führen. Dies war auch für den Gerichtshof selbst nicht zufriedenstellend, da er grundsätzlich eine klare Haltung zu rassistischer Gewalt verfolgt:

> *Racial violence is a particular affront to human dignity and, in view of its perilous consequences, requires from the authorities special vigilance and a vigorous reaction. It is for this reason that the authorities must use all available means to combat racism and racist violence, thereby reinforcing democracy's vision of a society in which diversity is not perceived as a threat but as a source of enrichment.*[1252]

Zum Handeln veranlasst sah sich der Gerichtshof daraufhin im Fall *Nachova u.a./.Bulgarien*, in dem zwei bulgarische Roma von der Militärpolizei erschossen worden waren.[1253] Und so rang sich die Kammer einstimmig zu einem besonders progressiven und für die Rechtsprechung im Bereich des Art. 14 fast revolutionären Urteil durch. Die Kammer nahm dabei eine Beweislastumkehr zu Lasten der Regierung an, da sie die anschließend geführten Ermittlungen zur Aufklärung einer möglichen rassistischen Motivlage als unzureichend einstufte.[1254] Im Sinne einer prozessualen Betrachtung von Art. 14 sah die Kammer die Staaten nämlich als verpflichtet an, rassistische Motive hinter Gewaltakten nach besten Möglichkeiten aufzudecken:

> *The Court considers that when investigating violent incidents and, in particular, deaths at the hands of State agents, State authorities have the additional duty to take all reasonable steps to unmask any racist motive and to establish whether or not ethnic hatred or prejudice may have played a role in the events. Failing to do so and treating racially induced violence and brutality on an equal footing with cases that have no racist overtones would*

1251 *Ebd.*, Rn. 94. Identisch: *Anguelova ./. Bulgarien*, Nr. 38361/97, Urteil v. 13.6.2002, Reports 2002-IV, Rn. 168.

1252 EGMR, *Nachova u.a./Bulgarien* [GK], Nr. 43577/98 u. 43579/98, Urteil v. 6.7.2005, Reports 2005-VII, Rn. 145 = EuGRZ 22–23 (2005), S. 693, 694 (deutsche Übersetzung, auszugsweise).

1253 Zum Sachverhalt des Falles siehe: Teil 4, C. I. 1. b.

1254 EGMR, *Nachova u.a./.Bulgarien*, Nr. 43577/98 u. 43579/98, Urteil v. 26.2.2004, Rn. 165 ff. = EuGRZ 22–23 (2005), S. 23, 29 (deutsche Übersetzung, auszugsweise). Den Ansatz der Kammer sehr begrüßend: *Thürer/Dold*, Rassismus und Rule of Law, S. 5 f.

> *be to turn a blind eye to the specific nature of acts that are particularly destructive of fundamental rights. A failure to make a distinction in the way in which situations that are essentially different are handled may constitute unjustified treatment irreconcilable with Article 14 of the Convention.*[1255]

Die Kammer stellte so eine Verknüpfung zwischen einer prozessualen und einer materiellen Seite von Art. 14 her. Für die Prüfung einer Verletzung der materiellen Seite, das heißt, ob das ursprüngliche staatliche Handeln, also die Gewaltanwendung, rassistisch motiviert gewesen war, könne der Gerichtshof in Fällen von ungenügenden Ermittlungen und Nichtbeachtung entsprechender Anzeichen von Diskriminierungen entweder für den Staat nachteilige Schlüsse ziehen oder die Beweislast der angeklagten Regierung auferlegen, so die Kammer.[1256] Für letzteres entschied sich die Kammer im konkreten Fall und bejahte schließlich eine Verletzung von Art. 14, da Bulgarien einer plausiblen Erklärung zu den Rassismusvorwürfen schuldig geblieben und es nicht der erste Fall mit derartigen Anschuldigungen gegen Bulgarien gewesen war.[1257] Die Nichtexistenz klarer Beweisregeln im Gefüge der EMRK ermöglichte es der Kammer, der Beweisproblematik mit einer solchen Flexibilität hinsichtlich Beweismaß und Beweislast zu begegnen.

Bulgarien beantragte jedoch eine Befassung durch die Große Kammer und diese bestätigte zwar im Übrigen das Kammerurteil, verwarf jedoch unter Art. 14 deren kombinierten Ansatz. Anders als die Kammer trennte die Große Kammer die materielle Frage, ob der polizeiliche Schusswaffengebrauch rassistisch motiviert und somit diskriminierend gewesen war von der Frage, ob die anschließenden Ermittlungen einer möglichen rassistischen Motivlage unzureichend gewesen waren, ab. Grundsätzlich schloss die Große Kammer eine Beweislastumkehr im Stile der Prüfungen von Art. 2 und 3 auch für Fälle von Art. 14 nicht kategorisch aus.[1258] Jedoch sah die Große Kammer eine Beweislastumkehr in Fällen, in denen vom Beschwerdeführer behauptet wird, dass ein staatliches Handeln rassistisch motiviert gewesen war, als ungeeignet an, da dies dazu führen

---

1255 EGMR, *Nachova u.a./.Bulgarien*, Nr. 43577/98 u. 43579/98, Urteil v. 26.2.2004, Rn. 158 = EuGRZ 22–23 (2005), S. 23, 28 (deutsche Übersetzung, auszugsweise).

1256 EGMR, *Nachova u.a./.Bulgarien*, Nr. 43577/98 u. 43579/98, Urteil v. 26.2.2004, Rn. 169 = EuGRZ 22–23 (2005), S. 23, 29 (deutsche Übersetzung, auszugsweise). Mit dem Begriff der „nachteiligen Schlüsse" meinte der Gerichtshof wohl die Berücksichtigung der ungenügenden Untersuchung als ein den Staat belastendes Indiz.

1257 EGMR, *Nachova u.a./.Bulgarien*, Nr. 43577/98 u. 43579/98, Urteil v. 26.2.2004, Rn. 171 ff.

1258 Siehe zur Rechtsprechungslinie bei Art. 2 und 3: Teil 4, C. I. 1. a. und II. 1.

würde, dass von staatlicher Seite das Fehlen einer rassistischen Motivation bewiesen werden müsste, was die Große Kammer als nahezu unmöglich einschätzte.[1259] Behauptungen der Beschwerdeführer über antiziganistische Verhaltensweisen der Polizisten gepaart mit Hinweisen auf die weite Verbreitung von Antiziganismus und Gewalt gegen Roma in den betreffenden Ländern ließ der EGMR dann regelmäßig nicht ausreichen für die Annahme einer rassistischen Motivlage im konkreten Fall und die Durchführung einer sich anschließenden Beweislastumkehr.[1260] Somit blieb die Große Kammer bei dem bisherigen klassischen Ansatz des Gerichtshofs, die Beweiswürdigung dahingehend zu betreiben, dass vom Beschwerdeführer *beyond reasonable doubt* nachgewiesen werden muss, dass dem staatlichen Handeln eine rassistische Motivation zugrunde gelegen hatte. Auch wenn der Gerichtshof in *Nachova u.a./.Bulgarien* im Rahmen der getrennten Prüfung dann im zweiten Schritt durchaus eine Verletzung von Art. 14 in verfahrensrechtlicher Hinsicht annahm, weil Bulgarien im Rahmen der Ermittlungen nicht alles unternommen hatte, um eine etwaige rassistische Motivlage aufzuklären[1261], gelang es ihm letztendlich nicht, auf materieller Seite des Art. 14 einen Ausweg aus der beweisrechtlichen Sackgasse zu finden und zu verhindern, dass Art. 14 in derartigen Fällen insoweit zu einer leeren Hülle ohne praktische Relevanz verkommt.

Die Zurückhaltung des EGMR bezüglich einer Beweislastumkehr sorgte aber auch innerhalb des EGMR für Unbehagen. In *Carabulea./.Rumänien* bemängelten die Richter *Gyulumyan* und *Power* in einem gemeinsamen abweichenden Votum die *Nachova*-Rechtsprechung der Großen Kammer und wiesen auf die

---

1259 EGMR, *Nachova u.a./.Bulgarien* [GK], Nr. 43577/98 u. 43579/98, Urteil v. 6.7.2005, Reports 2005-VII, Rn. 157 = EuGRZ 22–23 (2005), S. 693, 695 (deutsche Übersetzung, auszugsweise). In späteren Urteilen auf *Nachova u.a./.Bulgarien* [GK] verweisend, so beispielsweise in EGMR, *Bekos und Koutropoulos./.Griechenland*, Nr. 15250/02, Urteil v. 13.12.2005, Reports 2005-XIII, Rn. 65; *Stoica./.Rumänien*, Nr. 42722/02, Urteil v. 4.3.2008, Rn. 127; *Mižigárová./.Slowakei*, Nr. 74832/01, Urteil v. 14.12.2010, Rn. 117; *Soare u.a./.Rumänien*, Nr. 24329/02, Urteil v. 22.2.2011, Rn. 204. Kritisch zum Urteil der Großen Kammer: *Henrard*, The CoE and the Rescue of Roma, S. 282.

1260 So etwa in: EGMR, *Bekos und Koutropoulos./.Griechenland*, Nr. 15250/02, Urteil v. 13.12.2005, Reports 2005-XIII, Rn. 66; *Ognyanova u. Choban./.Bulgarien*, Nr. 46317/99, Urteil v. 23.2.2006, Rn. 147; *Cobzaru./.Rumänien*, Nr. 48254/99, Urteil v. 26.7.2007, Rn. 94 f.; *Mižigárová./.Slowakei*, Nr. 74832/01, Urteil v. 14.12.2010, Rn. 117; *Soare u.a./.Rumänien*, Nr. 24329/02, Urteil v. 22.2.2011, Rn. 204; *Ciorcan u.a./.Rumänien*, Nr. 29414/09 u. 44841/09, Urteil v. 27.1.2015, Rn. 163.

1261 Zur prozessualen Seite von Art. 14 siehe: Teil 4, C. VIII. 2.

schiere Unmöglichkeit für Beschwerdeführer hin, eine rassistische Motivlage zu beweisen. Sie plädierten für eine Beweislastumkehr zu Lasten der Staaten in Fällen, in denen seriöse Statistiken und Berichte internationaler Organisationen wiederholt belegen, dass der staatliche Umgang mit einer ethnischen Minderheit besorgniserregend ist.[1262]

b. Annahme einer Beweislastumkehr in Stoica./.Rumänien

Die Große Kammer hatte in *Nachova u.a./.Bulgarien* eine Beweislastumkehr in Art. 14-Fällen nicht kategorisch ausgeschlossen. Und tatsächlich nahm eine Kammer in *Stoica./.Rumänien* im Jahr 2008 eine Umkehr der Beweislast an. Der EGMR war auf Grund der Aussagen der Parteien zu der Auffassung gelangt, dass die einer gewalttätigen Auseinandersetzung zugrunde liegende Konfrontation zwischen Polizisten und den involvierten Roma nicht *"racially neutral"* gewesen war; außerdem wies der Polizeibericht zum Vorfall offenkundig antiziganistische Inhalte auf. Der EGMR war daher überzeugt, dass die Gewalttätigkeiten der Polizisten gegenüber dem Beschwerdeführer nicht vom rassistischen Kontext des Vorfalls insgesamt gelöst werden konnten und sah somit die Regierung in der Pflicht, ein etwaiges Fehlen rassistischer Motive zu beweisen, was dieser nicht gelang.[1263]

c. Bewertung

In den Polizeigewaltfällen nahm der EGMR vor allem dank der von ihm durchgeführten Beweislastumkehr regelmäßig eine Verletzung von Art. 2 und 3 an. Bei der Frage, ob auch eine rassistische Diskriminierung in diesen Fällen vorgelegen hatte, gab sich der EGMR allerdings äußerst zurückhaltend. Eine Verletzung des Diskriminierungsverbotes aus Gründen der „Rasse" bejahte der Gerichtshof erstmalig im Urteil zu *Nachova u.a./.Bulgarien* – über fünfzig Jahre nach seiner Gründung.[1264] Dies ist insofern unzufriedenstellend, da es um Verletzungen der

---

1262 EGMR, *Carabulea./.Rumänien*, Nr. 45661/99, Urteil v. 13.7.2010, Partly Joint Dissenting Opinion Judges Gyulumyan and Power, Rn. 3, 9 ff.

1263 EGMR, *Stoica./.Rumänien*, Nr. 42722/02, Urteil v. 4.3.2008, Rn. 128 ff.

1264 Noch im Jahr 2002 hatte *Judge Bonello* in seinem abweichenden Votum zu *Anguelova./.Bulgarien* sein Unverständnis darüber ausgedrückt, dass der EGMR bis zum damaligen Zeitpunkt noch keine Verletzung des Diskriminierungsverbots in Verbindung mit Art. 2 und 3 aus Gründen der „Rasse" festgestellt hatte: *"I consider it particularly disturbing that the Court, in over fifty years of pertinacious judicial scrutiny, has not, to date, found one single instance of violation of the right to life (Article 2) or the right not to be subjected to torture or to other degrading or inhuman treatment or punishment (Article 3) induced by the race, colour or place of origin of the victim"*,

bedeutendsten Konventionsrechte geht und der diskriminierende Bezug sich in vielen Fällen förmlich aufdrängte.

In der Tat dürfte es den Beschwerdeführern in Fällen, in denen es um Polizeigewalt geht, besonders schwer fallen, den erforderlichen Beweis zu erbringen, dass das staatliche Handeln rassistisch motiviert war. Eine Beweislastumkehr zu Gunsten der Beschwerdeführer wäre zwar nicht vollends zufriedenstellend, da es auch für den Staat mit erheblichen Schwierigkeiten verbunden sein dürfte, ein gänzliches Fehlen rassistischer Motive zu belegen. Unbillige Ergebnisse wären selbstverständlich auch dann nicht ausgeschlossen. Für eine solche Beweislastumkehr spricht in jedem Fall jedoch der Umstand, dass der Staat im Gegensatz zu den Beschwerdeführern üblicherweise in der komfortableren Beweissituation ist, da er am ehesten Zugang zu Akten und sonstigen relevanten Informationen hat, die belegen können, ob Rassismus eine Rolle in Bezug auf die Gewaltanwendung staatlicher Bediensteter gespielt hat.

Zudem lagen in vielen Fällen länderbezogene Berichte internationaler Organisationen über einen strukturell verankerten Antiziganismus in den staatlichen Sicherheitsbehörden vor, die bereits Beweis dafür bieten, dass das Problem der antiziganistischen Haltung der Sicherheitsbehörden und damit verbundener Gewalttaten in den Ländern generell existent ist. Außerdem sei in diesem Kontext auf den konkreten Ansatz der Kammer in *Nachova u.a./.Bulgarien* erinnert, der letztlich von der Großen Kammer verworfen wurde. Die Kammer hatte einen ganzheitlichen Ansatz entwickelt und aus unzureichenden Ermittlungsarbeiten und der Nichtbeachtung von Anzeichen rassistischer Diskriminierung eine Beweislastumkehr zu Lasten des Staates hergeleitet hinsichtlich der Frage, ob die Gewaltanwendung selbst rassistisch motiviert gewesen war. Auch wenn die Beweiserbringung für den Staat schwierig sein dürfte, hat der Staat in solchen Konstellationen nach dem Ansatz der Kammer die Möglichkeit, gründliche und ernsthafte Untersuchungshandlungen anzustrengen und so eine Beweislastumkehr bereits im Vorfeld zu verhindern.[1265] Im Übrigen würde es sich dabei auch nicht um eine vollständige Beweislastumkehr handeln, da die Beschwerdeführer erste Indizien für das Vorliegen eines diskriminierenden Motivs liefern müssten, die eine Beweislastumkehr überhaupt auslösen. Auch wenn so die materielle und die prozessuale Seite von Art. 14 vermengt werden, scheint dies ein raffinierter Ansatz zu sein, mit dem sich die Kammer sensibel für die Beweisschwierigkeiten

---

EGMR, *Anguelova./.Bulgarien*, Nr. 38361/97, Urteil v. 13.6.2002, Reports 2002-IV, Partly Dissenting Opinion of Judge Bonello, Rn. 2.

1265 So auch: *Thürer/Dold*, Rassismus und Rule of Law, S. 8.

der Beschwerdeführer in derartigen Fällen zeigte. Es ist bedauerlich, dass sich dieser Ansatz nicht durchsetzen konnte.

Anhand der geschilderten Polizeigewaltfälle zeigt sich, dass der EGMR in seinem Handeln beschränkt ist und zumindest in derartigen Konstellationen kein zufriedenstellendes Konzept für den Umgang mit etwaigen Diskriminierungsfällen vorweisen kann. Gerade in diesen Fällen, in denen ein diskriminierendes Moment nahe liegt, wäre es wichtig, Art. 14 in das Zentrum der Prüfung zu ziehen und zu einer praktischen Durchschlagkraft zu verhelfen.

2. *Ermittlungsarbeiten infolge rassistischer Übergriffe*

Als As im Ärmel in Fällen von Polizeigewalt behielt sich die Große Kammer auch nach dem Verwerfen des Kammerurteils in *Nachova u.a./.Bulgarien* die verfahrensrechtliche Seite des Art. 14 vor, um vor den oben skizzierten Beweisschwierigkeiten nicht vollends kapitulieren zu müssen. Schon aus der Systematik der EMRK ergibt sich, dass auch die aus Art. 2 und 3 erwachsende positive Pflicht, effektive Ermittlungen in Gewalt- und Todesfällen durchzuführen, ohne Diskriminierung erfüllt werden muss. Tatsächlich ließ sich in einigen Fällen ein rassistisches Verhalten der ermittelnden Behörden selbst feststellen, zum Beispiel anhand getätigter Äußerungen einzelner Ermittler.[1266] Besonders anschaulich war dies in *Petropoulou-Tsakiris./.Griechenland*, wo es um eine angebliche Misshandlung einer schwangeren Romni durch einen Polizeibeamten ging und es in den Ermittlungsakten hieß, dass Beschwerden von Roma gegen Polizeibeamte stets Teil einer generellen Taktik der Roma zur Verleumdung von Polizisten seien mit dem Ziel, die Position der Polizei zu schwächen.[1267]

Der Gerichtshof ging über die Anerkennung einer aus Art. 14 in Verbindung mit Art. 2 oder 3 resultierenden Pflicht der Vertragsstaaten zur diskriminierungsfreien Aufklärung von Tötungen oder Gewalttaten aber noch hinaus: Wo ein begründeter Verdacht bestehe, dass eine (tödliche) Gewalttat rassistisch motiviert war, müssen die staatlichen Ermittlungen mit besonderem Nachdruck geführt werden, schon allein um das Vertrauen der betroffenen Minderheiten in die staatlichen Stellen zu bewahren. Der Staat habe die Aufgabe, alles ihm Mögliche zu tun, um rassistische Motive aufzudecken. Auch wenn der Nachweis einer rassistischen Motivlage nicht einfach zu führen sei, müsse der Staat sich aber zumindest nach besten Kräften um eine Aufklärung bemühen, wenn

1266 So etwa in: EGMR, *Cobzaru./.Rumänien*, Nr. 48254/99, Urteil v. 26.7.2007, Rn. 98.

1267 EGMR, *Petropoulou-Tsakiris./.Griechenland*, Nr. 44803/04, Urteil v. 6.12.2007, Rn. 65.

ihm ein rassistischer Verdacht bekannt geworden ist.[1268] Dies bedeutet für den EGMR in der Konsequenz, dass schon dann eine Verletzung von Art. 14 vorliegt, wenn nationale Ermittlungsbehörden bei der Aufklärung von Gewalttaten mit und ohne rassistischer Motivlage keinen Unterschied machen.[1269] Dieser Schluss basiert auf dem in *Thlimmenos./.Griechenland* entstandenen Prinzip, dass wesentlich verschiedene Situationen verschieden zu handhaben sind (hier also rassistisch motivierte Gewalttaten gegenüber nicht-rassistisch motivierten Gewalttaten).[1270] Der EGMR stellt hier hohe Anforderungen an die Staaten. Zudem wendet der EGMR diesen Grundsatz nicht nur auf Gewalttaten der Polizei, sondern auch von Privatpersonen an und begründet so eine Schutzpflicht des Staates.[1271]

In *Nachova u.a./.Bulgarien* gab es einen Zeugen, der von antiziganistischen Beleidigungen durch die Polizisten sprach. Sein schlüssiges Vorbringen zusammen mit der Existenz zahlreicher Berichte über einen fest verankerten Antiziganismus in der bulgarischen Gesellschaft, ließ der EGMR ausreichen, um eine besondere Ermittlungspflicht hinsichtlich der rassistischen Motivlage festzustellen. Da die Ermittlungsbehörden den Polizisten nicht weiter zu den Motiven seines Schusswaffengebrauchs oder möglichen früheren gegen ihn gerichteten Antiziganismusvorwürfen befragt hatten, bejahte der EGMR eine Verletzung der prozessualen Seite von Art. 14.[1272] In *Stoica./.Rumänien* ergab sich die erweiterte Ermittlungspflicht aus der Behauptung des Beschwerdeführers, dass ihn der gewalttätige Polizist gefragt hatte, ob er „Zigeuner" oder Rumäne sei und dann zugeschlagen hatte, nachdem er von Dritten aufgefordert worden sei, dem

---

1268 EGMR, *Nachova u.a./.Bulgarien* [GK], Nr. 43577/98 u. 43579/98, Urteil v. 6.7.2005, Reports 2005-VII, Rn. 160 = EuGRZ 22–23 (2005), S. 693, 695 (deutsche Übersetzung, auszugsweise).

1269 Die Große Kammer verwies hier auf die Ausführungen im Kammerurteil: EGMR, *Nachova u.a./.Bulgarien*, Nr. 43577/98 u. 43579/98, Urteil v. 26.2.2004, Rn. 157 f.= EuGRZ 1–3 (2005), S. 23, 28 (deutsche Übersetzung, auszugsweise); ebenso: EGMR, *Bekos und Koutropoulos./.Griechenland*, Nr. 15250/02, Urteil v. 13.12.2005, Reports 2005-XIII, Rn. 72 ff.; *Stoica./.Rumänien*, Nr. 42722/02, Urteil v. 4.3.2008, Rn. 119; *Fedorchenko u. Lozenko./.Ukraine*, Nr. 387/03, Urteil v. 20.9.2012, Rn. 65 f.

1270 Zu *Thlimmenos./.Griechenland* siehe: Teil 2, D. IV. 2. b. bb.

1271 EGMR, *Šečić./.Kroatien*, Nr. 40116/02, Urteil v. 31.5.2007, Rn. 67; *Angelova und Iliev./.Bulgarien*, Nr. 55523/00, Urteil v. 26.7.2007, Rn. 116 f.

1272 EGMR, *Nachova u.a./Bulgarien* [GK], Nr. 43577/98 u. 43579/98, Urteil v. 6.7.2005, Reports 2005-VII, Rn. 163 ff. = EuGRZ 22–23 (2005), S. 693, 695 f. (deutsche Übersetzung, auszugsweise).

„Roma eine Lektion zu erteilen".[1273] In *Šečić./.Kroatien* war der Beschwerdeführer von einer Skinhead-Gruppe angegriffen worden. Auf Grund des offensichtlich rechtsextremistischen Hintergrunds der Gruppe sah der Gerichtshof eine erweiterte Ermittlungspflicht hinsichtlich rassistischer Motive als gegeben an.[1274]

In *Cobzaru./.Rumänien* sah der EGMR die Behörden schon deshalb zu einer besonders sorgfältigen Ermittlungsarbeit verpflichtet, weil sich antiziganistische Vorfälle unter Beteiligung von Staatsbediensteten in Rumänien besonders häufig ereignen, wie sich aus zahlreichen Studien ergab, und die Behörden sich dieses Umstandes hätten bewusst sein müssen.[1275] Hier reichte dem EGMR also schon die abstrakte Vielzahl der gegen Roma gerichteten Übergriffe in Rumänien aus, um eine gesteigerte Ermittlungspflicht anzunehmen. In den nächsten ähnlichgelagerten Rumänien-Fällen *Carabulea./.Rumänien* und *Soare u.a./.Rumänien* aus den Jahren 2010 und 2011 verließ der EGMR diese Linie allerdings wieder.[1276] Gleichzeitig schloss der Gerichtshof im Jahr 2010 in *Mižigárová./.Slowakei* zumindest theoretisch nicht aus, dass der abstrakte Nachweis durch Berichte und Studien über systematische Gewalt von staatlicher Seite für sich allein in besonders gelagerten Fällen zu einer besonderen Ermittlungspflicht führen kann. Im Falle der Slowakei ließ er die objektive Berichtslage aber nicht ausreichen.[1277] 2015 wiederum griff der EGMR den Ansatz in *Ciorcan u.a./Rumänien* erneut auf und folgerte eine gesonderte Ermittlungspflicht aus dem alleinigen Umstand, dass es zahlreiche Berichte über Antiziganismus und entsprechend

---

1273 EGMR, *Stoica./.Rumänien*, Nr. 42722/02, Urteil v. 4.3.2008, Rn. 128.

1274 EGMR, *Šečić./.Kroatien*, Nr. 40116/02, Urteil v. 31.5.2007, Rn. 68 f.

1275 EGMR, *Cobzaru./.Rumänien*, Nr. 48254/99, Urteil v. 26.7.2007, Rn. 97.

1276 In *Carabulea./.Rumänien* wies der EGMR mit keinem Wort auf *Cobzaru./.Rumänien* hin. Überhaupt hielt er hier eine gesonderte Prüfung des Art. 14 weder in substantieller, noch in prozessualer Hinsicht für nötig, was doch sehr verwundert: EGMR, *Carabulea./.Rumänien*, Nr. 45661/99, Urteil v. 13.7.2010, Rn. 168. Kritisch dazu ebenfalls im abweichenden Votum zu *Carabulea./.Rumänien*: Partly Joint Dissenting Opinion of Judges Gyulumyan and Power, Rn. 8. Als der EGMR ein Jahr später wieder über eine Beschwerde aus Rumänien zu entscheiden hatte, spielte die Wertung aus *Cobzaru./.Rumänien* erneut keine Rolle:, EGMR, *Soare u.a./.Rumänien*, Nr. 24329/02, Urteil v. 22.2.2011, Rn. 207 f.

1277 EGMR, *Mižigárová./.Slowakei*, Nr. 74832/01, Urteil v. 14.12.2010, Rn. 122. Gegen das Erfordernis fall-spezifischer Indizien: *Henrard*, The CoE and the Rescue of Roma, S. 283.

motivierte Polizeigewalt in Rumänien gebe.[1278] Man darf hier gespannt sein, wie sich diese bisher etwas inkonsistente Rechtsprechungslinie weiter entwickelt.

Dass es dem EGMR in Fällen von Polizeigewalt wenigstens durch das Abstellen auf die verfahrensrechtliche Seite von Art. 14 gelingt, tatsächlich Urteile wegen Verstößen gegen das Diskriminierungsverbot zu fällen, lässt das oben aufgezeigte Beweisdilemma nicht ganz so gravierend erscheinen. Auf prozessualer Ebene hat der EGMR hier mittlerweile eine gangbare Rechtsprechung entwickelt, um dem gewalttätigen Verhalten von Staatsbediensteten effektiv entgegentreten zu können. Der Umstand, dass die Beweisumstände meist nicht zu einer Verurteilung auf der materiellen Seite gereichen, bleibt trotzdem ein Wehmutstropfen.

3. Gerichtlicher Umgang mit Sinti und Roma

Thematisch schließen sich dem vorangegangenen Abschnitt die Urteile an, in denen der EGMR über eine vermeintliche diskriminierende Praxis nationaler Gerichte zu entscheiden hatte. In *Moldovan u.a./.Rumänien (2)* sah es der Gerichtshof beispielsweise als erwiesen an, dass die Roma-Herkunft entscheidend gewesen war für die überdurchschnittliche Länge sowie den Ausgang eines Strafverfahrens und des sich anschließenden zivilrechtlichen Schadensersatzverfahrens in einem Fall, in dem mehrere Männer Roma-Häuser niedergebrannt hatten und es zu einer Toten gekommen war.[1279] Da die rumänische Regierung keine Erklärung hierfür liefern konnte, sah der EGMR Art. 14 in Verbindung mit Art. 6 als verletzt an.

Wie schon in *Moldovan./.Rumänien (2)* ergab sich auch in *Paraskeva Todorova./.Bulgarien* die antiziganistische Grundhaltung der betreffenden Gerichte bereits aus den Entscheidungsgründen des Urteils. In letzterem Fall ging es um das Strafgericht im bulgarischen Plowdiw, welches bei der Verurteilung einer wegen Betruges angeklagten Romni die Strafaussetzung zur Bewährung mit der Begründung verweigert hatte, dass eine Bewährungsstrafe gerade Angehörigen von Minderheiten einen Eindruck der Straflosigkeit vermittlen würde. Diese Generalisierung verurteilte der EGMR scharf und äußerte den Eindruck,

---

1278 EGMR, *Ciorcan u.a./.Rumänien*, Nr. 29414/09 und 44841/09, Urteil v. 27.1.2015, Rn. 164 ff.

1279 EGMR, *Moldovan u.a./.Rumänien (2)*, Nr. 41138/98 und 64320/01, Urteil v. 12.7.2005, Reports 2005-VII, Rn. 139. Ebenso: EGMR, *Lăcătuş u.a./.Rumänien*, Nr. 12694/04, Urteil v. 13.11.2012, Rn. 135.

dass das Gericht hier gegenüber der Roma-Minderheit ein Exempel statuieren wollte.[1280]

4. *Abstellverbote von Wohnwägen*

In den unter Art. 8 bereits analysierten Wohnwagenfällen wurde von den Beschwerdeführern jeweils auch eine Verletzung des Diskriminierungsverbotes gerügt.[1281] Der EGMR verneinte jeweils eine Verletzung von Art. 14, jedoch mit völlig unterschiedlichen Begründungen. Zunächst schenkte der Gerichtshof dem Diskriminierungsaspekt in diesen Fällen kaum Bedeutung. In *Buckley./. Vereinigtes Königreich*, in dem der Beschwerdeführerin verboten worden war, ihren Wohnwagen auf ihrem eigenen Grundstück aufzustellen, sah der EGMR keinerlei Anlass, eine Diskriminierung anzunehmen. Dabei ignorierte er die Tatsache, dass die nationalen Gesetze, die die Grundlage für die behördliche Entscheidung bildeten, ausschließlich an *"gypsies"* adressierte Restriktionen von Kampiermöglichkeiten vorsahen.[1282] Demnach sollten *"Gypsies"* ihre Wohnwägen nur noch auf ausgewiesenen *"gypsy"*-Plätzen aufstellen. Der EGMR beurteilte dies unverständlicherweise nicht als ungerechtfertigte Benachteiligung, sondern sah darin vielmehr eine Maßnahme, die der Steigerung der Akzeptanz der *"gypsies"* in der Mehrheitsbevölkerung sowie eine Stärkung der Eigenverantwortung der *"gypsies"* selbst dienen sollte.[1283] Eine genauere Erklärung für diese Annahme blieb der Gerichtshof allerdings schuldig.

In den tatbestandlich fast identisch gelagerten Wohnwagenfällen der zweiten Generation, verneinte der EGMR ebenfalls eine Verletzung des Diskriminierungsverbotes. Allerdings setzte er sich hier ausführlicher mit der

---

1280 EGMR, *Paraskeva Todorova./.Bulgarien*, Nr. 37193/07, Urteil v. 25.3.2010, Rn. 37 ff.

1281 EGMR, *Buckley./. Vereinigtes Königreich*, Nr. 20348/92, Urteil v. 25.9.1996, Reports 1996-IV; *Chapman./. Vereinigtes Königreich* [GK], Nr. 27238/95, Urteil v. 18.1.2001, Reports 2001-1; *Beard./. Vereinigtes Königreich* [GK], Nr. 24882/94, Urteil v. 18.1.2001; *Coster./. Vereinigtes Königreich* [GK], Nr. 24876/94, Urteil v. 18.1.2001; *Lee./. Vereinigtes Königreich* [GK], Nr. 25289/94, Urteil v. 18.1.2001; *Jane Smith./. Vereinigtes Königreich* [GK], Nr. 25154/94, Urteil v. 18.1.2001; *Connors./. Vereinigtes Königreich*, Nr. 66746/01, Urteil v. 27.5.2004; *Winterstein u.a./.Frankreich*, Nr. 27013/07, Urteil 17.10.2013. Siehe zu den Fällen bereits: Teil 4, C. V. 1.

1282 Vgl. dazu auch: *Barth*, Minority Rights, Multiculturalism and the Roma of Europe, S. 385.

1283 EGMR, *Buckley./. Vereinigtes Königreich*, Nr. 20348/92, Urteil v. 25.9.1996, Reports 1996-IV, Rn. 88. Kritisch hierzu äußerte sich: *Judge Pettiti* in seinem abweichenden Votum: *ebd.*, Dissenting Opinion of Judge Pettiti.

Diskriminierungsfrage als noch in *Buckley./.Vereinigtes Königreich* auseinander. So ging er auf die von der Beschwerdeführerin vertretene Ansicht ein, dass die kulturelle Eigenart einer Minderheit besondere Berücksichtigung finden müsse und daher eine Ungleichbehandlung der Minderheit auch im Lichte des Art. 14 geradezu geboten sei.[1284] Im Klartext würde dies bedeuten, dass das Abstellen des Wohnwagens trotz fehlender Baugenehmigung und entgegenstehender Naturschutzgründe allein auf Grund der Minderheiteneigenschaft zu gewähren wäre.[1285] Die Beschwerdeführerin stützte sich hier auf die etablierte EGMR-Rechtsprechung, dass eine Diskriminierung im Sinne des Art. 14 auch dann besteht, wenn der Staat ohne objektiven und vernünftigen Grund Personen, die sich in deutlich unterschiedlichen Situationen befinden, nicht unterschiedlich behandelt. Der EGMR sah auf Grundlage dieser Rechtsprechung keinen Fall der gebotenen Ungleichbehandlung gegeben, da es objektive planungs- und umweltpolitische Gründe für die Versagung gegeben hatte, und leitete keine Minderheitenschutzmaßnahmen als positive staatliche Verpflichtung ab. Hierdurch erteilte er zur Enttäuschung der Befürworter eines starken Minderheitenschutzes der Vereinbarkeit spezifischer Minderheitenrechte, die den Staat positiv verpflichten, mit Art. 14 eine klare Absage.[1286]

Anknüpfungspunkt für eine nähere Befassung mit Art. 14 hätte jedoch durchaus der Umstand sein können, dass *"gypsies"* offensichtlich vor größere Hürden gestellt wurden als die Mehrheitsbevölkerung, wenn es darum geht, adäquaten Wohnraum zu finden. Zumindest als Form möglicher indirekter Diskriminierung auf Grund der vorhandenen und zunächst neutral erscheinenden Umwelt- und Planungsregelungen hätte der Gerichtshof eine Prüfung in Erwägung ziehen

---

1284 EGMR, *Chapman./.Vereinigtes Königreich* [GK], Nr. 27238/95, Urteil v. 18.1.2001, Reports 2001-1, Rn. 127.

1285 In eine ähnliche Richtung ging auch die Argumentation der Beschwerdeführer im Fall *Winterstein./.Frankreich*, der bereits oben angerissen wurde, siehe dazu: Teil 4, C. V. 1. d. In *Winterstein./.Frankreich* sahen die Beschwerdeführer die Diskriminierung auch darin begründet, dass die Besonderheiten der «*gens de voyage*» nicht ausreichend berücksichtigt und beispielsweise nur normale Sozialwohnungen und keine Alternativstellplätze angeboten worden seien. Der EGMR sah mit Verweis auf die Prüfung von Art. 8 eine separate Prüfung unter Art. 14 allerdings nicht als notwendig an: EGMR, *Winterstein u.a./.Frankreich*, Nr. 27013/07, Urteil 17.10.2013, Rn. 179.

1286 EGMR, *Chapman./.Vereinigtes Königreich [GK]*, Nr. 27238/95, Urteil v. 18.1.2001, Reports 2001-1, Rn. 129, 95. Kritisch hierzu: *Barth,* Minority Rights, Multiculturalism and the Roma of Europe, S. 388 ff.

können.[1287] Im Urteil wird eine solche Benachteiligung im Mehrheitsvotum der Großen Kammer allerdings ausdrücklich verneint, was zumindest irritiert.[1288]

Im Fall *Connors./.Vereinigtes Königreich* hielt der EGMR eine nähere Auseinandersetzung mit dem Diskriminierungsverbot gar für obsolet, da er bereits eine Verletzung von Art. 8 bejaht hatte.[1289] Auch dies verwundert, da es hier durchaus Anknüpfungspunkte für eine Prüfung einer Diskriminierung gegeben hätte: Die Notwendigkeit des durchgeführten Schnellkündigungsverfahrens war beispielweise seitens der Regierung mit dem anti-sozialen Verhalten, welches gewöhnlich auf "*gypsy*"-Stellplätzen zu finden sei, begründet worden.

Im Rahmen der Wohnwagenurteile zeigt sich recht deutlich die Zurückhaltung des EGMR bei der Prüfung von Verletzungen des Diskriminierungsverbotes. Zum Teil hätte es hier adäquate Anknüpfungspunkte für die Prüfung eines Diskriminierungssachverhalts gegeben. Im Urteil zu *Chapman./.Vereinigtes Königreich* stellte der EGMR außerdem klar, dass Art. 14 keine unmittelbar minderheitenschützende Wirkung zukomme, da sich aus ihm eben keine Verpflichtung ableiten lasse, positive minderheitenschützende Maßnahmen zu ergreifen.

5. *Räumung einer illegalen Roma-Siedlung*

Auch im Fall *Yordanova./.Bulgarien* verneinte der Gerichtshof eine Verletzung von Art. 14 mit kurzer Begründung.[1290] Dies ist besonders bedauerlich, da antiziganistische Aspekte in dem Fall, in dem es um die angedrohte Räumung einer illegalen Roma-Siedlung in der bulgarischen Hauptstadt Sofia ging, offenkundig eine Rolle gespielt hatten. Der EGMR lehnte eine Verletzung letztlich vor allem deswegen ab, weil der Räumungsbeschluss bislang noch nicht durchgesetzt worden war und die Prüfung, ob die Räumung diskriminierend wäre, somit ein rein

---

1287 So auch *ebd.*, S. 385; *Ringelheim*, Chapman redux, S. 438 ff.

1288 Im Votum der sieben abweichenden Richter wurde diese Behauptung der Mehrheit der Kammer zu recht kritisiert und entkräftet: EGMR, *Chapman./.Vereinigtes Königreich* [GK], Nr. 27238/95, Urteil v. 18.1.2001, Reports 2001-1, Joint Dissenting Opinion of Judges Pastor Ridruejo, Bonello, Tulkens, Strážnická, Lorenzen, Fischbach and Casadevall, Rn. 6.

1289 EGMR, *Connors ./.Vereinigtes Königreich*, Nr. 66746/01, Urteil v. 27.5.2004, Rn. 97. Zum Umgang des EGMR mit der Prüfung von Art. 14, wenn bereits eine andere Konventionsrechtsverletzung bejaht wurde, siehe bereits: Teil 2, D. IV. 2. b. aa.

1290 EGMR, *Yordanova u.a./.Bulgarien*, Nr. 25446/06, Urteil v. 24.4.2012, Rn. 146 ff. Siehe zum Sachverhalt des Falles: Teil 4, C. V. 2.

hypothetisches Szenario betroffen hätte.[1291] Dies verwundert, da er bei der Prüfung von Art. 8 derartige Überlegungen nicht anstellte.

In diesem Fall zeigte sich die antiziganistische Haltung von Behördenvertretern und Politikern relativ deutlich. So hatte der Ortsvorsteher des betroffenen Stadtteils öffentlich in einem Radiointerview zur geplanten Räumung geäußert, dass Roma-Familien nicht erwarten könnten, unter der Mehrheitsbevölkerung zu leben, da sie nicht die nötige Kultur besäßen.[1292] Eine gewisse rassistische Motivation der Stadt hinsichtlich des Erlasses des Räumungsbeschlusses beziehungsweise die bereitwillige Rezeption der in der Mehrheitsbevölkerung verhafteten antiziganistischer Vorurteile durch die Behörden trat hier offenkundig zum Vorschein. Insofern hatten die Beschwerdeführer einen ausführlichen und substantiierten Vortrag geliefert.[1293] Der EGMR wäre hier dringend angehalten gewesen, zu prüfen, ob hier vor allem der ethnische Hintergrund der illegalen Siedler Beweggrund für die Räumungsanordnung gewesen war und die Behörden eine kollektive Räumung auch im Falle von Nicht-Roma angeordnet hätten ohne Alternativwohnraum anzubieten.

Positiv zu werten ist im Urteil zu *Yordanova./.Bulgarien* zumindest, dass deutlich hervorgehoben wurde, dass es mit Art. 14 durchaus vereinbar und somit nicht diskriminierend gegenüber der Mehrheitsbevölkerung gewesen wäre, wenn die Behörden hier einen Lösungsweg eingeschlagen hätten, der speziell auf die Situation der Roma gemünzt gewesen wäre, zum Beispiel durch eine Legalisierung der Siedlung und entsprechende Förderprogramme. Der EGMR stellte fest, dass benachteiligte Gruppen, ungeachtet ihrer ethnischen Herkunft, unter Umständen Unterstützung durch spezielle vorübergehende Maßnahmen benötigen, um bestehende faktische Ungleichheiten durch eine gezielte Förderung zu beseitigen.[1294] Dabei stützte sich der EGMR explizit auf die Rolle der Roma als *"outcast community"*. Nur durch eine solche unterschiedliche Behandlung könnten die Roma ihre Rechte letztlich wie die Mehrheitsbevölkerung ausleben. Hierdurch bejahte der EGMR letztlich nichts anderes als die Vereinbarkeit von *affirmative action*-Maßnahmen mit Art. 14, befürwortete sie in Bezug auf Sinti und Roma und leitete sogar eine hierauf gerichtete positive Verpflichtung der Staaten in

1291 EGMR, *Yordanova u.a./.Bulgarien*, Nr. 25446/06, Urteil v. 24.4.2012, Rn. 146 ff., Rn. 147.

1292 *Ebd.*, Rn. 46.

1293 *Ebd.*, Rn. 85 ff.

1294 *Ebd.*, Rn. 128 f.

bestimmten Fällen aus Art. 14 ab.[1295] Dogmatisch stützte der Gerichtshof dies auf seine Rechtsprechung in dem bereits oben zitierten Urteil *Thlimmenos./.Griechenland*, in dem er erstmals ausgeführt hatte, dass Art. 14 auch dann verletzt sei, wenn ein Staat ohne objektive und angemessene Rechtfertigung Personen, deren Situationen völlig verschieden sind, keine unterschiedliche Behandlung zuteil werden lässt.[1296] Anders als im Fall *Chapman./.Vereinigtes Königreich*, in dem der EGMR die Vereinbarkeit von Art. 14 mit dem Ergreifen positiver Maßnahmen abgelehnt hatte, ging es hier nicht um Minderheitenschutz im engeren Sinne und permanente Maßnahmen mit dem Zweck, die Kultur der Minderheit zu schützen.

6. Segregation im Unterrichtwesen

Einen großen und bedeutungsvollen Komplex in der Sinti- und Roma-Rechtsprechung des EGMR zu Art. 14 bilden Fälle, in denen es um die Organisation des Schulwesens, das heißt konkret um die Benachteiligung von Schülerinnen und Schülern aus Roma-Familien ging.

a. Die wegweisende Leitentscheidung D.H. u.a./.Tschechische Republik

Erstmals befasste sich der Gerichtshof im Jahr 2006 in *D.H. u.a./.Tschechische Republik* mit der Thematik der Segregation im Unterrichtswesen. Beschwerdeführer waren hier 18 tschechische Roma, die zwischen 1996 und 1999 statt einer regulären Grundschule eine Förderschule für geistig zurückgebliebene Kinder besucht hatten. Die Beschwerdeführer beklagten, dass hier *de facto* eine Rassentrennung bestanden habe, die sich im Nebeneinander zweier unabhängiger Bildungssysteme – Förderschulen für Roma und reguläre Schulen für Angehörige der Mehrheitsbevölkerung – ausgedrückt habe. Im Kammerurteil wies der Gerichtshof die Beschwerde zunächst zurück.[1297] Erst die Große Kammer bejahte schließlich eine Verletzung von Art. 14 in Verbindung mit Art. 2 des Ersten Zusatzprotokolls und setzte dabei neue Maßstäbe in der Antidiskriminierungsrechtsprechung des Gerichtshofes.

Im vorliegenden Fall hatte es kein Gesetz gegeben, das die gezielte Einschulung von Roma-Kindern in Förderschulen vorgesehen hätte. Vielmehr hatte die

---

1295 Hier stützte sich der EGMR explizit auf seine in *D.H. u.a./.Tschechische Republik* begründete Rechtsprechungslinie, welche im nächsten Abschnitt vorgestellt wird, siehe: Teil 4, C. VIII 6. a.

1296 Zu *Thlimmenos./.Griechenland* siehe: Teil 2, D. IV. 2. b. bb.

1297 EGMR, *D.H. u.a./.Tschechische Republik*, Nr. 57325/00, Urteil v. 7.2.2006.

Anwendung eines Einschulungstests, der gleichermaßen auf Roma- und Nicht-Roma-Kinder angewendet worden war, in der Praxis zu einer Überrepräsentation von Roma-Kindern in Förderschulen geführt. Da es sich hier um einen Fall sogenannter indirekter Diskriminierung gehandelt hatte, das heißt um eine allgemeine Maßnahme, die sich in unverhältnismäßiger Weise nachteilig auf eine bestimmte Gruppe ausgewirkt hatte, stellte die Große Kammer zunächst fest, dass auch eine solche zu einer Verletzung von Art. 14 führen könne:

> *The Court has also accepted that a general policy or measure that has disproportionately prejudicial effects on a particular group may be considered discriminatory notwithstanding that it is not specifically aimed at that group [...], and that discrimination potentially contrary to the Convention may result from a de facto situation.*[1298]

Bezug nehmend auf *Nachova u.a./.Bulgarien* sah der EGMR die Staaten in der Pflicht, gegen rassistische Diskriminierung besonders restriktiv vorzugehen und die demokratische Vision einer Gesellschaft voranzutreiben, in der Diversität nicht als Bedrohung, sondern als Bereicherung empfunden wird.[1299] Eine unterschiedliche Behandlung, die sich ausschließlich oder zu einem entscheidenden Teil auf die ethnische Herkunft stützt, könne in einer demokratischen Gesellschaft, die auf Pluralismus und interkulturellem Respekt basiert, nie objektiv gerechtfertigt sein. Der Gerichtshof verwies darauf, dass die Sinti und Roma auf Grund ihrer Geschichte und permanenten Entwurzelung eine besondere Minderheit darstellen, die gerade im Bildungsbereich besonders schutzbedürftig ("*special protection*") sei.[1300]

Entgegen früherer Entscheidungen, in denen sich der EGMR bezüglich der Beweiskraft von Statistiken skeptisch gezeigt hatte, war er hier mit Verweis auf die Beweisproblematik in Diskriminierungsfällen deutlich offener.[1301] Der EGMR

1298 EGMR, *D.H. u.a./.Tschechische Republik* [GK], Nr. 57325/00, Urteil v. 13.11.2007, Reports 2007-IV, Rn. 175 = EuGRZ 5–7 (2009), S. 90, 93 (deutsche Übersetzung, auszugsweise) = NVwZ 5 (2008), 533, 534 (deutsche Übersetzung, auszugsweise). Mit Verweisen auf u.a.: EGMR, *Hugh Jordan./.Vereinigtes Königreich*, Nr. 24746/94, Urteil v. 4.5.2001, Rn. 154; *Zarb Adami./.Malta*, Nr. 17209/02, Urteil v. 20.6.2006, Reports 2006-VII, Rn. 75 f.

1299 EGMR, *D.H. u.a./.Tschechische Republik* [GK], Nr. 57325/00, Urteil v. 13.11.2007, Reports 2007-IV, Rn. 176 = EuGRZ 5–7 (2009), S. 90, 93 (deutsche Übersetzung, auszugsweise) = NVwZ 5 (2008), S. 533, 534 (deutsche Übersetzung, auszugsweise).

1300 EGMR, *D.H. u.a./.Tschechische Republik* [GK], Nr. 57325/00, Urteil v. 13.11.2007, Reports 2007-IV, Rn. 182 = EuGRZ 5–7 (2009), S. 90, 94 = NVwZ 5 (2008), S. 533, 534 f. (deutsche Übersetzung, auszugsweise).

1301 In folgendem Fall im Jahr 2001 hatte der EGMR dies noch abgelehnt: EGMR, *Hugh Jordan./.Vereinigtes Königreich*, Nr. 24746/94, Urteil v. 4.5.2001, Rn. 154. Offener

führte hier aus, dass es dem Beschwerdeführer durch Vorlage einer verlässlichen und seriösen Statistik gelingen könne, den *prima facie*-Nachweis zu erbringen, dass eine eigentlich neutral formulierte Regelung in ihrer tatsächlichen Anwendung eine Ungleichbehandlung zur Folge hat. Stellt er so die widerlegbare Vermutung auf, dass es zu einem diskriminierenden Effekt kommt, müsse der Staat beweisen, dass objektive Gründe ohne Diskriminierungsbezug die Ursache für die Ungleichbehandlung sind. Aus der Vorlage einer entsprechenden Statistik resultiere somit eine Beweislastumkehr.

In Fällen indirekter Diskriminierung sah der EGMR eine Beweislastumkehr als notwendig an, da dem Beschwerdeführer die Beweiserbringung nahezu unmöglich sei.[1302] Im konkreten Fall hatten die Beschwerdeführer die Ergebnisse von Umfragen eingebracht, aus denen sich eine klare Überrepräsentanz von Roma in den betreffenden Förderschulen ergab. Zwar hielt der EGMR die Zahlen nicht für hundertprozentig verlässlich, erkannte aber an, dass sie zumindest einen gewissen Trend belegten. Zudem hatten die Beschwerdeführer hier Berichte internationaler Organisationen vorgelegt, die das Bild einer automatischen Einschulung von Roma-Kindern in Förderschulen als landesweites Phänomen in Tschechien zeichneten. Der Gerichtshof sah durch die Vorlage der Statistik und der Berichte den *prima facie*-Nachweis als erbracht an, dass die gesetzlichen Bestimmungen zur Einschulung in Sonderschulen trotz neutraler Formulierung mehr Auswirkungen auf Roma-Kinder hatten und zu einer unverhältnismäßig hohen Anzahl von roma-stämmigen Förderschülern führten.[1303] So bejahte er hier eine Vermutung für das Vorliegen einer indirekten Diskriminierung, für die der Nachweis eines Diskriminierungsvorsatzes gerade nicht nötig ist.

---

zeigte er sich dann 2006 in: EGMR, *Zarb Adami./.Malta*, Nr. 17209/02, Urteil v. 20.6.06, Reports 2006-VII, Rn. 78, 82 f.

1302 EGMR, *D.H. u.a./.Tschechische Republik* [GK], Nr. 57325/00, Urteil v. 13.11.2007, Reports 2007-IV, Rn. 188 f. = EuGRZ 5–7 (2009), S. 90, 94 (deutsche Übersetzung, auszugsweise) = NVwZ 5 (2008), S. 533, 535 (deutsche Übersetzung, auszugsweise). Die Kammerentscheidung zu *D.H.u.a./.Tschechische Republik* war hier noch gänzlich anders ausgefallen. Die Kammer hatte hier die Vorlage einer reinen Statistik gerade nicht ausreichend lassen, eine Beweislastumkehr als unbillig angesehen und eine Verletzung von Art. 14 entsprechend verneint: EGMR, *D.H. u.a./.Tschechische Republik*, Nr. 57325/00, Urteil v. 7.2.2006, Rn. 46, 49.

1303 EGMR, *D.H. u.a./.Tschechische Republik* [GK], Nr. 57325/00, Urteil v. 13.11.2007, Reports 2007-IV, Rn. 190 ff. = EuGRZ 5–7 (2009), S. 90, 94 f. (deutsche Übersetzung, auszugsweise) = NVwZ 5 (2008), S. 533, 535 f. (deutsche Übersetzung, auszugsweise).

Die auf Grund der Beweislastumkehr der Regierung obliegende Beweispflicht, dass die Ungleichbehandlung auf objektiven und vernünftigen Gründen fußte, konnte Tschechien nicht erfüllen. In Fällen, in denen die Ungleichbehandlung auf Hautfarbe oder ethnischer Herkunft beruht, legt der EGMR zudem einen besonders strengen Maßstab an. Die Regierung führte an, dass die Einschulung im Einzelfall auf der Durchführung des Einstufungstests basiert hatte und die Eltern der Roma-Schüler der Einschulung in die Förderschule zugestimmt hatten. Der EGMR stufte die Testergebnisse deswegen nicht als ausreichende Rechtfertigung ein, weil die Tests erkennbar auf Kinder der tschechischen Mehrheitsbevölkerung und weder sprachlich noch kulturell spezifisch auf Roma zugeschnitten gewesen waren. Unter Verweis auf die Bewertungen anderer internationaler Organe bezweifelte der EGMR die Adäquanz dieser Tests. Zudem sah der EGMR die Gefahr, dass die besondere Situation der Roma bei der Auswertung der Tests keine Berücksichtigung gefunden hatte.[1304]

Auch die erfolgte Zustimmung der Eltern gereichte nach Ansicht der Richter nicht zur Rechtfertigung der Ungleichbehandlung. Dies verlange nämlich die umfassende Kenntnis aller entscheidenden Faktoren. Angesichts der schlechten Bildungslage und der benachteiligten Situation der tschechischen Roma insgesamt, äußerte der EGMR Zweifel darüber, dass die Eltern der Beschwerdeführer in der Lage gewesen waren, alle Aspekte abzuwägen und die Konsequenzen ihrer Zustimmung vollends zu erfassen.[1305] Im Übrigen wies die Große Kammer auch darauf hin, dass ein Verzicht auf das Diskriminierungsverbot schon auf Grund der fundamentalen Bedeutung des Verbots rassistischer Diskriminierung gar nicht möglich sei, selbst wenn die Eltern die Tragweite der Zustimmung hätten erfassen können.[1306]

Der EGMR resümierte schließlich, dass die Einschulungspraxis zu einer unterschiedlichen Behandlung im Bildungssystem geführt und den Roma-Schülern

---

1304 EGMR, *D.H. u.a./.Tschechische Republik* [GK], Nr. 57325/00, Urteil v. 13.11.2007, Reports 2007-IV, Rn. 198 ff.= EuGRZ 5–7 (2009), S. 90, 95 f. (deutsche Übersetzung, auszugsweise) = NVwZ 5 (2008), S. 533, 536 (deutsche Übersetzung, auszugsweise).

1305 EGMR, *D.H. u.a./.Tschechische Republik* [GK], Nr. 57325/00, Urteil v. 13.11.2007, Reports 2007-IV, Rn. 202 f. = EuGRZ 5–7 (2009), S. 90, 96 (deutsche Übersetzung, auszugsweise) = NVwZ 5 (2008), S. 533, 536 (deutsche Übersetzung, auszugsweise). Bezugnahme auf die eben zitierten Passagen in: EGMR, *Oršuš u.a./.Kroatien* [GK], Nr. 15766/03, Urteil v. 16.3.2010, Reports 2010-II, Rn. 179.

1306 *D.H. u.a./.Tschechische Republik* [GK], Nr. 57325/00, Urteil v. 13.11.2007, Reports 2007-IV, Rn. 204 = EuGRZ 5–7 (2009), S. 90, 96 (deutsche Übersetzung, auszugsweise) = NVwZ 5 (2008), S. 533, 536 (deutsche Übersetzung, auszugsweise).

durch die eingeschränkte Vermittlung von Lerninhalten Zukunftschancen verbaut habe, statt sie unter Berücksichtigung ihrer besonderen Bedürfnisse als Angehörige einer benachteiligten Gruppe gezielt zu fördern und ihre Integration voranzutreiben:

> *The facts of the instant case indicate that the schooling arrangements for Roma children were not attended by safeguards [...] that would ensure that, in the exercise of its margin of appreciation in the education sphere, the State took into account their special needs as members of a disadvantaged class [...]. Furthermore, as a result of the arrangements the applicants were placed in schools for children with mental disabilities where a more basic curriculum was followed than in ordinary schools and where they were isolated from pupils from the wider population. As a result, they received an education which compounded their difficulties and compromised their subsequent personal development instead of tackling their real problems or helping them to integrate into the ordinary schools and develop the skills that would facilitate life among the majority population. Indeed, the Government have implicitly admitted that job opportunities are more limited for pupils from special schools.*[1307]

b. Hieran anknüpfende Entscheidungen

Nur ein Jahr später, im Jahr 2008, beschäftigte der nächste Schulfall mit Roma-Bezug den Gerichtshof. In *Sampanis u.a./.Griechenland* war den Eltern von circa 50 Roma-Kindern zunächst die Einschreibung ihrer Kinder in die reguläre Grundschule versagt worden. Die roma-stämmigen Kinder waren dann in separaten Roma-Klassen in einem Nebentrakt der Schule untergebracht worden mit der angeblichen Intention, sie auf die Eingliederung in Regelklassen vorzubereiten. Der Gerichtshof bezog sich hier direkt auf seine in *D.H. u.a./.Tschechische Republik* entwickelte Rechtsprechungslinie und ging von einer Beweislastumkehr aus, da es den Beschwerdeführern gelungen war, das Vorliegen einer Diskriminierung *prima facie* nachzuweisen.[1308]

Auch der griechischen Regierung gelang es nicht, das Fehlen rassistischer Motive in überzeugender Weise zu belegen. In Bezug auf die verweigerte Einschreibung machte der EGMR deutlich, dass die Behörden die besondere Situation hätten erkennen müssen und eine Erleichterung der Einschreibeprozedur angezeigt gewesen wäre. Er begründete dies mit der schwachen Position der Roma (faktische Ungleichheit), die besondere Aufmerksamkeit erfordere

---

1307 *D.H. u.a./.Tschechische Republik* [GK], Nr. 57325/00, Urteil v. 13.11.2007, Reports 2007-IV, Rn. 207 = EuGRZ 5–7 (2009), S. 90, 96 (deutsche Übersetzung, auszugsweise) = NVwZ 5 (2008), S. 533, 537 (deutsche Übersetzung, auszugsweise).

1308 EGMR, *Sampanis u.a./.Griechenland*, Nr. 32526/05, Urteil v. 5.6.2008, Rn. 82 f.

(« *attention spéciale* »), sowie damit, dass Art. 14 in bestimmten Situationen zur Behebung von Ungleichheiten eine unterschiedliche Behandlung erfordere.[1309] Hinsichtlich der Gründung separater Roma-Klassen außerhalb des normalen Schulgebäudes, lieferte die Regierung keine kohärente Begründung. Als wenig überzeugend empfand der EGMR die Aussage der Regierung, dass die Roma-Klassen der Vorbereitung für den Übergang in reguläre Klassen gedient und nur vorübergehenden Charakter gehabt hätten. Es waren nämlich weder regelmäßige Leistungstests zur Ermittlung der Fähigkeit, eine reguläre Klasse zu besuchen, durchgeführt worden, noch war bisher einer der 50 Schüler in eine reguläre Klasse versetzt worden.[1310] Folglich nahm der Gerichtshof auch hier eine Verletzung von Art. 14 in Verbindung mit Art. 2 des Ersten Zusatzprotokolls an und zwar gleich in zweifacher Weise – einmal wegen der verweigerten Einschreibung und wegen der Unterbringung in separaten Klassen.[1311]

Auch in *Oršuš u.a./.Kroatien* im Jahr 2010 blieb die Große Kammer der Linie des Gerichthofs grundsätzlich treu und führte aus: "*Where an applicant produces prima facie evidence that the effect of a measure or practice is discriminatory, the burden of proof will shift on to the respondent State, to whom it falls to show that the difference in treatment is not discriminatory.*"[1312] Hier rügten fünfzehn kroatische Roma, Opfer von rassistischer Diskriminierung geworden zu sein, da sie mehrere Schuljahre über separiert von den anderen Schülern in reinen Roma-Klassen unterrichtet worden waren. Der EGMR sah hier aber einen deutlichen

---

1309 *Ebd.*, Rn. 86.

1310 *Ebd.*, Rn. 91.

1311 Im Jahr 2012 knüpfte der Fall *Sampani u.a./.Griechenland* direkt an den Fall *Sampanis. u.a./.Griechenland* an. Das Nebengebäude der Schule, was in *Sampanis u.a./.Griechenland* Gegenstand der Individualbeschwerde gewesen war, war durch den Bau einer neuen Schule ersetzt worden, die Roma und Nicht-Roma gleichermaßen besuchen sollten. Der Bau war von massiven Protesten der Eltern von Nicht-Roma-Kindern begleitet worden. Kurz vor Eröffnung war das Schulgebäude von Unbekannten massiv beschädigt worden. Trotz erheblicher Schäden und Sicherheitsmängel eröffnete die Schule trotzdem. Allerdings wurden entgegen der ursprünglichen Intention letztlich nur Roma-Schüler an der Schule unterrichtet. Weder wurden die Schäden, die einen ordnungsgemäßen Unterricht nicht möglich machten, beseitigt, noch wurde den Roma-Schülern der Besuch einer anderen Schule erlaubt. Zudem wurde der ganze Hergang von antiziganistischen Äußerungen staatlicher Vertreter begleitet, sodass auch hier der Gerichtshof eine Verletzung von Art. 14 i.V.m. Art. 2 ZP I annahm: EGMR, *Sampani u.a./.Griechenland*, Nr. 59608/09, Urteil v. 11.12.2012.

1312 EGMR, *Oršuš u.a./.Kroatien* [GK], Nr. 15766/03, Urteil v. 16.3.2010, Reports 2010-II, Rn. 150.

Unterschied zu den beiden Vorgängerfällen, da sich die Roma-Klassen im selben Schulgebäude wie die regulären Klassen befunden hatten und nicht alle Roma-Kinder in Roma-Klassen untergebracht worden waren. Einen *prima facie*-Nachweis über den diskriminierenden Charakter der Einschulungen sah die Große Kammer hier nicht als erbracht an, da die Statistiken, die die Beschwerdeführer vorgelegt hatten, zu stark divergierten.[1313] Die Große Kammer ging dann aber einen weiteren Schritt in Richtung beschwerdeführerfreundliche Beweisregelung und stellte eine Vermutung für das Vorliegen einer Rassendiskriminierung auch ohne die Grundlage eindeutiger Statistiken auf. Allein der sich aus dem unstreitigen Sachverhalt ergebende Umstand, dass ausschließlich Roma und keine anderen Schüler in separaten Klassen untergebracht worden waren, sowie der Tatsache, dass Eltern von Nicht-Roma-Schülern massiven Widerstand gegen die Gründung gemischter Klassen geleistet hatten, veranlasste den EGMR dennoch zur Annahme einer Beweislastumkehr.[1314]

Wie in den anderen Fällen konnte die kroatische Regierung keine ausreichende Erklärung liefern. Zwar lehnte der Gerichtshof die Begründung, der separate Unterricht sei auf Grund der fehlenden Kroatischkenntnisse notwendig gewesen, nicht pauschal ab, da dies auch Ausdruck einer Anpassung des Unterrichtwesens an die speziellen Bedürfnisse der Schüler hätte sein können, und gestand Kroatien somit prinzipiell zu, ein legitimes Ziel verfolgt zu haben.[1315] Die kroatische Regierung konnte hier jedoch nicht nachweisen, dass eine generelle Praxis im Land existierte, sprachschwache Schüler egal welcher Herkunft in separaten Klassen zu unterrichten, um ihre Sprachkenntnisse zu stärken. Die Sprachkenntnisse der Beschwerdeführer waren hier vor der Einschulung in die Roma-Klassen auch nicht explizit getestet worden. Auch hier war für den Gerichtshof nicht erkennbar, dass in den separaten Klassen gezielt auf den Wechsel in gemischte Klassen hingearbeitet worden war oder Evaluationen der individuellen Sprachentwicklung durchgeführt worden waren.[1316] Der Gerichtshof kam so zum Schluss, dass die Unterbringung in separaten Klassen letztendlich nicht gerechtfertigt gewesen war.[1317] Während der Gerichtshof in

---

1313 *Ebd.*, Rn. 152.

1314 *Ebd.*, Rn. 155.

1315 *Ebd.*, Rn. 157.

1316 EGMR, *Oršuš u.a./.Kroatien* [GK], Nr. 15766/03, Urteil v. 16.3.2010, Reports 2010-II, Rn. 158 ff.

1317 Die Kammerentscheidung war hier noch völlig anders ergangen. Unter Betonung des Entscheidungsspielraums Kroatiens sah die Kammer die Unterbringung in separaten Klassen zum Zweck der Verbesserung der Sprachkenntnisse als gerechtfertigt

D.H. u.a./.Tschechische Republik und in *Sampanis./.Griechenland* nur von "*special needs*" und « *attention spéciale* » gesprochen hatte, wurde er hier weitaus deutlicher, indem er explizit positive Maßnahmen einforderte und eine klare Verpflichtung des Staates formulierte:

> *While the Croatian authorities cannot be held to be the only ones responsible for the fact that so many pupils failed to complete primary education or to attain an adequate level of language proficiency, such a high drop-out rate of Roma pupils in Međimurje County called for the implementation of positive measures in order, inter alia, to raise awareness of the importance of education among the Roma population and to assist the applicants with any difficulties they encountered in following the school curriculum. Therefore, some additional steps were needed in order to address these problems, such as active and structured involvement on the part of the relevant social services.*[1318]

Auch im jüngsten Fall, *Horváth und Kiss./.Ungarn*, in dem sich der Gerichtshof im Jahr 2013 in einer den anderen Fällen sehr ähnlichen Konstellation mit einer behaupteten Diskriminierung von Roma im Unterrichtswesen befasste, wandte er die oben genannten Kriterien an. Auch hier kam er letztlich zum Ergebnis einer vorliegenden Verletzung von Art. 14 in Verbindung mit Art. 2 des Ersten Zusatzprotokolls. Gleichzeitig betonte der EGMR auch im besonderen Maße die positive Pflicht Ungarns, die historisch verankerte Benachteiligung der Roma im Bildungssystem ins Gegenteil zu verkehren und sie bei der Integration ins reguläre Bildungssystem und somit in die Mehrheitsgesellschaft zu unterstützen.[1319]

c. *Rezeption und Kritik*

Das Urteil der Großen Kammer zu *D.H. u.a./.Tschechische Republik* war zweifellos von herausragender Bedeutung für den Schutz der Rechte der Sinti und Roma, aber auch für die Entwicklung der Rechtsprechung zu Art. 14 insgesamt. *Hofmann* ist sogar der Auffassung, dass der Rechtsprechung des EGMR im Zusammenhang mit der Diskriminierung von Sinti und Roma im Erziehungswesen ergänzende Bedeutung für die Formulierung gemeineuropäischer Standards zukomme.[1320]

---

an. Rassistischer Aspekte vermochte die Kammer nicht zu erkennen: EGMR, *Oršuš u.a./.Kroatien*, Nr. 15766/03, Urteil v. 17.7.2008, Rn. 65 ff.

1318 EGMR, *Oršuš u.a./.Kroatien* [GK], Nr. 15766/03, Urteil v. 16.3.2010, Reports 2010-II, Rn. 177. Begrüßt wird diese Ausweitung der Rechtsprechung von: *Bogaert*, Roma Segregation in Education, S. 746, 749.

1319 EGMR, *Horváth und Kiss./.Ungarn*, Nr. 11146/11, Urteil v. 29.1.2013, Rn. 127 f.

1320 *Hofmann*, Minderheitenschutz in Europa: Entwicklung und aktueller Stand, S. 11.

Bemerkenswert ist, dass der Gerichtshof in den Unterrichtsfällen die in derartigen Diskriminierungskonstellationen auftauchende Beweisproblematik bereits im Fall *D.H. u.a./.Tschechische Republik* durch die Annahme einer Beweislastumkehr zu Lasten des Staates gelöst und Art. 14 damit zu einer effizienten Durchsetzung verholfen hat. Anders als in den oben skizzierten Polizeigewaltfällen, in denen er letztlich das Beweisdilemma nur durch ein Ausweichen auf die prozessuale Schiene gelöst hat, entschied sich der EGMR hier bereits im ersten Urteil zum Thema für eine Übertragung der Beweispflicht auf die Staaten für den Fall eines gelungenen *prima facie*-Nachweises über die Ungleichbehandlung durch die Beschwerdeführer. Auch wenn die Staaten so in die zugegebenermaßen schwierige Lage kommen, das Nichtbestehen eines diskriminierenden Moments zu beweisen, hat der EGMR hier mehrere Urteile hervorgebracht, die in plausibler Weise das Bestehen einer *de facto*-Rassentrennung im Bildungsbereich der betreffenden Staaten nachzeichneten und diesem Missstand unter Heranziehung von Art. 14 in adäquater Weise Rechnung trugen.

Gerade für den Bereich der indirekten Diskriminierung ist diese Kehrtwende in der Rechtsprechung von entscheidender Bedeutung, da es für die Betroffenen schwer sein dürfte zu beweisen, dass eine neutral formulierte Regelung diskriminierende Auswirkungen hat. In *D.H. u.a./.Tschechische Republik* zeigte der Gerichtshof erstmals eine klare Haltung zur indirekten Diskriminierung und zog dabei ausdrücklich die EU-Antidiskriminierungsrichtlinie 2000/43/EG als Inspirationsquelle heran.[1321] In vorausgehenden Urteilen hatte der Gerichtshof zwar nicht ausgeschlossen, dass eine Maßnahme als diskriminierend angesehen werden kann, wenn sie eine Gruppe spezifisch benachteiligt ohne darauf unmittelbar abzuzielen; er zeigte sich zu Gunsten der Staaten in der Annahme einer tatsächlichen Verletzung dann aber zurückhaltend.[1322] Zu Recht wurde diese Rechtsprechungslinie kritisiert:

1321 EGMR, *D.H. u.a./.Tschechische Republik* [GK], Nr. 57325/00, Urteil v. 13.11.2007, Reports 2007-IV, Rn. 83 f. Zum Einfluss der Richtlinie auf die EGMR-Rechtsprechung in *D.H. u.a./.Tschechische Republik: Bogaert*, Roma Segregation in Education, S. 732 ff.

1322 Etwa EGMR, *Abdulaziz, Cabales und Balkandali./.Vereinigtes Königreich*, Nr. 9214/80, 9473/81 und 9474/81, Urteil v. 28.5.1985, Rn. 84 ff.; *Hugh Jordan./.Vereinigtes Königreich*, Nr. 24746/94, Urteil v. 4.5.2001, Rn. 154; *Hoogendijk./.Niederlande*, Nr. 58641/00, Entsch. v. 6.1.2005. Eine kurze Übersicht hierzu bietet: *Bogaert*, Roma Segregation in Education, S. 730; außerdem: *Sauer*, in: *Karpenstein/Mayer*, EMRK Kommentar, Art. 14, Rn. 45.

> *This can be seen as a significant limitation the effectiveness the anti-discrimintation provisions* [sic!]. *It fails to take into account the subtle ways thate a state can discriminate against minorities and the disproportionate and often damaging effects of particular policies on minorities.*[1323]

In *D.H. u.a./.Tschechische Republik* positionierte sich der Gerichtshof dann erstmalig in derart deutlicher Weise zu indirekter Diskriminierung und stellte eine Verletzung fest. Als Ergänzung des Verbots direkter Diskriminierung wird so ein umfassender Diskriminierungsschutz gewährleistet, wie er auch im EU-Antidiskriminierungsrecht oder im deutschen Allgemeinen Gleichbehandlungsgesetz vorgesehen ist.

Trotz der progressiven Herangehensweise in der Beweisproblematik und der begrüßenswerten Stoßrichtung, die das Urteil einschlug, erfuhr die neue Rechtsprechungslinie nicht nur Zustimmung in der Rechtswissenschaft. Insbesondere wurde angeführt, dass das vom EGMR aufgestellte Gebot einer besonderen Förderung der Roma-Kinder unter Beachtung ihrer benachteiligten Stellung in der Gesellschaft, das heißt ein Gebot formeller Ungleichbehandlung nicht aus Art. 14 abgeleitet werden könne.[1324] Untermauert wurde die ablehnende Haltung damit, dass derartige Fördergebote einer ausdrücklichen gesetzlichen Ermächtigung bedürfen wie es etwa Art. 3 Abs. 2 S. 2 GG vorsieht. Verwiesen wurde außerdem auf das Diskriminierungsverbot aus dem 12. Zusatzprotokoll, laut dessen *Explanatory Report* die Mitgliedstaaten gerade nicht dazu verpflichtet sind, positive Maßnahmen zu ergreifen.[1325] Kritiker sehen in der Rechtsprechung zu den Unterrichtsfällen eine Fortführung der bereits besprochenen Wohnwagenurteile, in denen der EGMR ganz generell feststellte, dass den Staaten hinsichtlich der althergebrachten Lebensform der Beschwerdeführer als Nichtsesshafte eine gewisse Förderverpflichtung zukomme.[1326]

Dieser Vergleich hinkt jedoch, da die Fälle keineswegs vergleichbar sind. Während der EGMR sich in seinen Wohnwagenurteilen, wie bereits oben erörtert wurde, tatsächlich auf das Terrain des Minderheitenschutzes im engeren Sinne gewagt und so auch Aspekte des Schutzes der kulturellen Identität der

---

1323 *O'Nions*, Minority Rights Protection in International Law, S. 80.

1324 Die Ansicht vertretend, dass sich eine positive Förderpflicht nicht aus Art. 14 ergeben könne, sondern, wenn dann nur aus einem verletzten Freiheitsrecht: *Heyden/Ungern-Sternberg*, Ein Diskriminierungsverbot ist kein Fördergebot, S. 85 ff.

1325 Europarat, Explanatory Report to the Protocol No. 12 to the ECHR v. 4.11.2000, Rn. 16 a.E.

1326 Vgl. *Heyden/Ungern-Sternberg*, Ein Diskriminierungsverbot ist kein Fördergebot, S. 85.

Beschwerdeführer in den Fokus gestellt hatte, ging es in den in diesem Abschnitt thematisierten Urteilen ausschließlich um systematische Benachteiligung im Bildungsbereich auf Grund der ethnischen Zugehörigkeit. Indem der EGMR in den Unterrichtsfällen ein besonderes Förderungsgebot der Roma-Schüler aussprach, erklärte er nichts anderes als die Vereinbarkeit von *affirmative action* mit Art. 14 beziehungsweise sogar eine sich direkt aus Art. 14 ergebende Pflicht zur Ergreifung entsprechender Maßnahmen. Anknüpfungspunkt war hier nicht die schützenswerte kulturelle Identität einer Minderheit wie in den Wohnwagenfällen, sondern allein die benachteiligte Stellung der Sinti und Roma. Ziel war es, gesellschaftliche Ausgrenzung zu bekämpfen und sozialen und ökonomischen Ungleichheiten abzuhelfen, die einer vollen Inanspruchnahme von Menschenrechten im Wege standen. Fünf Jahre später bestätigte der EGMR diese Rechtsprechungslinie im Urteil zu *Yordanova u.a./.Bulgarien*, wie bereits oben dargestellt wurde, und sprach sich erneut für *affirmative action* und deren Vereinbarkeit mit Art. 14 aus.[1327] Bereits im Jahr 1986 hatte die Europäische Kommission für Menschenrechte für ein solches Verständnis den Weg geebnet, indem sie in der Gewährung von Steuervorteilen zu Gunsten verheirateter Frauen zur Förderung ihrer Erwerbstätigkeit keine Verletzung von Art. 14 gesehen hatte.[1328] Unter dem Aspekt des Nutzens von *affirmative action* für eine gesellschaftliche Integration der Sinti und Roma ist die Rechtsprechungslinie des EGMR sehr zu begrüßen.

Als handwerklicher Fehler wurde kritisiert, dass der EGMR in *D.H. u.a./.Tschechische Republik* nicht die einzelnen Beschwerden geprüft, sondern sich vielmehr der Bewertung der gesamtgesellschaftlichen Zusammenhänge gewidmet und somit entgegen seiner Rolle Menschenrechtspolitik betrieben habe.[1329] Die Große Kammer hatte nämlich von der allgemeinen Feststellung der

---

1327 Siehe dazu: Teil 4, C. VIII. 5.

1328 EKMR, *DG und DW Lindsay./.Vereinigtes Königreich*, Nr. 11089/84, Kommissionsbericht v. 11.11.1986.

1329 Vgl. das abweichende Votum von *Judge Borrego*: EGMR, *D.H. u.a./.Tschechische Republik* [GK], Nr. 57325/00, Urteil v. 13.11.2007, Reports 2007-IV, Dissenting Opinion of Judge Borrego, Rn. 5 = EuGRZ 5–7 (2009), S. 90, 100 (deutsche Übersetzung, auszugsweise). Ebenso kritisch: *Heyden/Ungern-Sternberg*, Ein Diskriminierungsverbot ist kein Fördergebot, S. 83; *Spiliopoulou Åkermark,* Images of children in education, S. 47 ff.; *Thürer/Burri*, Rassismusbekämpfung im Europäischen Rechtsraum, S. 624. Von Befürwortern eines starken Minderheitenschutzes wird diese Herangehensweise wiederum begrüßt, da die Gruppe als Entität in den Fokus gerückt wird, vgl. *Sandland*, Developing a jurisprudence of Difference, S. 511.

diskriminierenden Auswirkung der Schulpolitik automatisch auf eine individuelle Betroffenheit der Beschwerdeführer ohne Einzelfallprüfung geschlossen:

> *Lastly, since it has been established that the relevant legislation as applied in practice at the material time had a disproportionately prejudicial effect on the Roma community, the Court considers that the applicants as members of that community necessarily suffered the same discriminatory treatment. Accordingly, it does not need to examine their individual cases.*[1330]

Dieser Kritikpunkt ist nicht ganz von der Hand zu weisen. Die Herangehensweise des Gerichtshofs steht diesbezüglich im klaren Gegensatz zu den bereits besprochenen Wohnwagenurteilen, in denen sich der Gerichtshof letztlich weigerte, sich vom Einzelfall zu lösen und die Gesamtsituation der *"gypsies"* in Großbritannien überhaupt als Aspekt in sein Urteil miteinzubeziehen.[1331] Ein zu wenig individualisierter Ansatz in *D.H. u.a./.Tschechische Republik* lässt sich auch hinsichtlich des pauschalen Urteils über den Bildungshintergrund der Eltern erkennen. Ohne die individuellen Umstände zu kennen, ging der Gerichtshof hier davon aus, dass alle Eltern der Beschwerdeführer nicht in der Lage gewesen waren, die Situation vollumfänglich zu erfassen. Ein derart pauschales Urteil erscheint gerade deshalb problematisch, da der EGMR so selbst das Stereotyp von bildungsfernen Sinti und Roma heranzog und dabei übersah, dass womöglich nicht alle Eltern im Fall diesem Stereotyp entsprachen.[1332] Im Nachfolgefall *Oršuš u.a./.Kroatien* schien sich der Gerichtshof die diesbezügliche Kritik zu Herzen genommen zu haben, da er ausführlich die Situation der einzelnen Beschwerdeführer beleuchtete.

Manchen ging die neue Rechtsprechungslinie des Gerichtshofs dagegen nicht weit genug. So wurde beispielsweise kritisiert, dass der Gerichtshof im Gegensatz zu anderen internationalen Akteuren die Situation in der Schule in *D.H. u.a./.Tschechische Republik* nicht ausdrücklich als Segregation betitelt hatte.

1330 EGMR, *D.H. u.a./.Tschechische Republik* [GK], Nr. 57325/00, Urteil v. 13.11.2007, Reports 2007-IV, Rn. 209 = EuGRZ 5–7 (2009), S. 90, 97 (deutsche Übersetzung, auszugsweise) = NVwZ 5 (2008), S. 533, 537 (deutsche Übersetzung, auszugsweise).

1331 Hierzu wiederum kritisch: *O'Nions*, Minority Rights Protection in International Law, S. 95.

1332 Vgl. das abweichende Votum von *Judge Borrego Borrego*, der das Pauschalurteil des Gerichtshofs über die Roma-Eltern wie folgt kommentiert: *"An example of the sad human tradition of fighting racism through racism"*, EGMR, *D.H. u.a./.Tschechische Republik* [GK], Nr. 57325/00, Urteil v. 13.11.2007, Reports 2007-IV, Dissenting Opinion of Judge Borrego Borrego, Rn. 14 = EuGRZ 5–7 (2009), S. 90, 101 (deutsche Übersetzung, auszugsweise).

So zeigte sich mancher Kommentator des Urteils darüber enttäuscht, dass der Gerichtshof Segregation als solche nach Vorbild von Art. 3 der Anti-Rassismuskonvention nicht deutlich als systematische Diskriminierung eingestuft hatte.[1333]

Entsprechend der Neuerungen und der damit verbundenen Bedeutung von *D.H. u.a./.Tschechische Republik* für die Rechtsprechung zu Art. 14 insgesamt fiel die Kritik am Urteil umfangreich und mannigfaltig aus. Manche Kritikpunkte, wie etwa das Monieren eines fehlenden Individualbezugs nahm der EGMR auf und stellte in den Nachfolgeurteilen dann den entsprechenden Bezug zum Einzelfall her. Andere Kritikpunkte hatten grundsätzlicheres Gewicht und bezogen sich auf die allgemeine Rechtsprechungslinie des EGMR im Rahmen von Art. 14. Allen voran steht hier die Frage, ob sich aus Art. 14 ein Fördergebot ableiten lässt. Hinsichtlich der Herausforderungen, von denen die Sinti und Roma in Europa und vor allem in Tschechien im Bildungssektor betroffen sind, kommt den Urteilen immense Bedeutung zu, da der EGMR einen effizienten und gerechten Umgang mit der Beweislastproblematik fand.

7. Anerkennung einer „Roma-Hochzeit“

Einen Exot unter den Fällen mit Sinti- und Roma-Bezug stellte der Fall *Muñoz Díaz./.Spanien* dar. Neben den oben vorgestellten Wohnwagenfällen wies der Fall aus dem Jahr 2009 den größten Bezug zum völkerrechtlichen Minderheitenschutz im engeren Sinne auf. Die Beschwerdeführerin rügte hier, dass ihr der spanische Staat nach dem Tod ihres Ehemannes, mit dem sie lediglich nach „Roma-Art“ verheiratet gewesen war, die Gewährung einer Hinterbliebenen-Rente versagt hatte, da er die Hochzeit nicht anerkennen wollte. Der EGMR verwies auf die Tatsache, dass die Beschwerdeführerin und der Verstorbene in einer häuslichen Gemeinschaft gelebt und gemeinsame Kinder hatten, er für sie Sozialversicherungsbeiträge geleistet hatte und die Ehe nach „Roma-Recht“ volle Gültigkeit besessen hatte. Zum Teil war die Beschwerdeführerin auch in von staatlichen Stellen ausgestellten Dokumenten als Ehefrau aufgeführt worden.

Für den Gerichtshof war außerdem von Bedeutung, dass der spanische Staat in anderen, für den EGMR vergleichbaren Fällen, in denen ebenso keine staatliche Hochzeit, sondern beispielsweise nur eine kirchliche Trauung stattgefunden hatte, eine Hinterbliebenenrente gewährt hatte. Diese Aspekte sowie der Glaube der Beschwerdeführerin an die Gültigkeit ihrer Ehe stand für den EGMR im

---

1333 Vgl. *Arabadjieva*, Challenging the school segregation of Roma children, S. 37 ff.; *Bogaert*, Roma Segregation in Education, S. 734 f.

deutlichen Widerspruch zur Versagung der Hinterbliebenenrente, sodass er eine Verletzung von Art. 14 in Verbindung mit Art. 1 des Ersten Zusatzprotokolls bejahte.[1334]

Auffallend ist, dass sich der EGMR hier minderheitenschutzrechtlicher Argumentationen bediente, mit denen er zusätzlich seinen Urteilsspruch zu untermauern versuchte. So sprach er von der Notwendigkeit, die Identität und die Lebensart der Sinti und Roma als Minderheit zu schützen und bezeichnete die Versagung der Hinterbliebenenrente als Missachtung ihrer kulturellen Eigenarten.[1335] Auf den Minderheitenschutz wird aber nur am Rande in rechtlicher Weise Bezug genommen. Der Gerichtshof nahm hier nicht etwa nicht Bezug auf seine *Thlimmenos*-Rechtsprechung, wie es sich Befürworter eines starken Minderheitenschutzes gewünscht hätten.[1336] Der EGMR argumentierte nämlich gerade nicht derart, dass Art. 14 es erfordere, dass wesentlich Ungleiches ungleich behandelt werden müsse und „Roma-Hochzeiten" somit allein auf Grund der traditionellen Besonderheiten der Sinti und Roma im Gegensatz zu anderen nicht-staatlichen Eheschließungen staatlich anzuerkennen seien.

8. *Roma-feindliche Aussagen in Publikationen*

Überraschenderweise legte die Große Kammer in ihrem Urteil zu *Aksu./.Türkei* kaum einen Fokus auf Art. 14. In dem Fall ging es um die Veröffentlichung einer wissenschaftlichen Publikation zum Thema Roma in der Türkei sowie um die Umschreibung bestimmter Begriffe mit Roma-Bezug in einem Lexikon, was vom Beschwerdeführer als diskriminierend empfunden wurde.[1337] Die Große Kammer ging schnell über die Prüfung von Art. 14 hinweg mit dem Argument, dass der Beschwerdeführer hier *prima facie* nicht nachgewiesen habe, dass die Publikationen diskriminierenden Effekt gehabt hätten.[1338] Die Kammer hatte

1334 EGMR, *Muñoz Díaz./.Spanien*, Nr. 49151/07, Urteil v. 8.12.2009, Reports 2009-VI, Rn. 52 ff.

1335 *Ebd.*, Rn. 60, 64. Allerdings sah der Gerichtshof hier keine Verletzung von Art. 8 als gegeben an, daher kritisch: *Ruiz Vieytez*, Minority marriage and discrimination, S. 407 ff.

1336 Vgl. *ebd.*, Minority marriage and discrimination, S. 409 ff.

1337 Zu *Thlimmenos./.Griechenland* siehe: Teil 2, D. IV. 2. b. bb.

1338 EGMR, *Aksu./.Türkei* [GK], Nr. 4149/04 und 41029/04, Urteil v. 15.3.2012, Reports 2012-I, Rn. 45.

sich mit der Ablehnung von Art. 14 noch mehr Mühe gegeben und sich zumindest Inhaltlich mit den Werken auseinandergesetzt.[1339]

Da die Große Kammer hier keine unterschiedliche Behandlung in Form ethnischer Diskriminierung erkannte, beleuchtete sie den Fall lediglich unter Art. 8, was bedauerlich erscheint.[1340] Dabei wäre gerade die Prüfung einer Verletzung des Diskriminierungsverbotes naheliegend gewesen. Wie bereits oben unter Art. 8 dargestellt wurde, verfolgt die Türkei nämlich einen sehr unterschiedlichen Ansatz, wenn es um die Herabwürdigung von Volksgruppen geht.[1341]

9. *De facto-Zwangssterilisationen*

Die Beweisschwierigkeiten, mit denen der Gerichtshof konfrontiert ist, zeigten sich auch sehr deutlich in den oben angesprochenen Sterilisationsfällen.[1342] Den Beschwerdeführerinnen war es unmöglich, *beyond reasonable doubt* den Beweis zu erbringen, dass die Sterilisationen rassistisch motiviert oder gar Teil einer gezielten staatlichen Politik gegen Roma gewesen waren. Auch unter Hinweis darauf, dass in der Slowakei nicht ausschließlich Roma, sondern auch weibliche Angehörige anderer ethnischer Gruppen von der fragwürdigen Praxis der *de facto*-Zwangssterilisationen betroffen sind, lehnte der EGMR eine Verletzung des Diskriminierungsverbotes ab.[1343]

Auch hier gab es zahlreiche Materialien internationaler Organisationen, in denen davon berichtet wurde, dass Sterilisationen ohne vollwertiges Einverständnis der Patientin in der Slowakei bis in die jüngste Vergangenheit ein

---

1339 Besonders interessant ist die Argumentation hinsichtlich des Werkes über Roma in der Türkei: Hier stufte die Kammer zwar einzelne Passagen als diskriminierend ein, nicht aber das Werk als Ganzes. Es hielt ihm vielmehr seinen Charakter als wissenschaftliche Studie zugute und konnte sich daher nicht zu dem Urteil durchringen, dass der Autor den Beschwerdeführer in seiner Integrität als Roma verletzt hatte: EGMR, *Aksu./.Türkei*, Nr. 4149/04 und 41029/04, Urteil v. 27.7.2010, Rn. 56.

1340 Zur Argumentation der Großen Kammer: EGMR, *Aksu./.Türkei* [GK], Nr. 4149/04 und 41029/04, Urteil v. 15.3.2012, Reports 2012-I, Rn. 44 f. Die Kammer prüfte den Fall dagegen sogar vorwiegend unter Art. 14: EGMR, *Aksu./.Türkei*, Nr. 4149/04 und 41029/04, Urteil v. 27.7.2010, Rn. 40 ff.

1341 Siehe dazu: Teil 4, C. V. 4.

1342 Zu den Sterilisationsfällen siehe bereits: Teil 4, C. II. 2.

1343 EGMR, *V.C./.Slowakei*, Nr. 18968/07, Urteil v. 8.11.2011, Reports 2011-V, Rn. 177 ff. Mit Verweis auf *V.C./.Slowakei*: EGMR, *N.B./.Slowakei*, Nr. 29518/10, Urteil v. 12.6.2012, Rn. 121 ff.; *I.G. u.a./.Slowakei*, Nr. 15966/04, Urteil v. 13.11.2012, Rn. 165 ff.

durchaus verbreitetes Phänomen waren und Roma-Frauen nicht die ausschließliche aber durchaus die am stärksten betroffene Personengruppe darstellten.[1344] Auch die reine Anzahl der Fälle, in denen sich der EGMR bisher mit der Frage von *de facto*-Zwangssterilisationen in der Slowakei auseinandersetzen musste und der Tatsache, dass in diesen Fällen die Beschwerdeführerinnen allesamt Roma-Frauen gewesen waren, stützen diese Annahme. Angesichts dieser fast erdrückenden Indizienlage, ist zu fragen, warum sich der Gerichtshof nicht auch hier des Instruments der Beweislastumkehr bediente.

Im Übrigen hatten auch alle Beschwerdeführerinnen gerügt, dass ihnen im jeweiligen Krankenhaus eine diskriminierende Behandlung zuteil geworden war – etwa, dass es separate Roma-Zimmer gegeben habe und ihnen nicht gestattet worden sei, die sanitären Einrichtungen von Nicht-Roma-Patientinnen zu nutzen.[1345] Auf diese Vorträge ging der Gerichtshof bedauerlicher Weise in keinem seiner Urteile näher ein.

10. Ergebnis

Auch eine genauere Analyse der Urteile zu Art. 14 zeigt, dass dem Diskriminierungsverbot in der Sinti- und Roma-Rechtsprechung des EGMR eine bedeutende Rolle zukommt und Antiziganismus in der einen oder anderen Form in den meisten Fällen Thema ist. Auch für die Rechtsprechung des EGMR sind die analysierten Urteile von entscheidender Bedeutung, da sie die Entwicklung der Rechtsprechung im Bereich rassistischer Diskriminierung ganz maßgeblich geprägt haben. Leider bestätigt eine genaue Durchsicht der Urteile den allgemeinen Trend des EGMR, sich tendenziell zurückhaltend zu zeigen, wenn es um die Verurteilungen wegen Diskriminierung aus Gründen der „Rasse" oder der Zugehörigkeit zu einer nationalen Minderheit geht. In einer Reihe von Fällen, wie etwa in *Yordanova u.a./.Bulgarien*, in denen es durchaus Anknüpfungspunkte für eine solche Prüfung gegeben hätte, stieg der EGMR gar nicht erst in eine separate Prüfung von Art. 14 ein.

1344 Herangezogen wurden beispielsweise: Europarat, Menschenrechtskommissar, Follow-up report on the Slovak Republic (2001–2005) v. 29.3.2006, (CommDH(2006)5), Rn. 33 ff.; Europäische Kommission gegen Rassismus und Intoleranz, Third report on Slovakia v. 27.06.2003, Rn. 93.

1345 EGMR, *V.C./.Slowakei*, Nr. 18968/07, Urteil v. 8.11.2011, Reports 2011-V, Rn. 18; *N.B./.Slowakei*, Nr. 29518/10, Urteil v. 12.6.2012, Rn. 19; *I.G. u.a./.Slowakei*, Nr. 15966/04, Urteil v. 13.11.2012, Rn. 30 ff.

Besonders deutlich zum Vorschein kam diese zurückhaltende Einstellung in den Fällen, in denen es um Polizeigewalt ging. Hier hemmt die erschwerte Beweisführung durch die Beschwerdeführer, dass das in Rede stehende staatliche Handeln antiziganistisch motiviert war, die Möglichkeit der Verurteilung in der Praxis. Nachdem die Kammer in *Nachova u.a./.Bulgarien* einen besonders progressiven Ansatz entwickelt hatte, indem sie die verfahrens- und die materiellrechtliche Seite von Art. 14 verknüpfte, wurde dieser Ansatz von der Großen Kammer wieder verworfen. Da es für die Beschwerdeführer in vielen Fällen fast unmöglich ist, die rassistische Motivation der staatlichen Stellen zu beweisen, läuft eine Prüfung von Art. 14 unter materiellrechtlichen Aspekten meist ins Leere, was nicht zufriedenstellend ist, wenn man bedenkt, dass Nichtregierungs- und internationale Organisationen die Existenz von strukturellem Antiziganismus innerhalb staatlicher Stellen regelmäßig beklagen. Fairerweise muss angemerkt werden, dass Art. 14 in solchen Fällen nicht komplett ins Leere läuft. Indem er hohe Anforderungen an die Staaten stellt, rassistische Motive staatlichen Handelns durch adäquate Ermittlungsarbeiten aufzudecken, stellt der Gerichtshof regelmäßig eine Verletzung der verfahrensrechtlichen Komponente von Art. 14 in separater Weise fest.

Mutig zeigte sich der Gerichtshof dagegen in seiner Rechtsprechung zur Segregation im Unterrichtswesen. In *D.H. u.a./.Tschechische Republik* verurteilte der EGMR den beklagten Staat wegen indirekter Diskriminierung von Roma-Schülern. Er erkannte dabei die Vorlage aussagekräftiger Statistiken über die Überrepräsentation von Roma-Kindern in den entsprechenden Förderschulen als *prima facie*-Nachweis dafür an, dass die gesetzlichen Grundlagen für die Einschulung trotz neutraler Formulierung eine verstärkte Auswirkung auf Roma-Kinder hatten. In Folge dessen sah er den Staat in der Pflicht, zu beweisen, dass diese Ungleichbehandlung auf objektiven Gründen fußte, was diesem nicht gelang. Trotz weitreichender Kritik ließ der Gerichtshof bisher nicht von diesem innovativen Ansatz ab und verfeinerte ihn noch in den Nachfolgeurteilen. Mit dieser Rechtsprechungslinie gelingt es dem EGMR, dem Unrecht, das vielen Roma-Kindern in Staaten wie der Tschechischen Republik im Rahmen ihrer schulischen Ausbildung zuteil wird und ihnen offenkundig Zukunftschancen verbaut, wirksam auf justizieller Ebene zu begegnen.

Gesamtergebnis

„Trotz ihrer indischen Herkunft verbindet die Sinti und Roma eine jahrhundertelange Geschichte mit Europa.“ Dass die Aussage des Eingangssatzes in der einen oder anderen Form immer wieder Verwendung findet, ist erstaunlich. Auch die indogermanischen Sprachen haben ihren Ursprung nicht in Europa, sondern vermutlich in Anatolien.[1346] Trotzdem wird bei ihnen diese sprachliche Urherkunft nicht ständig betont. Bei den Sinti und Roma allerdings wird die Ähnlichkeit ihrer Sprache(n) mit dem altindischen Sanskrit wie ein Mantra wiederholt. Dies führt auch dazu, dass ein Eindruck der Fremdheit aufrechterhalten wird. Dabei sind die Sinti und Roma fester und gewachsener Bestandteil Europas – auch wenn sie keinen eigenen Staat besitzen.

Ihre Geschichte ist allerdings seit Beginn der Frühen Neuzeit geprägt von Ausgrenzung und Verfolgung in unterschiedlichster Form. Nachdem Sie durch den Reichsabschied von Freiburg im Jahr 1498 für vogelfrei erklärt worden waren, wurde ihnen durch verschiedene „Zigeuneredikte“ der Aufenthalt in den Territorien des Reiches bei Androhung drakonischer Strafen untersagt. Im Habsburgerreich waren die Sinti und Roma zu Zeiten von *Maria Theresia* von Zwangsassimilation etwa im Wege erzwungener Sesshaftmachung oder Inobhutnahme der Kinder betroffen. In den rumänischen Fürstentümern Walachei und Moldau lebten viele Sinti und Roma als sogenannte „Zigeunersklaven“ bis Mitte des 19. Jahrhunderts als Leibeigene. Im deutschen Kaiserreich und der Weimarer Republik setzte sich eine Politik der Repression und Überwachung durch zahlreiche Verwaltungs- und Polizeigesetze durch, die der nationalsozialistischen Vernichtungspolitik mühelos den Weg ebnete. Da sie für die Nationalsozialisten als „außereuropäische Fremdrasse artfremden Blutes“ galten, nahm die Diskriminierung der Sinti und Roma im Dritten Reich schnell neue Dimensionen an und gipfelte in Deportationen und systematischer Vernichtung. Bis zu 500.000 Sinti und Roma fielen den Nationalsozialisten europaweit zum Opfer.

Nach 1945 setzte sich in der Bundesrepublik die Diskriminierung weiter fort, sei es durch die systematische Erfassung als Landfahrer und der damit verbundenen pauschalen Kriminalisierung oder durch versagte Wiedergutmachungszahlungen, die selbst vom Bundesgerichtshof legitimiert wurden. In den sozialistischen Regimen (Süd-)Osteuropas wurde vorwiegend eine

1346 Vgl. dazu die Homepage der Max-Planck-Gesellschaft: https://www.mpg.de/6330170/indogermanische_sprachen (zuletzt aufgerufen am 12.6.2018).

Assimilationspolitik betrieben, die darauf abzielte, die Roma als Arbeiter in die sozialistische Planwirtschaft zu integrieren. Nach Zusammenbruch der Regime waren es oftmals die Roma, die als erste in die Arbeitslosigkeit rutschten, von der viele bis heute betroffen sind.

Generell erscheint die sozio-ökonomische Lage der Sinti und Roma in Europa heute als fatal. Überdurchschnittlich viele sind ohne Schulabschluss oder feste Arbeit. Dementsprechend leben sie oftmals unter katastrophalen Bedingungen. Dies trifft besonders auf die Roma in (Süd-)Osteuropa, aber durchaus auch auf die Sinti und Roma in westeuropäischen Staaten zu. Die Bezeichnung Sinti und Roma wird immer mehr zum Synonym für Armut und Bildungsferne. Dabei lässt sich eine Ethnisierung dieser sozialen Begriffe beobachten, da sie einer vermeintlichen Sinti- und Roma-Kultur fest zugeordnet werden. Eine solche automatische Kategorisierung führt nicht nur dazu, dass allen Sinti und Roma ungeachtet ihrer individuellen Situation derartige Attribute pauschal zugeschrieben werden, sondern verkennt auch, dass die schlechte sozio-ökonomische Lage primär das Ergebnis einer jahrhundertelangen gesellschaftlichen Ausgrenzung und Verfolgung ist. Armut und Diskriminierung stehen in einem wechselseitigen Verhältnis. Wie andere in der Gesellschaft fest verankerte Klischees über Sinti und Roma – beispielsweise, dass sie grundsätzlich kriminell und nicht sesshaft sind –, speist auch die pauschale Zuschreibung von Armut und Bildungsferne letztlich ein stereotypes „Zigeunerbild" und fördert somit Antiziganismus.

Von den Interessenvertretungen wie dem Zentralrat Deutscher Sinti und Roma aber auch internationalen Organisationen wird oftmals betont, dass die Sinti und Roma eine völkerrechtliche Minderheit darstellen. Der völkerrechtliche Minderheitenschutz bietet heute ein breites Geflecht an unterschiedlich ausgestalteten Regelungen und Programmsätzen, von denen demnach auch die Sinti und Roma profitieren sollen. Auch wenn die Wurzeln des völkerrechtlichen Minderheitenschutzes bis zu frühneuzeitlichen religiösen Schutzrechten zurückreichen und er seine entscheidende Prägung vor allem im 19. Jahrhundert fand, hat sich der moderne Minderheitenschutz erst spät entwickelt, da er nach Ende des Zweiten Weltkriegs zu Gunsten des Menschenrechtsschutzes zunächst wenig Beachtung fand. Erst der Zusammenbruch der sozialistischen Regime in (Süd-)Osteuropa und die damit einhergehende Entstehung neuer Minderheitensituationen bewirkten dann, dass man sich auf internationaler Ebene wieder verstärkt mit den Fragen der Minderheitenrechte befasste. Hervorgetan hat sich hier ganz besonders die damalige KSZE, der es gelang, mit Verabschieden des Kopenhagener Dokuments im Jahr 1990 detailreiche und konkrete Bestimmungen zum Minderheitenschutz in einem politischen Papier zu verankern. Zudem rief sie nur zwei Jahre später das Amt des Hochkommissars für nationale Minderheiten ins Leben, welcher bis heute als Instrument der Konfliktprävention in Minderheitenangelegenheiten fungiert. Großes Engagement im Bereich des Minderheitenschutzes zeigte bisher auch der Europarat. Statt unverbindlicher Programmsätze schuf er mit dem Rahmenübereinkommen zum Schutz nationaler Minderheiten und der Charta zum Schutz von Regional- oder Minderheitensprachen sogar zwei verbindliche Abkommen, welche sich ausschließlich auf den Schutz von Minderheiten beziehen. Zur Durchsetzung beider Abkommen wurden *Monitoring*-Verfahren implementiert.

Der große Streitpunkt innerhalb des Minderheitenschutzdiskurses ist die Definition des Minderheitenbegriffes. Seit jeher ist man sich uneins, welche Eigenschaften vonnöten sind, damit eine Bevölkerungsgruppe eine ethnische, religiöse, sprachliche oder nationale Minderheit darstellt. Nicht einmal das Rahmenübereinkommen verfügt über eine Legaldefinition mit der Folge, dass letztlich die Mitgliedstaaten selbst bestimmen, wen sie als Minderheit im Sinne des Rahmenübereinkommens anerkennen. Es ist selbsterklärend, dass die eigenständige Definitionshoheit der Staaten das Potential hat, den Anwendungsbereich und damit die Wirkungskraft des Rahmenübereinkommens zu schmälern. Im Zentrum der Auseinandersetzung um die Definition steht die Frage, ob auch sogenannte „neue Minderheiten", das heißt solche Bevölkerungsgruppen, deren Mitglieder nicht die Staatsangehörigkeit des Staates besitzen, beziehungsweise erst vor verhältnismäßig kurzer Zeit in den Staat gekommen sind, vom Begriff der Minderheit erfasst werden.

Hieran schließt sich die Frage nach der Grundkonzeption des Minderheitenschutzes an. Ein auf das Kollektiv fokussiertes Verständnis des Minderheitenschutzes betrachtet den Bestandsschutz der Minderheit und die Bewahrung der kollektiven Identität als Kernziele. Problematisch an diesem Konzept ist, dass die Minderheit als in sich geschlossene, starre Entität, die sich nach ethnischen Maßstäben von der Mehrheitsbevölkerung abgrenzen lässt, begriffen wird. Dem liegt letztlich ein Gesellschaftsbild zu Grunde, das die Gesellschaft anhand ethnisch-kultureller Kollektividentitäten einteilt und dem somit ein desintegrativer Charakter innewohnt. Der Weg zu einem völkischen Weltbild ist nicht weit. Progressive Tendenzen und Ausdrücke liberaler Gesellschaftsvorstellungen lassen sich in diesem Ansatz kaum erkennen. Mit diesem Verständnis des Minderheitenschutzes gehen automatisch auch Forderungen nach permanenten staatlichen Fördermaßnahmen einher, da nach Meinung von Vertretern dieses Ansatzes nur so erreicht werden könne, dass sich die Minderheit gegen den Assimilationsdruck der Mehrheitsbevölkerung behauptet. Da es vorwiegend Vertreter sogenannter autochthoner beziehungsweise alteingesessener Minderheiten sind, die ein solches Minderheitenschutzverständnis propagieren, wird von ihnen auch eine Öffnung des Minderheitenschutzes auf sogenannte „neue Minderheiten“ abgelehnt. Sie befürchten, dass ihrem Hauptanliegen, das heißt der Bewahrung ihrer kollektiven Identität, in diesem Fall nicht mehr ausreichend Rechnung getragen werden könnte, da bei „neue Minderheiten“ auch Fragen gesellschaftlicher Teilhabe von Bedeutung sind.

Nach einem anderen Verständnis steht dagegen das Individuum im Fokus des Minderheitenschutzes sowie dessen Möglichkeit, sich trotz des Assimilationsdrucks der Mehrheitsbevölkerung in sprachlicher, kultureller oder religiöser Weise als Angehöriger einer Minderheit zu entfalten. Grundlage hierfür ist die Auffassung, dass der einzelne selbst bestimmen kann, ob er Angehöriger einer Minderheit ist oder nicht. Auch ein solcher Ansatz hat zumindest mittelbar kollektivschützenden Charakter; im Mittelpunkt stehen hier aber das Individuum und seine Persönlichkeitsentfaltung. Nur so lässt sich der Minderheitenschutz auch als Teil des Menschenrechtsschutzes begreifen und zeigt sich vereinbar mit einer pluralistischen, liberalen und demokratischen Gesellschaftsstruktur. Dabei wird als notwendiger Bestandteil des Minderheitenschutzes auch ein Recht auf effektive Teilhabe am kulturellen, sozialen und wirtschaftlichen Leben angesehen. Dies fußt auf der Einschätzung, dass das Zusammenleben von Minderheit und Mehrheit nur dann stabil und friedlich sein kann, wenn die Angehörigen der Minderheit ein ausreichendes Maß an Zugehörigkeit zu dem Staat, in dem sie leben, empfinden.

Zu Gunsten der Vereinbarkeit des Minderheitenschutzes mit modernen Gesellschaftsentwicklungen wird vom Beratenden Ausschuss für das Rahmenübereinkommen ein sogenannter *article-by-article*-Ansatz vorgeschlagen, wonach artikelweise in Bezug auf eine konkrete Minderheit abzuwägen sei, inwieweit die jeweilige Minderheitenschutzbestimmung auf diese angewendet werden kann. Dies ermöglicht eine einzelfallbezogene Betrachtung der Situation sowie konkret auf die Minderheitensituation zugeschnittene Lösungen statt eines pauschalen Ausschlusses bestimmter Gruppen. Der umfangreiche Diskurs um grundlegende Fragen wie Schutzzweck und Schutzobjekt zeigt aber deutlich, dass es der internationalen Gemeinschaft bisher noch nicht vollends gelungen ist, ein stringentes Minderheitenschutzkonzept zu entwickeln.

Nachdem sich Staaten und internationale Organisationen lange Zeit zurückhaltend zeigten, besteht heute weitgehend Konsens, dass auch Sinti und Roma eine ethnische Minderheit darstellen. Die besagte Zurückhaltung liegt auch darin begründet, dass die Sinti und Roma keinen Titularstaat als Unterstützer haben und sie mehr als Fremde und Immigranten statt als Europäer wahrgenommen wurden. Insgesamt ist die Befassung internationaler Organisationen mit der Situation der Sinti und Roma seit Beginn der 1990er Jahren rapide gestiegen und bietet mittlerweile eine schier unüberblickbare Fülle an Berichten, Entschließungen und Aktionsplänen. Dabei lässt sich auch eine deutliche inhaltliche Entwicklung ausmachen. Während die internationalen Organisationen zunächst häufig selbst antiziganistische Stereotype in ihren Arbeiten reproduzierten und die Sinti und Roma vorwiegend in ihrer angeblichen Eigenschaft als nomadisches Volk betrachteten, ist ihr Blick heute deutlich differenzierter. Meist gelingt es den Akteuren auch, den Zusammenhang zwischen der sozio-ökonomischen Situation der Sinti und Roma und dem weit verbreiteten Antiziganismus herzustellen. Bei einer Gesamtbetrachtung fällt allerdings auf, dass Forderungen nach Maßnahmen im Bereich des Minderheitenschutzes im engeren Sinne, das heißt Forderungen nach Kulturerhalt die Ausnahme darstellen. Selbst im Rahmen von dezidierten Minderheitenschutzsystemen wie dem Rahmenübereinkommen spielen Forderungen nach kultureller Autonomie oder kollektiver Identitätsbewahrung eher eine untergeordnete Rolle; vielmehr überwiegen auch hier deutlich die Forderungen nach politischen Maßnahmen zur Verbesserung der sozio-ökonomischen Situation und nach einer entschiedenen Bekämpfung von Antiziganismus und Diskriminierung. Hier zeigt sich somit ein gewisser Widerspruch: Zum einen findet der Status der Sinti und Roma als völkerrechtliche Minderheit übermäßig Betonung; geht es aber um konkrete Verbesserungen, finden sich die entsprechenden Forderungen rechtlich überwiegend im Bereich des klassischen Menschenrechtsschutzes.

Durch eine Gegenüberstellung der Situation der Sinti und Roma und der Zielsetzung des Minderheitenschutzes kann dieser Widerspruch genauer beleuchtet werden. Bereits die Subsumtion der Sinti und Roma unter die Definition des Minderheitenbegriffs offenbart, dass sich die Sinti und Roma nicht so einfach, wie es die ständige Erwähnung ihrer Minderheiteneigenschaft vermuten lässt, in das Konzept des Minderheitenschutzes einbetten lassen. Betrachtet man die Staatsangehörigkeit oder eine lange gewachsene Anwesenheit im Staat (Stabilität) als konstitutives Kriterium für den Minderheitenstatus, führt dies zu einer Spaltung der sonst als europäische Einheit verstandenen Sinti und Roma, da nur diejenigen dann zur Minderheit in einem Staat gerechnet werden können, die Staatsangehörige sind, beziehungsweise seit langer Zeit im Staat leben. Abhilfe könnte hier ein Gedanke des UN-Menschenrechtsausschusses schaffen, der sich in seinem *General Comment No. 23* auf den Standpunkt stellte, dass ein Staat einem Migranten, der einer in dem Staat bereits anerkannten Minderheit angehört, den Status als Angehöriger dieser Minderheit nicht absprechen könne.

Allerdings hakt die Subsumtion an anderer Stelle. Ethnische, religiöse oder sprachliche Gemeinsamkeiten, die wohl das Kernelement der

Minderheitendefinition darstellen, dürften bei den Sinti und Roma nur schwer zu finden sein. Die Sinti und Roma sind keine homogene Gruppe, die europaweit eine einheitliche kulturelle Identität besitzt, sondern ein Zusammenschluss von Untergruppen, die in kulturellen Aspekten stark variieren. Zwar existiert mit dem Romanes eine Art Sinti- und Roma-Sprache, doch wird diese nicht von allen Sinti und Roma genutzt und die einzelnen Dialekte variieren stark voneinander. Gemein sind ihnen die Urherkunft aus Indien, die aber Jahrhunderte zurückliegt und heute wohl wenig identitätsstiftend sein dürfte, sowie das Betroffensein von antiziganistischer Diskriminierung und Ausgrenzung. Eine einheitliche Sinti- und Roma-Identität lässt sich nur durch die Heranziehung gängiger antiziganistischer Stereotype konstruieren, etwa durch das Abstellen auf eine vermeintliche nomadische Lebensweise. Gerade im Rechtsbereich sollte aber tunlichst darauf verzichtet werden, sich solcher Stereotype zu bedienen. Auch auf subjektiver Ebene, auf der ein Gefühl der Zusammengehörigkeit verlangt wird, fällt es schwer, ein solches im Falle der europäischen Sinti und Roma zu bejahen. Zwar setzen sich Interessenverbände wie der Zentralrat Deutscher Sinti und Roma mittlerweile auch für die Anliegen (süd-)osteuropäischer Roma ein, allerdings kann man alle bisherigen Versuche, eine grenzüberschreitende Sinti- und Roma-Bewegung zu schaffen, als gescheitert bezeichnen. Ein Identitätsgefühl besteht stattdessen wohl eher auf der Ebene der einzelnen Untergruppen wie der deutschen Sinti, die tatsächlich eine gewisse distinkte kulturelle Identität vorweisen können und auch ein Interesse daran äußern, das gemeinsame kulturelle Erbe zu bewahren.

Betrachtet man außerdem die Zielsetzung des Minderheitenschutzes, zeigt sich, dass er im Kern auf die Adressierung der drängendsten Probleme der Sinti und Roma in gesamteuropäischer Perspektive nicht zugeschnitten ist. Beim Minderheitenschutz geht es um die Gewährleistung, dass die Minderheitenangehörigen trotz Assimilationsdruck der Mehrheitsbevölkerung ihre kulturelle Identität ausleben können. Auch wenn viele Sinti- und Roma-Untergruppen ein Interesse an Kulturerhalt haben, so gelten doch für das Gros der Sinti und Roma in Europa wohl andere Prioritäten. Der Blick auf die europaweite Situation der Sinti und Roma offenbart, dass ihre Lage auf Grund des sie betreffenden Antiziganismus nicht vergleichbar ist mit der Lage anderer Minderheiten, wie etwa der deutschen Minderheit in Polen. Für die meisten nationalen Minderheiten in Europa ist nicht rassistische Diskriminierung, sondern der Assimilationsdruck der Mehrheitsbevölkerung die größte empfundene Herausforderung. Bei den Sinti und Roma sind es aber der Antiziganismus und die damit einhergehende Diskriminierung, die das Grundproblem darstellen, für das auch auf rechtlicher Ebene Lösungen gefunden werden müssen. Eine übermäßige Betonung der

Bedeutung des Minderheitenschutzes für die Sinti und Roma verklärt diese konkrete Problemstellung.

Vielmehr besteht sogar die Gefahr, dass sich ein starker Minderheitenschutz kontraproduktiv auf eine angestrebte Verbesserung der Situation der Sinti und Roma auswirkt. Grundidee des Minderheitenschutzes ist es, die Andersartigkeit der Minderheit und ihrer Angehörigen hervorzuheben, die sie in ethnischer, sprachlicher oder religiöser Weise von der Mehrheitsbevölkerung unterscheidet. Bei den Sinti und Roma ist es aber gerade eine ständige Betonung ihrer vermeintlichen Andersartigkeit, die eine gesellschaftliche Integration und Gleichbehandlung verhindert und Diskriminierung forciert. Sinti und Roma benötigen nicht etwa eigene Schulen, um das Romanes vor dem Aussterben zu bewahren. In vielen Staaten wie Rumänien oder Tschechien existiert *de facto* bereits ein separates Schulsystem für Sinti und Roma, weil diese in den regulären Schulen und Klassen schlichtweg nicht erwünscht sind. Es bedarf hier auch auf rechtlicher Ebene Maßnahmen, wie etwa einen stringenten Diskriminierungsschutz, die auf eine gesellschaftliche Integration hinwirken. Durch die Betonung von Unterschieden kann dies nicht erreicht werden. Zudem birgt der Minderheitenschutz auch die Gefahr – gerade wenn an ihn gewisse Autonomiezugeständnisse gekoppelt sind –, dass sich die Staaten weniger in der Verantwortung sehen, sich im Kampf gegen Antiziganismus und für eine Verbesserung der sozio-ökonomischen Situation der Sinti und Roma zu engagieren.

Dass die Sinti und Roma – und zwar als vermeintlich homogene Minderheit – mit als Hauptadressaten des völkerrechtlichen Minderheitenschutzes geführt werden, ist irreführend und verkennt somit ihre aktuelle Interessenlage. Da auf juristischer Ebene vor allem die Stärkung von Menschenrechten und ein konsequenter Diskriminierungsschutz vonnöten sind, um die Situation der Sinti und Roma zu verbessern, muss der Fokus der Debatte auf den Menschenrechtsschutz und nicht den Minderheitenschutz gelegt werden. Zwar gilt der Minderheitenschutz als Teil des Menschenrechtsschutzes und zudem beinhalten auch Minderheitenschutzinstrumente stets ein Diskriminierungsverbot. Im Rahmen des Minderheitenschutzes ist der Schutz vor Diskriminierung aber nur notwendige Zwischenetappe auf der Erreichung des Hauptziels, nämlich der Bewahrung der Minderheitenidentität beziehungsweise der Ermöglichung der Persönlichkeitsentfaltung des einzelnen Minderheitenangehörigen. Minderheitenschutzinstrumente bilden daher keine adäquate Basis dafür, die weit verbreitete und institutionalisierte Diskriminierung von Sinti und Roma zu überwinden.

Zwangsläufig muss dann der rechtliche Blick auf die EMRK geworfen werden, die als wohl erfolgreichstes Menschenrechtsschutzsystem auf völkerrechtlicher Ebene bezeichnet werden kann und deren Gewährleistungen vor dem EGMR einklagbar sind. Auf die EMRK wird nur selten abgestellt, wenn es um eine Einschätzung der Verdienste internationaler Organisationen um eine Verbesserung der Situation der Sinti und Roma geht, obwohl die EMRK grundsätzlich genau das bietet, was im Falle der Sinti und Roma auf rechtlicher Ebene von Bedeutung ist, nämlich Menschenrechtsgarantien und Diskriminierungsverbote. Selbstverständlich ist auch die EMRK kein Allheilmittel für die Situation der Sinti und Roma – schon allein deshalb, weil die Urteile des EGMR nur eine *inter partes*-Wirkung entfalten. Zudem sind die Zugangshürden gerade für Sinti und Roma in einer sozial benachteiligten Situation besonders hoch. Letztlich wird nur ein Bruchteil der eingelegten Individualbeschwerden prominent vor der Kammer oder der Großen Kammer verhandelt. Grundsätzlich kommt der Rechtsprechung des EGMR jedoch eine starke Wirkung zu: Die Urteile des EGMR basieren auf *hard law*; in ihrer Rechtswirkung sind sie verbindlich. Indem der Gerichtshof seine Rechtsprechung durch eine Vielzahl von Urteilen festigt, trägt er außerdem zum *standard setting* im Bereich des Menschenrechtsschutzes bei.

Mit einer Anzahl von weit über 50 Urteilen haben allein Kammer und Große Kammer bereits über eine beeindruckende Fülle von Fällen entschieden, in denen Sinti und Roma die Beschwerdeführer waren. Mit entschiedener Hartnäckigkeit haben sich Sinti und Roma über die vergangenen Jahre hinweg an den EGMR gewandt und Menschenrechtsverletzungen angeprangert, womit sie die Problematik einer breiten Öffentlichkeit sichtbar gemacht haben. Die Urteile haben die Rechtsprechung des EGMR in verschiedenen Bereichen sogar ganz grundsätzlich geprägt, we etwa bei der Frage, ob Art. 14 ein Verbot indirekter Diskriminierung beinhaltet. Die genaue Analyse der Rechtsprechung zeigt, dass mit den Gewährleistungen der EMRK viele der drängendsten Probleme der Sinti und Roma grundsätzlich adressiert werden können. Echte Lösungen für die Betroffenen bietet die EMRK allerdings nur dann, wenn die Chancen einer Verurteilung nicht etwa durch eine entsprechende Beweislastverteilung minimiert sind. Dies erfordert selbstverständlich auch den Willen des Gerichtshofs, sich für innovative Ansätze in diesem Bereich offen zu zeigen. Dass sich der EGMR immer stärker für die spezielle Situation der Sinti und Roma sensibilisiert zeigt, verdeutlicht der Umstand, dass er mittlerweile vermehrt Berichte und Einschätzungen internationaler Organisationen oder Nichtregierungsorganisationen in seine Urteile miteinbezieht.

Ein ernst zu nehmendes Problem ist zum einen die zum Teil tödliche Polizeigewalt gegen Sinti und Roma, die in einer beängstigend hohen Zahl von Fällen vor dem EGMR bereits verhandelt wurde. Im Rahmen von Art. 2 (Recht auf Leben) und Art. 3 (Folterverbot) hat der EGMR hier trotz der regelmäßig auftretenden Beweisschwierigkeiten und dem Umstand, dass es sich beim EGMR nicht um eine Tatsacheninstanz handelt, praktikable Lösungen gefunden. Indem er etwa die Beweislast in den Fällen, in denen eine Person während eines Polizeigewahrsams ums Leben kommt oder mit Verletzungen aus ihm entlassen wird, dahingehend auf den Staat überträgt, dass dieser eine plausible Erklärung für den Todesfall oder die Verletzungen vorbringen muss, schafft der EGMR eine reale Chance, dass solche Beschwerden auch zu einer Verurteilung führen. Zusätzlich gleicht der EGMR die Beweisschwierigkeiten in derartigen Fällen durch eine prozessuale Betrachtung aus. Aus Art. 2 und Art. 3 in Verbindung mit Art. 1 erwächst den Staaten auch die positive Verpflichtung, eine effektive offizielle Untersuchung durchzuführen, wenn eine Person durch die Anwendung von Gewalt verstorben ist oder verletzt wurde. Wird die Untersuchung lückenhaft oder gar parteiisch geführt, liegt somit ebenfalls eine Verletzung des Rechts auf Leben oder dem Folterverbot vor. Die Zahl der Fälle, in denen es in derartigen Konstellationen zu einer Verurteilung kam, spricht für sich.

Wie zu erwarten ist, kommt die größte Bedeutung in der Sinti- und Roma-Rechtsprechung des EGMR dem Diskriminierungsverbot aus Art. 14 zu. Leider zeigt sich der EGMR insgesamt zurückhaltend, wenn es um die Feststellung rassistischer Diskriminierung geht – auch in den Fällen, in denen Sinti und Roma Beschwerdeführer sind. Dies betrifft etwa die eben angesprochenen Polizeigewaltfälle, in denen von den Beschwerdeführern meist auch ein diskriminierendes Verhalten der beteiligten Polizeibeamten gerügt wurde. Auch hier besteht ein grundsätzliches Problem mit der Beweislast. Den Beschwerdeführern dürfte es am Maßstab der etablierten Beweisregel *beyond reasonable doubt* nur schwer gelingen, die rassistische Motivation der Beamten nachzuweisen. Anders als in den Prüfungen von Art. 2 und 3 zeigte sich der EGMR hier einer Beweislastumkehr bisher weniger offen gegenüber. Begründet wird dies damit, dass es für den jeweiligen Staat schwer sein dürfte, das Fehlen einer rassistischen Motivation nachzuweisen. Hier verharrt der EGMR also meist in seinem üblichen Beweislastschema, was die Zahl der Verurteilungen wegen einer Verletzung des Diskriminierungsverbotes auf Grund der hohen Hürden für die Beschwerdeführer deutlich minimiert. Kompensiert wird dies jedoch auch hier wieder durch eine prozessuale Betrachtung. Art. 14 ist auch dann verletzt, wenn ein begründeter Verdacht besteht, dass eine (tödliche) Gewalttat rassistisch motiviert war und die Ermittlungen nicht mit entsprechender Sorgfalt und bestmöglichem Bemühen um die Aufklärung des rassistischen Hintergrunds geführt wurden.

In einem ganz anderen Licht erscheinen dagegen die Fälle, in denen es um Segregation von Roma im Unterrichtswesen ging – allen voran der Fall *D.H. u.a./ .Tschechische Republik*, in dem der EGMR auch ein grundsätzliches Leiturteil für die Rechtsprechung zu Art. 14 in Bezug auf indirekte Diskriminierung fällte.

Hier zeigte sich der Gerichtshof sehr offen für eine innovative Beweislastverteilung. So ließ er die Vorlage einer seriösen Statistik, aus der sich eine deutliche Überrepräsentation von Roma-Schülern in den Förderschulen der betreffenden Region ergab, durch die Beschwerdeführer ausreichen, um die Vermutung zu begründen, dass die staatliche Einschulungspolitik diskriminierend gewesen war. Durch das Vorbringen objektiver Gründe für die Ungleichbehandlung kann der beklagte Staat diese Vermutung widerlegen, was Tschechien im konkreten Fall nicht gelang. Trotz berechtigter Kritik an dieser Rechtsprechungslinie ist es dem EGMR hier gelungen, die Individualbeschwerde zu einem effektiven Rechtsbehelf für die Betroffenen von schulischer Segregation zu machen.

Dass der Minderheitenschutz nicht die oberste Priorität unter den Anliegen der Sinti und Roma hat, spiegelt sich letztlich auch in der Rechtsprechung des EGMR wider. Nur in wenigen Urteilen kamen Aspekte des Minderheitenschutzes im engeren Sinne überhaupt zur Sprache. Die wohl bekanntesten Urteile in diesem Bereich bezogen sich auf die Beschwerden britischer Staatsbürger, die Abstellverbote für Wohnwägen, in denen sie leben wollten, monierten. Die wenigen Urteile, in denen Aspekte von Kulturerhalt eine Rolle spielten, zeigen jedoch, dass die EMRK auch wenn sie kein dezidiertes Instrument des Minderheitenschutzes ist, hier durchaus Lösungen bieten kann.

Für die Situation der Sinti und Roma stellt die EMRK auf völkerrechtlicher Ebene ein wichtiges Instrument dar, das diesbezüglich bisher nicht ausreichend Beachtung gefunden hat im Diskurs um das Bemühen internationaler Organisationen um die Sinti und Roma. Die Bilanz fällt trotzdem nüchtern aus. Trotz der Existenz eines so starken Menschenrechtsschutzsystems wie der EMRK und dem großen Engagement der verschiedenen internationalen Organisationen und Nichtregierungsorganisationen insgesamt ist eine merkbare Verbesserung der Situation der Sinti und Roma bislang ausgeblieben. Selbst die Verurteilungen von Misshandlungen durch die Polizei oder der Segregation im Unterrichtswesen durch den EGMR haben bislang wenig am strukturellen Antiziganismus staatlicher Stellen oder der Benachteiligung im Bildungswesen verändert. Im Bereich der EMRK zeigt dies ein Grundproblem auf, nämlich dass sich viele Staaten unbeeindruckt von den Urteilen der höchsten Richter Europas zeigen und der Europarat hiergegen nur wenig ausrichten kann. Internationale Organisationen allein können hier keine zentralen Veränderungen bewirken. Sie sind auf die Mitarbeit der Staaten angewiesen. Diese müssen sich offensiver für die Rechte der Sinti und Roma einsetzen. Auf EMRK-Ebene bedeutet dies vor allem, die Urteile nicht zu ignorieren, sondern sie umzusetzen.

Literaturverzeichnis

Acton, Thomas/Caffrey, Susan/Mundy, Gary, Theorizing Gypsy Law, in: The American Journal of Comparative Law 2 (1997), S 237–249.

Adler, Bernd, Sinti klagen über wachsende Diskriminierung, auf: schwaebische.de vom 4.12.2011, verfügbar unter: http://www.schwaebische.de/region_artikel,-Sinti-klagen-ueber-wachsende-Diskriminierung-_arid,5172278_toid,535.html (zuletzt aufgerufen am 12.6.2018).

Agentur der Europäischen Union für Grundrechte, Erster Bericht der Reihe „Daten kurz gefasst": Die Roma. Erhebungen der Europäischen Union zu Minderheiten und Diskriminierung, Wien 2009, verfügbar unter: http://fra.europa.eu/de/publication/2012/erster-bericht-der-reihe-daten-kurz-gefasst-die-roma (zuletzt aufgerufen am 12.6.2018).

Dies./Entwicklungsprogramm der Vereinten Nationen, Die Situation der Roma in elf EU-Mitgliedstaaten: Umfrageergebnisse auf einen Blick, Luxemburg 2013, verfügbar unter: http://fra.europa.eu/sites/default/files/2099-fra-2012-roma-at-a-glance_de_0.pdf (zuletzt aufgerufen am 12.6.2018).

Alfredsson, Gudmundur, A Frame an Incomplete Painting: Comparison of the Framework Convention for the Protection of National Minorities with International Standards and Monitoring Procedures, in: International Journal on Minority and Group Rights 4 (2000), S. 291–304.

Ders./de Zayas, Alfred, Minority Rights: Protection by the United Nations, in: Human Rights Law Journal 1–2 (1993), S. 1–9.

Amnesty International, Injustice Renamed: Discrimination in Education of Roma Remains in the Czech Republic, London 2010, verfügbar unter: https://www.amnesty.org/en/documents/document/?indexNumber=EUR71%2F003%2F2009&language=en (zuletzt aufgerufen am 12.6.2018).

Dies., "We ask for justice": Europe's Failure to Protect Roma from Racist Violence, London 2014, verfügbar unter: http://www.amnesty.org/download/Documents/8000/eur010072014en.pdf (zuletzt aufgerufen am 12.6.2018).

Anderson, Benedict, Die Erfindung der Nation: Zur Karriere eines erfolgreichen Konzepts, Frankfurt am Main und New York 1988.

Arabadjieva, Kalina, Challenging the School Segregation of Roma Children in Central and Eastern Europe, in: The International Journal of Human Rights 1 (2016), S. 33–54.

Arnauld, Andreas von, Minderheitenschutz im Recht der Europäischen Union, in: Archiv des Völkerrechts 1 (2004), S. 111–141.

Ders., Völkerrecht, 3. Auflage, Heidelberg 2016.

Auer, Dirk, Zwischen den Fronten: Die Vertreibung der Roma aus dem Kosovo und die Verantwortung der Internationalen Gemeinschaft, in: Markus End/Kathrin Herold/Yvonne Robel (Hrsg.), Antiziganistische Zustände: Zur Kritik eines allgegenwärtigen Ressentiments, Münster 2009, S. 251–260.

Baer, Susanne, Chancen und Risiken Positiver Maßnahmen: Grundprobleme des Antidiskriminierungsrechts, in: Heinrich Böll Stiftung (Hrsg.), Positive Maßnahmen: Von Antidiskriminierung zu Diversity (Schriften zur Demokratie, Band 24), Berlin 2010, S. 23–39, auch verfügbar unter: https://www.boell.de/sites/default/files/Endf_Positive_Massnahmen.pdf (zuletzt aufgerufen am 12.6.2018).

Bartels, Alexandra, Antiziganismus benennen: Zur sprachlichen Diskriminierung durch das „Zigeuner"-Wort, in: dies./Tobias von Borcke/Markus End/Anna Friedrich (Hrsg.), Antiziganistische Zustände 2: Kritische Positionen gegen gewaltvolle Verhältnisse, Münster 2013, S. 20–38.

Barth, William K., Minority Rights: Multiculturalism and the Roma of Europe, in: Nordic Journal of International Law 4 (2007), S. 363–406.

Bastian, Till, Sinti und Roma im Dritten Reich: Geschichte einer Verfolgung, München 2001.

Benedek, Wolfgang, Durchsetzung von Rechten des Menschen und der Völker in Afrika auf regionaler und nationaler Ebene, in: Zeitschrift für ausländisches Öffentliches Recht und Völkerrecht 1994, S. 150–181.

Benoît-Rohmer, Florence, The Minority Question in Europe: Texts and Commentary, Straßburg 1996.

Bielefeldt, Heiner, Rechte kultureller Minderheiten als Freiheitsanspruch: Zur menschenrechtlichen Begründung des Minderheitenschutzes, in: ders./Jörg Lüer, Rechte nationaler Minderheiten: Ethische Begründung, rechtliche Verankerung und historische Erfahrung, Bielefeld 2004, S. 27–56.

Blumenwitz, Dieter, Internationale Schutzmechanismen zur Durchsetzung von Minderheiten- und Volksgruppenrechten (Forschungsergebnisse der Studiengruppe für Politik und Völkerrecht, Band 24), Köln 1997.

Ders., Minderheiten- und Volksgruppenrecht: Aktuelle Entwicklung (Forschungsergebnisse der Studiengruppe für Politik und Völkerrecht, Band 15), Bonn 1992.

Ders., Volksgruppen und Minderheiten: Politische Vertretung und Kulturautonomie, Berlin 1995.

Bluntschli, Johann Kaspar, Lehre vom modernen Staat: Allgemeine Staatslehre, Band 1, 6. Auflage, Stuttgart 1886, Neudruck Aalen 1965.

Bock, Gisela, Zwangssterilisation im Nationalsozialismus: Studien zur Rassenpolitik und Frauenpolitik (Schriften des Zentralinstituts für sozialwissenschaftliche Forschung der Freien Universität Berlin, Band 48), Opladen 1986.

Bös, Mathias, Rasse und Ethnizität: Zur Problemgeschichte zweier Begriffe in der amerikanischen Soziologie, Wiesbaden 2005.

Bogaert, Sina van den, Roma Segregation in Education: Direct or Indirect Discrimination? An Analysis of the Parallels and Differences between Council Directive 2000/43/EC and Recent ECtHR Case Law on Roma Educational Matters, in: Zeitschrift für ausländisches öffentliches Recht und Völkerrecht 2011, S. 719–753.

Dies., State Duty Towards Minorities: Positive or Negative? How Policies Based on Neutrality and Non-Discrimination Fail, in: Zeitschrift für ausländisches öffentliches Recht und Völkerrecht 2004, S. 37–64.

Borcke, Tobias von, Feldforschung: Betrachtungen zur neuesten Tsiganologie aus Leipzig, in: Alexandra Bartels/Tobias von Borcke/Markus End/Anna Friedrich (Hrsg.), Antiziganistische Zustände 2: Kritische Positionen gegen gewaltvolle Verhältnisse, Münster 2013, S. 114–137.

Boysen, Sigrid/Hilpold, Peter/Langenfeld, Christine/Richter, Dagmar/Engbers, Jutta/Körfgen, Marco/Rein, Detlev/Rier, Klaus, Europäische Charta der Regional- oder Minderheitensprachen, Handkommentar, Zürich und St. Gallen 2011.

Brummer, Klaus, Der Europarat: Eine Einführung, Wiesbaden 2008.

Bundesgerichtshof/Zentralrat Deutscher Sinti und Roma, Doppeltes Unrecht – eine späte Entschuldigung: Gemeinsames Symposium des BGH und des Zentralrats Deutscher Sinti und Roma zu den Urteilen vom 7. Januar 1956, Karlsruhe/Heidelberg 2016.

Bundesministerium des Innern, Nationale Minderheiten, Minderheiten- und Regionalsprachen in Deutschland, 3. Auflage, Berlin 2015, verfügbar unter: https://www.bmi.bund.de/SharedDocs/downloads/DE/publikationen/themen/gesellschaft-integration/nationale-minderheiten/minderheiten-und-regionalsprachen-dritte-auflage.html (zuletzt aufgerufen am 12.6.2018).

Busch, Ines, Das Spektakel vom „Zigeuner“: Visuelle Repräsentation und Antiziganismus, in: Markus End/Kathrin Herold/Yvonne Robel (Hrsg.), Antiziganistische Zustände: Zur Kritik eines allgegenwärtigen Ressentiments, Münster 2009, S. 158–176.

Cahn, Claude, Die Rechte der Roma und die Antidiskriminierungsgesetzgebung, in: Peter Thelen (Hrsg.), Friedrich Ebert Stiftung, Roma in Europa: Vom Objekt der Ausgrenzung zum Subjekt politischen Handelns, Skopje 2005, S. 171–192.

Calliess, Christian/Ruffert, Matthias (Hrsg.), EUV/AEUV: Das Verfassungsrecht der Europäischen Union mit Europäischer Grundrechtecharta, Kommentar, 5. Auflage, München 2016.

Capotorti, Francesco, Are Minorities Entitled to Collective International Rights?, in: Yoram Dinstein/Mala Tabory (Hrsg.), The Protection of Minorities and Human Rights, Dordrecht 1992, S. 505–511.

Ders., Die Rechte der Angehörigen von Minderheiten: Kommt es zu einer Erklärung der Vereinten Nationen?, in: Vereinte Nationen 4 (1980), S. 113–118.

Ders., Study on the Rights of Persons belonging to Ethnic, Religious and Linguistic Minorities, New York 1991, gleichzeitig: UN Doc. E/CN.4/Sub.2/384/Rev.1, 1979.

Cole, Mark D., Das Selbstbestimmungsrecht indigener Völker: Eine Bestandsaufnahme am Beispiel der Native Americans in den USA (Schriften zum Völkerrecht, Band 188), Berlin 2009.

Cooper, Belinda, "We have no Martin Luther King": Eastern Europe's Roma Minority, in: World Policy Journal 4 (Winter 2001/2002), S. 69–78.

De Witte, Bruno, Politics versus law in the EU's approach to ethnic minorities, in: Jan Zielonka (Hrsg.), Europe Unbound: Enlarging and Reshaping the Boundaries of the European Union, London und New York 2002, S. 137–160.

Dinstein, Yoram, The Degree of Self-Rule of Minorities in Unitarian and Federal States, in: Catherine Brölmann/René Lefeber/Marjoleine Zieck (Hrsg.), Peoples and Minorities in International Law, Dordrecht u.a. 1993, S. 221–235.

Djurić, Rajko, Die Standardsprache der Rroma: Bedingung und Grundlage der nationalen und kulturellen Identität der Rroma, in: Peter Thelen (Hrsg.), Friedrich Ebert Stiftung, Roma in Europa. Vom Objekt der Ausgrenzung zum Subjekt politischen Handelns, Skopje 2005, S. 85–98.

Ders./Becken, Jörg/Bengsch, A. Bertold, Ohne Heim – Ohne Grab: Die Geschichte der Roma und Sinti, Berlin 1996.

Döring, Hans-Joachim, Die Zigeuner im NS-Staat (Kriminologische Schriftenreihe aus der Deutschen Kriminologischen Gesellschaft, Band 12), Hamburg 1964.

Dörr, Dieter, Die indigenen Völker Nordamerikas und das Selbstbestimmungsrecht, in: Martin Hochhuth (Hrsg.), Nachdenken über Staat und Recht: Kolloquium zum 60. Geburtstag von Dietrich Murswiek (Wissenschaftliche Abhandlungen und Reden zur Philosophie, Politik und Geistesgeschichte, Band 59), Berlin 2010, S. 211–247.

Donnelly, Jack, Third Generation Rights, in: Catherine Brölmann/René Lefeber/Marjoleine Zieck (Hrsg.), Peoples and Minorities in International Law, Dodrecht u.a. 1993, S. 119–150.

Dunbar, Robert, The Council of Europe's European Charter for Regional or Minority Languages, in: Kristin Henrard/Robert Dunbar (Hrsg.), Synergies in Minority Protection: European and International Law Perspectives, Cambridge 2008, S. 155–186.

Dupuy, Pierre-Marie, Equality under the 1966 Covenants and in the 1948 Declaration, in: Rüdiger Wolfrum (Hrsg.), Gleichheit und Nichtdiskriminierung im nationalen und internationalen Menschenrechtsschutz (Beiträge zum ausländischen öffentlichen Recht und Völkerrecht, Band 165), Berlin u.a. 2003, S. 149–160.

Eichberg, Henning, Minderheit und Mehrheit (Einführung in die Geschichte, Band 2), Berlin 2011.

Eide, Asbjørn, Group Accomodation: National Policies and International Requirements, in: Franz Matscher (Hrsg.), Wiener Internationale Begegnung zu aktuellen Fragen nationaler Minderheiten (Schriften des österreichischen Instituts für Menschenrechte, Band 7), Kehl u.a. 1997, S. 103–129.

Ders., The Council of Europe's Framework Convention for the Protection of National Minorities, in: Kristin Henrard/Robert Dunbar (Hrsg.), Synergies in Minority Protection: European and International Law Perspectives, Cambridge 2008, S. 119–154.

End, Markus, Antiziganismus: Zur Verteidigung eines wissenschaftlichen Begriffs in kritischer Absicht, in: Alexandra Bartels/Tobias von Borcke/Markus End/Anna Friedrich (Hrsg.), Antiziganistische Zustände 2: Kritische Positionen gegen gewaltvolle Verhältnisse, Münster 2013, S. 39–72.

Ders., Bilder und Sinnstruktur des Antiziganismus, in: Bundeszentrale für Politische Bildung (Hrsg.), Aus Politik und Zeitgeschichte 22–23 (2011), Sinti und Roma, S. 15–21, auch verfügbar unter: http://www.bpb.de/shop/zeitschriften/apuz/33269/sinti-und-roma (zuletzt aufgerufen am 12.6.2018).

Ders., Gutachten Antiziganismus: Zum Stand der Forschung und der Gegenstrategien (hrsg. von Daniel Strauß, RomnoKher Mannheim), Marburg 2013, auch verfügbar unter: https://mediendienst-integration.de/fileadmin/Dateien/Gutachten_Antiziganismus_2013.pdf (zuletzt aufgerufen am 12.6.2018).

Erler, Georg H. J., Das Recht der nationalen Minderheiten (Deutschtum und Ausland. Studien zum Auslanddeutschtum und zur Auslandkultur, Heft 37/39), Münster 1931.

Ermacora, Felix, Der Minderheitenschutz in der Arbeit der Vereinten Nationen, Wien und Stuttgart 1964.

Ders., Nationalitätenkonflikt und Volksgruppenrecht, Band II: Ansätze – Hindernisse für Konfliktverständnis und Konfliktlösung in den Vereinten Nationen und im Europarat, München 1978.

Ders., Volksgruppenrecht und Minderheitenschutz im regionalen Rahmen, in: Fritz Wittmann/Stefan Graf Bethlen (Hrsg.), Volksgruppenrecht: Ein Beitrag zur Friedenssicherung (Berichte und Studien der Hanns-Seidel-Stiftung e.V., Band 15), München und Wien 1980, S. 115–125.

Entwicklungsprogramm der Vereinten Nationen, The Roma in Central and Eastern Europe: Avoiding the Dependency Trap, Human Rights Development Report, 2003, verfügbar unter: http://hdr.undp.org/sites/default/files/avoiding_the_dependency_trap_en.pdf (zuletzt aufgerufen am 12.6.2018).

Europäische Kommission, International Perspectives on Positive Action Measures: A Comparative Analysis in the European Union, Canada, the United States and South Africa, 2009, verfügbar unter: http://ec.europa.eu/social/main.jsp?catId=738&langId=en&pubId=180&furtherPubs=yes (zuletzt aufgerufen am 12.6.2018).

Europarat, The Framework Convention, Thematic Commentary No. 1: Education under the Framework Convention for the Protection of National Minorities, Straßburg 2006, verfügbar unter: https://rm.coe.int/CoERMPublicCommonSearchServices/DisplayDCTMContent?documentId=09000016800bb694 (zuletzt aufgerufen am 12.6.2018).

Ders., The Framework Convention, Thematic Commentary No. 2: The effective participation of persons belonging to national minorities in cultural, social and economic life and in public affairs, Straßburg 2008, verfügbar unter: https://rm.coe.int/CoERMPublicCommonSearchServices/DisplayDCTMContent?documentId=09000016800bc7e8 (zuletzt aufgerufen am 12.6.2018).

Ders., The Framework Convention, Thematic Commentary No. 3: The language rights of persons belonging to national minorities under the Framework Convention, Straßburg 2012, verfügbar unter: https://rm.coe.int/CoERMPublicCommonSearchServices/DisplayDCTMContent?documentId=09000016800c108d (zuletzt aufgerufen am 12.6.2018).

Ders., The Framework Convention, Thematic Commentary No. 4: The scope of application of the FCNM, Straßburg 2016, verfügbar unter: https://rm.coe.int/16806a8fe8 (zuletzt aufgerufen am 12.6.2018).

Farget, Doris, Defining Roma Identity in the European Court of Human Rights, in: International Journal on Minority and Group Rights 19 (2012), S. 291–316.

Fichte, Johann Gottlieb, Fichtes Reden an die deutsche Nation, Leipzig 1903, Neudruck Hamburg 2013.

Fings, Karola, „Rasse: Zigeuner": Sinti und Roma im Fadenkreuz von Kriminologie und Rassenhygiene 1933–1945, in: Herbert Uerlings/Patrut, Iulia-Katrin (Hrsg.), „Zigeuner" und Nation: Repräsentation - Inklusion - Exklusion, Frankfurt am Main 2008, S. 273–309.

Fink, Udo, Der friedliche Wandel als Auftrag und Verpflichtung zur Verwirklichung des Selbstbestimmungsrechts der Völker, in: Kulturstiftung der Deutschen Vertriebenen (Hrsg.), Deutschland und seine Nachbarn, Forum für Kultur und Politik, Heft 23, Bonn 1999.

Fischer, Klemens H., Der Vertrag von Lissabon: Text und Kommentar zum Europäischen Reformvertrag, 2. Auflage, Baden-Baden 2010.

Flachbarth, Ernst, System des internationalen Minderheitenrechtes: Geschichte des internationalen Minderheitenschutzes - Positives materielles Minderheitenrecht, Budapest 1937.

Fraser, Angus, The Gypsies, Oxford 1992.

Frowein, Jochen Abr./Bank, Roland, The Effect of Member States' Declarations Defining "National Minorities" upon Signature or Ratification of the Council of Europe's Framework Convention, in: Zeitschrift für ausländisches öffentliches Recht und Völkerrecht 1999, S. 649–675.

Frowein, Jochen Abr./Hofmann, Rainer/Oeter, Stefan (Hrsg.), Das Minderheitenrecht europäischer Staaten, Teil 1 (Beiträge zum ausländischen öffentlichen Recht und Völkerrecht, Band 108), Berlin u.a. 1993.

Frowein, Jochen/Peukert, Wolfgang, Europäische Menschenrechtskonvention: EMRK-Kommentar, 3. Auflage, Kehl am Rhein 2009.

Gärtner, Reinhold, Ethnos oder Demos? Individuum oder Kollektiv? Zur Frage des Subjekts in der Minderheitenpolitik, in: Samuel Salzborn (Hrsg.), Minderheitenkonflikte in Europa: Fallbeispiele und Lösungsansätze, Innsbruck u.a. 2006, S. 19–31.

Geelhaar, Stephan/Marz, Ulrike/Prenzel, Thomas, „...und du wirst sehen, die Leute, die hier wohnen, werden aus den Fenstern schauen und Beifall klatschen." Rostock-Lichtenhagen als antiziganistisches Pogrom und konformistische Revolte, in: Alexandra Bartels/Tobias von Borcke/Markus End/Anna Friedrich (Hrsg.), Antiziganistische Zustände 2: Kritische Positionen gegen gewaltvolle Verhältnisse, Münster 2013, S. 140–161.

Gerdes, Dirk, Minderheitenschutz: Eine internationale Rechtsnorm auf der Suche nach ihrem Gegenstand, in: Vereinte Nationen 4 (1980), S. 126–131.

Gergely, Márton, Roma regelrecht hingerichtet, in: die Tageszeitung vom 25.2.2009, S. 11, auch verfügbar unter: http://www.taz.de/!5167275/ (zuletzt aufgerufen am 12.6.2018).

Giegerich, Thomas, Menschenrechtsschutz im Rahmen der OSZE, in: Detlef Merten/Hans-Jürgen Papier (Hrsg.), Handbuch der Grundrechte in Deutschland und Europa, Band VI/I: Europäische Grundrechte I, Heidelberg u.a. 2010, § 149.

Gilbert, Geoff, The Burgeoning Minority Rights Jurisprudence of the European Court of Human Rights, in: Human Rights Quarterly 3 (2002), S. 736–780.

Ders., The Council of Europe and Minority Rights, in: Human Rights Quarterly 1 (1996), S. 160–189.

Gilsenbach, Reimar, Weltchronik der Zigeuner, Teil I: Von den Anfängen bis 1599, 2. Auflage, Frankfurt am Main u.a. 1997.

Ders., Weltchronik der Zigeuner, Teil IV: Von 1930 bis 1960, Frankfurt am Main u.a., 1998.

Goldston, James A., Race Discrimination Litigation in Europe: Problems and Prospects, auf: errc.org vom 5.1.1999, verfügbar unter: http://www.errc.org/article/race-discrimination-litigation-in-europe-problems-and-prospects/1566 (zuletzt aufgerufen am 12.6.2018).

Ders., The Struggle for Roma Rights: Arguments that Have Worked, in: Human Rights Quarterly 2(2010), S. 311–325.

Goodwin, Morag, The Romani Claim to Non-Territorial Nation Status: Recognition from an International Legal Perspective, auf: errc.org vom 27.5.2004, verfügbar unter: http://www.errc.org/article/the-romani-claim-to-non-territorial-nation-status-recognition-from-an-international-legal-perspective/1849 (zuletzt aufgerufen am 12.6.2018).

Ders./Buijs, Roosmarijn, Making Good European Citizens of the Roma: A Closer Look at the EU Framework for National Roma Integration Strategies, in: German Law Journal 10 (2013), S. 2042–2056.

Gornig, Gilbert H., Sanktions- und Kontrollmechanismen für die Durchsetzung eines wirksamen Minderheitenschutzes als Garant für die Schaffung von Stabilität in Europa, in: Dieter Blumenwitz/Gilbert H. Gornig/Dietrich Murswiek (Hrsg.), Rechtsanspruch und Rechtswirklichkeit des europäischen Minderheitenschutzes (Staats- und völkerrechtliche Abhandlungen der Studiengruppe für Politik und Völkerrecht, Band 17), Köln 1998, S. 119–151.

Grabenwarter, Christoph, European Convention on Human Rights: Commentary, München 2014.

Ders./Pabel, Katharina, Europäische Menschenrechtskonvention, 6. Auflage, München 2016.

Grellmann, Heinrich Moritz Gottlieb, Die Zigeuner: Ein historischer Versuch über die Lebensart und Verfassung, Sitten und Schicksahle dieses Volks in Europa, nebst ihrem Ursprunge, Dessau und Leipzig 1783.

Gronemeyer, Reimer/Rakelmann, Georgia A., Die Zigeuner: Reisende in Europa, Köln 1988.

Guet, Michaël, MG-S-ROM – Council of Europe Group on Specialists on Roma, Gypsies and Travellers: 10 Years Experience Behind and New Challenges Ahead, auf: errc.org vom 6.11.2006, verfügbar unter: http://www.errc.org/article/mg-s-rom-%E2%80%93-council-of-europe-group-of-specialists-on-roma-gypsies-and-travellers-10-years-experience-behind-and-new-challenges-ahead/2652 (zuletzt aufgerufen am 12.6.2018).

Guglielmo, Rachel/Waters, Timothy William, Migrating Towards Minority Status: Shifting European Policy Towards Roma, in: Journal of Common Market Studies 4 (2005), S. 763–786.

Gut, Philipp/Kälin, Kari, Die Roma kommen: Raubzüge in die Schweiz. Familienbetriebe des Verbrechens, in: Die Weltwoche 14 (2012), S. 24–27.

Habermas, Jürgen, Anerkennungskämpfe im demokratischen Rechtsstaat, in: Charles Taylor, Multikulturalismus und die Politik der Anerkennung, Frankfurt am Main 2009, S. 123–155.

Haedrich, Martina, Integration durch völkerrechtlichen Minderheitenschutz?, in: Zeitschrift für Ausländerrecht und Ausländerpolitik 7 (2012), S. 225–231.

Härter, Karl, Kriminalisierung, Verfolgung und Überlebenspraxis der „Zigeuner" im frühneuzeitlichen Mitteleuropa, in: Yaron Matras/Hans Winterberg/Michael Zimmermann (Hrsg.), Sinti, Roma, Gypsies: Sprache – Geschichte – Gegenwart, Berlin 2003, S. 41–81.

Ders., Zigeuner, in: Adalbert Erler/Ekkehard Kaufmann/Dieter Werkmüller (Hrsg.), Handwörterbuch zur deutschen Rechtsgeschichte, Band 5, Berlin 1998, Sp. 1699–1707.

Hancock, Ian, A Glossary of Romani Terms, in: The American Journal of Comparative Law 2 (1997), S. 329–344.

Hansen, Georg, Ethnie, Ethnozentrismus, Ethnizität, in: Schmalz-Jacobsen, Cornelia/Hansen, Georg (Hrsg.), Ethnische Minderheiten in der Bundesrepublik Deutschland: Ein Lexikon, München 1995, S. 152–154.

Hartwig, Matthias, Der Gleichheitssatz und die Universalisierung der Menschenrechte, in: Wolfrum, Rüdiger (Hrsg.), Gleichheit und Nichtdiskriminierung im nationalen und internationalen Menschenrechtsschutz (Beiträge zum ausländischen öffentlichen Recht und Völkerrecht, Band 165), Berlin u.a. 2003, S. 273–287.

Haselhuber, Jakob, Institutionalisierung ohne Verrechtlichung: Der Hohe Kommissar für nationale Minderheiten der OSZE, in: Hans-Joachim Heintze (Hrsg.), Moderner Minderheitenschutz: Rechtliche oder politische Absicherung? (EINE Welt, Texte der Stiftung Entwicklung und Frieden, Band 8), Bonn 1998, S. 116–137.

Heckmann, Friedrich, Ethnische Minderheiten, Volk und Nation: Soziologie inter-ethnischer Beziehungen, Stuttgart 1992.

Hehemann, Rainer, Die „Bekämpfung des Zigeunerunwesens“ im Wilhelminischen Deutschland und in der Weimarer Republik, 1871–1933, Frankfurt am Main 1987.

Heintze, Hans-Joachim, Rechtliche oder politische Absicherung von Minderheitenrechten? Eine Einführung in die Thematik, in: ders. (Hrsg.), Moderner Minderheitenschutz: Rechtliche oder politische Absicherung? (EINE Welt, Texte der Stiftung Entwicklung und Frieden, Band 8), Bonn 1998, S. 14–54.

Ders., Selbstbestimmungsrecht und Minderheitenrechte im Völkerrecht: Herausforderungen an den globalen und regionalen Menschenrechtsschutz (Demokratie, Sicherheit, Frieden, Band 85), Baden-Baden 1994.

Heitmeyer, Wilhelm, Gruppenbezogene Menschenfeindlichkeit (GMF) in einem entsicherten Jahrzehnt, in: ders. (Hrsg.), Deutsche Zustände, Folge 10, Frankfurt am Main 2011, S. 15–41.

Helgesen, Jan, The Protection of Minorities in the Conference on Security and Co-operation in Europe (CSCE): A Note on the Helsinki Document 1992, in: John Packer/Kristian Myntti (Hrsg.), The Protection of Ethnic and Linguistic Minorities in Europe, Turku/Åbo 1993, S. 15–22.

Hemetek, Ursula, Zwischen Hass, Ausgrenzung und Romantisierung: Roma in Mittel- und Osteuropa, in: Der Donauraum: Zeitschrift des Institutes für den Donauraum und Mitteleuropa, 1–2 (2001), S. 18–25.

Hengst, Björn, „Kommt raus, Zigeuner, heute werdet ihr sterben!“, auf: spiegel.de vom 29.4.2011, verfügbar unter: http://www.spiegel.de/politik/ausland/rechtsextremisten-in-ungarn-kommt-raus-zigeuner-heute-werdet-ihr-sterben-a-759640.html (zuletzt aufgerufen am 12.6.2018).

Henrard, Kristin, Devising an Adequate System of Minority Protection: Individual Human Rights, Minority Rights and the Right to Self-Determination, Den Haag 2000.

Dies., The Council of Europe and the Rescue of Roma as a Paradigmatic Case of Failed Integration?, in: European Yearbook of Minority Issues 2011, S. 271–316.

Héraud, Guy, Minoritäten und ethnische Gruppen in der europäischen Geschichte bis 1939: Selbstbestimmungsrecht der Völker und Schutz der Minoritäten, in: Fritz Wittmann/Stefan Graf Bethlen (Hrsg.), Volksgruppenrecht: Ein Beitrag zur Friedenssicherung (Berichte und Studien der Hanns-Seidel-Stiftung e.V., Band 15), München und Wien 1980, S. 15–35.

Herder, Johann Gottfried, Ideen zur Philosophie der Geschichte der Menschheit, Riga und Leipzig 1784–1791, Neudruck Berlin 2017.

Herzl, Theodor, A Jewish State: An attempt at a modern solution of the Jewish question, New York 1946.

Hessisches Kultusministerium, Sinti und Roma in Deutschland und die Rolle des Antiziganismus: Handreichung für den fächerübergreifenden Unterricht, in Zusammenarbeit mit dem Verband Deutscher Sinti und Roma, Landesverband Hessen, Wiesbaden 2015.

Heun, Jessica, Minderheitenschutz der Roma in der Europäischen Union: Unter besonderer Berücksichtigung der Definition der Roma als nationale Minderheit sowie der Möglichkeit positiver Maßnahmen im Rahmen von Art. 19 AEUV (Menschenrechtszentrum der Universität Potsdam, Band 34), Berlin 2011.

Heyden, Kira/Ungern-Sternberg, Antje von, Ein Diskriminierungsverbot ist kein Fördergebot: Wider die neue Rechtsprechung des EGMR zu Art. 14 EMRK, in: Europäische Grundrechtezeitschrift 5–7 (2009), S. 81–89.

Hillgruber, Christian, Minderheitenschutz im Rahmen der Europäischen Menschenrechtskonvention: Stand und Entwicklung, in: Dieter Blumenwitz/Gilbert Gornig (Hrsg.), Minderheiten- und Volksgruppenrechte in Theorie und Praxis (Staats- und völkerrechtliche Abhandlungen der Studiengruppe für Politik und Völkerrecht, Band 12), Bonn 1993, S. 39–47.

Ders./Jestaedt, Matthias, Die Europäische Menschenrechtskonvention und der Schutz nationaler Minderheiten (Forschungsergebnisse der Studiengruppe für Politik und Völkerrecht, Band 17), Bonn 1993.

Hillion, Christophe, Enlargement of the European Union: The Discrepancy between Membership Obligations and Accession Conditions as Regards the Protection of Minorities, in: Fordham International Law Journal 2 (2003), S. 715–740.

Hilpold, Peter, Minderheiten im Unionsrecht, in: Archiv des Völkerrechts 4 (2001), S. 432–471.

Ders., Minderheitenschutz im Völkerbundsystem, in: Christoph Pan/Beate Sibylle Pfeil (Hrsg.), Zur Entstehung des modernen Minderheitenschutzes in Europa: Handbuch der europäischen Volksgruppen, Band 3, Wien und New York 2006, S. 156–189.

Ders., Neue Minderheiten im Völkerrecht und im Europarecht, in: Archiv des Völkerrechts 1 (2004), S. 80–110.

Höhn, Christiane, Zwischen Menschenrechten und Konfliktprävention: Der Minderheitenschutz im Rahmen der Organisation für Sicherheit und Zusammenarbeit in Europa (OSZE) (Beiträge zum ausländischen öffentlichen Recht und Völkerrecht, Band 176), Berlin und Heidelberg 2005.

Hölscher, Christoph, NS-Verfolgte im „antifaschistischen Staat“: Vereinnahmung und Ausgrenzung in der ostdeutschen Wiedergutmachung (1945–1989), Berlin 2002.

Hoffmeister, Frank, Grundlagen und Vorgaben für den Schutz der Minderheiten im EU-Primärrecht, in: Zeitschrift für ausländisches öffentliches Recht und Völkerrecht 2008, S. 175–193.

Hofmann, Rainer, Konkrete Umsetzung des Rahmenübereinkommens zum Schutz nationaler Minderheiten: Monitoringberichte des Beratenden Ausschusses, in: Zentralrat Deutscher Sinti und Roma (Hrsg.), Gleichberechtigte Teilhabe für Sinti und Roma in Deutschland: Rahmenstrategie der Europäischen Union für die Verbesserung der Lage von Roma in Europa (Dokumentation einer Veranstaltung im Gesprächskreis „Minderheiten“ beim Innenausschuss des Deutschen Bundestages am 26. Oktober 2011 in Berlin), Heidelberg 2012, S. 46–67.

Ders., Menschenrechte und der Schutz nationaler Minderheiten, in: Zeitschrift für ausländisches öffentliches Recht und Völkerrecht 2005, S. 578–613.

Ders., Minderheitenschutz in Europa: Entwicklung und aktueller Stand, in: Bundeszentrale für Politische Bildung (Hrsg.), Aus Politik und Zeitgeschichte 11–12 (2017), Fremd in der Heimat?, S. 9–15, auch verfügbar unter: http://www.bpb.de/shop/zeitschriften/apuz/243871/fremd-in-der-heimat (zuletzt aufgerufen am 12.6.2018).

Ders., Minderheitenschutz in Europa: Überblick über die völker- und staatsrechtliche Lage, in: Zeitschrift für ausländisches öffentliches Recht und Völkerrecht 1992, S. 1–69.

Ders., Minderheitenschutz in Europa: Völker- und staatsrechtliche Lage im Überblick (Forschungsergebnisse der Studiengruppe für Politik und Wissenschaft, Band 19), Berlin 1995.

Ders., Minority Rights: Individual or Group Rights? A Comparative View on European Legal Systems, in: German Yearbook of International Law 1997, S. 356–382.

Ders., Nationale Minderheiten und der Europäische Gerichtshof für Menschenrechte, in: Jürgen Bröhmer/Roland Bieber/Christian Calliess/Christine Langenfeld/Stefan Weber/Joachim Wolf (Hrsg.), Internationale Gemeinschaft und Menschenrechte: Festschrift für Georg Ress zum 70. Geburtstag am 21. Januar 2005, Köln 2005, S. 1011–1026.

Ders., The Framework Convention for the Protection of National Minorities, in: Bernd Rechel (Hrsg.), Minority Rights in Central and Eastern Europe, New York 2009, S. 46–60.

Ders., The Work of the Advisory Committee under the Framework Convention for the Protection of National Minorities, with Particular Emphasis on the Case of Germany, in: Martin Scheinin/Reetta Toivanen (Hrsg.), Rethinking Non-Discrimination and Minority Rights, Turku/Åbo und Berlin 2004, S. 51–96.

Ders./Angst, Doris/Lantschner, Emma/Rautz, Günther/Rein, Detlev (Hrsg.), Rahmenübereinkommen zum Schutz nationaler Minderheiten: Handkommentar, Baden-Baden 2015.

Horváth, Aladár, Gadjo Nation, Roma Nation, in: Roma Rights Quarterly 2–3 (2006), S. 53–58.

Hund, Wulf D., Romantischer Rassismus: Zur Funktion des Zigeunerstereotyps, in: ders. (Hrsg.), Zigeunerbilder: Schnittmuster rassistischer Ideologie, Duisburg 2000, S. 9–30.

Jäggi, Christian J., Nationalismus und ethnische Minderheiten, Zürich 1993.

Jakob, Christian, Der Hass auf die Roma, auf: taz.de vom 16.9.2009, verfügbar unter: http://www.taz.de/Die-neuen-Suendenboecke/!5156082/ (zuletzt aufgerufen am 12.6.2018).

Jansen, Michael M., Sinti and Roma: An Ethnic Minority in Germany, in: John Packer/Kristian Myntti (Hrsg.), The Protection of Ethnic and Linguistic Minorities in Europe, Turku/Åbo 1993, S. 167–208.

Jaroschek, Rainer, „Mein Volk, Roma & Sinti, wir brauchen die Solidarität", Interview mit Rajko Djurić, Präsident der Internationalen Romani-Union über das neue Nationalbewusstsein der Roma (Auszug), in: Der Donauraum: Zeitschrift des Institutes für den Donauraum und Mitteleuropa 1–2 (2001), S. 93–102.

Ders., „Wer viel weiß, leidet viel": „Zigeuner" und Schule – Ethnologische Anmerkungen zu einem Kulturkonflikt, in: Der Donauraum: Zeitschrift des Institutes für den Donauraum und Mitteleuropa 1–2 (2001), S. 46–59.

Johns, Michael, „Do as I Say, not as I Do": The European Union, Eastern Europe and Minority Rights, in: East European Politics and Societies 4 (2003), S. 682–699.

Junghann, Otto, Das Minderheitenschutzverfahren vor dem Völkerbund, Tübingen 1934.

Karpenstein, Ulrich/Mayer, Franz C., Konvention zum Schutz der Menschenrechte und Grundfreiheiten: Kommentar, 2. Auflage, München 2015.

Kenrick, Donald, Das Schicksal der Zigeuner im NS-Staat, in: ders./Grattan Puxon/Tilman Zülch, Die Zigeuner: Verkannt, verachtet, verfolgt (herausgegeben von der Niedersächsischen Landeszentrale für politische Bildung), Hannover 1980, S. 37–74.

Ders./Puxon, Grattan, Gypsies under the Swastika, Hatfield 2009.

Kimminich, Otto, Ansätze für ein europäisches Volksgruppenrecht, in: Archiv des Völkerrechts 1–2 (1990), S. 1–16.

Ders., Deutsche Verfassungsgeschichte, 2. Auflage, Baden-Baden 1987.

Ders., Die innerstaatliche Organisation eines völkerrechtlich gebotenen Schutzes ethnischer Gruppen, in: Kay Hailbronner/Georg Ress/Torsten Stein (Hrsg.), Staat und Völkerrechtsordnung: Festschrift für Karl Doehring, Berlin u.a. 1989.

Ders., Rechtsprobleme der polyethnischen Staatsorganisation, Mainz 1985.

Ders., Regelungen der Minderheiten- und Volksgruppenprobleme in der Vergangenheit, in: Fritz Wittmann/Stefan Graf Bethlen (Hrsg.), Volksgruppenrecht: Ein Beitrag zur Friedenssicherung (Berichte und Studien der Hanns-Seidel-Stiftung e.V., Band 15), München und Wien 1980, S. 37–52.

Klebes, Heinrich, Der Entwurf eines Minderheitenprotokolls zur EMRK, in: Europäische Grundrechtezeitschrift 5–6 (1993), S. 148–151.

Ders., Minderheitenschutz durch den Europarat: Richtungswechsel durch „Entrechtlichung" von Verträgen?, in: Heintze, Hans-Joachim (Hrsg.), Moderner Minderheitenschutz: Rechtliche oder politische Absicherung? (EINE Welt, Texte der Stiftung Entwicklung und Frieden, Band 8), Bonn 1998, S. 138–159.

Ders., Rechtsschutz von Minderheiten: Zu den Arbeiten des Europarats, in: Dieter Blumenwitz/Hans von Mangoldt (Hrsg.), Fortentwicklung des Minderheitenschutzes und der Volksgruppenrechte in Europa (Staats- und völkerrechtliche Abhandlungen der Studiengruppe für Politik und Völkerrecht, Band 11), Köln 1992, S. 47–60.

Klee, Ernst, „Euthanasie" im Dritten Reich: Die „Vernichtung lebensunwerten Lebens", Frankfurt am Main 2010.

Klein, Eckart, Der Status des deutschen Volkszugehörigen und die Minderheit im Ausland, in: Josef Isensee/Paul Kirchhof (Hrsg.), Handbuch des Staatsrechts der Bundesrepublik Deutschland, Band VIII: Die Einheit Deutschlands, Entwicklung und Grundlagen, Heidelberg 1995, § 200.

Ders., Konzeption und Durchsetzung des Minderheitenschutzes, in: Dieter Blumenwitz/Hans von Mangoldt (Hrsg.), Neubetätigung und Weiterentwicklung von Menschenrechten und Volksgruppenrechten in Mitteleuropa (Staats- und völkerrechtliche Abhandlungen der Studiengruppe für Politik und Völkerrecht, Band 10), Bielefeld 1991, S. 51–60.

Ders., Minderheitenschutz im Völkerrecht, in: Günter Baadte/Anton Rauscher (Hrsg.), Minderheiten, Migration und Menschenrechte, Graz u.a. 1995, S. 127–153.

Klose, Alexander/Merx, Andreas, Positive Maßnahmen zur Verhinderung oder zum Ausgleich bestehender Nachteile im Sinne des § 5 AGG (hrsg. von der Antidiskriminierungsstelle des Bundes), Berlin 2010, verfügbar unter: https://www.uni-hamburg.de/gleichstellung/download/expertise-positive-massnahmen.pdf (zuletzt aufgerufen am 12.6.2018).

Koob, Andreas, Antiziganistisches Terrain: Bürger_innen und Bürger_innenwehren im ungarischen Gyöngyöspata, in: Alexandra Bartels/Tobias von Borcke/Markus End/Anna Friedrich (Hrsg.), Antiziganistische Zustände 2: Kritische Positionen gegen gewaltvolle Verhältnisse, Münster 2013, S. 197–216.

Kovats, Martin, The European Roma Question, in: Royal Institute of International Affairs, Briefing Paper Nr. 31, 2002, verfügbar unter: http://www.romistika.eu/docs/Kovats_European-Roma-Question.pdf (zuletzt aufgerufen am 12.6.2018).

Ders., The Politics of Roma Identity: between Nationalism and Destitution, auf: opendemocracy.net vom 30.6.2003, verfügbar unter: http://www.opendemocracy.net/people-migrationeurope/article_1399.jsp (zuletzt aufgerufen am 12.6.2018).

Kraus, Herbert, Das Recht der Minderheiten: Materialien zur Einführung in das Verständnis des modernen Minderheitenproblems, Berlin 1927.

Krausnick, Michail, Das Bild der Sinti und Roma in der deutschsprachigen Kinder- und Jugendliteratur, in: Susan Tebbutt (Hrsg.), Sinti und Roma in der deutschsprachigen Gesellschaft und Literatur, Frankfurt am Main 2001, S. 127–150.

Ders., Der Kampf der Sinti und Roma um Bürgerrechte, in: Jacqueline Giere (Hrsg.), Die gesellschaftliche Konstruktion des Zigeuners: Zur Genese eines Vorurteils, Frankfurt am Main und New York 1996, S. 147–158.

Ders., Die Zigeuner sind da: Roma und Sinti zwischen Gestern und Heute, Würzburg 1981.

Krol, Agnes, Antiziganismus als Regierungstechnik: Frankreich und Europa im Sommer 2010, in: Alexandra Bartels/Tobias von Borcke/Markus End/Anna Friedrich (Hrsg.), Antiziganistische Zustände 2: Kritische Positionen gegen gewaltvolle Verhältnisse, Münster 2013, S. 217–243.

Kropp, Manuela/Striethorst, Anna, Europäische Romapolitik: Die neue Rahmenstrategie der EU, in: Rosa Luxemburg Stiftung (Hrsg.), Standpunkte International 15 (2011), verfügbar unter: https://www.rosalux.de/fileadmin/rls_uploads/pdfs/Standpunkte/Standpunkte_international/Standpunkte_int_15-2011_neu_web.pdf (zuletzt aufgerufen am 12.6.2018).

Krugmann, Michael, Das Recht der Minderheiten: Legitimation und Grenzen des Minderheitenschutzes (Schriften zum Öffentlichen Recht, Band 955), Berlin 2004.

Kugelmann, Dieter, Minderheitenschutz als Menschenrechtsschutz: Die Zuordnung kollektiver und individueller Gehalte des Minderheitenschutzes, in: Archiv des Völkerrechts 3 (2001), S. 233–267.

Kuhla, Karoline, Keine Opfer zweiter Klasse, auf: spiegel.de vom 23.10.2012, verfügbar unter: http://www.spiegel.de/kultur/gesellschaft/denkmal-fuer-ermordete-sinti-und-roma-wird-eingeweiht-a-862953.html (zuletzt aufgerufen am 12.6.2018).

Kukathas, Chandran, "Are there any cultural rights?", in: Will Kymlicka (Hrsg.), The Rights of Minority Cultures, Oxford 1995, S. 228–255.

Kunz, Joseph L., The Present Status of International Law for the Protection of Minorities, in: American Journal of International Law 2 (1954), S. 282–287.

Kymlicka, Will, Multicultural Citizenship: A Liberal Theory of Minority Rights, Oxford 1995.

Ders., Multikulturalismus und Demokratie: Über Minderheiten und Staaten und Nationen, Frankfurt am Main 2000.

Lange, Katrin, Die Stille durchbrechen: Antiziganistische Stimmungsmache in Italien und der Widerstand dagegen, in: Markus End/Kathrin Herold/Yvonne Robel (Hrsg.), Antiziganistische Zustände: Zur Kritik eines allgegenwärtigen Ressentiments, Münster 2009, S. 233–250.

Langenfeld, Christine, Minderheitenschutz, in: Detlef Merten/Hans-Jürgen Papier (Hrsg.), Handbuch der Grundrechte in Deutschland und Europa, Band VI/2: Europäische Grundrechte II, Universelle Menschenrechte, Heidelberg 2009, § 183.

Leidgeb, Ellen/Horn, Nicole, Opre Roma! Erhebt Euch! Eine Einführung in die Geschichte und Situation der Roma (hrsg. von Roma-Union Ffm.), München 1994.

Liégeois, Jean-Pierre, Roma, Sinti, Fahrende, Berlin 2002.

Ders., The Council of Europe and Roma: 40 Years of Action, Straßburg 2002.

Linck, Stephan, Der Ordnung verpflichtet: Deutsche Polizei 1933–1949, Der Fall Flensburg, Paderborn 2000.

Lindemann, Florian, Die Sinti aus dem Ummenwinkel: Ein sozialer Brennpunkt erholt sich, Weinheim 1991.

Locke, Stefan, Alter Hass in neuen Kleidern, auf: faz.net vom 28.3.2015, verfügbar unter: http://www.faz.net/aktuell/politik/inland/rechtsextremismus/angriffe-auf-sorben-alter-hass-in-neuen-kleidern-13509759.html (zuletzt aufgerufen am 12.6.2018).

Lösener, Bernhard/Knost, Friedrich A., Die Nürnberger Gesetze mit den Durchführungsverordnungen und den sonstigen einschlägigen Vorschriften: Kommentar, 4. Auflage, Berlin 1941.

Luchterhandt, Otto, Loyalitätskonflikte bei nationalen/ethnischen Minderheiten, in: Dieter Blumenwitz/Gilbert Gornig (Hrsg.), Der Schutz von Minderheiten- und Volksgruppenrechten durch die Europäische Union (Staats- und völkerrechtliche Abhandlungen der Studiengruppe für Politik und Völkerrecht, Band 15), Köln 1996, S. 121–142.

Majic, Danijel, Baracken-Slum im Gutleutviertel wird geräumt, auf: fr.de vom 21.2.2017, verfügbar unter: http://www.fr.de/frankfurt/ordnungsamt-greift-durch-baracken-slum-im-gutleutviertel-wird-geraeumt-a-982490 (zuletzt aufgerufen am 12.6.2018).

Makkonen, Timo, Is Multiculturalism Bad for the Fight against Discrimination?, in: Martin Scheinin/Reetta Toivanen (Hrsg.), Rethinking Non-Discrimination and Minority Rights, Turku/Åbo und Berlin 2004, S. 155–177.

Makula, György, Positive Maßnahmen zur Integration von Roma in die Polizeibehörden, in: Europäische Kommission (Hrsg.), Chancengleichheit verwirklichen: Welche Rolle soll Positiven Maßnahmen zukommen?, Luxemburg 2007, S. 12–13, verfügbar unter: https://heimatkunde.boell.de/sites/default/files/downloads/diversity/EUPositiveManahmenthembroch07_de.pdf (zuletzt aufgerufen am 12.6.2018).

Malloy, Tove H., National Minority Rights in Europe, New York 2005.

Mappes-Niediek, Norbert, Arme Roma, böse Zigeuner: Was an den Vorurteilen über die Zuwanderer stimmt, 3. Auflage, Berlin 2013.

Ders., Der Geruch der Armut, auf: taz.de vom 3.1.2004, verfügbar unter: http://taz.de/Roma-in-Europa/!5051649/ (zuletzt aufgerufen am 12.6.2018).

Marten-Gotthold, Dörte, Der Schutz der Sinti und Roma in der Bundesrepublik Deutschland als ethnische Minderheit gemäß Art. 3 Abs. 3 GG (Studien zur Tsiganologie und Folkloristik, Band 25), Frankfurt am Main u.a. 1998.

Matras, Yaron, Die Entstehungsgeschichte der Bürgerrechtsbewegung der Roma in Deutschland 1945–1996, in: Susan Tebbutt (Hrsg.), Sinti und Roma in der deutschsprachigen Gesellschaft und Literatur, Frankfurt am Main 2001, S. 67–82.

Ders., Die Sprache der Roma: Ein historischer Umriss, in: ders./Hans Winterberg/Michael Zimmermann (Hrsg.), Sinti, Roma, Gypsies: Sprache – Geschichte – Gegenwart, Berlin 2003, S. 231–261.

Matscher, Franz, Minderheitenschutz – rechtliche Aspekte, in: ders. (Hrsg.), Wiener Internationale Begegnung zu aktuellen Fragen nationaler Minderheiten (Schriften des österreichischen Instituts für Menschenrechte, Band 7), Kehl u.a. 1997, S. 31–65.

Mayer, Alexander/Emmering, Ernst, Landfahrerordung, in: Kova Sammlung für den praktischen Verwaltungsdienst, Heft 5, München und Berlin 1954.

Mayerhofer, Claudia, Dorfzigeuner: Kultur und Geschichte der Burgenland-Roma von der Ersten Republik bis zur Gegenwart, Wien 1987.

Dies., Roma in Mittel- und Osteuropa, in: Der Donauraum: Zeitschrift des Institutes für den Donauraum und Mitteleuropa 1–2 (2001), S. 9–17.

Medda-Windischer, Roberta, The Roma: A 'Socially Disadvantaged Group' or a 'National Minority'? Unravelling the Dichotomy through the Framework Convention for the Protection of National Minorities, in: European Yearbook of Minority Issues 2011, S. 317–338.

Merle, Jean-Christophe, Kulturelle Minderheitenrechte im liberalen Staat, in: Matthias Kaufmann (Hrsg.), Integration oder Toleranz? Minderheiten als philosophisches Problem, München 2001, S. 170–179.

Mihok, Brigitte/Widmann, Peter, Sinti und Roma als Feindbilder, in: Bundeszentrale für politische Bildung (Hrsg.), Informationen zur politischen Bildung, Heft 271, Vorurteile, 2005, verfügbar unter: http://www.bpb.de/izpb/9720/sinti-und-roma-als-feindbilder?p=all (zuletzt aufgerufen am 12.6.2018).

Mirga, Andrzej, Die Lage der Sinti und Roma: Stand und Perspektiven, in: OSZE Jahrbuch 2011 (hrsg. vom Institut für Friedensforschung und Sicherheitspolitik an der Universität Hamburg), Baden-Baden 2013, S. 341–358.

Mosbacher, Andreas, „Wie primitive Urmenschen" – eine späte Entschuldigung: 60 Jahre „Zigeuner"-Urteile des BGH, in: Neue Juristische Wochenschrift 1–2 (2016), S. 30–32.

Müller-Hill, Benno, Tödliche Wissenschaft: Die Aussonderung von Juden, Zigeunern und Geisteskranken von 1933–1945, Berlin 1989.

Murray, John, Should Immigrants or Roma and Sinti be Regarded as Minorities?, in: Matscher, Franz (Hrsg.), Wiener Internationale Begegnung zu aktuellen Fragen nationaler Minderheiten (Schriften des österreichischen Instituts für Menschenrechte, Band 7), Kehl u.a. 1997, S. 219–228.

Murswiek, Dietrich, Schutz der Minderheiten in Deutschland, in: Josef Isensee/Paul Kirchhof (Hrsg.), Handbuch des Staatsrechts der Bundesrepublik Deutschland, Band VIII: Die Einheit Deutschlands, Entwicklung und Grundlagen, Heidelberg 1995, § 201.

Nenkova, Antoineta, Jahrzehnt für die Integration der Roma, auf: dw.com vom 3.2.2005, verfügbar unter: http://www.dw.com/de/jahrzehnt-f%C3%BCr-die-integration-der-roma/a-1477069 (zuletzt aufgerufen am 12.6.2018).

Niewerth, Johannes, Der kollektive und der positive Schutz von Minderheiten und ihre Durchsetzung im Völkerrecht (Veröffentlichungen des Walther-Schücking-Instituts für Internationales Recht an der Universität Kiel, Band 119), Berlin 1996.

Nii Addy, David, Recommendations for Anti-Discrimination Policies in Germany: The Long Way towards International Standards, in: Martin Scheinin/Reetta Toivanen (Hrsg.), Rethinking Non-Discrimination and Minority Rights, Turku/Åbo und Berlin 2004, S. 25–38.

Nowak, Manfred, U.N. Covenant on Civil and Political Rights: CCPR Commentary, 2. Auflage, Kehl 2005.

O'Brien, Conor Cruise, What Rights Should Minorities Have?, in: Ben Whitaker (Hrsg.), Minorities: A Question of Human Rights?, Oxford u.a. 1984, S. 11–22.

Odehnal, Bernhard, Ungarns Roma flüchten vor der rechtsextremen Gewalt, auf: tagesanzeiger.ch vom 28.4.2011, verfügbar unter: http://www.tagesanzeiger.ch/ausland/europa/Ungarns-Roma-fluechten-vor-der-rechtsextremen-Gewalt-/story/26783353 (zuletzt aufgerufen am 12.6.2018).

Oeter, Stefan, Der Schutz nationaler Minderheiten im Völkerrecht, in: Rüdiger Wolfrum (Hrsg.), Gleichheit und Nichtdiskriminierung im nationalen und internationalen Menschenrechtsschutz (Beiträge zum ausländischen öffentlichen Recht und Völkerrecht, Band 165), Berlin u.a. 2003, S. 187–214.

O'Nions, Helen, Minority Rights Protection in International Law: The Roma of Europe, Hampshire 2007.

Open Society Institute, Monitoring des Minderheitenschutzes in der Europäischen Union: Die Lage der Sinti und Roma in Deutschland, Göttingen 2003.

Opitz, Maximilian, Die Minderheitenpolitik der Europäischen Union: Probleme, Potentiale, Perspektiven, Münster 2007.

Ortmann, Jörg/Schlagenhaufer, Stefan/Pohl, Kitti/Mancuso, Vincenzo, Bettler-Horrorlager an der Weißfrauenkirche, auf: bild.de, vom 3.8.2016, verfügbar unter: https://www.bild.de/regional/frankfurt/frankfurt-aktuell/bulgaren-bettler-versauen-gutleutstrasse-47126664.bild.html (zuletzt aufgerufen am 12.6.2018).

O. V., „Bei Hitler waren wir wenigstens Deutsche": Zigeuner in der Bundesrepublik – noch immer verfolgt?, in: DER SPIEGEL 43 (1979), S. 97–112, auch verfügbar unter: http://www.spiegel.de/spiegel/print/d-39867622.html (zuletzt aufgerufen am 12.6.2018).

O.V., Denkmal für Sinti und Roma in Berlin eingeweiht, auf: welt.de vom 24.10.2012, verfügbar unter: https://www.welt.de/newsticker/dpa_nt/infoline_nt/brennpunkte_nt/article110183858/Denkmal-fuer-Sinti-und-Roma-in-Berlin-eingeweiht.html (zuletzt aufgerufen am 12.6.2018).

O.V., Europarat: Abschiebungen von Roma aus Frankreich verletzen die Europäische Sozialcharta, auf: proasyl.de vom 14.11.2011, verfügbar unter: https://www.proasyl.de/news/europarat-abschiebungen-von-roma-aus-frankreich-verletzen-europaeische-sozialcharta/ (zuletzt aufgerufen am 12.6.2018).

O.V., La circulaire visant les Roms "très probablement illégale", auf: lemonde.fr vom 12.9.2010, verfügbar unter: http://www.lemonde.fr/politique/article/2010/09/12/la-circulaire-visant-les-roms-est-elle-illegale_1410188_823448.html (zuletzt aufgerufen am 12.6.2018).

O.V., Wurde Maggie von Roma entführt?, auf: bild.de vom 22.10.2013, verfügbar unter: http://www.bild.de/news/ausland/maddie-mccann/nach-dem-fall-maria-wurde-maddie-von-roma-entfuehrt-33083430.bild.html (zuletzt aufgerufen am 12.6.2018)

Oxenknecht, Renate, Der Schutz ethnischer, religiöser und sprachlicher Minderheiten in Art. 27 des Internationalen Paktes über politische und bürgerliche Rechte vom 16. Dezember 1966 (Schriften zum Staats- und Völkerrecht, Band 29), Frankfurt am Main u.a. 1988.

Pallek, Markus, Der Minderheitenschutz im deutschen Verfassungsrecht (Schriften zum Staats- und Völkerrecht, Band 92), Frankfurt am Main u.a. 2001.

Palm, Christian, Slum mit Skyline-Blick, auf: faz.net vom 2.6.2016, verfügbar unter: http://www.faz.net/aktuell/rhein-main/slum-mit-skyline-blick-rumaenen-in-frankfurt-14263022.html (zuletzt aufgerufen am 12.6.2018).

Pan, Christoph, Grundelemente zur Theorie der Ethno-Soziologie, in: Theodor Veiter (Hrsg.), System eines internationalen Volksgruppenrechts, Teil 2: Innerstaatliche, regionale und universelle Struktur eines Volksgruppenrechts, Wien und Stuttgart 1972, S. 281–297.

Ders., Minderheitenschutz in Europa: Fakten und Perspektiven, in: Dieter Blumenwitz/Gilbert H. Gornig/Dietrich Murswiek (Hrsg.), Minderheitenschutz und Menschenrechte (Staats- und völkerrechtliche Abhandlungen der Studiengruppe für Politik und Völkerrecht, Band 21), Berlin 2006, S. 17–30.

Panayi, Panikos, Ethnic Minorities in Nineteenth and Twentieth Century Germany: Jews, Gypsies, Poles, Turks and Others, Harlow 2000.

Partsch, Karl Josef, Menschenrechte und „Rechte der Völker“: Eine Standortbestimmung, in: Vereinte Nationen 5 (1986), S. 153–160.

Pečínka, Pavel, Emanzipation oder Folklore? Die Europäischen Roma-Organisationen, in: Osteuropa 1 (2007), S. 73–83.

Pentassuglia, Gaetano, Minority Issues as a Challenge in the European Court of Human Rights: A Comparison with the Case Law of the United Nations Human Rights Committee, in: German Yearbook of International Law 2003, S. 401–451.

Perić, Tatjana, Kosovo Roma today: Violence, Insecurity, Enclaves and Displacement, auf: errc.org vom 12.4.2000, verfügbar unter: http://www.errc.org/article/kosovo-roma-today-violence-insecurity-enclaves-and-displacement/638 (zuletzt aufgerufen am 12.6.2018).

Pernthaler, Peter, Der Schutz der ethnischen Gemeinschaften durch individuelle Rechte (Schriftenreihe der Forschungsstelle für Nationalitäten- und Sprachenfragen, Band 3), Wien 1964.

Ders., Die Entstehung des völkerrechtlichen Menschenrechts- und Minderheitenschutzes im 19. und 20. Jahrhundert, in: Christoph Pan/Beate Sibylle Pfeil (Hrsg.), Zur Entstehung des modernen Minderheitenschutzes in Europa: Handbuch der europäischen Volksgruppen, Band 3, Wien und New York 2006, S. 4–41.

Ders., Volksgruppe und Minderheit als Rechtsbegriffe, in: Fritz Wittmann/Stefan Graf Bethlen (Hrsg.), Volksgruppenrecht: Ein Beitrag zur Friedenssicherung, München und Wien 1980, S. 9–14.

Pfaff, Isabel, Wenn Vorurteile neu erblühen, auf: sueddeutsche.de vom 6.11.2013, verfügbar unter: http://www.sueddeutsche.de/panorama/der-fall-des-roma-maedchens-maria-wenn-vorurteile-neu-erbluehen-1.1810445 (zuletzt aufgerufen am 12.6.2018).

Pircher, Erich H., Der vertragliche Schutz ethnischer, sprachlicher und religiöser Minderheiten im Völkerrecht, Bern 1979.

Pluim, Martijn, Current Roma Migration from the EU Candidate States: The Scope and Features of Recent Roma Movements, the Effects on the EU Candidate States and the Reactions of Host Countries, in: Der Donauraum: Zeitschrift des Institutes für den Donauraum und Mitteleuropa 1–2 (2001), S. 60–70.

Pogány, István, Accomodating an Emergent National Identity: The Roma of Central and Eastern Europe, in: International Journal of Minority and Group Rights 6 (1999), S. 149–167.

Ders., Minority Rights and the Roma of Central and Eastern Europe, in: Human Rights Law Review 1 (2006), S. 1–25.

Pritchard, Sarah, Der völkerrechtliche Minderheitenschutz: Historische und neuere Entwicklungen (Tübinger Schriften zum internationalen und europäischen Recht, Band 55), Berlin 2001.

Puxon, Grattan, Zur Geschichte der Zigeuner, in: Donald Kenrick/Grattan Puxon/Tilman Zülch, Die Zigeuner: Verkannt, verachtet, verfolgt (herausgegeben von der Niedersächsischen Landeszentrale für politische Bildung), Hannover 1980, S. 9–36.

Raasch, Sybille, Positive Maßnahmen: Eine Einführung, in: Positive Maßnahmen, in: Heinrich Böll Stiftung (Hrsg.), Von Antidiskriminierung zu Diversity (Schriften zur Demokratie, Band 24), Berlin 2010, S. 12–22, auch verfügbar unter: https://www.boell.de/sites/default/files/Endf_Positive_Massnahmen.pdf (zuletzt aufgerufen am 12.6.2018).

Rakelmann, Georgina A., Zigeuner in der Schule: Regulierung durch Pädagogik, in: Mark Münzel/Bernhard Streck (Hrsg.), Kumpania und Kontrolle: Moderne Behinderungen zigeunerischen Lebens, Gießen 1981, S. 167–191.

Reemtsma, Katrin, Exotismus und Homogenisierung – Verdinglichung und Ausbeutung: Aspekte ethnologischer Betrachtungen der „Zigeuner" in Deutschland nach 1945, in: Landeszentrale für Politische Bildung Baden-Württemberg/Verband Deutscher Sinti und Roma, Landesverband Baden-Württemberg (Hrsg.), „Zwischen Romantisierung und Rassismus", Sinti und Roma: 600 Jahre in Deutschland (Handreichung zur Geschichte, Kultur und Gegenwart der deutschen Sinti und Roma), S. 62–68, auch verfügbar unter: https://www.lpb-bw.de/publikationen/sinti/SINTI.pdf (zuletzt aufgerufen am 12.6.2018).

Dies., Sinti und Roma: Geschichte, Kultur, Gegenwart, München 1996.

Riechert, Hansjörg, Im Schatten von Auschwitz: Die nationalsozialistische Sterilisationspolitik gegenüber Sinti und Roma, Münster und New York 1995.

Riedel, Eibe, Gruppenrechte und kollektive Aspekte individueller Menschenrechte, in: Walter Kälin/Eibe Riedel/Wolfram Karl/Brun-Otto Bryde/Christian von Bar/Reinhold Geimer (Hrsg.), Aktuelle Probleme des Menschenrechtsschutzes (Berichte der Deutschen Gesellschaft für Völkerrecht, Band 33), Heidelberg 1994, S. 49–82.

Ders., Menschenrechte der dritten Dimension, in: Europäische Grundrechtezeitschrift 1–2 (1989), S. 9–21.

Riedel, Sabine, Instrumentarien des Minderheitenschutzes in Europa, in: Samuel Salzborn (Hrsg.), Minderheitenkonflikte in Europa: Fallbeispiele und Lösungsansätze, Innsbruck u.a. 2006, S. 241–258.

Ringelheim, Julie, Chapman Redux: the European Court of Human Rights and Roma Traditional Lifestyle, in: Eva Brems (Hrsg.), Diversity and European Human Rights: Rewriting Judgments of the ECHR, Cambridge 2013, S. 426–444.

Ritter, Robert, Die Zigeunerfrage und das Zigeunerbastardproblem, in: Fortschritte der Erbpathologie, Rassenhygiene und ihrer Grenzgebiete 3 (1939), S. 2–20.

Ders., Zur Frage der Rassenbiologie und Rassenpsychologie der Zigeuner in Deutschland, in: Reichsgesundheitsblatt 13 (1938), S. 425–426.

Rittstieg, Helmut, Minderheitenrechte und Menschenrechte?, in: Blätter für deutsche und internationale Politik 41 (1996), S. 993–1004.

Rodley, Nigel S., Conceptual Problems in the Protection of Minorities: International Legal Developments, in: Human Rights Quarterly 1 (1995), S. 48–71.

Rose, Romani, Bürgerrechte für Sinti und Roma: Das Buch zum Rassismus in Deutschland, (hrsg. vom Zentralrat Deutscher Sinti und Roma), Heidelberg 1987

Ders., Die neue Generation und die alte Ideologie: Zigeunerforschung – wie gehabt?, in: Tribüne: Zeitschrift zum Verständnis des Judentums, Heft 81, 1982, S. 88–108.

Ders., Die Politik der OSZE gegenüber Sinti und Roma muß sich ändern, in: OSZE-Jahrbuch 1999 (hrsg. vom Institut für Friedensforschung und Sicherheitspolitik an der Universität Hamburg), Baden-Baden 2000, S. 375–386.

Ders., Gleichberechtigte Teilhabe für Sinti und Roma in Deutschland und in Europa nicht nur auf dem Papier, in: Zentralrat Deutscher Sinti und Roma (Hrsg.), Gleichberechtigte Teilhabe für Sinti und Roma in Deutschland: Rahmenstrategie der Europäischen Union für die Verbesserung der Lage von Roma in Europa (Dokumentation einer Veranstaltung im Gesprächskreis „Minderheiten" beim Innenausschuss des Deutschen Bundestages am 26. Oktober 2011 in Berlin), Heidelberg 2012, S. 7–11.

Ders., Konkreter Minderheitenschutz für die Sinti und Roma, in: Zentralrat Deutscher Sinti und Roma (Hrsg.), Minderheitenschutz für Sinti und Roma im Rahmen des Europarates, der KSZE und der UNO, Heidelberg 1994, S. 10–20.

Ders., Roma and Sinti – Human Rights for Europe's largest Minority (hrsg. vom Zentralrat Deutscher Sinti und Roma), Heidelberg 2007, auch verfügbar unter: http://www.sintiundroma.de/uploads/media/romahumanrigths.pdf (zuletzt aufgerufen am 12.6.2018).

Ders., Roma in Europa: Normalität statt Abschiebung, auf: theeuropean.de vom 1.10.2010, verfügbar unter: http://www.theeuropean.de/romani-rose/4362-roma-in-europa (zuletzt aufgerufen am 12.6.2018).

Ders., Sinti and Roma as National Minorities in the Countries of Europe, in: The Patrin Web Journal: Romani Culture and History vom 3.9.1999, verfügbar unter: http://www.oocities.org/~patrin/sinti-roma.htm (zuletzt aufgerufen am 12.6.2018)

Ders., Vorurteile und Stereotype: Sinti und Roma in Deutschland, in: Pogrom 3 (2004), S. 18–19.

Ders., Zur Lage im Kosovo: Stellungnahme des Vorsitzenden des Zentralrats Deutscher Sinti und Roma zur geplanten Abschiebung von mehr als 10.000 Roma aus Deutschland in den Kosovo, in: Heft der Flüchtlingsräte 2010, S. 4–5.

Ders./Weiss, Walter, Sinti und Roma im „Dritten Reich": Das Programm der Vernichtung durch Arbeit, 2. Auflage, Göttingen 1993.

Rossberg, Arnold, Minderheitenschutzabkommen des Europarates, der KSZE, der EU und der UNO: Konzeptionen und Verpflichtungen, in: Zentralrat Deutscher Sinti und Roma (Hrsg.), Minderheitenschutz für Sinti und Roma im Rahmen des Europarats, der KSZE und der UNO, Heidelberg 1994, S. 38–49.

Rudolf, Walter, Über Minderheitenschutz in Europa, in: Josef Isensee/Helmut Lecheler, Freiheit und Eigentum: Festschrift für Walter Leisner zum 70. Geburtstag, Berlin 1999, S. 185–197.

Rüdiger, Johann Christian Christoph, Von der Sprache und Herkunft der Zigeuner aus Indien (Linguarum Minorum Documenta Historiographica, Band 6), Leipzig 1782, Neudruck Hirschberg 1990.

Ruiz Vieytez, Eduardo, Minority Marriage and Discrimination: Redrafting Muñoz Dias v. Spain, in: Eva Brems (Hrsg.), Diversity and European Human Rights: Rewriting Judgments of the ECHR, Cambridge 2013, S. 401–425.

Sachs, Michael (Hrsg.), Grundgesetz Kommentar, 8. Auflage, München 2018.

Salzborn, Samuel, Minderheitenkonflikte in Europa: Historische Entwicklung, aktuelle Kontroversen und Lösungsstrategien, in: ders. (Hrsg.), Minderheitenkonflikte in Europa: Fallbeispiele und Lösungsansätze, Innsbruck u.a. 2006, S. 7–18.

Ders., Minderheitenpolitk in Europa, in: WeltTrends, Heft 50, 2006, S. 131–143.

Ders., Politischer Katholizismus, Volksgruppenrecht und die Neuordnung Europas: Eine Skizze zu Leben und Werk von Theodor Veiter, in: Jahrbuch Franz-Michael-Felder-Archiv der Voralberger Landesbibliothek 2009, S. 64–81.

Ders., Sonderrechte für Deutsche? Ethnische Minderheiten im deutschen Verfassungsrecht und das Problem des Minderheitenbegriffs, in: Forum Recht 4 (2001), verfügbar unter: http://www.forum-recht-online.de/2001/401/401salzborn.htm (zuletzt aufgerufen am 12.6.2018).

Ders., Zwischen Homogenitätsdruck, (Selbst-)Ethnisierung und Segregation: Minderheitenpolitik in Deutschland, in: ders. (Hrsg.), Minderheitenkonflikte in Europa: Fallbeispiele und Lösungsansätze, Innsbruck u.a. 2006, S. 121–137.

Sandland, Ralph, Developing a Jurisprudence of Difference: The Protection of the Human of Travelling Peoples by the European Court of Human Rights, in: Human Rights Law Review 3 (2008), S. 475–516.

Schäfer, Bernhard, Die Individualbeschwerde nach dem Fakultativprotokoll zum Zivilpakt: Ein Handbuch für die Praxis (hrsg. vom Deutschen Institut für Menschenrechte), 2. Auflage, Berlin 2007, auch verfügbar unter: http://www.institut-fuer-menschenrechte.de/uploads/tx_commerce/handbuch_die_individualbeschwerde_nach_dem_fakultativprotokoll_z_zivilpakt.pdf (zuletzt aufgerufen am 12.6.2018).

Schär, Bernhard C., „Nicht mehr Zigeuner, sondern Roma!“ Emanzipation, Forschung und Strategien der Repräsentation einer „Roma-Nation“, in: Historische Anthropologie: Kultur, Gesellschaft, Alltag 2 (2008), S. 205–226.

Scheinin, Martin, How to Resolve Conflicts between Individual and Collective Rights?, in: ders./Reetta Toivanen (Hrsg.), Rethinking Non-Discrimination and Minority Rights, Turku/Åbo und Berlin 2004, S. 219–238.

Ders., The United Nations International Covenant on Civil and Political Rights: Article 27 and other provisions, in: Kristin Henrard/Robert Dunbar (Hrsg.), Synergies in Minority Protection: European and international Law Perspectives, Cambridge 2008, S. 23–45.

Scherer-Leydecker, Christian, Minderheiten und sonstige ethnische Gruppen: Eine Studie zur kulturellen Identität im Völkerrecht (Menschenrechtszentrum der Universität Potsdam, Band 4), Berlin 1997.

Schmidt, Hans-Jörg, „Tschechien den Tschechen, Zigeuner ins Gas!“, auf: welt.de vom 22.9.2011, verfügbar unter: https://www.welt.de/politik/ausland/article13619813/Tschechien-den-Tschechen-Zigeuner-ins-Gas.html (zuletzt aufgerufen am 12.6.2018).

Schmidt-Degenhard, Tobias Joachim, Vermessen und Vernichten: der NS-„Zigeunerforscher“ Robert Ritter, Stuttgart 2012.

Schneider, Katja, Assimilation und Integration eine Begriffsanalyse aus der Perspektive der Rechtswissenschaft, in: Zeitschrift für Ausländerrecht und Ausländerpolitik 1 (2011), S. 8–15.

Schoder, Charlotte, Vom Minderheitenschutz zum Schutz verwundbarer Gruppen: Kollektive Aspekte im Internationalen Menschenrechtssystem, Nationale Menschenrechtskommissionen zur innerstaatlichen Umsetzung, Zürich 1999.

Scholz, Roswitha, Antiziganismus und Ausnahmezustand: Der „Zigeuner" in der Arbeitsgesellschaft, in: Markus End/Kathrin Herold/Yvonne Robel (Hrsg.), Antiziganistische Zustände: Zur Kritik eines allgegenwärtigen Ressentiments, Münster 2009, S. 24–40.

Schwarze, Jürgen (Hrsg.), EU-Kommentar, 3. Auflage, Baden-Baden 2012.

Severin, Jan, „Zwischen ihnen und uns steht eine kaum zu überwindende Fremdheit." Elemente des Rassismus in den „Zigeuner"-Bildern der deutschsprachigen Ethnologie, in: Markus End/Katrin Herold/Yvonne Robel (Hrsg.), Antiziganistische Zustände: Zur Kritik eines allgegenwärtigen Ressentiments, Münster 2009, S. 67–94.

Shaw, Malcolm N., The Definition of Minorities in International Law, in: Yoram Dinstein/Mala Tabory (Hrsg.), The Protection of Minorities and Human Rights, Dordrecht 1992, S. 1–31.

Silagi, Michael, Der Minderheitenschutz vor dem Ständigen Internationalen Gerichtshof, in: Dieter Blumenwitz/Gilbert H. Gornig/Dietrich Murswiek (Hrsg.), Ein Jahrhundert Minderheiten- und Volksgruppenschutz, Köln 2001, S. 101–123.

Solms, Wilhelm, „Kulturloses Volk"? Berichte über „Zigeuner" und Selbstzeugnisse von Sinti und Roma (Beiträge zur Antiziganismusforschung, Band 4), Seeheim 2006.

Ders., Schützt uns vor „Zigeuner"-Bildern! Warum die Sinti und Roma keine „ZigeunerInnen" sind, in: Heft der Flüchtlingsräte 2010, S. 17–19.

Ders., Zigeunerbilder: Ein dunkles Kapitel der deutschen Literaturgeschichte Von der frühen Neuzeit bis zur Romantik, Würzburg 2008.

Sparing, Frank, NS-Verfolgung von „Zigeunern" und „Wiedergutmachung" nach 1945, in: Bundeszentrale für Politische Bildung (Hrsg.), Aus Politik und Zeitgeschichte 22–23 (2011), Sinti und Roma, S. 8–15, auch verfügbar unter: http://www.bpb.de/shop/zeitschriften/apuz/33269/sinti-und-roma (zuletzt aufgerufen am 12.6.2018).

Speitel, Anna, „Es geht auch um Kulturwahrung", auf: allgemeine-zeitung.de, vom 10.12.2013, verfügbar unter: http://www.allgemeine-zeitung.de/lokales/mainz/stadtteile-mainz/hartenberg-muenchfeld/es-geht-auch-um-kulturwahrung_13693374.htm (zuletzt aufgerufen am 18.11.2017).

Spiliopoulou Åkermark, Sia, Images of Children in Education: A Critical Reading of DH and Others vs. Czech Republic, in: Eva Brems (Hrsg.), Diversity and European Human Rights: Rewriting Judgments of the ECHR, Cambridge 2013, S. 40–67.

Spitta, Arnold, Entschädigung für Zigeuner? Geschichte eines Vorurteils, in: Ludolf Herbst/Constantin Goschler (Hrsg.), Wiedergutmachung in der

Bundesrepublik Deutschland (Schriftenreihe der Vierteljahreshefte für Zeitgeschichte, Sondernummer), München 1989, S. 385–401.

Stoudmann, Gérard, 25 Jahre KSZE/OSZE (1975–2000): Die „menschliche Dimension" als Grundpfeiler eines umfassenden Sicherheitskonzepts, in: Gabriele von Arnim/Volkmar Deile/Franz-Josef Hutter/Sabine Kurtenbach/Carsten Tessmer (Hrsg.), Jahrbuch Menschenrechte 2001, Frankfurt am Main 2000, S. 285–293.

Strauß, Daniel, „da muss man wahrhaft alle Humanität ausschalten…": Zur Nachkriegsgeschichte der Sinti und Roma in Deutschland, in: Landeszentrale für Politische Bildung Baden-Württemberg/Verband Deutscher Sinti und Roma, Landesverband Baden-Württemberg (Hrsg.), „Zwischen Romantisierung und Rassismus", Sinti und Roma: 600 Jahre in Deutschland (Handreichung zur Geschichte, Kultur und Gegenwart der deutschen Sinti und Roma), S. 26–36, auch verfügbar unter: https://www.lpb-bw.de/publikationen/sinti/SINTI.pdf (zuletzt aufgerufen am 12.6.2018).

Ders. (Hrsg.), Studie zur aktuellen Bildungssituation deutscher Sinti und Roma: Dokumentation und Forschungsbericht, Marburg 2011, auch verfügbar unter: http://www.stiftung-evz.de/fileadmin/user_upload/EVZ_Uploads/Publikationen/Studien/2011_Marburg-strauss_studie_sinti_bildung.pdf (zuletzt aufgerufen am 12.6.2018).

Stuckart, Wilhelm/Globke, Hans, Kommentare zur deutschen Rassengesetzgebung, Band 1, München und Berlin 1936.

Tabory, Mala, Minority Rights in the CSCE Context, in: Yoram Dinstein/Mala Tabory (Hrsg.), The Protection of Minorities and Human Rights, Dordrecht 1992, S. 187–211.

Taylor, Charles, Die Politik der Anerkennung, in: ders. (Hrsg.), Multikulturalismus und die Politik der Anerkennung, Frankfurt am Main 2009, S. 11–66.

Tebbutt, Susan, Das Puzzle zusammensetzen: Die Geschichte der Sinti und Roma in Deutschland, in: dies. (Hrsg.), Sinti und Roma in der deutschsprachigen Gesellschaft und Literatur, Frankfurt am Main u.a. 2001, S. 17–33.

Dies., Sinti und Roma: Von Sündenböcken, Stereotypen und Selbstverwirklichung, in: dies. (Hrsg.), Sinti und Roma in der deutschsprachigen Gesellschaft und Literatur, Frankfurt am Main u.a. 2001, S. 1–16.

Thelen, Peter, Der lange Weg zur politischen Emanzipation, in: *ders.* (Hrsg.), Friedrich Ebert Stiftung, Roma in Europa: Vom Objekt der Ausgrenzung zum Subjekt politischen Handelns, Skopje 2005, S. 9–80.

Thornberry, Patrick, International Law and the Rights of Minorities, Oxford 1991.

Ders./Estébanez, María Amor Martín, Minority Rights in Europe, Straßburg 2004.

Thürer, Daniel, Das Selbstbestimmungsrecht der Völker, Bern 1979.

Thürer, Daniel/Burri, Nina, Rassismusbekämpfung im Europäischen Rechtsraum: Neue Impulse durch den Europäischen Gerichtshof für Menschenrechte, in: Holger P. Hestermeyer/Doris König/Nele Matz-Lück/Volker Röben/Anja Seibert-Fohr/Peter-Tobias Stoll/Silja Vöneky (Hrsg.), Coexistence, Cooperation and Solidarity: Liber Amicorum Rüdiger Wolfrum, Vol. 1, Leiden/Boston 2012, S. 605–631.

Thürer, Daniel/Dold, Beat, Rassismus und Rule of Law/Erstmalige Verurteilung wegen Rassendiskriminierung durch den Europäischen Gerichtshof für Menschenrechte, Gleichzeitige Besprechung des Urteils vom 26. Februar 2004 – Nachova u.a. gegen Bulgarien, in: Europäische Grundrechtezeitschrift 1–3 (2005), S. 1 ff.

Toggenburg, Gabriel, Minorities (…) the European Union: Is the Missing Link an "of" or a "within"?, in: Journal of European Integration 3 (2003), S. 273–284.

Toivanen, Reeta, Das Paradox des Minderheitenschutzes in Europa, in: SWS Rundschau 2 (2005), S. 185–207.

Tomuschat, Christian, Das Recht auf Entwicklung, in: German Yearbook of International Law 1982, S. 85–112.

Ders., Human Rights: Between Idealism and Realism, 2. Auflage, Oxford 2008.

Ders., Protection of Minorities under Article 27 of the International Covenant on Civil and Political Rights, in: Rudolf Bernhardt/Wilhelm Karl Geck/Günther Jaenicke/Helmut Steinberger (Hrsg.), Völkerrecht als Rechtsordnung, Internationale Gerichtsbarkeit, Menschenrechte: Festschrift für Hermann Mosler, Berlin u.a. 1983.

Trappe, Thomas, Die Flammen von Klingenhain, in: Frankfurter Allgemeine Sonntagszeitung vom 4.3.2012, S. 8.

Tretter, Hannes, Von der KSZE zur OSZE: Einführung in die für den Schutz der Menschenrechte relevanten Teile des Budapester KSZE-Dokuments 1994, in: Europäische Grundrechtezeitschrift 13–14 (1995), S. 296–305.

Turegg, Kurt Egon von, Minderheitenrecht: Untersuchungen zum Recht der völkischen Minderheiten, Köln 1950.

Uschold, Rudolf, Das Zigeunerproblem, in: Die Neue Polizei 3 und 4 (1951), S. 38 und 60.

Veiter, Theodor, Innerstaatlicher Schutz von Volksgruppen und Sprachminderheiten im heutigen Europa, in: Fritz Wittmann und Stefan Graf Bethlen (Hrsg.), Volksgruppenrecht: Ein Beitrag zur Friedenssicherung (Berichte und Studien der Hanns-Seidel-Stiftung, Band 15), München und Wien 1980, S. 97–114.

Ders., Nationalitätenkonflikt und Volksgruppenrecht im 20. Jahrhundert, Band I: Entwicklungen, Rechtsprobleme, Schlußfolgerungen, München 1977.

Vermeersch, Peter/Ram, Melanie H., The Roma, in: Bernd Rechel (Hrsg.), Minority Rights in Central and Eastern Europe, New York 2009, S. 61–73.

Vernier, Robert, Duell auf dem Damenklo, auf: focus.de vom 2.2.2009, verfügbar unter: http://www.focus.de/politik/deutschland/eklat-duell-auf-dem-damenklo_aid_366493.html (zuletzt aufgerufen am 12.6.2018).

Verseck, Keno, Osteuropas vergessener Bürgerkrieg, auf: spiegel.de vom 28.9.2011, verfügbar unter: http://www.spiegel.de/politik/ausland/gewalt-gegen-roma-osteuropas-vergessener-buergerkrieg-a-788774.html (zuletzt aufgerufen am 12.6.2018).

Voigts, Hanning, Ein Slum mitten in Frankfurt, auf: fr.de vom 6.4.2018, verfügbar unter: http://www.fr.de/frankfurt/rumaenen-im-gutleut-ein-slum-mitten-in-frankfurt-a-1480502 (zuletzt aufgerufen am 12.6.2018).

Ders., Elendsviertel mitten in Frankfurt, auf: fr.de vom 17.5.2016, verfügbar unter: http://www.fr.de/frankfurt/obdachlose-in-frankfurt-elendsviertel-mitten-in-frankfurt-a-351898 (zuletzt aufgerufen am 12.6.2018).

Vossen, Rüdiger, Zigeuner, Roma, Sinti, Gitanos, Gypsies: Zwischen Verfolgung und Romantisierung (Katalog zur Ausstellung des Hamburgischen Museums für Völkerkunde), Frankfurt am Main.M. u.a. 1983.

Wagenseil, Johann Christoph, Buch von der Meister-Singer Holdseligen Kunst: Anfang, Fortübung, Nutzbarkeiten und Lehr-Sätzen. Es wird auch in der Vorrede von vermuthlicher Herkunfft der Ziegeiner gehandelt, Altdorf 1697.

Warasin, Markus, Sterbendes Kulturerbe, auf: gfbv.de vom 22.4.2005, verfügbar unter: http://www.gfbv.de/de/news/eu-eblulsterbendes-kulturerbe-167/ (zuletzt aufgerufen am 12.6.2018).

Weber, Max, Wirtschaft und Gesellschaft, 5. Auflage, Tübingen 1972.

Weckerling, Matthias, Der Durchführungsmechanismus des Rahmenübereinkommens des Europarats zum Schutz nationaler Minderheiten, in: Europäische Grundrechtezeitschrift 23–24 (1997), S. 605–608.

Weiß, Claus, Die Europäische Konvention zum Schutze der Menschenrechte und Grundfreiheiten (Dokumente, hrsg. von der Forschungsstelle für Völkerrecht und ausländisches öffentliches Recht der Universität Hamburg, Heft XV), Frankfurt am Main und Berlin 1954.

Wenzel, Nicola, Das Spannungsverhältnis zwischen Gruppenschutz und Individualschutz im Völkerrecht (Beiträge zum Ausländischen Öffentlichen Recht und Völkerrecht, Band 191), Berlin u.a. 2008.

Weyrauch, Walter Otto, Das Recht der Roma und Sinti: Ein Beispiel autonomer Rechtsschöpfung, Frankfurt m Main 2002.

Widmer, Paul, Bemühungen der internationalen und regionalen Organisationen, in: Kurt Müller (Hrsg.), Minderheiten im Konflikt: Fakten, Erfahrungen, Lösungskonzepte, Zürich 1993, S. 148–165.

Winckel, Änneke, Antiziganismus: Rassismus gegen Roma und Sinti im vereinigten Deutschland, Münster 2002.

Wippermann, Wolfgang, Antiziganismus: Entstehung und Entwicklung der wichtigsten Vorurteile, in: Landeszentrale für Politische Bildung Baden-Württemberg und Verband Deutscher Sinti und Roma, Landesverband Baden-Württemberg (Hrsg.), „Zwischen Romantisierung und Rassismus“, Sinti und Roma: 600 Jahre in Deutschland (Handreichung zur Geschichte, Kultur und Gegenwart der deutschen Sinti und Roma), S. 37–46, auch verfügbar unter: https://www.lpb-bw.de/publikationen/sinti/SINTI.pdf (zuletzt aufgerufen am 12.6.2018).

Ders., „Auserwählte Opfer?“ – Shoah und Porrajmos im Vergleich: Eine Kontroverse, 2. Auflage, Berlin 2012.

Ders., „Wie die Zigeuner“: Antiziganismus und Antisemitismus im Vergleich, Berlin 1997.

Wittmann, Fritz, Die politische Bedeutung eines international gesicherten Minderheiten- und Volksgruppenrechts, in: Fritz Wittmann und Stefan Graf Bethlen (Hrsg.), Volksgruppenrecht: Ein Beitrag zur Friedenssicherung (Berichte und Studien der Hanns-Seidel-Stiftung e.V., Band 15), München und Wien 1980, S. 159–164.

Wolff, Karl-Winfried, „Erste Schritte und große Versprechen“: Ein vorläufiges Fazit der Roma-Dekade (Bericht der Gesellschaft für bedrohte Völker), auf: gfbvberlin.wordpress.com vom 24.4.2014, verfügbar unter: https://gfbvblog.files.wordpress.com/2014/04/bericht_romadekade_ausfuerlich.pdf (zuletzt aufgerufen am 12.6.2018).

Wolfrum, Rüdiger, Kulturelle Rechte und Minderheitenschutz, in: Detlef Merten/Hans-Jürgen Papier (Hrsg.), Handbuch der Grundrechte in Deutschland und Europa, Band VI/1: Europäische Grundrechte I, München 2010, § 143.

Ders., The Emergence of “New Minorities” as a Result of Migration, in: Catherine Brölmann/René Lefeber/Marjoleine Zieck (Hrsg.), Peoples and Minorities in International Law, Dodrecht u.a. 1993, S. 153–166.

Wright, Jane, The OSCE and the Protection of Minority Rights, in: Human Rights Quarterly 1 (1996), S. 190–205.

Xanthaki, Alexandra, Protection of a Specific Minoritiy: the Case of Roma/ Gypsies, in: Patrick Thornberry/María Amor Martín Estébanez, Minority Rights in Europe, Straßburg 2004, S. 169–194.

Yamato, Richard/Stephan, Juliane, Eine Politik der Nichteinmischung: Die Folgen des zahnlosen Art. 7 EUV für das Wertefundament der EU am Beispiel Ungarns, in: Die Öffentliche Verwaltung 2 (2014), S. 58–66.

Zimmermann, Michael, Verfolgt, vertrieben, vernichtet: Die nationalsozialistische Vernichtungspolitik gegen Sinti und Roma, 2. Auflage, Fulda 1993.

Ders., Zigeunerpolitik im Stalinismus, im „realen Sozialismus" und unter dem Nationalsozialismus: Eine Untersuchung in vergleichender Absicht, Mannheim 1996, verfügbar unter: http://fkks.uni-mannheim.de/publikationen/fkks11.pdf (zuletzt aufgerufen am 12.6.2018).

Zippelius, Reinhold, Allgemeine Staatslehre: Ein Studienbuch, 17. Auflage, München 2017.

Zitzen, Hartmut, Brandanschlag auf Roma-Haus, auf: fr.de vom 26.7.2011, verfügbar unter: http://www.fr.de/panorama/leverkusen-brandanschlag-auf-roma-haus-a-1235874 (zuletzt aufgerufen am 12.6.2018).

Zülch, Tilmann, Nach 1945: Fortdauernde Diskriminierung, in: Donald Kenrick/Grattan Puxon/Tilman Zülch, Die Zigeuner: Verkannt, verachtet, verfolgt (hrsg. von der Niedersächsischen Landeszentrale für politische Bildung), Hannover 1980, S. 75–98.

www.ingramcontent.com/pod-product-compliance
Ingram Content Group UK Ltd.
Pitfield, Milton Keynes, MK11 3LW, UK
UKHW021828290926
8980IPUK00004B/329

9 783631 797365